I0235267

Oldenbourg
Geschichte
Lehrbuch

Oldenbourg
Geschichte
Lehrbuch

# Mittelalter

herausgegeben von
Matthias Meinhardt,
Andreas Ranft
und Stephan Selzer

2. Auflage

R. Oldenbourg Verlag
München 2009

Die Autorinnen und Autoren

Gerd Althoff, Oliver Auge, Matthias Becher, Letha Böhringer, Jens Brauer, Enno Bünz, Jochen Burgtorf, Peter Degenkolb, Harald Drös, Sonja Dünnebeil, Petra Ehm-Schnocks, Gerrit Deutschländer, Matthias Hardt, Michael Hecht, Jens Heckl, Ernst-Dieter Hehl, Thomas Hill, Marc von der Höh, Ulrike Höroldt, Wolfgang Huschner, Uwe Israel, Nikolas Jaspert, Georg Jenal, Ludger Körntgen, Klaus Krüger, Jan Kusber, Ralph-Johannes Lilie, Ralf Lusiardi, Matthias Meinhardt, Arno Mentzel-Reuters, Otto-Gerhard Oexle, Hagen Peuschel, Karsten Plöger, Dietrich W. Poeck, Malte Prietzel, Matthias Puhle, Olaf B. Rader, Andreas Ranft, Wilfried Reininghaus, Christine Reinle, Arnd Reitemeier, Hedwig Röckelein, Jörg Rogge, Michael Rothmann, Patrick Sahle, Sigrid Schmitt, Christiane Schuchard, Harm von Seggern, Stephan Selzer, Claudius Sieber-Lehmann, Martial Staub, Ludwig Steindorff, Stefan Tebruck, Michael Vollmuth-Lindenthal, Wolfgang Eric Wagner, Gerrit Walther, Petra Weigel

*Bibliografische Information der Deutschen Nationalbibliothek*
Die Deutsche Nationalbibliothek verzeichnet diese Publikation in der Deutschen Nationalbibliografie; detallierte bibliografische Daten sind im Internet über <http: / / dnb.d-nb.de> abrufbar.


Rosenheimer Straße 145, D-81671 München
Internet: oldenbourg.de



Gedruckt auf säurefreiem, alterungsbeständigem Papier (chlorfrei gebleicht).

Umschlaggestaltung: Daniel von Johnson, Hamburg
Layout: Thomas Rein, München
Satz und Repro: MedienTeam Berger, Ellwangen
Druck und Bindung: m. appl GmbH, Wemding

ISBN 978-3-486-58829-3

# Inhaltsverzeichnis

# Einsicht ins Mittelalter

Dieses Buch ist keine Enzyklopädie. Es kann auch keine Konkurrenz zum Lexikon des Mittelalters sein. Vielmehr handelt es sich um eine Einführung in die Geschichte des Mittelalters. Das Werk soll im Grundstudium als Elementarbuch dienen, will aber grundsätzlicher dazu ermuntern, über das Mittelalter mehr zu lesen und neu nachzudenken.

Um aktuelles Wissen über das Mittelalter zu versammeln und dabei zu zeigen, wie diese Kenntnisse heute entstehen und gestern entstanden sind, übernimmt dieser Mittelalterband die Einteilung, die sich innerhalb der Reihe *Oldenbourg Geschichte Lehrbuch* bewährt hat. Nahtlos schließt dieses Buch hier an das Konzept der drei schon vorliegenden Bände des *OGL* an. Sofort zu erkennen sind auch in diesem Band die beiden Säulen „Phasen“ und „Zugänge“, in denen ein chronologischer und ein systematischer Zugang zur Epoche gewählt werden, sowie an dritter und vierter Stelle die Säulen „Vorgehen der Forschung“ und „Einrichtungen der Forschung“. Selbstverständlich und sofort einleuchtend ist, dass die thematische Orientierung auch in diesem Band mit Abschnitten zur Technik und Theorie verzahnt werden sollte. Fast nichts, was zuerst von Anette Völker-Rasor im Auftaktband der Reihe erläutert worden ist, muss deshalb hier wiederholt werden. Die konkrete Ausgestaltung der Prinzipien soll jedoch erläutert werden.

Von hinten nach vorne geblättert, stellt der vierte Abschnitt also diesmal die Einrichtungen der Mittelalterforschung vor. Neben den Institutionen, an denen über das Mittelalter geforscht wird, ist dabei auch die Geschichte der Mittelalterforschung eingehend behandelt worden. In den letzten Jahren hat eine kritische Reflexion über Bedingungen und Grenzen historischer Forschung eingesetzt, die auch das Selbstverständnis der Mittelalterforschung grundlegend verändert hat. Daher schienen uns diese Passagen auch in einem Elementarbuch unverzichtbar zu sein. Der gesamte Abschnitt „Einrichtungen der Forschung“ musste somit speziell angelegt werden.

Der vorausgehende Abschnitt „Vorgehen der Forschung“ hingegen, der über elementare und grundlegende Strategien historischen Arbeitens informiert, hätte allgemeiner gehalten werden können und auch solche Fertigkeiten behandeln dürfen, die nicht nur dem Studium des Mittelalters dienen. Doch solche Abschnitte, die das Studium der Geschichtswissenschaft als Ganzes betreffen und in den anderen Bänden bereits publiziert worden sind, wollten wir nicht erneut abdrucken lassen, sind sie doch in den vorangegangenen Bänden bereits hinreichend behandelt worden. Sinnvoller, als diese Dinge zu wiederholen, schien uns in der Werkstatt der Historiker die Werkbank der Mittelalterforscher genauer zu inspizieren. Die Beherrschung der Hilfswissenschaften war früher geradezu ein „Alleinstellungsmerkmal“ gegenüber Nachbarfächern und galt als Handwerkszeug, das in Proseminaren zeitintensiv eingeübt wurde. Mittlerweile aber gelten diese Dinge nicht mehr nur bei Fachfremden als überflüssiger Ballast, der im Zuge einer „Entrümpelung“ des Studiums über Bord geworfen werden sollte. Diese Einschätzung indes teilen die Herausgeber durchaus nicht. Der hier den Hilfswissenschaften eingeräumte Platz lässt dies erkennen. Dass dabei die einzelnen Aspekte nur in einem ersten Grundüberblick behandelt werden können, ergibt sich freilich beim begrenzten Platzangebot des Gesamtwerkes von selbst und lässt die vorzüglichen Einführungen eines Ahasver von Brandt oder eines Heinz Quirin unverzichtbar bleiben.

Die ersten beiden Abschnitte des *OGL* dienen der inhaltlichen Orientierung über die Epoche. Die Notwendigkeit, die tausend Jahre Vergangenheit zwischen den Eckdaten 500 und 1500 behandeln zu sollen, lässt eine Vollständigkeit aller Ereignisse, Personen, Zugänge und Themen selbstverständlich nicht zu. Man wird dies sofort zugeben, wenn man die sechs Bände der Reihe *Oldenbourg Grundriss der Geschichte,* die das Mittelalter behandeln, im Bücherschrank stehen hat, oder wenn man die mehr als zwei Dutzend Bände der *Oldenbourg Enzyklopädie Deutscher Geschichte* bedenkt, die für mittelalterliche Themen reserviert sind. Dennoch will auch dieser Band nicht beliebige, sondern grundsätzliche Probleme und Sachverhalte vorstellen, mit denen sich diejenigen beschäftigen, die mit dem Mittelalter forschend zu tun haben. Einen Einblick in das Forschungsfeld zu geben, scheint allerdings heute weitaus schwieriger zu sein als vor dreißig oder gar sechzig Jahren, als noch Politik-, Rechts- und Verfassungsgeschichte das Feld recht unangefochten beherrschten. Neue kräftige Strömungen, wie beispielsweise die Historische Anthropologie, die Sozialgeschichte, die Alltags- und Geschlechtergeschichte oder die Historische Kulturwissenschaft, haben (je nach Sichtweise) das Fach unterspült oder erfrischt. Die europäische Mediävistik zeigt sich zu Beginn des 21. Jahrhunderts um neue Themen und Fragestellungen erweitert, von denen indes noch nicht immer zu sagen ist, wie sich Modisches und Bleibendes zueinander verhalten. Ein Konsens zeichnet sich jedenfalls unter den Fachleuten nicht mehr ab. Die Entscheidung darüber also, was wichtig und unwichtig ist, bleibt notgedrungen subjektiv. Auf diesen Befund hätte man mit der Versammlung und Präsentation einer Vielzahl unterschiedlicher Themen und Methoden reagieren können. Für den Gourmet mag eine solche Vielfalt auch durchaus schmackhaft sein. Doch schien uns eine damit gebotene Häppchenkultur für ein Anfängerpublikum gerade nicht bekömmlich zu sein. Wir haben daher trotz dieser Ausgangslage einen profilierten Zugang zum Mittelalter gewählt. Und bei dem zuvor Gesagten ist es unvermeidlich, dass man diesem Zugriff die persönliche Handschrift der Herausgeber anmerken wird.

Geboten wird ein Einblick ins Mittelalter, neben dem andere Einsichten und Einwürfe uneingeschränkte Berechtigung besitzen. Unsere Ausgangsüberlegung war, dass mit den Phänomenen von Herrschaft und Genossenschaft zwei formende Elemente in den Blick geraten sollen, die das europäische Mittelalter der Moderne mitgegeben hat. Die Vielfalt von Herrschaftsräumen und eine spezifische Gruppenkultur, die autonome Individuen in freiwilligen Zusammenschlüssen zusammenführte, prägen das Gesicht Europas bis heute und heben diesen Kontinent von anderen Weltregionen ab. Der damit gewählte Zugang zum Mittelalter gewinnt seinen Reiz aus der polaren Spannung zweier Abschnitte. Der Abschnitt „Monarchische Herrschaft in Europa" blickt dabei nicht völlig gleichmäßig, aber doch weiträumig auf Europa und behandelt jedenfalls nicht ausschließlich die deutsche Geschichte. Wegen der Vielzahl der mit diesem räumlichen Zugriff verbundenen Fragen findet der Leser nötige Informationen darüber in einer gesonderten Einleitung.

Der zweite Abschnitt „Soziale Gruppen in Europa" entwirft die Geschichte des Mittelalters als Geschichte von sozialen Gruppen. Dabei handelt es sich um einen Zugriff, der in den letzten Jahrzehnten von einer sich neu formierenden Historischen Kulturwissen-

Der Werkstatt des so genannten Meisters von Liesborn schreibt man jenes Triptychon zu, aus dem ein Detail für das Titelbild dieses Buches ausgewählt wurde: Es handelt sich um die für die Jahre 1478 und 1481-90 bezeugte **Maria von Withem**, die dem Kloster St. Clara in Köln vorstand. Zwei Wappen verweisen auf ihre Herkunft: links zu sehen ist jenes der väterlichen Familie Withem, rechts das der Pallants, aus der die Mutter stammte. Unter dem Schirm des Hl. Franziskus wendet sie sich mit 14 Schwestern ihres Konventes einer hier nicht gezeigten Auferstehungsszene zu. Hinzuzudenken ist auch ein weiterer Seitenflügel: in analoger Darstel-lung ist dort mit Katharina von Nechtersheim (bel. 1451-65) eine verstorbene Vorgängerin Maria von Withems im Amt der Äbtissin zu Füßen der Hl. Klara zu sehen, ebenfalls umgeben von 14 Schwestern. Die für mittelalterliche Vorstellungen bedeutsame Gemeinschaft von Lebenden und Toten wird hier greifbar.

Das Bild bündelt bereits wesentliche Anliegen des vorliegenden Lehrbuches: Das Mittelalter erscheint hier als Epoche, in der Menschen eingebettet in spezifische Grundordnungen, Entwicklungsprozesse und Vorstellungswelten ihr individuelles Leben in enger Gebundenheit an soziale Gruppen führten, deuteten und darstellten.

Bild: Altar-Triptychon aus dem Kloster St. Clara in Köln, linker Flügel, Wallraf-Richartz-Museum Köln. Foto: Rheinisches Bildarchiv Köln.

Literatur: P. Clemen (Hrsg.), Die Kunstdenkmäler der Stadt Köln, Bd. 2, 3. Abt., Erg.bd., Düsseldorf 1937, 278–288; J. Hiller/H. Vey, Katalog der deutschen und niederländischen Gemälde bis 1550 (mit Aussnahme der Kölner Malerei im Wallraf-Richartz-Museum und im Kunstgewerbemuseum der Stadt Köln, Köln 1969, 86f.; W. Koenig, Studien zum Meister von Liesborn, Beckum 1974, bes. 52-56 mit Abb. 14, 17 u. 38; Krone und Schleier. Kunst aus mittel-alterlichen Frauenklöstern. Ausstellungskatalog Bonn und Essen, München 2005, 366-368; O.G. Oexle, Memoria und Memorialbild, in: K. Schmid/J. Wollasch (Hrsg.), Memoria. Der geschichtliche Zeugniswert des liturgischen Gedenkens im Mittelalter, München 1984, 384-440, bes. 401; A. Stange, Kritisches Verzeichnis der deutschen Tafelbilder vor Dürer, Bd. 1, München 1967, 159 u. 167.

schaft in das Teilfach eingespeist, allerdings noch nirgendwo zum Gerüst einer Darstellung für ein breiteres Publikum gemacht worden ist. Methodisch handelt es sich um ein Deutungsangebot, das die Kraft besitzt, viele Einzelaspekte gleichsam wie mit einem starken Magneten auszurichten. Ältere Systematiken, die Verfassung, Gesellschaft, Wirtschaft und Kultur hinter- oder übereinanderreihen, werden hier integrativ verbunden. Unsere Erfahrungen in Lehrveranstaltungen zeigen, dass dieser integrative Zugriff gerade Anfängern entgegenkommt, weil Phänomene nicht entlang von Disziplinen oder Teilfachgrenzen zerstückelt werden. Weil der Abschnitt „Soziale Gruppen in Europa" zudem mit dem vorausgehenden Abschnitt „Monarchische Herrschaft in Europa" in einer Wechselwirkung steht, erschien es uns in strenger Symmetrie sinnvoll zu sein, auch die zeitliche Staffelung in Früh-, Hoch- und Spätmittelalter aufzunehmen. Das wäre indes für die Aspekte der Gruppenkultur nicht zwingend gewesen, weil die geschilderten Gruppenbildungen nicht zwangsläufig an den Binnengrenzen des Mittelalters beginnen oder enden.

Dem Buch soll man grundsätzlich die Absicht anmerken, den Anfänger zu ermutigen, sich über obligatorische Pflichtveranstaltungen hinaus mit dem Mittelalter zu beschäftigen. Die Literaturangaben, die allen Beiträgen beigegeben wurden, sollen daher nicht abschrecken, sondern grundlegende Werke zum Weiterlesen nennen. Eine ergänzende Lektüre wird bei der Kürze der dargebotenen Informationen oftmals unvermeidlich sein.

Dem Wunsch, Anfänger zu motivieren und den heutigen Rezeptionsgewohnheiten entgegenzukommen, sind wir auch dahingehend gefolgt, dass wir den Vorgaben des Verlages gern entsprochen haben, die Abbildungen in diesem Band nicht als bloße Illustrationen zum Text zu verstehen. Vielmehr werden alle dargestellten Gegenstände, Gebäude, Personen usw. eingehend kommentiert. Man hätte sich zudem wünschen können, in einem Elementarbuch auch Quellen abzudrucken. Doch wäre man diesem berechtigten Wunsch gefolgt, hätte dies den Umfang des Bandes völlig gesprengt.

Zu den angenehmen Usancen innerhalb der Wissenschaft, die Anfänger auch kennenlernen sollten, gehört es, sich bei Abschluss eines Buches zu vergewissern, wer am Entstehen der Arbeit helfend, ratend und unterstützend mitgewirkt hat. Wir danken daher allen unseren Autorinnen und Autoren, die sich ohne Zögern für unser Projekt gewinnen und auf die dazu notwendigen formalen Vorgaben verpflichten ließen. Eine so große Zahl von Beiträgern mit unterschiedlichen Temperamenten zu versammeln, war unser Wunsch und ist im Vergleich zu den übrigen Bänden der Reihe eine Neuerung. Das Ergebnis lässt uns hoffen, dass sich die daraus entstandenen besonderen Anstrengungen gelohnt haben. Unser Dank gilt weiterhin dem Oldenbourg Verlag in München, namentlich dem Cheflektor Christian Kreuzer sowie Cordula Hubert und Anette Völker-Rasor. In Halle errichtete Hagen Peuschel ein kleines Projektbüro, in dem unsere Wünsche und Arbeitsschritte zuverlässig umgesetzt wurden. Sylvia Opel vom Sekretariat der Mittelalterprofessur hat darüber in bewährter Weise ihre tätig schützende Hand gehalten und die Abläufe begleitet.

Die Herausgeber

# Monarchische Herrschaft in Europa

## Einführung

**Europäische Fundamente.** Nunmehr herzlich eingeladen, eine der beiden inhaltlichen Eingangstüren ins Mittelalter zu öffnen, werden manche Leser an der Schwelle zum ersten Abschnitt vielleicht zögern. Denn warum sollten sie sich über monarchische Herrschaft im mittelalterlichen Europa informieren, sich mithin mit einer Institution beschäftigen, die Laien höchstens noch aus alten Märchenbüchern oder bunten Blättern mit Wochenaktualität bekannt ist? Nun ist diese Frage hier so polemisch gestellt, dass jeder, der auch nur mäßig an Geschichte interessiert ist, sie wird beantworten können. Denn es liegt ja auf der Hand, dass monarchische Regierungsmacht zwar im heutigen Europa nur noch in Resten zu erleben ist, dass aber dieser Zustand parlamentarischer Einbettung von Königsherrschaft das Ergebnis einer historischen Entwicklung ist. Monarchische Herrschaft ist in der Tat eine bis ins Mittelalter zurückreichende Form der Machtausübung. Hingegen fehlen andere politische Institutionen, die man aus der modernen Geschichte kennt, im Mittelalter noch. So wird man Staaten über viele Jahrhunderte gar nicht und selbst im Spätmittelalter nur in Ansätzen entdecken können. Auch die Nationen als politische Verbände, die ältere Nationalgeschichten schon im Früh- und Hochmittelalter entdecken wollten, entstehen erst im Mittelalter, sind also erst eine Folge mittelalterlicher Geschichte und nicht deren handelnde Subjekte.

▷ S. 157 Thema: e Heraus-ldung des modernen Staates

▷ S. 275 Nationen

Allerdings wäre es recht banal, wenn hier nur anders heißen soll, was früher Politikgeschichte des Mittelalters genannt wurde. Man wird die Wahl des Zugriffs also sachlich begründen müssen. Das aber fällt recht leicht, wenn man bedenkt, dass eines der wesentlichen politischen Strukturmerkmale des heutigen Europas die kleinteilige Verfasstheit ist. Verglichen mit anderen Kontinenten, aber auch in Abgrenzung zur Antike ist es durchaus erstaunlich, dass kein einziger Staat den Kontinent jemals dauerhaft dominieren konnte. Die Vielfalt der Staaten und Nationen gehört gewiss zu den wichtigsten europäischen Fundamenten, deren Geschichte uns interessieren sollte [Le Goff]. Der Ausgangspunkt für diese Pluralität ist dabei zweifellos mittelalterlich. Die Vielzahl der mittelalterlichen Königreiche führt hin zur europäischen Vielstaatlichkeit der Frühen Neuzeit und dem Konzert der Mächte des 19. Jahrhunderts.

**Monarchische Herrschaft.** Keineswegs allerdings war im Mittelalter der gesamte Kontinent lückenlos in Königreiche eingeteilt. Zwischen den Königreichen lagen Regionen, die stets Fürstentümer blieben oder erst im Verlauf des Mittelalters zu Königreichen wurden. Wichtiger noch ist, dass sich an den Rändern und sogar innerhalb der mittelalterlichen Königreiche, die man sich nicht als gleichmäßig beherrschte Flächenstaaten vorstellen darf, auch solche Regionen befanden, die zeitweilig oder immer außerhalb des tatsächlichen Zugriffs eines Königs oder Fürsten lagen. Dies gilt beispielsweise für Island, Dithmarschen, Friesland oder die Schweizer Eidgenossenschaft. Aber auch für Norditalien und die Region des hansischen Städtebunds trifft dieser Befund für gewisse Zeiträume des Mittelalters zu. Wo monarchische Herrschaft nicht durchdrang, war die politische Organisation ganz anders angelegt. Sie beruhte dann auf genossenschaftlichen Formen, also auf Herrschaft, die unter Gleichberechtigten verein-

▷ S. 85 Nord- und osteuropäische Monarchien

▷ S. 278 Nationen

▷ S. 203 Kaufmannsgilden

## Europa im 11. Jahrhundert

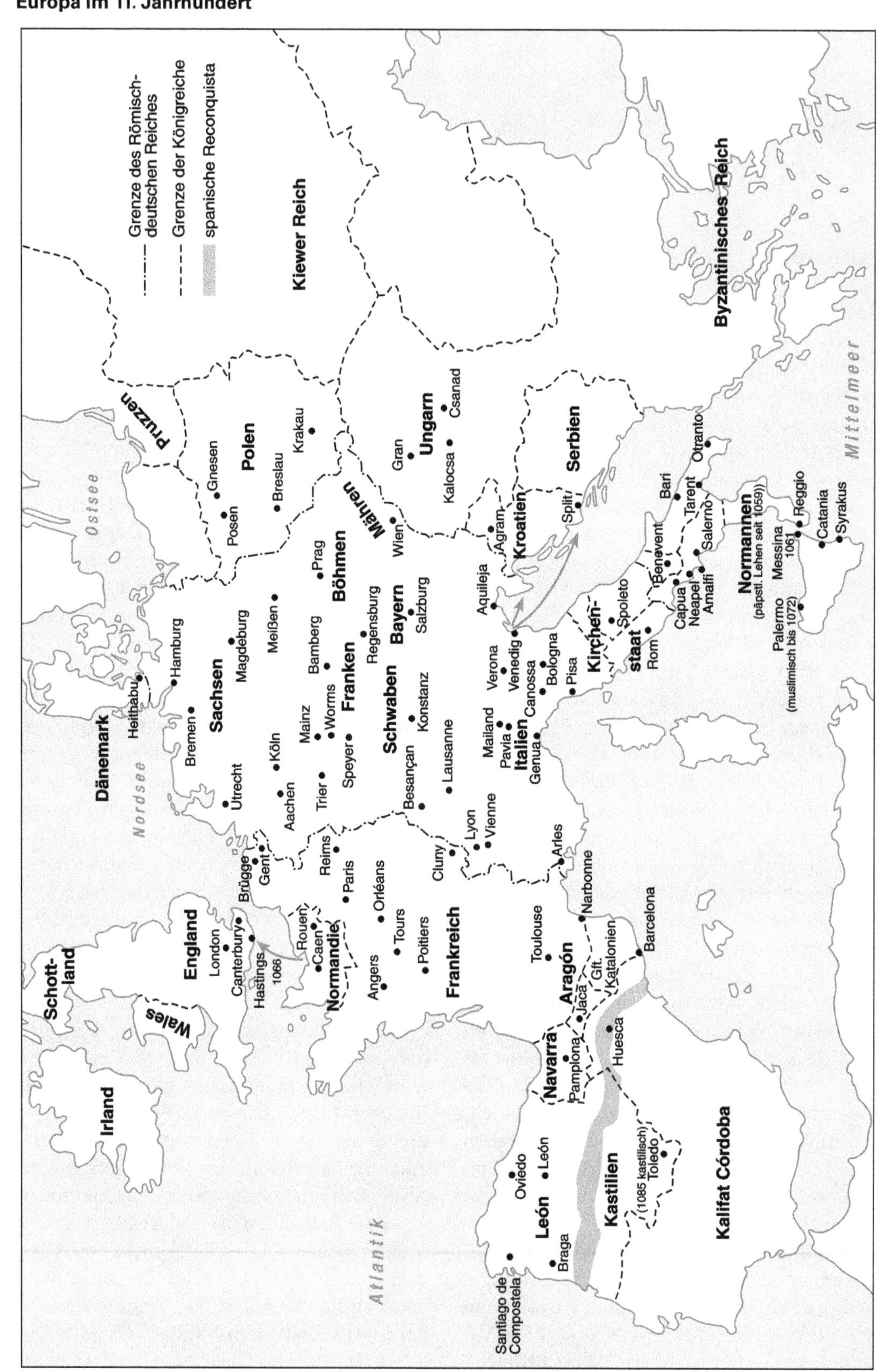
Grenze des Römisch-deutschen Reiches
Grenze der Königreiche
spanische Reconquista
Kiewer Reich
Byzantinisches Reich
Pruzzen
Polen
Gnesen
Posen
Breslau
Krakau
Ungarn
Gran
Kalocsa
Csanad
Mähren
Wien
Serbien
Kroatien
Agram
Split
Ostsee
Dänemark
Heithabu
Hamburg
Sachsen
Bremen
Magdeburg
Meißen
Böhmen
Prag
Bamberg
Franken
Regensburg
Bayern
Salzburg
Nordsee
Utrecht
Köln
Aachen
Mainz
Worms
Speyer
Trier
Schwaben
Konstanz
Besançon
Lausanne
Aquileja
Verona
Venedig
Mailand
Pavia
Italien
Genua
Canossa
Bologna
Pisa
Kirchen-staat
Spoleto
Rom
Benevent
Capua
Neapel
Amalfi
Salerno
Bari
Tarent
Otranto
Normannen
(päpstl. Lehen seit 1059))
Messina
1061
Reggio
Catania
Syrakus
Palermo
(muslimisch bis 1072)
Mittelmeer
Irland
Schott-land
Wales
England
London
Canterbury
Hastings
1066
Brügge
Gent
Reims
Paris
Rouen
Caen
Normandie
Orléans
Tours
Angers
Poitiers
Frankreich
Cluny
Lyon
Vienne
Arles
Narbonne
Toulouse
Aragón
Gft. Katalonien
Barcelona
Jaca
Huesca
Navarra
Pamplona
León
Oviedo
Braga
Santiago de Compostela
Kastilien
(1085 kastilisch)
Toledo
Kalifat Córdoba
Atlantik

**Europa im Jahr 1402**

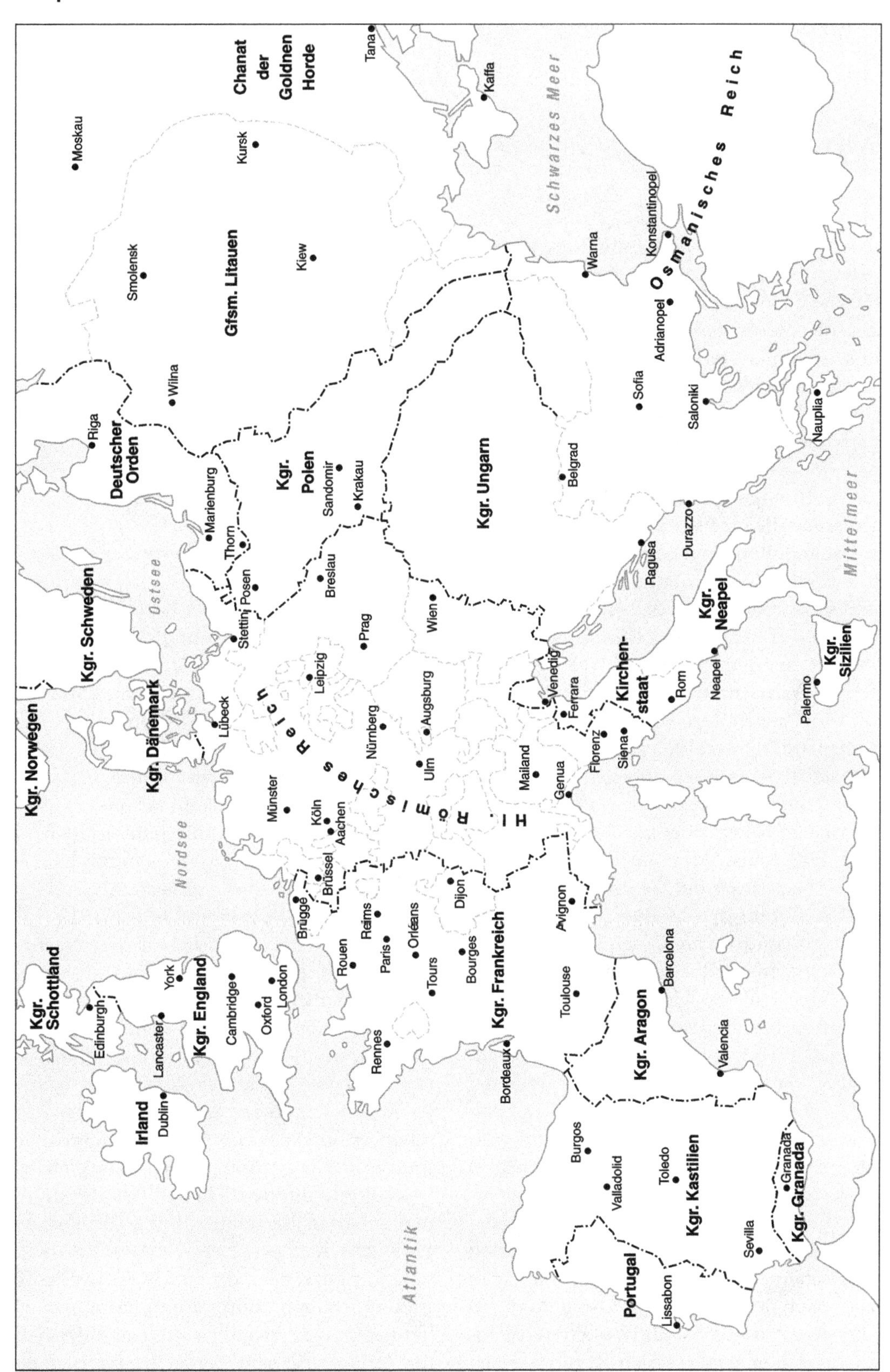

▷ S. 172 Einführung

bart worden war. Diese freiwillige Verbindung durch Konsens und Vertrag verweist voraus auf den zweiten Abschnitt unseres Buchs, das dieses typische europäische Spannungsverhältnis von Herrschaft und Genossenschaft zu seinem Bauprinzip gemacht hat. Nicht nur dadurch sind die beiden Abschnitte miteinander verbunden. Denn dort, wo Nationen und Staaten erst entstehen, lässt sich noch keine enge Nationalgeschichte betreiben. Gerade die im zweiten Abschnitt des Buches behandelten Gegebenheiten sind daher stets europäische Phänomene. Der erste Abschnitt verzahnt sich mit diesen Beiträgen dadurch, dass er nicht nur politische Ereignisse behandelt, sondern auch wichtige Gegebenheiten in Wirtschaft, Gesellschaft, Religion und Kultur benennt und sie über die Angabe grundlegender Literatur erschließbar macht [siehe dabei stets auch die grundlegenden Nachschlagewerke und Handbücher zur mittelalterlichen Geschichte: Lexikon des Mittelalters; Handbuch der europäischen Geschichte; Handbuch der Geschichte Europas; The New Cambridge Medieval History; Oldenbourg Grundriss der Geschichte].

Die Reihe des OGL strebt dabei stärker als vergleichbare ältere Unternehmungen den Blick auf Europa an. Welche Monarchien zum Europa des Mittelalters dazuzuzählen sind, hat schon die mittelalterlichen Zeitgenossen bewegt. Die Herausgeber dieses Bandes haben versucht, den starren Blick auf Mittel- und Westeuropa sowie auf Italien, der bis vor rund 15 Jahren die deutschsprachige Mittelalterforschung bestimmte, etwas schweifen zu lassen. Auch weil wir in einer deutlich erweiterten europäischen Gemeinschaft leben, haben in diesem Buch der Norden und Osten des Kontinents genauso wie der Südwesten und Südosten (und hier gerade auch Byzanz) einen Platz gefunden. Dass in diesem Band dennoch die Geschichte der Deutschen mehr Platz beansprucht als diejenige anderer Völker, ist pragmatisch zu rechtfertigen – überwiegen doch erfahrungsgemäß und nicht völlig zu Unrecht an deutschen Universitäten im Grundstudium solche Veranstaltungen, die auf eine Vermittlung von Basiswissen zur mittelalterlichen Geschichte am Beispiel deutscher Verhältnisse zielen.

▷ S. 159 Technik: Epochen Lesart de Geschich

**Zeitliche Grenzen.** So wie Beginn und Ende des Mittelalters sind auch die Binnengrenzen dieser Epoche, an denen Früh-, Hoch- und Spätmittelalter sich ablösen, keine in der Geschichte schon vorgegebenen Zäsuren, sondern nur Vereinbarungen der Forschung. Den für unsere Zwecke gewählten Einschnitten, die den Abschnitten I und II gemeinsam sind, merkt man ihre zweckbestimmte Wahl besonders an. Sie verbinden sich nicht mit Jahreszahlen, die man früher als Zäsuren verstanden hat. Solche zumeist aus der politischen Geschichte entnommenen Wendepunkte (476, 919, 1066, 1077, 1198, 1254 usw.) haben den Nachteil, dass sie in europäischer Perspektive ganz unterschiedlich weite Kreise gezogen haben. Wollte man daher die für alle Regionen sowie für Arm und Reich, Stadt und Land am tiefsten gehende Zäsur des Mittelalters wählen, so ist auf das Leben und Sterben der Menschen zu blicken. Die Bevölkerungsentwicklung Europas ist durch eine lange Welle des Wachstums seit dem Hochmittelalter und einen scharfen Einschnitt durch die Pest von 1348/49 scharf profiliert. Doch selbst die Bevölkerungsverluste durch die Pestwellen betrafen nicht ganz Europa gleichermaßen. Daher hat tatsächlich oder hätte zumindest jeder der Autoren für sein Thema in Anspruch neh-

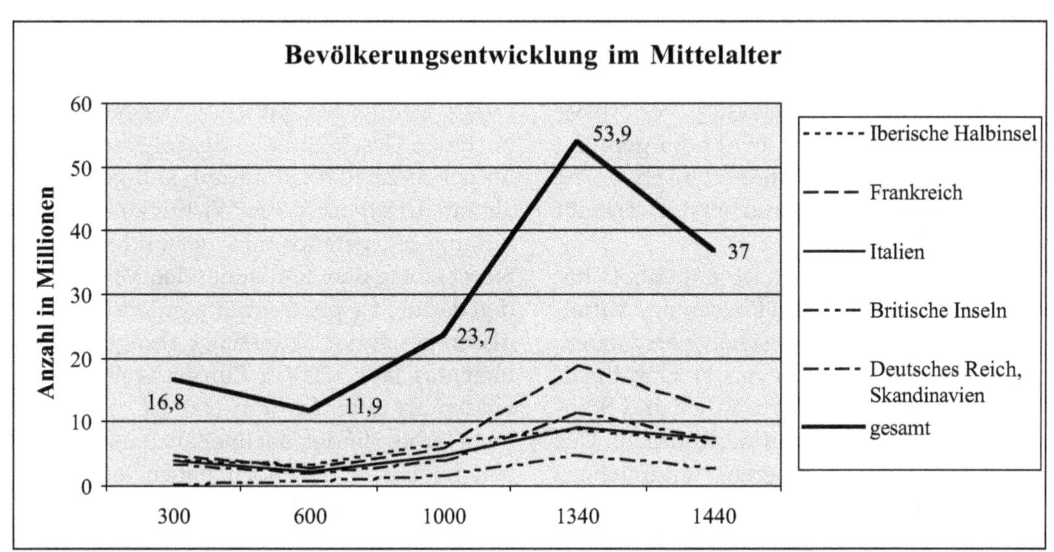


**Der demographische Aufbruch Europas**

Für die Größe der Bevölkerung Europas im Mittelalter lassen sich kaum verlässliche Zahlen ermitteln. Schätzungen, die auf schmaler Quellengrundlage vorgenommen werden müssen, gehen daher weit auseinander. Immerhin lassen sich jedoch allgemeine Trends der demographischen Entwicklung ausmachen. Nachdem die Bevölkerung im Verlauf des Frühmittelalters stark zurückgegangen war, setzte ab dem 10. Jahrhundert bei günstigen Klimaverhältnissen in ganz Europa ein außerordentlich starkes Bevölkerungswachstum ein, das Wirtschaft und Gesellschaft nachhaltig beeinflusste. Für die meisten Länder rechnet man wenigstens mit einer Verdopplung der Bevölkerungszahl zwischen dem 10. und 14. Jahrhundert. Sichtbarste Zeichen dieses Wachstums waren die Erschließung von Ackerland durch Rodung von Wäldern und Trockenlegung von Feuchtgebieten, die Besiedelung und Nutzung weniger fruchtbarer Böden und das Aufblühen des Städtewesens. Zudem bildet dieser demographische Aufbruch Europas im Hochmittelalter den Hintergrund für die Kreuzzüge in den Orient und die Ostsiedlung. In einigen ländlichen Regionen war die Siedlungsdichte im Hochmittelalter größer als jemals zuvor oder danach. Aus den bevölkerungsstärksten Gebieten wanderten Menschen nach Osten ab, wo die Siedlungsdichte noch das gesamte Mittelalter hindurch geringer war.

Spätestens in der ersten Hälfte des 14. Jahrhunderts mehrten sich jedoch Zeichen einer Überbevölkerung. Durch Missernten, Hungersnöte und Seuchen nahm die Zahl der Gesamtbevölkerung erstmals wieder deutlich ab.

Gerrit Deutschländer

Grafik: Diagramm der Bevölkerungsentwicklung Europas nach J. Cox Russell, Die Bevölkerung Europas 500-1000, in: C. M. Cipolla (Hrsg.), Europäische Wirtschaftsgeschichte im Mittelalter, Bd. 1: Mittelalter, Stuttgart u.a. 1978, 13-43, Tab. 1, 21.

Literatur: C. M. Cipolla (Hrsg.): Bevölkerungsgeschichte Europas: Mittelalter bis Neuzeit, München 1971; B. Herrmann (Hrsg.), Determinanten der Bevölkerungsentwicklung im Mittelalter, Weinheim 1987; J. A. van Houtte, Die Bevölkerung, in: Europäische Wirtschafts- und Sozialgeschichte im Mittelalter (Handbuch der europäischen Wirtschafts- und Sozialgeschichte, Bd. 2), Stuttgart 1980, 14-24.

men können, dass die gewählte Periodisierung für seine Zwecke gedehnt oder gepresst werden müsse. Abweichungen nach vorne und nach hinten waren daher stets erlaubt und erwünscht.

Was den Forschungsbetrieb angeht, so haben sich zwischen den drei Phasen des Mittelalters die Gewichte inzwischen verschoben. In Deutschland lag früher das Hochmittelalter, die Zeit der Ottonen, Salier und Staufer, im Zentrum der Aufmerksamkeit. Das lässt sich leicht an älteren Handbüchern nachprüfen, in denen in aller Regel nach dem Ende der Stauferzeit nur noch wenige Seiten bis zum „Neubeginn" der Reformation folgen. Doch gerade die Spätmittelalterforschung ist in den letzten drei Jahrzehnten erheblich ausgeweitet worden. Gleichzeitig hat die Frühmittelalterforschung die Integration von archäologischen Befunden verstärkt zu ihrer Aufgabe gemacht. Damit ist schon klar, dass sich die Materialgrundlagen in den drei Epochen erheblich unterscheiden: in der Forschung zum Frühmittelalter neben der Analyse weniger Schriftquellen vor allem Auswertungsarbeit mit den Methoden der Archäologie; im Hochmittelalter die Arbeit mit Chroniken und Urkunden, die mit präzisen Werkzeugen zu bearbeiten sind; im Spätmittelalter das Hinzutreten von Massenquellen wie z.B. Rechnungen, Zolllisten, Akten. Vielleicht darf man daher folgern, dass der Umgang mit Quellen unterschiedlicher Eigenart nicht ohne Einfluss auf Schreiben und Interpretieren bleibt, so dass sich Forscherinnen und Forscher der drei mittelalterlichen Teilepochen oft auch hierin zu unterscheiden scheinen, was ein ganz aufmerksamer Leser vielleicht auf den folgenden Seiten zu ermitteln vermag.

▷ S. 386, 388 Geschichte der Mittelalterforschung

▷ S. 292 Einführung

Die hier vorgenommene Einteilung, die bei kürzer werdenden zeitlichen Abschnitten dennoch den Geschehnissen der folgenden Phase immer mehr Platz einräumt, soll keineswegs als ein Urteil über die Wichtigkeit des Forschungsgegenstands missverstanden werden. Sie ist einzig dem zunehmenden Material und den dadurch aspektreicher werdenden Kenntnissen geschuldet. Einfacher gesagt: Weil wir über das Jahr 1500 in Europa weitaus mehr wissen als über das Jahr 600, ist es vielleicht nicht unbegründet, darüber auch mehr schreiben zu lassen. Dennoch haben auch hierin viele der Verfasser aus allen drei Teilabschnitten eine Vorgabe zuungunsten ihres Themas zu erkennen geglaubt. Weil das also offenbar für alle Abschnitte gilt, so könnte es vielleicht gelungen sein, die Missverhältnisse zwischen einem Buch sehr knappen Umfangs und 1200 Jahren europäischer Geschichte nicht ins Uferlose wachsen zu lassen.

Die Herausgeber

**Literatur**

Handbuch der europäischen Geschichte, hrsg. v. TH. SCHIEDER, Bd. 1–2, Stuttgart 1976/1987.

Handbuch der Geschichte Europas, hrsg. v. P. BLICKLE, Bd. 1–4 [bisher erschienen Bd. 2 und 3], Stuttgart 2002ff.

J. LE GOFF, Die Geburt Europas im Mittelalter, München 2004.

Lexikon des Mittelalters, 9 Bde., München/Zürich 1980–1998.

The New Cambridge Medieval History, 7 Bde., Cambridge 1995 ff.

Oldenbourg Grundriss der Geschichte, hrsg. v. J. BLEICKEN/L. GALL/H. JAKOBS, Bd. 4–9 u. 22, München [verschiedene Auflagen] 1993–2003.

# Byzanz als Erbe des Römischen Imperiums

**Zeittafel**

| | |
|---|---|
| 306–337 | Konstantin I. |
| 325 | Konzil von Nikaia; Verurteilung des Arianismus. |
| 326–330 | Konstantinopel wird neue Reichshauptstadt. |
| 379–395 | Theodosios I. |
| 395 | Reichs„teilung" in Ost- und Westteil. |
| 476 | Ende des weströmischen Teilreiches. |
| 527–565 | Justinian I. |
| 533 | Belisar unterwirft die Wandalen. |
| 535–553 | Rückeroberung Italiens. |
| ab 540 | Pest in Byzanz. |
| nach 565–591 | Ständige Kriege mit Persien. Zudem zunehmender Druck von Avaren und Slawen auf die Balkangrenze. |
| 568 | Einfall der Langobarden und Verlust Norditaliens. |
| 610–641 | Herakleios. |
| 610–620 | Völliger Verlust der inneren Balkanprovinzen. |
| 618–619 | Syrien/Palästina und Ägypten von den Persern erobert. |
| 622–629 | Feldzüge des Herakleios gegen Persien. |
| 629 | Friede und Rückgewinnung der an die Perser verlorenen Gebiete. |
| 636 | Byzantinische Niederlage am Yarmuk gegen die Araber. |
| 636–642 | Die Araber erobern Palästina, Syrien und Ägypten. |
| 655 | Mit dem arabischen Seesieg am Phönixvorgebirge (Kleinasien) endet die byzantinische Vorherrschaft zur See. |
| 674–678 | Abwehr der arabischen Blockade Konstantinopels durch Einsatz des „Griechischen Feuers". |
| 679–680 | Byzantinische Niederlage gegen die Bulgaren. |
| 698 | Die Araber erobern das byzantinische Nordafrika. |
| 717–741 | Leon III. |
| 717–718 | Belagerung Konstantinopels durch die Araber. |
| ca. 730–787 | Erste Phase des Ikonenstreits (Ikonoklasmus). |
| 741–775 | Konstantin V.; byzantinische Erfolge gegen Araber und Bulgaren. |
| 750 | Im Kalifat wird die omaijadische Dynastie von den Abbasiden abgelöst, unter denen der arabische Druck auf Byzanz nachlässt. |
| 787 | 7. Ökumenisches Konzil in Nikaia (Verurteilung des Ikonoklasmus); letztes allgemein als ökumenisch anerkanntes Konzil. |
| 813–820 | Leon V. |
| 815–843 | Zweite Phase des Ikonoklasmus. |

**Ostrom als Teilreich des Römischen Imperiums.** Anders als die übrigen mittelalterlichen Reiche setzt das Byzantinische Reich das Römische Imperium bruchlos fort. Seine Einwohner fühlten sich zeit ihrer Existenz als „Römer" (griechisch: *Rhomaioi*).

Die Grundlagen für diese Entwicklung wurden in der Spätantike gelegt. Im Laufe des 3. Jh.s stellte sich immer mehr heraus, dass das Römische Reich zu groß war, um von einem einzigen Zentrum aus regiert zu werden. Die Kommunikationsmöglichkeiten reichten nicht aus, um schnell genug auf Ereignisse und Entwicklungen in entfernten Provinzen reagieren zu können. Kaiser Diokletian (reg. 284–305) zog hieraus die Konsequenzen und teilte das Reich in zwei Verwaltungsbezirke, die jeweils unter einem Augustus standen. Diesen wiederum war je ein „Unterkaiser" mit dem Titel eines Caesar zugeordnet. Dieses System erwies sich jedoch als zu kompliziert. Nach Konstantin I. bürgerte sich eine Zweiteilung in einen Ost- und einen Westteil ein, wobei sich die beiden Kaiser aber weiterhin gegenseitig unterstützten. Im Allgemeinen gehörten sie einer Familie an, und der Dienstältere wurde als „erster" Kaiser angesehen. Trotzdem entwickelten beide Reichsteile sich auseinander. Der Ostteil war wirtschaftlich stärker, vor allem weil zu ihm Ägypten gehörte, das die weitaus reichste Provinz des Reiches war. Trotz der dauernden Kriege mit Persien wurden die Ostprovinzen weniger von feindlichen Angriffen heimgesucht als Westrom, das unter den dauernden Einfällen der Germanen zu leiden hatte, die ab dem 4. Jh. mit der Errichtung eigener Reiche auf dem Gebiet des Imperiums begannen.

Hinzu kamen in beiden Reichsteilen große ökonomische Schwierigkeiten, die durch einen starken Bevölkerungsrückgang und durch religiöse Auseinandersetzungen, zunächst zwischen Heiden und Christen, dann unter den Christen selbst, noch verstärkt wurden. Aber während Westrom an diesen Problemen zerbrach und schließlich 476 unterging, konnte Ostrom seinen Besitzstand erhalten. Zwar wurden die Balkanprovinzen völlig verwüstet, aber Ägypten, Syrien/Palästina und Kleinasien boten eine Basis, die von den äußeren Angreifern nicht erreicht werden konnte. Ihre Hauptstadt Konstantinopel selbst bauten die Kaiser zur größten Festungsanlage des Mittelalters aus.

**Ostrom (Byzanz) als anerkannte Vormacht.** Mit dem Untergang Westroms weitete sich die Autorität der oströmischen Kaiser wieder auf den Westteil aus. Dies zeigte sich, als Kaiser Zenon (reg. 474–491) die Ostgoten unter ihrem König Theoderich (gest. 526), die bis dahin in den Balkanprovinzen ein Unruhefaktor gewesen waren, nach Italien schickte. Dort sollten sie Odoaker (getötet 493), der den letzten weströmischen Kaiser abgesetzt hatte, zu stürzen versuchen. Theoderich war erfolgreich und errichtete in Italien das Ostgotische Reich. Nach seinem Tod nutzte der oströmische Kaiser Justinian (reg. 527–565) die Gelegenheit, um die Reichsautorität im Westen wieder durchzusetzen, und unterwarf in mehrjährigen Kriegen die Wandalen in Nordafrika, die Ostgoten und einen Teil des westgotischen Reiches in Spanien.

▷ S. 41 f. Frühe Königreiche bei Germanen und Slawen

Justinian bemühte sich auch im Innern um eine Besserung der Verhältnisse, im ökonomischen Bereich allerdings ohne Erfolg. Berühmt wurde er vor allem durch zwei Werke, die noch heute existieren bzw. bis heute wirken: erstens durch den Bau der Kirche der Hagia Sophia („Heilige Weisheit"), die bis zur Errichtung des Petersdoms ein Jahrtausend



## Detailskizze

Nach der Anerkennung der christlichen Religion durch Konstantin I. wurden die **Differenzen innerhalb des Christentums** offenkundig. Insbesondere stritt man sich um die wahre Natur des Gottessohnes Jesus Christus. War er nun Gott, Mensch, oder hatte er von beidem etwas? Die „offizielle" Glaubensrichtung, die auf dem Konzil von Chalkedon 451 festgelegt wurde, sah in Christus zwei Naturen wirken, die beide unvermischt neben- und miteinander existierten („Wahrer Gott und wahrer Mensch"), während die Arianer (nach ihrem Gründer Arius) in ihm nur einen Menschen sahen, nicht aber Gott. Der Arianismus wurde auf dem Konzil von Nikaia 325 als Häresie verboten, hielt sich aber noch lange, besonders bei den Germanen (Wandalen, Ost- und Westgoten, Langobarden).

Dagegen nahmen die Monophysiten (von griechisch *mone physis* = eine Natur) an, dass in Christus nach der Inkarnation die göttliche Seite die menschliche praktisch vollständig in sich aufgesogen habe, er also nur noch göttlich sei. Diese Lehre wurde auf dem Konzil von Chalkedon 451 als Häresie verurteilt, konnte aber bis zur islamischen Eroberung Syriens und Ägyptens, wo sie besonders stark war, nicht unterdrückt werden.

Die Monotheleten (von griechisch *monon thelema* = ein Wille) vertraten eine pragmatische Haltung. Sie hielten die Frage nach den zwei Naturen für irrelevant, da beide in jedem Fall nach einem gemeinsamen Willen handelten. Dieser Kompromiss zwischen „Orthodoxen" (griechisch „Rechtgläubige") und Monophysiten wurde auf dem Konzil von 680/81 als Häresie verworfen.

Im 8./9. Jahrhundert kam es außerdem zu einer Auseinandersetzung über die Frage, ob die Anbringung und Verehrung von Bildern (Ikonen) in der Kirche rechtmäßig oder Götzendienst sei. Die Ikonoklasten (griechisch „Bilderverbrenner") lehnten die Bilder ab, was auf dem Konzil von Nikaia 787 und noch einmal auf einer Synode 843 als Häresie verurteilt wurde.

Literatur: H.-G. Beck, Geschichte der orthodoxen Kirche im byzantinischen Reich, Göttingen 1980; A. Angenendt, Das Frühmittelalter. Die abendländische Christenheit von 400 bis 900, Stuttgart 1990, 3. Aufl. 2001.

später die größte Kirche der Christenheit war. Dauerhafte Wirksamkeit im immateriellen Bereich erreichte er zweitens durch eine umfangreiche Gesetzes- und Rechtssammlung. Dieses Corpus Iuris, wie es später genannt wurde, hat das Rechtswesen bis heute maßgeblich beeinflusst.

Mit seinen Eroberungen im Westen hatte Justinian die Kräfte des Reiches überspannt. Daneben zehrten die nomadischen Einfälle auf dem Balkan und die fast ununterbrochenen Kriege gegen Persien die Kräfte des Reiches auf. Hinzu kam eine große Pestepidemie in den vierziger Jahren, die zu einem starken Bevölkerungsrückgang führte. Nach dem Tod Justinians 565 musste Byzanz einen strikten Sparkurs einschlagen, der nicht nur dazu führte, dass der Nordteil Italiens an die Langobarden verloren ging, sondern der auch im Inneren starke Unzufriedenheit nach sich zog. Hinzu kamen immer wieder religiöse Auseinandersetzungen, die die Einheit des Reiches erschütterten.

▷ S. 44
he Königreiche bei
Germanen
d Slawen

Außenpolitisch verlor Byzanz zwischen ca. 580 und 620 den gesamten inneren Balkan, während es sich im Osten nach einem langen und schweren Krieg, bei dem zeitweilig sogar Ägypten und Syrien/Palästina verloren gegangen waren, schließlich gegen die Perser durchsetzen konnte. Aber die Expansion der Araber in den folgenden Jahren sollte diesen Erfolg schnell wieder zunichte machen.

## Byzanz unter dem Druck des Islam.

Die knapp zwei Jahrhunderte zwischen etwa 630 und 800 zählen zu den einschneidendsten der byzantinischen Geschichte. In ihnen wandelte sich Byzanz von dem mächtigen Nachfolgestaat des Römischen Imperiums zu einer Lokalmacht, die auf den östlichen Mittelmeerraum beschränkt war und ums Überleben kämpfte. Innerhalb von nur zehn Jahren verlor das Reich mit Ägypten und Syrien/Palästina seine ökonomisch bedeutendsten Provinzen. Es blieben nur noch Kleinasien, einige Küstenstriche auf dem Balkan und in Süditalien sowie die meisten Mittelmeerinseln. Auch Nordafrika ging am Ende des 7. Jh.s verloren. Darüber hinaus musste das durch diese Verluste fast vor dem Kollaps stehende Byzanz sich über ein Jahrhundert lang fast ständig arabischer Einfälle erwehren. Konstantinopel wurde zweimal belagert (674–678 und 717/18), und es blieb neben Thessalonike die einzige größere Stadt des Reiches, die nicht von den Feinden erobert wurde.

Eine solche Notsituation konnte nicht ohne Folgen bleiben: Um zu überleben, entwickelten die Byzantiner neue Strukturen und Verhaltensweisen. Das Reich militarisierte sich. Die alten Eliten verschwanden oder wandelten sich zu einer militärisch orientierten Führungsschicht. Die Provinzverwaltung, in der vorher Zivil- und Militärbehörden streng getrennt waren, wurde jetzt mehr und mehr vom Militär dominiert. Die Kaiser selbst vertauschten wieder den Thron mit dem Feldherrnzelt, was seit dem ausgehenden 4. Jh. nicht mehr der Fall gewesen war. Mit den großen Zentren Alexandria in Ägypten und Antiochia in Syrien ging auch die alte kulturelle Vielfalt verloren. Erst jetzt wurde Konstantinopel zum alles überragenden Zentrum, auf das hin sich das ganze Reich ausrichtete.

Die totale Konzentration auf die Abwehr der übermächtigen Muslime führte in ihrer Konsequenz zu einer weitgehenden Vernachlässigung der ehemaligen weströmischen Reichsteile. Mit Ausnahme Italiens kümmerten die Kaiser sich nicht mehr um das lateinische Europa. Die Kenntnis der lateinischen Sprache wurde bei den Byzantinern ebenso zur Ausnahme wie die des Griechischen in Westeuropa. Beide Seiten begannen sich auseinander zu entwickeln.

**Byzanz und das lateinische Kaisertum.** Nach 750 reduzierte sich der Druck der Araber, auch infolge innerer Auseinandersetzungen. Byzanz begann, sich von den Turbulenzen der Vergangenheit langsam wieder zu erholen. Auch auf dem Balkan wurden Slawen und Bulgaren zurückgedrängt. Die Bevölkerung im byzantinischen Reich nahm zu, und die ökonomischen Verhältnisse besserten sich. Auch wenn es immer wieder herbe Rückschläge gab, entwickelten die Byzantiner langsam ein politisches, ökonomisches und militärisches Übergewicht im östlichen Mittelmeerraum. Seit der Mitte des 9. Jh.s bekehrten sich die Bulgaren zum christlichen Glauben, und die byzantinische Kirche dehnte ihre Autorität über den territorialen Umfang des Reiches hinaus aus. Gegen Ende des 10. Jh.s nahmen sogar die Waräger, skandinavische Wikinger, die in Kiew ein Reich gegründet hatten, das Christentum an. Damit gewann die byzantinische Kultur einen Einflussbereich, der über den Fall des Reiches hinaus bis heute Bestand hat. Neben Griechenland gilt in Serbien, Bulgarien, Russland und in der Ukraine das Christentum in seiner von Byzanz vermittelten Fassung.

▷ S. 89, 91 Nord- und Osteuropäische Monarchien

Im übrigen Europa hingegen verlor Byzanz zunehmend an Boden. Seit den zwanziger Jahren des 9. Jahrhunderts wurde Sizilien von den Arabern angegriffen und bis zum Beginn des 10. Jahrhunderts vollständig erobert. In Italien besaßen die Griechen nur noch Süditalien. Als Folge der abnehmenden byzantinischen Präsenz seit dem 7. Jahrhundert sank auch die Autorität der Kaiser. Die Völker im Bereich des lateinischen Europa begannen, sich von Byzanz zu emanzipieren, und erkannten den alten Vorrang der Kaiser in Konstantinopel immer weniger an. Infolge des byzantinischen Rückzugs aus Westeuropa, der durch die Not der Araberkriege erzwungen worden war, entstand ein politisches und ideologisches Machtvakuum, das schließlich im Jahre 800 durch die Kaiserkrönung Karls des Großen gefüllt wurde. Fortan gab es zwei „Römische" Kaiser nebeneinander, die sich gegenseitig ihre Existenzberechtigung streitig machten.

Ralph-Johannes Lilie

**Literatur**

W. Brandes, Finanzverwaltungen in Krisenzeiten. Untersuchungen zur byzantinischen Administration im 6.–9. Jahrhundert, Frankfurt/M. 2002.

A. Cameron, The Later Roman Empire, AD 284–430, Cambridge, Mass. 1993.

Dies., The Mediterranean World in Late Antiquity. AD 395–600, London 1993.

A. Demandt, Die Spätantike. Römische Geschichte von Diocletian bis Justinian 284–565 n. Chr., München 1989.

J. F. Haldon, Byzantium in the Seventh Century. The Transformation of a Culture, Cambridge 1990.

Ders., Das byzantinische Reich, Düsseldorf 2002.

M. F. Hendy, Studies in the Byzantine Monetary Economy c. 300–1450, Cambridge 1985.

R.-J. Lilie, Byzanz. Das zweite Rom, Berlin 2003.

M. Meier, Das andere Zeitalter Justinians. Kontingenzerfahrung und Kontingenzbewältigung im 6. Jahrhundert n. Chr., Göttingen 2003.

# Von einer Randkultur zum Zentrum Europas: Das Frankenreich

## Zeittafel

| | |
|---|---|
| 482–511 | Chlodwig I. |
| 486 | Sieg Chlodwigs über Syagrius. |
| 498 | Taufe Chlodwigs in Reims. |
| 561 | Teilung des Frankenreiches unter die vier Söhne Chlothars. |
| 581 | Teilung des Frankenreiches unter die vier Söhne Chlodwigs I. |
| 614 | Pariser Edikt. |
| 623-639 | Dagobert I., ab 629 König des Gesamtreiches. |
| 687 | Pippin der Mittlere wird Alleinherrscher. |
| 714 | Tod Pippins des Mittleren. |
| 714–741 | Karl Martell ist Hausmeier, ab 717/8 Alleinherrscher. |
| 732 | Sieg Karl Martells bei Poitiers und Tours über die Araber. |
| 741 | Tod Karl Martells; Aufteilung des Reiches unter Karlmann und Pippin. |
| 747 | Abdankung Karlmanns; Alleinherrschaft Pippins d. Jüngeren. |
| 751 | Wahl Pippins zum Frankenkönig. |
| 754 | Pippinische Schenkung. |
| 768 | Tod Pippins des Jüngeren. |
| 771 | Tod Karlmanns; Karl der Große wird Alleinherrscher. |
| 772–804 | Sachsenkriege Karls des Großen. |
| 773/4 | Karl der Große wird *rex Langobardorum*; erster Romzug. |
| 782 | *Capitulatio de partibus Saxoniae*. |
| 800 | 25.12.: Kaiserkrönung Karls d. Großen. |
| 813 | Erhebung Ludwigs des Frommen in Aachen zum Mitkaiser; Reformsynoden. |
| 814 | 28.1.: Tod Karls des Großen in Aachen. |
| 817 | *Ordinatio imperii*. |
| 830 | Aufstand Lothars; Beginn des Bruderkampfes im Reich. |
| 840 | Tod Ludwigs des Frommen; Bündnis Karls des Kahlen und Ludwigs des Deutschen; Karolingischer Bruderkrieg. |
| 842 | Straßburger Eide. |
| 843 | Vertrag von Verdun. |
| 855 | Tod Lothars I.; Teilung des Mittelreiches. |
| 869 | Tod Lothars II.; Lotharingien fällt an Karl den Kahlen. |
| 870 | Vertrag von Meersen. |
| 875 | Tod Ludwigs II. |
| 876 | Tod Ludwigs des Deutschen; Reichsteilung unter seine drei Söhne. |
| 880 | Vertrag von Ribémont. |
| 881 | Kaiserkrönung Karls III. |
| 885–887 | Letzte Vereinigung des Gesamtreiches unter Karl III. |
| 887 | Königserhebung Arnulfs von Kärnten. |
| 896 | Kaiserkrönung Arnulfs. |

**Frühgeschichte der Franken.** Die Franken werden in römischen Quellen erstmals kurz nach der Mitte des 3. Jh. genannt. Sie bildeten sich vermutlich aus älteren germanischen Völkern, ohne sich zunächst zu einem Volk mit einheitlicher politischer Führung zu entwickeln. Der Name bedeutet wohl soviel wie „mutig, kühn, ungestüm, frech". Dagegen ist die Gleichsetzung von Franke mit Freier vermutlich sekundär. Die Franken siedelten am Nieder- und Mittelrhein und bildeten anfangs keine geschlossene politische Einheit. Es waren daher auch verschiedene fränkischen Gruppen unter eigenen Anführern, die seit der Mitte des 3. Jahrhunderts offensiv gegen das Imperium vorgingen. In mehreren Schüben bedrohten sie die römische Rheingrenze. 406/7, als die römische Grenzverteidigung entlang des Rheins zusammenbrach, lebten daher durch Eroberungen, Bündnisverträge oder durch die Ansiedlung als Gefangene bereits Franken links des Flusses auf römischem Reichsboden. Dies gilt auch für eine fränkische Gruppe, die von der Forschung mehrheitlich als Salier angesprochen wird. Sie waren in die Gegend des heutigen Antwerpen vorgedrungen.

Diese Gruppe stieß um 445 unter ihrem König Chlodio/Chlojo in den Norden der *Belgica Secunda* vor, wurde aber 448 von Aëtius besiegt und rund um Tournai als Föderaten angesiedelt. 454/5 brach die römische Ordnung in Gallien endgültig zusammen. Die Franken konnten daher ihre Gebiete vergleichsweise ungehindert ausdehnen. Aus dem Mittel- und Oberrheingebiet drangen sie in die *Germania Prima* ein, nahmen kurz vor 460 Mainz ein und bedrohten Trier. Nördlich davon eroberten die niederrheinischen Franken endgültig Köln und errichteten ein faktisch eigenständiges Reich. Dessen König

**Childerich-Grab**

481 oder 482 starb **Childerich I.** und wurde in Tournai bestattet. Sein Grab wurde im Jahr 1653 gefunden und erregte schon damals großes Aufsehen. In seinen Grabbeigaben spiegelt sich Childerichs Stellung als Frankenkönig und als römischer Offizier wider. „Der König war mit seinem Pferd, in voller Tracht mit Waffen, Insignien und einem Schatz von Gold- und Silbermünzen bestattet worden. Die prunkvolle Art der Bestattung, die Form der Waffen und der goldene Handgelenkring kennzeichnen den fränkischen König, der Siegelring, die goldene Zwiebelknopffibel und das *paludamentum* (der von der Fibel gehaltene Mantel) den hohen römischen Offizier" [Ewig, 17].

Bild: Repliken der Grabbeigaben, die 1831 durch Diebstahl verloren gegangen sind, nach älteren Abbildungen. Foto: Römisch Germanisches Zentralmuseum, Mainz.

Literatur: E. Ewig, Die Merowinger und das Frankenreich, Stuttgart u. a. 1988, 4. Aufl. 2001.

ging 469 ein Bündnis mit dem Burgunderkönig Gundowech ein, der als gallischer Heermeister zugleich Repräsentant römischer Autorität war. Diese Allianz ermöglichte den Kölner Franken in der Folgezeit, die mittelrheinischen Franken zu unterwerfen, die Herrschaft des Arbogast über Trier zu beenden und bis nach Toul vorzustoßen. Ihr Machtbereich reichte seit ca. 485 bis nach Mainz und vielleicht sogar darüber hinaus.

Die Franken von Tournai besetzten spätestens nach 455 das Land bis zur Somme mit Cambrai und Arras. Die Chronologie ihrer Könige lässt sich kaum mehr rekonstruieren. Nach dem zeitgenössischen Bischof und Historiker Gregor von Tours (538 oder 539–594) folgte auf Chlodio/Chlojo sein Sohn Merowech, der sich anderweitig allerdings nicht nachweisen lässt. Dessen Nachfolge trat dann sein Sohn Childerich an. Er kämpfte 463 auf Seiten des vom amtierenden römischen Kaiser nicht mehr anerkannten Heermeisters Aegidius an der Loire gegen die Westgoten. Aegidius errichtete wohl mit fränkischer Hilfe ein Herrschaftsgebiet im nördlichen Gallien. Seine Nachfolge trat der als Graf (*comes*) bezeichnete Paulus an, der 469 wiederum mit Hilfe der Franken unter Childerich die Westgoten zurückschlagen konnte. 481 oder 482 starb Childerich.

**Die Merowinger: Chlodwig.** Unter Chlodwig stiegen die Franken von einem vergleichsweise unbedeutendenden Volk am Rande des untergegangenen weströmischen Reiches zur beherrschenden Macht in Gallien auf. Chlodwig folgte 481/82 seinem Vater als Frankenkönig von Tournai nach. Die Galloromanen, insbesondere Bischof Remigius von Reims, sahen ihn in der legitimen Nachfolge der römischen Provinzstatthalter der *Belgica Secunda*. War sein Vater noch ein Bundesgenosse des Römers Aegidius gewesen, wandte sich Chlodwig 486/87 gegen dessen Sohn Syagrius, der als Nachfolger des *comes* Paulus an der Spitze der regionalen romanischen Herrschaftsbildung rund um Soissons stand. Der Franke scheint den Tod des in Gallien dominierenden Westgotenkönigs Eurich 484 ausgenutzt zu haben. Chlodwig verlegte seine Residenz nach Soissons und nahm die Truppen seines geschlagenen Gegners in seinen Dienst. Allmählich eroberte er das gesamte Territorium des Syagrius und wurde bis zum Beginn der 490er Jahre unmittelbarer Nachbar der Westgoten und Burgunder. Mit diesen schloss Chlodwig ein Bündnis und heiratete die burgundische Prinzessin Chrodechilde. Auch der mächtige Beherrscher Italiens, der Ostgotenkönig Theoderich, wurde auf den Franken aufmerksam und heiratete damals dessen Schwester Audofleda. Bald nahm Chlodwig aber keine Rücksichten mehr auf Theoderich und wandte sich in der zweiten Hälfte des Jahrzehnts gegen andere Bündnispartner Theoderichs, Westgoten und Burgunder. Auch sein Sieg über die Alemannen 498 oder 499 ist möglicherweise in diesem Kontext zu sehen.

▷ S. 42 Frühe Königreiche bei Germanen und Slawen

**Übertritt zum Christentum.** Gregor von Tours verknüpft diesen Sieg mit Chlodwigs Übertritt zum Christentum: Zunächst hätten die Alemannen die Oberhand behalten, bis Chlodwig den Christengott angerufen und gelobt habe, sich taufen zu lassen. Daraufhin wandte sich das Kriegsglück und die Franken blieben siegreich. Chlodwig habe Wort gehalten und sei zusammen mit 3000 seiner Krieger zum katholischen Glauben übergetreten. Deutlich stellt Gregor hier den Frankenkönig in die Nachfolge Konstantins des Großen, was

## Stammtafel der Merowinger

Chlodio ca. 425–455
Merowech ca. 455
Childerich I. ca. 457/58–482
Chlodwig I. 482–511
Theoderich I. 511–533
Chlodomer 511–524
Childebert I. 511–558
Chlothar I. 511–561
Theudebert I. 533–547/48
Theudebald 547/48–555
Chambert I. 561–567/68
Guntram 561–592
Sigtbert I. 561–575
Chilperich I. 561–584
Childebert II. 575–596
Chlothar II. 584–629/30
Theudebert II. 596–612
Theuderich II. 596–613
Dagobert I. 623–639
Charibert II. 629/30–632
Sigibert II. 643
Sigibert III. 633/34–656/57
Chlodwig II. 639–657
Childebert d. Adoptierte König 661/662
Dagobert II. 657–679
Chlothar III. 637–673
Theuderich III. 675–691
Childerich II. 662/63–675
Chlodwig III. 691–694
Childebert III. 694–711
Dagobert † 675
Chilperich II. (Daniel) 715–721
Dagobert III. 711–715
Childerich III. 743–751 (entthront)
Theuderich IV. 721–737

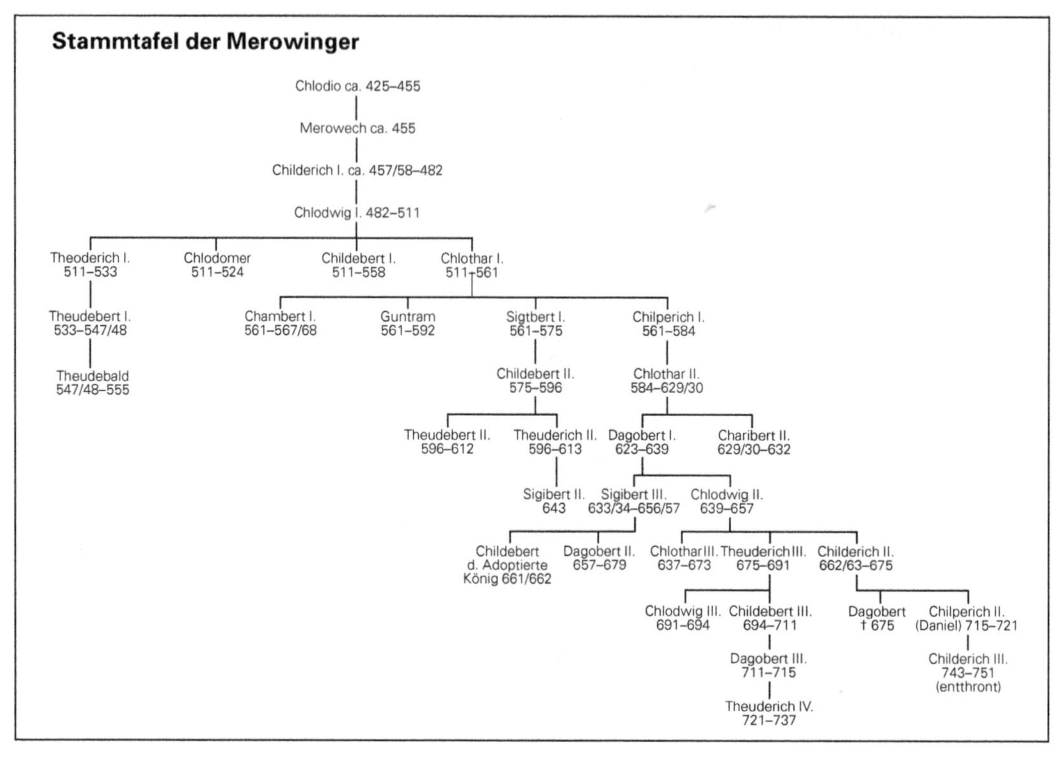

## Stammtafel der Karolinger

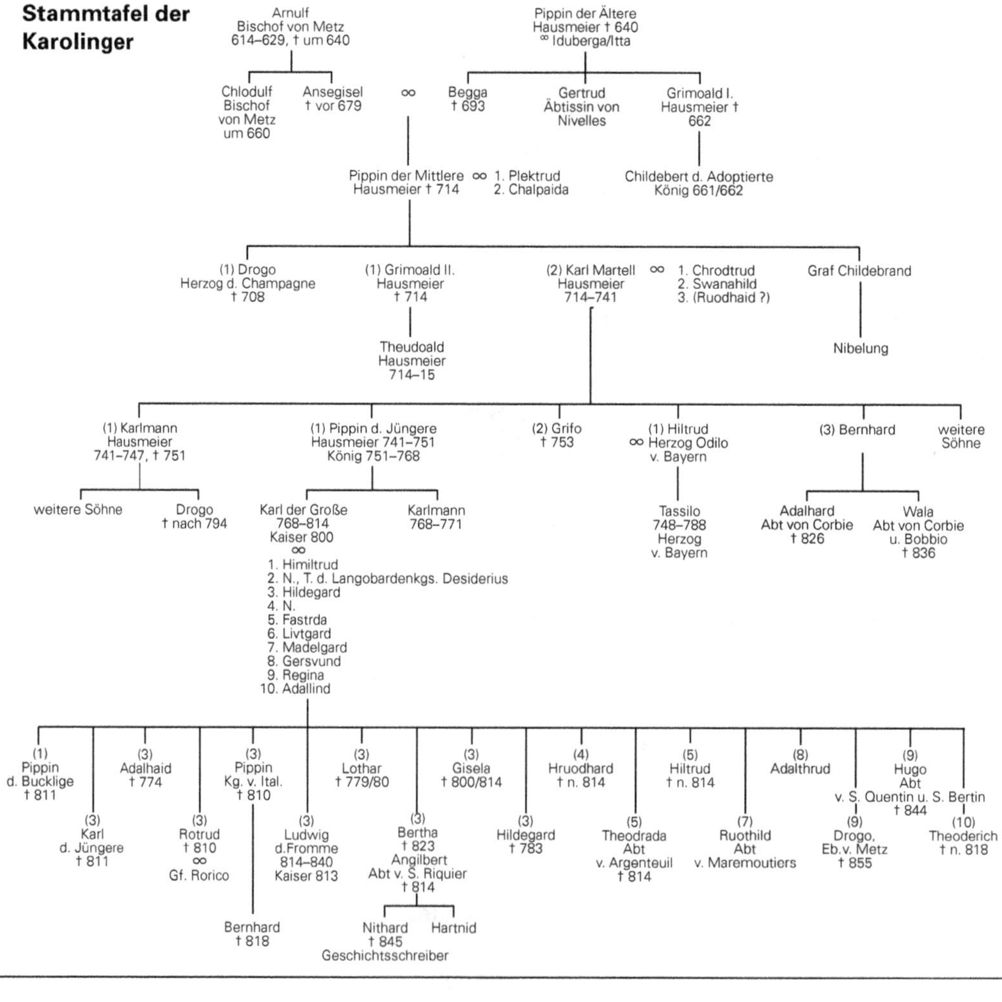

Arnulf Bischof von Metz 614–629, † um 640
Pippin der Ältere Hausmeier † 640 ∞ Iduberga/Itta
Chlodulf Bischof von Metz um 660
Ansegisel † vor 679
∞
Begga † 693
Gertrud Äbtissin von Nivelles
Grimoald I. Hausmeier † 662
Pippin der Mittlere Hausmeier † 714
∞ 1. Plektrud 2. Chalpaida
Childebert d. Adoptierte König 661/662
(1) Drogo Herzog d. Champagne † 708
(1) Grimoald II. Hausmeier † 714
(2) Karl Martell Hausmeier 714–741
∞ 1. Chrodtrud 2. Swanahild 3. (Ruodhaid ?)
Graf Childebrand
Theudoald Hausmeier 714–15
Nibelung
(1) Karlmann Hausmeier 741–747, † 751
(1) Pippin d. Jüngere Hausmeier 741–751 König 751–768
(2) Grifo † 753
(1) Hiltrud ∞ Herzog Odilo v. Bayern
(3) Bernhard
weitere Söhne
weitere Söhne
Drogo † nach 794
Karl der Große 768–814 Kaiser 800
∞ 1. Himiltrud 2. N., T. d. Langobardenkgs. Desiderius 3. Hildegard 4. N. 5. Fastrda 6. Livtgard 7. Madelgard 8. Gersvund 9. Regina 10. Adallind
Karlmann 768–771
Tassilo 748–788 Herzog v. Bayern
Adalhard Abt von Corbie † 826
Wala Abt von Corbie u. Bobbio † 836
(1) Pippin d. Bucklige † 811
(3) Karl d. Jüngere † 811
(3) Adalhaid † 774
(3) Rotrud † 810 ∞ Gf. Rorico
(3) Pippin Kg. v. Ital. † 810
Bernhard † 818
(3) Ludwig d.Fromme 814–840 Kaiser 813
(3) Lothar † 779/80
(3) Bertha † 823 Angilbert Abt v. S. Riquier † 814
Nithard † 845 Geschichtsschreiber
Hartnid
(3) Gisela † 800/814
(3) Hildegard † 783
(4) Hruodhard † n. 814
(5) Theodrada Abt v. Argenteuil † 814
(5) Hiltrud † n. 814
(7) Ruothild Abt v. Maremoutiers
(8) Adalthrud
(9) Drogo, Eb.v. Metz † 855
(9) Hugo Abt v. S. Quentin u. S. Bertin † 844
(10) Theoderich † n. 818

nicht zwangsläufig gegen den Wahrheitsgehalt seines Berichts spricht, aber doch zur Vorsicht mahnt. Immerhin gibt er auch den Anteil Chrodechildes an der Bekehrung ihres Mannes zu erkennen, die aus dem katholischen Zweig des burgundischen Königshauses stammte. Entscheidend an Chlodwigs Schritt war in der Tat nicht nur sein Bekenntnis zum Christentum, sondern vor allem sein Übertritt zu dessen katholischer Form, nicht zu der des Arianismus. Damit ließ er anders als in anderen germanischen Reichen auf dem Boden des ehemaligen Imperium keinen religiösen Gegensatz zwischen Germanen und Romanen aufkommen.

Nach außen hin setzte Chlodwig 507 seine Expansionspolitik fort und eroberte in der Folgezeit fast ganz Aquitanien. Schließlich beseitigte Chlodwig auch alle übrigen Frankenkönige und schuf damit ein einheitliches fränkisches Königtum. Am Ende seines Lebens war er so mächtig geworden, dass selbst der oströmische Kaiser auf ihn aufmerksam wurde und ihm 508 in Tours eine besondere zeremonielle Ehrung zuteil werden ließ, die gemeinhin als Verleihung eines Ehrenkonsulats gedeutet wird. Wohl als Konsequenz aus seiner überragenden Machtstellung verlegte Chlodwig jetzt seinen Sitz von Soissons nach Paris, das auf Grund seiner Lage im Verkehrsnetz Galliens die ideale Hauptstadt war. Hier ließ er eine prachtvolle Kirche bauen, die den Aposteln geweiht war und in der er 511 bestattet wurde. Auch damit folgten die Franken dem Vorbild Konstantins des Großen, der seine letzte Ruhestätte in der Apostelkirche Konstantinopels gefunden hatte. Wohl ebenfalls nach dem Vorbild römischer Kaiser kümmerte sich Chlodwig auch um das Recht seines Volkes. Er ließ es sammeln und als *Pactus Legis Salicae* aufzeichnen. Nach innen und außen hatte Chlodwig die Voraussetzungen für die vergleichsweise lange andauernde Stabilität des fränkischen Großreiches geschaffen.

**Die Zeit der Bruderkriege.** Eine ernste Gefahr für den inneren Zusammenhalt des Reiches war das nach Chlodwigs Tod praktizierte Teilungsprinzip. Es führte nach 511 zu langen Bruderkriegen und zur Ausbildung der drei Reichsteile Austrasien, Neustrien und Burgund. Trotz der Teilung ging die fränkische Expansion aber auch unter Chlodwigs Söhnen weiter. 531 unterwarf Theuderich Thüringen, 534 eroberten die Brüder das Burgunderreich und 536 trat der Ostgotenkönig Witigis den Franken die Provence ab. Theuderichs Sohn Theudebert (533–547) dehnte seine Herrschaft auf Rätien und das spätere Bayern aus. Zeitweise kontrollierte er sogar Teile Oberitaliens. Theudebert plante wohl sogar selbst die Eroberung der Halbinsel. Sein Tod verhinderte die Ausführung seiner Pläne. Nachdem sein Sohn Theudowald und auch Childebert I. gestorben waren (555 und 558), konnte Chlothar I. das Frankenreich noch einmal vereinigen. Bei seinem Tod 561 wurde das Reich erneut unter den vier erbberechtigten Söhnen geteilt. Als 567 einer der Brüder früh starb, kam es wieder zu einer Dreiteilung, die für die künftige Struktur des Gesamtreichs bestimmend werden sollte. Aus dem östlichen Teilreich rund um Reims und später Metz wurde Austrasien (Ostland) und rund um Paris bildete sich Neustrien (wohl Neuwestland). Hinzu kam Burgund mit der Hauptstadt Orléans, später Chalon-sur-Saône. Die drei Reichsteile gewannen in den folgenden Bruderkriegen feste Konturen, denn erst unter König Chlothar II. war das Frankenreich seit 613 wieder unter einem König vereinigt.

Insgesamt hatten die Bruderkriege zur Stärkung des regionalen Adels geführt. Das erkannte der neue Gesamtherrscher auch auf einer großen Reichssynode bzw. -versammlung in Paris 614 an. Er erließ damals das *Edictum Chlotharii,* in dem er zusicherte, künftig keinen Amtsträger (*iudex*) mehr einzusetzen, der nicht aus seinem Zuständigkeitsbereich stamme. Bei der Bestellung der Hausmeier scheint sich Chlothar bereits nach diesem Grundsatz gerichtet zu haben. Der Inhaber dieses Amtes war ursprünglich Vorsteher des königlichen Haushaltes gewesen, wuchs aber immer mehr in die Position eines leitenden Ministers hinein. Nach seinem Sieg über die austrasische Linie beließ Chlothar jedem Teilreich einen eigenen Hausmeier. Damit erkannte er die Eigenart Burgunds und vor allem Austrasiens an und wirkte einer Dominanz Neustriens entgegen. Allerdings wuchsen in den folgenden Jahrzehnten Neustrien und Burgund immer stärker zusammen, während der austrasische Adel seine Eigenständigkeit durch die Forderung nach einem eigenen König zusätzlich betonte. So setzte Chlothar dort 623 seinen ältesten Sohn Dagobert I. als Unterkönig ein und dieser, seit dem Tod seines Vaters 629 selbst Alleinherrscher, 633 wiederum seinen Sohn Sigibert III. Bald darauf wurde Dagobert ein zweiter Sohn, Chlodwig II., geboren. Nun drängten die Neustrier auf eine Regelung der Nachfolge in ihrem Sinne: Ihr Land sowie Burgund sollten nach Dagoberts Tod an Chlodwig fallen, während es bei der Herrschaft Sigiberts III. über Austrasien bleiben sollte.

**Der Aufstieg der Arnulfinger/Pippiniden bis 687.** Als Dagobert I. 638/39 starb, traten seine minderjährigen Söhne wie vorgesehen die Nachfolge an. Die beiden Hausmeier Erchinoald (Neustrien) und Grimoald, der Sohn Pippins des Älteren, nutzten dies zur Steigerung ihrer Machtstellung. 656, nach Sigiberts Tod, erhob Grimoald Childebert auf den Thron, der entweder ein Königssohn und besonderer Schützling des Hausmeiers war oder aber sogar sein eigener Sohn, der von Sigibert adoptiert worden war. 662/63 gingen die Neustrier gegen Grimoald vor und setzten mit Childerich II. einen Vertreter ihrer Linie des Herrscherhauses zum König in Austrasien ein. Grimoald kam ums Leben, und mit ihm erlosch die Familie der Pippiniden im Mannesstamm.

In Neustroburgund führte nach dem Tod Chlodwigs III. 657 seine Witwe Balthild die Regentschaft für ihren Sohn Chlothar III. Sie suchte zusammen mit dem Hausmeier Ebroin die königlichen Rechte gegen den Adel zu stärken. Um 665 zog Balthild sich vielleicht unter Druck Ebroins in das von ihr gegründete Kloster Chelles zurück. Der Hausmeier setzte die gegen die burgundische Aristokratie gerichtete Politik fort, doch rief die Opposition 673 nach dem Tod König Chlothars dessen Bruder Childerich II. von Austrasien ins Land, der sich allerdings nur zwei Jahre im Gesamtreich halten konnte. Ebroin konnte zurückkehren und den dritten Bruder Theuderich III. zum König erheben. Sein wichtigster Gegenspieler wurde der Arnulfinger Pippin der Mittlere, Neffe und Erbe Grimoalds. Ebroin wurde 680/81 auf Betreiben Pippins ermordet. Der neue neustrische Hausmeier Waratto und Pippin fanden zu einem Ausgleich, der bis zu Warattos Tod 686 hielt. Danach kam es zu Auseinandersetzungen innerhalb des neustrischen Adels, die Pippin für sich nutzen konnte. Nach seinem Sieg 687 bei Tertry an der Somme gewann er, auch dank der Unterstützung von Teilen des neustrischen Adels, eine überragende Machtstellung im Frankenreich.

**Die Karolinger: Pippin der Mittlere und Karl Martell.** Die inneren Auseinandersetzungen hatten das Frankenreich stark in Mitleidenschaft gezogen. Pippin dem Mittleren und seinem Sohn Karl Martell gelang es, diesen Prozess aufzuhalten und die Voraussetzungen für den Wiederaufstieg des Reiches zu schaffen. Pippin verzichtete nach dem Sieg von Tertry auf den Titel eines Hausmeiers und darauf, ständig persönlich am Hof in Neustrien präsent zu sein. Aber seine Gewährsleute kontrollierten den König und seine Umgebung. Im Osten des Frankenreiches war Pippins Anwesenheit dringender erforderlich als im Westen. 689 besiegte er den Friesenherrscher Radbod und dehnte damit den fränkischen Machtbereich wieder bis zum Niederrhein aus. Auch in anderen Gegenden, die an Austrasien grenzten, hatte die fränkische Autorität gelitten. Die langen Bruderkriege hatten es etwa den Herzögen von Alemannien, Bayern und Thüringen ermöglicht, eine autonome Stellung zu erringen bzw. zu sichern. Lediglich in Alemannien konnte Pippin Erbstreitigkeiten zu mehreren kriegerischen Einfällen zwischen 709 und 712 nutzen und dort seinen Einfluss verstärken. Auch das an Neustrien und Burgund grenzende Aquitanien war der fränkischen Kontrolle entglitten, ohne dass Pippin daran etwas ändern konnte.

Entscheidend für Pippins Erfolge in den innerfränkischen Auseinandersetzungen war nicht zuletzt seine Ehe mit Plectrud, die einem mächtigen austrasischen Adelsgeschlecht entstammte. Den gemeinsamen Söhnen Drogo und Grimoald gab er schon früh verantwortungsvolle Aufgaben und bestimmte sie damit erkennbar zu seinen politischen Erben. Hinter ihnen musste Karl Martell, der Sohn Pippins aus einer Verbindung mit der ebenfalls aus einflussreicher Familie stammenden Chalpaida, zurückstehen. Doch Drogo starb bereits 708, und Grimoald wurde 714 ermordet. Die nun fällige Nachfolgeregelung wurde maßgeblich von Plectrud mitbestimmt, die als Regentin für ihren heranwachsenden Enkel Theudoald, den Sohn Grimoalds, die Regierung führen wollte.

Nach Pippins Tod im Dezember 714 erhoben sich jedoch insbesondere die Neustrier, und Plectruds Herrschaft brach schnell in sich zusammen. Die Neustrier drangen 716 bis an die Maas und sogar bis Köln vor. Nun verließen auch viele Austrasier Plectrud und gingen zu Karl Martell über, der 717/18 die Neustrier unterwarf und den König in seine Gewalt brachte. Mit den Nachkommen Plectruds scheint er einen Ausgleich gefunden zu haben. Karlmann und Pippin, seine Söhne aus erster Ehe, spielten dagegen zu seinen Lebzeiten kaum eine Rolle.

Karl führte andauernd in den Randregionen des Reiches Krieg. So unterwarf er zahlreiche *civitates* in Burgund, die unter den einheimischen Bischöfen nahezu selbstständig geworden waren. Er konnte die autonomen Herzogsherrschaften in Thüringen, dem Elsass und in Alemannien beseitigen und Friesland unterwerfen. In Bayern nutzte er Auseinandersetzungen in der herzoglichen Familie der Agilolfinger zu mehreren militärischen Aktionen und verhalf seinem Kandidaten Hugbert 725/28 zur Herrschaft. Außerdem heiratete er dessen Verwandte Swanahild. Zur Sicherung seiner Politik im Alpenvorland unterhielt Karl zudem gute Beziehungen zum Langobardenkönig Liutprand (712–744), der ebenfalls mit einer bayerischen Prinzessin verheiratet war.

Liutprand erwies sich auch bei den bewaffneten Auseinandersetzungen mit den Arabern als große Stütze. Diese hatten seit 711 das spanische Westgotenreich erobert und überschritten immer häufiger auch die Pyrenäen. 732 besiegten sie den aquitanischen Herzog Eudo und drangen weiter nach Norden vor. Karl Martell stellte sich auf Bitten Eudos den Eindringlingen entgegen und brachte ihnen bei Poitiers eine Niederlage bei. Wenngleich damals wohl nicht das Abendland gerettet wurde, feierten doch schon die Zeitgenossen diesen Sieg als Triumph des Christentums über die Heiden. Gestärkt durch seine militärischen Erfolge verzichtete Karl 737 nach dem Tod Theuderichs IV. darauf, einen neuen Merowingerkönig zu erheben. Vermutlich glaubte er, dass die Herrschaft seiner Familie derart fest etabliert war, dass sie der Legitimation durch die alte Dynastie nicht mehr bedurfte. Doch er sollte sich täuschen.

**Karl Martells Nachfolge und der Dynastiewechsel von 751.** Karl hatte bei seinem Tod im Oktober 741 neben seinen Söhnen aus erster Ehe, Karlmann und Pippin, auch Grifo, den Sohn seiner zweiten Frau Swanahild, berücksichtigt und möglicherweise sogar zum Haupterben auserkoren. Rasch gingen Karlmann und Pippin gegen Halbbruder und Stiefmutter vor und setzten beide noch 741 gefangen. 742 teilten sie das Reich dann unter sich auf. Beide erhielten Teile von Neustrien und Austrasien, wohl um den alten Gegensatz zwischen den beiden Reichsteilen zu überwinden. Auch sonst hielten die Brüder zusammen, denn Alemannen, Bayern und Aquitanier hatten sich gegen ihre Herrschaft erhoben. Die Lage war derart bedrohlich geworden, dass Karlmann und Pippin 743 wieder einen König, Childerich III., einsetzten. Noch im selben Jahr konnten sie ihren gefährlichsten Gegenspieler, Odilo von Bayern, besiegen. Bis 745 setzten sie sich auch gegenüber ihren anderen Konkurrenten durch.

In kirchlichen Belangen arbeitete besonders Karlmann eng mit dem Angelsachsen Bonifatius zusammen, der vom Papst zum Missionserzbischof für Germanien ernannt worden war. Neben der Gründung von Bistümern erwarben sich die beiden vor allem um die fränkische Kirchenverfassung große Verdienste. Karlmann und Bonifatius hielten Synoden ab, und Pippin folgte ihrem Beispiel. Geregelt wurden der Umgang mit entfremdeten Kirchengut, Fragen der kirchlichen Hierarchie sowie die Wiedererrichtung von Kirchenprovinzen. Vor allem aber wurden die Bindungen an Rom gestärkt, und die Autorität des Papstes sollte sich dann auch bei den anstehenden politischen Umwälzungen als nützlich erweisen.

Zwischen Karlmann und Pippin kam es im Laufe der Zeit zu Spannungen. Schließlich dankte Karlmann 747 ab, um zunächst als Kleriker nach Rom und wenig später als Mönch nach Monte Cassino zu gehen. Sein ältester Sohn Drogo sollte seine Stellung erben, aber Pippin verdrängte ihn recht schnell. Auch der freigekommene Grifo konnte sich gegen Pippin nicht behaupten, blieb aber eine ernst zu nehmende Bedrohung. Die Lage im Frankenreich war also keineswegs geklärt, als Pippin sich entschloss, Childerich III. abzusetzen und selbst König zu werden. Die Franken stimmten zu und wählten Pippin 751 in Soissons zu ihrem König. Zudem wurde er nach alttestamentarischem Vorbild mit heiligem Öl gesalbt, um sein Königtum zusätzlich zu legitimieren. Selbst der Papst hatte sein Wohlwollen signalisiert, was aber ebensowenig wie die Salbung von konstitutiver Bedeutung war.

Pippin hatte die lange Jahrzehnte währende Doppelherrschaft von machtlosem König und machtvollem Hausmeier beendet und herrschte von da an als König im Wortsinne.

Das fränkisch-päpstliche Bündnis wurde in der Folgezeit noch enger. Als die Langobarden die Stadt Rom bedrängten, lud Pippin 753 Papst Stephan II. in sein Reich ein. Am 6. Januar 754 kam dieser in der königlichen Pfalz Ponthion an und wurde vom König feierlich empfangen. Er sagte Stephan II. Hilfe zu, aber etliche Franken wollten einem bewaffneten Eingreifen in Italien nicht zustimmen. Erst auf einer weiteren Versammlung in Quierzy konnte Pippin sich durchsetzen. Zudem versprach er dem Papst urkundlich große Teile Mittelitaliens – die „Pippinische Schenkung". Als Gegenleistung salbte Stephan II. Ende Juli 754 Pippin abermals zum König und verlieh ihm den Titel eines *patricius Romanorum*, eines Schutzherrn Roms. Auch Pippins Söhnen Karl und Karlmann spendete der Papst die Salbung, wodurch das Band einer Taufpatenschaft, *compaternitas*, zwischen Papst und Frankenkönig entstand. Weiter ordnete Stephan II. damals vermutlich an, die Franken sollten künftig keinen König mehr aus einem anderen Geschlecht bestimmen. Dann brach Pippin nach Italien auf und warf die Langobarden in zwei Kriegen nieder. Sie mussten Ravenna, die Pentapolis und eine territoriale Verbindung nach Rom an den Papst abtreten. Damit war zwar Pippins Schenkungsversprechen nicht in vollem Umfang erfüllt, aber dennoch war die weltliche Machtstellung des Papstes dadurch erheblich erweitert worden. Daraus sollte sich der Kirchenstaat entwickeln.

▷ S. 65 mische he und Italien

**Karl der Große**. Unter Karl dem Großen erlebte das Frankenreich den Höhepunkt seiner Geschichte. Sowohl nach außen als auch nach innen leistete er Außergewöhnliches und machte das Reich zur Vormacht des damaligen Europa. 768 gelangte er nach Pippins Tod zusammen mit seinem jüngeren Bruder Karlmann zur Herrschaft. Das Frankenreich wurde also abermals geteilt, und bald kam es zu Spannungen zwischen den beiden Brüdern, die schließlich sogar in einen offenen Krieg hätten münden können, der nur durch Karlmanns überraschenden Tod im Dezember 771 verhindert wurde.

Karl handelte sofort und ließ sich nach wenigen Tagen von den Großen seines Bruders huldigen. Aber dessen Witwe Gerberga floh mit ihren zwei kleinen Söhnen und ihren Anhängern zu Desiderius. Der Langobardenkönig verlangte von Papst Hadrian, Karlmanns Söhne zu Königen zu salben. Hadrian weigerte sich und provozierte so einen langobardischen Angriff auf Rom. Der Papst rief Karl zu Hilfe, der wegen der Parteinahme des Desiderius seine Frau, eine Tochter des Langobardenkönigs, verstieß. Nach gescheiterten Verhandlungen überschritt der Frankenkönig im Spätsommer des Jahres 773 die Alpen und schloss Desiderius in dessen Hauptstadt Pavia ein. Während der Belagerung begab sich Karl zu Ostern 774 nach Rom, wo er vom Papst mit den protokollarischen Ehren eines *patricius* empfangen wurde. Dann erneuerten Papst und Frankenkönig ihren Bund, und Karl bekräftigte das Schenkungsversprechen seines Vaters. Als Karl nach Pavia zurückgekehrt war, kapitulierte Desiderius und wurde in ein fränkisches Kloster eingewiesen. Karl bemächtigte sich seines Königsschatzes und übernahm ohne förmlichen Wahlakt die langobardische Königswürde. Mit dem Titel *rex Francorum et Langobardorum atque patricius Romanorum* betonte er nicht nur die Erweiterung

## Detailskizze

Seit dem 6. Jahrhundert ist in den ehemals zum weströmischen Reich gehörenden Gebieten ein merklicher Rückgang der klassischen Bildung zu konstatieren. Verantwortlich dafür waren ein allmähliches Verschwinden der römischen Bildungseinrichtungen und das Desinteresse der Geistlichkeit an klassischen Autoren. In Irland entwickelte sich im Laufe des 6. Jahrhunderts eine schriftsprachlich-lateinische Bildungstradition allein auf christlich-patristischer Grundlage, die im Zuge der Mission ihren Weg nach Britannien fand. Über die römische Mission gelangten auch antike Bildungselemente dorthin. Der gelehrte Mönch Beda Venerabilis steht für das hohe Niveau gelehrten Wissens auf den britischen Inseln. Aber auch Spanien und Italien hatten allem Anschein nach eine bessere Bildung bewahrt als das Frankenreich. Wohl angesichts dieses Mankos versammelte Karl der Große führende Gelehrte an seinem Hof: aus Britannien den Angelsachsen Alkuin, aus Italien Petrus von Pisa, Paulinus und vor allem den Langobarden Paulus Diaconus, aus Spanien den Westgoten Theodulf, aus Irland Dungal und andere mehr. Bald kamen auch Franken wie Angilbert, Adalhard und Einhard hinzu. Sie beschäftigten sich v.a. mit antiken Texten, die daher auch abgeschrieben und so für die Nachwelt gesichert wurden. Zur bloßen Rezeption traten eigene Leistungen. Damals entstand die karolingische Minuskel als Grundform der mittelalterlichen und modernen Schrift; die lateinische Sprache wurde von Vulgarismen gereinigt und die Texte von Fehlern befreit. Vor allem Alkuin und Theodulf verbesserten den überkommenen Bibeltext. Die Folge war eine neue Blüte der Gelehrsamkeit in Theologie, Dichtung und Geschichtsschreibung. So scheint es berechtigt, von der Bildungsreform Karls des Großen oder auch der **karolingischen Renaissance** zu sprechen, auch wenn er selbst zunächst vor allem „nur" eine Verbesserung und Vereinheitlichung der Liturgie angestrebt hatte. Aber er erkannte den Wert der klassischen Bildung für dieses Ziel, deren Pflege er von den Klöstern und ihren Skriptorien forderte (z.B. die *Admonitio generalis* und die so genannte *Epistola de litteris colendis*). So fanden zahlreiche Texte große Verbreitung und bildeten die Grundlage für die weitere geistige Entwicklung in Europa.

Literatur: M. Becher, Karl der Große, München 1999 u.ö.

seines Machtbereichs, sondern auch seine Schutzherrschaft über die römische Kirche. Freilich erfüllte er die territorialen Zusagen an den Papst zunächst nicht und 781 anlässlich seines zweiten Rombesuchs nur teilweise.

Wenn man bedenkt, dass Karl der Große das Langobardenreich in nicht einmal einem Jahr besiegt und seinem Reich angegliedert hat, dann verwundert es doch sehr, dass er für die Eroberung Sachsens über dreißig Jahre benötigte. Aber die Schwäche der Sachsen war zugleich ihre Stärke: Ihnen fehlte jede staatliche Einheit, eine gemeinsame Hauptstadt und gemeinsame Institutionen außer einer in ihrer Bedeutung umstrittenen Volksversammlung. Zudem kannten sie keine nennenswerte Schriftlichkeit und bekannten sich noch zu ihren heidnischen Göttern. Diese Zersplitterung erlaubte den Sachsen einen hinhaltenden Widerstand. Zudem wollte Karl sie zunächst wohl gar nicht systematisch unterwerfen, sondern entschloss sich erst im Laufe der kriegerischen Auseinandersetzungen dazu. So war der Kriegszug von 772 eher eine der üblichen fränkischen Strafexpeditionen gegen feindselige sächsische Gruppen. Während er in Italien gebunden war, gingen die Sachsen in die Offensive. 775 stieß Karl im Gegenzug vom Rhein aus bis nach Ostsachsen vor und erzwang die Unterwerfung der wichtigsten sächsischen Anführer. 776 nutzten die Sachsen erneut seine Abwesenheit für Vergeltungsaktionen: Die militärische Eskalation war in vollem Gange. Spätestens seit 776 ging es dem Frankenkönig um die Eingliederung der Sachsen in das Frankenreich und um ihre Christianisierung. 777 hielt Karl erstmals eine Reichsversammlung auf sächsischem Boden, in Paderborn, ab, auf der die anwesenden Sachsen nicht nur ihm die Treue zu schwören hatten, sondern auch Christus; ihr Land wurde in Missionssprengel eingeteilt. Dennoch setzten sie unter dem damals zum erstenmal erwähnten westfälischen Adligen Widukind ihren Widerstand fort. Erst 782 schien das Land soweit befriedet, dass Karl auf einer Versammlung in Lippspringe einheimische Adlige als Grafen einsetzte und noch im gleichen Jahr ein fränkisch-sächsisches Heer gegen feindliche Slawen aufbot. Doch erneut kam es zum Aufstand unter Widukind, der die Franken am Süntel überraschend angriff und besiegte. Doch bald war Karl wieder Herr der Lage und nahm grausame Rache. Er ließ angeblich 4500 Sachsen bei Verden a. d. Aller hinrichten. Damals erging auch die *Capitulatio de partibus Saxoniae,* die jegliche Auflehnung gegen die Franken und den Abfall vom Christentum unter die härtesten Strafen stellte. Die Maßnahmen zeigten Wirkung, Widukind gab schließlich 785 seinen Widerstand auf und wurde Christ. Die folgenden Jahre standen im Zeichen der Integration Sachsens in das Frankenreich, aber 792 kam es erneut zu Aufständen, die allerdings weitgehend auf den Norden des Landes beschränkt blieben. Nun griff Karl sogar zum Mittel der Massendeportation, kam den loyalen Sachsen aber auch mit dem *Capitulare Saxonicum* von 797 und der Aufzeichnung der *Lex Saxonum* 802 entgegen. Aber es sollte noch bis 804 dauern, bis die Sachsen endgültig unterworfen waren.

Nicht nur nach Nordosten, sondern auch nach Südosten erweiterte Karl sein Reich. In Bayern zwang er den nahezu selbstständig regierenden Herzog Tassilo III. 787 zunächst in seine Lehnsabhängigkeit und setzte ihn ein Jahr darauf im Rahmen eines Schauprozesses in der Pfalz Ingelheim ab. Bayern wurde eine fränkische Provinz. Ab 791 wandte der König sich auch gegen die Awaren, ein Reitervolk mit dem Schwerpunkt im heutigen Ungarn, deren einst mächtiges Reich bereits im Niedergang begriffen war. Nach mehreren Feldzügen wurden ihre Ringburgen 796 zerstört. Reiche Beute fiel Karl in die Hände, der so genannte Awarenschatz. Nach mehreren Erhebungen wurde das Awarenreich 811 beseitigt und dem Frankenreich angegliedert. Schon vorher hatte die christliche Mission von Salzburg, Passau und Aquileia aus begonnen. Unter Karl wurde das Frankenreich auch nach Südwesten hin erweitert. Ein erster Feldzug des Königs nach Nordspanien 778 scheiterte zwar noch kläglich, aber in den folgenden Jahren wurden die fränkischen Positionen Stück für Stück ausgebaut und im Jahr 801 Barcelona erobert.

Längst war damit aus dem einst innerlich zerrissenen Frankenreich eine Macht geworden, unter deren Herrschaft große Teile der westlichen Christenheit vereint waren. So mag für Karl der Gedanke nahe gelegen haben, dieser Tatsache mittels des höchsten weltlichen Ranges Ausdruck zu verleihen, des Kaisertitels, der bis dahin allein Ostrom vorbehalten war. Ein Zufall spielte ihm dabei in die Hände. Papst Leo III. sah sich 799 mit einem Aufstand seiner römischen Gegner konfrontiert und floh daher zu Karl, der ihn in Paderborn empfing und anschließend nach Rom zurückführen ließ, ohne die Angelegenheit endgültig zu Leos Gunsten zu entscheiden. Um dies nachzuholen, erschien Karl im folgenden Jahr selbst in der Ewigen Stadt. Damit übte er faktisch bereits die Funktionen eines Kaisers aus. Vermutlich um wenigstens ein Stück weit noch als aktiver Faktor eine Rolle zu spielen, krönte der Papst den Frankenkönig am Weihnachtstag des Jahres 800 zum Kaiser, während die Römer diesem akklamierten. Damit hatte Karl die seiner Machtstellung angemessene Würde erlangt.

▷ S. 20
Byzanz als Erbe des Römischen Imperiums

Der Titel, den er ab Mai 801 führte, verdeutlichte indessen, dass Karl vielerlei Rücksichten nehmen musste. Er lautete: *Karolus serenissimus augustus a Deo coronatus magnus et pacificus imperator Romanum gubernans imperium, qui et per misericordiam Dei rex Francorum et Langobardorum* („Karl, der überaus erlauchte Augustus, der von Gott gekrönte, große und friedenstiftende Kaiser, der das römische Reich regiert und zugleich durch Gottes Erbarmen König der Franken und Langobarden"). Dieser Titel war nach dem Vorbild alter Urkunden aus Ravenna gestaltet und sollte wohl zunächst in vorsichtiger Distanz zum Papst die Gottunmittelbarkeit des Kaisertums betonen. Auch wurde Rücksicht auf Ostrom genommen, da dort ein anderer Kaisertitel verwendet wurde. Und schließlich behielt Karl seinen Königstitel bei und betonte so die vor allem fränkischen Grundlagen seiner Machtstellung.

Seine neue Würde veranlasste Karl zu verstärkten Bemühungen, sein Reich im christlichen Sinne zu reformieren. Davon zeugen die Aachener Kapitularien von 802. Karl forderte von seinen Untertanen mehr Loyalität und die Einhaltung christlicher Gebote. Der Verwirklichung dieser Ideale waren die weitgehend wohl vergeblichen innenpolitischen Bemühungen seiner letzten Jahre gewidmet. Erfolgreicher war er gegenüber Ostrom, das er nach einem jahrelangen Kleinkrieg um Venedig dazu bewegen konnte, ihn 812 vertraglich als Kaiser anzuerkennen und seine neue Würde damit zu legitimieren. 813 setzte er seinen letzten überlebenden Sohn aus legitimer Ehe, Ludwig den Frommen, als politischen Alleinerben ein und krönte ihn zum Mitkaiser. Zuvor waren die beiden älteren Söhne Karl und Pippin gestorben, die er zusammen mit Ludwig 806 in der *Divisio regnorum* noch als gleichberechtigte Erben eines geteilten Frankenreiches vorgesehen hatte.

**Ludwig der Fromme.** Unter Ludwig dem Frommen begann der politische Niedergang des Reiches, obwohl er selbst mehr als sein Vater unter kirchlichem Einfluss nach einem einheitlichen *imperium* strebte. Um dieses Ziel zu erreichen, erließ er vor allem in den Jahren 816 und 817 in Aachen zahlreiche Kapitularien zur Reform von Kirche und Reich. Um die Einheit des Reiches sicherzustellen, die der Einheit der Kirche entsprechen sollte, erließ er ebenfalls 817 mit der so genannten *Ordinatio imperii* eine Nachfolgeordnung, die voll und ganz vom Einheitsgedanken geprägt war, damit aber dem fränkischen Teilungsbrauch fundamental widersprach. Die Kaiserwürde sollte allein dem ältesten Sohn Lothar zufallen, den der Vater auch sogleich zum Mitkaiser krönte, während die beiden jüngeren Söhne Pippin und Ludwig als Unterkönige im Wortsinn kleinere Teilreiche unter der Oberherrschaft Lothars erhalten sollten. Nicht berücksichtigt wurde Bernhard, Ludwigs Neffe, den noch Karl der Große als König von Italien eingesetzt hatte. Bald ging der Kaiser sogar gegen den Sohn seines Bruders Pippin vor, vielleicht weil dieser sich gegen ihn erhoben hatte, möglicherweise aber auch, um Italien für sich und Lothar zu sichern. Jedenfalls wurde Bernhard als König von Italien abgesetzt und geblendet. Dabei kam er ums Leben – eine Hypothek, die Ludwigs Stellung noch lange belasten sollte. Um seine Gegner zu versöhnen, unterzog sich der Kaiser 822 einer Kirchenbuße, die er öffentlich in der Pfalz Attigny ableistete.

Die Bemühungen Ludwigs um einen Ausgleich hingen vermutlich mit seiner zweiten Heirat zusammen. Nach dem Tod seiner er-

## Detailskizze

**Reichsverwaltung.** Während die frühen Merowinger noch von Städten aus geherrscht hatten, setzten sich seit der zweiten Hälfte des 7. Jahrhunderts auf dem Lande gelegene Pfalzen als wechselnde Residenzen des Königs durch. Dieser war ständig von seinem Hof umgeben, an dessen Spitze die Inhaber der vier Hofämter standen: Marschall, Kämmerer, Truchsess und Schenk, während das Amt des Hausmeiers unter den Karolingern verschwand. Die Organisation des Hofes wurde von Adalhard, einem Vetter Karls des Großen, und in seiner Nachfolge von Hinkmar von Reims beschrieben, aber wir kennen allein die Schrift des letzteren *De ordine palatii*. In ihr beschreibt Hinkmar eine enge Verquickung der Hof- und der Reichsverwaltung, betont dabei zugleich aber auch die Bedeutung der geistlichen Ämter. An ihrer Spitze stand seit Pippin dem Jüngeren der oberste Kapellan (später Erzkapellan), das Haupt der Hofkapelle, zu der auch die Kanzlei gehörte.

Im Reich selbst suchten die Karolinger überall Grafschaften einzurichten. Inwieweit dies gelungen ist, ist in der Forschung umstritten. Die Grafen konnten in ihren Sprengeln nicht überall die gleiche Wirksamkeit entfalten. So konnte der Adel da und dort seine Macht auch vergleichsweise unbehelligt von königlichen Amtsträgern ausüben. Die Aufgabe der Grafen war es, in Vertretung des Königs Recht zu sprechen, Abgaben zu erheben und Truppen aufzubieten. Damit die Grafen ihre Funktion im Sinne des Herrschers erfüllten, mussten sie wirkungsvoll beaufsichtigt werden. Diesem Ziel diente neben den Hof- und Reichsversammlungen eine eigene Kontrollinstanz, die so genannten Königsboten (*missi dominici*). Karl der Große teilte das Reich 802 in feste Sprengel ein, die in seinem Auftrag von jeweils einem geistlichen und einem weltlichen *missus* beaufsichtigt wurden.

Literatur: C. EHLERS (Hrsg.), Orte der Herrschaft. Mittelalterliche Königspfalzen, Göttingen 2002.

sten Frau Irmengard hatte der Kaiser 819 Judith, die Tochter des Grafen Welf geheiratet. 823 kam ein Sohn zur Welt, der den prestigeträchtigen Namen Karl erhielt. 829 wies der Kaiser seinem jüngsten Sohn Karl ein erweitertes Alemannien als Erbe zu. Damit geriet Ludwig selbst in Gegensatz zu seiner eigenen Nachfolgeregelung von 817. Die älteren Söhne mit Lothar an der Spitze empörten sich daraufhin und stürzten das Reich in eine Zeit innerer Auseinandersetzungen. 830 und 833 wurde Ludwig der Fromme gar zugunsten Lothars entmachtet. Beim zweiten Mal zwang sein ältester Sohn ihn zu einer öffentlichen Kirchenbuße in Soissons, die im Eingeständnis seiner Unfähigkeit gipfelte. Ludwig profitierte aber davon, dass seine jüngeren Söhne aus erster Ehe Lothar die ihm in der *Ordinatio imperii* eingeräumte überragende Machtstellung nicht gönnten und sich ihm daher auf Dauer nicht unterordnen wollten. So kämpfte allein Lothar für die ursprüngliche Nachfolgeordnung, während Ludwig der Fromme selbst zunehmend nur noch das Ziel verfolgte, Karl einen Reichsteil zu sichern. Nach dem Tod Pippins 838 erreichte er einen Ausgleich mit Lothar und sah sich nur noch mit dem Widerstand Ludwigs konfrontiert, der seine Macht auf die Gebiete östlich des Rheins ausgedehnt hatte. Vor einer Entscheidung starb der Kaiser im Sommer 840. Auf dem Sterbebett ließ er Lothar ein reich verziertes Schwert und eine Krone übersenden, was als Einsetzung zum Nachfolger im Sinne der *Ordinatio imperii* gedeutet werden konnte.

**Der Zerfall des Reiches.** Nach dem Tod Ludwigs des Frommen drängte sein ältester Sohn Lothar auf den Erhalt der Reichseinheit in seinem Sinne, aber seine Brüder Ludwig und Karl waren nicht bereit, ihn anzuerkennen. Sie konnten ihn 841 bei Fontenoy besiegen. Aber die Lage blieb weiter offen, und so verstärkten Ludwig und Karl ihr Bündnis durch die Straßburger Eide 842, denen nach Ansicht der älteren Forschung große Bedeutung für die beginnende nationale Entwicklung im späteren Frankreich und Deutschland zukam. Als Sprachdokument sind sie jedenfalls von unschätzbarem Wert: Damit sie von den Anhängern des anderen Bruders verstanden werden konnten, leisteten Ludwig, dem die Forschung den anachronistischen Beinamen „der Deutsche" gegeben hat, seinen Schwur in altfranzösischer und Karl der Kahle seinen in althochdeutscher Sprache.

Angesichts der Übermacht seiner Gegner gab Lothar schließlich sein Ziel der Reichseinheit auf. Im Vertrag von Verdun 843 teilten die Brüder das Reich zu gleichen Teilen nach fränkischem Brauch und unter maßgeblicher Beteiligung ihrer Großen. Karl erhielt den Westen des Reiches, Ludwig den Osten und Lothar das so genannte Mittelreich, das von der Nordseeküste bis nach Süditalien reichte einschließlich der Kaiserstädte Aachen und Rom. Theoretisch hielten die Brüder an der Reichseinheit fest, und die jüngeren räumten Lothar bei aller faktischer Gleichberechtigung wenigstens als Kaiser und als dem älteren einen höheren Rang ein.

Die Bedeutung der Großen war während der Bruderkämpfe sehr gewachsen. Im Westreich war ihre Stellung derart stark, dass Karl der Kahle ihre Rechte auf Mitwirkung bei der Herrschaftsausübung 843 im Vertrag von Coulaines sogar fixieren musste. Auf der anderen Seite gelang ihm mit Hilfe des Erzbischofs Hinkmar von Reims aber auch eine intensivere Sakralisierung des königlichen Amtes und damit eine Stärkung der Königsgewalt. Dennoch war sein Reich zerrissen, da seine Autorität vor allem in Aquitanien schwach war. Nur langsam konnte Karl der Kahle seine Stellung ausbauen und seine Kontrolle über Aquitanien und Neustrien verstärken.

Im Mittelreich nutzten die Großen des Landes zwischen Rhein und Maas ihren Einfluss, um Lothar 855 kurz von seinem Tod zu einer Teilung seines Teilreichs zu bewegen. Sie hatten zugunsten des mittleren Sohnes, der ebenfalls Lothar hieß, interveniert. Ihm fiel das nach ihm als Lotharingien bezeichnete Gebiet an Maas, Mosel und Niederrhein zu. Der jüngste, Karl, erhielt die Provence und das südliche Burgund, während der älteste, Ludwig II., als Kaiser (seit 850) auf Italien beschränkt blieb und damit nördlich der Alpen keine Rolle mehr spielte. Ludwig II. und Lothar II. teilten sich Karls Reich, als dieser 863 kinderlos starb. Dieses Schicksal wollte Lothar II. für sein Reich vermeiden und beabsichtigte, sich von seiner Gemahlin zu trennen, um die Mutter seines außerehelichen Sohnes heiraten zu können. Aber er scheiterte am Einspruch Papst Nikolaus' I., der auf die Unauflöslichkeit der Ehe pochte. So starb Lothar II. 869 tatsächlich ohne Thronerben, aber nicht etwa sein Bruder Kaiser Ludwig trat seine Nachfolge an, sondern Karl der Kahle und Ludwig der Deutsche teilten „Lotharingien" unter sich auf.

Zunächst kam Karl dem damals schwer erkrankten Ludwig zuvor und nahm das Reich seines Neffen in Besitz. Schon 870 erzwang Ludwig aber im Vertrag von Meersen die Teilung des Lotharreichs. Da Kaiser Ludwig II. ebenfalls keinen männlichen Erben besaß, konkurrierten der ost- und der westfränkische König auch um seine Nachfolge. Während Ludwig II. selbst Karlmann, den ältesten Sohn Ludwigs des Deutschen, favorisiert hatte, gewann Karl nach dem Tod des Kaisers 875 mit Hilfe des Papstes den Wettlauf um die Kaiserkrone. Ein Jahr später starb auch Ludwig der Deutsche, und Karl wollte sich nun auch dessen Reiches bemächtigen. Aber Ludwig der Jüngere besiegte ihn in der Schlacht bei Andernach 876. Auch in Italien konnte sich der neue Kaiser nicht durchsetzen und musste seinem Neffen Karlmann das Feld überlassen. Selbst in seinem eigenen Reich blieb seine Stellung trotz der Kaiserwürde vergleichsweise schwach. Um seine Großen zur Teilnahme an einem weiteren Italienzug zu bewegen, musste er ihnen 877 im Kapitular von Quierzy die Erblichkeit ihrer Lehen zugestehen. Noch im selben Jahr starb Karl der Kahle, und ein Jahr später folgte ihm sein Sohn Ludwig der Stammler ins Grab.

Das Ostfrankenreich war wirtschaftlich und kulturell am wenigsten entwickelt. Als Ausgleich hatte Ludwig der Deutsche einige Gebiete links des Rheins erhalten, insbesondere die drei bedeutenden Bischofsstädte Mainz, Worms und Speyer mit ihrem Hinterland, in dem altes karolingisches Königsgut lag. Am wichtigsten aber war, dass der Metropolitansitz Mainz an das Ostreich fiel. Ludwigs lange Regierungszeit war geprägt vom Gegensatz zu seinem Bruder Karl, zahlreichen militärischen Unternehmungen an der langen Ostgrenze seines Reiches und nicht zuletzt von Auseinandersetzungen mit seinen drei Söhnen Karlmann, Ludwig und Karl (dem Dicken). Obwohl er 865 oder kurz darauf eine Teilungsanordnung getroffen hatte, kam es weiterhin zu Spannungen zwischen ihm und insbesondere seinen jüngeren Söhnen. Nach seinem Tod 876 wurde das Reich geteilt: Der ältere Karlmann erhielt Bayern und die Grenzgebiete im Südosten, der mittlere Ludwig der Jüngere das östliche Franken, Sachsen und Thüringen und der jüngste Karl III. Alemannien. Ludwig konnte in den Verträgen von Verdun 879 und Ribémont 880 ganz Lotharingien gewinnen. Im gleichen Jahr starb Karlmann, und Ludwig übernahm nun auch Bayern, während Karl III. das Erbe des Bruders in Italien antrat und 881 vom Papst zum Kaiser gekrönt wurde. Ihm fiel schließlich auch das gesamte ostfränkische Erbe zu, nachdem Ludwig 882 gestorben war, ohne einen erbberechtigten Sohn zu hinterlassen. Als 884 auch der westfränkische König Karlmann starb, vereinigte Karl noch einmal das Frankenreich unter seinem Szepter.

Aber Karl verdankte diese Alleinherrschaft nicht seinen Fähigkeiten, sondern schlicht dynastischen Zufällen. Seinen Aufgaben war er bestenfalls zum Teil gewachsen. Vor allem war er nicht in der Lage, das Reich gegen die Normannen zu verteidigen. Seit Jahren plünderten diese Seeräuber immer wieder im Frankenreich, und seit sie 881 in Elsloo an der Maas auch noch einen festen Stützpunkt gewonnen hatten, machten sie vor allem in Lotharingien immer wieder Beute. Als Karl ihnen 882 Geldzahlungen als Gegenleistung für ihren Abzug anbot, war die Empörung groß. Auch 886 vor Paris wich der Kaiser einer militärischen Entscheidung aus und erkaufte den Abzug der Normannen. Seiner Autorität war sicherlich auch nicht zuträglich, dass er keinen legitimen Leibeserben besaß. Der Versuch, seinem unehelichen Sohn Bernhard 885 mit Hilfe des Papstes die Nachfolge zu sichern, scheiterte. Zwei Jahre später adoptierte der Kaiser den erst vierjährigen Ludwig, einen Enkel Kaiser Ludwigs II., aber die Unzufriedenheit insbesondere des ostfränkischen Adels war nun doch zu groß. Niemand unterstützte Karl, als sich sein Neffe Arnulf von Kärnten, unehelicher Sohn Karlmanns von

Bayern, gegen ihn erhob und ihn im November 887 absetzte. Damit zerbrach das fränkische Großreich endgültig. Es entstanden fünf Königreiche: Das Ostfrankenreich unter dem letzten handlungsfähigen Karolinger Arnulf, das Westfrankenreich unter dem Grafen Odo von Paris, Hochburgund unter dem Welfen Rudolf, die Provence bzw. Niederburgund unter dem schon erwähnten Ludwig und schließlich Italien, wo Berengar von Friaul und Wido von Spoleto um die Macht kämpften.

Matthias Becher

**Literatur**

A. ANGENENDT, Das Frühmittelalter. Die abendländische Christenheit von 400 bis 900, Stuttgart u. a. 1990, 3. Aufl. 2001.

C. BRÜHL, Deutschland – Frankreich. Die Geburt zweier Völker, Köln/Wien 1995.

J. FRIED, Der Weg in die Geschichte. Die Ursprünge Deutschlands bis 1024, Berlin 1994.

P. J. GEARY, Before France and Germany. The Creation and Transformation of the Merovingian World, New York/Oxford 1988; dt.: Die Merowinger. Europa vor Karl dem Großen, München 1996.

H.-W. GOETZ, Europa im frühen Mittelalter 500–1050, Stuttgart 2003.

R. KAISER, Das römische Erbe und das Merowingerreich, München 1993, 3. Aufl. 2004.

Karl Martell in seiner Zeit, hrsg. von J. JARNUT/U. NONN/M. RICHTER, Sigmaringen 1994.

F. PRINZ, Europäische Grundlagen deutscher Geschichte (4.–8. Jahrhundert), Stuttgart 2004.

DERS., Von Konstantin zu Karl dem Großen. Entfaltung und Wandel Europas, Düsseldorf/Zürich 2000.

R. SCHIEFFER, Die Karolinger, Stuttgart/Berlin/Köln 1992, 3. Aufl. 2000.



R. SCHNEIDER, Das Frankenreich, München 1982, 4. Aufl. 2001.

K. F. WERNER, Les origines avant l'an mil. Histoire de France, Bd. 1, Paris 1984; dt.: Die Ursprünge Frankreichs bis zum Jahr 1000, übersetzt und hrsg. v. C. u. U. DIRLMEIER, Stuttgart 1989.

I. N. WOOD, The Merovingian Kingdoms 470–571, London/New York 1994.

# Frühe Königreiche bei Germanen und Slawen

**Zeittafel**

| | |
|---|---|
| 58 v. Chr. | Niederlage Ariovists gegen Caesar. |
| 9 | Sieg des Cheruskerfürsten Arminius über die Legionen des Varus. |
| 166–180 | Markomannenkriege. |
| 260 | Aufgabe des römischen Limes in Südwestdeutschland. |
| 375 | Hunnen zerschlagen das Ermanarich-Reich nördlich des Schwarzen Meeres. |
| 378 | Gotischer Sieg gegen die Armee des Kaisers Valens bei Adrianopel. |
| 410 | Eroberung Roms durch Alarich I. |
| 451 | Schlacht auf den katalaunischen Feldern. |
| 453 | Tod des Hunnenkönigs Attila. |
| 455 | Plünderung Roms durch eine wandalische Flotte. |
| 476 | Absetzung des letzten weströmischen Kaisers Romulus Augustulus durch Odoaker. |
| 493 | Ermordung Odoakers durch Theoderich. |
| 496/7 | Sieg der Franken über Westgoten und Alemannen. |
| 508 | Verleihung des Ehrenkonsulats an Chlodwig. |
| 526 | Tod Theoderichs des Großen. |
| 531 | Sieg der Franken über die Thüringer. |
| 568 | Zug der Langobarden von Pannonien nach Italien. |
| 631 | Feldzug der Franken gegen den Slawenherrscher Samo. |
| 711 | Arabische Eroberung der iberischen Halbinsel. Ende des Westgotenreiches in Spanien. |
| 774 | Sieg der Franken über die Langobarden. Ende des selbstständigen Langobardenreiches in Italien. |

**Grundlagen der Königsherrschaft in den Germanenreichen.** Erste Berichte über Königsherrschaft bei den Germanen finden sich schon bei Caesar und Tacitus. Unter den von ihnen als Germanen aufgefassten Bewohnern von Gebieten östlich des Rheins und nördlich der Donau bemerkten sie einerseits Stämme (*gentes*) mit oder ohne Könige in kleinräumigen Landschaften. Andererseits beschreiben sie bereits ein auf großräumigere Herrschaftsbildung zielendes Heerkönigtum, also eine Form der Königsherrschaft, deren Grundlagen militärischer Erfolg und Beute darstellten. Diese Könige waren die Anführer von Verbänden, die sich die ältere Forschung als wandernde Völker oder Stämme vorgestellt hat. Der Name „Völkerwanderungszeit" für diese Jahrhunderte erklärt sich so. Dabei konnte man sich auf Schriftsteller wie Cassiodor/Jordanes und Paulus Diaconus stützen, die legendäre Herkunftsgeschichten überliefern, in denen etwa von der skandinavischen Herkunft der Goten und Langobarden die Rede ist [Wolfram 1990b]. Inzwischen wird jedoch angenommen, dass nur in seltenen Fällen ganze „Völker" über große Entfernungen wanderten, vielmehr führten bestimmte Gruppen um bedeutende Familien traditionsreiche Namen mit sich, und um diese sammelten sich immer wieder neue gentile Verbände. Zu ihnen konnten ständig neue Gruppen und Stammessplitter stoßen und integriert werden. Die mythische Abstammungsgemeinschaft stiftete den gentilen Verbänden Identität, hielt sie zusammen und legitimierte die königlichen Herrscherfamilien [Wenskus; Wolfram 1990b; Geary 1996 u. 2002; Pohl 2002].

Inzwischen charakterisiert man auch die Königsherrschaft durch die Anführer dieser Verbände anders. Betonte man früher die germanischen Wurzeln des Königtums, so wird inzwischen der Tatsache größere Beachtung geschenkt, dass sich die politische Verfasstheit dieser *gentes* unter erheblichem Einfluss römischer Staatsvorstellungen und Institutionen vollzog. Gerade Herrschaftsbildungen solcher Germanenkönige innerhalb der alten Grenzen des Römischen Imperiums gründeten auf den Strukturen der Provinzialverwaltung und auf die weiter bestehende Infrastruktur sowie die regionale Ökonomie.

**Die Westgoten.** Das Reich des gotischen Königs Ermanarich (reg. ca. 350–375) am Nordrand des Schwarzen Meeres, dem eine Vielzahl von gentilen Gruppen in weiten Teilen Osteuropas in tributärer Abhängigkeit zugehört hatten, wurde im Jahr 375 von den reiternomadischen Hunnen zerschlagen. Westgotische und ihnen zugehörige Gruppen hatten sich schon vorher nach Südwesten gewandt, wo sie an der mittleren und unteren Donau in intensiven Kontakt zum römischen Imperium gekommen waren. An der Spitze dieser donauländischen Goten standen als Richter bezeichnete Fürsten. Der bekannteste unter ihnen wurde Athanarich (reg. 365–375/81), der im Jahr 369 einen Vertrag mit dem oströmischen Kaiser Valens (reg. 364–378) schloss und damit die gotische Siedlung nördlich der Donau absicherte. Vor den Hunnen zogen sich aber auch die Westgoten im Jahr 376 über die Donau ins Römische Reich zurück. Sie konnten jedoch von der römischen Administration südlich der Donau weder integriert noch versorgt werden. Kaiser Valens beabsichtigte schließlich, das Problem militärisch zu lösen, unterlag aber im Jahr 378 in der Schlacht von Adrianopel und fand dabei den Tod [Wolfram 1990a u. 1990b; Pohl 2002].



Dem Ostkaiser Theodosios I. (reg. 379–395) gelang im Jahr 382 der Abschluss eines Vertrages mit den Westgoten zur Ansiedlung in den römischen Provinzen Dakien und Thrakien. Die Goten blieben unter der Herrschaft ihrer Fürsten, hatten aber das römische Heer zu unterstützen. Unter ihnen trat bald der dem Geschlecht der Balthen angehörende Alarich I. (gest. 410) hervor, der in dieser Zeit seine Anerkennung als gotischer Heerkönig auf römischem Reichsboden erreichte. Nach mehreren anderen Zügen brachen seine Goten im Jahr 408 nach Italien auf, obwohl Alarich inzwischen zum gallischen Heermeister ernannt worden war. Dort konnten sie am 24. August 410 Rom erobern, wobei unermessliche Beute anfiel. Das Gold allerdings sicherte nicht die Ernährung des Gotenheeres, die Alarich in den afrikanischen Kornkammern des römischen Reiches zu finden hoffte. Nach dem vergeblichen Versuch, sich dorthin zu begeben, starb der Gotenkönig auf dem Rückweg in Bruttien. Sein Grab fand Alarich angeblich im Fluss Busento. Zur Sicherung seines gentilen Königtums hatte er versucht, dieses in das Imperium einzugliedern, und bei diesem Versuch in bemerkenswerter Weise Ausgleich wie Konfrontation mit römischen Institutionen gesucht [Wolfram 1990a u. 1990b; Pohl 2002].

▷ S. 20 Byzanz a Erbe des Römisch Imperium

Nach Alarichs I. Tod führte Athaulf (reg. 410–415) die Westgoten 412 aus Italien an die südfranzösische Küste, wo sie sich mit römischer Erlaubnis niederließen. In Narbonne heiratete Athaulf 414 die Kaisertochter Galla Placidia und setzte damit ein Zeichen für die weiter fortschreitende Romanisierung der Westgoten. Nach der Ermordung Athaulfs führten seine Goten in Spanien im kaiserlichen Auftrag Krieg gegen Wandalen und Alanen und konnten schließlich nach ihrer

Rückkehr um die Stadt Toulouse als weströmische Föderaten ein aquitanisch-spanisches Reich bilden.

Theoderich II. (reg. 453–466) gelang es, das Gotenreich beiderseits der Pyrenäen unter Beibehaltung des Föderatenstatus im Kampf gegen römische und barbarische Gegner weiter zu festigen. Erst Eurich (reg. 466–484) kündigte 466 den Vertrag auf und eroberte das ganze Land zwischen Loire und Rhône. Nach der Niederlage gegen Chlodwig in der Schlacht von Vouillé im Jahr 507 wurde der Bestand des Westgotenreiches nur durch das Eingreifen des Ostgotenkönigs Theoderichs des Großen gerettet [Claude; Wolfram 1990a u. 1990b; Pohl 2002]. Obwohl der ostgotische König seitdem viel für eine Verflechtung der beiden gotischen *gentes* getan hatte, gingen sie nach dem Tod Theoderichs im Jahr 526 unter eigenen Königen wieder getrennte Wege. Eine Niederlage gegen die Franken im Jahr 531 bedeutete weitere Verluste in Aquitanien, so dass die Westgoten jetzt mit Ausnahme Septimaniens nahezu ganz auf die Iberische Halbinsel mit der zukünftigen Hauptstadt Toledo reduziert wurden. Nach inneren Unruhen wurde das Westgotenreich erst unter König Leovigild (reg. 568/69–586), auch durch die Eroberung des iberischen Suebenreiches im Jahr 585 sowie den rechtlichen Ausgleich zwischen Römern und Goten, wieder konsolidiert. Sein Sohn Reccared I. (reg. 586–601) schließlich konvertierte 587 zum Katholizismus. Im 7. Jahrhundert existierte das Westgotenreich in Spanien bei hoher Kontinuität römischer administrativer und kultureller Strukturen, ohne von außen wirklich bedroht zu sein. Das änderte sich um die Wende zum 8. Jahrhundert, als zunächst arabische Flotten über das Mittelmeer zum Plündern kamen und 710 schließlich eine unter dem Kommando Tariks stehende Invasionsarmee die Straße von Gibraltar überquerte. Von inneren Auseinandersetzungen um die Königsherrschaft weiter geschwächt, zerbrach das Westgotenreich im Jahr 711 nach einer Schlacht bei Cadiz, wenn auch noch bis 725 Widerstand geleistet wurde [Claude; Wolfram 1990b; Pohl 2002].

**Die Ostgoten.** Die meisten Ostgoten waren im Jahr 375 unter hunnische Herrschaft geraten. Ihre Fürsten standen in engem Kontakt mit den hunnischen Königen und kämpften an deren Seite, so auch in der Schlacht auf den katalaunischen Feldern im Jahr 451 im Auftrag Attilas (gest. 453). Auch in der Schlacht am Nedao 454 oder 455, in der Angehörige der bis dahin den Hunnen unterworfenen *gentes* unter der Führung des Gepidenkönigs Ardarich (vor 447–nach 454/55) die Söhne Attilas besiegten, kämpften diese Könige der Ostgoten noch auf hunnischer Seite. Nach der Niederlage ersuchten sie um Ansiedlung in der römischen Provinz Pannonien [Wolfram 1990a u. 1990b].

Währenddessen gelang es skirischen Gruppen unter Edika (gest. 469), dem Vater Odoakers (433–493), zwischen Donau und Theiß ein kurzlebiges Reich zu gründen. Als diese Skirenherrschaft 469 den Ostgoten in der Schlacht an der Bolia unterlag, begab sich der überlebende Odoaker nach Italien, wo er in der kaiserlichen Garde aufstieg und bald zu einem bedeutenden Militär am Kaiserhof wurde. Eine Rebellion des italischen Föderatenheeres proklamierte ihn zum König, im Jahr 476 setzte er den jugendlichen Kaiser Romulus Augustulus ab und stellte sich an die Spitze der westlichen Reichsverwaltung. Obwohl Odoaker im Folgejahrzehnt die Verhältnisse in Italien stabilisieren konnte, blieb ihm die Anerkennung des römischen Ostreiches versagt. Als er im Jahr 487 das Rugierreich an der norischen Donau zerschlug, flüchteten sich dessen Reste an die untere Donau zu den Ostgoten, die seit 470 von Theoderich (ca. 451/56–526) angeführt wurde. Theoderich hatte als Jugendlicher am Kaiserhof in Konstantinopel gelebt, war seit 484 Konsul und schon vorher Heermeister und Patricius. Er zog nun im Auftrag des Kaisers Zeno nach Italien, um dort nach der Unterwerfung Odoakers an der Stelle des Kaisers zu herrschen. Seit 489 fügte er dem Skiren mehrere Niederlagen zu, um ihn schließlich 493 in Ravenna umzubringen [Wolfram 1990a u. 1990b].

Nach Odoakers Ermordung wurde Theoderich erneut von seinen Kriegern zum König erhoben. Auch von Byzanz wurde sein Königtum im Jahr 497 und erneut 518 anerkannt. Mit den benachbarten germanischen Herrschern versuchte er ein durch Eheschließungen gesichertes Bündnissystem aufzubauen, das jedoch die Expansion der Franken nicht aufhalten konnte. Zum Untergang der Ostgoten führte die Restaurationspolitik Justinians I., dessen Feldherren nach dem Tod Theoderichs im Jahr 526 sowie der Ermordung seiner Tochter Amalasuintha im Jahr 535 in einem nahezu zwanzig Jahre lang dauernden Krieg Italien für Byzanz zurückerobern konnten [Wolfram 1990a u. 1990b; Pohl 2002].

**Die Wandalen.** Im Jahr 406 überschritten Wandalen aus dem Gebiet an der oberen Theiß sowie aus Schlesien gemeinsam mit alanischen und suebischen Gruppen den Rhein zwischen Mainz und Worms. Sie zogen drei Jahre lang plündernd durch Gallien und im Jahr 409 weiter nach Spanien. Während die Sueben im westlichen Galicien eine dauerhafte Herrschaft aufrichteten, blieben Alanen und Wandalen nur bis zum Jahr 429 in den zentralen und südlichen Provinzen Spaniens, ständig bedroht von den mit dem weströmischen Kaiser in Ravenna föderierten Westgoten. Nach und nach mit maritimer Kriegführung vertraut geworden, entschloss sich König Geiserich (reg. 428–477), mit den Wandalen und Alanen nach Afrika überzusetzen. Im Mai 429 überquerten etwa 80 000 Menschen die Straße von Gibraltar, zehn Jahre später eroberte Geiserichs Heer, das seit 435 einen Föderatenvertrag besaß, die bedeutende Stadt Karthago. 455 plünderte eine wandalische Flotte Rom. Ein Seesieg bei Kap Bon gegen eine oströmische Flotte im Jahr 468 und ein Vertrag mit Kaiser Zeno im Jahr 474 sicherten die wandalische Herrschaft weiter. Nach dem Putsch des Gelimer (reg. 530–534) im Jahr 530 jedoch, der in Byzanz als Verstoß gegen geltende Verträge gewertet wurde, war der Niedergang der Wandalen nicht mehr aufzuhalten. Im Jahr 533 landete eine byzantinische Armee unter dem Feldherrn Belisar südöstlich von Karthago. Noch im gleichen Jahr unterlag das wandalische Heer vollständig, und im Jahr 534 wurde der letzte Wandalenkönig Gelimer mit gewaltiger Beute in einem Siegeszug durch Konstantinopel geführt [Wolfram 1990b; Pohl 2002].

**Die Langobarden.** Aus der Schlacht gegen die Hunnen am Nedao waren 454/455 die Gepiden unter ihrem König Ardarich als Sieger hervorgegangen. Mit weiteren *gentes* bildeten sie in der Folgezeit in Absprache mit der oströmischen Administration auf dem nördlichen Ufer der Donau eigene Reiche aus. Bis zum Jahr 567 übten die Gepiden vom späteren Siebenbürgen her eine gewisse Vorherrschaft aus [Pohl 2002]. Zwischen Donau und Theiß bestanden weiterhin Herrschaften von Sar-

Nach Abzug der Römer zu Beginn des 5. Jahrhunderts organisierten die Städte im römischen Britannien die Verteidigung gegen piktisch-schottische und überseeische Gegner auf eigene Faust, indem sie sich der Reste römischer Zentralverwaltung entledigten, Verträge mit einzelnen barbarischen Gruppen abschlossen und so sächsische Föderaten in Dienst nahmen. Auf diese Weise entstanden Reiche einheimischer und germanischer Könige. Neben Sachsen kamen auch Angeln und Jüten aus dem heutigen Schleswig-Holstein und dem südlichen Dänemark nach Britannien. Die politische Geschichte Englands ist zwischen dem 6. und dem 9. Jahrhundert, als mit den großen Wikingereinfällen eine neue Phase von Bedrohung und Zentralisierung gleichermaßen begann, vom Nebeneinander mehrerer Königreiche geprägt, unter denen die Vorherrschaft wechselte. Traditionell konzentriert sich die Forschung auf die sieben wichtigsten Reiche, nämlich Kent, Sussex und Wessex im Süden, Ostanglien und Essex im Osten, Mercia in den Midlands und Northumbrien im Norden.

Vermutlich um 625 wurde in Sutton Hoo (bei Woodbridge/Suffolk) ein mächtiger Mann mit reichen Beigaben in einem 27 m langen Schiff beigesetzt, über dem ein stattlicher Hügel errichtet wurde. Als das Grab im Jahre 1939 von Archäologen geöffnet wurde, kam der Umstand, dass sich im Gegensatz zu den übrigen Hügeln des Gräberfeldes die Grabausstattung vollständig erhalten hatte, einer Sensation gleich. Zu den reichen Beigaben von außerordentlicher Qualität gehörten Waffen, Herrschaftszeichen, fränkische Münzen, byzantinisches Silbergeschirr und andere Gegenstände, die aus unterschiedlichen Regionen nach England gebracht worden waren. Sie zeigen an, dass der Verstorbene zu seinen Lebzeiten über erhebliche materielle Ressourcen und weit reichende überseeische Beziehungen verfügt haben muss. Darauf verweist auch die abgebildete **goldene Gürtelschnalle**, die in einem Stil verziert ist, der sich zur selben Zeit im Nordseeraum und in Mitteleuropa findet. Aufgrund des Reichtums des Grabes lag es nahe, dass ein Teil der Forschung den hoch gestellten Toten mit dem ostanglischen König Raedwald (gest. ca. 625) identifizieren wollte, was freilich nicht sicher zu beweisen ist.

Bau und Ausstattung des Grabes von Sutton Hoo spiegeln die heidnisch-synkretistische Glaubenswelt der Angeln wider. Sie war zu Beginn des 7. Jahrhunderts allerdings nicht mehr unbestritten. Durch Iren und seit 597 durch von Papst Gregor den Großen ausgesandte Missionare waren die ersten angelsächsischen Könige getauft und Bistümer gegründet worden. Schon ein Jahrhundert später war das Land so solide christianisiert, dass sich angelsächsische Geistliche in starkem Maße an der Missionierung des Kontinents beteiligen konnten.

Bild: Gürtelschnalle aus dem Grab von Sutton Hoo, Gold. Foto: Copyright der Trustees of the British Museum.

Literatur: M. O. H. Carver (Hrsg.), The Age of Sutton Hoo, Woodbridge 1992.

maten und Skiren, westlich davon existierten Reiche von verbliebenen Donausueben, Herulern (an der March) und Rugiern (im heutigen Niederösterreich) [Wolfram 1987; Pohl 2002].

Zum Herulerreich gehörten zunächst die Langobarden in Böhmen, Mähren und der Slowakei. Im Jahr 508 setzten sie sich gegen die Heruler durch und übernahmen deren Vormachtstellung. Nach dem Tod Theoderichs des Großen 526 ging ihr König Wacho (reg. 511–539) ein Bündnis mit Byzanz und mit den Franken ein. Daraus ergab sich die Möglichkeit zur Expansion nach Pannonien. Nachdem die Langobarden sich an der Seite der Byzantiner an der Zerschlagung des Gotenreiches in Italien beteiligt hatten, gab es im mittleren Donaugebiet nur noch einen Gegner, den sie zu fürchten hatten: die Gepiden. Nach einer Niederlage rief König Alboin (reg. 568–572) die reiternomadischen Awaren zu Hilfe. Im Jahr 567 zerschlugen Langobarden und Awaren gemeinsam das Gepidenreich [Pohl 1988]. Im Jahr darauf zogen die Langobarden unter Führung König Alboins nach Norditalien [Jarnut; Wolfram 1987; Pohl 2002].

Die ersten Jahre der Langobarden in Italien waren von Plünderungen des Landes geprägt. Während sich die vornehmen Familien einzelne Regionen aneigneten, die sie als Dukate (Herzogtümer) organisierten, fiel Alboin im Jahr 572 einem Putsch zum Opfer. Erst 584 konnte mit Authari (reg. 584–590) wieder ein auf längere Dauer erfolgreicher König gewählt werden. Es gelang ihm, die norditalischen Dukate unter seiner Herrschaft zu einen, während die Herzogtümer Spoleto und Benevent weitgehend selbstständig blieben. Durch die 589 geschlossene Ehe mit der bairischen Fürstentochter Theodelinde (gest. 627) wurde das Königtum stabilisiert. Die katholische Königin herrschte von der Hauptstadt Pavia aus auch gemeinsam mit Autharis Nachfolger Agilulf (reg. 590–615/16) und sogar noch im Namen ihres Sohnes Adaloald (reg. 615/16–625). Unter den folgenden Königen nahm der katholische Einfluss zu, aber erst im 8. Jahrhundert wandten sich die Langobarden endgültig vom Arianismus ab. Dennoch bedrohten sie weiterhin Rom, dessen Bischof sich an die Franken um Hilfe wandte. Die vom Papst unterstützten neuen Herrscher des Frankenreiches, die Karolinger, waren es schließlich, die einer selbstständigen langobardischen Königsherrschaft im Jahr 774 den Untergang bereiteten [Jarnut; Wolfram 1990b].

▷ S. 21 Byzanz a Erbe des Römisch Imperiun

▷ S. 29 ff. Von einer Randkult zum Zent Europas: Das Fran reich

**Thüringer und Burgunder.** Die für die europäische Geschichte folgenreichste Reichsbildung von germanischen Völkern war zweifellos diejenige der Franken. Der Expansion des Frankenreichs fielen die Reiche der Thüringer (531) und Burgunder (534) zum Opfer. Das im 5. und frühen 6. Jahrhundert mächtige thüringische Königreich, das von der Altmark bis nach Mainfranken und von der Werra bis an die Elbe reichte, hatte die schon in der römischen Kaiserzeit in Mitteldeutschland lebenden Hermunduren und weitere Gruppen, darunter auch Angeln und Warnen, integriert und zu Thüringern verbunden. Weit gespannte politische und dynastische Beziehungen bestanden bis zum ostgotischen Königshof in Ravenna. Im Jahr 531 unterlagen die Thüringer den Söhnen Chlodwigs, die drei Jahre später den letzten thüringischen König Herminafrid in Zülpich ermorden ließen und anschließend das Thüringerreich in den östlichen Teil des Frankenreiches integrierten [Behm-Blancke].

▷ S. 27 Von einer Randkult zum Zent Europas: Das Fran reich

Im Jahr 534 beendeten die Söhne Chlodwigs auch die burgundische Königsherrschaft. Schon um 411/13 hatten die Burgunder, die aus dem mittleren Odergebiet an den Mittelrhein gekommen waren, ein linksrheinisches Föderatenreich um Worms errichtet. Als sie nach Nordwesten zu expandieren versuchten, schickte der Heermeister Aetius im Jahr 436 ein hunnisches Heer, um das Burgunderreich zu zerschlagen. 443 wurden die Überlebenden an den Genfer See gesandt, wo sie die Verteidigung gegen alemannische Gruppen übernahmen. Auch von dort aus dehnten sie sich bald aus, vor allem in Richtung Lyon. Als gallische Heermeister bildeten die Burgunderkönige in der zweiten Hälfte des 5. Jahrhunderts mit den Westgoten die bedeutendste Macht im früheren Gallien. Die Könige der Burgunder, die in der nibelungischen Dichtung fortlebten, repräsentierten ein ausgeglichenes romanisch-burgundisches Gemeinwesen, das auch ohne königliche Spitze im Verbund des Frankenreiches nicht unterging [WOLFRAM 1990b; POHL 2002].

**Herrschaftsbildung bei den frühen Slawen.** Nachdem die germanischen Kriegerverbände die ostmitteleuropäischen Gebiete verlassen hatten, wurden die dort verbliebenen Gruppen und Zuwanderer aus dem Osten seit der Zeit um 500 slawisch. Die ersten im Blickfeld byzantinischer Historiographie erscheinenden Vertreter dieser werdenden slawischen Welt waren Anten und Sklavenen nördlich der mittleren Donau. Einige von ihnen kämpften auf byzantinischer Seite im italischen Gotenkrieg und lernten dort sowie von den benachbarten Gepiden und Langobarden monarchische Herrschaftsformen kennen.

Maßgeblich an der Ausbreitung slawischer Lebensformen beteiligt waren auch die reiternomadischen Awaren, die 568 Pannonien in Besitz genommen hatten. Von deren Vorherrschaft befreiten sich einige slawische Verbände um 630, als sie einen fränkischen Sklavenhändler namens Samo (gest. um 660), der ihren Aufstand erfolgreich angeführt hatte, zum König wählten. Das Samo-Reich, dem sich auch die Sorben anschlossen und dessen weitere Entwicklung unklar ist, lag irgendwo zwischen Thüringer Wald und Plattensee [POHL 1988; WOLFRAM 1990b; BRATHER; HARDT; LÜBKE].

Als Karl der Große im letzten Drittel des 8. Jahrhunderts die Sachsen zwischen Niederrhein und Elbe unterwarf, kam er auch in Kontakt mit Fürsten der West- und Ostseeslawen. Im Jahr 789 führte er einen Feldzug über die Elbe bis zu einer *civitas Dragowiti*, der Fürstenburg der Wilzen. Diese hatten eine frankenfeindliche Position eingenommen, während die an der westlichen Ostseeküste lebenden Abodriten, die im 9. Jahrhundert sogar eine Königsherrschaft ausbilden konnten, und die zwischen Saale und Elbe lebenden Sorben zeitweise zu Bündnispartnern der Franken wurden.

Auch in Böhmen war eine Reihe von Fürstentümern entstanden. Vierzehn Fürsten wurden im Jahr 845 in Regensburg getauft. Zu Beginn des 10. Jahrhunderts konnten die Přemysliden, das Prager Fürstengeschlecht, ganz Böhmen unter ihrer Herrschaft vereinen. Die Vormacht der Slawen an der mittleren Donau waren im 9. Jahrhundert die Mährer gewesen, deren „großmährisches Reich" um die Burgstädte Mikulčice und Nitra im ersten Jahrzehnt des 10. Jahrhunderts von den Ungarn zerschlagen wurde [BRATHER; LÜBKE].

Matthias Hardt

**Literatur**

G. BEHM-BLANCKE, Gesellschaft und Kunst der Germanen. Die Thüringer und ihre Welt, Dresden 1973.

S. BRATHER, Archäologie der westlichen Slawen. Siedlung, Wirtschaft und Gesellschaft im früh- und hochmittelalterlichen Ostmitteleuropa, Berlin/New York 2001.

D. CLAUDE, Adel, Kirche und Königtum im Westgotenreich, Sigmaringen 1971.

P. J. GEARY, Die Merowinger. Europa vor Karl dem Großen, München 1996.

DERS., Europäische Völker im frühen Mittelalter. Zur Legende vom Werden der Nationen, Frankfurt/M. 2002.

M. HARDT, Aspekte der Herrschaftsbildung bei den frühen Slawen, in: W. POHL/M. DIESENBERGER (Hrsg.), Integration und Herrschaft. Ethnische Identitäten und soziale Organisation im Frühmittelalter, Wien 2002, 249–255.

J. JARNUT, Geschichte der Langobarden, Stuttgart/Berlin/Köln/Mainz 1982.

C. LÜBKE, Das östliche Europa, München 2004.

W. POHL, Die Awaren. Ein Steppenvolk in Mitteleuropa, 567–822 n. Chr., München 1988.

DERS., Die Völkerwanderung. Eroberung und Integration, Stuttgart/Berlin/Köln 2002.

R. WENSKUS, Stammesbildung und Verfassung. Das Werden der frühmittelalterlichen gentes, 2. Aufl. Köln/Wien 1977.

H. WOLFRAM, Die Geburt Mitteleuropas. Geschichte Österreichs vor seiner Entstehung 378–907, Berlin 1987.

DERS., Die Goten. Von den Anfängen bis zur Mitte des 6. Jahrhunderts, 3. Aufl. 1990(a).

DERS., Das Reich und die Germanen. Zwischen Antike und Mittelalter, Berlin 1990(b).

DERS., Die Germanen, München 1995, 8. Aufl. 2005.

Bis weit ins 20. Jahrhundert hinein stellte die Forschung die (germanischen) Völker der Antike und des Frühmittelalters als beinahe statische Größen dar. Vor allem Reinhard Wenskus hat unsere Sicht auf die völkerwanderungszeitlichen Völker bzw. Stämme (*gentes*) grundlegend und nachhaltig verändert. Er konnte in seinem 1961 erstmals erschienenen Werk „Stammesbildung und Verfassung" [Wenskus] zeigen, dass die gemeinsame Abstammung als der wohl stärkste verbindende Faktor eines Volkes bzw. Stammes eine Fiktion war. In der Realität dagegen veränderten sich die *gentes* ethnisch ständig, waren also offen für die Aufnahme fremder Gruppen und Verbände. Auf der anderen Seite herrschte ein mythischer Glaube vor, die Angehörigen einer *gens* hätten in dunkler Vorzeit gemeinsame Vorfahren gehabt. Getragen wurde diese Überzeugung von den politisch, sozial und wirtschaftlich stärksten Untergruppen eines Volkes, die Wenskus als Traditionskerne bezeichnet. Neben dem Glauben an die gemeinsame Herkunft wurde eine *gens* durch weitere Faktoren zusammengehalten. So konnte sie auch eine Heirats-, Friedens-, Rechts-, Siedlungs-, Traditions-, Sprach- und Kulturgemeinschaft sein, die sich zudem durch gemeinsame politische Zielsetzungen auszeichnete. Freilich mussten nicht alle dieser Punkte gegeben sein, während die Überzeugung von der gemeinsamen Abstammung als notwendige Klammer zu gelten hat.

Bei der Neubildung von Völkern, wie sie gerade in der Völkerwanderungszeit beispielsweise bei den Alemannen, Franken oder Sachsen zu beobachten ist, spielten die angesprochenen Traditionskerne nach Wenskus die zentrale Rolle. Bei Zerschlagung eines älteren Volkes oder seiner Aufspaltung konnte ein Teil eines Traditionskerns zum Ausgangspunkt einer neu entstehenden *gens* werden, sofern es ihm gelang, andere Kleingruppen an sich zu binden. Die berühmten Wanderungen der Spätantike und des Frühmittelalters sind daher vor allem als Folge von Teilungen älterer Völker zu verstehen: Sozial hoch stehende Gruppen spalteten sich ab und unterwarfen später andere *gentes* oder Gruppen entweder militärisch oder brachten diese auf Grund ihres Prestiges dazu, sich ihnen anzuschließen. Allmählich entstand so unter der Führung des abgespaltenen Traditionskernes eine neue *gens*, während die Zurückgebliebenen entweder von anderen Völkern aufgesogen wurden oder sich stabilisierten, um fortbestehen zu können.

Der Ansatz der Ethnogenese wurde in den letzten Jahrzehnten von Herwig Wolfram und seinem Schüler Walter Pohl entscheidend weiterentwickelt [Pohl; Wolfram 1998 u. 2001].

Während Wenskus die *gentes* der Völkerwanderungszeit als fiktive Abstammungsgemeinschaften interpretierte, betont Wolfram ihren Charakter als polyethnische Verbände, deren Einheit sich als *exercitus*, also als Heer, manifestierte. Seiner Meinung nach war ihre Entstehung keine Sache des Blutes, sondern der Verfassung, worunter zunächst nicht viel mehr als das Zusammenfassen und Zusammenhalten eines gentil geprägten Heeres zu verstehen ist. Repräsentanten mächtiger und anerkannter Familien, die ihre Herkunft von den Göttern ableiteten und ihr Charisma zudem auch schon unter Beweis gestellt hatten, bildeten die Traditionskerne, um die herum neue Stämme entstanden. Wer sich zu einer Tradition bekannte, weil er entweder in sie hineingeboren worden war oder auf Grund seiner Fähigkeiten von den älteren Mitgliedern akzeptiert worden war, war Angehöriger einer *gens*, die eben keine biologische, sondern eine durch Überlieferung erzeugte und stabilisierte Abstammungsgemeinschaft war.

Die Auffassungen von Wenskus und Wolfram schließen sich nicht gegenseitig aus. Sie beschreiben vielmehr zwei verschieden Entwicklungsphasen einer völkerwanderungszeitlichen *gens*. Zunächst begriffen sich ihre Angehörigen wohl tatsächlich vor allem als Abstammungsgemeinschaft. Im Verlauf ihrer weiteren Entfaltung aber trat der militärisch-politische Charakter der *gens* immer mehr hervor, die in einem immer stärkeren Maße zu einem polyethnischen Verband wurde, wobei der Glaube an eine gemeinsame Abstammung als Fiktion und als Klammer erhalten blieb.

Die neuere Forschung sieht auch die Sippe differenzierter als die ältere, vornehmlich von rechtshistorischem Denken beeinflusste. Dieser galt die aus der väterlichen Verwandtschaft gebildete Sippe als Friedens- und Rechtsverband, der nach innen für Frieden und nach außen für Schutz gesorgt habe. Die jüngere, mehr sozialhistorisch ausgerichtete Forschung betont dagegen mit Karl Schmid die Offenheit der Sippe gegenüber der mütterlichen Verwandtschaft und ist auch vorsichtiger, was ihre Funktionen angeht [Schmid]. In den Quellen ist lediglich die Bedeutung der näheren Verwandtschaft für den Einzelnen fassbar, während der Begriff „Sippe" nur selten belegt ist. Ganz unabhängig davon konnten sich selbst weitläufig miteinander verwandte Personen auf ein und denselben Ahnherren zurückführen und daraus zum großen Teil ihr Selbstverständnis ableiten. Kurz: Die Sippe ist eher ein Phänomen der Mentalitätsgeschichte als eines der Rechts- und Verfassungsgeschichte.

Matthias Becher

**Literatur**

K. BRUNNER/B. MERTA (Hrsg.), Ethnogenese und Überlieferung. Angewandte Methoden der Frühmittelalterforschung, Wien/München 1994.

F. GENZMER, Die germanische Sippe als Rechtsgebilde, in: Zeitschrift der Savigny-Stiftung für Rechtsgeschichte, Germ. Abt. 67, 1950, 34–49.

K. KROESCHELL, Die Sippe im germanischen Recht (1960), in: DERS., Studien zum frühen und mittelalterlichen deutschen Recht, Berlin 1995, 13–34.

W. POHL, Die Germanen, München 2000.

K. SCHMID, Zur Problematik von Familie, Sippe und Geschlecht, Haus und Dynastie beim mittelalterlichen Adel. Vorfragen zum Thema „Adel und Herrschaft im Mittelalter" (1957), in: DERS., Gebetsgedenken und adliges Selbstverständnis im Mittelalter. Ausgewählte Beiträge, Sigmaringen 1983, 183–244.

R. WENSKUS, Stammesbildung und Verfassung. Das Werden der frühmittelalterlichen gentes, Köln/Graz 1961, 2. Aufl. 1977.

H. WOLFRAM, Typen der Ethnogenese. Ein Versuch, in: D. GEUENICH (Hrsg.), Die Franken und die Alemannen bis zur „Schlacht bei Zülpich" (496/97), Berlin/New York 1998, 608–627.

DERS., Die Goten. Von den Anfängen bis zur Mitte des sechsten Jahrhunderts. Entwurf einer historischen Ethnographie, 4. Aufl. München 2001.

# Vom Reich der Franken zum Reich der Deutschen

## Zeittafel

| | |
|---|---|
| 911 | Erhebung Konrads I. zum ersten nichtkarolingischen König im ostfränkischen Reich. |
| 919 | Königserhebung des Liudolfingers Heinrich I. |
| 955 | Sieg Ottos I. über die Ungarn auf dem Lechfeld. |
| 962 | Kaiserkrönung Ottos I. des Großen. |
| 983 | Lutizenaufstand, Zerstörung der ottonischen Herrschaft und Kirchenorganisation bei den Slawen nordöstlich der Elbe. |
| 1002 | Tod Kaiser Ottos III. |
| 1024 | Wahl des ersten salischen Königs Konrad II. |
| 1046 | Synode von Sutri: Absetzung von drei Päpsten auf Initiative Heinrichs III. |
| 1077 | Bußleistung Heinrichs IV. vor Canossa; Wahl des Gegenkönigs Rudolf von Rheinfelden. |
| 1122 | Wormser Konkordat. |
| 1152 | Königswahl des Staufers Friedrich I. Barbarossa. |
| 1156 | Erhebung Österreichs zum Herzogtum. |
| 1157 | Hoftag von Besançon, Streit über den Begriff *beneficium*. |
| 1158 | Reichstag von Roncaglia, Einforderung kaiserlicher Herrschaftsrechte über die italienischen Städte. |
| 1177 | Friede von Venedig zwischen Alexander III. und Barbarossa. |
| 1198 | Doppelwahl des Staufers Philipp von Schwaben und des Welfen Otto IV. nach dem Tod Kaiser Heinrichs VI. |
| 1214 | Schlacht von Bouvines: Entscheidung für das Königtum Friedrichs II. |
| 1235 | Mainzer Reichsfriede. |
| 1245 | Konzil von Lyon: Absetzung Kaiser Friedrichs II. |
| 1257 | Doppelwahl: Alfons von Kastilien und Richard von Cornwall zu deutschen Königen gewählt; 7 Königswähler (Kurfürsten). |
| 1273 | Königserhebung Rudolfs I. von Habsburg. |

**Wandel und Kontinuität.** Die Auflösung des Karolingerreiches lässt sich nicht mit einem bestimmten Datum verbinden. Aufschlussreicher ist es, Fortbestand, Verlust und Wandel karolingischer Strukturen im nachkarolingischen Europa zu unterscheiden. Die Königserhebung des Konradiners Konrad I. (reg. 911–918) schrieb die aktuelle Machtverteilung zwischen den führenden Adelsfamilien fort; erst in langfristiger Perspektive markiert sie das Ende der Karolingerherrschaft im Ostfränkischen Reich. Karolingische Legitimität war offenbar weniger wichtig als die gewachsenen Bindungen und Loyalitäten der führenden Adelsgruppen, die sich im ostfränkischen Reich zum Teil schon während der jahrzehntelangen Herrschaft Ludwigs „des Deutschen" und seiner Söhne herausgebildet hatten. Die relative Schwäche des westfränkisch–französischen Königtums markiert den wesentlichen Unterschied politischer Entwicklung östlich und westlich des Rheins bis zum Beginn des 12. Jahrhunderts. Daraus erklärt sich auch die faktische Hegemonie der Ottonen im 10. Jahrhundert: Weniger in gesamtfränkischer Tradition als vielmehr aufgrund aktueller familiärer Bindungen griffen Otto I. und Kaiserin Adelheid vermittelnd in die Rivalität von Karolingern und Kapetingern oder in kirchenpolitische Streitigkeiten Frankreichs ein.

▷ S. 35 f. Von einer Randkultur zum Zentrum Europas: Das Frankenreich

▷ S. 78–80 Westeuropäische Monarchien

Erst die Kontinuität der politischen Ordnung unter ottonischer Führung ermöglichte die allmähliche Ausbildung ethnischer und kultureller Identitäten östlich des Rheins [Ehlers]. Die politischen Gliederungen der Karolingerzeit (*regna*) bildeten die Grundlage für die Positionen der Herzöge von Bayern und Schwaben am Beginn des 10. Jahrhunderts, die von ethnischen Identitäten gestützt wurden. Hingegen verfestigte sich

▷ S. 47 f. Thema: Ethnogenese

die politische Zusammengehörigkeit der Sachsen erst zum Herzogtum, nachdem jahrzehntelang ein König aus ihrer Mitte geherrscht hatte [BECHER]. Übergreifende kulturelle Anstrengungen des ottonischen Königtums blieben auf die lateinische Sprache und auf die Klerikerbildung in Dom- und Klosterschulen beschränkt; die karolingischen Bemühungen um die althochdeutsche Volkssprache wurden nicht fortgeführt.

▷ S. 32 Von einer Randkultur zum Zentrum Europas: Das Frankenreich

Sachsen, Bayern, Schwaben, Main- und Rheinfranken sowie Lothringer nahmen ihre vor allem politische Gemeinsamkeit wahr, wenn sie mit dem König über die Alpen zogen; in Italien wurden sie auch zuerst gemeinsam als Deutsche, als *Teutonici* bezeichnet. In die Königstitulatur ist diese neue Bezeichnung allerdings schon deshalb nicht eingegangen, weil sie von Papst Gregor VII. in einschränkender Absicht gebraucht wurde. In Reaktion darauf setzte sich auch für den Königstitel der auf das Kaisertum zielende Römername durch; bis zum Ende des Alten Reiches blieb der „deutsche" ein „römischer König" (*rex Romanorum*). Dessen Herrschaftsbereich, der seit Otto dem Großen den Norden Italiens und seit Konrad II. Burgund einschloss, konnte als *imperium* (Reich) bezeichnet werden, doch war damit keine weiter gehende politische Einheit der verschieden strukturierten Königreiche und ihrer Bevölkerung vorausgesetzt.

**Neubegründung königlicher Herrschaft.** Die Übernahme der Königswürde durch Heinrich I. (reg. 919–936) im Jahre 919, der aus der Familie der sächsischen Liudolfinger stammte, galt früher als Beginn der deutschen Geschichte. Heute wird man eher von einem Neuansatz königlicher Herrschaft sprechen, der gerade durch die Ausgestaltung spätkarolingischer Bedingungen wirksam wurde. Dass Heinrich König werden konnte, war offenbar durch einen Ausgleich und eine Absprache zwischen den seit spätkarolingischer Zeit miteinander konkurrierenden Familien der sächsischen Liudolfinger und fränkischen Konradiner erreicht worden. Der neue König fand zunächst Akzeptanz bei den zuvor gleichrangigen Spitzen des fränkischen, schwäbischen und bayerischen Adels, weil er als *primus inter pares* ihnen gegenüber in Auftreten und Handeln weitgehend auf die Betonung einer übergeordneten königlichen Stellung verzichtete [ALTHOFF].

In harten Konflikten setzte erst Otto I. (reg. 936–973) einen gesteigerten Anspruch durch, der dem überlegenen Rang des Königssohnes und seiner zur Königsdynastie gewordenen Familie entsprach, aber die intensivierten Mitwirkungsansprüche des Adels nicht leugnete. Der Sieg über die Ungarn auf dem Lechfeld im Jahre 955 setzte den Schlusspunkt unter eine seit Beginn des 10. Jahrhunderts immer wiederkehrende Bedrohung und sicherte Ottos Hegemonie in Mitteleuropa. Erst nach einem päpstlichen Hilferuf führte das Engagement des Königs in Oberitalien, das durch die Eheschließung mit der Königin Adelheid gefördert worden war, zur endgültigen Übernahme der langobardisch-fränkischen Königswürde und 962 zur Kaiserkrönung in Rom. Der weite Ausgriff auf die slawischen Gebiete östlich der Elbe hatte nur im Süden Bestand, während ottonische Herrschaft und kirchliche Organisation im Nordosten durch den Lutizenaufstand des Jahres 983 zerstört wurden.

▷ S. 66 Die Römis[che] Kirche un[d] Italien

**Herrschaft zwischen Konflikt und Konsens.** Die schnelle Konsolidierung und

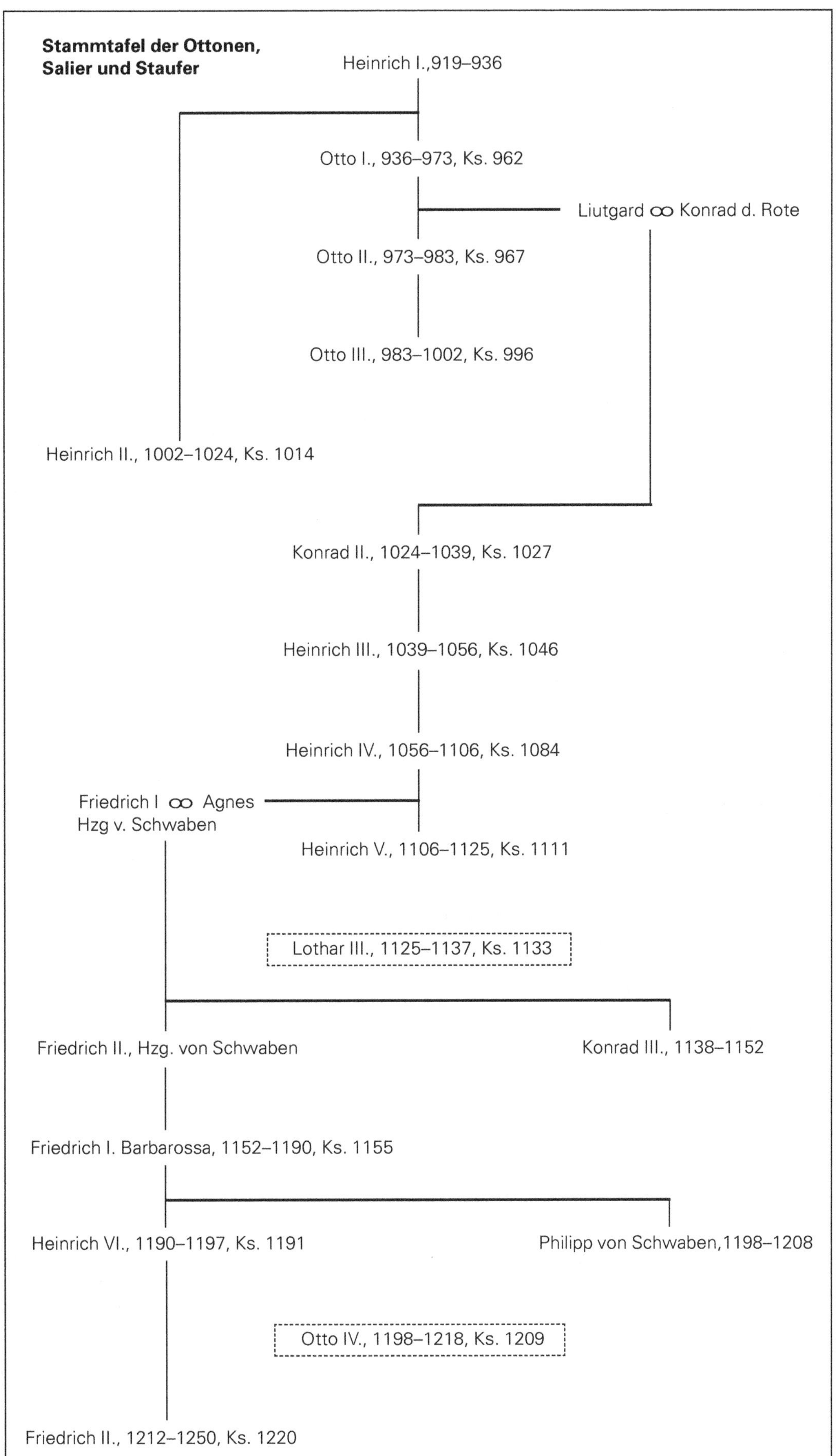
Stammtafel der Ottonen,
Salier und Staufer
Heinrich I.,919–936
Otto I., 936–973, Ks. 962
Liutgard ∞ Konrad d. Rote
Otto II., 973–983, Ks. 967
Otto III., 983–1002, Ks. 996
Heinrich II., 1002–1024, Ks. 1014
Konrad II., 1024–1039, Ks. 1027
Heinrich III., 1039–1056, Ks. 1046
Heinrich IV., 1056–1106, Ks. 1084
Friedrich I ∞ Agnes
Hzg v. Schwaben
Heinrich V., 1106–1125, Ks. 1111
Lothar III., 1125–1137, Ks. 1133
Friedrich II., Hzg. von Schwaben
Konrad III., 1138–1152
Friedrich I. Barbarossa, 1152–1190, Ks. 1155
Heinrich VI., 1190–1197, Ks. 1191
Philipp von Schwaben,1198–1208
Otto IV., 1198–1218, Ks. 1209
Friedrich II., 1212–1250, Ks. 1220

der kontinuierliche Erfolg königlicher Herrschaft im ostfränkisch-deutschen Reich erscheinen erklärungsbedürftig, weil die Herrschaftspraxis des Königtums weitgehend ohne die institutionellen Sicherungen und die Schriftlichkeit der hochkarolingischen Epoche auskam. Stattdessen traten die aktuelle Präsenz des Herrschers und die Rituale und Inszenierungen unmittelbarer persönlicher Kommunikation in den Vordergrund. Reichsintegration und Herrschaftsausbau von den ersten Ottonen bis zu den frühen Saliern lassen sich deshalb an der Ausweitung des königlichen Itinerars (der Kartierung der vom König aufgesuchten Orte) ablesen, das erst unter Heinrich II. (reg. 1002–1024) das ganze Reich weitgehend gleichmäßig erfasste [KELLER 2002]. Die auf persönlichen Bindungen beruhende Herrschaftsordnung wahrte ihre Stabilität gerade dadurch, dass sie Konflikte auf allen Ebenen nicht ausschloss, sondern bewältigen konnte. Solche Konflikte entstanden vornehmlich aus der permanenten Konkurrenz um Königsnähe, Ressourcen und Ehre in der politisch bestimmenden Hochadelsgesellschaft; dabei war es Sache des Königs, Rangpositionen und Ressourcen zu verteilen und zwischen adeligen Ansprüchen zu vermitteln. Welche Bedeutung in diesem Rahmen reflektierten Ordnungsvorstellungen, politischen Konzepten und wechselnden individuellen Motiven der Akteure zukam, wird kontrovers diskutiert [FRIED; WEINFURTER 2002; KÖRNTGEN].

▷ S. 101 f. Thema: Herrschen ohne Staat – Ressourcen und Rituale

Der Rückschluss von Verhaltensweisen auf Motive erscheint plausibel im Hinblick auf die Konflikte zwischen König und Großen seit der Regierungszeit Heinrichs II. Die Auseinandersetzungen wurden wohl deshalb mit zunehmender Härte ausgetragen, weil der König und seine salischen Nachfolger immer häufiger die außergerichtliche Konfliktbeilegung durch Vermittlung und Rituale aufgaben und beanspruchten, Konflikte durch herrscherliche Rechtsprechung zu entscheiden und Gegner als Majestätsverbrecher gemäß spätantikem Kaiserrecht abzuurteilen [WEINFURTER 2004]. Auch die Beziehungen zu den östlichen Nachbarn, vor allem der harte Konflikt Heinrichs II. mit dem polnischen Fürsten Boleslaw I. Chrobry und die Kriegszüge Heinrichs III. nach Ungarn, lassen sich weniger mit den Kategorien der „Außenpolitik" erklären als durch die umfassende Bedeutung von Ranganspruchen, persönlichen Bindungen und Loyalitäten.

▷ S. 91 Nord- un europäis Monarch

**Königswahl und Thronfolge.** Das Wechselspiel von Anspruch, Konflikt und Akzeptanz königlicher Machtausübung erklärt auch die für die monarchische Herrschaft entscheidende Frage, wie die Weitergabe der Herrschaftsgewalt nach dem Tod eines Königs jeweils organisiert wurde. Das wird man gegen ältere Ansätze sagen müssen, in denen die Prinzipien einer Nachfolge durch „Erb-", „Wahl-" oder „Geblütsrecht" kontrovers diskutiert wurden. Die Individualsukzession und damit der Verzicht auf die Aufteilung der Herrschaft auf mehrere Königssöhne wurde im deutschen Reich wohl schon vor dem Tod Heinrichs I. und weitgehend zeitgleich auch in den übrigen nachkarolingischen Königreichen beachtet. Das Prinzip der Nachfolge nur einer Person führte aber noch bis zur Herrschaftsnachfolge des dreijährigen Otto III. (reg. 983–1002) in den Jahren 983/4 zu heftigen Kämpfen in der Königsfamilie. Die Stabilisierung der Herrschaftsordnung durch dynastische Kontinuität war offensichtlich auch für die geistlichen und weltlichen Großen ein wichtiges Motiv, das etwa wirksam wurde, als man nach dem Tod Heinrichs II. mit dem Salier Konrad II. (reg. 1024–1039) wohl nicht unüberlegt einen König wählte, der schon einen Sohn hatte. Darin zeigt sich allerdings kein Rechtsprinzip, sondern ein immer wieder aktualisiertes Handlungsmotiv: Bis zum Ende der salischen Familie akzeptierten die Großen jeweils den Anspruch des Königs, einen Sohn noch zu Lebzeiten des Vaters zu erheben, auch wenn in der konfliktreichen Zeit Heinrichs III. Vorbehalte geäußert wurden.

**Anspruch und Bindung königlicher Herrschaft.** Die über zwei Jahrhunderte nach gleichem Muster ablaufenden Königswahlen sind nur ein augenfälliges Beispiel für den Konsens der Großen, der die Praxis und die Kontinuität der ottonischen und salischen Königsherrschaft trug [ALTHOFF; SCHNEIDMÜLLER]. Der Adel trat dem Königtum nicht grundsätzlich als Konkurrent entgegen, sondern ermöglichte den Herrschaftserfolg der Ottonen und Salier und partizipierte daran.

Auch das viel diskutierte „ottonisch-salische Reichskirchensystem" war kein Instrument unter alleiniger Kontrolle des Königs, sondern entsprach ebenso den Interessen adeliger Familien, die mit wenigen Ausnahmen den Episkopat und die Äbte der Reichsklöster stellten [SCHIEFFER 1998]. Seit Heinrich II. wurden Bischöfe vornehmlich aus der Hofkapelle ausgewählt, der Gemeinschaft der Kleriker, die neben dem liturgischen Dienst am Hof auch zu Aufgaben der Herrschaftspraxis, vor allem bei der Urkundenausfertigung der Kanzlei, herangezogen wurden. Diese Rekrutierungspraxis förderte die Reichsintegration. Doch zugleich blieben adelige Eigeninteressen, Anspruch und Tradition von Diözesen und Klöstern sowie die Konkurrenz um Rang und Ansehen wichtige Handlungsmotive der grundsätzlich königstreuen Geistlichkeit. Besondere herrschaftssichernde Wirkungen werden häufig den Vorstellungen vom sakralen Königtum zugeschrieben, die auf herrschaftstheologischen Traditionen spätantiker und frühmittelalterlicher Prägung beruhten und die ihren besonderen Ausdruck in Weihe und Salbung des Königs fanden. Unterschiedlich eingeschätzt wird dabei, in welchem Maß vor allem die liturgische Repräsentation für konkrete Legitimationsinteressen verfügbar war und entsprechend eingesetzt wurde [WEINFURTER 2002; KELLER 2002; KÖRNTGEN].

**Kaiser und Papst vor dem „Investiturstreit".** Die Übernahme des Kaisertums durch Otto I. wurde nicht planmäßig in einer geradlinigen politischen Konzeption vorbereitet, sondern entwickelte sich eher durch verschiedene Anregungen und in Reaktion auf wechselnde Situationen. Entscheidend war in karolingischer Tradition das besondere Verhältnis zum Papst, das in entsprechenden kaiserlichen Privilegien und Verpflichtungen von Volk und Klerus Roms im Umfeld der obligatorischen römischen Kaiserkrönung fixiert wurde. Weiter gehende imperiale Konzeptionen werden für Otto III. diskutiert, den Sohn der Byzantinerin Theophanu: Eine bewusste, literarisch vermittelte Aufnahme römischer Traditionen (*Renovatio imperii Romanorum*), politisch konkretisiert in einem Bündnis christlicher Könige unter kaiserlicher Leitung. Vielleicht ging es dem Kaiser aber auch vornehmlich darum, die ottonische Herrschaft über die Stadt und die Stellung des Papstes dauerhaft zu sichern.

▷ S. 66 Die Römische Kirche und Italien

Ein gesteigertes imperiales Rangbewusstsein verband sich jedenfalls bei den frühen Saliern mit besonderer Verantwortung für die römische Kirche, der Heinrich III. (reg. 1039–

Die Vorstellung, dass die Könige von Gott selbst zur Herrschaft berufen wurden, um auf Erden im Namen und in Stellvertretung Gottes Frieden und Recht zu wahren, ist von den Buchmalern ottonischer und salischer Klöster in Bilder umgesetzt worden, die den Herrscher in unmittelbarer Nähe zu Gott zeigen. Unter Verwendung spätantiker, byzantinischer und karolingischer Motive sind ganz eigenständige Darstellungen entstanden. Das **Krönungsbild Heinrichs II.** gehört zum Regensburger Sakramentar, einer liturgischen Handschrift, die wohl im Regensburger Emmeramskloster hergestellt und vom König der von ihm gegründeten Bamberger Bischofskirche geschenkt worden ist. Heinrich steht vor dem in der Mandorla erscheinenden Christus; er wird von Engeln mit der hl. Lanze und einem Schwert investiert, die heiligen Bischöfe Ulrich und Emmeram stützen ihn. Ikonographie, Kontext und Aussageabsicht dieses und vergleichbarer Herrscherbilder werden kontrovers diskutiert: Propagiert der König selbst seinen sakralen Anspruch und seine einzigartige sakrale Herrschaftslegitimation, oder sind es jeweils die Mönchsgemeinschaften in Regensburg, auf der Reichenau oder an anderen Orten, die ihre Vorstellungen von der religiösen Legitimation und Verantwortung des Herrschers mit der liturgischen Fürbitte für dessen Herrschaft und vor allem für dessen religiöses Heil verbinden?

Bild: Buchillustration aus dem „Regensburger Sakramentar", f. $11^{r}$. Foto: Bayerische Staatsbibliothek München.

Literatur: L. Körntgen, Königsherrschaft und Gottes Gnade. Zu Kontext und Funktion sakraler Vorstellungen in Historiographie und Bildzeugnissen der ottonisch-frühsalischen Zeit, Berlin 2001, 212–235; S. Weinfurter, Heinrich II. Herrscher am Ende der Zeiten, 3. Aufl. Regensburg 2002, 42–47.

1056) durch die Initiative zur Absetzung von drei konkurrierenden Päpsten auf der Synode von Sutri im Jahre 1046 Rechnung trug. Die Papsterhebung von Reichsbischöfen sicherte in der Folgezeit die Unabhängigkeit des Papsttums von stadtrömischen Verstrickungen und gewährleistete die Zusammenarbeit von Kaiser und Papst, sowohl auf dem Feld der Kirchenreform als auch in der Politik Italiens.

▷ S. 66
Die Römische Kirche und Italien

**Herrschaft im Konflikt.** Die lange Herrschaftszeit Heinrichs IV. (reg. 1056–1102) war bestimmt von harten Konflikten. Diese wurden zwar von konkreten Problemen ausgelöst, doch ihre tiefere Ursache war der Verlust des Konsenses zwischen König und Adel, der die Herrschaftsordnung unter den vorangegangenen Königen getragen hatte [SUCHAN; WEINFURTER 2004]. Durch das Wegbrechen dieser Basis konnte die Unzufriedenheit einzelner Fürsten nicht mehr durch die hergebrachten Instrumente der Konfliktbeilegung gelöst werden.

▷ S. 101 f.
Herrschen ohne Staat: sourcen und Rituale

Auch die Verunsicherung größerer Bevölkerungsgruppen, vor allem in Sachsen, die durch sozialen und wirtschaftlichen Wandel und besonders den vom König und den Großen betriebenen Herrschaftsausbau [KELLER 1986; WEINFURTER 2004] hervorgerufen wurde, konnte nicht mehr aufgefangen werden.

Gleichwohl unterstützte nur ein Teil der Fürsten im Jahr 1077 die erstmalige Wahl eines Gegenkönigs (Rudolf von Rheinfelden), nachdem Papst Gregor VII. (reg. 1073–1085) den König gebannt und seine Untertanen von ihrem Treueid gelöst hatte. Zu dieser vorbildlosen Eskalation des Konfliktes zwischen *regnum* und *sacerdotium* war es im Zusammenhang ursprünglich begrenzter Streitigkeiten um die Bischofserhebung in Mailand gekom-

## Forschungsstimmen

„Ein unmittelbar praktisches Ergebnis der Liebe des Kaisers zu Rom war, dass er nicht wie im Jahre 996 nach Ordnung der politischen Verhältnisse in die Heimat zurückkehrte, sondern dass er sich auch noch weiter in Rom festhalten ließ. Im Gegensatz zu allen seinen Vorgängern schuf er sich dort eine Dauerresidenz, wo nach den Worten des karolingischen Annalisten ‚immer die Caesaren zu verweilen gewohnt waren'. Damit war das Kernstück jeder Hoffnung auf eine **Renovatio** verwirklicht: Rom war wieder die Kaiserstadt, das caput orbis geworden [...]" (P. E. SCHRAMM, Kaiser, Rom und Renovatio, 2 Bde. (1929), 4. Aufl. Darmstadt 1984, Bd. 1, 108).

„‚Renovatio' aber war zugleich auch das Programm, nach dem der Kaiser sein die Tradition verlassendes Handeln ordnete, und das ihm erlaubte, Neues zu konzipieren, Könige anzuerkennen, wo es sie bisher noch nicht gab, und einstmals feindliche, ‚barbarische' Völker in die Gemeinschaft christlicher Reiche aufzunehmen – nicht durch Gewalt, sondern in Frieden, zu gemeinsamem Handeln, als Freunde und Brüder. Diesem Unterfangen haftete nichts Illusionäres an, es war real und hatte Erfolg" (J. FRIED, Otto III. und Boleslaw Chrobry. Das Widmungsbild des Aachener Evangeliars, der „Akt von Gnesen" und das frühe polnische und ungarische Königtum, 2. Aufl. Stuttgart 2001, 149).

„In der Bewertung ihrer tatsächlichen Bedeutung ist gegenüber der scheinbaren Klarheit, die sich aus der Wahl der Begriffe in Verbindung mit unserem heutigen Wissen über die Antike ergibt, jedoch große Skepsis angebracht. Das primäre Ziel Ottos III. war Herrschaftsausübung, und auch die *renovatio imperii Romanorum* war [...] eine vor allem kompilierende Aktivierung vorhandener Elemente antiker Traditionen. Der verstärkte Rückgriff auf römisch–antike Traditionen war bedingt durch die außergewöhnlich entschiedene Intensivierung kaiserlicher Herrschaft über Rom, die ihren hauptsächlichen Anstoß nicht von ‚gelehrt–literarischer Bildung' erhielt, sondern von den kirchlichen Reformbestrebungen der Jahrtausendwende in Verbindung mit heftiger Kritik an der Situation des Papsttums in Rom" (K. GÖRICH, Otto III. Romanus Saxonicus et Italicus. Kaiserliche Rompolitik und sächsische Historiographie, 2. Aufl. Sigmaringen 1995, 279).

men, in deren Verlauf Heinrich und die Mehrheit der deutschen Bischöfe sich vom Papst losgesagt hatten [SCHIEFFER 1981]. Die Bußleistung vor Canossa im Januar 1077 ermöglichte es Heinrich, weiter um den Erhalt seines Königtums zu kämpfen und schließlich die Kaiserkrone 1084 aus der Hand eines Gegenpapstes zu erhalten. Das in Deutschland bei wechselnden Frontverläufen auf die Kirchenorganisation durchschlagende Schisma wurde auch publizistisch begleitet, wobei Anliegen und Argumente des Reformpapsttums besonders über die Netzwerke der von fürstlichen Gegnern des Königtums gegründeten oder geförderten Reformklöster des Südwestens um Hirsau und St. Blasien transportiert wurden [KELLER 1986].

▷ S. 65 Die Römische Kirche und Italien

▷ S. 189 Mönchtum

Erst unter Heinrich V. (reg. 1106–1125), der zunächst nicht durch Schisma und Exkommunikation belastet war, trat die Frage der Bischofsinvestitur, die dem Konflikt den Namen gegeben hat, in den Vordergrund [SCHIEFFER 1981]. Nach dem Scheitern radikaler Lösungsversuche nötigten die Fürsten den Kaiser zum Ausgleich, der mit dem Wormser Konkordat von 1122 gefunden wurde. Die durch den Kirchenrechtler (Kanonisten) Ivo von Chartres (1040–1116) theoretisch vorbereitete Trennung geistlicher und weltlicher Aspekte des Bischofsamtes (*spiritualia* bzw. *temporalia*), jeweils ausgedrückt in den Symbolen von Ring und Zepter, ermöglichte eine Einigung. Die rituelle Beteiligung des Herrschers an der Einsetzung des Bischofs in seine weltlichen Aufgaben wurde garantiert, womit die Voraussetzung dafür geschaffen war, dass die Könige auch in der Folgezeit zumindest in einzelnen, besonders wichtigen oder besonders umstrittenen Fällen Einfluss auf die Auswahl der Bischöfe nehmen konnten.

**Kontinuität und Wandel im 12. Jahrhundert.** Im Kampf mit den späten Saliern hatten die Fürsten eigene Verantwortung für das Reich reklamiert [WEINFURTER 2004]. Immer deutlicher wurden in der weiteren Entwicklung Rangunterschiede innerhalb dieser zunächst unstrukturierten und nicht klar abgegrenzten Gruppe. Entscheidendes Kriterium für den sich allmählich ausbildenden Reichsfürstenstand wurde die Belehnung durch den König, als deren materielle Grundlage auch adeliges Eigengut eingebracht werden konnte (z. B. 1235 Erhebung des Welfen Otto zum Herzog von Braunschweig). Mit der Erhebung Österreichs (1156) und der Steiermark (1180) zu Herzogtümern und der Aufteilung Sachsens nach dem Sturz Heinrichs des Löwen (um 1130–1195) im Jahre 1180 war zugleich die Umwandlung der regionalen Reichsstruktur abgeschlossen: Aus den großen frühmittelalterlichen Herzogtümern mit ethnischen Bezügen und unterschiedlichen Amts- und Herrschaftsfunktionen der Herzöge entstanden kleinere Einheiten, in deren Rahmen in langfristiger Perspektive territoriale Herrschaftsverdichtung und der Aufbau fürstlicher Landesherrschaft möglich wurden.

▷ S. 209 Vasallität

Diese Entwicklungen gingen nicht zwangsläufig auf Kosten des Königtums: Die Staufer Konrad III. (reg. 1138–1152) und Friedrich I. Barbarossa (reg. 1152–1190) nutzten die neuen Mittel des fürstlichen Herrschafts- und Landesausbaus, indem sie von Mainfranken bis Thüringen, im Elsass, am Mittelrhein und in Schwaben möglichst geschlossene Königslandschaften aufbauten, auf der Grundlage des alten Königsgutes und des damit vielfach verzahnten salischen Erbes. Eine besondere Rolle spielten dabei die Ministerialen, aus der Unfreiheit zum niederen Adel aufsteigende

Dienstleute. Sie wurden als Fachleute am Hof und bei den verschiedensten Organisations- und Bewirtschaftungsaufgaben sowie als militärische Spezialisten seit Heinrich IV. vom Königtum auch in besonderen Vertrauensstellungen eingesetzt. Dem Herrschaftsaufbau diente auch die von König und Fürsten betriebene Gründung und Privilegierung von Städten, die am Platz königlicher Pfalzen oder auf fürstlichem Besitz zu Herrschaftsmittelpunkten wurden.

Trotz partieller Konkurrenz und dem Einsatz gleicher Herrschaftsmittel blieb der überlegene Anspruch des Königs „in und über dem Rangstreit der Großen" [KELLER 1986, 73] grundsätzlich gewahrt, in den ersten Jahrzehnten Friedrich Barbarossas sogar in erneuertem Konsens nach den harten Konflikten Konrads III. [HECHBERGER]. Die Bedeutung von Ausgleich und Frieden schlug sich in den ersten Jahren des neuen Herrschers auch in der Fortführung älterer Land- bzw. Reichsfriedensgesetzgebung (1152) und vor allem im Ausgleich zwischen Babenbergern und Welfen nieder. Auf die weitgehende Unterstützung der Fürsten konnte sich Friedrich I. auch im jahrzehntelangen Kampf mit Papst Alexander III. (reg. 1159–1181) verlassen. Ein deutlicher Wandel zeichnete sich in den beiden letzten Jahrzehnten Barbarossas ab, als der Kaiser viele der seit der Katastrophe des Heeres vor Rom 1167 durch den Tod ihrer Inhaber „erledigten" Lehen und adelige Eigengüter an sich zog und seinen Ministerialen eine immer wichtigere Rolle zuwies [KEUPP]. Hingegen nahmen die großen weltlichen Fürsten seltener an der königlichen Politik und Repräsentation teil [KÖLZER] und mit dem Erzbischof von Köln geriet ein zuvor wesentlicher Verbündeter in erbitterten Konflikt mit dem Kaiser. Das Kreuzzugsunternehmen von

## Detailskizze

**Heinrich der Löwe** (um 1130–1195) bietet ein besonderes Beispiel für die Möglichkeiten und Probleme der auf persönlichen Bindungen beruhenden Herrschaftsordnung des 12. Jahrhunderts. Seine Familie, die vor allem in Schwaben und Bayern begüterten Welfen, hatte durch eine Heiratsverbindung das Erbe Kaiser Lothars III. in Sachsen angetreten und zugleich das sächsische Herzogtum zusätzlich zum bayerischen übernommen. Beide Positionen, die sein Vater im Kampf mit dem Staufer Konrad III. verloren hatte, erhielt Heinrich vor allem durch seine enge Verbindung mit Konrads Neffen Friedrich I. Barbarossa zurück, dessen Mutter aus der Familie der Welfen stammte. Beide Partner profitierten voneinander: Der König konnte sich auf die politische und – etwa bei den ersten Italienzügen – militärische Unterstützung des Herzogs verlassen, der wiederum beim König Rückendeckung für den Ausbau seiner fürstlichen Herrschaft in den beiden Herzogtümern fand. Weil die entschlossene und kompromisslose Herrschaftsintensivierung auch eigenberechtigte Adelsherrschaften, Grafen und Bischöfe seiner Herzogtümer betraf, geriet Heinrich immer wieder in harte Konflikte. Seine sächsischen Gegner konnten ihn aber erst zu Fall bringen, als ihm der Kaiser seine Unterstützung entzog; dabei mag eine Rolle gespielt haben, dass Heinrich nach allerdings widersprüchlichen Nachrichten im Jahr 1176 die Heerfolge nach Italien verweigert hatte. Im Jahr 1180 durch Fürstenspruch zum Verlust seiner Reichslehen verurteilt, musste Heinrich an den Hof seines Schwiegervaters, des englischen Königs Heinrich II., ins Exil gehen. Der Herrschaftsanspruch des Herzogs, seine mehrfache Verwandtschaft mit Königsfamilien und ein besonderes adeliges Selbstverständnis der Welfen motivierten eine höfische Repräsentation, ein kulturelles Mäzenatentum sowie eine intensive Sorge um weltliches und liturgisches Gedenken, die königliche Ausmaße erreichten und etwa mit der Löwenplastik und dem Blasiusstift in Braunschweig, dem prachtvollen Helmarshausener Evangeliar und dem deutschen Rolandslied des Pfaffen Konrad erstrangige Zeugnisse hinterlassen haben.

Literatur: J. EHLERS, Heinrich der Löwe. Europäisches Fürstentum im Hochmittelalter, Göttingen 1997; J. FRIED/O. G. OEXLE (Hrsg.), Heinrich der Löwe. Herrschaft und Repräsentation, Ostfildern 2003.

▷ S. 98 Kreuzfahrerherrschaften am Mittelmeer

1189/90 unter Barbarossas Leitung konnte diesen Konflikt nur oberflächlich beruhigen.

**Kaiser und Papst im Hochmittelalter.** Im Papstschisma nach 1130 setzte sich Innozenz II. (reg. 1130–1143) zwar nur mit Hilfe von Lothar III. (reg. 1125–1137) durch. Doch blieb die neue Stellung des Papstes mit seinem europaweiten Aktionsraum grundsätzlich gewahrt. Vom Kaiser erwarteten die Päpste Schutz und Hilfe gegen die aggressiven Normannen und die sich formierende Kommune Roms. Diese Punkte sowie eine gemeinsame Politik gegenüber Byzanz wurden im Konstanzer Vertrag von 1153 vor dem Romzug Barbarossas fixiert, nach der Kaiserkrönung aber zur Enttäuschung des Papstes nicht in konsequente Aktionen in Italien umgesetzt.

Die fortschreitende Entfremdung schlug sich 1157 im Eklat von Besançon nieder, als ein päpstliches Schreiben das Kaisertum in die Nähe eines vom Papst vergebenen Lehens rückte. Die kaiserliche Haltung bei der zwiespältigen Papstwahl von 1159 führte zum Konflikt mit Alexander III., dessen Eskalation mit der persönlichen, den *honor* des Kaisers tangierenden Gegnerschaft und der langfristig jeden Ausgleich verhindernden Wirkung der Kampfmittel erklärt wird [Görich]. Dem entspricht, dass der Friede von Venedig 1177 mit der Anerkennung des Papstes und der Bußleistung Barbarossas nicht politische Streitpunkte entschied, sondern den Konflikt als solchen beendete. Eine andere Beurteilung ergibt sich, wenn man die Handlungen der Akteure vornehmlich aus prinzipiellen Konzepten über die Stellung der Kirche und des Kaisers in der Welt herleitet: Dann wären der Geistliches und Weltliches einschließende Primatsanspruch des Papstes und der universale Anspruch des Kaisertums beinahe zwangsläufig aufeinander getroffen [Laudage]. Erkennbar wird die politische Wirksamkeit einer neuen, aus dem römischen Kaiserrecht der Spätantike abgeleiteten Legitimation des Kaisertums vor allem in Barbarossas Herrschafts- und Leistungsansprüchen gegenüber den oberitalienischen Städten.

▷ S. 72 Die Römis[che] Kirche un[d] Italien

**Stauferherrschaft im europäischen Kontext.** Die ursprünglich vom Papst geförderte Annäherung an das normannische Königtum von Sizilien und Süditalien eröffnete mit der Heirat zwischen dem schon zum König gekrönten Heinrich VI. und Konstanze, der Tante des kinderlosen Königs Wilhelm II. von Sizilien, eine zunächst vage, nach dessen Tod aber konkrete Perspektive, die Heinrich VI. (reg. 1190–1197) entschlossen nutzte: Unter der doppelten Legitimation des Erbanspruchs seiner Gemahlin und eigener kaiserlicher Rechte eroberte er das Königreich gegen harte Widerstände. Nach dem frühen Tod des Kaisers wurde die Lösung Siziliens vom Reich zum entscheidenden Motiv für Papst Innozenz III. (reg. 1198–1216), zuerst den Welfen Otto IV. (reg. 1198–1218) und dann gegen dessen sizilische Ambitionen Friedrich II. (reg. 1212–1250), den Sohn Heinrichs und Konstanzes, zu unterstützen; dessen Durchsetzung war schließlich ein Nebenprodukt der englisch-welfischen Niederlage gegen den Kapetinger Philipp II. August bei Bouvines im Jahre 1214.

▷ S. 73 Die Römis[che] Kirche un[d] Italien

▷ S. 80 West-europäisc[he] Monarchi[e]

In Sizilien konnte Friedrich II. ganz in normannische Traditionen eintreten und durch den Ausbau der Verwaltung, durch Ausschöpfen der wirtschaftlichen Leistungsfähigkeit mit Hilfe effektiver Steuereintreibung und als Gesetzgeber das Werk seines Großvaters Roger II. (1095–1154) vollenden. Entgegen

Kaiser **Friedrich II.** hat nicht nur wegen der Pracht seiner Hofhaltung, die von der Herrschaftsrepräsentation seiner normannischen Vorfahren und dem Reichtum Siziliens geprägt war, Staunen und Bewunderung der Mit- und Nachwelt erregt. In einer den meisten Zeitgenossen unmöglichen Weite hat er Anregungen der byzantinischen, arabischen und lateinischen Kultur Siziliens aufgenommen. Auch die fürstliche Beschäftigung der Falkenjagd hat er mit nahezu wissenschaftlicher Neugier verbunden und seine Beobachtungen in einem Buch niedergeschrieben, das die Falkenjagd in den Rahmen einer methodisch vorgehenden Vogelkunde stellt und dabei antikes naturkundliches Wissen mit eigenen Erfahrungen verbindet. Sogar Aussagen des Aristoteles werden dabei an der Praxis gemessen und korrigiert. Das älteste erhaltene Exemplar ist für Friedrichs Sohn Manfred angefertigt und durchgehend illustriert worden. Die Abbildung auf der Rückseite des ersten Blattes zeigt den gemäß traditioneller Ikonographie thronenden Kaiser mit einem Falken.

Bild: Buchillustration aus dem Falkenbuch Friedrichs II., fol. 1v (Ausschnitt), Biblioteca Apostolica Vaticana.

Literatur: C. A. WILLEMSEN (Hrsg.), Kaiser Friedrich II. Über die Kunst, mit Vögeln zu jagen, 3 Bde., Frankfurt/M. 1970; E. S. u. G. RÖSCH, Kaiser Friedrich II. und sein Königreich Sizilien, Sigmaringen 1995.

seiner früheren Versprechen gegenüber dem Papst hielt er an der Verbindung von sizilischem Königtum und staufischem Kaisertum fest. Der damit einhergehende Anspruch auf effektive Herrschaft über die oberitalienischen Städte führte zu harten Kämpfen mit dem Zweiten Lombardenbund. Zugleich eskalierte der Konflikt mit dem Papst: Nach mehrfacher Verschiebung des versprochenen Kreuzzugs gebannt, zog Friedrich gegen päpstliches Verbot ins Heilige Land und erreichte eine Übereinkunft mit dem Sultan, die ihm die Krönung zum König von Jerusalem ermöglichte. Die europaweit beachtete Absetzung des Kaisers auf dem Konzil von Lyon von 1245 führte das Ende der weitreichenden Stauferherrschaft herbei.

▷ S. 72 Die Römische Kirche und Italien

▷ S. 99 Kreuzfahrerherrschaften am Mittelmeer

**Vom Thronstreit zum spätmittelalterlichen Wahlkönigtum.** Wie sein Vater Friedrich I. Barbarossa im letzten Jahrzehnt seiner Herrschaft, hatte sich auch Heinrich VI. mit der erbitterten Gegnerschaft einer Partei um den Kölner Erzbischof und den vom englischen König unterstützten Welfen auseinanderzusetzen. Erst die Gefangennahme des vom Kreuzzug zurückkehrenden englischen Königs Richard I. Löwenherz und dessen hohe Lösegeldzahlung wendeten das Blatt zugunsten des Staufers. Auf der Höhe seiner Macht versuchte der König vergeblich, die Fürsten zur Aufgabe ihres Wahlrechts zu zwingen; der „Erbreichsplan" zielte allerdings weniger auf die verfassungsrechtliche Stabilisierung des deutschen Königtums als darauf, die Herrschaftsnachfolge in den beiden staufischen Königreichen zu synchronisieren und dadurch deren Verbindung zu sichern. Nicht die Verweigerung der Fürsten erbrachte eine Schwächung des deutschen Königtums, sondern die Ereignisfolge nach dem plötzlichen Tod des jungen Kaisers im Jahre 1197: Nachdem die Anhänger der Staufer erst spät den Schwabenherzog Philipp (reg. 1198–1208) anstelle des schon gewählten, aber nicht durchsetzbaren Kaisersohnes Friedrich erhoben hatten, wählte eine antistaufische Gruppe den Welfen Otto IV., der am englischen Königshof aufgewachsen war.

Der Kampf zwischen beiden Parteien führte zu heftigen Erschütterungen des Reichs und auch zum Verlust herrscherlicher Ressourcen, weil die Rivalen nicht zuletzt durch Vergabe von Königsgut eine Mehrheit der Fürsten zu gewinnen suchten. Trotzdem bleibt es einseitig, wenn man die Entwicklung als Beginn einer unumkehrbaren Verschiebung der machtpolitischen Gewichte vom Königtum zu den Fürsten versteht. Eine solche Betrachtungsweise ist nicht zuletzt dadurch geprägt, dass die Zentralisierung und die effektivere Administration der französischen und englischen Königsherrschaft zur Norm vormoderner Staatlichkeit erhoben werden. Andere Perspektiven eröffnen sich, wenn man nicht nur das spätmittelalterliche Reich, sondern schon die späte Stauferzeit unter ihren eigenen Bedingungen betrachtet: Dann lässt sich die immer stärker werdende Stellung der Fürsten in der langfristigen Kontinuität der auf Konsens und Konflikt beruhenden Herrschaftsordnung verstehen [Reuter].

▷ S. 157 Thema: D Herausbi dung des dernen St

Diesen besonderen Bedingungen trug Friedrich II. Rechnung, indem er weitgehend darauf verzichtete, die Instrumente der zentralistischen sizilischen Herrschaft und Verwaltung auf das deutsche Königtum zu übertragen. Wenn Friedrich durch das *Statutum in favorem principum* von 1232 und zuvor schon durch die *Confoederatio cum principibus ecclesi-*

*asticis* von 1220 den Status quo fürstlicher Eigenständigkeit im Reich bestätigte und die anders ausgerichtete Politik seines Sohnes, König Heinrichs (VII.), scheitern ließ, dann erkannte er damit nur die Grundlage seines deutschen Königtums an. Auch der Mainzer Reichsfriede von 1235 band die Herrscheraufgabe der Friedenswahrung an den Konsens der Fürsten. Gleichzeitig versuchte der Kaiser aber in Anknüpfung an seine Vorgänger, die Königsherrschaft durch Ausbau von Königslandschaften und durch Stadtgründungen zu stärken. Ihre parallelen Bemühungen um Herrschaftsintensivierung und Landesausbau ließen den Fürsten weniger Raum für ihr Engagement zugunsten des Reichs; trotzdem zeugen die Entwicklungen nach dem Ende der Stauferherrschaft wohl weder von einem grundlegenden fürstlichen Desinteresse noch von einem konzentrierten Bemühen um eine möglichst schwache Königsgewalt.

Im Jahr 1257 wurden mit Alfons von Kastilien (gest. 1284) und Richard von Cornwall (gest. 1272) zwei Könige erhoben, die wohl nicht als „Ausländer", sondern als Verwandte der europaweit agierenden Staufer galten. Diese Doppelwahl, deren Konsequenzen für die Situation im Reich („Interregnum") neuerdings weniger dramatisch als früher beurteilt werden [Kaufhold; kritisch: Krieger], legte vor allem offen, dass man auf die Situation einer Königswahl ohne dynastisch begünstigten Kandidaten nicht ausreichend vorbereitet war. Einen gelegentlich regulierenden Einfluss auf die nachstaufischen Königswahlen übte der Papst aus, dessen seit Innozenz III. aus der Verbindung von deutschem Königtum und Kaisertum abgeleitetes Approbationsrecht von den deutschen Fürsten allerdings nie in letzter Konsequenz akzeptiert wurde.

Bei der Wahl des Jahres 1273 bewährte sich wohl vor allem die Ausbildung eines rationalen Entscheidungsverfahrens sowie das Festhalten an der erstmals 1257 bezeugten Zahl von genau sieben Wählern, den späteren Kurfürsten [Kaufhold]. Mit dem südwestdeutschen Grafen Rudolf von Habsburg (reg. 1273–1291) wurde kein schwacher, sondern der stärkste Kandidat gewählt, auf den man sich einigen konnte [Krieger]. Zwischen staufischer Kontinuität und der zunehmenden Territorialisierung des Reichs behauptete sich Rudolf im langjährigen Kampf gegen den scheinbar übermächtigen Konkurrenten, den böhmischen König Ottokar II. (reg. 1253–1278), dessen Niederlage den Habsburgern das österreichische Herzogtum einbrachte.

Ludger Körntgen

**Literatur**

G. Althoff, Amicitiae und Pacta. Bündnis, Einung, Politik und Gebetsgedenken im beginnenden 10. Jahrhundert, Hannover 1992.

M. Becher, Rex, Dux und Gens. Untersuchungen zur Entstehung des sächsischen Herzogtums im 9. und 10. Jahrhundert, Husum 1996.

J. Ehlers, Die Entstehung des Deutschen Reiches, 2. Aufl. München 1998.

J. Fried, Der Weg in die Geschichte. Die Ursprünge Deutschlands bis 1024, Berlin 1994.

K. Görich, Die Ehre Friedrich Barbarossas. Kommunikation, Konflikt und politisches Handeln im 12. Jahrhundert, Darmstadt 2001.

W. Hechberger, Staufer und Welfen 1125–1190. Zur Verwendung von Theorien in der Geschichtswissenschaft, Köln/Weimar/Wien 1996.

M. KAUFHOLD, Deutsches Interregnum und europäische Politik. Konfliktlösungen und Entscheidungsstrukturen 1230–1280, Hannover 2000.
H. KELLER, Zwischen regionaler Begrenzung und universalem Horizont. Deutschland im Imperium der Salier und Staufer 1024–1250, Berlin 1986 (Tb. 1990).
DERS., Ottonische Königsherrschaft. Organisation und Legitimation königlicher Macht, Darmstadt 2002.
J. U. KEUPP, Dienst und Verdienst. Die Ministerialen Friedrich Barbarossas und Heinrichs VI., Stuttgart 2002.
TH. KÖLZER, Der Hof Friedrich Barbarossas und die Reichsfürsten, in: S. WEINFURTER (Hrsg.), Stauferreich im Wandel. Ordnungsvorstellungen und Politik in der Zeit Friedrich Barbarossas, Stuttgart 2002, 220–236.
L. KÖRNTGEN, Königsherrschaft und Gottes Gnade. Zu Kontext und Funktion sakraler Vorstellungen in Historiographie und Bildzeugnissen der ottonisch-frühsalischen Zeit, Berlin 2001.
K.-F. KRIEGER, Rudolf von Habsburg, Darmstadt 2003.
J. LAUDAGE, Alexander III. und Friedrich Barbarossa, Köln/Weimar/Wien 1997.
Ottonische Neuanfänge, hrsg. v. B. SCHNEIDMÜLLER/S. WEINFURTER, Mainz 2001.
T. REUTER, Nur im Westen was Neues? Das Werden prämoderner Staatsformen im europäischen Hochmittelalter, in: J. EHLERS (Hrsg.), Deutschland und der Westen Europas im Mittelalter, Stuttgart 2002, 327–351.
R. SCHIEFFER, Die Entstehung des päpstlichen Investiturverbots für den deutschen König, Hannover 1981.
DERS., Der geschichtliche Ort der ottonisch-salischen Reichskirchenpolitik, Opladen 1998.

B. SCHNEIDMÜLLER, Konsensuale Herrschaft. Ein Essay über Formen und Konzepte politischer Ordnung im Mittelalter, in: P. J. HEINIG u.a. (Hrsg.), Reich, Regionen und Europa in Mittelalter und Neuzeit. FS P. Moraw, Berlin 2000, 53–87.
DERS./S. WEINFURTER (Hrsg.), Otto III. – Heinrich II.: eine Wende? Sigmaringen 1997.
M. SUCHAN, Königsherrschaft im Streit. Konfliktaustragung in der Regierungszeit Heinrichs IV., Stuttgart 1997.
S. WEINFURTER, Heinrich II. Herrscher am Ende der Zeiten, 3. Aufl. Regensburg 2002.
DERS., Das Jahrhundert der Salier. Kaiser oder Papst?, Osfildern 2004.

# Die Römische Kirche und Italien

### Zeittafel

| | |
|---|---|
| bis 902 | Vollständige Eroberung des byzantinischen Siziliens durch die Muslime. |
| 962 | Kaiserkrönung Ottos I. |
| 983 | Königserhebung Ottos III. durch nord- und südalpine Fürsten |
| 1002 | Wahl und Krönung Markgraf Arduins von Ivrea zum König von Italien. |
| 1014 | Kaiserkrönung Heinrichs II. |
| 1046 | Synode von Sutri. Drei rivalisierende Päpste werden aus dem Amt entfernt. |
| 1054 | Morgenländisches Schisma zwischen der lateinischen und griechischen Kirche. |
| 1059 | Papstwahldekret Nikolaus' II.; Belehnung der süditalienischen Normannen. |
| 1073–1085 | Papst Gregor VII. Höhepunkt der Kirchenreform des 11. Jahrhunderts. |
| 1077 | Heinrichs IV. Kirchenbuße in Canossa. |
| bis 1091 | Eroberung von Apulien, Kalabrien und Sizilien durch die Normannen. |
| 1095 | Kreuzzugsaufruf Papst Urbans II., 1. Kreuzzug, ab 1098/99 Bildung der Kreuzfahrerstaaten und einer lateinischen Kirchenorganisation im Heiligen Land. |
| 1112–1154 | Roger II. von Sizilien. |
| 1130 | Begründung des normannischen Königreichs Sizilien. |
| 1152–1190 | Friedrich I. Barbarossa. |
| 1177 | Frieden von Venedig. Kaiser Friedrich I. erkennt Alexander III. als Papst an. |
| 1179 | Drittes Laterankonzil unter Alexander III. Papstwahlordnung mit alleinigem Wahlrecht der Kardinäle |
| 1194 | Krönung Kaiser Heinrichs VI. zum König von Sizilien. |
| 1198–1216 | Papst Innozenz III. |
| 1204 | Eroberung Konstantinopels durch die Kreuzfahrer (4. Kreuzzug), Errichtung des lateinischen Kaiserreichs. |
| 1220 | Kaiserkrönung Friedrichs II. |
| 1245 | Erstes Konzil von Lyon. Absetzung Kaiser Friedrichs II. durch Papst Innozenz IV. |
| 1265 | Päpstliche Investitur Karls von Anjou (gest. 1285) als König von Sizilien. |
| 1268 | Ende des normannisch-staufischen Königreichs Sizilien. |
| 1274 | Zweites Konzil von Lyon. Papst Gregor X. schreibt die Wahl des Papstes in einem Konklave vor. |
| 1282 | „Sizilianische Vesper". |
| 1302 | Bonifaz VIII. begründet in der Bulle *Unam sanctam* die päpstliche „Weltherrschaft". |

## Die Römische Kirche

**Herrschaft durch das Wort.** Als „Herrschaft durch das Wort" hat zu Beginn des 14. Jahrhunderts der Dominikaner Johannes Quidort die päpstliche Regierungsweise beschrieben. Nur mit dem Wort könne der Papst die Leitung der Christenheit wahrnehmen. Denn nur so könne die „geistliche Gewalt [...] ihre Aufsicht leicht zu allen dringen lassen, ob sie nun nahe oder ferne leben". Das Schwert der weltlichen Gewalt erreiche hingegen „nicht so leicht die entfernten Untertanen" [Bleienstein, 227].

Auf die ganze Christenheit bezogene Leitungs-, Gerichts- und Lehrgewalt waren seit alters her die Grundlagen der Amtsführung der Päpste. Ihr Siegel, das schon im frühen 12. Jahrhundert in eine bis heute gültige Form gebracht wurde, drückte dies aus. Neben Petrus, auf den die Päpste ihren Primat zurückführten, zeigt es Paulus als Inbegriff des religiösen Lehrers. Herrschaftliche Raumerschließung durch das Wort (modern gesprochen: durch Kommunikation) kann als eine Leitlinie eines Überblicks über die römische Kirche und das Papsttum in der Zeit von 900 bis 1300 dienen.

**Christenheit und römische Ortskirche.** Neben den Raum der gesamten lateinischen Christenheit, die er als Petrusnachfolger lenkt, tritt für den Papst der Nahraum der Kirche, der er als Bischof von Rom vorsteht. Sein Ansehen fließt nicht zuletzt aus deren Selbstverständnis. Denn dass die römische Kirche niemals häretisch geworden sei, gibt ihrem Bischof seinen besonderen Rang. Als päpstliche Unfehlbarkeit wird dieser im Mittelalter noch nicht gedeutet. Dass ein Papst häretisch werden und deshalb sein Amt verlieren könne, bleibt im Gegenteil eine vertraute Vorstellung. Als Bischof von Rom war der Papst allerdings in ein politisches Umfeld eingeordnet. Daraus ergaben sich Spannungen und Auseinandersetzungen mit dem römischen Adel, mit dem Kaiser und mit der römischen Kommune.

Aber auch in Zeiten, in denen sich der Papst in Abhängigkeit von den lokalen Mächtigen befand, blieb in der Christenheit sein Ansehen bewahrt. Der ununterbrochene Strom von Papsturkunden in die lateinische Christenheit belegt das.

Das Bestreben der Päpste, sich und die römische Kirche aus lokalen und sonstigen Abhängigkeiten zu befreien, entspringt deshalb nicht dem Bedürfnis, innerhalb der Christenheit höheres Ansehen zu erwerben. Es fließt vielmehr aus zunehmend klarer gefassten Vorstellungen, wonach derartige Abhängigkeiten dem Wesen der Kirche widersprechen. *Libertas ecclesiae* (Freiheit der Kirche) ist seit dem 11. Jahrhundert das Schlagwort dafür. Allein der römischen Kirche ist es gelungen, dieses Ideal weitgehend zu verwirklichen, während die übrigen Bischofskirchen sich nicht aus den Abhängigkeiten von ihrem politischen Umfeld, das in der Regel der jeweilige König bestimmte, lösen konnten.

**Urkunden – Information – Kommunikation.** Kennzeichnend für den Zeitraum vom 10. bis zum 13. Jahrhundert ist das ständige Steigen der Zahl der Urkunden, die von der päpstlichen Kanzlei ausgestellt wurden. Das hängt nicht allein mit der zunehmenden Verschriftlichung in allen Bereichen des Lebens zusammen. Vielmehr bezeugen die Urkunden neben dem Ansehen, welches das Papsttum genoss, auch die Bedeutung, die man seinen Entscheidungen und Maßnahmen zumaß. Denn diese Urkunden stellten die Päpste meist nicht aus eigenem Antrieb aus, sondern sie wurden von den Empfängern erbeten. Der zunehmende päpstliche Einfluss lässt sich geradezu auszählen. Bis zur Mitte des 11. Jahrhunderts, von 896 bis 1046, haben die Päpste etwa halb soviel Urkunden ausgestellt wie in der Hälfte dieser Zeit die ottonischen Könige und Kaiser. Seit der Mitte des 11. Jahrhunderts ändern sich die Zahlenverhältnisse. Bereits Leo IX. (reg. 1049–1054) stellte während seines Pontifikats doppelt so viele Urkunden aus wie Kaiser Heinrich III. in denselben Jahren. Mit dem 12. Jahrhundert liegen die Dinge eindeutig. Kaiser Friedrich Barbarossa hat in seiner 38-jährigen Regierungszeit 1248 Urkunden ausgestellt, Papst Alexander III. (reg. 1159–1181) während seines 22-jährigen Pontifikats fast das Fünffache (rund 6000).

Ein Großteil der Papsturkunden bestätigte oder verlieh dem Empfänger und Nutznießer lokale Rechte. Eine solche Verleihung beruhte in aller Regel auf den Angaben dessen, der die Urkunde erbat. Auf diese Weise liefen in der päpstlichen Kanzlei Informationen aus allen Teilen des lateinischen Europa zusammen, wofür es an keinem Herrscherhof eine Parallele gibt.

Noch wichtiger als diese Kenntnis lokaler Gegebenheiten ist, dass so auch politische Konflikte in Rom bekannt wurden. Indem die Päpste seit dem 11./12. Jahrhundert vermehrt Legaten (Gesandte) in die Reiche und Regionen entsandten, erhielten sie zudem umfangreiche Informationen, die auf der Kenntnis ihrer „eigenen Leute" beruhten.

**Kontinuität in Wissen und Selbstverständnis.** Nicht allein die Dichte der Informationen über die Dinge außerhalb sind ein Kennzeichen der päpstlichen Kurie, sondern auch das frühe Aufbewahren eigenen Wissens. Denn wichtige Briefe und sonstige Aktenstücke wurden in Register eingetragen. Seit Innozenz III. (reg. 1198–1216) ist die Reihe der Register weitgehend erhalten. Dieser Papst hat auch die Schriftstücke des deutschen Thronstreits zwischen Philipp von Schwaben und Otto IV. in ein spezielles Register eintragen lassen. Im 13. Jahrhundert hat sich die Registerführung unter administrativen Gesichtspunkten zunehmend differenziert.

▷ S. 60
om Reich
r Franken
um Reich
)eutschen

Mit den Registern verfügten päpstliche Kanzlei und Kurie über ein Mittel, sich über ihre eigenen Maßnahmen zu informieren und dadurch Kontinuitäten zu bewahren und aufzubauen. Deutlich wird eine Kontinuität des Wissens und damit auch des Selbstverständnisses der römischen Kirche, in dessen Rahmen aktuell gehandelt wird und das die Papsturkunden in der lateinischen Christenheit verbreiten.

**Kontinuität des Aufstiegs.** In den vier Jahrhunderten zwischen 900 und 1300 erlebte das Papsttum einen fast kontinuierlichen Aufstieg. Zwar hatte das ausgehende 9. Jahrhundert eine tiefe Krise des Papsttums gebracht, die aus den Unruhen im auseinander brechenden Karolingerreich entstanden und in der das Papsttum zum Spielball der lokalen Interessen geworden war. Doch sind für das quellenarme frühe 10. Jahrhundert immer wieder Einwirkungen der Päpste auf das lateinische Europa bezeugt: durch Privilegienerteilung vor allem an Klöster und Rechtsauskünfte. Im Zusammenwirken mit den ottonischen Kaisern erfolgte in der zweiten Hälfte des 10. Jahrhunderts vorübergehend ein Zurückdrängen der lokalen Einflüsse speziell bei der Papsterhebung.

**Die Wende zur „Autonomie" im 11. Jahrhundert.** Die eigentliche Wende vollzog sich in der zweiten Hälfte des 11. Jahrhunderts, in der Zeit der so genannten Gregorianischen Reform. Jetzt wurden die römische Kirche und das Papsttum zu einer „eigenständigen Institution". Die Papstwahl löste sich aus ihren regionalen Bedingtheiten und wurde zur inneren Angelegenheit eines definierten Kreises von Wahlberechtigten: den Kardinälen. Der Begriff „Papsttum" (*papatus*) ist damals entstanden. Die Bezeichnung des Papstes in seiner Unterschrift als „Bischof der katholischen Kirche" (*episcopus catholicae ecclesiae*) demonstrierte seit etwa 1100 seine Verantwortung für die ganze Kirche. Am Ende des 12. Jahrhunderts sahen sich die Päpste nicht mehr als „Stellvertreter Petri" (*vicarius Petri*), sondern als „Stellvertreter Christi" (*vicarius Christi*). All das bekundete ihren sich auf die gesamte Christenheit erstreckenden Anspruch und wurde von den Zeitgenossen teilweise als eine spezifische Form der Weltherrschaft aufgefasst.

Deutlicher als zuvor lässt sich das Papsttum jetzt als eine eigenständige Größe in einer definierten politischen Umwelt beschreiben. Der Stadt Rom, in der sich seit dem 12. Jahrhundert eine kommunale Bewegung entfaltete, trat der Papst als Stadtherr gegenüber. Nördlich von Rom überschnitten sich der „Kirchenstaat" (*Patrimonium Petri*) und päpstliche Ansprüche mit denen des römisch-deutschen Herrschers, der als Kaiser auch in Rom selbst Rechte beanspruchte. Im Süden stieß das *Patrimonium Petri* auf die von den Normannen begründete Herrschaftsbildung.

Diesen von einander durchdringenden päpstlichen und weltlichen Herrschaftsansprüchen geprägten Räumen standen die übrigen Gebiete der lateinischen Christenheit gegenüber, für die das Papsttum im Wesentlichen eine kirchliche Instanz blieb. Hier fand es den Rückhalt für seine Selbstbehauptung gegenüber dem staufischen Kaisertum im 12. und 13. Jahrhundert. Gerade in Frankreich haben die Päpste in bedrängten Situationen immer wieder ihre Zuflucht gefunden und konnten sich auch ohne direkten Zugang zu ihrer, zur römischen Kirche behaupten. Die Wendung „Wo der Papst ist, dort ist Rom" (*Ubi papa, ibi Roma*) beschreibt die relative Unabhängigkeit der päpstlichen Stellung von der Anwesenheit in Rom und der konkreten Herrschaft über die Stadt. Das Ansehen der päpstlichen Stellung in der lateinischen Christenheit bildet die entscheidende Größe für die Geschichte des hochmittelalterlichen Papsttums.

**Papsttum und deutsche Geschichte.** Eine erste Epoche wird durch Vorgänge markiert, in denen sich das Papsttum im Bündnis mit dem ostfränkisch-deutschen König von den Einflüssen seiner unmittelbaren Umgebung löste. Im Konflikt mit den römischen Lokalgewalten wandte sich Papst Johannes XII. (reg. 955–964) an Otto den Großen, der als einziger der nordalpinen Herrscher überhaupt in der Lage war, dem Papst zu Hilfe zu kommen. Die Kaiserkrönung Ottos des Großen am 2. Februar 962 war eine Folge dieses Wunsches nach Hilfe.

▷ S. 50 Vom Reich der Franken zum Reich der Deutschen

Das Papsttum wurde auf diese Weise zu einem Referenzpunkt für die deutsche Geschichte. Zu Beginn des 13. Jahrhunderts hat Innozenz III. während des deutschen Thronstreits zwischen Philipp von Schwaben und Otto IV. aus dem päpstlichen Recht, den Kaiser zu krönen, abgeleitet, er müsse deshalb auch die vorausgehende Königserhebung prüfen können. Die Erklärung Innozenz' III. war in die Dekretalensammlungen aufgenommen worden und blieb deshalb ein Faktor der theoretischen Diskussion und des politischen Handelns. Erst die Goldene Bulle Karls IV. von 1356 hat das Problem „gelöst", indem sie die päpstlichen Ansprüche stillschweigend überging.

▷ S. 60 Vom Reich der Franken zum Reich der Deutschen

▷ S. 108 Das Reich Deutscher

Das ausgehende 12. und 13. Jahrhundert sind Zeiten, in denen die Päpste über die Vergabe der Kaiserwürde ihre Einwirkungsmöglichkeiten auf das deutsche Königtum intensiv wahrnahmen oder zu verstärken suchten. Voraussetzung für diesen Vorgang war, dass sie sich im 11. Jahrhundert von ihrer Bindung an das Kaisertum gelöst hatten, die aus der prekären Situation des Papsttums im 10. Jahrhundert entstanden war. Im 10. Jahrhundert hatten die jeweiligen Kaiser das Papsttum nur durch persönliche Anwesenheit in Rom und Italien vor den Begehrlichkeiten des lokalen Adels zu schützen vermocht. Die Behauptung der politischen Vormachtstellung in Rom durch das Adelshaus der Tusculaner, das von 1012 bis 1044/46 drei aufeinander folgende Päpste stellte, hatte dann im frühen 11. Jahrhundert die Lage für einige Zeit beruhigt, zumal die deutschen Herrscher diese innerrömische Konstellation anerkannten und förderten.

Als aber das Tusculanerpapsttum in eine Krise geriet, intervenierte der deutsche König Heinrich III. unmittelbar vor seiner Kaiserkrönung. 1046 wurden auf der Synode von Sutri drei miteinander rivalisierende Päpste zur Aufgabe ihres Amtes gezwungen. Für kurze Zeit stand die Besetzung des Papsttums unter maßgeblichem Einfluss des neuen Kaisers, und Bischöfe seines Reiches stiegen zur Papstwürde auf. Diese vom Kaiser durchgesetzte Herauslösung der Papst-

▷ S. 53, 55 Vom Reich der Franken zum Reich der Deuts

Die Karte zeigt die **spätmittelalterliche Gliederung der mitteleuropäischen Diözesen.**

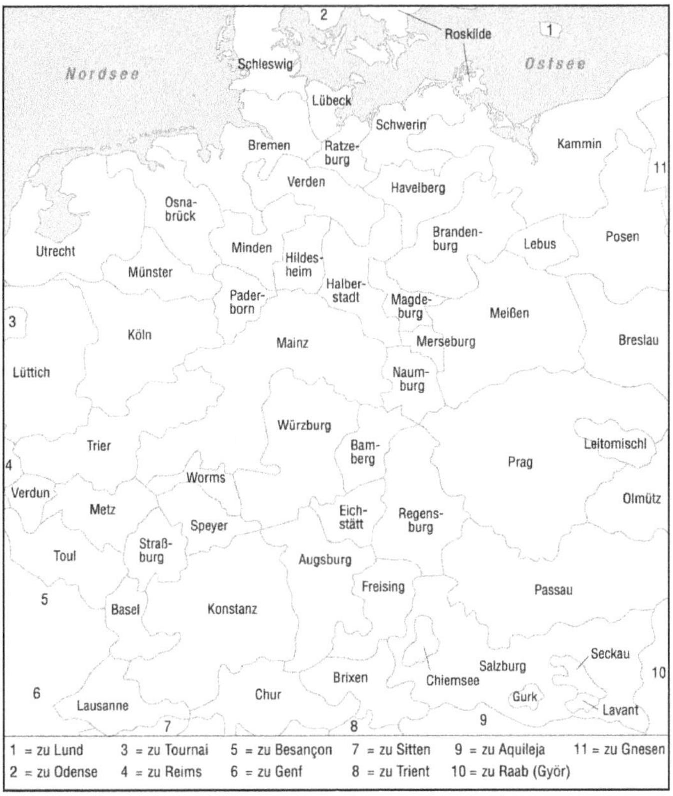

1 = zu Lund
2 = zu Odense
3 = zu Tournai
4 = zu Reims
5 = zu Besançon
6 = zu Genf
7 = zu Sitten
8 = zu Trient
9 = zu Aquileja
10 = zu Raab (Györ)
11 = zu Gnesen

Der Raum, in den das Papsttum einwirkte, vergrößerte sich seit dem 10. Jahrhundert. Polen und Ungarn wurden in der zweiten Hälfte dieses Jahrhunderts christianisiert. Gleichzeitig fiel aber die grundlegende Entscheidung, dass sich die Kiever Rus' dem Patriarchat von Konstantinopel und damit der griechisch-orthodoxen Form des Glaubens anschloss. Die Christianisierung des skandinavischen Raums sowie der heidnischen Slawen zwischen Elbe und Oder erfolgte im 11. und 12. Jahrhundert. Seit dem 13. Jahrhundert waren Preußen, das Baltikum und Finnland die letzten heidnischen Gebiete des mittleren Europa.

Das Papsttum hatte an dieser Entwicklung nur geringen Anteil, denn es hat nicht systematisch die Missionierung betrieben. Die Annahme des Christentums war in der Regel ein politischer Vorgang, in dem sich der Herrscher und die Führungsschichten dem neuen Glauben zuwandten.

Unverzichtbar war jedoch in der lateinischen Christenheit die Beteiligung des Papstes bei der Einrichtung einer selbstständigen kirchlichen Organisation. Ohne die Zustimmung des Papstes ließ sich kein Erzbistum einrichten. Ein Herrscher konnte nur dann politische und kirchliche Autonomie gegenüber einem Nachbarn erreichen, wenn in seinem Herrschaftsbereich ein Erzbischof amtierte, der dann die Weihe der übrigen Bischöfe dieses Raumes (und auch des Herrschers selbst) übernahm; andernfalls hätte jeweils der zuständige Erzbischof von außerhalb hinzugezogen werden müssen. Die Errichtung der Erzbistümer Gran und Gnesen an der ersten Jahrtausendwende gehört deshalb zur Entstehung selbstständiger Königreiche in Ungarn und Polen. Dass in der zweiten Hälfte des 10. Jahrhunderts in Prag nur ein Bistum gegründet und damit der böhmische Raum bis in die Zeit Kaiser Karls IV. der im Reich gelegenen Kirchenprovinz Mainz zugeordnet blieb, stand einer Verselbstständigung Böhmens entgegen. Über seine Kompetenzen bei der Errichtung von Erzbistümern mit den dazu gehörenden Kirchenprovinzen hatte das Papsttum somit maßgeblichen Anteil an der Ausgestaltung der politischen Landkarte des lateinischen Europa.

Das zeigt sich nochmals bei der Herauslösung der skandinavischen Kirche aus den Ansprüchen der Erzbischöfe von Hamburg-Bremen im 12. Jahrhundert, aber auch bei der kirchlichen Reorganisation der Iberischen Halbinsel in der Zeit der Reconquista. Denn hier war die Verselbstständigung Portugals zu einem eigenen Königreich mit der Errichtung eines Metropolitansitzes in Braga verknüpft.

Auch die griechische Kirche geriet in den Sog der römischen Expansion. Für den süditalienischen Raum (seit Beginn des 8. Jahrhunderts kirchlich zum Patriarchat von Konstantinopel gehörend) wurde eine lateinische, auf die römische Kirche orientierte Kirchenorganisation geschaffen. Seit dem ausgehenden 11. Jahrhundert geschah das als kirchliche Entsprechung zur Herrschaftsbildung der Normannen in Süditalien und auf Sizilien. Ähnlich verfuhr man in den von den Kreuzfahrern eroberten Gebieten. Mit der Einrichtung eines lateinischen Patriarchats in Jerusalem und Antiochia wurden die neuen Herrschaftsbildungen abgesichert und ein weiterer Gegensatz zur östlichen Reichskirche geschaffen. Als die Kreuzfahrer 1204 Konstantinopel eroberten, wurde auch hier ein lateinisches Patriarchat errichtet. Das Vierte Laterankonzil ordnete 1215 die östlichen Patriarchen dem Papst unter, von dem sie das Pallium als Zeichen ihrer Gewalt empfangen sollten. Mit dem Ende der Lateiner in Konstantinopel (1261) und im Heiligen Land (1291) wurden diese Regelungen obsolet.

Literatur: B. Hamilton, Die christliche Welt des Mittelalters. Der Westen und der Osten, Düsseldorf/Zürich 2004.

erhebung aus ihren innerrömischen Bezügen ergänzten die Päpste ihrerseits durch einen vergleichbaren Vorgang, nämlich die „Internationalisierung" ihrer Umgebung. Selbst aus der Ferne kommend, gewannen sie eine Reihe reformorientierter Mitarbeiter aus der Ferne, die sie zu Kardinälen erhoben. Der Kardinalbischof Humbert von Silva Candida (gest. 1061), aus Lothringen stammend, war einer ihrer Exponenten. Aber auch Italiener wie Petrus Damiani (gest. 1072) und dann Hildebrand, der spätere Papst Gregor VII. (reg. 1073–1085), gehörten zu dieser Gruppe von Reformern.

**Die Kirchenreform des 11. Jahrhunderts.** Die Reform selbst zielte auf die Reinheit der priesterlichen Lebens- und Amtsführung entsprechend altkirchlicher Ideale. Die Ehelosigkeit des Priesters (Zölibat) sollte verpflichtend werden. Kein geistliches Amt sollte durch Zahlung von Geld erworben und keine kirchliche Weihe gegen Geld erteilt werden. Aus diesem Verbot der Simonie entwickelte sich eine Diskussion über die kanonische Wahl und über das Recht der Laien, durch die Erteilung der Investitur an der Besetzung eines kirchlichen Amtes mitzuwirken und dessen formale Übertragung vorzunehmen.

Daraus erwuchsen bald Erörterungen, ob der königlichen Herrschaft ein religiöser und geistlicher Charakter innewohne, der den Herrscher zur Mitwirkung an einer Bischofseinsetzung befähige. Vor allem die Auseinandersetzungen zwischen Gregor VII. und Heinrich IV., wofür des Königs Kirchenbuße in Canossa (1077) als Chiffre steht, sind davon geprägt. Genauer als zuvor wurde die Eigenart von weltlicher und geistlicher Macht in dieser Diskussion über *Regnum* und *Sacerdotium* erfasst.

▷ S. 55 f. Vom Reich der Franken zum Reich der Deutschen



Im Ansatz waren diese Reformziele traditionell, aber in der frühen Reformphase hat sich Leo IX. (reg. 1049–1054) zu ihrer Durchsetzung bis dahin ungewohnter Mittel bedient. Er bereiste persönlich die Kernräume der lateinischen Kirche. Seine Nachfolger haben diese Präsenz durch die Entsendung von Legaten institutionalisiert und räumlich ausgedehnt. Dieser Ausweitung und Intensivierung päpstlicher Kommunikation stand in der Zeit Leos IX. ein Verlust gegenüber: 1054 kam es zu einem Bruch mit der griechischen Kirche.

▷ S. 94 Byzanz u Südoste

**Das monarchische Papsttum.** Mit dem Tod Kaiser Heinrichs III. im Jahre 1056 verloren die Reformer den Rückhalt, der ihre Unabhängigkeit in Rom gesichert hatte. Sie mussten die politische Sicherung selbst organisieren. In diesem Prozess löste das Papsttum endgültig seine Bindungen an das Kaisertum, in denen die Bischöfe von Rom in der Spätantike gestanden hatten und die mit der Einrichtung des westlichen Kaisertums unter Karl dem Großen (800) und dann Otto dem Großen (962) auf eine wenig präzise Weise wiederbelebt worden waren. Es bildete sich jene „Papal Monarchy" [Morris] heraus, die in der Verkündigung des Dogmas der päpstlichen Unfehlbarkeit auf dem Ersten Vatikanischen Konzil 1870 ihren Höhepunkt erreichte und bis zum Zweiten Vatikanischen Konzil (1962–1965) die Strukturen der römischen Kirche bestimmte.

Papst Gregor VII. hat die Grundsätze dieser „Papal Monarchy" 1075 in 27 Leitsätzen zusammengefasst. Deren Kern bildet ein sich ständig wiederholendes „Er [der Papst] allein [...], er als einziger [...]". Herausgestellt wird eine unbedingte Jurisdiktionsgewalt auf allen Feldern des kirchlichen Lebens. Theologisch abgesichert ist diese durch die Feststellung, „die römische Kirche ist allein vom Herrn gegründet" (c. 1), und die Aussage, „die römische Kirche hat niemals geirrt und wird nach dem Zeugnis der Schrift in Ewigkeit nicht irren" (c. 22) [MIETHKE/BÜHLER, 62].

Faktisch sicherten zwei Entwicklungen die Entstehung der „Papal Monarchy": Zum einen wurden für die Besetzung der Papstwürde die innerkirchlichen Strukturen die entscheidenden. Zum anderen gewann das Papsttum mit der Belehnung der süditalienischen Normannen einen neuen machtpolitischen Rückhalt.

**Papstwahl und Kardinäle seit 1059.** Das 1059 unter Nikolaus II. (reg. 1059–1061) erlassene Papstwahldekret löste die Wahl des Papstes und römischen Bischofs aus den lokalen Bezügen, indem es den Kardinalbischöfen und danach den übrigen Kardinälen einen Vorrang bei der Wahl gab, die traditionell als Wahl durch Klerus und Volk verstanden worden war. Das Dekret leitete eine Entwicklung ein, in der die Papstwahl zur Angelegenheit allein der Kardinäle wurde.

Die beiden zwiespältigen Papstwahlen des 12. Jahrhunderts gingen dann 1130 und 1159 aus einer Spaltung des wahlberechtigten Kardinalskollegs hervor. Gleichzeitig erwies sich, dass die Anerkennung durch die lateinische Christenheit über die Rechtmäßigkeit eines in gespaltener Wahl erhobenen Papstes entschied. Der Versuch Kaiser Friedrich Barbarossas misslang, in Aufnahme spätantiker Kaiservorstellungen selbst eine Lösung des Papstschismas von 1159 herbeizuführen. 1177 musste er im Frieden von Venedig die Papstwürde Alexanders III. (reg. 1159–1181) anerkennen. Nun reagierte Alexander mit einer Verfügung zur Papstwahl auf die Umstände, unter denen das Schisma von 1159 entstanden war. Das Dritte Laterankonzil beschloss 1179, dass zur künftigen Vermeidung eines Schismas der als Papst zu gelten habe, den die Kardinäle mit Zweidrittelmehrheit gewählt hätten.

Der Beschluss von 1179 bestimmt (mit einigen Sonderregelungen) die Papstwahl bis heute. Allein die Kardinäle sind wahlberechtigt, und sie entscheiden mit Zweidrittelmehrheit. Als Papst Gregor X. (reg. 1271–1276) 1274 vorschrieb, die Wahl habe in einem Konklave stattzufinden, brachte das die abschließende Ausführungsbestimmung. Sie sollte verhindern, dass ein in sich gespaltenes und unter Druck gesetztes Kardinalskolleg die Wahl in die Länge zog oder gar verhinderte.

Die Funktion der Kardinäle als Papstwähler spiegelt die Rolle, die sie überhaupt bei der Leitung der Kirche einnahmen. Welche Rolle ihnen im päpstlichen Regierungssystem angesichts der *plenitudo potestatis* (Vollgewalt) des Papstes und bei einer Sedisvakanz (Zeit, in der das Amt unbesetzt ist) zukam, wurde im 13. Jahrhundert Gegenstand gelehrter Diskussion. Schon früh bot das päpstliche Regierungssystem Ansatzpunkte zu wissenschaftlicher Behandlung „politologischer" Probleme, was seinen Höhepunkt im späten Mittelalter, in der Zeit des Großen Schismas und der Reformkonzilien von Konstanz und Basel, erreichte.

▷ S. 123 Die Römische Kirche und Italien

**Päpstliche Lehnspolitik und „Weltherrschaft".** Ebenfalls 1059, im Jahr des Papstwahldekrets, hatte Nikolaus II. die Eroberungen der Normannen in Süditalien anerkannt und diese mit dem eroberten Gebiet belehnt. Er hatte damit zwar einen machtpolitischen Rückhalt gewonnen, doch zeigen die päpstlich-normanni-

▷ S. 94 Byzanz und Südosteuropa

schen Beziehungen insgesamt, wie wenig das Lehnswesen zur Begründung einer Machtstellung des Papstes taugte. Die Normannen nämlich sahen in der Belehnung vor allem eine Legitimation ihrer Herrschaft in Süditalien. Ihrem päpstlichen Lehnsherrn haben sie wenig Einfluss auf deren Organisation und Ausübung eingeräumt.

Die päpstliche Lehnspolitik bildet jedoch nicht den Kern päpstlicher Weltherrschaftsansprüche. Außerhalb des Patrimonium Petri reagierte sie ohnehin in der Regel auf die Legitimations- und Schutzbedürfnisse der neuen Lehnsleute, und oft blieb es bei bloßen Schutzverhältnissen. Päpstliche Weltherrschaft war vielmehr ein Gedankengebäude, das die Frage beantworten sollte, welche Rolle der kirchlichen und weltlich-politischen Gewalt in der von Gott gegebenen Ordnung der Welt zukam. Die Zweigewaltenlehre des spätantiken Papstes Gelasius' I. (reg. 492–496) hatte die Leitung der Welt sowohl der priesterlichen als auch der kaiserlichen Gewalt zugeschrieben. Seine Erklärung bildete deshalb auch einen Grundsatz für die Selbstbehauptung weltlich-politischer Macht gegenüber der geistlichen. Seit dem 12. Jahrhundert trat in Auslegung von Lukas 22,38 die Zweischwerterlehre in den Vordergrund der intellektuellen Diskussion. Aus der Bibelstelle schloss man, dass die Kirche im Besitz des weltlichen und des geistlichen Schwertes sei (*gladius materialis/temporalis; gladius spiritualis*). Gemäß einer dualistischen Interpretation verfügte die weltliche Gewalt über das weltliche Schwert und führte dieses auch zum Schutz der Kirche. Monistisch-hierokratisch orientierte Lehren betonten, die weltliche Gewalt verdanke ihr Schwert nicht der unmittelbaren Verleihung durch Gott, sondern ausschließlich der Kirche, die sich aus ekklesiologischen Gründen auf das Führen des geistlichen beschränke.



Um die Wende vom 12. zum 13. Jahrhundert wurden noch beide Positionen vertreten. Danach setzte sich die hierokratische Lehre zunehmend durch. Papst Innozenz IV. (reg. 1243-1254) sah sich 1245 auch kraft seiner „Weltherrschaft" zur Absetzung Kaiser Friedrichs II. befähigt. Diese päpstliche Weltherrschaft leitete er aus der Schöpfung der Welt durch Gott ab. Christus sei der „natürliche Herr" und habe seine Allgewalt an Petrus als seinen Stellvertreter weitergegeben. Von Petrus sei sie naturgemäß an die Päpste als dessen Nachfolger im Christusvikariat gelangt [Miethke/Bühler, 112]. Bonifaz VIII. (reg. 1294-1303) hat 1302 in seiner Bulle *Unam sanctam* die päpstliche Weltherrschaft unter Heranziehung der Zweischwerterlehre begründet und sie auf eine heilsgeschichtliche Formel gebracht: „Daher aber erklären wir, bestimmen und verkünden wir, dass es für alle menschliche Kreatur überhaupt heilsnotwendig ist, dem römischen Papst untertan zu sein" [Miethke/Bühler, 124].

**Rom und die Suche nach dem Seelenheil.** Das ewige Seelenheil anbieten oder über die im Papsttum gipfelnde kirchliche Strafgewalt von ihm ausschließen zu können, das verschaffte den Päpsten ihre Führungsposition in der Welt des hohen und späten Mittelalters. Eines dieser Angebote bestand im Kreuzzug.

▷ S. 98 Kreuzfah herrschaf am Mittel

Heiligsprechungen, die seit dem 12. Jahrhundert dem Papst vorbehalten waren, sowie die großen, vom Papst einberufenen Konzilien knüpften weitere Bande zwischen dem römisch-päpstlichen Zentrum und den Ortskirchen. Rom selbst entwickelte sich zu einem der großen Ziele der Pilgerfahrt. Nicht allein der Privileg oder Recht Suchende, sondern auch der Pilger kam in die ewige Stadt. In ihr entfaltete sich neben der kurialen Betriebsamkeit in den Bauten und in der Liturgie auch die Repräsentation des Papsttums. Bonifaz VIII. hat 1300 mit der Ausrufung eines Heiligen Jahres herausgestellt, dass man in der Stadt der Päpste nicht zuletzt sein Seelenheil finden könne.

**Nochmals: Herrschaft durch das Wort.** Herrschaft durch das Wort, die Johannes Quidort als Wesensmerkmal der päpstlichen Regierungsweise herausgestellt hat, ist auf die Bereitschaft angewiesen, auf dieses Wort zu hören. Das Papsttum hat es institutionell eingebunden; Recht verleihend, entscheidend und setzend wirkte das Wort des Papstes in die lateinische Christenheit hinein. Verbreitet wurde es über Kommunikationswege, die wirkungsvoller organisiert waren, als das bei den weltlichen Machthabern der Fall war: über eine ausgefeilte päpstliche Bürokratie und über die wissenschaftliche Lehre und Diskussion an den sich entfaltenden Universitäten. Seit der Mitte des 11. Jahrhunderts gewann das Papsttum auf diese Weise seinen besonderen, alle Lebensbereiche durchdringenden Rang.

Ernst-Dieter Hehl

## Italien

**Zwischen West und Ost.** Geographisch, konfessionell, kulturell, politisch und wirtschaftlich nahm die Apenninenhalbinsel eine Mittlerstellung zwischen dem lateinisch-westlichen und dem griechisch-östlichen Europa ein. Während Oberitalien stärker mit Regionen des ehemaligen fränkischen Großreiches jenseits der Alpen verbunden war, verblieb Unteritalien bis zum 11. Jahrhundert unter byzantinischer Hegemonie. Schon im 9. Jahrhundert waren Rom als Krönungsort und die Päpste als Koronatoren für die westlichen Kaiser etabliert. Der Basileus in Konstantinopel, der sich seit 812 exklusiv als „Kaiser der Römer" verstand, beanspruchte aber noch lange die Oberherrschaft über Rom und Ravenna. In der griechisch-lateinischen Kontaktzone Unteritaliens behaupteten sich bis zum 11. Jahrhundert relativ unabhängige langobardische Fürstentümer. An ihre Stelle traten zuerst normannische und danach staufische Herrschaften bzw. Reiche.

▷ S. 58 Vom Reich der Franken zum Reich der Deutschen

▷ S. 19f., 22 Byzanz als Erbe des Römischen Imperiums

▷ S. 95 Byzanz und Südosteuropa

**Ober- und Mittelitalien.** Nach dem Tod Kaiser Ludwigs II. (reg. 850–875) wurde das Königreich (*Regnum Italiae/Italicum*) nur noch locker von wechselnden Herrschern regiert. Das begünstigte eine forcierte regionale Herrschaftsbildung. Einige weltliche Große agierten fast unabhängig vom König bzw. Kaiser. Geistliche und weltliche Führungspositionen hatten zumeist Adlige aus Familien inne, die ursprünglich aus Regionen des Frankenreiches jenseits der Alpen stammten. Da im *Regnum Italiae* häufig mehrere gleichrangige Fürsten um die Königs- bzw. Kaiserwürde rivalisierten, war die Zeit bis zur Kaiserkrönung Ottos II. 967 vor allem durch Thronstreitigkeiten geprägt. Die Großen Italiens nutzten Situationen des Doppelkönigtums oder des häufigen Herrscherwechsels, um eigene Machtpositionen zu konsolidieren und zu erweitern. Otto I. (reg. 936–973), dem ebenfalls nur die Rolle eines Gegenkönigs zugedacht war, setzte sich aber letztlich als Alleinherrscher durch. Dazu trug seine zweite Ehe 951 mit der Königin Adelheid von Italien erheblich bei. Durch die Krönung ihres zwölfjährigen Sohnes Otto II. zum Mitkaiser 967 wurde der Thronfolger schon frühzeitig in Italien präsentiert. Otto II. und seine byzantinische Gemahlin Theophanu gingen noch einen Schritt weiter. Sie ließen ihren etwa dreijährigen Sohn Otto III. 983 gemeinsam von nord- und südalpinen Großen in Verona zum König wählen sowie durch die Erzbischöfe von Mainz und Ravenna in Aachen krönen. Nach dem frühen Tod Ottos II. im selben Jahr machte man in Italien keinerlei Anstalten, gegen Otto III. einen anderen König zu erheben, was vor allem dem Engagement der Regentinnen Adelheid und Theophanu zu verdanken war. Nach dem Tod Ottos III. 1002, der unvermählt und kinderlos geblieben war, wartete ein großer Teil der südalpinen Großen aber keine gemeinsame oder nordalpine Königswahl ab, sondern erhob den Markgrafen Arduin von Ivrea (reg. 1002–1014) zum König von Italien. Heinrich II. (reg. 1002–1024), den neuen Herrscher des nordalpinen Reiches, rief man erst zwei Jahre später als Gegenkönig nach Süden. Er konnte sich aber erst nach seiner Kaiserkrönung 1014 gegen Arduin durchsetzen. Fortan stand in der Regel ein Herrscher aus dem nordalpinen Reich an der Spitze des *Regnum Italiae*. Anders als die drei Ottonen, die sich jahrelang in Italien aufgehalten hatten, unternahm Heinrich II. aber nur kurze Züge dorthin. Er regierte Italien möglichst vom nordalpinen Reich aus. Ebenso hielten es die meisten seiner salischen und staufischen Nachfolger. Nur Friedrich I. Barbarossa (reg. 1152–1190) weilte oft und lange in Italien. Unter seinem Enkel Friedrich II. (reg. 1211/12–1250) verlagerte sich der Schwerpunkt kaiserlicher Präsenz dann nach Italien bzw. Sizilien.

**Italienische Besonderheiten.** Südlich der Alpen bestanden in vieler Hinsicht andere Bedingungen für die Ausübung der Königsherrschaft als im nordalpinen Reich. So war Pavia seit der Langobardenzeit eine Art „Hauptstadt" des Regnums, in der viele Bistümer und Klöster sowie weltliche Große Ober- und Mittelitaliens über Niederlassungen verfügten. Pavia war daher ein idealer Ort für Reichsversammlungen, Hoftage, Gerichtssitzungen, Synoden, Gesetzgebung sowie ein Zentrum der Finanzverwaltung. Durch die Einnahmen der königlichen Kammer verfügten die Herrscher über die Möglichkeit, ihre Anhänger und Getreuen entsprechend zu belohnen. Die vergleichsweise hoch entwickelte Infrastruktur erlaubte den Herrschern monatelange Aufenthalte in Pavia, seit der Ottonenzeit auch in Ravenna. Eine weitere Besonderheit Italiens bildeten das dichte Städtenetz – ein Erbe der Antike – und die damit verbundenen Potenziale in Bildung, Kultur, Verkehr und Wirtschaft. In kommunaler Zeit existierten hier etwa siebzig Großstädte mit über 10 000 Einwohnern, mehr als im gesamten übrigen West- und Osteuropa. Die ausgeprägte Stadtkultur ermöglichte schon früh ein hohes Niveau an Schriftlichkeit, auf das sich Königsherrschaft und Rechtsprechung stützen konnten. Nicht nur geistliche, sondern auch weltliche Große waren in der Lage, eigenhändig mit Namen und Titel zu subskribieren. Im 12. Jahrhundert waren die politischen Führungsgruppen Venedigs durchgängig, die an Handelsgeschäften mitwirkenden Personen überwiegend und Handwerker teilweise schreibkundig. Ähnlich dürfte sich die Alphabetisierung auch in anderen oberitalienischen Städten vollzogen haben.

**Unteritalien.** Kaiser Ludwig II. hatte vergeblich versucht, auch Unteritalien zu beherrschen. Nach seinem Tod dominierten dort bald wieder die Byzantiner. Das byzantinische Sizilien wurde jedoch bis 902 vollständig von Muslimen erobert, die dort ein Emirat errichteten. In Unteritalien lebten jahrhundertelang griechische und lateinische Christen, Juden und Muslime sowie Konvertiten. Es war die Region mit der größten religiösen und kulturellen Vielfalt im mittelalterlichen Europa. Dort behaupteten die Küstenstädte bzw. Fürstentümer Neapel, Amalfi und Gaeta sowie die langobardischen Herrscher von Benevent, Capua und Salerno lange eine weitgehende Unabhängigkeit. Sie kämpften allerdings häufig gegeneinander und verbündeten sich dabei mit Normannen, die seit Anfang des 11. Jahrhunderts als Söldner nach Süditalien gekommen waren. Diese eroberten die langobardischen Fürstentümer Capua 1062 und Salerno 1076. Benevent gelangte hingegen 1077 unter die Herrschaft Roms. Unter Führung von Robert Guiscard (gest. 1085) aus der Familie Hauteville beseitigten Normannen die byzantinische Herrschaft in Apulien und Kalabrien. 1071 eroberten sie den byzantinischen Hauptort Bari. Der Papst hatte Robert schon 1059 zum Herzog von Apulien und Kalabrien sowie zum künftigen Herzog von Sizilien erhoben. Zusammen mit seinem Bruder Roger I. (gest. 1101) eroberte er 1061 Messina und 1072 Palermo, die Hauptstadt des Emirats. 1091 befand sich ganz Sizilien unter normannischer Herrschaft. In der Regierungszeit Rogers II. (reg. 1112–1154) erhielten die normannischen Herrschaftsbereiche den Status eines Königreichs, der von den Päpsten förmlich anerkannt wurde. Die bisherige Bevölkerung unterschiedlicher Religion wurde in das neue Königreich integriert. Unter Wilhelm I. (reg. 1154–1166) geriet die Monarchie der Hauteville durch innere Konflikte und äußere Bedrohungen hart in Bedrängnis. Wilhelm II. (reg. 1166/71–1189) steigerte die Souveränität des Königs von Sizilien aber nochmals erheblich, blieb jedoch kinderlos. Er sorgte deshalb für die Heirat seiner Tante Konstanze, einer Tochter König Rogers II., mit Heinrich VI., dem Sohn Kaiser Friedrich Barbarossas. Zu Weihnachten 1194 wurde Kaiser Heinrich VI. in Palermo zum König von Sizilien gekrönt. Gegen erhebliche Widerstände der Päpste und des sizilischen Adels traten die Staufer in Sizilien in das Erbe der Hauteville ein. Nach dem Tod Heinrichs VI. 1197 ließ die Kaiserin und Regentin Konstanze ihren 1194 geborenen Sohn Friedrich II. 1198 in Palermo zum König von Sizilien krönen. Nach ihrem Tod im gleichen Jahr übernahm Papst Innozenz III. die Regentschaft für den noch minderjährigen König. Bald nach Beginn seiner selbstständigen Regierung entzog sich Friedrich II. der päpstlichen Bevormundung und strebte nach der Übernahme des Kaiserreiches. 1212 wurde er in Mainz zum König, 1220 in Rom zum Kaiser gekrönt. Das Königreich Sizilien blieb aber der Herrschaftsschwerpunkt des Staufers. Nachdem Konrad IV. (gest. 1254) und Manfred (gest. 1266), die Söhne Friedrichs II., die staufische Herrschaft in Sizilien zunächst fortgesetzt hatten, investierte der Papst 1265 Karl von Anjou (gest. 1285) als König von Sizilien. 1266 folgte die Krönung in Rom. Nach dem militärischen Erfolg Karls über Konradin von Staufen und dessen Hinrichtung in Neapel 1268 endete das 1130 begründete normannisch-staufische Königreich Sizilien.

▷ S. 21 …z als Erbe …ömischen …mperiums

▷ S. 58 Vom Reich der Franken zum Reich der Deutschen

Wolfgang Huschner

## Literatur


### Römische Kirche

F. BLEIENSTEIN, Johannes Quidort von Paris. Über königliche und päpstliche Gewalt (De regia potestate et papali), Stuttgart 1969.

TH. FRENZ (Hrsg.), Papst Innozenz III. Weichensteller der Geschichte Europas, Stuttgart 2000.

J. FRIED, Der päpstliche Schutz für Laienfürsten. Die politische Geschichte des päpstlichen Schutzprivilegs für Laien (11.–13. Jh.), Heidelberg 1980.

H. FUHRMANN, Die Päpste. Von Petrus zu Johannes Paul II., München 1998.

Geschichte des Christentums, hrsg. von J.-M. MAYEUR u.a., deutsche Ausgabe hrsg. von N. BROX u.a., Bde. 3–6, Freiburg 1991-1994.

J. HALLER, Das Papsttum. Idee und Wirklichkeit, 5 Bde., verbesserte und ergänzte Ausgabe, Urach/Stuttgart 1950–1955.

E.-D. HEHL/I. H. RINGEL/H. SEIBERT (Hrsg.), Das Papsttum in der Welt des 12. Jahrhunderts, Stuttgart 2002.

K.-J. HERRMANN, Das Tuskulanerpapsttum (1012-1046). Benedikt VIII., Johannes XIX., Benedikt IX., Stuttgart 1973.

J. MIETHKE/A. BÜHLER, Kaiser und Papst im Konflikt. Zum Verhältnis von Staat und Kirche im späten Mittelalter, Düsseldorf 1988.

C. MORRIS, The Papal Monarchy. The Western Church from 1050 to 1250, Oxford 1989.

B. SCHIMMELPFENNIG, Das Papsttum. Von der Antike bis zur Renaissance, 5. Aufl. Darmstadt 2005.

B. SZABÓ-BECHSTEIN, Libertas ecclesiae. Ein Schlüsselbegriff des Investiturstreits und seine Vorgeschichte, Rom 1995.

G. TELLENBACH, Libertas. Kirche und Weltordnung im Zeitalter des Investiturstreites, Stuttgart 1936.

H. ZIMMERMANN, Das dunkle Jahrhundert. Ein historisches Porträt, Graz 1971.

### Italien

F. BOUGARD, La justice dans le royaume d'Italie. De la fin du VIIIe siècle au debut du XIe siècle, Rom 1995.

C. BRÜHL, Fodrum, Gistum, Servitium regis. Studien zu den wirtschaftlichen Grundlagen des Königtums im Frankenreich und in den fränkischen Nachfolgestaaten Deutschland, Frankreich und Italien vom 6. bis zur Mitte des 14. Jahrhunderts, 2 Bde., Köln/Graz 1968.

P. CAMMAROSANO, Storia dell'Italia medievale. Dal VI all'XI secolo, Rom 2001.

V. VON FALKENHAUSEN, Untersuchungen über die byzantinische Herrschaft in Süditalien vom 9. bis ins 11. Jahrhundert, Wiesbaden 1967.

I. FEES, Eine Stadt lernt schreiben. Venedig vom 10. bis zum 12. Jahrhundert, Tübingen 2002.

A. HAVERKAMP, Herrschaftsformen der Frühstaufer in Reichsitalien, 2 Bde., Stuttgart 1970/71.

H. HOUBEN, Roger II. von Sizilien. Herrscher zwischen Orient und Okzident, Darmstadt 1997.

W. HUSCHNER, Transalpine Kommunikation im Mittelalter. Diplomatische, kulturelle und politische Wechselwirkungen zwischen Italien und dem nordalpinen Reich (9.–11. Jahrhundert), 3 Bde., Hannover 2003.

H. KELLER, Adelsherrschaft und städtische Gesellschaft in Oberitalien (9. bis 12. Jahrhundert), Tübingen 1979.

W. STÜRNER, Friedrich II., 2 Bde., Darmstadt 1992–2000.

# Westeuropäische Monarchien

## Zeittafel

| | |
|---|---|
| 871–899 | Alfred d. Große, König von Wessex. |
| 912 | Taufe des Wikingers Rollo, der die Normandie als französisches Lehen erhält. |
| 912–961 | Herrschaftszeit des Emirs und (seit 929) Kalifen Abd-Ar Rahman III. |
| 987–996 | Hugo Capet. Kapetinger stellen bis 1328 die französischen Könige. |
| 1002 | Tod des muslimischen Wezirs Almansor. |
| 1031 | Auflösung des Kalifats von Córdoba in Taifenreiche. |
| 1137 | Heirat der aragonesischen Thronerbin mit dem Grafen von Barcelona, Grundlage der Krone Aragón. |
| 1037–1157 | Kastilien und León werden in Personalunion regiert. |
| 1042–66 | Eduard der Bekenner. |
| 1066–87 | Wilhelm der Eroberer. |
| 1066 | 14.10. Schlacht von Hastings. |
| 1086 | Schlacht von Sagrajas. |
| 1095 | Beginn der Expansion der Almoraviden. |
| 1139 | Graf Afonso Henriques wird zum König von Portugal ausgerufen. |
| 1147–72 | Die Almohaden übernehmen die Macht in Al-Andalus. |
| 1154–89 | Heinrich II.; Haus Anjou-Plantagenet stellt bis 1328 die englischen Könige. |
| 1158–76 | Gründung der Ritterorden von Calatrava, Alcántara und Santiago. |
| 1180–1223 | Philipp II. August. |
| 1195 | Schlacht von Alarcos. |
| 1212 | Schlacht von Las Navas de Tolosa. |
| 1214 | Schlacht von Bouvines. |
| 1215 | Magna Carta. |
| 1209–29 | Albigenserkreuzzüge in Südfrankreich. |
| 1216–72 | Heinrich III. |
| 1218 | Gründung der Universität von Salamanca. |
| 1226–70 | Ludwig der Heilige. |
| 1230 | Endgültige Vereinigung von Kastilien mit León. |
| 1252-84 | Herrschaftszeit Alfons' X. von Kastilien-León. |
| 1259 | Vertrag von Paris. Heinrich III. muss auf den Großteil des Festlandbesitzes in Frankreich verzichten. |
| 1269-1325 | Herrschaftszeit Dinis' I. von Portugal. |
| 1288 | Gründung der Universität von Lissabon. |
| 1340 | Schlacht am Salado. |

## England

**Normannische Herrschaftssicherung nach 1066.** Die angelsächsischen Königreiche wurden seit Ende des 8. Jahrhunderts das Opfer von Plünderungszügen dänischer und norwegischer Wikinger, die seit Mitte des 9. Jahrhunderts im Norden und Osten des Landes eigene Herrschaftsgebiete (Danelag) begründeten. Zwar einte diese Bedrohung die angelsächsischen Königreiche unter der Führung der Könige von Wessex. Doch zu Beginn des 11. Jahrhunderts schien es so, als sollte England zum Teil eines dänischen Nordseereiches werden. In den Kämpfen nach dem Tod von Eduard dem Bekenner (reg. 1042–1066), dem letzten König aus dem westsächsischen Geschlecht, besiegten die Angelsachsen im Jahre 1066 zwar eine Streitmacht aus Norwegen, nicht aber ein Invasionsheer aus der Normandie.

▷ S. 87 Nord- und osteuropäische Monarchien

Der normannische Herzog Wilhelm der Eroberer (reg. 1066–1087) benötigte nach diesem Sieg in der Schlacht bei Hastings mehrere Jahre zur Festigung seiner Herrschaft. In dieser Zeit führte der Monarch teils kontinentale Regierungselemente ein, teils setzte er angelsächsische Traditionen fort. Weitgehend übernommen wurde die Verwaltungsstruktur mit den lokalen Beamten des Königs, den Sheriffs. Zugleich wurden im Verlauf mehrerer Synoden der Erzbischof von Canterbury und vier weitere Bischöfe durch Würdenträger vom Kontinent ersetzt. Das eroberte Land wurde an die normannischen Adligen nach Lehnsrecht neu verteilt. Als Herrschaftszentren wurden flächendeckend Burgen errichtet. Rund zwanzig Jahre nach der Landnahme war England befriedet. Im so genannten Domesday Book (1086) ließ der König die ihm zu

▷ S. 209 ff. Vasallität

Eine der berühmtesten Bildquellen zur hochmittelalterlichen Geschichte ist der **Teppich von Bayeux**. Sein Auftraggeber war Bischof Odo von Bayeux, der Halbbruder Wilhelms des Eroberers (reg. 1066–1087). Der rund 70 Meter lange und 50 cm hohe farbige Teppich zeigt in mehreren Szenen Vorgeschichte und Ablauf der Eroberung Englands ab etwa 1046 bis zur Schlacht von Hastings (1066). Wegen seiner detailfreudigen Darstellung ist der Teppich nicht nur Informationsquelle für diese Ereignisse, sondern eine wichtige Bildquelle für die mittelalterliche Sachkultur überhaupt. Den Kampf zwischen den Kriegern beider Seiten, ihre Bewaffnung, aber auch ihr Leiden und Sterben zeigt die abgebildete Szene.

Der Teppich ist eine zeitgenössische, parteiische Sicht auf ein Ereignis, das als Epochenzäsur für die englische wie französische Geschichte gilt. Der Sieger der Schlacht bei Hastings, Wilhelm der Eroberer, ließ sich nach seinem Sieg zum englischen König krönen, blieb aber als Herzog von der Normandie ein Lehnsmann des französischen Königs. Das Verhältnis zwischen beiden Königreichen war zunächst spannungsfrei, da die französischen Monarchen vergleichsweise schwache Herrscher waren. Dies änderte sich zunehmend seit Beginn des 12. Jahrhunderts: Ludwig VI. (reg. 1101/6–1137) gelang es, seine Lehnsherrschaft flächendeckend durchzusetzen und die zentrale Verwaltung zu stärken. Er heiratete Eleonore von Aquitanien (um 1122–1204) mit dem Ziel, die Krondomäne langfristig zu stärken. Eleonore aber ließ sich scheiden und heiratete bald darauf den englischen König Heinrich II. von England (reg. 1154–1189), der dadurch nicht nur über seine ererbten Territorien Normandie, Bretagne, Anjou, Touraine und Maine herrschte, sondern auch über Aquitanien. Das so genannte Angevinische Reich umfasste damit zwar mehr als die Hälfte des französischen Territoriums und bedrohte zeitweilig die französische Krone in ihrer Existenz, doch der französische König war als Oberlehnsherr langfristig in einer stärkeren Position. 1202 zog Philipp II. Augustus (reg. 1180–1223) nach einem Prozess auf der Grundlage des Lehnsrechts die französischen Lehen des englischen Königs ein. Die Folge waren langwierige militärische Auseinandersetzungen, in deren Verlauf 1214 Philipp II. Augustus in der Schlacht von Bouvines über Johann I. „Ohneland" (reg. 1199–1216) siegte. Konnten die englischen Monarchen zunächst noch die Gebiete südlich der Loire als Lehen behalten, so verloren sie bald die Normandie, Maine, Anjou und das Poitou. Im Frieden von Paris 1259 wurde der Versuch unternommen, den Konflikt zu entschärfen: Heinrich III. (reg. 1216–1272) verzichtete auf die bereits verlorenen Gebiete und erhielt das Herzogtum Guyenne (Aquitanien) als Lehen. Während sich also beide Könige im Innern zunehmend auf das Gewohnheitsrecht und die Verwaltung zu stützen versuchten, wurde die Bedeutung des Lehnsrechts in den bilateralen Beziehungen bewahrt.

Bild: Ausschnitt aus dem Teppich von Bayeux. Textzeile: *hic ceciderunt simul Angli et Franci (in prelio).*

Literatur: W. Grape, The Bayeux Tapestry, München/New York 1994; M. G. A. Vale, The Angevin Legacy and the Hundred Years War 1250–1340, Oxford 1990.

leistenden Dienste und den Umfang und Wert der Güter seiner Lehnsleute erfassen.

Wilhelm der Eroberer verfügte gegen Ende seiner Herrschaft eine Erbteilung seines Reiches. Sie führte zu Loyalitätskonflikten bei den Adligen mit Landbesitz beiderseits des Kanals. Zugleich kam es zu fortdauernden Streitigkeiten zwischen den drei Söhnen, in denen 1106 Heinrich I. (reg. 1100/6–1135) siegreich blieb. Er vereinigte die Normandie wieder mit England. Nach dem Tod seines Sohnes verheiratete er seine Tochter mit Gottfried Plantagenet (reg. 1128–1151) aus dem Haus Anjou und stärkte auf diese Weise die Verbindungen zum Festland.

In Folge der inneren Wirren hatte die Effizienz der Verwaltung vorübergehend nachgelassen. Heinrich I. stärkte die Administration, indem er die angelsächsische Einrichtung der zentralen Schatzkammer, den Exchequer, konsequent ausbaute. Hatte der Klerus Wilhelm den Eroberer noch unterstützt, so zogen dessen Nachfolger die Einnahmen der Bistümer und Erzbistümer bei Vakanz ein. Auf Grundlage des Lehnsrechts war eine solche Praxis möglich, doch sie provozierte den Klerus und führte wie auf dem Kontinent zu einem Investiturstreit. Der im Konkordat von Westminster 1107 erzielte Kompromiss schwächte die Stellung des Königs nur wenig, denn den Domkapiteln wurde zwar die freie Wahl in Anwesenheit eines Vertreters des Königs ermöglicht, doch hatte der neue Würdenträger vor der Weihe den Lehnseid zu leisten.

**Kämpfe der ersten Hälfte des 12. Jahrhunderts.** Im Jahr 1127 gelang es Heinrich I., den Adel zur Anerkennung seiner Tochter Mathilde (1102–1167) als Erbin zu verpflichten. Tatsächlich war England weniger gefestigt, als es nach außen den Anschein hatte, denn weder war die Frage des Einflusses des Adels beispielsweise bei der Wahl des Monarchen geklärt, noch war die Verbindung Englands mit der Normandie unumkehrbar. Nach dem Amtsantritt von Mathilde brachen die Konflikte wieder auf. Nachdem viele Bischöfe sowie die Bürger Londons den Neffen des Königs Stephan von Blois (reg. 1135–1154) zum Gegenkönig gewählt hatten, kam es zu bürgerkriegsähnlichen Zuständen. In ihrer Folge wurde die Königsgewalt gegenüber den partikularen Kräften Adel und Kirche deutlich geschwächt. Die Auseinandersetzungen wurden erst 1154 beendet, als Stephan von Blois den Sohn Mathildes, Heinrich II. (reg. 1154–1189), adoptierte und als Nachfolger anerkannte.

**Das Haus Anjou-Plantagenet.** Mit der Wahl und Krönung von Heinrich II. begann die Herrschaft des Hauses Anjou-Plantagenet. Das Angevinische Reich reichte von Schottland bis zu den Pyrenäen. Überall suchte Heinrich seine Macht auszubauen. Von lang anhaltender Wirkung waren zahlreiche Rechtsreformen wie die Ernennung von Reiserichtern, die Aufwertung der Lehnsgerichte sowie die Stärkung des zentralen Königsgerichts. Zur Lösung der verworrenen Eigentumsverhältnisse und zur Einschränkung des Fehdewesens wurde jede eigenmächtige Grundbesitzänderung als Straftat mit anschließendem Gerichtsverfahren geahndet. Der Zentralismus wurde wesentlich verstärkt, indem der König jederzeit und auf allen Ebenen mit Hilfe schriftlicher Verfügungen eingreifen konnte. Parallel hierzu wuchs die Bedeutung des Common Law, da immer mehr zivilrechtliche Entscheidungen von Gerichten getroffen wurden. Am Ende der Regierungszeit von Heinrich II. galt das Angevinische

Reich als gefestigt. Es wurde von einer französischsprachigen Oberschicht mit dem König an der Spitze regiert, durch das Lehnswesen zusammengehalten und von einer gewissen kulturellen Homogenität geprägt. Trotz aller Erfolge misslang Heinrich II. der Versuch, auch den Klerus dem königlichen Recht zu unterwerfen. 1161 ließ er seinen Kanzler Thomas Becket (1118–1170) zum Erzbischof von Canterbury wählen. Anschließend versuchte der Monarch durchzusetzen, dass Streitfälle über kirchliche Einnahmen vor königlichen Gerichten ausgetragen würden, Geistliche sich nur noch in bestimmten Fällen an den Papst wenden und Kleriker nach ihrer Verurteilung in einem geistlichen Gerichtsverfahren von einem weltlichen Gericht bestraft werden sollten. Thomas Becket verweigerte die Zustimmung und floh nach Frankreich. Der Streit eskalierte, und dem König drohte die Exkommunikation. Nach Verhandlungen kehrte der Erzbischof nach England zurück, wo ihn am 29. 12. 1170 Ritter des Königs – wahrscheinlich ohne dessen Auftrag – in der Kathedrale von Canterbury ermordeten. Damit scheiterten die Versuche des Monarchen endgültig, seinen Einfluss auf die Kirche auszudehnen.

Heinrich II. war sicherlich der mächtigste und reichste König seiner Zeit in Europa. Sein Sohn Richard I. „Löwenherz" (reg. 1189–1199) folgte ihm auf den Thron und profitierte von den stabilen inneren Zuständen. Er verbrachte etliche Jahre auf Kreuzzügen in Palästina. Unter seinem Bruder und Nachfolger Johann I. „Ohneland" (reg. 1199–1216) eskalierten jedoch die Konflikte mit dem französischen König, der Kurie und dem englischen Adel. Im Verlauf der Jahre von 1199 bis 1206 verlor Johann den Festlandbesitz bis auf Aquitanien. Wegen der enormen finanziellen Belastungen in Folge der Kriege nutzte der König rücksichtslos seine Vorrechte aus und trieb systematisch ihm zustehende Abgaben ein. Dies führte zu Spannungen mit dem Klerus, die schließlich in einen Konflikt mit der Kurie mündeten, als es Streit über die Besetzung des Erzbistums von Canterbury gab. Als Papst Innozenz III. zum Sturz des Königs aufrief, unterwarf Johann sich dem Papst und erhielt von diesem sein Königreich als Lehen. Gestärkt durch diese besondere politische Allianz unternahm Johann einen weiteren Versuch, auf militärischem Weg den Konflikt mit Frankreich zu lösen, erlitt aber 1214 in der Schlacht von Bouvines eine vernichtende Niederlage. Dieser Misserfolg bewirkte dann 1215 den offenen Konflikt mit dem Adel, in dessen Verlauf der König als Kompromiss die Magna Carta Libertatum erließ. Die an die „Community of the Realm" gerichtete Urkunde regelte verschiedene politische Bereiche des Lehnsrechts und des allgemeinen Rechts. Die Funktion der Hochadligen als der wichtigsten Berater des Königs wurde gestärkt, und zugleich wurde festgeschrieben, dass sich der König gemäß seinem Eid ebenso an das Recht zu halten hatte wie seine Untertanen. Damit wurde erstmals die politische Mitbestimmung des Adels festgeschrieben.

Arnd Reitemeier

## Frankreich

**Von den Karolingern zu den Kapetingern.** Nach dem Zerfall des karolingischen Großreiches vollzog sich die Abgrenzung zwischen dem *regnum*, dem Westfrankenreich als dem späteren Frankreich, und dem *imperium*, dem Ostfrankenreich als dem späteren

▷ S. 50
…m Reich
Franken
Reich der
…eutschen

römisch-deutschen Reich, auf dem Gebiet des lotharingischen Zwischenreiches. Lotharingien, dessen Zugehörigkeit zum Ostfrankenreich zwischen 925 und 978 gefestigt worden war, wurde zu einer Transitzone und einem Zentrum kirchlicher, wirtschaftlicher und künstlerischer Neuerungen. Die Teilung Burgunds entlang von Saône und Rhône in einen zum *imperium* und einen zum *regnum* gehörenden Teil war bereits seit 843 endgültig. Das Königreich Burgund („Reichsburgund") gelangte zu Beginn des 11. Jahrhunderts an den römisch-deutschen König. Mit der Gründung der Abtei Cluny im Jahre 909 wurde Burgund für fast 300 Jahre zum Brennpunkt der Kirchenreform.

Im Westfrankenreich endete 987 mit der Wahl Hugo Capets (reg. 987–996) die Herrschaft der Karolinger. Zwar besaß Hugo keine ernsthaften Rivalen um das Königtum, doch deckte sich das Gebiet, in dem seine Herrschaft wenigstens nominell anerkannt wurde (Legitimationsbereich), keineswegs mit demjenigen, auf dem die königliche Zwangsgewalt tatsächlich durchgesetzt werden konnte (Sanktionsbereich). Den Kern königlicher Herrschaft bildete im Norden (*Langue d'oïl*) die Domäne um Paris und Orléans sowie im weiteren Sinn die *Francia*, während die entstehenden Herzogtümer Bretagne, Normandie und Flandern sich dem direkten Zugriff des Königs entzogen. Die zur Grenzsicherung gegen die seit 911 in der Normandie angesiedelten Normannen und die Bretagne eingesetzten (Vize-)Grafen von Blois und Anjou wurden ihrerseits zu mächtigen Fürsten und einer Bedrohung der königlichen Autorität. Ebenso wie das Königtum stabilisierten sich die Fürstentümer durch das Prinzip des ungeteilten Erbgangs an den ältesten männlichen Nachkommen. Ein wachsendes Eigenbewusstsein der Fürstenhöfe manifestierte sich etwa in einer eigenen Geschichtsschreibung und der Bezugnahme auf regionale Gewohnheiten. Zukunftsweisende Verwaltungsinstrumente wurden in den entstehenden fürstlichen Kanzleien und Finanzverwaltungen und durch den Burgenbau geschaffen. Letzterer ging mit der Ausbildung kleinadliger Herrschaften meist in fürstlicher oder königlicher Abhängigkeit einher (*châtellainies, seigneuries*).

Der Süden (*Langue d'oc*) mit den fürstlichen Territorien Gascogne, Aquitanien, Toulouse und Katalonien war seit der Thronbesteigung Hugos eine königsferne Region mit eigener römisch geprägter Rechtstradition und starkem Eigenbewusstsein. Die Legitimität der Kapetinger wurde nur zögernd akzeptiert und die königlichen Rechte und Güter waren vollständig in die Hände der Fürsten übergegangen. Dennoch konnten die Kapetinger bis zur Mitte des 11. Jahrhunderts die Stabilität und Legitimität ihrer Dynastie und den Bestand der Krondomäne sichern. Dies gelang auch mit Hilfe der Kirche, die in Historiographie und Liturgie Legitimationsstrategien bereitstellte und in Form des Truppenaufgebots handfeste Unterstützung bot. Das königliche Kloster Saint-Denis spielte dabei auf lange Zeit als Grablege der französischen Könige und Ort königsnaher Geschichtsschreibung eine zentrale Rolle.

**Frankreich und das Angevinische Reich.** Die Herrschaft Philipps I. (reg. 1060–1108) war geprägt von der Eroberung Englands durch den Herzog der Normandie und die Auseinandersetzung mit dem Papsttum. Dem bedrohlichen Machtzuwachs des normannischen Herzogs als König von England suchte Philipp mit der später immer wieder angewandten Taktik wechselnder Bündnisse mit rivalisierenden Mitgliedern der normannisch-englischen Königsfamilie zu begegnen. Der Kirchenreform und den radikalen Forderungen Papst Gregors VII. stand Philipp gemeinsam mit der Mehrheit des Episkopats ablehnend gegenüber. Obwohl aber die bischöflichen Dienste in Verwaltung und Krieg für den König zentrale Bedeutung besaßen, war er im Gegensatz zum englischen König nicht in der Lage, sie vor Eingriffen durch päpstliche Legaten zu schützen. Anders als mit dem Kaiser suchten Gregor VII. und seine Nachfolger aber nicht die direkte Konfrontation mit Philipp, so dass mit Hilfe des von Ivo von Chartres entwickelten Konzepts der Trennung von *temporalia* und *spiritualia*, d. h. der weltlichen und geistlichen Aufgabenbereiche des Bischofs, der Konflikt 1107 beigelegt werden konnte. Die bei dieser Gelegenheit abgeschlossene Allianz gegen alle Feinde der Kirche wurde mit dem Konzept des *rex christianissimus*, des allerchristlichsten Königs, schnell zu einem grundlegenden Element königlicher Legitimation. Hatte der 1095 in Clermont ausgerufene erste Kreuzzug noch ohne Beteiligung des französischen Königs stattgefunden, so wurde der Zug in das Heilige Land während der folgenden zwei Jahrhunderte zu einem zentralen Anliegen der Könige.

**Wachsende Macht im 12./13. Jahrhundert.** Das 12. Jahrhundert stand durch Ludwig VI. (reg. 1108–1137) und Ludwig VII. (reg. 1137–1180) im Zeichen der wachsenden Macht der englischen Krone. Sie beherrschte große Teile Frankreichs als Lehen des französischen Königs. Dem konnte Ludwig vor allem das moralische und intellektuelle Ansehen seines Hofes und der aufstrebenden Universität von Paris entgegensetzen, das sich exemplarisch in seiner Unterstützung des Erzbischofs Thomas Becket von Canterbury gegen Heinrich II. und Papst Alexanders III. gegen Kaiser Friedrich Barbarossa manifestierte.

▷ S. 239 ff. Universitäten

Philipp II. Augustus (reg. 1180–1223) setzte die Förderung der Pariser Universität fort und sorgte mit der Konzentration der königlichen Administration in Paris, die sich mit einer zunehmend professionell arbeitenden Kanzlei, einem Archiv (*trésor des chartes*) und einer Finanzverwaltung zu institutionalisieren begann, für den Aufschwung der werdenden Hauptstadt. Das königlich verwaltete Land unterstand den meist aus dem Dienstmannenstand stammenden und dem König Rechenschaft schuldenden *baillis*. Unter Philipp, der den imperialen Beinamen Augustus schon zu Lebzeiten trug, stieg Frankreich zur Großmacht auf. Der Sieg Philipps gegen die englisch-welfische Koalition 1214 bei Bouvines bestätigte eindrucksvoll den Vorrang der Kapetinger und reduzierte den englischen Festlandbesitz auf Aquitanien.

▷ S. 209 Vasallität

▷ S. 58 Vom Reic der Frank zum Reic Deutsche

Die Unterwerfung des noch fürstlich dominierten Südens setzte noch unter Philipp II. ein und wurde von Ludwig VIII. (reg. 1223–1226) und Ludwig IX. dem Heiligen (reg. 1226–1270) weitgehend abgeschlossen. Sie war ursächlich verknüpft mit dem vom Papst ausgerufenen Kreuzzug gegen die dualistische Sekte der Katharer, die in der Grafschaft Toulouse fest verankert war und auch von den lokalen Eliten und Graf Raimund VI. von Toulouse toleriert wurde. Nach wechselvollen Kämpfen musste sich Graf Raimund 1229 König und Papst unterwerfen und dem Anfall des Großteils seiner Länder an die Krone durch ein Ehebündnis zustimmen. Die so erworbenen Gebiete wurden, vergleichbar den nördlichen Amtsbezirken, in *sénéchaussées* aufgeteilt. Mit der 1259 vertraglich anerkannten Zurückdrängung der Engländer auf die Gascogne war schließlich das Ziel erreicht, zwischen Ärmelkanal und Mittelmeer Legitimations- und Sanktionsbereich der Krone weitgehend zur Deckung zu bringen.

Die Herrschaft Ludwigs IX. war geprägt vom Ideal des christlichen Königs, das sich im Inneren in einer effizienten und gerechten Verwaltung und Rechtsprechung, nach außen hin im Kampf gegen die Feinde des Glaubens im Kreuzzug verwirklichen sollte. Regelmäßige Kontrollen der lokalen Amtsträger (*enquêtes*) sollten Missbräuchen entgegenwirken, eine stabile Währung, die Förderung der Armenfürsorge und die strenge Scheidung kirchlicher und königlicher Kompetenzen das wirtschaftliche und moralische Niveau des Reiches heben. Der persönlich sehr fromme König galt vielen Zeitgenossen schon als heilig, als er 1270 während seines zweiten Kreuzzugs starb. Seine Kanonisierung erfolgte bereits 1297.

**Der letzte Kapetinger.** Nach der kurzen Regentschaft Philipps III. (reg. 1270–1285) erreichte die Dynastie der Kapetinger mit Philipp IV. dem Schönen (reg. 1285–1314) einen letzten Höhepunkt. Der Wille des Königs galt im Reich weitgehend unwidersprochen, auch als er Kriege gegen die Engländer in der Gascogne und gegen die aufständischen flandrischen Städte sowie die Besetzung des dem Reich unterstehenden Erzbistums Lyon unter anderem mit der Besteuerung des Klerus zu finanzieren suchte. Allein Papst Bonifaz VIII. protestierte zuerst 1296 gegen die Eingriffe in kirchliche Rechte, worauf sich eine erbitterte propagandistische Auseinandersetzung um den Vorrang der geistlichen vor der weltlichen Macht entzündete. Unruhen auf dem Land und in den Städten infolge einer durch bewusste Geldverschlechterung noch verschärften ökonomischen Krise ließen den Hof nach neuen Geldquellen suchen. Das Ansehen des sakralen Königtums als Hüter der Religion (*réligion royale*), zu dem die Verehrung Ludwig des Heiligen erheblich beitrug, bot 1306 die legitimierende Folie für die Vertreibung der Juden. Die Konfiskation des jüdischen Vermögens ermöglichte die vollständige Neubewertung des französischen Pfundes (*livre*), während im folgenden Jahr die auf der Grundlage gefälschter Anklagen durchgeführte Zerschlagung des wohlhabenden Templerordens die königlichen Finanzen zu sanieren half. Beim Tod Philipps IV. hatte das französische Königtum eine nie dagewesene Machtfülle erreicht, sein moralisches Ansehen aber hatte unter der rücksichtslosen Politik des Königs gelitten.

▷ S. 70 Römische Kirche und Italien

Petra Ehm-Schnocks

## Spanien

**Das Land der fünf Königreiche.** Zu Beginn des 10. Jahrhunderts stand der größte Teil der Iberischen Halbinsel unter Herrschaft und kultureller Prägung des Islam. Das als Al-Andalus bezeichnete muslimisch beherrschte Gebiet erlebte unter Abd-Ar Rahman III. (reg. 912–961) seine Blütezeit: dieser rief sich 929 zum Kalifen aus und erhob damit das Emirat von Córdoba, dessen Herrschaft sich über die Meerenge von Gibraltar nach Nordafrika erstreckte, zum Kalifat. Doch nach dem Tod des Kalifen setzten Verfallserscheinungen ein.

**Alfons X.**, der 1221 in Toledo geborene und am 4. April 1284 in Sevilla gestorbene König von Kastilien und León, war nicht nur ein Zeitgenosse Kaiser Friedrichs II., sondern er ähnelte in manchem auch seinem Verwandten (seine Mutter war eine Cousine des Staufers). Auch Alfons verfolgte imperiale Pläne und bemühte sich unter Rückgriff auf seine staufische Herkunft – allerdings letztlich erfolglos – um die Herrschaft im römisch-deutschen Reich. Auch er machte sich als Gesetzgeber und vor allem als Förderer der Künste und Wissenschaften einen Namen. Umgeben von einem Kreis hoch gebildeter Mitarbeiter, betätigte sich der kastilische Monarch zum einen selbst als Autor (etwa der „Cántigas de Maria" zu Ehren der Jungfrau Maria, aus denen sein Bild entnommen ist); zum anderen entstanden an seinem Hof bedeutsame Werke der Astronomie und Kosmogonie („Tablas alfonsíes", „Libros del saber de astronomía"). Besondere Nachwirkung erlangte sein Einsatz für die Geschichtsschreibung und das Rechtswesen. Sein Bemühen, die kastilische Gesetzgebung zu vereinheitlichen, wird an der ersten Redaktion des als „Siete Partidas" bekannten Rechtsbuchs ersichtlich, das allerdings erst einige Zeit nach dem Tod des Königs in Kraft trat. Auch sein historiographisches Wirken, das sich vor allem in der Redaktion der „Estoria de España" niederschlug, zeitigte vor allem langfristig Folgen.

Bild: Buchillustration aus einer Ausgabe der „Cántigas de Maria" aus dem 13. Jahrhundert, Biblioteca del Escorial. Foto: Patrimonio Nacional.

Literatur: J. F. O'Callaghan, The Learned King. The Reign of Alfonso X of Castile, Philadelphia 1993; J. Valdeón Baruque, Alfonso X el Sabio. La forja de la España moderna, Madrid 2003.



Auch wenn zum Ende des 10. Jahrhunderts unter dem Minister und Heerführer Almansor (gest. 1002) erfolgreiche Raubzüge auch in entfernte Winkel der Halbinsel unternommen wurden, zerfiel eine Generation nach seinem Tod das Kalifat von Córdoba in eine Vielzahl unterschiedlich mächtiger Teilreiche, die sogenannten Taifenkönigtümer (seit 1031). Manche von ihnen wie Zaragoza oder Sevilla waren bedeutende Kulturzentren und mächtige Herrschaften, doch sahen sie sich in immer stärkerem Maße den Angriffen der christlichen Nachbarn ausgesetzt, denen sie letztlich unterliegen sollten.

Die christlichen Gebiete der Iberischen Halbinsel waren während des gesamten Mittelalters in verschiedene Herrschaften unterteilt. Dies macht es problematisch, von einer allgemeinen „spanischen" Geschichte zu sprechen. Im Nordwesten der Halbinsel entstand das Königreich Asturien, das im 9. Jahrhundert nach Süden expandierte und damit auch die Stadt León einschloss, nach der es seitdem als Königreich León bezeichnet wurde. An dessen Ostflanke löste sich aus der Verfügungsgewalt der asturischen Könige allmählich die Grafschaft Kastilien, die sich zu Beginn des 11. Jahrhunderts endgültig als selbstständiges Königreich etablierte. Im östlich angrenzenden Navarra nahmen die Herrscher bereits zu Beginn des 9. Jahrhunderts den Königstitel an. Auch hier löste sich mit Aragón eine Grafschaft aus der Oberherrschaft eines Königreichs und stieg in der zweiten Hälfte des 11. Jahrhunderts selbst zur Monarchie auf. Die Grafschaft Barcelona schließlich bildete zusammen mit einigen anderen katalanischen Grafschaften einen Teil des Karolingerreichs. Im Laufe des 11. Jahrhundert entwickelte sie sich zur beherrschenden Macht im östlichen Pyrenäenraum.

Einige dieser Reiche fusionierten im Verlauf des Hochmittelalters: Aus der dynastischen Verbindung Barcelonas und Aragóns (1137) entstand die aragonesisch-katalanische Krone oder Krone Aragón. Auch Kastilien und León wurden 1037 bis 1157 vorübergehend und im Jahre 1230 endgültig zum Königreich Kastilien-León (auch Krone Kastilien) vereinigt. Und schließlich machte sich die Grafschaft Portugal von León unabhängig und stieg 1139 in den Rang eines Königreichs auf (1143 und 1179 anerkannt). Zum Ende des 13. Jahrhunderts wies die Iberische Halbinsel damit fünf Reiche auf: Kastilien-León, Portugal, Navarra, Aragón und Granada. Dieses von der Dynastie der Nasriden beherrschte Reich war die letzte muslimische Herrschaft, die im Jahre 1300 noch nicht der Reconquista zum Opfer gefallen war.

**Grundlagen der Herrschaft.** Die unterschiedliche Frühzeit dieser Herrschaftsgebilde blieb nicht ohne Nachwirkungen: die östlich gelegenen Reiche hielten die Erinnerung an ihre karolingischen Wurzeln aufrecht, nahmen frühzeitig Elemente des römischen Rechts auf und folgten dem römischen Kirchenritus, wogegen der westliche Teil der Halbinsel bis zum Ende des 11. Jahrhunderts eine eigene, als „mozarabisch" bezeichnete Liturgie fortführte und sich auf das im Jahre 711 untergegangene Westgotenreich berief. Dieser seit dem Beginn des 10. Jahrhunderts betriebene „Neogotizismus" war auch die ideelle Grundlage für den von einigen leonesischen und kastilisch-leonesischen Königen des 11. und 12. Jahrhunderts geführten Kaisertitel.

Auf der Iberischen Halbinsel wurden nicht nur Kulturkontakte mit den Muslimen, sondern auch mit auswärtigen Christen gepflegt.

## Detailskizze

Unter **Reconquista** versteht man die „Rückeroberung" ehemals christlich beherrschter Gebiete aus der Hand der Muslime durch die Christen der Iberischen Halbinsel. Dieser Prozess zog sich vom Beginn des 9. Jahrhunderts bis 1492 hin, doch wurde er vom 11. bis 13. Jahrhundert besonders intensiv betrieben. Die Reconquista stellt eine Sonderform der so genannten „europäischen Expansion" dar und war eine Aufeinanderfolge von langen Friedensperioden und kürzeren Krisenzeiten. Als besonders markante Einschnitte dieser Auseinandersetzung gelten die christlichen Siege von Las Navas de Tolosa (1212) und Salado (1340), die Niederlagen von Sagrajas (1086) und Alarcos (1195) sowie die Eroberungen Toledos (1085), Lissabons, Tortosas und Lleidas (1147–1149), Mallorcas und Valencias (1229 und 1238) sowie Córdobas, Sevillas und schließlich Granadas (1236, 1248 und 1492). Rückschläge der Muslime trugen zu Herrschaftswechseln in Al-Andalus bei: So übernahm um 1095 die strenggläubige, vor allem von Berbern getragene Bewegung der Almoraviden aus dem nordafrikanischen Atlasgebirge die Macht, nur um nach den Rückschlägen 1147–1149 in einem bis 1172 andauerndem Prozess ihrerseits von den ähnlich reformreligiösen Almohaden verdrängt zu werden. Auch die Christen handelten nicht unbeeinflusst von äußeren Ereignissen. So wurde die Reconquista seit dem Beginn des 12. Jahrhunderts stark von der Kreuzzugsbewegung geprägt. Dabei wird darauf verwiesen, dass verschiedentlich Päpste, auswärtige Kreuzfahrer und auch manche Einheimische den Glaubenskampf auf der Iberischen Halbinsel mit dem im Vorderen Orient gleichsetzten. Die strukturelle Ähnlichkeit zwischen den beiden Kreuzzugsszenarien wird etwa daran erkennbar, dass sich in beiden im Verlauf des 12. Jahrhunderts Ritterorden für den Kampf gegen die Muslime bildeten. Auf der Iberischen Halbinsel waren dies u.a. die Orden von Calatrava, Alcántara und Santiago.

Literatur: J. F. O'CALLAGHAN, Reconquest and Crusade in Medieval Spain, Philadelphia 2002.

Bedeutsam waren in diesem Zusammenhang Siedlungsbewegungen (*Repoblación*), die Fremde von jenseits der Pyrenäen, aber auch hispanische Christen durch die Verleihung besonders günstiger, in den so genannten *Fueros* verbriefter Rechte in die neu eroberten Gebiete führten. Auch die große Pilgerfahrt nach Santiago de Compostela zum Grab des Apostels Jakobus des Älteren zog, vor allem seit dem 11. Jahrhundert, viele Auswärtige an. Dagegen blieben die bereits zu Beginn des 13. Jahrhunderts in Salamanca und 1288 in Lissabon gegründeten Universitäten weitgehend auf ihre jeweiligen Königreiche ausgerichtet. Um diese Einrichtungen machten sich wissenschaftlich interessierte Monarchen wie Alfons X. (reg. 1252–1284) und Dinis (reg. 1279–1325) besonders verdient.

▷ S. 241 f. Universitäten

Nikolas Jaspert

### Literatur


**England**

R. BARTLETT, England under the Norman and Angevin Kings, Oxford 2000.

K.-F. KRIEGER, Geschichte Englands von den Anfängen bis zum 15. Jahrhundert, München 1990.

E. JAMES, Britain in the First Millenium, London 2001.

J. SARNOWSKY, England im Mittelalter, Darmstadt 2002.

**Frankreich**

P. CONTAMINE (Hrsg.), Histoire de la France politique. Le Moyen âge: le roi, l'Église, les grands, le peuple, 481–1514, Paris 2002.

J. EHLERS, Die Kapetinger, Stuttgart u.a. 2000.

J. FAVIER (Hrsg.), La France médiévale, Paris 2003.

C. GAUVARD, La France au Moyen âge du V^e au XV^e siècle, 4. Aufl. Paris 2002.

O. GUILLOT/Y. SASSIER, Pouvoirs et institutions dans la France médiévale. Bd. 1: Des origines à l'époque féodale, 3. Aufl. Paris 2003.

E. HINRICHS (Hrsg.), Geschichte Frankreichs, Stuttgart 2002.

**Spanien**

V. Á. ÁLVAREZ PALENZUELA, Historia de España de la Edad Media, Barcelona 2002.

J. F. O'CALLAGHAN, A History of Medieval Spain, Ithaca 1975.

S. K. JAYYUSI (Hrsg.), The Legacy of Muslim Spain, 2 Bde., Leiden u. a. 1994.

R. MENÉNDEZ PIDAL (Hrsg.), Historia de España, 41 Bde., bes. Bde. 4–11, Madrid 1947 ff.

L. VONES, Geschichte der Iberischen Halbinsel im Mittelalter (711–1480). Reiche, Kronen, Regionen, Sigmaringen 1993.

# Nord- und osteuropäische Monarchien

**Zeittafel**

| | |
|---|---|
| um 700 | Missionsreise Willibrords nach Dänemark. |
| 793 | Skandinavischer Überfall auf das englische Kloster Lindisfarne; Beginn der Wikingerzeit in Skandinavien. |
| seit 829 | Ansgar, „Apostel des Nordens", unternimmt Missionsreisen nach Dänemark und Schweden. |
| 863–867 | Konstantin und Method führen in Mähren slawische Schriftlichkeit und Liturgie ein. |
| 955 | Schlacht auf dem Lechfeld. Ende der ungarischen Expansion. |
| um 959-987 | Harald Blauzahn eint und christianisiert Dänemark. |
| 966 | Der Piastenfürst Mieszko nimmt das Christentum an. |
| 973 | Taufe des ungarischen Fürsten Géza. |
| 988 | Christianisierung des Kiever Reiches. |
| 1000 | Unter Bolesław Chrobry wird das Erzbistum Gnesen errichtet. |
| 1016-1035 | König Knut der Große; dänisches „Nordseeimperium". |
| 1066 | Landungsversuch des norwegischen Königs Harald Hardråde in England scheitert; Beginn des skandinavischen Mittelalters. |
| 1103/4 | Erhebung von Lund zum skandinavischen Erzbistum. |
| 1153 | Norwegisches Erzbistum in Nidaros. |
| 1164 | Eigenes Erzbistum für Schweden in Uppsala. |
| 1222 | Goldene Bulle des ungarischen Königs Andreas II. |
| 1227 | Schlacht von Bornhöved. |
| 1237-1241 | Einfälle der Mongolen. |

## Nordeuropa

**Reichsbildung und Christianisierung.** Seit Mitte des 10. Jahrhunderts bildeten sich die drei Reiche Dänemark, Norwegen und Schweden heraus, wobei Dänemark eine Vorreiterrolle zufiel. In den 960er Jahren vereinte Harald Blauzahn (gest. 987) Jütland, die dänischen Inseln und Schonen, das heutige Südschweden, unter seiner Herrschaft. Sein Regierungszentrum war Jelling. Seitdem kam es in Dänemark nur noch in extremen Krisenzeiten zu Reichsteilungen. Länger dauerte die Reichsbildung in Norwegen und Schweden: Zwar wurde schon im Mittelalter Harald Schönhaar (gest. 932) als Begründer der Einheit Norwegens verehrt, aber ihm unterstand nur die Westküste des Landes. Erst seit Olaf Haraldsson (reg. 1016–1030) gelang es den Königen, ganz Norwegen zu beherrschen. Dennoch entstanden bis zum Beginn des 13. Jahrhunderts immer wieder Teilreiche. Nicht zuletzt der starke dänische Einfluss im Bereich des Oslofjords verzögerte die Reichsbildung. In Schweden erscheint Olaf Schoßkönig (ca. 980–1021/22) als erster König der vereinigten mittel- und südschwedischen Gebiete der „Svear" und „Götar". Allerdings lassen die wenigen Quellen des 11. und 12. Jahrhunderts nicht erkennen, ob zu dieser Zeit alle Regionen, die später zu Schweden gehörten, schon Teil seines Reiches waren.

In den drei Königreichen waren grundsätzlich alle Königssöhne erbberechtigt. Der neue Herrscher musste aber immer auch von den „Thingen" der großen Landschaften, also den Versammlungen der Mächtigen der verschiedenen Regionen des Reiches, bestätigt werden. Bis zum Ende des Mittelalters wählten so die Thinge in Viborg (Jütland), Ringsted (Seeland) und Lund (Schonen) den dänischen Kö-

Reichsbildung und Christianisierung des dänischen Königreichs verbinden sich mit dem Wirken von König Harald „Blauzahn" (gest. 987). Davon kann man nicht nur lesen, sondern es im kleinen Ort **Jelling**, der in Mitteljütland liegt, bis heute selbst sehen. Zwischen zwei mächtigen Grabhügeln (Bestattungsform der vorchristlichen Zeit) und bei einem älteren Runenstein ließ hier König Harald einen neuen Runenstein setzen und eine Holzkirche erbauen, deren Fundamente von Archäologen unter dem heutigen Steinbau, der etwa um 1100 errichtet wurde, gesichert worden sind. Auf dem großen Runenstein sieht man eine Christusfigur und eine Inschrift, die dem Gedächtnis von Haralds Eltern Thyra und Gorm gilt. Den König selbst nennt sie als denjenigen, der „ganz Dänemark und Norwegen für sich gewann und die Dänen zu Christen machte". Das muss um das Jahr 965 geschehen sein. Eine Hypothese besagt, dass König Gorm zunächst im Nordhügel beigesetzt worden war und sein Sohn ihn nach der eigenen Taufe in eine Grabkammer des ersten Kirchenbaus überführen ließ. Das Foto zeigt, wie dieser Spannungsbogen zwischen heidnischen und christlichen Grabbauten bis heute in der monumentalen Anlage von Jelling erfahrbar ist. Zu sehen ist die Anlage aus der Vogelschauperspektive – ein heutzutage allgemein zugänglicher Blickpunkt, den im Mittelalter kein menschliches Wesen einzunehmen vermochte.

Stephan Selzer

Bild: Die Grabanlage in Jelling. Foto: Torkild Balslev.



Literatur: C. Radtke, Haithabu, Jelling und das neue „Jenseits" – Skizzen zur skandinavischen Missionsgeschichte, Freiburg 1999.

nig. Der schwedische Herrscher musste nach seiner Erhebung auf den „Mora Stein" (bei Uppsala) die „Eriksgata" durchführen, einen Umritt durch Schweden, bei dem ihm auf den wichtigen Thingen gehuldigt wurde.

Die Christianisierung förderte den Zusammenschluss der Reiche und verband sie mit Europa. Bezeichnenderweise waren es Harald Blauzahn, Olaf Haraldsson und Olaf Schoßkönig, die dem Christentum in ihren Ländern zum Durchbruch verhalfen. Der Aufbau einer eigenen Kirchenorganisation, der vom Königtum forciert wurde, stabilisierte die drei Reiche und fand im 12. Jahrhundert mit der Errichtung der Erzbistümer Lund, Trondheim und Uppsala seinen Abschluss.

**Das „Nordseeimperium" Knuts des Großen.** In der Frühzeit des Gesamtkönigtums mussten sich die skandinavischen Herrscher häufig mit einer losen Oberhoheit über Kleinkönige oder „Volksadlige"/„Bauernhäuptlinge" begnügen. Ihre wichtigste Aufgabe war der Schutz des Reiches, für den sie mit ihrer Gefolgschaft und diesen Mächtigen und deren Gefolgschaften sorgten. Einkünfte bezogen sie meistens nur aus ihrem Grundbesitz. Lediglich in Dänemark erlangte das Königtum um 1000 eine sehr starke Stellung. Dies zeigen nicht zuletzt die berühmten Burgen vom Trelleborg-Typ, die Harald Blauzahn zur Beherrschung seines Reiches um 980 anlegen ließ. Als in den letzten Jahren des 10. Jahrhunderts die Wikingerzüge gegen England wieder einsetzten und dabei hohe Summen „Danegeldes" erpresst wurden, setzten sich die dänischen Könige Sven Gabelbart (gest. 1014) und Knut der Große (reg. 1018–1035) an die Spitze dieser Unternehmungen. Letzterer wurde 1016 als König über ganz England anerkannt, seit 1028 herrschte er auch über Norwegen und Teile Schwedens. Mit seinem Tod brach jedoch das Nordseeimperium zusammen.

▷ S. 75 West-
opäische
narchien

**Europäisierung des nordeuropäischen Königtums.** Der Ausbau der Königsmacht erfolgte in allen drei Reichen seit dem 12. Jahrhundert nach west- und mitteleuropäischem Vorbild. Die Abkehr vom Prinzip der Thronfähigkeit aller Söhne des Herrschers setzte sich auch in Dänemark, Norwegen und Schweden durch. Nur noch der älteste der Söhne galt seitdem als legitimer Nachfolger. Dieses Prinzip nennt man Individualsukzession. Seit 1260 war Norwegen sogar ein Erbreich. Die königliche Herrschaft wurde als gottgewollt legitimiert. Zu kirchlichen Krönungen kam es in Norwegen seit 1163, in Dänemark seit 1170 und in Schweden seit 1210. Das Königtum konnte seine Kompetenzen im Rechtswesen ausweiten, förderte Städte und Handel, und im Laufe des 13. Jahrhunderts entstand in allen drei Reichen ein Adel, der für seinen Kriegsdienst mit Steuerfreiheit privilegiert wurde. Voraussetzung für die zunehmende gesellschaftliche Relevanz des Königtums war der Ausbau der Zentral- und Lokalverwaltung: Hofämter wurden eingeführt; eine königliche Kanzlei gab es in Dänemark spätestens seit 1158, in Norwegen seit 1208 und in Schweden seit 1219. Auf lokaler Ebene entwickelte sich der königliche Gutsverwalter (*bryti, armadr*) zum „Amtmann". Er war Interessenvertreter des Monarchen, der die diesem nun zustehenden Gerichtsbußen und Abgaben einzog.

▷ S. 157
Thema: Die
Herausbildung
des modernen
Staates

In Zeiten besonderer königlicher Stärke betrieben die Reiche eine expansive Außenpolitik. Dänemark beherrschte während der so genannten „Großmachtzeit der Waldemare" (1157–1241) sogar Estland und weite Teile der südlichen Ostseeküste. Norwegen erlangte unter Håkon Håkonsson (reg. 1217–1263) die Hoheit über Grönland (1261) und Island (1262). Finnland gehörte zum Erzbistum Uppsala und wurde zwischen 1150 und 1300 von Schweden aus besiedelt. Bis 1323 wurde Südwestfinnland von Schweden erobert.

Während und infolge der institutionellen Verfestigung des Königtums organisierte sich der Adel jeweils in einer Reichsversammlung, die an der Regierung beteiligt war: „Meliores Regni" bzw. „Danehof" (Dänemark), „Gode Menn" (Norwegen) und „Herredagar" (Schweden). Seit dem Ende des 13. Jahrhunderts repräsentierte jedoch der kleinere „Rat" (*consilium*) die Aristokratie gegenüber dem Königtum und wurde dementsprechend bald auch „Reichsrat" genannt. Um 1300 hatten sich die drei nordischen Länder zu einer Ständegesellschaft mit der Königsmacht als Zentrum entwickelt.

Thomas Hill

## Osteuropa

**Südosteuropa.** Im ganzen östlichen Europa waren Reichsbildung und Christianisierung eng miteinander verbunden. Die Konkurrenz der Missionsrichtungen – von Byzanz aus einerseits, von Rom und dem fränkisch-deutschen Reich aus andererseits – verschränkte sich mit dem Bestreben, die zu christianisierenden Länder in die eigene Machtsphäre einzubeziehen. Die Christianisierung von Mähren, Kroatien, Böhmen und Bulgarien erfolgte bereits im 9. Jahrhundert. Das Großmährische Reich, das sich über das heutige Mähren hinaus in die Slowakei und weit nach Ungarn erstreckte, war um 800 von Salzburg aus missioniert worden, ohne allerdings ein eigenes Bistum zu erhalten. Fürst Rostislav von Mähren (reg. 846–870) wandte sich deswegen 861 mit der Bitte um die Entsendung von „Bischof und Lehrer" an den byzantinischen Kaiser Michael III., der zwei aus Saloniki stammende Brüder, Konstantin und Method, nach Mähren entsandte.

Um dort Ritus und Schriftlichkeit in slawischer Sprache einführen zu können, entwickelten die Brüder eine neue Schrift, das dem slawischen Lautbestand angepasste Glagolitische, dessen Buchstabenformen aus Kombinationen der sakralen Formen Kreis, Dreieck und Kreuz abgeleitet waren. 867 kamen die Brüder nach Rom und erlangten vom Papst die Billigung der slawischen Liturgie. Nach dem Tod von Konstantin unter dem Mönchsnamen Kyrill in Rom begab sich Method, zum Erzbischof geweiht, nach Mähren. Doch nach seinem Tod 885 wurden seine und Konstantins Schüler von dort vertrieben.

In Bulgarien pflegten sie weiterhin die slawische Schriftlichkeit; das Glagolitische wurde dort allmählich durch das Kyrillische, fälschlich nach Konstantin-Kyrill benannt, abgelöst. Die Schriften unterscheiden sich nur durch die Buchstabenformen, nicht durch den Zeichenbestand. Das Kyrillische lehnt sich dabei soweit wie möglich an die griechischen Großbuchstaben an. Von Bulgarien aus hat sich das Kyrillische als die Schrift aller orthodoxen Slawen durchgesetzt. Slawische Liturgie und glagolitische Schriftpraxis gelangten schon vor 925 auch an die östliche Adriaküste; hier, innerhalb der Westkirche, haben sie sich neben dem Lateinischen bis in die Neuzeit erhalten.

Im Zuge der Feldzüge der Awaren und der slawischen Landnahme am Anfang des 7. Jahrhunderts war die byzantinische Herr-

**Daten der Christianisierung im östlichen Europa**

| Land | Missions-richtung | Einzeltaufe | Gesamt-taufe | Bistum | Kirchen-provinz |
|---|---|---|---|---|---|
| Mähren | Westen | | um 800 | | 869 |
| Kroatien | Westen | | um 800 | ca. 850 | (925) |
| Bulgarien | Osten | | 865 | | 870 |
| Böhmen | Westen | 845 | Ende 9. Jh. | 973 | 1344 |
| Kiever Rus' | Osten | 945/57 | 988 | | 988 |
| Polen | Westen | | 966 | 968 | 1000 |
| Ungarn | Westen | (950) | 973 | | 1000 |
| Serbien | Osten | | (10. Jh.) | (10. Jh.) | 1219 |
| Litauen | Westen | 1253 | 1386 | 1386 | |

Ungarn: Erste Einzeltaufen nach östlichem Ritus.

Kroatien: Der Sitz des Erzbischofs von Split, zu dessen Kirchenprovinz auch die dalmatinischen Städte gehörten, lag außerhalb des kroatischen Reichsgebietes.

Serbien: Hier im Sinne der Reichsbildung unter Stefan Nemanja am Ende des 12. Jahrhunderts.

Litauen: Schon vor der Christianisierung der Litauer gelangten mit der Expansion des Reiches nach Südosten ostslavische Orthodoxe unter litauische Herrschaft.

Der Prozess der Christianisierung im östlichen Europa vollzog sich, mit zeitlichen Verdichtungen im 9. Jahrhundert und am Ende des 10. Jahrhunderts, bis ins 14. Jahrhundert. Erst über die Erlangung zumindest eines eigenen Bistums und nach Möglichkeit sogar einer eigenen Kirchenprovinz mit einem Metropoliten (Erzbischof) löste sich der getaufte Herrscher aus der Abhängigkeit von anderen christlichen Reichen. Im Vergleich zu den früh christianisierten Reichen gelang Polen, Ungarn und der Kiever Rus' die volle kirchliche Emanzipation sehr schnell.

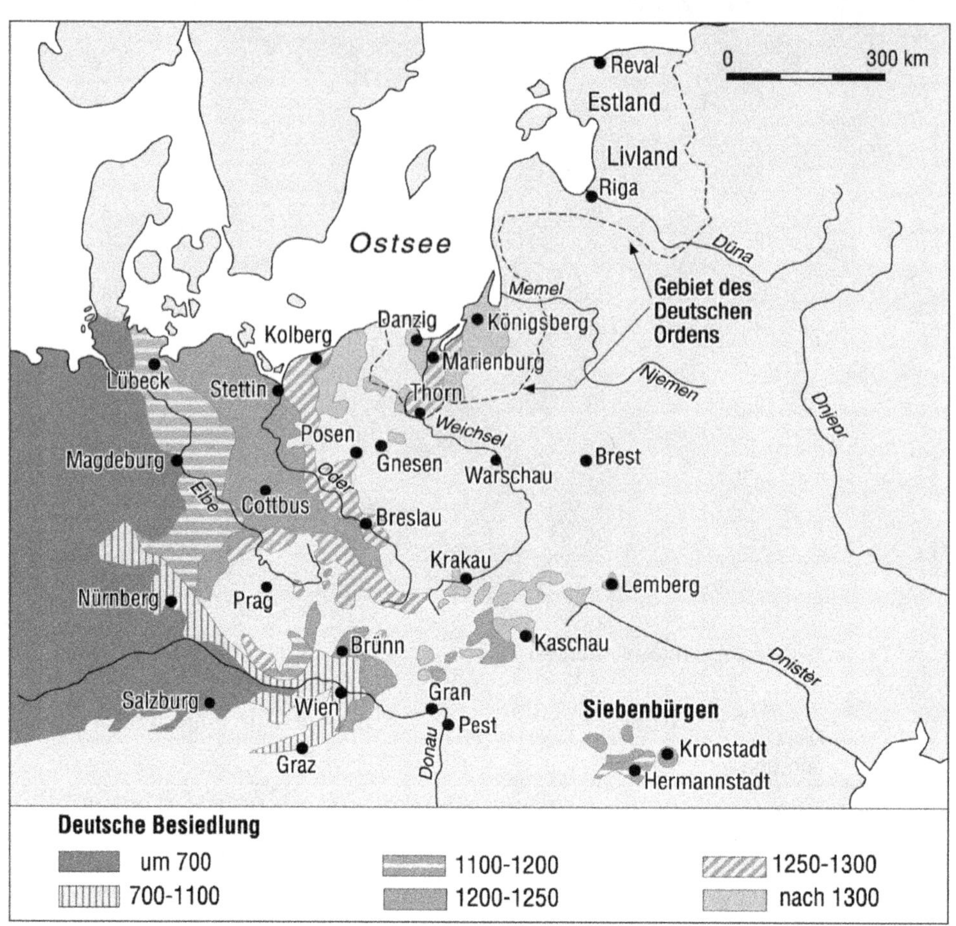


Seit dem 11. Jahrhundert erhöhte sich in Europa die Bevölkerungszahl stetig. Um die größere Bevölkerung versorgen zu können, mussten neue Ackerflächen erschlossen werden. Daher rodete man überall Wälder, drang ins Mittelgebirge vor und legte Flussniederungen trocken. Innerhalb von Jahrzehnten veränderte sich so in ganz Europa das Landschaftsbild. Wo zuvor noch Dörfer und Städte gleichsam Inseln in einem „Urwaldmeer" gewesen waren, entstand eine Kulturlandschaft, in der Dörfer und Städte in landwirtschaftlich genutzte Flächen eingebettet waren. Noch unerschlossene Ackerflächen, aber auch die Chance, den ökonomischen, sozialen und rechtlichen Status zu verbessern, lockten die Menschen auch in die dünner besiedelten Gebiete Ostmitteleuropas. Die kirchlichen und weltlichen Machtträger in diesen Regionen hatten ihrerseits ein großes Interesse an dem Zuzug dieser Neusiedler, die ihre Länder zu erschließen halfen und ihnen neue Einkünfte verschafften. Östlich von Elbe und Saale entstanden so vom 12. bis ins 14. Jahrhundert zahlreiche neue Dörfer und Städte, die nach westeuropäischen Mustern angelegt und mit den dort üblichen Rechten ausgestattet wurden. Diese günstigen Bedingungen nutzten auch viele Einheimische. Die Ansiedlung von deutschsprachigen Zuwanderern in Ostmitteleuropa, die als Ostkolonisation oder **Ostsiedlung** bezeichnet wird, war der östliche Ausläufer eines umfassenden europäischen Ausbauprozesses, der im 14. Jahrhundert endete.

Man muss diesen Zusammenhang betonen, weil die Entwicklung in Ostmitteleuropa im 19. und 20. Jahrhundert von Forschern und Politikern in einem nationalen und völkischen Chauvinismus instrumentalisiert worden ist. Die mittelalterlichen Vorgänge wurden benutzt, um territoriale Ansprüche in der Gegenwart abzuleiten, und sie wurden verzerrend zu einer allgemeinen „Kulturträgermission" der Deutschen im Osten umgebogen, als hätten die Deutschen das, was sie mitbrachten, nicht oft erst selbst aus dem Westen vermittelt bekommen. Umgekehrt hat man den Prozess als Beleg für einen kontinuierlichen deutschen „Drang nach Osten" gedeutet. Inzwischen ist die Ostsiedlung kein Thema nationaler Rivalität mehr; vielmehr erscheint sie als von Initiative und Mobilität geprägte entscheidende Phase für die langfristige Vorformung der Siedlungsverhältnisse in Ostmitteleuropa.

Die Karte zeigt, wie diese Besiedlung in einer West-Ost-Richtung voranschritt. Die Bewegung nahm ihren Ausgang im Gebiet zwischen Elbe und Saale, erfasste dann die südöstlichen Reichsgebiete, Schlesien, Pommern und Preußen, Böhmen und Polen, in geringerem Maße Ungarn – intensiv nur Siebenbürgen – und das mittelalterliche Slawonien, das heutige Nordkroatien.

Stephan Selzer

Literatur: C. Higounet, Die deutsche Ostsiedlung im Mittelalter, Berlin 1986.

▷ S. 21
…anz und
…steuropa

schaft auf der westlichen Balkanhalbinsel zusammengebrochen. Das byzantinische Dalmatien umfasste nur noch eine Reihe von Küstenstädten und Inseln. Das kroatische Reich, das im Hinterland zwischen Ostistrien und dem heutigen Westbosnien entstand, wurde um 800 vom Fränkischen Reich und den dalmatinischen Städten aus christianisiert. Nach dem Aussterben der einheimischen Dynastie der Trpimirovići gelangte die kroatische Krone 1102 an das ungarische Königshaus der Árpáden. 1105 unterwarf König Koloman (reg. 1095–1116) auch die norddalmatinischen Städte. Die ungarisch-kroatische Personalunion sollte bis 1918 Bestand haben.

**Polen, Ungarn und Russland.** Kurz vor der Jahrtausendwende wurden Polen, Ungarn und die Kiever Rus' christianisiert. Die polnische Reichsbildung hatte sich um zwei Zentren entwickelt: Großpolen um Gnesen und Posen, Kleinpolen um Krakau. Unter Fürst Mieszko (gest. 992) aus der Dynastie der Piasten griff das Reich sogar westlich über die Oder hinaus. Gegen Ansprüche des 968 gegründeten Erzbistums Magdeburg unterstellte Mieszko, der 966 das Christentum angenommen hatte, 990/1 sein Reich dem Schutz des Papstes. Doch eine dauerhafte Kirchenorganisation für das Land entstand erst unter Bolesław Chrobry („dem Kühnen") (reg. 992–1025) im Jahre 1000, als in Übereinstimmung mit Kaiser Otto III. ein Erzbistum in Gnesen errichtet wurde. Um die chronischen Erbstreitigkeiten innerhalb der Piasten zu beenden, sprach Bolesław III. (gest. 1038) in seinem Testament von 1038 jedem Sohn auf Dauer einen Reichsteil zu. Der jeweilige Senior der Dynastie sollte zusätzlich bestimmte Gebiete erhalten. Die Zeit der Teilherzogtümer fand ihr Ende, als Władysław

▷ S. 52
…eich der
…ken zum
…eich der
…eutschen

Łokietek (1260/61–1333) alle Reichsteile außer Schlesien unter seine Herrschaft brachte und 1320 in Krakau zum König gekrönt wurde. Schlesien wurde schließlich 1348 von Karl IV. in die Krone Böhmens inkorporiert.

Die Ungarn waren 895 unter der Führung von Árpád (gest. 907), dem Begründer der bis zum Ende des 13. Jahrhunderts regierenden Dynastie der Árpáden, über die Karpaten in die pannonische Tiefebene eingedrungen, hatten das Großmährische Reich vernichtet und sich dort niedergelassen. Die „Zeit der Streifzüge", in der die Ungarn für alle Nachbarn als Bedrohung erschienen, fand mit dem Sieg Ottos des Großen in der Schlacht auf dem Lechfeld 955 ein Ende. Schon 948 und 952 hatten zwei ungarische Heerführer in Konstantinopel das Christentum angenommen; doch gewann die kirchliche Orientierung nach Westen bald die Oberhand. Wahrscheinlich 973 tauften Gesandte des Passauer Bischofs Fürst Géza (gest. 997). Unter seinem Sohn Stephan dem Heiligen (reg. 997–1038), der im Jahre 1000 die Königskrone erhielt, wurden gleich zwei Kirchenprovinzen für Ungarn eingerichtet. Eingeleitet mit der Gründung des Bistums Zagreb 1094 durch Ladislaus den Heiligen (reg. 1077–1095) begann die Erschließung Slawoniens, des Landes südlich der Draugrenze; ebenso wie Kroatien behielt Slawonien stets eine gewisse Eigenständigkeit innerhalb der Länder der Stephanskrone. In der Goldenen Bulle König Andreas' II. (reg. 1205–1235) von 1222 erfuhr die erstarkte Stellung des ungarischen Adels gegenüber dem Königtum rechtliche Sanktionierung.

An der Ethnogenese der Kiever Rus' waren Ostslawen und Waräger wie auch im Norden finnische Stämme beteiligt. Eine großräumige Herrschaftsbildung über die Stammesherrschaften hinweg erfolgte erst seit Mitte des

9. Jahrhunderts im Zusammenhang mit der normannischen Expansion von Skandinavien aus, als die Waräger den Handelsweg von der Ostsee ins Schwarze Meer, „von den Warägern zu den Griechen", erschlossen und dabei sprachlich schnell slawisiert wurden. Entlang einer Achse von Burgstädten und Fürstensitzen, darunter Novgorod, Smolensk und Kiev, entwickelte sich der Herrschaftsraum der Kiever Rus' unter der Dynastie der Rjurikiden. Der Volksname Rus', bald auch als Landesname dienend, ist wahrscheinlich über das Finnische vermittelt vom skandinavischen Wort für „Ruderer" abgeleitet.

Nach Ansätzen zur Christianisierung der Rus' bereits um 865 von Byzanz aus ließ sich die Fürstin Olga 946 oder 957 nach ostkirchlichem Ritus taufen; doch nahm sie auch Verbindung zu Otto dem Großen wegen der Entsendung eines Bischofs auf. Als Kaiser Basileios II. Olgas Enkel Vladimir (reg. 978–1015) 988 zur Hilfe gegen Rebellen rief, verlangte dieser die Kaiserschwester zur Frau. Gleichzeitig war er bereit, sich taufen zu lassen; das Kiever Reich erhielt sofort eine eigene kirchliche Hierarchie. Mit der Ausweitung des Herrschaftsraumes und in Folge der Auffächerung der Dynastie der Rjurikiden zerfiel die Einheit der Herrschaft immer weiter, und die einzelnen Fürstensitze gewannen an Bedeutung. Die schon im 12. Jahrhundert begonnene Verlagerung der Rus' nach Nordosten wurde wegen der Verwüstung der südlichen Gebiete durch die Mongolen 1237–1241 noch einmal bestärkt.

▷ S. 101 Thema: Herrschen ohne Staat: Ressourcen und Rituale

In allen christianisierten Reichen stärkte die neue sakrale Legitimation der Herrschaft Dynastie und Königtum; die Herrscher erhielten die Möglichkeit zur Aufnahme in die „Familie der Könige", konkretisiert über Taufpatenschaften und Heiratsverbindungen. Die Zugehörigkeit zum gemeinsamen Glaubenskreis – bedingt übergreifend, teils nach Ost- und Westkirche zu unterscheiden – begünstigte kulturelle Angleichungsprozesse.

Ludwig Steindorff

## Literatur


### Nordeuropa

H. Gustafsson, Nordens historia. En europeisk region under 1200 år, Lund 1997.

E. Hoffmann, Königserhebung und Thronfolgeordnung in Dänemark bis zum Ausgang des Mittelalters, Berlin/New York 1976.

C. Krag/K. Helle, Aschehougs Norgeshistorie, Bd. 2/3, Oslo 1995.

K. von See, Königtum und Staat im skandinavischen Mittelalter, Heidelberg 2002.

### Osteuropa

J. V. Fine, The Early Medieval Balkans, Ann Arbor 1986.

P. Hanák (Hrsg.), Die Geschichte Ungarns. Von den Anfängen bis zur Gegenwart, 2. Aufl. Budapest 1991.

M. Hellmann (Hrsg.), Handbuch der Geschichte Russlands, Bd. I, 1–2, Stuttgart 1981/1989.

J. K. Hoensch, Geschichte Polens, 3. Aufl. Stuttgart 1998.

C. Lübke, Das östliche Europa, Berlin 2004.

N. Malcolm, Geschichte Bosniens, Frankfurt/M. 1996.

J. W. Sedlar, East Central Europe in the Middle Ages, 1000–1500, Washington 1994.

L. Steindorff, Geschichte Kroatiens. Vom Mittelalter bis zur Gegenwart, Regensburg 2001.

# Byzanz und Südosteuropa

## Zeittafel

| | |
|---|---|
| 962 | Krönung Ottos I. zum Römischen Kaiser. |
| 972 | Heirat Ottos II. mit der byzantinischen Prinzessin Theophano. |
| 976–1025 | Regierungszeit Basileios' II. |
| 1054 | Schisma zwischen Rom und Konstantinopel. |
| 1071 | Niederlage bei Mantzikert gegen die Seldschuken und Verlust Baris an die Normannen. |
| 1071–1081 | Fast ganz Kleinasien geht an die Seldschuken verloren; Raubzüge der Petschenegen auf dem Balkan. |
| 1081–1118 | Alexios I. Komnenos. |
| 1081–1085 | Normannischer Angriff auf die byzantinischen Balkanprovinzen. |
| 1082/1084 | Privilegien für Venedig. |
| 1096–1099 | Der Erste Kreuzzug führt zur Entstehung der Kreuzfahrerstaaten in Syrien und Palästina. |
| 1108 | Sieg über die Normannen Bohemunds, Vertrag von Devol. |
| 1111 | Erstes Privileg für Pisa. |
| 1118–1143 | Johannes II. Komnenos. |
| 1138/39 und 1142/43 | Byzantinische Feldzüge gegen das Kreuzfahrerfürstentum Antiochia in Nordsyrien. |
| 1143–1180 | Manuel I. Komnenos. |
| 1146–1148 | Zweiter Kreuzzug. |
| 1158–1159 | Byzantinischer Vorstoß gegen Antiochia. |
| seit 1160 | Byzanz unterstützt in Italien die Gegner der Deutschen und setzt sich auf dem Balkan gegen Ungarn und Serben durch. |
| seit 1160 | Byzantinische Präponderanz in den Kreuzfahrerstaaten. |
| 1171 | Byzantinisches Vorgehen gegen die Venezianer im Byzantinischen Reich. |
| 1176 | Byzantinische Niederlage gegen die Seldschuken bei Myriokephalon. |
| 1182 | Im Zuge innerbyzantinischer Auseinandersetzungen Massaker an Genuesen und Pisanern in Konstantinopel; Bruch zwischen Byzanz und Genua/Pisa. |
| 1182–1185 | Andronikos I. Komnenos. |
| 1185 | Eroberung und Plünderung Thessalonikes durch die Normannen. |
| ab 1186 | Entstehung des zweiten bulgarischen Reiches. |
| 1187 | Niederlage der Kreuzritter gegen Saladin bei Hattin; Verlust Jerusalems. |
| 1189-1192 | Dritter Kreuzzug. |
| 1202-1204 | Vierter Kreuzzug: führt zur Eroberung Konstantinopels durch Venezianer und Kreuzfahrer und zur Errichtung lateinischer Staaten auf dem Gebiet der byzantinischen Reiches. |
| 1204/1205 | Errichtung byzantinischer „Exilreiche" in Epiros und Nikaia. |

**Regionale Vormacht.** Die Epoche zwischen 950 und 1050 gilt als Höhepunkt der Machtentfaltung des byzantinischen Reiches. Tatsächlich war Byzanz in dieser Zeit die unangefochtene Vormacht am östlichen Mittelmeer. Im Osten drang es bis an den Kaukasus vor und gewann Nordsyrien mit Antiochia zurück. Im Norden bildete wie einst in der Spätantike die Donau die Reichsgrenze. Mit den schiitischen Fatimiden in Ägypten unterhielt man freundliche Beziehungen. Das Deutsche Reich hatte nach dem Tod Ottos III. 1002 kaum noch Ambitionen in Italien.

Diese Situation führte allerdings nach 1025, als mit Basileios II. (reg. 976–1025) der letzte große Feldherrnkaiser gestorben war, zu einer gewissen Vernachlässigung des Militärs. Zudem kam es in Byzanz zu gesellschaftlichen Veränderungen. In der Notzeit des 7. und 8. Jh.s hatte die byzantinische Gesellschaft sich neu geordnet. Die alten Eliten hatten ihren früheren Einfluss verloren, und ein neuer, militärisch orientierter Adel hatte die politische Führung übernommen. Dieser Adel war aber nicht nur Träger der Expansion nach außen, sondern suchte auch im Inneren seine ökonomische Basis zu verbreitern. Seit dem 10. Jh. gerieten vor allem die bis dahin unabhängigen Bauern unter seinen Druck. Viele Bauern gaben im Laufe des 11. Jh.s ihr Land auf, zogen in die Städte oder unterstellten sich einem lokalen Gutsherrn. Da sie aber nicht nur Steuern zahlten, sondern zum Teil auch selbst Militärdienst leisteten, versuchten die Kaiser immerhin, ihren Besitz zu schützen, doch um die Mitte des 11. Jh.s war der frühere freie Bauernstand fast völlig verschwunden.

Dies hatte Folgen für die Wehrkraft des Reiches. Im 11. Jh. nahm die Anwerbung von Söldnern wieder zu. Solange die wirtschaftlichen Verhältnisse noch gut und die kaiserlichen Kassen gefüllt waren, war dies problemlos möglich. Doch ab der Mitte des Jahrhunderts veränderte sich die politische Lage. Mit den Petschenegen drang von Norden ein neues Nomadenvolk vor. Im Westen breiteten die Normannen sich in Süditalien aus und unterwarfen in relativ kurzer Zeit die dortigen byzantinischen Besitzungen. Am verhängnisvollsten war das Vordringen der türkischen Seldschuken im Osten. Die Kaiser hatten diese Gefahr lange nicht wahrhaben wollen. Als sie sich schließlich aufrafften, gegen diesen Gegner vorzugehen, war es zu spät. Im Jahre 1071 wurde die byzantinische Armee bei Mantzikert in Ostanatolien geschlagen. In der Folge fiel fast ganz Kleinasien an die Invasoren. In demselben Jahr eroberten die Normannen mit Bari den letzten byzantinischen Stützpunkt in Unteritalien, und die Balkanprovinzen des Reiches wurden von immer neuen nomadischen Einfällen erschüttert.

▷ S. 71 Die Römische Kirche und Italien

Auch die Beziehungen zum Lateinischen Europa lockerten sich weiter. Dies galt vor allem für den kirchlichen Bereich. Auch wenn es keine großen theologischen Auseinandersetzungen mehr gab, so hatten sich die Kirche Westeuropas und die byzantinische Kirche doch langsam auseinander entwickelt. Vor allem hatten sich Unterschiede in Ritus und Liturgie herausgebildet, die in der allgemeinen Aufmerksamkeit einen fast ebenso hohen Stellenwert hatten wie die christologischen Differenzen zwischen dem 4. und 7. Jh. Im Jahre 1054 kam es zu einem Schisma (griechisch: Spaltung) zwischen dem römischen Papst und dem Patriarchen von Konstantinopel, das sich neben persönlichen Animositäten vor allem an der Frage entzündete, ob der Heilige Geist nun vom Vater und vom Sohne ausging, wie Rom meinte, oder gemäß der byzantinischen Auffassung nur vom Vater. Fast ebenso bedeutsam war die Frage, ob man bei der Liturgie gesäuertes oder ungesäuertes Brot verwenden müsse. Zunächst schien dieses Schisma nicht bedeutsamer zu sein als die vielen kleineren vor ihm, aber tatsächlich wurden die gegenseitigen Verurteilungen erst 1965 aufgehoben.

▷ S. 68 Die Römis[che] Kirche un[d] Italien

**Byzanz und die Kreuzzüge.** Der Verlust Kleinasiens stürzte das Reich fast in den Untergang. Die Steuereinnahmen sanken, und die Autorität der Zentralregierung verfiel, überall gab es Unruhen und Aufstände. Zu einem nicht geringen Teil hing dies auch damit zusammen, dass die Kaiser sich nicht mehr gegen den Adel durchsetzen konnten. Erst mit Alexios I. Komnenos trat eine gewisse Besserung ein. Er machte dem Adel wichtige Zugeständnisse und zog die führenden Familien durch Ämter und Ehebündnisse an sich. Doch nahm dieser Prozess längere Zeit in Anspruch, während der Byzanz große Probleme hatte, sich seiner äußeren Feinde zu erwehren.

Neben den Seldschuken waren dies vor allem die Normannen, die nach der Eroberung Unteritaliens die Adria überquerten und in die Balkanprovinzen einfielen. Da Byzanz in den langen Jahren der scheinbaren Sicherheit seine Flotte vernachlässigt hatte, musste es sich um äußere Hilfe bemühen und schloss deshalb 1082 ein Bündnis mit Venedig, das mit reichen Privilegien bezahlt wurde. Mitte der achtziger Jahre gelang es schließlich, die Normannen zurückzuschlagen. Nachdem Alexios auch die Verhältnisse auf dem Balkan einigermaßen geordnet hatte, konnte er nun daran denken, Kleinasien zurückzugewinnen. Hierzu fehlten ihm Soldaten, und so schickte er Gesandte zum Papst, die diesen um Waffenhilfe bitten sollten. Aus dieser Bitte

Mit der Heirat der byzantinischen Prinzessin Theophano mit Otto II. im Jahr 972, die beide auf diesem in byzantinischem Stil geschnitzten Elfenbeinrelief zu sehen sind, schien ein dauerhaftes Einverständnis zwischen Deutschen und Byzantinern erreicht worden zu sein. Vorausgegangen waren seit der Kaiserkrönung Karls des Großen theologische, juristische und politische Konflikte, die man in der Forschung unter dem Begriff **„Zweikaiserproblem"** diskutiert hat.

In der Spätantike war der Römische Kaiser der Herrscher schlechthin gewesen, der einen höheren Rang als alle anderen Herrscher besaß. Nach dem Ende des weströmischen Teilreiches 476 führte der in Konstantinopel residierende Kaiser diese Tradition fort, was auch im lateinischen Europa allgemein akzeptiert wurde. Aber der erzwungene Rückzug von Byzanz aus dem Westen hinterließ im Abendland ein Machtvakuum. Hinzu kamen die ideologischen Differenzen zwischen Byzanz im Osten und den Päpsten in Rom, die sich als oberste geistliche Instanz der gesamten Kirche sahen. Man fühlte sich in Westeuropa von dem byzantinischen Kaiser nicht mehr repräsentiert. Als sich in der zweiten Hälfte des 8. Jh.s die Franken als Vormacht etablierten und auch die frühere Rolle der byzantinischen Kaiser als Schutzherren der Päpste übernahmen, sahen viele in ihnen die wahren Erben der Römischen Kaiser, nicht mehr in den Byzantinern, die nach päpstlicher Sicht noch dazu Häretiker waren. So krönte der Papst am Weihnachtsfest des Jahres 800 Karl den Großen zum Römischen Kaiser. In Byzanz stieß das natürlich auf Ablehnung, aber man konnte es nicht verhindern. Umgekehrt war aber auch Karl nicht in der Lage, sein alleiniges Kaisertum militärisch gegenüber Byzanz durchzusetzen. So kam es zu Verhandlungen, in denen der byzantinische Kaiser Karl schließlich widerwillig anerkannte, dies aber später gegenüber dessen Nachfolgern zeitweilig wieder zurücknahm. Damit war das „Zweikaiserproblem" entstanden, das über Jahrhunderte die Beziehungen zwischen Byzanz und dem Fränkischen und später dem Deutschen Reich beeinflusste. Man hat ihm früher einen erheblichen Einfluss zugeschrieben. Heute schätzt die Forschung seine Bedeutung geringer ein. Die widerstreitenden Interessen in Italien und manchmal auch die gemeinsame Frontstellung gegen andere Feinde waren im Allgemeinen wichtiger.

Bild: Christus segnet Otto II. und Theopano, Elfenarbeit, Musée National de l'Hôtel de Cluny. Foto: AKG.

Literatur: P. Classen, Karl der Große, das Papsttum und Byzanz. Die Begründung des karolingischen Kaisertums, Sigmaringen 1985; J. Fried, Papst Leo III. besucht Karl den Großen in Paderborn oder Einhards Schweigen, in: HZ 272, 2001, 281–326; R.-J. Lilie, Byzanz. Kaiser und Reich, Köln/Weimar/Wien 1994; W. Ohnsorge, Das Zweikaiserproblem im frühen Mittelalter. Die Bedeutung des Byzantinischen Reiches für die Entwicklung der Staatsidee in Europa, Hildesheim 1947.

entstanden die Kreuzzüge, die Byzanz in dieser Form allerdings keinesfalls gewollt hat.

Im Winter 1096/97 erschienen die Truppen des Ersten Kreuzzugs vor Konstantinopel. Zwar gelang es Alexios, die Kreuzfahrer zur Anerkennung der byzantinischen Ansprüche zu bewegen und dank ihrer Anwesenheit auch das westliche Kleinasien wiederzuerobern, aber dieser Erfolg war mit neuen Problemen erkauft, denn die Kreuzfahrer errichteten in Syrien und Palästina eigene Herrschaften. Für Byzanz war das problematisch, da diese Staaten nach wie vor eng mit Westeuropa verbunden waren. Bis dahin war von Westeuropa keine Bedrohung für Byzanz ausgegangen. Dies änderte sich jetzt, da immer wieder große Heere zum Kreuzzug aufbrachen. Gleichzeitig intensivierte sich der früher ziemlich bedeutungslose Fernhandel, und Byzanz profitierte von seinen Exporten.

Der höhere Stellenwert Westeuropas für Byzanz lag auch daran, dass trotz aller Anstrengungen nicht ganz Kleinasien zurückgewonnen werden konnte, was naturgemäß die Bedeutung der Balkanprovinzen erhöhte. Die politische Gesamtsituation im östlichen Mittelmeerraum war durch die Kreuzzüge erheblich komplizierter geworden, und die Kaiser zeigten sich den neuen Anforderungen nicht immer gewachsen. Spürbar wurde dies, als es nach 1180 innerhalb der herrschenden Familie der Komnenen zu Auseinandersetzungen kam, die wiederholt zu Kaiserstürzen führten und die Autorität der Zentralregierung in Mitleidenschaft zogen.

In den letzten Jahren vor der Jahrhundertwende häuften sich die innenpolitischen Probleme. Die Wirtschaft brach zusammen. Manche Provinzherren strebten nach Unabhängigkeit, und die Kaiser waren zu schwach, um sich durchzusetzen. In dieser Situation kam es 1202 zu einem neuen Kreuzzug, der sich gegen Ägypten richten sollte. Als es aber zu Schwierigkeiten bei der Finanzierung kam, nutzten einige Anführer und insbesondere die Venezianer, die Schiffe für das Unternehmen stellten, die günstige Gelegenheit, um den Zug gegen Byzanz umzulenken. Im Sommer 1203 und dann noch einmal im April 1204 eroberten die Kreuzfahrer mit Hilfe der venezianischen Flotte Konstantinopel und errichteten ein lateinisches Kaiserreich.

Ralph-Johannes Lilie

**Literatur**

M. Angold, The Byzantine Empire. A Political History 1025–1204, 2. Aufl. London/New York 1997.

Ders., The Fourth Crusade. Event and Context, London 2003.

Ch. M. Brand, Byzantium Confronts the West, 1180–1204, Cambridge/Mass. 1968.

J.-C. Cheynet, Pouvoir et Contestations à Byzance (963–1210), Paris 1990.

R.-J. Lilie, Handel und Politik zwischen dem Byzantinischen Reich und den italienischen Kommunen Venedig, Pisa und Genua in der Epoche der Komnenen und der Angeloi (1081–1204), Amsterdam 1984.

Ders., Byzanz und die Kreuzzüge, Stuttgart 2004.

P. Magdalino, The Empire of Manuel I Komnenos, 1143–1180, Cambridge 1993.

H. E. Mayer, Geschichte der Kreuzzüge, 10. überarb. Aufl. Stuttgart 2005.

A. J. Toynbee, Constantine Porphyrogenitus and his Age, London 1973.

Sp. Vryonis, The Decline of Medieval Hellenism in Asia Minor and the Process of Islamization from the Eleventh to the Fifteenth Century, Berkeley/Cal. 1971.

# Kreuzfahrerherrschaften am Mittelmeer

## Zeittafel

| | |
|---|---|
| 1095 | Byzantinisches Hilfegesuch gegen die Seldschuken; Konzil von Clermont. |
| 1096–99 | 1. Kreuzzug; Entstehung der Grafschaft Edessa (1098), des Fürstentums Antiochia (1098) und des Königreichs Jerusalem (1099). |
| 1109 | Entstehung der Grafschaft Tripolis. |
| 1120 | Konkordat von Nablus. |
| 1144 | Eroberung Edessas durch Zengi von Mosul. |
| 1145–49 | 2. Kreuzzug. |
| 1149–52 | Auseinandersetzungen zwischen König Balduin III. von Jerusalem und seiner Mutter Melisendis. |
| 1163 | *Assise sur la ligece.* |
| 1187 | Sieg Sultan Saladins über das fränkische Heer bei Hattin; Aiyubidische Eroberung Akkons und Jerusalems. |
| 1187–92 | 3. Kreuzzug; Eroberung Zyperns und Akkons (1191). |
| 1192 | Ermordung Konrads von Montferrat durch die Assassinen. |
| 1197 | Erhebung Zyperns zum Königreich. |
| 1198 | Erhebung Kleinarmeniens zum Königreich. |
| 1201–19 | Antiochenischer Erbfolgekrieg. |
| 1202–04 | 4. Kreuzzug. |
| 1204–61 | Lateinisches Kaiserreich von Konstantinopel. |
| 1217–21 | 5. Kreuzzug (gegen Damiette). |
| 1228–29 | Kreuzzug Kaiser Friedrichs II.; Rückgabe Jerusalems an die Kreuzfahrer (1229). |
| 1244 | Eroberung Jerusalems durch die Hwarizmier; Niederlage des fränkischen Heers bei Gaza. |
| 1248–54 | Kreuzzug König Ludwigs IX. von Frankreich. |
| 1256–58 | Krieg von St. Sabas. |
| 1260 | Sieg der Mamluken über die Mongolen bei Ain Dschalut. |
| 1263–91 | Eroberungen der Mamlukensultane Baibars, Qalawun und al-Aschraf: Fall von Antiochia (1268), Tripolis (1289) und Akkon (1291). |
| 1300–02 | Besetzung der Insel Ruad bei Tortosa durch die Templer. |
| 1312 | Konzil von Vienne. |
| 1375 | Ende des Königreichs Kleinarmenien. |
| 1489 | Übertragung des Königreichs Zypern an Venedig. |
| 1571 | Türkische Eroberung Zyperns. |

**Entstehungsfaktoren.** Weder der byzantinische Kaiser Alexios I., der sich 1095 mit einem Hilfegesuch an den Westen wandte, noch Papst Urban II., der auf dem Konzil von Clermont zur Unterstützung des Ostens aufrief, konnten ahnen, dass sie damit eine Bewegung ins Leben riefen, die dem oströmischen Reich neue Nachbarn bescheren würde. Selbst die Teilnehmer des 1. Kreuzzugs (1095–1099) rechneten wohl eher mit Beute als mit der Gründung von Herrschaften, lag doch das Ziel ihrer bewaffneten Pilgerfahrt, Jerusalem, in einer Region, die als nur vorübergehend an die Muslime verlorenes byzantinisches Reichsgebiet galt und zu deren Rückgabe sich die Kreuzfahrer durch Eidesleistungen verpflichtet hatten.

▷ S. 95 f. Byzanz und Südosteuropa

Erst als die Kreuzfahrer den Eindruck gewannen, der Basileus habe sie im Stich gelassen, erkannten sie in der Besetzung, Verwaltung und Besiedlung der den Muslimen abgerungenen Gebiete ihre eigene Aufgabe. So entstanden vier Kreuzfahrerstaaten: die Grafschaft Edessa (1098), das Fürstentum Antiochia (1098), das Königreich Jerusalem (1099) und die Grafschaft Tripolis (1109). Spätere Kreuzfahrerstaaten – das Königreich Zypern (1191/97), das bisweilen als Kreuzfahrerstaat angesehene Königreich Kleinarmenien (1198) und das Lateinische Kaiserreich von Konstantinopel (1204) – seien hier nur der Vollständigkeit halber erwähnt.

**Gesellschaft und Kultur.** Die Kreuzfahrer stellten nur eine kleine Minderheit neben der durch ethnische und religiöse Vielfalt gekennzeichneten einheimischen Bevölkerungsmehrheit dar. Griechen und Armenier beherrschten das Bild im Fürstentum Antiochia, Muslime das des Königreichs Jerusalem, und trotz der Aussage des Chronisten Fulcher

## Detailskizze

Mit dem Begriff **Kreuzzüge** bezeichnet die Forschung in engerem Sinne Kriege der lateinischen Christenheit zum Erwerb Jerusalems und des Heiligen Landes (1099; 1. Kreuzzug) bzw. dessen Behauptung und Rückeroberung nach dem Verlust Jerusalems an Saladin (1187); 1291 verloren die Christen mit Akkon die letzte Stadt im Heiligen Land.

Schon früh ist die an Jerusalem orientierte Kreuzzugsidee auf Kriege gegen andere Nichtchristen (u.a. Muslime auf der Iberischen Halbinsel, heidnische Slawen zwischen Elbe und Oder), Gegner der Papstkirche (Roger II. von Sizilien im Schisma von 1130, im 13. Jahrhundert Kaiser Friedrich II.) und schließlich Häretiker (Albigenserkreuzzug) übertragen worden. Für die europäischen Juden brachten Zeiten, in denen eine Kreuzfahrt vorbereitet wurde, besondere Gefährdung.

Die Geschichte der Kreuzzüge ist untrennbar mit den Päpsten verknüpft, denn sie allein konnten den Kreuzzugsablass gewähren. Mit ihm belohnten sie nicht die kriegerische Leistung des Kreuzfahrers an sich. Der Erwerb des Ablasses war nämlich daran geknüpft, dass der Kreuzfahrer aus richtiger innerer Einstellung, aus Liebe zu Gott und seiner Kirche sowie zu dem Nächsten, zu den Waffen gegriffen hatte. Die Kreuzzugsaufrufe verbreiteten „neue", jedoch in der Theologie des Augustinus (354–430) verwurzelte Vorstellungen von Sünde, Schuld und Buße, generell von der Zurechnung moralisch guter und böser Werke. Diese stellten die Person des Handelnden, nicht die Tat an sich in den Mittelpunkt. Sie gehören zu Prozessen der Individualisierung, die von der mediävistischen Forschung bereits für das 12. Jahrhundert auf die Begriffe „Humanismus" und „Renaissance" gebracht wurden und die zur Bezeichnung einer allgemeinen Wende des Mittelalters dienen.

Die Kreuzzüge im Heiligen Land sind nur in geringem Ausmaß mit Mission verknüpft. Das Nebeneinander von Christen und Muslimen hier und auf der Iberischen Halbinsel führte aber zu Überlegungen zur gegenseitigen Kultfreiheit und über die intellektuellen Voraussetzungen einer Mission. Konkreter wurden im 13. Jahrhundert vom Papsttum geförderte Bestrebungen, die Mongolen zu christianisieren. Man erhoffte davon nicht nur ein Ende der mongolischen Angriffe im östlichen Europa, sondern auch dauernde Hilfe gegen die Muslime. Die vor allem von den Bettelorden getragenen Missionsbemühungen blieben zwar ohne Erfolg, doch ist auf diese Weise der ferne Osten in das Gesichtsfeld der lateinischen Christenheit getreten.

Ohne Erfolg blieb auch das Bemühen, über den Kreuzzug das Schisma von 1054 zu beenden, indem man dem byzantinischen Reich, das von den Muslimen bedrängt wurde, zur Hilfe kam. Mit der Eroberung Konstantinopels durch die Kreuzfahrer 1204 scheiterte das endgültig. Eine im Zeichen des Kreuzzugs 1274 auf dem Konzil von Lyon vereinbarte Union (ähnlich nochmals 1438/39 in Ferrara/Florenz) der lateinischen und griechischen Kirche ließ sich nicht mehr durchsetzen.

Ernst-Dieter Hehl

Literatur: E.-D. Hehl, Was ist eigentlich ein Kreuzzug?, in: HZ 259, 1994, 297-336; N. Jaspert, Die Kreuzzüge, Darmstadt 2003; B. Z. Kedar, Crusade and Mission. European Approaches toward the Muslims, Princeton 1984; R.-J. Lilie, Byzanz und die Kreuzzüge, Stuttgart 2004; H. E. Mayer, Geschichte der Kreuzzüge, 10. Aufl. Stuttgart 2005; J. Riley-Smith, Wozu heilige Krieg? Anlässe und Motive der Kreuzzüge, Berlin 2003.

von Chartres (nach 1120), die vormaligen Okzidentalen seien zu Orientalen geworden, besaßen die Mitglieder dieser „multikulturellen Gesellschaft" [MAYER] keine sie einende Identität. Aufgrund des Pilgerverkehrs und der Kontakte der italienischen Kommunen brach die Verbindung der Neuankömmlinge in den Westen nie ab. Die Selbstbezeichnung „Franken" fand sogar Eingang ins Arabische. Einige von ihnen mögen sich als Siedler verstanden haben, andere als Kolonisten. Zwar kam es durchaus zu Eheschließungen zwischen lateinischen und orientalischen Christen, ansonsten lebte man jedoch, wie aus den Berichten des syrischen Schriftstellers Usama ibn-Munqid hervorgeht, eher nebeneinander als miteinander. Für die Kreuzfahrer stand ihre geistliche Vertrautheit mit den Orten des Heilsgeschehens [HIESTAND] in einem Spannungsverhältnis zur Realität ihres Lebens in einer „frontier society", in der es nie zu einem dauerhaften Frieden kommen würde, da es Muslimen nicht erlaubt war, mit Nicht-Muslimen Frieden zu schließen [RILEY-SMITH].

**Die Ritterorden.** Zum Vermächtnis der Kreuzfahrerstaaten gehören neben Architektur, Kunst und Literatur die Ritterorden, die Pilgerfürsorge, monastische Gelübde (Armut, Keuschheit, Gehorsam) und Heidenkampf miteinander verbanden. Die älteste dieser Gemeinschaften, die Templer, wurde 1120 in Jerusalem als Pilgereskorte gegründet, 1129 mit einer Regel ausgestattet und 1139 in den Rang eines exemten Ordens erhoben. Bernhard von Clairvaux (1091–1153) widmete ihnen den Traktat „Vom Lob der neuen Ritterschaft". Die Johanniter gingen aus einem vor 1099 in Jerusalem gegründeten Hospital hervor, erhielten ihre Exemtion aber erst 1154. Aufgrund der Knappheit an kampfesfähigen Männern in den Kreuzfahrerstaaten wurden Templer und Johanniter zum Heidenkampf herangezogen. Bei den Johannitern und dem 1198 gegründeten Deutschen Orden entwickelte sich diese Rolle über die Vorstufe des Feldspitals. Dank zahlreicher Schenkungen wuchsen die Ritterorden zu internationalen Organisationen. Sie waren das Präsenzheer der Kreuzfahrerstaaten, verteidigten Burgen und spielten eine wesentliche Rolle in der Diplomatie. Die Privilegierung der Ritterorden und ihre Uneinigkeit zogen schon früh Kritiker an. Der Verlust der Kreuzfahrerstaaten stellte ihre Existenzberechtigung in Frage, und es mehrte sich der Ruf nach ihrer Fusionierung. Während die Johanniter und der Deutsche Orden bis in die Neuzeit überlebten, fielen die Templer, die 1300–1302 nochmals die Insel Ruad als Brückenkopf in den ehemaligen Kreuzfahrerstaaten besetzt hielten, einem Häresieprozess zum Opfer: der Orden wurde 1312 auf dem Konzil von Vienne aufgelöst. Weitere Ritterorden entstanden auf der Iberischen Halbinsel.

▷ S. 83 Westeuropäische Monarchien

**Verfasstheit und Politik.** Gegenüber den anderen Kreuzfahrerstaaten besaß das Königreich Jerusalem einen Ehrenvorrang, nicht aber eine kontinuierliche Lehnshoheit. Eine solche ließ sich schon wegen der dynastischen Gegebenheiten des Königshauses nicht durchsetzen. Das Ausbleiben von männlichen Thronfolgern zwang wiederholt zur Suche nach westlichen Kandidaten, die bereit waren, in den Osten überzusiedeln. Dort mussten sie sich nicht nur gegen die Vertreter älterer Adelsfamilien durchsetzen, sondern hatten auch mit anderen Gefahren zu rechnen, wie das Beispiel des 1192 von den Assassinen ermordeten *rex electus* Konrad von Montferrat zeigt. Seit 1225 regierten die ausländischen

Könige von Jerusalem ihr Land nur noch durch Vertreter (*baillis*).

Die eigentlichen „Mächte" in den Kreuzfahrerstaaten waren die Barone, die italienischen Kommunen, die Städte, die Ritterorden und die Patriarchen [JASPERT]. 1163 wurde die Rolle der Barone durch die „Assise sur la ligece" zusätzlich gestärkt. Diese verschaffte den Aftervasallen den Zugang zur „Haute Cour", dem Rat und Gericht der Kronvasallen, wo die Interessen des Adels bald die der Krone überwogen.

▷ S. 209 ff. Vasallität

Die italienischen Kommunen erfreuten sich dank der Flottenunterstützung für die Kreuzfahrer umfassender Handelsprivilegien und eigener Stadtviertel in den Kreuzfahrerstaaten. Die Städte demonstrierten schon im 12. Jahrhundert eine bemerkenswerte soziale Mobilität sowie ein hohes Maß an bürgerlicher Selbstverwaltung, wobei den nichtlateinischen Einwohnern eine eigene Rechtsprechung gewährt wurde. Die wichtigsten Zentren waren Tyrus und Akkon. Vor allem durch die Verteidigung von Burgen im Grenzgebiet spielten die Ritterorden für das Überleben der Kreuzfahrerstaaten eine herausragende Rolle. Ihr exemter Status war dem Klerus jedoch ein Dorn im Auge. Während das politische Prestige des Königs abnahm, wuchs das des lateinischen Patriarchen von Jerusalem. Die Bezeichnung der Kreuzfahrerstaaten als „lateinischer Osten" ist ein Indiz hierfür (freilich war Latein lediglich die Sprache des Ritus; als Staatssprache setzte sich im 13. Jahrhundert das Französische durch). Bereits 1120 war es dem Patriarchen im Konkordat von Nablus gelungen, dem König die Kontrolle über den Kirchenzehnten zu entwinden. 1220 wurde der Patriarch in den Rang eines *legatus natus* erhoben und damit zu einem permanenten Bevollmächtigten des Papstes im Osten.

**Schwächung und Ende.** Interne Konflikte trugen maßgeblich zur Schwächung der Kreuzfahrerstaaten bei. Schon im 12. Jahrhundert verstellte der Streit zwischen König Balduin III. und seiner Mutter Melisendis den Blick auf die Aktivitäten Nur ad-Dins. Im Antiochenischen Erbfolgekrieg (1201–1219) machte man sich gar das „lateinische" Königreich Kleinarmenien zum Feind. Trauriger Höhepunkt war der Krieg von St. Sabas, in dem Genua und Pisa um den Besitz eines Klosters stritten und Akkon bürgerkriegsähnliche Zustände bescherten (1256–1258). Nach ihrer Niederlage kehrten die Genuesen der Stadt den Rücken. Schlimm waren die Spätfolgen. Als 1288 in Tripolis die genuesische Kommune die Oberhand gewann, ermunterten ihre italienischen Rivalen den Mamlukensultan Qalawun zur Eroberung der Stadt: Tripolis fiel 1289. Angesichts dieser Ereignisse ist es nicht verwunderlich, dass bereits die Zeitgenossen das Ende der Kreuzfahrerstaaten vorhersahen und der Adel seine Burgen zu verkaufen begann, lange bevor al-Aschraf 1291 vor den Toren von Akkon erschien.

Jochen Burgtorf

**Literatur**

J. FLECKENSTEIN/M. HELLMANN (Hrsg.), Die geistlichen Ritterorden, Sigmaringen 1980.

R. HIESTAND, „Nam qui fuimus Occidentales, nunc facti sumus Orientales", in: DERS./ C. DIPPER (Hrsg.), Siedleridentität, Frankfurt/M. 1995, 61–80.

N. JASPERT, Die Kreuzzüge, Darmstadt 2003.

H. E. MAYER (Hrsg.), Die Kreuzfahrerstaaten als multikulturelle Gesellschaft, München 1997.

J. RILEY-SMITH (Hrsg.), Illustrierte Geschichte der Kreuzzüge, Frankfurt/M. 1999.

## Thema: Herrschen ohne Staat: Ressourcen und Rituale

Fragt man heute, worauf mittelalterliche Herrschaft gründet und wie sie funktioniert, ist die Antwort eine andere als vor fünfzig Jahren. Herrschaft wird nicht mehr vorrangig als eine staatliche beschrieben. Drei Akzente vor allem sind neu: Herrschaft ist „personal begründet"; sie ist „konsensual", beruht also auf dem Konsens mit den „Getreuen"; und sie konkretisiert sich ganz wesentlich in Akten der Repräsentation, in rituellen Handlungen. Mit großem Mut zur Verallgemeinerung kann man das Wesen mittelalterlicher Herrschaft unter diesen drei Aspekten fassen. Weitgehend unbeachtet bleiben bei dieser Beschreibung die materiellen Voraussetzungen von Herrschaft: Besitz von Land sowie Vorrechte wie etwa Markt-, Münz-, Zoll- oder Geleitrechte, die so genannten Regalien, die Einnahmen garantierten und es ermöglichten, Anreize für die Helfer und Mitträger von Herrschaft zu schaffen und Dienste zu belohnen.

Die entscheidende Klammer zwischen Herrschenden und ihren Helfern bildete das Lehnswesen, mit dem die Leihe von Land und darauf arbeitenden Leuten im Austausch gegen Dienst praktiziert wurde. Dieser Dienst aber bestand aus „Rat und Hilfe". Nicht Befehl und Gehorsam bestimmten die Verfahrensweisen mittelalterlicher Herrschaft zumindest bei den Interaktionen der Führungsschichten mit den Königen. Es war vielmehr eine Grundsatzfrage, auf die es in den europäischen Königreichen durchaus unterschiedliche Antworten gab, wie viel Teilhabe an der Herrschaft, wie viel Aufsichts- und Kontrollrechte die hochrangigen Helfer aus Adel und Kirche beanspruchen und durchsetzen konnten. Zentralismus wie Föderalismus in der europäischen Geschichte resultieren aus dieser Problematik.

Damit kommt bereits der „personale" Aspekt mittelalterlicher Herrschaft in den Blick. Herrschaft beruhte wesentlich auf persönlichen Bindungen, insbesondere auf der Lehnsbindung, durch die eine Zweierbeziehung zwischen „Herrn" und „Mann" geschaffen wurde. Es war ein wechselseitig verpflichtendes Verhältnis, in dem beide einander „Treue" schuldeten, der Mann zu „Rat und Hilfe", der Herr dagegen zu „Schutz und Schirm" verpflichtet war. Die inhaltliche Füllung der Rechte und Pflichten, die so begründet wurden, ergab sich durch die Gewohnheit (*consuetudo*), die man im Zweifelsfalle in Beratungen feststellte. Erst seit dem 13. Jahrhundert finden sich schriftliche Fixierungen dieser Rechte und Pflichten (z. B. im Sachsenspiegel). Durch die Bindung des Lehnswesens hatte der Herr also Anspruch auf Rat und Hilfe seiner Vasallen, und da sich diese Hilfe nicht zuletzt als Waffenhilfe konkretisierte, verfügte der Herr über ein Potenzial, mit dem er Gegner schrecken und den Geltungsanspruch seiner Herrschaft unterstreichen konnte.

Nun war aber die Bindung an einen Lehnsherrn nicht die einzige Bindung. Zum einen hatte ein Lehnsmann häufig mehrere Lehnsherren. Zu Rat und Hilfe waren sie aber auch ihren Verwandten und ihren Freunden verpflichtet. Die Hierarchie dieser Bindungen stellte häufig ein Problem dar. Oder anders ausgedrückt, welcher ihrer Bindungen gaben mittelalterliche Große im Konfliktfall den Vorrang? Gewiss nicht selten waren es die privaten Bindungen. Die zahllosen Fehden, die Große auch gegen die Könige führten, wenn sie sich ungerecht oder unangemessen behandelt fühlten, geben beredtes Zeugnis davon, dass sie dies keineswegs allein taten. Vielmehr fanden sie die Hilfe ihrer Verwandten, ihrer Freunde und ihrer eigenen Lehnsleute. Und darum waren solche Auseinandersetzungen häufig so gefährlich für den gesamten Herrschaftsverband. In Krisensituationen ist deshalb nicht selten zu beobachten, dass etwa die Könige die herrschaftliche Bindung an ihre wichtigsten Amtsträger auch noch durch eine verwandtschaftliche und/oder eine freundschaftliche zu ergänzen suchten. Der wichtige Lehnsmann wurde zugleich Freund und bekam eine Tochter zur Ehefrau.

Personal begründete Herrschaft etablierte also ein Zweierverhältnis zwischen Herrn und Mann, das mit anderen Bindungen in Konkurrenz stand und in das man investieren musste. Der Herr tat dies nicht zuletzt durch eine angemessene Belohnung und durch ehrende Auszeichnungen, die er seinen Getreuen zukommen ließ. Ob er aber auf die Getreuen seiner Getreuen Einfluss und Zugriff hatte, war häufig umstritten, und zahlreiche Versuche, etwa in Lehnseiden einen Treuevorbehalt gegenüber dem König zu verankern, zeigen die Richtung an. Gerade für das deutsche Reich sind Zweifel angebracht, ob diese Versuche erfolgreich waren. Überdies aber war das Verhältnis zwischen einem Herrn und seinen Getreuen nicht durch Befehl und Gehorsam charakterisiert, sondern durch eine gemeinsame Suche nach Lösungen durch Beratung. Seit der Karolingerzeit wird der *consensus fidelium*, die Zustimmung der Getreuen zu allen herrscherlichen Handlungen, als die Grundlage jeder Herrschaft bezeichnet, und es hat sich spätestens seit dem 10. Jahrhundert der Typ von Herrschaft herausgebildet, den man heute als „konsensualen" bezeichnet.

Alle herrscherlichen Aktivitäten bedurften vor ihrer Durchführung der Beratung und der Zustimmung der Getreuen. Die Formel „Rat und Hilfe" konkretisierte sich in die Richtung, dass Hilfe ohne Beratung nicht mehr üblich war. Auf zahllosen Hoftagen trafen sich etwa die Könige mit den Großen ihres Reiches und im Zentrum dieser Treffen stand die Beratung aller anstehenden Probleme und Maßnahmen. Auch Verwandte und Freunde berieten sich in ähnlicher

Weise, bevor sie politisch oder bewaffnet aktiv wurden. Charakteristisch war ein Zusammenspiel von vertraulicher Vorklärung, mit der die Chance auf Konsens ausgelotet und sichergestellt wurde, dass alle wesentlichen Kräfte einer bestimmten Meinung zustimmten, und der öffentlichen Inszenierung der Beratung, die den vertraulich gefundenen Konsens dann in einer Weise bekannt machte, als ob er gerade jetzt erst zustande käme. Solche Verfahren gaben dem Herrn, also etwa dem König, eine Reihe von Möglichkeiten in die Hand, Entscheidungen in seinem Sinne zu steuern und Widerstände im Vorfeld aus dem Weg zu räumen. Er hatte allerdings kaum die Möglichkeit, relevante Kräfte von solchen Vorklärungen auszuschließen.

Neben den Beratungen wurden die Hoftage durch Aktivitäten dominiert, die wir als Akte der Herrschaftsrepräsentation bezeichnen. Der Herrschaftsverband nutzte die Zusammenkünfte zu öffentlichen Auftritten, denen ganz wichtige Funktionen zukamen. Mit solchen Darbietungen wie Einzügen, Prozessionen, Mählern und Festen, Belehnungen, Investituren, Friedensschlüssen und Unterwerfungen, Beschenkungen und Ehrungen sowie feierlichen Abschieden, die öffentlich stattfanden und bei denen in aller Regel rituelle Verhaltensmuster praktiziert wurden, vergewisserte sich der Verband über den Zustand der Beziehungen und bildete die Rangordnung ab. Ihr besonderes Gewicht bekamen all diese Rituale und rituellen Verhaltensweisen dadurch, dass mit dem jeweiligen Tun Versprechen für zukünftiges Verhalten gegeben wurden: Wer sich an eine bestimmte Stelle in der Rangordnung einreihte, akzeptierte auch für die Zukunft dies als seinen Platz; wer mit anderen heiter-vergnüglich speiste, versprach damit friedlich-freundschaftliche Beziehungen für die Zukunft. Die öffentlichen Herrschaftsrituale beinhalteten zu einem wesentlichen Teil Rollenspiele, mit denen eigenes Verhalten gegenüber anderen gezeigt und auf diese Weise für die Zukunft versprochen wurde. Sie erfüllten somit eine beträchtliche Funktion bei der Etablierung und Aufrechterhaltung von Ordnung.

Symbolische Kommunikation dieser Art gibt allerdings keine ausreichenden Vorgaben für Verhalten in strittigen Einzelfällen. Der Lehnsmann, der mit dem „Handgang" seinem Herrn Rat und Hilfe versprochen hatte, konnte mit diesem durchaus in Streit darüber geraten, wie intensiv diese Hilfe sein musste oder wie reich sie zu belohnen war. Eine auf rituellen Verhaltensmustern aufgebaute Ordnung bedarf daher flankierender Maßnahmen. Man praktizierte sie sowohl mit Hilfe mündlicher Vereinbarungen als auch zunehmend durch schriftliche Absicherung und Differenzierung dessen, was im Ritual grundsätzlich zum Ausdruck gebracht worden war. Charakteristisch für mittelalterliche Herrschaft ist das Zusammenspiel mündlicher und schriftlicher Kommunikation mit öffentlichen rituellen Handlungen. Das Ineinandergreifen aller Kommunikationsarten glich Defizite einer Gesellschaft aus, die zu diskursiv-argumentativen Auseinandersetzungen nur eingeschränkt in der Lage war und die der Schriftlichkeit als Herrschaftsinstrument gleichfalls lange reserviert gegenüberstand.

Die öffentlichen Rituale waren also sehr bewusst durchgeführte und sehr genau beobachtete Handlungen. Falsches Verhalten, Hinterlist und Heimtücke kamen natürlich vor, hatten aber auch strenge Sanktionen zur Folge. So ähnlich wie man in vertraulichen Beratungen Konsens in politischen Streitfragen fand, hat man in prekären Situationen auch die öffentlichen Rituale und die mit ihnen beabsichtigten Aussagen vorweg besprochen und sich auf ein bestimmtes Verhalten geeinigt. Erst die öffentliche Durchführung des Rituals erhob dann aber den Geltungsanspruch einer verbindlichen Aussage für die Zukunft.

Gerd Althoff

**Literatur**

G. Althoff, Spielregeln der Politik im Mittelalter, Darmstadt 1997.

Ders., Die Macht der Rituale. Symbolik und Herrschaft im Mittelalter, Darmstadt 2003.

# Das Reich der Deutschen

**Zeittafel**

1292–1298 Adolf von Nassau.
1298 Schlacht bei Göllheim.
1298–1308 Albrecht I. von Habsburg.
1308 Albrecht I. wird ermordet.
1308–1313 Heinrich VII. von Luxemburg.
Juni 1312 Kaiserkrönung Heinrichs VII.
1314–1347 Ludwig IV. von Wittelsbach.
1314–1330 Gegenkönigtum Friedrichs des Schönen von Habsburg.
1322 Schlacht bei Mühldorf.
1328 Kaiserkrönung Ludwigs IV.
1338 Weistum über die Königswahl, Gesetz über das Kaisertum *Licet iuris*.
1346–1378 Karl IV. von Luxemburg.
1348 Gründung der Universität Prag; erstes Auftreten der Pest im Reich.
1355 Kaiserkrönung Karls IV.
1356 Goldene Bulle.
1376–1400 Wenzel von Luxemburg.
1378 Beginn des Großen Papstschismas.
1386/88 Südwestdeutscher Städtekrieg.
1386 Schlacht bei Sempach.
1396 Niederlage des christlichen Heeres bei Nikopolis gegen die Türken.
1400 Absetzung König Wenzels durch die Kurfürsten.
1400–1410 Ruprecht von der Pfalz.
1401–1402 Erfolgloser Italienzug.
1410/11–1437 Sigmund von Luxemburg.
1414–1418 Konzil von Konstanz.
1429–1435 Hussitenkriege.
1431 Beginn des Konzils von Basel.
1433 Kaiserkrönung Sigmunds in Rom.
1438–1439 Albrecht II. von Habsburg.
1439 Erfolgloser Kriegszug gegen die Türken.
1440–1493 Friedrich III. von Habsburg.
1448 Wiener Konkordat.
1452 Kaiserkrönung Friedrichs III.
1453 Türken erobern Konstantinopel.
1459–1463 Kampf um böhmische und ungarische Krone.
1467 Landfrieden mit Fehdeverbot für fünf Jahre.
1471 Großer Regensburger Christentag.
1474 Neusser Krieg.
1477 Friedrichs Sohn Maximilian heiratet Maria von Burgund und sichert sich bis 1493 das burgundische Erbe.
1478–1487 König Matthias Corvinus von Ungarn erobert Teile der Habsburger Erblande.
1486 Wahl von Maximilian I. zum römischen König.
1486 Frankfurter Reichslandfriede.
1495 Reformreichstag in Worms.
1499 Schweizer Krieg.

**Reichsbegriff, Regionen und Bevölkerung.** „Heiliges Römisches Reich" (*sacrum romanum imperium*) war seit dem 13. Jahrhundert die Bezeichnung für ein Staatsgebilde, das als „Sonderfall der europäischen Geschichte" [KRIEGER 1992] bewertet wird. Die „Heiligkeit" (Sakralität) geht zurück auf die Bemühungen Kaiser Friedrichs I. (reg. 1155–1190), dem Reich den gleich hohen Rang zu verleihen, den die Amtskirche als *sacra romana ecclesia* für sich in Anspruch nahm. Das Heilige Römische Reich umfasste auch Regionen, in denen nicht „deutsch" gesprochen wurde. Schon zum engeren Reichsgebiet gehörten mit Reichsitalien und Teilen des Herzogtums Burgund sowie dem Herzogtum Lothringen, dem Herzogtum Savoyen, der Schweizer Eidgenossenschaft und dem Bistum Trient Landschaften mit je eigener Sprache und Kultur. Hinzu kamen noch weitere Territorien mit abgestufter Zugehörigkeit wie das Königreich Böhmen und der Herrschaftsbereich des Deutschen Ordens in Preußen.

▷ S. 68 f. Die Römische Kirche und Italien

Während des späten Mittelalters schrumpfte dieser Herrschaftsbereich langsam und konzentrierte sich auf seinen deutschen Kernraum. Der Kardinal Nikolaus von Kues (1401–1464) bezeichnete deshalb das *imperium romanum* als *imperium germanicum* [SCHULZE]. Zeitgenossen sprachen bis zur Mitte des 15. Jahrhunderts auch von „deutschen landen" oder „deutscher nacion". Dazu zählten Schwaben, Bayern, Franken, die Rheinpfalz, das Elsass, die Wetterau, Hessen, Thüringen, Sachsen, Westfalen, Meißen, Brabant, Holland, Seeland, Jülich und Geldern.

Der Konzentrationsprozess des Imperiums auf die „deutschen" Länder fand einen Widerhall in der Titulatur für den Herrschaftsbereich. Die Bezeichnung „Heiliges Reich" wurde verbunden mit der „deutschen na-

**Die Pestwellen seit 1348.** Todbringende Seuchen stellten im Mittelalter eine ständige Gefahr dar. Weil ihre biologischen Ursachen weitgehend unbekannt waren, wurden sie als göttliche Strafe gesehen. Bereits vom 6. bis zum 8. Jahrhundert hatte die Pest in Europa unzählige Menschenleben gefordert. In der Mitte des 14. Jahrhunderts trat die Seuche erneut mit großer Heftigkeit auf. Ausgehend von Asien verbreitete sie sich ab 1348 entlang der Handelswege über fast ganz Europa und kam erst fünf Jahre später im Osten zum Erliegen. Während sich die Erreger im Winter langsamer ausbreiteten, nahm die Zahl der Erkrankungen in warmen Perioden wieder deutlich zu.

Durch religiöse Bußübungen und gemeinsame Bittprozessionen versuchten die Menschen den göttlichen Zorn zu besänftigen. Ihre Todesangst entlud sich vielerorts aber auch in Gewalttaten gegen Juden, die bezichtigt wurden, die Brunnen vergiftet und die Seuche gezielt verbreitet zu haben.

Einige Gebiete wie die Niederlande und Böhmen blieben zwar vom ersten Auftreten der Pest verschont, waren später jedoch ebenso betroffen, denn bis in die Neuzeit hinein kehrte die Pest regelmäßig im Abstand von ungefähr zehn Jahren wieder, wenn meist auch nur regional beschränkt. Erst im 17. Jahrhundert erreichte sie wieder ein ähnliches Ausmaß wie um 1350.

Die langfristigen Folgen der Pest sind schwer abzuschätzen, doch führte die Erfahrung des Massensterbens gewiss zu einem stärkeren Bewusstsein von Sterben und Tod. Da die Ärzte machtlos schienen und auch obrigkeitliche Maßnahmen die Wiederkehr der Seuche nicht verhindern konnten, suchten viele Menschen Hilfe und Trost bei Fürsprechern wie dem Heiligen Sebastian und später dem Heiligen Rochus.

Dieser findet sich dargestellt auf dem Rochusaltar in der Lorenzkirche zu Nürnberg. Der Heilige, der selbst Pestkranke gepflegt und sich dabei angesteckt haben soll, weist in der dargestellten Szene auf eine Pestbeule an seinem Körper. Daraufhin verspricht ihm der Engel Heilung von der tödlichen Krankheit. Der Altar, auf dem auch der Heilige Sebastian als der ältere Helfer gegen die Pest zu sehen ist, wurde von der Nürnberger Familie Imhoff gestiftet, wahrscheinlich im Zusammenhang mit der Pestepidemie von 1483/84. Vor ihm beteten Gläubige um Rettung vor der Seuche und für das Seelenheil der Stifterfamilie.

Gerrit Deutschländer

Abbildung: Detail des Rochusaltars in der St.-Lorenz-Kirche in Nürnberg. Foto: Kusch/St. Lorenz.

Literatur: K. Bergdolt, Der Schwarze Tod in Europa. Die Große Pest und das Ende des Mittelalters, München 1994; H. Dormeier, St. Rochus, die Pest und die Imhoffs in Nürnberg vor und während der Reformation. Ein spätgotischer Altar in seinem religiös-liturgischen, wirtschaftlich-rechtlichen und sozialen Umfeld, in: Anzeiger des Germanischen Nationalmuseums 1985, 7–72; D. Herlihy, Der Schwarze Tod und die Verwandlung Europas, Berlin 1998; M. Vasold, Die Pest. Ende eines Mythos, Stuttgart 2003.

cion": 1477 ist erstmals vom „Heiligen Reich Deutscher Nation" die Rede [SCHULZE]. Damit wurde die besondere Stellung der deutschen Nation als Trägerin des gesamten Reiches betont. Die Deutschen waren gleichsam das „Staatsvolk" des Heiligen Römischen Reiches, was mit dem Zusatz „deutscher Nation" zum Reichstitel zum Ausdruck gebracht wurde. Die „Nationalisierung des Reiches" [SCHULZE, 56] war eine Reaktion auf die Veränderungen der europäischen Staatenwelt im 15. Jahrhundert. In England, Frankreich und Spanien entwickelte sich nämlich staatliche Einheit von der Monarchie her. Aus diesen Königreichen wurde Kritik an der Vorrangstellung und dem universellen Herrschaftsanspruch des Imperiums massiv geäußert.

▷ S. 133ff., 138, 145 Westeuropäische Monarchien

Das Reich der Deutschen, das Gebiet der deutschen Nation, steht im Zentrum der folgenden Darstellung. Dabei handelt es sich konkret um die Herrschaftsgebiete, die in die seit 1422 angelegten Reichssteuerverzeichnisse (Reichsmatrikel) eingetragen wurden. Ab diesem Zeitpunkt gehörte zum Reich, wer in der Matrikel auftauchte und bereit war, Steuerleistungen für das Reich zu leisten. Zu diesen Reichsständen gehörten die weltlichen und geistlichen Fürsten, Adel und Vertreter der Städte. Auch deren Herrschaftsbereiche waren (noch) keine Flächenstaaten. Besonders die Territorien der weltlichen Reichsfürsten ließen sich nicht sauber abgrenzen, denn fürstliche Herrschaft war die „Wahrnehmung einzelner Herrschaftsrechte, die räumlich eng beieinander liegen können, aber nicht unbedingt müssen" [SCHUBERT 1996, 5]. Am nächsten kamen noch die Herrschaftsbereiche der Bischöfe und Erzbischöfe einem geschlossenen Flächenstaat.

▷ S. 157 Die Herausbildung des modernen Staates

Nur ein kleiner Teil der Einwohner des Reiches (ca. 15 %) wohnte in Städten; die große Mehrheit der Bevölkerung lebte auf dem Land. Die landwirtschaftliche Produktion war das Rückgrat der Versorgung und des Wirtschaftens überhaupt. Deshalb waren Versorgungsengpässe und Hungerkrisen die Folge von witterungsbedingten Missernten wie in den Jahren 1315 bis 1317. Diese Krisen wirkten sich negativ auf die Bevölkerungsentwicklung aus. Aber seit 1347/51 wurde die demographische Entwicklung insbesondere durch die Pest beeinträchtigt. Dem Schwarzen Tod fiel bis 1383 etwa ein Drittel der Bevölkerung zum Opfer (regionale Unterschiede und die Stadt-Landdifferenz sind aber im Einzelnen genauer zu betrachten), die Bevölkerungszahl fiel von etwa 6 bis 7 Millionen Einwohnern auf 4 bis 4,5 Millionen Einwohner im Westen des Reiches. Rechnet man die Gebiete der Ostkolonisation und auch Böhmen dazu, sank die Bevölkerung von 12 Millionen auf etwa 8 Millionen Menschen. Dann stagnierte die Bevölkerungszahl bis um 1470: im Westen um 4,5 Millionen, im Reich insgesamt um 9 bis 10 Millionen. Seit dem letzten Drittel des 15. Jahrhunderts stieg die Bevölkerungszahl jedoch wieder an.

▷ S. 17 Einführung

**Monarchie und Reichsverfassung.** Überkommene Traditionen und Konflikte prägten maßgeblich die spätmittelalterliche Entwicklung der politischen Ordnung im Reich. Diese Ordnung fand jedoch keinen Niederschlag in einer geschriebenen Verfassung, denn die Reichsverfassung lebte gleichsam durch die Anwendung der alten Gewohnheiten in der Praxis und durch das Bemühen, sie den sich wandelnden Rahmenbedingungen anzupassen. Prägend war insbesondere, dass die römischen Könige mit dem Papsttum schwere Konflikte austrugen, dass die Könige eine Hausmacht als Basis ihrer Herrschaft benötigten und dass das Reich eine Wahlmonarchie war.

König Heinrich VI. scheiterte 1196 mit seinem Versuch, ähnlich wie England oder Frankreich auch das Reich in eine Erbmonarchie umzuwandeln, die Wahlmonarchie blieb bestehen. Nach dem Tod eines Königs wurde sein Nachfolger gewählt, und der musste nicht zwangsläufig ein Sohn des Verstorbenen sein. Gewählt wurde der neue römisch-deutsche König seit dem Ende des 13. Jahrhunderts durch ein Kurgremium (Kurfürsten), das aus den Erzbischöfen von Köln, Mainz und Trier sowie dem König von Böhmen, dem Pfalzgrafen bei Rhein, dem Herzog von Sachsen und dem Markgrafen von Brandenburg bestand. In der Goldenen Bulle von 1356 war die Reihenfolge der symbolischen und rechtlichen Akte, die für eine legitime Inbesitznahme des Reiches notwendig waren, festgelegt: erst die Versammlung der Kurfürsten im Wahlort Frankfurt. Dort erfolgte die Wahl des neuen Königs durch Mehrheitsentscheidung. Der Gewählte zog dann nach Aachen, um sich in der Tradition von Kaiser Karl dem Großen weihen und krönen zu lassen. Im Aachener Dom erhielt er die Königskrone, das Reichsschwert sowie den Reichsapfel und wurde in den königlichen Ornat eingekleidet. Diese Insignien der Herrschaft galten zusammen mit den insbesondere von König Karl IV. (reg. 1346/9–1378) vermehrten Reichsreliquien als die Reichskleinodien. Sie symbolisierten das Reich; wer sie in Besitz hatte, hatte auch das Recht auf Herrschaft im Reich [Schubert 1979]. Nach der Krönung in Aachen sollte der neue König laut der Goldenen Bulle seinen ersten Hoftag nach Nürnberg einberufen, wo seit 1424 die Reichskleinodien vom Stadtrat verwahrt und beschützt wurden.

▷ S. 60 f. Vom Reich der Franken zum Reich der Deutschen

Aus ihrem Wahlrecht und der Verantwortung für das Reich leiteten die Kurfürsten das Recht ab, Herrscher, die sie für unfähig hielten, abzusetzen und die Leitlinien der Reichspolitik mitzubestimmen. Mit den Kurfürsten verbündeten sich zuweilen auch die großen anderen weltlichen Fürsten, wie die Herzöge von Bayern (Wittelsbacher), die Grafen von Württemberg, die Markgrafen von Baden, die Landgrafen von Hessen, die Herzöge von Braunschweig-Lüneburg (Welfen) oder die Landgrafen von Thüringen und Markgrafen von Meißen, die seit 1423 Herzöge von Sachsen und damit Kurfürsten waren (Wettiner).

Diese Verfassungsstruktur hatte zur Folge, dass die Könige von ihren Wählern und deren Verbündeten abhängig waren, wenn es ihnen nicht gelang, sich durch Tatkraft und politische Erfolge zu emanzipieren. Im 14. Jahrhundert ist dies vor allem Karl IV. gelungen, aber die Absetzung seines Sohnes Wenzel (reg. 1378–1400, gest. 1419) im Jahr 1400 und die Wahl des nur gering begüterten Ruprecht von der Pfalz (reg. 1400–1410) belegen, wie sehr die (Kur-)Fürsten das Reich mitregiert haben. Erst als 1440 der Habsburger Herzog Friedrich III. von Österreich (reg. 1440–1493) zum König gewählt wurde, endete das Zeitalter der so genannten springenden Wahlen: 1298 ein Habsburger, 1308 ein Luxemburger, 1314 Doppelwahl Wittelsbacher/Habsburger, 1346 wieder ein Luxemburger, 1400 mit dem Pfalzgrafen bei Rhein ein Wittelsbacher, 1410 wieder ein Luxemburger. Bis zum Ende des Alten Reiches (1803) trugen nun die Nachkommen Friedrichs III. die Krone des deutschen Reiches.

Die Erhebung des Königs durch Wahlen erschwerte die Zentralisierung von königlicher

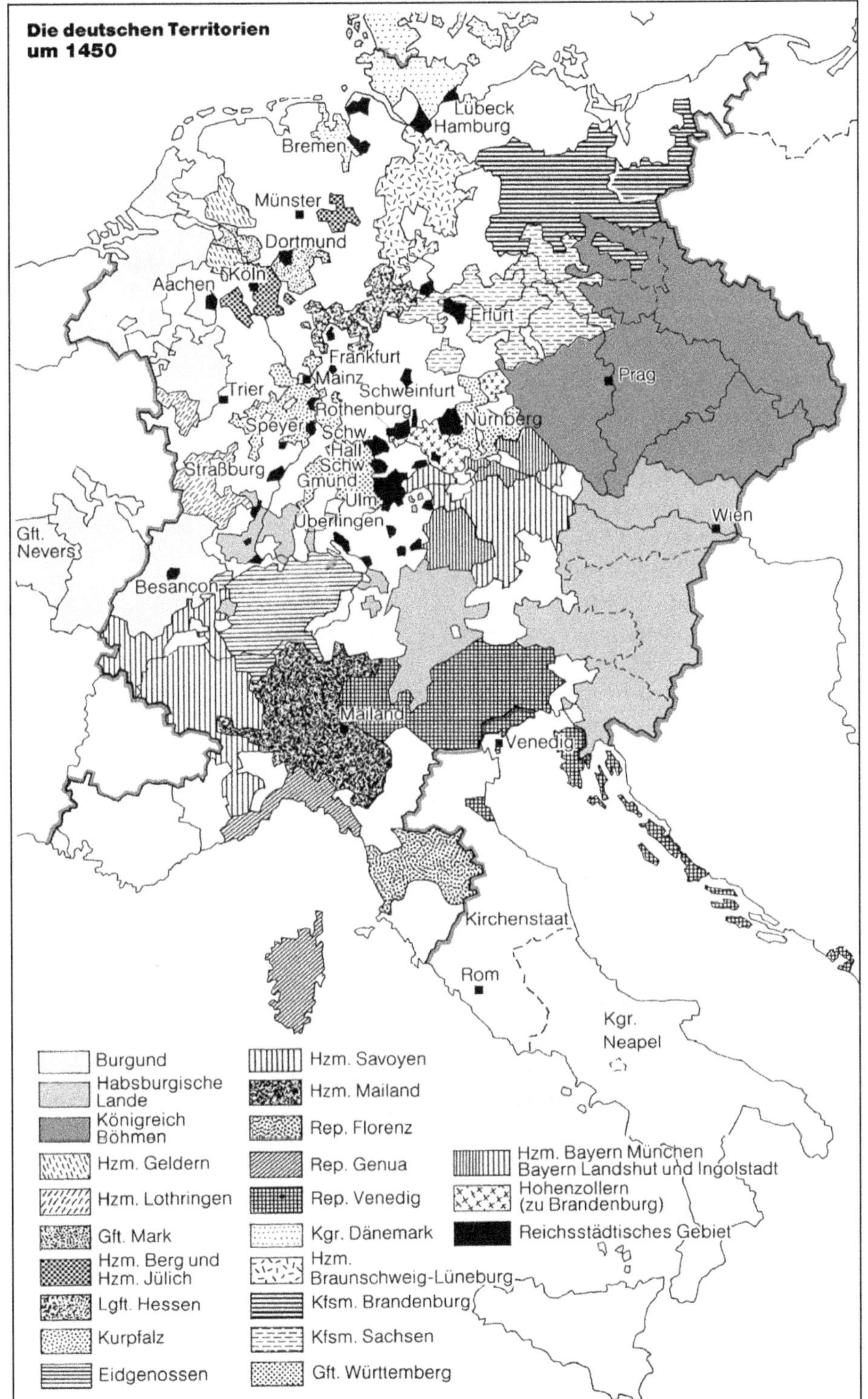


Die **politische Landkarte** des römisch-deutschen Reiches um die Mitte des 15. Jahrhunderts macht den Eindruck eines Flickenteppichs. Eine zentrale Herrschaftsbildung auf der Ebene des Königtums ist – anders als in Frankreich und England – in den Kernlandschaften des Reiches nicht gelungen. Größere, zusammenhängende Territorien unter einer zentralen Regierung entwickelten sich im 14./15. Jahrhundert an den Rändern des Reiches: im Westen das Herzogtum Burgund, im Osten das Königreich Böhmen und im Südosten die Länder der Habsburger.

Karte: H. Pleticha (Hrsg.), Deutsche Geschichte, Bd. 5: Das ausgehende Mittelalter 1378-1517, Wissen Media Verlag GmbH Gütersloh/München 1987, 30.

Literatur: E. Schubert, Fürstliche Herrschaft und Territorium im späten Mittelalter, München 1996.

▷ S. 139, 141 Westeuropäische Monarchien

Macht erheblich. Im Gegensatz etwa zu Frankreich fehlte die dynastische Kontinuität, die als Kern zur Akkumulation und Zentralisierung von Königsmacht hätte fungieren können. Davon profitierten die großen weltlichen und geistlichen Reichsfürsten. Das römisch-deutsche Königtum verlor letztlich das Rennen um die Ansammlung von Macht und die Monopolisierung von Herrschaft gegen die Fürsten im Reich. Gleichwohl war der König unverzichtbar für den Bestand der politischen Ordnung. Denn er legitimierte die Herrschaft durch Verleihung an oder Bestätigung von Rechten und Besitztiteln für den geistlichen und weltlichen Adel sowie die Reichsstädte. Deshalb konnte ein tatkräftiger König, trotz der deutlich erkennbaren Tendenz zur Allodisierung (Behandlung als Eigentum) der Lehen, die Möglichkeiten des Lehnswesens zur Erlangung politischer Vorteile in der Konkurrenz mit den Reichsfürsten nutzen.

Die Königswahl im Reich hatte auch zur Folge, dass die deutschen Könige des späten Mittelalters nicht über eine Krondomäne verfügten, sie hatten also als Herrschaftsgrundlage keinen ausschließlich königlichen Herrschaftsbereich wie die westeuropäischen Monarchen. Um 1300 scheiterten die Versuche der Könige Adolf von Nassau (reg. 1292–1298) und Albrecht I. von Habsburg (reg. 1298–1308), in der Tradition der Staufer Königsland zu gewinnen. Ludwig der Bayer (reg. 1314–1347) und Karl IV. verkauften in der ersten Hälfte des 14. Jahrhunderts große Teile des noch vorhandenen Reichsguts, um ihre akute Geldnot zu beheben. Danach gab es fast kein Reichsgut mehr, von dem aus die Könige Herrschaft hätten ausüben können. Das führte aber nicht nur zur Verminderung der materiellen Grundlagen der Königsherrschaft,

## Detailskizze

Auf Hoftagen in Nürnberg am 10. Januar und Metz am 25. Dezember 1356 ließ Kaiser Karl IV. ein umfangreiches Gesetzeswerk verkünden. Das Werk, seit 1400 wegen der Art der Besiegelung **„Goldene Bulle"** genannt, war bis zum Ende des alten Reiches 1806 in Kraft. Es regelte u.a. die Pflichten und Rechte der Kurfürsten, die Wahlformen und das Wahlzeremoniell im Zusammenhang mit der Wahl eines römisch-deutschen Königs. In die Formulierungen der für die Königswahl einschlägigen Kapitel flossen die Erfahrungen aus der Wahlpraxis der ersten Hälfte des 14. Jahrhunderts, die Interessen der Kurfürsten und des Königs sowie schon vorher artikulierte rechtliche und politische Überlegungen ein. Die Königserhebung sollte nunmehr immer in der Form einer Wahl durch sieben Kurfürsten erfolgen. Der Ablauf und die Durchführung der Wahl, der Modus der Stimmabgabe und das Zeremoniell erhielten mit der Goldenen Bulle einen schriftlich fixierten und damit definierten Rahmen.

Mit der Goldenen Bulle übertrug Karl IV. den Kurfürsten unwiderruflich ursprünglich königliche Hoheitsrechte (Regalien). Damit erhielten die Fürsten die Legitimation zum Ausbau und zur Intensivierung der Landesherrschaft. So war es den Untertanen der Kurfürsten nicht mehr erlaubt, an das Königsgericht zu appellieren, und sie durften nicht mehr vor andere, fremde Gerichte gezogen werden. Auch Bergbaurechte, die Erlaubnis zur Salzgewinnung sowie Jagd-, Münz- und Zollrechte gelangten auf diesem Wege an die Fürsten. Karl IV. beabsichtigte, die Kurfürsten zu Stützen des Reiches zu machen und sie an der Regierung zu beteiligen. Deshalb wurden in der Goldenen Bulle jährliche Beratungen des Kaisers mit den Kurfürsten festgeschrieben.

Es ist Karl IV. und seinen Nachfolgern in der Praxis jedoch nicht gelungen, die Fürsten auf das Reich einzuschwören. Mit den Bestimmungen der Goldenen Bulle verzichtete das Königtum auf zentrale Reichsrechte, aber die erwarteten Gegenleistungen der Fürsten blieben weitgehend aus. Die jährlichen Beratungen fanden nicht statt, die Fürsten konzentrierten sich auf ihre Territorien und hielten Distanz zu Königtum und Reich.

Literatur: B.-U. Hergemöller, Fürsten, Herren und Städte zu Nürnberg 1355/56. Die Entstehung der „Goldenen Bulle" Karls IV., Köln 1983.

sondern verhinderte auch, dass eine spezielle königliche Verwaltung aufgebaut werden konnte.

Die neu gewählten deutschen Könige trachteten deshalb danach, ihren eigenen familiären Besitz, ihre Hausmacht, zu sichern und auszuweiten. Chancen, sich gegenüber den Fürsten durchzusetzen, hatten nur solche Herrscher, die über eine eigene, ausreichend große und finanziell gut ausgestattete Machtbasis verfügten. Aber ihr Bestreben, die Hausmacht zu sichern, lenkte nicht selten von den Reichsansprüchen ab und konnte in Konflikt mit den königlichen Amtspflichten geraten. Allerdings gilt gerade Karl IV., der im großen Umfang Reichsgut entfremdete und dafür das Hausmachtkönigtum geradezu prägte, als erfolgreicher Herrscher, der gestützt auf seine (Haus-)Machtmittel die Entwicklung der Reichsverfassung entscheidend beeinflusste. Karl verfügte über das Königreich Böhmen, wo die Kuttenberger Silberminen ihm Reichtum brachten, sowie Luxemburg und Brabant. Er nutzte seine Königsherrschaft u.a. zum Erwerb der Oberpfalz, der Niederlausitz und 1373 des Kurfürstentums Brandenburg. Seinen unmittelbaren Nachfolgern gelang es jedoch nicht, diese Hausmacht zu erhalten. Und als nach der Absetzung von Wenzel 1400 und der Zeit des Königtums von Ruprecht von der Pfalz, der nur über ein kleines und nicht finanzkräftiges Territorium verfügte, Sigismund (reg. 1410–1437), ein weiterer Sohn Karls IV., zum König gewählt wurde, war ihm von der luxemburgischen Hausmacht nur noch ein kleiner Teil geblieben.

Wie die Könige aus dem Haus Luxemburg hatten auch Sigismunds Erbe Albrecht II. von Habsburg (reg. 1438– 1439) und dessen Nachfolger ihre territoriale Machtbasis am Rand des Reiches in Böhmen und in Ungarn. Hielten sich die Könige lange in ihren Hausmachtterritorien auf und kamen nicht ins Reich, boten sie Anlass für Kritik – insbesondere dann, wenn sie aus der Ferne Leistungen wie Kriegsdienst gegen die Hussiten (1419 bis 1434), gegen den ungarischen König Matthias Corvinus (Mitte der 1480er Jahre) oder gegen die Türken forderten. Soweit sie nicht direkt vom Kriegsgeschehen tangiert waren, blieben die Reichsfürsten reserviert und begründeten ihre Haltung mit dem Verdacht, die Könige ließen unter dem Mantel eines Reichskrieges tatsächlich nur ihre eigenen Lande und Interessen verteidigen. Das Hausmachtkönigtum förderte die Ausprägung des Dualismus von Kaiser und Reich mit der Etablierung des Reichstages als zentraler Instanz des Reiches und wichtigsten Trägers der Reichsreform.

Eine fundamentale, aus dem Hochmittelalter überkommene Tradition war die Anbindung des römisch-deutschen Königs an die Kaiserwürde. Weil aber die Kaiserweihe vom Papst vorgenommen wurde, hatte der neu gewählte König die Pflicht, seine Wahl dem Papst anzuzeigen und sie bestätigen zu lassen. Diese Bestätigung war wiederum die Voraussetzung für die Weihe zum Kaiser. Der Imperatortitel mit seinem auf universale Herrschaft zielenden Anspruch war jedoch im späten Mittelalter eher eine Last für die Könige als ein Vorteil in der politischen Praxis. Denn die selbstbewussten englischen und französischen Könige machten bei Begegnungen mit dem König/Kaiser durch demonstrative symbolische Akte deutlich, dass der römische König in ihrem Reich keine universalen Herrschaftsrechte ausüben durfte und mit ihnen auf einer Stufe stand.

▷ S. 53, 58, 61 Vom Reich der Franken zum Reich der Deutschen

Das Hauptproblem für die römischen Könige war jedoch der Konflikt mit dem Papsttum über die Frage, ob der gewählte König automatisch vom Papst zum Kaiser geweiht werden müsse oder ob der Papst die Wahl aus eigenem Recht prüfen und gegebenenfalls verwerfen könne. So verweigerte Papst Johannes XXII. (reg. 1316–1334) König Ludwig dem Bayern unter Berufung auf dieses Approbationsrecht die Anerkennung, nachdem der seinen Rivalen im Kampf um den Thron seit der Doppelwahl von 1314, den Habsburger Friedrich den Schönen (1298–1330), 1322 bei Mühldorf militärisch besiegt hatte.

Die Weigerung der Päpste, König Ludwig anzuerkennen und zum Kaiser zu weihen (ihm setzte 1328 nur ein Vertreter der Stadt Rom die Kaiserkrone auf), rief die deutschen Kurfürsten auf den Plan, die ihr Wahlrecht durch die Politik der Päpste gefährdet sahen. Im Jahr 1338 erklärten die Kurfürsten schließlich, dass der gewählte deutsche König keine päpstliche Bestätigung (Approbation) benötige; der Papst habe nur die Weihe vorzunehmen. Und noch im gleichen Jahr formulierte Ludwig der Bayer im Reichsgesetz *Licet iuris*: Mit der Wahl zum König ist das Recht auf die Kaiserkrönung verbunden. In der Goldenen Bulle von 1356 wurde das päpstliche Approbationsrecht einfach nicht mehr erwähnt. Erst König Ruprecht erbat 1400 wieder die Approbation, die ihm wie den anderen Herrschern, allerdings ohne Rechtswirkung, erteilt wurde. Effektive Eingriffe der Päpste in die Gestaltung der verfassungsrechtlichen Belange des Reiches waren nach dem Ausbruch des Papstschismas von 1378 kaum noch möglich. Im Gegenteil, die deutschen Könige verlangten wie ihre Amtskollegen und andere Fürsten in Europa für die Anerkennung eines Papstes von diesem Zugeständnisse, die es ermöglichten, in den Territorien eine Art landesherrliche Kirchenherrschaft zu etablieren. Mit dem von Friedrich III. mit Papst Nikolaus V. (reg. 1447–1455) 1448 abgeschlossenen Wiener Konkordat waren die Rechtsgrundlagen für die Gestaltung des Verhältnisses von Papsttum und Reichskirche geschaffen, die schließlich bis 1806 in Kraft bleiben sollten.

▷ S. 122 Die Römische Kirche und Italien

Die von den Päpsten und dann durch die Kirchenspaltung an die römisch-deutschen Könige als Schutzherren der Kirche herangetragenen Herausforderungen überforderten tendenziell ihre Kräfte und Möglichkeiten. Aber das Kaisertum eröffnete andererseits auch die prinzipielle Möglichkeit zur Stabilisierung der eigenen Dynastie, weil der älteste Sohn eines Kaisers aus alter Gewohnheit schon zu dessen Lebzeiten zum König erhoben werden konnte. Der 1355 zum Kaiser geweihte Karl IV. nutzte diese Möglichkeit 1376, als sein Sohn Wenzel König wurde, ebenso wie der als letzter, 1452 in Rom zum Kaiser geweihte König Friedrich III., der 1486 seinen Sohn Maximilian (reg. 1493–1519) erheben ließ.

**Das Reich und seine Nachbarn.** Die Möglichkeiten der Könige zur aktiven Gestaltung der Außenpolitik hingen eng mit ihrer innenpolitischen Lage zusammen. Gekennzeichnet war der spätmittelalterliche Zeitraum insgesamt dadurch, dass der außenpolitische Handlungsspielraum der Könige begrenzt war, denn es fehlte an Geld und an einem schlagkräftigen Reichsheer. Zwar war im 15. Jahrhundert die Reichskriegsverfassung ein viel diskutierter Gegenstand der Reformdiskussionen und es gab durchaus Zeitgenossen wie Nikolaus von Kues, die als Konsequenz der Hussitenkriege (1419 bis 1434) die Aufstellung eines stehenden Reichs-

**Die Wahl und Thronsetzung Heinrichs VII. in Frankfurt am Main 1308**

Diese Buchillustration aus der Bilderchronik des Trierer Erzbischofs Balduin von Luxemburg, des Bruders Kaiser Heinrichs VII., zeigt den Wahlvorgang, mit dem Graf Heinrich von Luxemburg zum König der Römer gewählt wurde (Abb. oben). Die sieben Kurfürsten sind im Frankfurter Dominikanerkloster versammelt und stimmen per Handzeichen ab. Der König von Böhmen, ganz rechts in dieser Darstellung, war jedoch tatsächlich an dieser Wahl nicht beteiligt. Aus den späteren Wahlberichten geht hervor, dass diese offene Form der Abstimmung im 15. Jahrhundert durch eine geheime Stimmabgabe jedes Wählers ersetzt wurde.

Unmittelbar nach seiner Wahl wurde Heinrich VII. auf einen Altar gesetzt (Abb. unten). Damit wurde die Königserhebung in Frankfurt abgeschlossen. Noch bevor in Aachen die offizielle Weihe und Krönung vorgenommen worden war, wurde er durch die feierliche Altarsetzung, die als liturgischer Investiturakt die Wahl durch die Kurfürsten ergänzte, zum vollgültigen Herrscher.

Abbildung: Buchillustration aus der Bilderchronik Balduins von Luxemburg. Landeshauptarchiv Koblenz. Best. 1C Nr. 1 fol. 36 und 40.

Literatur: F.-J. Heyen (Hrsg.), Kaiser Heinrichs Romfahrt. Die Bilderchronik von Kaiser Heinrich VII. und Kurfürst Balduin von Luxemburg 1308–1313 im Landeshauptarchiv Koblenz, Koblenz 1985, Abb. 3 und 4.

heeres forderten. Allerdings prallten diese Ideen am Widerstand der Fürsten ab, die in einem Reichsheer eine unerwünschte Stärkung der königlichen Macht sahen.

Wenn man allein die Praxis der Könige betrachtet – und die vereinzelt ventilierten imperialen Pläne als das bezeichnet, was sie waren, nämlich unrealistische Luftschlösser –, dann hieß Außenpolitik für die meiste Zeit im 14./15. Jahrhundert nichts anderes als die Verteidigung der Grenzräume mittels Diplomatie, Heiratsbündnissen und militärischer Gewalt. Am Beginn des 14. Jahrhunderts galt es, Ambitionen der französischen Könige abzuwehren. Philipp IV. versuchte sogar 1308, seinen Bruder Karl von Valois auf den deutschen Thron zu bringen. Im 14. Jahrhundert formierte sich im südlich-alemannischen Raum die Schweizer Eidgenossenschaft. Die Einwohner der Städte und Talschaften verteidigten ihre Freiheit erfolgreich gegen die Herzöge von Österreich (Habsburger) in den Schlachten von Morgarten 1315 und Sempach 1386. Die militärischen Erfolge im Zusammenwirken mit einer allmählichen Konsolidierung der inneren Struktur der Eidgenossenschaft setzten einen Prozess der Herauslösung der Eidgenossen aus dem Reich in Gang, der praktisch vollzogen war, als sie 1499 von den Beschlüssen des Wormser Reichstags von 1495 freigestellt wurden.

▷ S. 278 Nationen

Im 15. Jahrhundert war der territoriale Bestand des Reiches im Westen außerdem von den Expansionsbestrebungen der Herzöge von Burgund gefährdet. Diese kulminierten in dem Bestreben Herzog Karls des Kühnen, aus seinem Herrschaftsgebiet einen von Lehnsbindungen an Frankreich und das Reich unabhängigen Staat zu machen. Als der Herzog aber 1474 Neuss belagerte, rief Kaiser Friedrich III. einen Reichskrieg aus und besiegte den Angreifer. Nach Herzog Karls Tod vor Nancy 1477 heiratete Friedrichs Sohn Maximilian Maria, die Erbin des Herzogtums Burgund. Es dauerte aber noch bis 1493 (Frieden von Senlis), bis das burgundische Erbe (Niederlande, Flandern, Artois, Franche Comté) für die Habsburger – nicht für das Reich! – gesichert war.

Durch die Verbindung des Reiches mit dem Königreich Böhmen unter Karl IV. (1346/48) und den Erwerb Ungarns für seinen Sohn Sigismund 1387 wurde Ostmitteleuropa zunehmend ein Betätigungsfeld der Könige. Nachdem die hussitische Bedrohung Mitte der 1430er Jahre gebannt war, erwies sich der Aufschwung eines nationalen Königtums in Böhmen und Ungarn als Hauptproblem für die römisch-deutschen Könige, für das Georg Podiebrad (reg. 1458– 1471) und Matthias Corvinus (reg. 1458–1490) stehen. Diese Könige wehrten nicht nur die Interessen der Habsburger ab, sondern versuchten ihrerseits in der zweiten Hälfte des 15. Jahrhunderts, Großreichspläne zu verwirklichen. Matthias Corvinus begründete seine Politik auch damit, der eigentliche Verteidiger des Abendlandes gegen die Türken zu sein. Der römische König in seiner Funktion als Kaiser und damit Schutzherr der Christen habe seine Aufgabe nicht erfüllt. Dieses Argument hatte durchaus Substanz, denn seit der Niederlage des christlichen Heeres 1396 bei Nikopolis bis zur Eroberung von Konstantinopel durch die Türken 1453 nahm die Bedrohung des Abendlandes und insbesondere Ungarns zu. Eine effektive Verteidigung wurde nicht organisiert.

▷ S. 151 Nord- und osteuropäische Monarchien

**Reichsreform im 15. Jahrhundert.** Seit dem Beginn des 15. Jahrhunderts wurde den Zeitgenossen auf unterschiedliche Weise immer wieder vor Augen geführt, dass die poli-

**Mittelalter und Moderne**

Zu den beliebtesten Darstellungen in Schulbüchern und populären Werken, um den Durchbruch zur Moderne und die Wende von Mittelalter zur Neuzeit zu illustrieren, gehört der hier reproduzierte Holzschnitt. Doch genaue Quellenkritik lehrt, dass dieses Bild eher moderne Urteile über das mittelalterliche Weltbild illustriert, als ein Zeugnis aus dem Übergang von Spätmittelalter zur Frühen Neuzeit zu sein. Denn obwohl die Darstellung häufig als Werk des 16. Jahrhunderts erläutert wurde, ist sie tatsächlich nicht vor 1888 nachweisbar. Der Zürcher Historiker Bernd Roeck schreibt dazu:

„Eines der am häufigsten abgebildeten ‚Geschichtsbilder' überhaupt dürfte ein Holzschnitt sein, der einen mit Wanderstock und Pilgerkutte versehenen Mann zeigt, wie er buchstäblich den Horizont überwindet, die Himmelssphäre durchbricht. Während über einer weiten Landschaft die Sonne untergeht – man möchte sagen, es ist der Abend des Mittelalters –, sprengt der Pilger die Grenzen des alten Kosmos, die kristalline Sphäre, an der Ptolomäus die Fixsterne befestigt glaubte. Der Mann erhebt die Rechte, als wäre er erstaunt; oder greift er schon nach den Sternen? Jenseits des Himmelsgewölbes erblickt der Suchende die Maschinerie, durch welche die Sterne und Planeten bewegt werden, er sieht die Wolken, aus denen Regen, Schnee und Hagel kommen.
Das Bild könnte als Emblem der Moderne genommen werden [...] Tatsächlich handelt es sich um eine Arbeit aus dem letzen Drittel des 19. Jahrhunderts, die aus dem Geist der arts-and-crafts-Bewegung kommt. Zuerst ist das Bild 1888 nachweisbar, auf Seite 163 von Camille Flammarions ‚L'Athmosphère: Météorologie populaire'. Wahrscheinlich von Flammarion selbst gefertigt, dient es zu Illustration des ptolomäischen Weltbildes und seiner Überwindung durch die moderne Wissenschaft. Der stilistische Befund – er kann sich neben anderem auf die Bordüren beziehen, welche die Originalfassung umgeben, indes gewöhnlich nicht reproduziert werden – legt Fragen nahe: Wofür ist das Bild eigentlich Quelle? Was Flammarions Bild betrifft, lässt es Vorstellungen erkennen, die das späte 19. Jahrhundert vom Weltbild des 16. Jahrhunderts hatte und propagierte. Es unterlegt der Zeit des Kopernikus ein Weltbild, von dem sich das eigene Wissen positiv abhob."

Stephan Selzer

Bild: Holzschnitt, Buchillustration aus Camille Flammarion, L'Athmosphère: Météorologie populaire, Paris 1888.

Literatur: B. Roeck, Das historische Auge. Kunstwerke als Zeugen ihrer Zeit, Göttingen 2004, 80f.

tische Organisation des Reiches eine Durchsetzung der Friedenspolitik des Königs ebenso verhinderte wie die effektive Verteidigung des Reichsgebietes gegen die Hussiten und die Türken. Deshalb war eine Reform notwendig, die darauf abzielte, Missbräuche abzustellen, indem die alte „richtige" Ordnung wiederhergestellt wurde. Der Bezugspunkt des Reformdenkens und der Reformpraxis war also eine vergangene Reichsordnung, nicht etwa Modernisierungsvorstellungen. Gleichwohl trug das Reformbemühen dazu bei, dass am Ende des 15. Jahrhunderts die „Umgestaltung der Reichsverfassung" [MORAW 1985] an konkreten Ergebnissen festgemacht werden konnte: durch die Einrichtung des Reichstags als neue Institution, die zum Ort der Austragung des Dualismus von Kaiser und Reich wurde. Der Reichstag des späten 15. Jahrhunderts unterschied sich von den älteren königlichen Hoftagen nämlich dadurch, dass er die Arena für geregelte Verhandlungen zwischen den Reichsständen (geistlicher und weltlicher Adel sowie Reichsstädte) und dem König/Kaiser war.

Das Bemühen um eine Reformation des Reiches fand seinen Ausdruck zunächst in theoretischen Reformschriften wie in denjenigen von Job Vener (1370–1447) und Nikolaus von Kues, die vor allem in der ersten Hälfte des 15. Jahrhunderts im Umfeld der großen Kirchenversammlungen in Konstanz und Basel entstanden. Diese Schriften waren von der Vorstellung geprägt, dass die Reform der Kirche auch zur Reform des römisch-deutschen Reiches führen würde. Auch das römische Kaisertum als zweite Universalgewalt war zu erneuern und der reformierten Kirche dienstbar zu machen. Aber die Wirkung dieser Schriften, wie auch die der 1439 entstandenen und Kaiser Sigismund zugeschriebenen Reformschrift (*Reformatio Sigismundi*), auf die politische Praxis im Reich war gering [BOOCKMANN].

▷ S. 123 Die Römische Kirche und Italien

Ab der Mitte des 15. Jahrhunderts machten Juristen und Diplomaten wie Martin Mair (1420-1480) und Gregor Heimburg (1400–1472) an den Höfen der Fürsten und Könige Reformvorschläge, die eine stärkere institutionelle Durchdringung des Reiches als Voraussetzung für eine effektivere Erfüllung der Aufgaben des Monarchen zum Ziel hatten. Die studierten Räte griffen mit ihren Vorschlägen in das Ringen der Könige und Fürsten um eine Lösung der Hauptprobleme des Reiches und seiner politischen Organisation ein. Im Zentrum stand die Herstellung von Rechtssicherheit, d. h. die Durchsetzung eines reichsweiten Landfriedens. Um einen Reichslandfrieden aber durchsetzen zu können, musste eine Exekutive eingerichtet werden. Vor allem bedurfte man eines Gerichts, dem sich zu unterstellen alle Reichsangehörigen bereit sein mussten. Das kostete Geld, also war die Frage der Reichssteuer berührt. Eine allgemeine Reichssteuer hätte dem König außerdem die Aufstellung eines bezahlten Reichsheeres ermöglicht.

Damit waren aber zentrale Machtfragen aufgeworfen, konkret das Verhältnis von Fürsten und König im Rahmen der Reichsverfassung berührt. Deshalb verliefen die Verhandlungen schleppend und die Reformbemühungen von Sigismund oder Friedrich III. wurden, wenn auch nicht ganz abgelehnt, so doch nicht realisiert (wie z. B. der Reichslandfrieden von 1442 oder die Kammergerichtsordnung von 1471). Die Könige wollten durch die Reformen ihre Position verbessern, sich aus der Abhängigkeit der Stände befreien und Freiraum für eine effektive Friedenspolitik gewinnen. Die Vertreter der Stände leisteten ve-

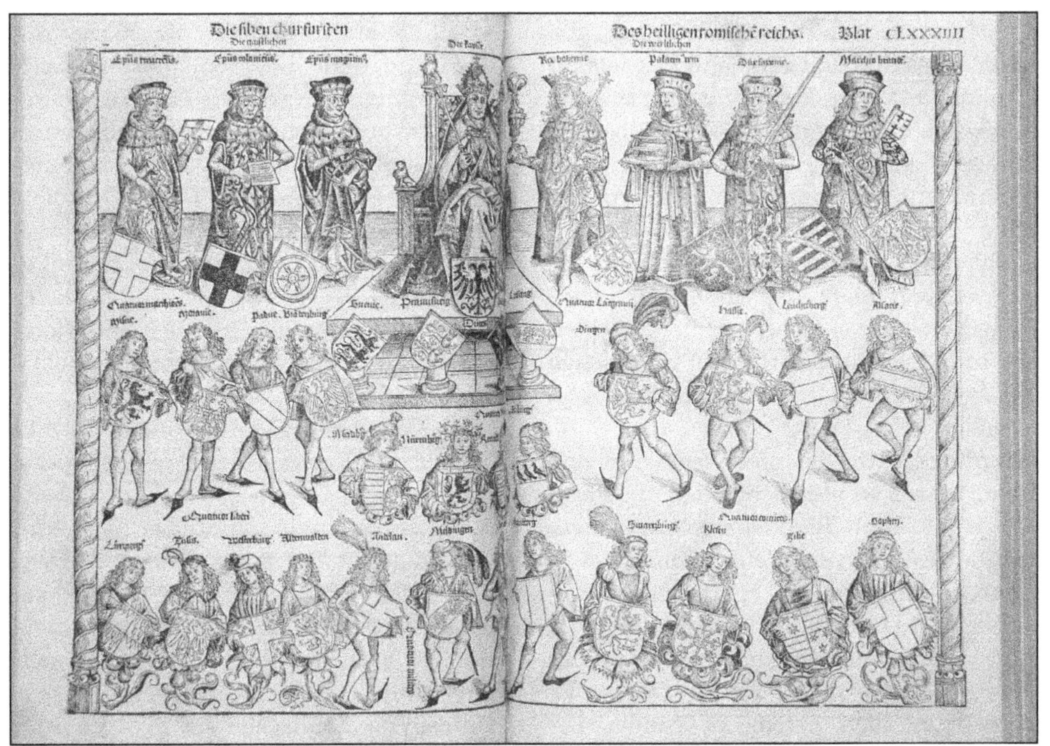


Sehr anschaulich dargestellt wird die **Verfassung des römisch-deutschen Reiches** am Ende des 15. Jahrhunderts in diesem Bild aus der „Weltchronik" des Hartmann Schedel, die 1493 von Anton Koburger gedruckt worden ist. Mit Hilfe von Figuren, Wappen und Schrift werden die Trägergruppen der Reichsverfassung vorgestellt. In der obersten Reihe der Kaiser mit den sieben Kurfürsten, in den beiden Reihen darunter sind die Personifikationen weiterer Reichsstände erkennbar: geistliche und weltliche Fürsten sowie Reichsstädte.

Abbildung: Buchillustration aus der „Weltchronik" von Hartmann Schedel, 1493. Foto: Universitätsbibliothek Regensburg.

Literatur: S. Füssel (Hrsg.), Faksimile der „Weltchronik" des Hartmann Schedel; mit Einleitung, Inhaltsanalyse und Register, Köln 2001.

hementen Widerstand gegen Reformen, die den König gestärkt und ihre Befugnisse eingeschränkt hätten. Vor allem weigerten sich die Fürsten, sich der königlichen Gerichtsbarkeit zu unterstellen. Schon 1437 legten sie in ihrer Reaktion auf entsprechende Reformvorschläge von Kaiser Sigismund aus dem Jahr 1434 dar, dass sie in ihren Territorien keine königlichen Hauptleute, die Urteile zur Landfriedenswahrung sprechen sollten, dulden würden und wie bisher für sich die adelige Schiedsgerichtsbarkeit in Anspruch nehmen wollten.

Allerdings waren die Interessen der Stände darüber hinaus so unterschiedlich, dass sich keine geschlossene „Ständepartei" mit einem eindeutigen positiven Reformkonzept bildete. Auch Berthold von Henneberg (1441–1504), der seit 1484 Erzbischof von Mainz war und das Reich unter direkter Beteiligung der Stände regieren wollte, fand nicht die volle Unterstützung der Fürsten. Die Fronten blieben verhärtet, bis praktische politische Notwendigkeiten die Parteien dazu nötigten, einen Kompromiss zu finden. Der erste Schritt dahin erfolgte auf dem Reichstag von Frankfurt 1486, als Friedrich III. dringend Geld für den Kampf gegen den ungarischen König Matthias Corvinus benötigte und sein Sohn Maximilian zum König gewählt wurde. Auf dem Reichstag von Worms 1495 wurde der Kompromiss unter Maximilian, der seit zwei Jahren Nachfolger seines Vaters war und Geld für den Krieg gegen Frankreich brauchte, schließlich festgeschrieben. Ein „Ewiger Landfrieden" sollte Frieden und Recht sichern. Das neu eingerichtete Reichskammergericht, dessen Mitglieder nicht mehr nur vom Reichsoberhaupt ernannt wurden, hatte die Aufgabe, den Frieden zu überwachen. Der König verpflichtete sich, einmal im Jahr einem in drei Kurien gegliederten Reichstag vorzusitzen, auf dem die Probleme des Reiches diskutiert werden sollten. Zur Finanzierung dieser Institutionen sowie von militärischen Unternehmungen sollte eine allgemeine Reichssteuer (Gemeiner Pfennig) erhoben werden. Damit war das „Heilige Römische Reich Deutscher Nation" eine Leistungsgemeinschaft der Gesamtheit aller Reichsstände, also derjenigen, die sich dem König/Kaiser zur Hilfeleistung verpflichtet hatten, geworden [SCHUBERT 1979 u. 1996].

Der Kompromiss von Worms erscheint im Rückblick als Kern der Reichsreform, aber der grundsätzliche Gegensatz von königlicher Alleinregierung und ständischer Mitsprache blieb ungelöst [MOEGLIN/MÜLLER]. Der in Worms etablierte Dualismus in der Reichsverfassung war jedoch nur eine Etappe auf dem Weg der Reform, die im 16. Jahrhundert weiterging. So lässt sich bilanzieren, dass sich im Reich der Deutschen ein Dualismus zwischen Königtum und Reich entwickelte, während in Frankreich und England die Grundlagen für moderne Staatlichkeit, die auf das Königtum ausgerichtet war, gelegt wurden.

▷ S. 136, Westeuropäische Monarchi

**Fürsten, Territorien und Reichsstädte.** Während die Fürsten auf der Reichsebene mit Erfolg die Zentralisierung von Macht beim König verhinderten, strebten sie in ihren Herrschaftsbereichen die Durchsetzung der Landeshoheit an. Die Voraussetzungen dafür waren günstig, denn die Grafen, Markgrafen und Herzöge verfügten nicht nur über Privilegien und Besitz, sondern hatten auch den Auftrag, in ihrem Gebiet den Frieden zu sichern und Recht durchzusetzen. Dieser ursprünglich von den Königen vergebene Amtsauftrag war im 14./15. Jahrhundert zu einem fürstlichen Eigenbesitz geworden. Die Fürsten vererbten ihre Reichslehen wie ihre Allode (Eigenbesitz), teilten Land und Rechte unter ihren Söhnen auf.

Gleichzeitig aber setzten sie in ihrem Territorium ihre Ansprüche und Rechte gegen alle anderen geistlichen wie weltlichen Adeligen und die Städte durch. Auch die geistlichen Fürsten, also die Bischöfe und Reichsäbte, wurden „Opfer" der Ausbildung von Fürstenstaaten, wenn diese ihren Herrschaftsanspruch über die Kirche in einem landesherrlichen Kirchenregiment durchsetzten.

Dazu setzten die Fürsten sowohl militärische Gewalt als auch die Modernisierung der Verwaltung ein, insbesondere durch die Intensivierung der Schriftlichkeit. In fast allen Territorien wurden Anfang des 14. Jahrhunderts Ämter eingerichtet, denen ein Vogt, Pfleger oder Amtmann vorstand. Unterstützt wurde dieses dem Fürsten direkt unterstellte Funktionspersonal seit dem Ausgang des 14. Jahrhunderts durch Rentmeister oder Kastner genannte Fachleute für die Finanzverwaltung. Die lokalen Verwaltungseinheiten dienten der Einnahme von Abgaben und Leistungen der Untertanen und waren Gerichtsbezirke. Zur Kontrolle der Amtsträger wurden die Verwaltungszentralen an den Höfen der Fürsten gestärkt und ausgebaut. Die Kanzlei war das Herzstück der Landesverwaltung, dazu kam die Einrichtung von Archiven und zentralen Finanzkassen. Die lokalen Amtsträger hatten meistens einmal im Jahr der Zentrale einen Rechenschaftsbericht samt Finanzübersicht zu leisten. Seit dem ersten Drittel des 15. Jahrhunderts erfolgte die Aufstellung von Polizeitruppen und seit der Mitte des Jahrhunderts der Erlass von auf das Territorium bezogenen Gesetzen: Landes-, Münz- oder Polizeiordnungen. Der organisierte Zugriff auf das Land erlaubte schließlich auch eine Änderung der Herrschaftspraxis. Schon im 14. Jahrhundert ist erkennbar, dass die Fürsten regelmäßig bestimmte Burgen oder Städte in ihrem Herrschaftsgebiet aufsuchten und dort längere Zeit Hof hielten. Die im Hochmittelalter intensiv praktizierte Reiseherrschaft, mittels derer die Fürsten ihre für die Herrschaftsausübung notwendige persönliche Anwesenheit „vor Ort" erreichen wollten, verlor an Bedeutung, weil die Fürsten durch ihre Amtsträger vertreten wurden. An der Wende vom 14. zum 15. Jahrhundert verstärkte sich die Entwicklung, dass Fürsten nur noch an zwei oder drei Orten ihre Hoflager einrichteten, und bis zum Ende des 15. Jahrhunderts hatten sich die meisten Fürsten mit Familie, Hof und Verwaltung an einem Hauptresidenzort eingerichtet, der nur zu besonderen Anlässen (Jagd, Sommerfrische) für mehrere Wochen verlassen wurde.

Die Durchsetzung der fürstlichen Landeshoheit verlief in den verschiedenen Herrschaftsgebieten mit unterschiedlicher Intensität und war auch von Rückschlägen nicht frei. Gleichwohl war die Entstehung der fürstlichen Landesherrschaft eine wesentliche Signatur der Reichsverfassung und die materielle Grundlage für den Dualismus von König und Reich. Die Fürsten hatten ihre Herrschaft im späten Mittelalter so organisiert, dass sie die Bewohner ihrer Herrschaftsgebiete in einen Untertanenverband einbinden konnten. Dieser Prozess der Staatsbildung entfaltete jedoch erst seit der Reformation seine Wirkung. Aber auch schon für das 15. Jahrhundert gilt: Staatlichkeit entwickelte sich im Reich der Deutschen auf der Ebene der Fürsten und nicht der Monarchie, denn die Fürsten hatten direkten Zugriff auf ihre Territorien. Das galt auch für den römisch-deut-

| Städte, die in der Karte nicht berücksichtigt sind: | | | | | |
|---|---|---|---|---|---|
| Aalen | Dürkheim | Kaysersberg | Neuenburg | Rheinfelden | Schwäbisch-Gmünd |
| Bopfingen | Endingen | Kenzingen | Obernai | Rosheim | Waldshut |
| Breisach | Frauenfeld | Laufenburg | Pfullendorf | Säckingen | Weil der Stadt |
| Buchau | Freiburg | Leutkirch | Radolfzell | Sarrebourg (Lothringen) | Weinsberg |
| Diessenhofen | Gingen | Münster (Schwarzwald) | Rappoltsweiler | Schaffhausen | Winterthur |

**Reichsstädte in der Matrikel von 1422**

Die **Reichsstädte** standen unter der unmittelbaren Herrschaft der Könige. Von den etwa 100 Reichsstädten lagen nur 25 nördlich der Mainlinie. Die Verteilung der Reichsstädte mit den Schwerpunkten am Rhein, in Nieder- und Oberschwaben spiegelt wider, dass diese Regionen im 13./14. Jahrhundert Zentren der Königsherrschaft waren. Im Norden und Nordosten des Reiches befanden sich im Gegensatz dazu königsferne Landschaften. Deshalb blieben Reichsstädte in diesen Teilen des Reiches die Ausnahme.

Karte: Nach H. Pleticha (Hrsg.), Deutsche Geschichte, Bd. 5: Das ausgehende Mittelalter 1378–1517, Gütersloh 1987, 127, unter Verwendung der Reichsmatrikel vom August 1422, in: D. Kerler (Hrsg.), Deutsche Reichstagsakten unter Kaiser Sigmund, 2. Abt. 1421–1426, 2. Aufl. Göttingen 1956, 163.

Literatur: E. Isenmann, Die deutsche Stadt im Spätmittelalter 1250-1500, Stuttgart 1988.

schen König: die Luxemburger Karl IV. und Sigismund haben so wie die Habsburger Friedrich III. und Maximilian I. in ihren Erbländern Herrschaft zentralisiert. Hingegen ist es ihnen auf der Ebene des Reiches nicht gelungen, die monarchische Autorität in Herrschaft über die Fläche umzuwandeln.

Die Intensität des Verhältnisses der Reichsstädte zum Königtum nahm im Spätmittelalter ab. Das hing zusammen mit der Verschiebung des königlichen Herrschaftszentrums im 14. Jahrhundert nach Böhmen und im 15. Jahrhundert an die Südostgrenze des Reiches. Im 14. Jahrhundert waren Nürnberg und Frankfurt/M. (abgelöst von Augsburg und Ulm seit dem letzten Drittel des 15. Jahrhunderts) die wichtigsten der etwa 100 Reichsstädte, von denen nur 25 nördlich der Mainlinie lagen. Reichsstädte waren der Herrschaft des Königs direkt und unmittelbar unterworfen. Er war ihr Stadtherr. Im Namen des Königs übten seine Vertreter (Vögte, Schultheißen) Gerichts- und Schutzherrschaft über eine Reichsstadt aus [ISENMANN, 111]. Häufig ist es den Bürgergemeinden gelungen, das Besetzungsrecht für diese Ämter den Königen abzukaufen, so dass sie auf diese Weise erheblich an Autonomie gewannen. Die Reichsstädte ersetzten bis in das 15. Jahrhundert teilweise die fehlende königliche Reichsverwaltung. Sie zogen Gelder ein, transferierten die Summen an den Hof, exekutierten Gerichtsurteile und sollten den Landfrieden wahren. Dabei dominierte eindeutig das fiskalische Interesse der Könige an den Städten, die mit hohen Steuern belastet oder gar wie ein Drittel der Reichsstädte im 14. Jahrhundert an Dritte verpfändet wurden. Als unter Friedrich III. die königliche Zentrale an der Peripherie des Reiches lag, verlor die Beziehung der Reichsstädte zum König an Intensität.

▷ S. 233
[Ko]mmunen

▷ S. 248
Hoforden und Adelsgesellschaften

Gegenüber den Fürsten verloren die Reichsstädte wie auch die Ritterschaft bis zum Ende des 15. Jahrhunderts erheblich an politischem Gewicht. Zwar waren Städte wie Lübeck, Augsburg, Ulm oder Straßburg Zentren der Wirtschaft und Kultur, aber ihre politische Teilhabe am Reich war eher passiv. Als die Reichsstädte 1471 als dritte Kurie auf dem Reichstag zugelassen wurden, hatten sie damit ihren Platz in einer politischen Ordnung gefunden, die maßgeblich von den Königen und Fürsten ausgebildet worden war. Die Anstrengungen der Städte, ihre Interessen (sichere Handelswege, Frieden, Verteidigung ihrer Rechte und Autonomie) durch den Zusammenschluss in Städtebünden gegen königliche und fürstliche Zugriffe zu verteidigen, scheiterten weitgehend. Im Nordosten gelang es den in der Hanse zusammengeschlossenen Städten nicht, ihre nach dem Sieg über Dänemark 1370 gewonnene politische Dominanz zu behaupten. Während des 15. Jahrhunderts wurden die meisten Hansestädte, denen es zeitweise gelungen war, sich aus der (formalrechtlich aber weiter bestehenden) Abhängigkeit von ihren Stadtherren zu lösen, in die entstehenden fürstlichen Landesherrschaften einbezogen und verloren ihre relative Autonomie. Im Südwesten gewann der Schwäbische Städtebund währenddessen zwischen 1376 und 1385 vierzig Mitglieder. Der Bund wird als „Höhepunkt des Selbstbehauptungswillens und der politisch-militärischen Machtdemonstration des Städtebürgertums im 14. Jahrhundert“ bewertet [ISENMANN, 125]. Allein dieser Wille reichte jedoch nicht aus, um sich gegen die Fürsten auf dem Schlachtfeld zu behaupten. 1388 verlor der Bund bei Döffingen gegen eine Fürstenkoalition eine Feldschlacht. Damit war die gestaltende Kraft der Städtebünde gebrochen, wenn auch im 15. Jahrhundert wieder einige Bündnisse geschlossen wurden. Die Niederlage von 1388 war schon ein Hinweis auch auf die politische Dominanz der Fürsten im Reich der Deutschen am Ausgang des Mittelalters.

Jörg Rogge

**Literatur**

D. BERG, Deutschland und seine Nachbarn 1200–1500, München 1997.

DERS./M. KINTZINGER/P. MONET (Hrsg.), Auswärtige Politik und internationale Beziehungen im Mittelalter (13. bis 16. Jahrhundert), Bochum 2002.

H. BOOCKMANN, Stauferzeit und spätes Mittelalter. Deutschland 1125–1517, Berlin 1987.

F.-R. ERKENS (Hrsg.), Europa und die osmanische Expansion im ausgehenden Mittelalter, Berlin 1997.

K. FRIEDLAND, Die Hanse, Stuttgart 1991.

P.-J. HEINIG, Kaiser Friedrich III. (1440–1493). Hof, Regierung und Politik, Köln 1997.

J. K. HOENSCH, Die Luxemburger. Eine spätmittelalterliche Dynastie gesamteuropäischer Bedeutung 1308–1437, Stuttgart 2000.

E. ISENMANN, Die deutsche Stadt im Spätmittelalter 1250–1500, Stuttgart 1988.

K.-U. JÄSCHKE, Europa und das römisch-deutsche Reich um 1300, Stuttgart 1999.

K.-F. KRIEGER, König, Reich und Reichsreform im Spätmittelalter, München 1992.

DERS., Die Habsburger im Mittelalter. Von Rudolf I. bis Friedrich III., Stuttgart 1994.

M. LENZ, Konsens und Dissens. Deutsche Königswahl (1273–1349) und zeitgenössische Geschichtsschreibung, Göttingen 2002.

J. MIETHKE/A. BÜHLER, Kaiser und Papst im Konflikt. Zum Verhältnis von Staat und Kirche im späten Mittelalter, Düsseldorf 1988.

J.-M. MOEGLIN/R. A. MÜLLER (Hrsg.), Deutsche Geschichte in Quellen und Darstellungen 2: Spätmittelalter 1250–1495, Stuttgart 2000.

P. MORAW, Von offener Verfassung zu gestalteter Verdichtung. Das Reich im späten Mittelalter von 1250 bis 1490, Berlin 1985.

DERS. (Hrsg.) „Bündnissysteme" und „Außenpolitik" im späten Mittelalter, Berlin 1988.

DERS. (Hrsg.), Deutscher Königshof, Hoftag und Reichstag im späteren Mittelalter, Stuttgart 2002.

C. REINLE, Adolf von Nassau; Albrecht I., in: Die deutschen Herrscher des Mittelalters. Historische Portraits von Heinrich I. bis Maximilian I., hrsg. v. B. SCHNEIDMÜLLER/S. WEINFURTER, München 2003, 360–380.

J. ROGGE, Attentate und Schlachten. Beobachtungen zum Verhältnis von Königtum und Gewalt im deutschen Reich während des 13. und 14. Jahrhunderts, in: Königliche Gewalt – Gewalt gegen Könige, hrsg. v. M. KINTZINGER/J. ROGGE, Berlin 2004, 7–50.

DERS., Die deutschen Könige im Mittelalter – Wahl und Krönung, Darmstadt 2006.

E. SCHUBERT, König und Reich. Studien zur spätmittelalterlichen Verfassungsgeschichte, Göttingen 1979.

DERS., Fürstliche Herrschaft und Territorium im späten Mittelalter, München 1996.

H. K. SCHULZE, Grundstrukturen der Verfassung im Mittelalter, Bd. 3: Kaiser und Reich, Stuttgart 1998.

F. SEIBT, Karl IV. Ein Kaiser in Europa 1346 bis 1378, München 1978.

DERS., Hussitenstudien, 2. Aufl. München 1991.

H. THOMAS, Deutsche Geschichte des Spätmittelalters 1250–1500, Stuttgart 1983.

DERS., Ludwig der Bayer (1282-1347), Regensburg 1993.

# Die Römische Kirche und Italien

**Zeittafel**

| | |
|---|---|
| 1300 | Erstes Heiliges Jahr in Rom (weitere: 1350, 1390, inoffiziell 1400, 1423, 1450, 1475, 1500). |
| 1305–1378 | Avignonesische Zeit des Papsttums. |
| 1312 | Kaiserkrönung Heinrichs VII. in Rom. |
| 1328 | Kaiserkrönung Ludwigs des Bayern in Rom. |
| 1336 | Petrarca besteigt den Mont Ventoux. |
| 1347 | Cola di Rienzo übernimmt die Herrschaft in Rom. |
| 1353–1367 | Legationen des Kardinals Gil de Albornoz im Kirchenstaat. |
| 1355 | Kaiserkrönung Karls IV. in Rom (durch einen Kardinallegaten). |
| 1367–1370 | Urban V. versucht nach Rom zurückzukehren. |
| 1378–1415 | Großes Abendländisches Schisma. |
| 1385–1402 | Gian Galeazzo Visconti Signore, seit 1395 Herzog von Mailand. |
| 1397 | Gründung der Medici-Bank in Florenz (1494 bankrott). |
| 1404/05 | Vicenza sowie Verona und Padua fallen an Venedig. |
| 1409 | Konzil von Pisa: Absetzung Gregors XII. und Benedikts XIII., Wahl Alexanders V. |
| 1414–1418 | Konzil von Konstanz (größter „Kongress" des Mittelalters). |
| 1415 | Abdankung Gregors XII., Absetzung Johanns (XXIII.). |
| 1417 | Absetzung Benedikts XIII., Wahl Martins V. |
| 1420 | Rückkehr Martins V. nach Rom. |
| 1423–1424 | Konzil von Pavia-Siena. |
| 1431–1449 | Konzil von Basel. |
| 1433 | Kaiserkrönung Sigismunds in Rom. |
| 1434–1464 | Cosimo de' Medici an der Spitze von Florenz. |
| 1438–1439 | Konzil von Ferrara-Florenz. |
| 1439–1449 | Felix V. (letzter Gegenpapst). |
| 1442–1458 | König Alfons I. von Neapel-Sizilien. |
| 1450–1466 | Francesco I. Sforza Herzog von Mailand. |
| 1452 | Kaiserkrönung Friedrichs III. (letzte Kaiserkrönung in Rom). |
| 1454 | 9. April: Frieden von Lodi (zwischen Mailand und Venedig). |
| 1454/55 | Bündnis der italienischen Staaten (*Lega italica*; 1470 erneuert). |
| 1458-1464 | Papst Pius II. (Humanist). |
| 1468/69 | Besuch Kaiser Friedrichs III. in Rom. |
| 1494 | Italienfeldzug König Karls VIII. von Frankreich. |
| 1495 | „Heilige Liga": Papst, Maximilian I., Spanien, Mailand, Venedig. |
| 1498 | Bußprediger Girolamo Savonarola wird in Florenz hingerichtet. |

## Die Römische Kirche

**Die Epochen der spätmittelalterlichen Papstgeschichte.** In der Geschichte des Papsttums ist das späte Mittelalter ein Zeitabschnitt tief gehender Veränderungen. Die im 13. Jahrhundert erhobenen Ansprüche auf Unterordnung nicht nur der Gesamtkirche, sondern auch der weltlichen Gewalt unter eine geistliche „Weltherrschaft" des Papstes wurden hinfällig. Am Ende des Mittelalters war der Papst zwar nach wie vor das geistliche Oberhaupt der katholischen Kirche, hatte jedoch schwere Einbußen an Autorität und an juristischen Kompetenzen erlitten. In seiner Eigenschaft als weltlicher Herrscher eines italienischen Territoriums war er nur noch einer unter mehreren Akteuren der europäischen Mächtepolitik.

▷ S. 61 f. Die Römische Kirche und Italien

Entscheidend zu diesen Veränderungen beigetragen hatte der Umstand, dass die Päpste in den Jahren von 1305 bis 1378 nicht in Rom, sondern im südfranzösischen Avignon residierten. Diese avignonesische Zeit des Papsttums wird gelegentlich auch als „Avignonesisches Exil" oder in Anspielung auf ein im Alten Testament geschildertes Ereignis der jüdischen Geschichte als „Babylonische Gefangenschaft der Päpste" bezeichnet. Die sieben Päpste jener Zeit waren alle (Süd-)Franzosen. Der erste von ihnen, Clemens V. (reg. 1305–1314), hatte sich auf dem Weg nach Rom in Lyon zum Papst krönen lassen. Weil ihn der französische König unter Druck setzte und er die unsichere Situation im Kirchenstaat fürchtete, blieb er in Südfrankreich. Sein Nachfolger Johann XXII. (reg. 1316–1334), zuvor Bischof von Avignon, residierte als Papst weiterhin im dortigen Bischofspalast, der später zum Papstpalast um- und ausgebaut wurde. Die geographische Nähe zum franzö-

▷ S. 110 Das Reich der Deutschen

sischen König war zugleich eine politische. Die letzte große Konfrontation zwischen Papst und Kaiser wurzelt auch in dieser Orientierung. Ludwig der Bayer (reg. 1314–1347) versuchte nicht nur erfolglos, 1328 in Rom einen Gegenpapst zu etablieren, sondern zog vor allem die (kirchen-)politischen und theologischen Gegner Johanns XXII. an seinen Hof, die von dort aus die antikuriale Stimmung schürten und die Papstkritik theoretisch begründeten.

Doch zugleich versuchten die „avignonesischen" Päpste ihre Unabhängigkeit gegenüber Frankreich zu wahren, denn die Stadt Avignon gehörte rechtlich nicht zum französischen Königreich, sondern war Reichslehen und Teil der Grafschaft Provence. 1348 kaufte Papst Clemens VI. (reg. 1342–1352) die Stadt. Dennoch blieb Rom der ideelle Bezugspunkt des Papsttums, und immer wieder wurden Rufe nach einer Rückkehr laut. Ein erster Versuch scheiterte. Gregor XI. (reg. 1370–1378), der 1376 Avignon verließ, starb in Rom. Nach seinem Tod wählten die Kardinäle unter dem Druck der gewaltbereiten römischen Bevölkerung einen italienischen Kompromisskandidaten in Abwesenheit zum Papst, den Neapolitaner Urban VI. (reg. 1378–1389), der sich bereits nach kurzer Zeit als Tyrann erwies. Seine Persönlichkeitsdefizite und die Begleitumstände seiner Wahl bewogen die Kardinäle, diese für ungültig zu erklären und eine Neuwahl vorzunehmen, die auf einen aus Genf stammenden, mit dem französischen König verwandten Kardinal fiel: Clemens VII. (reg. 1378–1394). Er zog sich 1379 nach Avignon zurück. Urban VI. belegte seinen Rivalen und dessen Anhänger mit dem Kirchenbann. Diese Spaltung, die man Schisma nennt, teilte die abendländische Christenheit dreißig Jahre lang in zwei Obödienzen (Anhängerschaften).

Mehrere Versuche, die konkurrierenden Päpste bzw. ihre jeweiligen Nachfolger zum Rücktritt zu bewegen, blieben erfolglos. Auch die Initiative, auf einem Konzil 1409 in Pisa beide Päpste abzusetzen und einen neuen Papst zu wählen, scheiterte. Die Situation verschlimmerte sich dadurch sogar noch. Denn nunmehr gab es mit Alexander V. (reg. 1409–1410) noch einen dritten Papst. Erst ein erneutes, 1414 auf Initiative des deutschen Königs Sigismund (reg. 1410/11–1437) nach Konstanz einberufenes Konzil konnte schließlich das Schisma beenden. Am 11. November 1417 wählte es den römischen Kardinal Oddo Colonna zum Papst, der sich nach dem Tagesheiligen Martin V. (reg. 1417–1431) nannte. Nach Beendigung des Konzils verließ er Konstanz und kehrte nach Rom zurück. Sein Nachfolger Eugen IV. (reg. 1431–1447) sah sich durch einen Aufstand 1434 nochmals gezwungen, Rom zu verlassen, und hielt sich bis zu seiner Rückkehr (1443) hauptsächlich in Florenz auf. Eugen IV. war außerdem der letzte Papst, der sich gegen die offene Konfrontation durch ein Konzil behaupten musste: das Konzil von Basel (1431–1449), das sich der vom Papst befohlenen Verlegung nach Ferrara nicht fügte, Eugen IV. 1439 für abgesetzt erklärte und einen letzten Gegenpapst wählte. Den Rückhalt, den der Papst gegen das Basler Konzil bei Königen und Fürsten fand, musste er mit kirchenpolitischen und finanziellen Zugeständnissen belohnen. Das beiderseitige Verhältnis wurde in Verträgen neu geregelt. Seine Herrschaft im Kirchenstaat konnte der Papst hingegen stabilisieren und intensivieren.

**Die päpstliche Kurie.** Der „Römische Hof" (die *curia Romana*) unterschied sich in mancher Hinsicht von den weltlichen Für-

Das **Konstanzer Konzil** (1414–1418) war die bedeutendste Kirchenversammlung des Mittelalters, die bis zu 20 000 Menschen (oder manchmal sogar mehr) in der verkehrsgünstig gelegenen Bischofsstadt am Bodensee zusammenführte. Die erste Plenarsitzung fand am 16. November 1414 unter dem Vorsitz von Papst Johann (XXIII.) statt. Die wiedergegebene Illustration aus der Konzilschronik des Konstanzer Bürgers Ulrich Richental († 1437) ist zwar keine historische Fotografie. Doch wissen wir, dass in der Tat die Plenarsitzungen in der dortigen Bischofskirche, dem Münster, stattfanden, in dessen Mittelschiff hölzerne Tribünen für die „Konzilsväter" errichtet waren. Die Sitzordnung entsprach der kirchlichen Hierarchie und machte sie ebenso sichtbar wie die liturgische Kleidung der anwesenden Geistlichen.

Konzilien, Zusammenkünfte von Bischöfen und anderen kirchlichen Würdenträgern, kannte bereits die frühe christliche Kirche, und das hochmittelalterliche Papsttum nutzte Synoden (Kirchenversammlungen) zur Klärung von theologischen und kirchenrechtlichen Fragen und zur Durchsetzung von Reformen. Unter Rückgriff auf diese Praxis und ältere Erörterungen entwickelten manche Kanonisten (Wissenschaftler, die das Kirchenrecht interpretierten und aktualisierten) den Gedanken, die Gesamtkirche werde nicht allein durch den Papst repräsentiert, sondern durch ein allgemeines Konzil gemeinsam mit dem Papst, notfalls aber auch ohne bzw. gegen ihn. Dadurch wurde der innerkirchliche Führungsanspruch des Papsttums radikal in Frage gestellt.

Das Große Abendländische Schisma konnte erst dadurch beseitigt werden, dass das Konstanzer Konzil sich über die widerstreitenden Päpste stellte, sie zum Rücktritt veranlasste bzw. absetzte und einen neuen Papst wählte. Zur Weiterführung der in Konstanz in Angriff genommenen umfassenden Kirchenreformmaßnahmen beschloss das Konzil, dass in bestimmten Zeitabständen Nachfolgeversammlungen stattfinden sollten, um damit zugleich ein Gegengewicht gegen ein Wiedererstarken der päpstlichen Macht zu schaffen. Beide Ziele blieben aber letztlich unerreicht. Das Konzil von Basel (1431–1449) trieb den Konflikt noch einmal auf die Spitze. Die Päpste der zweiten Hälfte des 15. Jahrhunderts beriefen entgegen dem Konstanzer Beschluss keine Generalkonzilien mehr ein. Der Konziliarismus existierte jedoch in der kanonistischen Theorie weiter und erlangte erst im 16. Jahrhundert noch einmal praktische Bedeutung.

Bild: Illustration in einer um 1465/70 entstandenen Handschrift der Konzilschronik des Konstanzer Bürgers Ulrich Richental († 1437). Foto: Österreichische Nationalbibliothek, Wien.



Literatur: H. Maurer, Konstanz im Mittelalter, Bd. 2: Vom Konzil bis zum Beginn des 16. Jahrhunderts, Konstanz 1989; W. Brandmüller, Das Konzil von Konstanz 1414-1418, 2 Bde., Paderborn u.a. 1991-1997.

stenhöfen. Er übertraf sie an Größe und an internationaler Bedeutung.

Die Tatsache, dass das Papsttum eine Wahlmonarchie war, beeinflusste die Zusammensetzung des Kurienpersonals, das im Übrigen größtenteils aus Klerikern bestand. Der Papst hatte zudem ständig einen engen Kreis von Verwandten, Vertrauten und Mitarbeitern um sich, für deren Unterkunft, Verpflegung, repräsentatives Auftreten und Sicherheit das entsprechende Dienst-, Küchen- und Wachpersonal gebraucht wurde. Dieser Personenkreis bildete die *familia* (im Sinne von: Haushalt) des Papstes. Unter den Rechtsprechungs- und Verwaltungsorganen ist an erster Stelle die Apostolische Kammer zu nennen. Sie verbuchte nicht nur Einnahmen und Ausgaben, sondern leitete auch die weltliche Verwaltung des Kirchenstaates. Die größte „Behörde" war die Kanzlei, die im Namen des Papstes Urkunden ausstellte. Hof- und Verwaltungspersonal umfassten in der avignonesischen Zeit insgesamt etwa 500–600 Personen, im 15. Jahrhundert waren es noch mehr Menschen. Hinzu kamen mehrere hundert „Familiaren" der Kardinäle, von denen jeder einen eigenen, möglichst standesgemäßen Großhaushalt unterhielt, und mehrere tausend weitere Personen wie Hoflieferanten und -handwerker, Anwälte und Notare, Gesandte und deren Begleitung, Bittsteller und Leute, die hofften, an der Kurie irgendwann einmal eine Stelle zu finden.

Wie überall in der mittelalterlichen Gesellschaft verstand es sich von selbst, dass ein einflussreicher „Patron" jüngere Verwandte, Landsleute und sonstige „Klienten" nach Kräften protegierte. Die so entstehenden Netzwerke nennt die Forschung Klientelsysteme. Die Begünstigung und Förderung von Verwandten bezeichnet man als Nepotismus. Auch ein Papst pflegte zur Absicherung seiner Herrschaft diejenigen als Mitarbeiter heranzuziehen, denen er vorbehaltlos vertrauen konnte, und durch die Ernennung von Neffen und treuen Weggefährten zu Kardinälen eine eigene Fraktion im Kardinalskollegium zu schaffen oder zu verstärken. Außerdem diente der päpstliche Nepotismus der Versorgung von nahen Angehörigen mit attraktiven Ämtern und Pfründen und damit dem Aufstieg der ganzen Familie bzw. der Festigung ihrer bereits erreichten Position. So entstanden regelrechte Papstdynastien. Im 15. und frühen 16. Jahrhundert „besetzten vier Familien neunmal den Papstthron" [Schimmelpfennig, 272]. Einer Reihe von italienischen Adelsfamilien gelang es, wichtige Kurienämter über Generationen hinweg immer wieder zu besetzen. Die unter Missachtung oder Umgehung des Zölibats vielfach miteinander verwandten oder verschwägerten Papstfamilien der Neuzeit hatten ihre Wurzeln schon im Mittelalter [Weber 1996]. Auch der Ämterhandel prägte ebenso die spätmittelalterliche wie noch die frühneuzeitliche Römische Kurie [Schwarz, Schimmelpfennig und Reinhard in: Mieck].

Führte der Nepotismus zu einer im 14. Jahrhundert südfranzösischen, im 15. Jahrhundert dann italienischen Dominanz in den höheren Rängen der Kurie, so brachten zum einen der wiederholte Neuaufbau konkurrierender Kurien während der Schismazeit und zum anderen die Unabsetzbarkeit vieler alter und neuer Stelleninhaber in der Folgezeit eine hohe Internationalität des Römischen Hofes mit sich, die sich erst in der zweiten Hälfte des 15. Jahrhunderts wieder zu verlieren begann. Nur in ganz wenigen Fällen wurde auf die ausgewogene „nationale" Zusammensetzung eines kurialen Kollegiums Wert gelegt.

**Rom und der Kirchenstaat.** Im ausgehenden Mittelalter war Rom zwar eine „Großstadt" (um 1400 ca. 25 000 Menschen, um 1500 ca. 50 000 Menschen), doch innerhalb des viel zu großen spätantiken Mauerrings erstreckten sich Weinberge und antike Ruinenfelder von monumentalem Ausmaß. Reiche und mächtige Familien verschanzten sich in festungsartigen Häuserkomplexen mit Türmen. Neben dem alten Adel war eine neue Oberschicht von Agrarunternehmern aufgestiegen, die in der Campagna, dem dünn besiedelten Umland, Viehzucht betrieben. Die Rückkehr Papst Martins V. im Jahre 1420 leitete für die Stadt Rom einen Neubeginn in politischer, wirtschaftlicher, urbanistischer und kultureller Hinsicht ein, der aber erst seit Nikolaus V. (reg. 1447–1455) voll zum Tragen kam. Während Martin V. meistens in der Colonna-„Burg" bei der Kirche Santi Apostoli unterhalb des Kapitols oder in einem anderen Machtzentrum seines Familienclans wohnte, wählte sein Nachfolger den Vatikan-Palast bei St. Peter im Einflussbereich des gegnerischen Orsini-Clans. Fast alle seine Nachfolger taten es ihm nach, so dass „der Vatikan" bis heute Hauptresidenz und Synonym für die päpstliche Regierung ist. Die nahe gelegene Engelsburg wurde als Festung ausgebaut und sicherte auch die Engelsbrücke, den Weg ins Geschäftszentrum der Stadt, wo sich Florentiner Händler und Bankiers (die den Finanzplatz Rom lange dominierten) sowie Kurialen, Handwerker und Gewerbetreibende aus fast allen Gegenden Italiens und Ländern Europas niederließen. Der Charakter Roms im 15. Jahrhundert als einer Stadt der Einwanderer und Fremden wurde noch verstärkt durch die vielen Pilger, die in besonders großer Zahl in den Heiligen Jahren nach Rom strömten. Zur Vorbereitung des Jubeljahrs 1475 ließ

Als Papst **Martin V.** 1420 in Rom einzog, fand er die Laterankirche und den benachbarten Bischofspalast unbewohnbar vor. Während seines Pontifikats ließ er die Kirche mit neuer Decke versehen, ihren Marmorfußboden wiederherstellen und das Längsschiff mit Fresken ausmalen. Nach seinem Tod wurde er, wie er es gewünscht hatte, dort auch bestattet. Die wohl von seinem Neffen, Kardinal Prospero Colonna, in Florenz in Auftrag gegebene Grabplatte kam 1445 per Schiff in Rom an. Sie zeigt den Entschlafenen gekrönt mit der Tiara, der Papstkrone mit drei Reifen, im Pontifikalgewand. Die Ornamente am Saum der breiten Ärmel imitieren arabische Schriftzeichen. Rahmenelemente und die Schrifttafel zu Füßen des Papstes verweisen auf antike Vorbilder, insbesondere gilt dies für die letzte Zeile der Inschrift: TEMPORVM SVORVM FILICITAS [!], „das Glück seiner Zeit". An mehreren Stellen auf der Grabplatte und an deren Marmorsockel erscheint das redende Wappen des Colonna-Papstes, die Säule (lat. *columna*).

Bild: Bronze-Grabplatte für Papst Martin V. († 1431), angefertigt um 1443 wohl in einer Florentiner Werkstatt (Donatello ?). Rom, Basilika S. Giovanni in Laterano. Bild: Alinari Archives/Anderson Archives, Florenz.

Literatur: A. Esch/D. Esch, Die Grabplatte Martins V. und andere Importstücke in den römischen Zollregistern der Frührenaissance, in: Römisches Jahrbuch für Kunstgeschichte 17, 1978, 209-217; M. Chiabò u.a (Hrsg.), Alle origini della nuova Roma. Martino V (1417-1431), Rom 1992, 625-641 (A. Esch).

Papst Sixtus IV. (reg. 1471–1484) nicht nur Kirchen renovieren, sondern auch die städtische Infrastruktur verbessern.

Noch schwieriger als die Rückerlangung und Sicherung der Autorität als Stadtherr von Rom war die Wiederherstellung der Herrschaft über den Kirchenstaat. Erst die militärische Unterwerfung wichtiger Teile Mittelitaliens durch den spanischen Kardinallegaten Gil de Albornoz in den Jahren 1353 bis 1367 schuf die Voraussetzung für die Rückkehr des Papsttums nach Rom. Die Schismazeit bedeutete einen erneuten Rückschlag, der erst im Laufe des 15. Jahrhunderts allmählich wieder aufgeholt wurde. Erst im 16. Jahrhundert gelang die innere und äußere Konsolidierung des im europäischen Maßstab mittelgroßen Territoriums, das aber schon im 15. Jahrhundert zu einer immer wichtigeren Einnahmequelle der Apostolischen Kammer geworden ist.

**Papsttum und Gesamtkirche.** Die mittelalterliche Amtskirche war auf allen ihren Organisationsebenen ein hierarchisch geordnetes Gebilde. An der Spitze standen der Papst als *vicarius* (Stellvertreter) *Christi* und seine wichtigsten Berater und engsten Mitarbeiter, die Kardinäle. Nach dem Tod eines Papstes übernahm das Kardinalskollegium die laufenden Geschäfte, und seit 1179 waren sie auch die alleinigen Papstwähler. Seit dem ausgehenden 14. Jahrhundert sind alle Päpste aus dem Kardinalskollegium hervorgegangen. Neue Kardinäle ernannte der Papst, der dadurch die Wahl seines eigenen Nachfolgers, aber auch andere wichtige politische Entscheidungen erheblich beeinflussen konnte. Die Zahl der Kardinäle lag meistens zwischen 20 und 30.

Der Papst benötigte zur praktischen Durchsetzung seines zentralistischen Herrschaftsanspruches über die Gesamtkirche einen Verwaltungsapparat, der es ihm erlaubte, seine *plenitudo potestatis* (allumfassende Amtsgewalt) überall und jederzeit zur Geltung zu bringen. Mit der Ausweitung der kirchenrechtlichen Zuständigkeiten ging daher die Entwicklung einer sich fortschreitend vergrößernden und differenzierenden Administration einher, die als eine der im europäischen Maßstab „frühesten" durchaus schon Merkmale moderner Bürokratie und Staatlichkeit aufweist.

Nicht nur Geistliche, sondern auch Personen weltlichen Standes („Laien") konnten sich zur Erlangung besonderer Gnadenerweise direkt an den Papst wenden; wenn sie vor einem geistlichen Gericht prozessierten, konnten sie die kuriale Gerichtsbarkeit als oberste Appellationsinstanz anrufen. Diese besaß zudem für bestimmte Kategorien von Rechtsfällen die alleinige Entscheidungsbefugnis. Auch das Recht, frei gewordene kirchliche Ämter und die damit verbundenen Pfründen neu zu besetzen, behielten sich die Päpste immer häufiger vor und beschnitten dadurch die Rechte der eigentlich Wahl- oder Vorschlagsberechtigten vor Ort. Zeitgenossen und spätere Historiker interpretierten dies als Ausübung einer aktiven päpstlichen „Personalpolitik" bei Bistumsbesetzungen, erst recht aber bei der Neubesetzung nachgeordneter kirchlicher Ämter, und kritisierten die damit regelmäßig verbundenen Gebührenforderungen. Dieses Urteil ist inzwischen stark relativiert worden. Denn für den Papst war es nicht nötig und auch gar nicht möglich, aus eigener Initiative heraus sämtliche Ämter und Pfründen in seinem Sinne zu besetzen, zumal die Kurie gar keinen Überblick über die lokalen

Verhältnisse in ganz Europa haben konnte. Plausibler ist die Annahme, dass der Papst sich (ebenso wie andere Herrscher) der Regierungsweise der so genannten Reskripttechnik bediente [Pitz]. Damit ist gemeint, dass päpstliche Briefe zumeist eine Reaktion von Papst und Kurie auf Anliegen sind, die von außen an sie herangetragen wurden. Um eigene Ansprüche (namentlich auf kirchliche Ämter und Pfründen) gegen örtliche Konkurrenz durchzusetzen, versicherten sich nämlich die spätmittelalterlichen Zeitgenossen gerne der Unterstützung durch die päpstliche Amtsgewalt. Die *plenitudo potestatis* war eine kräftige Legitimitätsquelle für die eigenen Ziele. Es gab also eine „Nachfrage" nach der Erteilung Erfolg versprechender Anrechte, was die Päpste als „Anbieter" solcher Dienstleistungen seit dem 14. Jahrhundert fiskalisch zu nutzen begannen. Allerdings waren die an der Kurie erworbenen Anrechte nicht in jedem Fall wirksam, sondern mussten vor Ort erst durchgesetzt werden, was im Laufe des 15. Jahrhunderst immer öfter nicht mehr gelang. Letztendlich verlor das Papsttum seinen Einfluss auf die Besetzung kirchlicher Stellen und die Besteuerung des Klerus an die Landesherren. Auch wenn sich die kirchenpolitischen Verhältnisse in den einzelnen „Staaten" sehr unterschiedlich entwickelten [Tewes], nahmen die Beziehungen des Papsttums zu den anderen italienischen und sonstigen europäischen Mächten immer mehr einen außenpolitischen Charakter an.

▷ S. 69 f. Die Römische Kirche und Italien

Christiane Schuchard

## Italien

**Die Herrschaft der Fünf (Pentarchie).** Kein Jahr nachdem die Nachricht vom Fall Konstantinopels die Apenninenhalbinsel erschüttert hatte, beendete der zwischen Mailand und Venedig geschlossene Frieden von Lodi deren langwierige Hegemonie-Kämpfe um Oberitalien (9. April 1454). Für den erfolgreichsten Söldnerführer (*condottiere*) des 15. Jahrhunderts, Francesco Sforza (1401–1466), der erst vier Jahre zuvor die Visconti in Mailand beerbt hatte, bedeutete die Einigung eine Bekräftigung seiner Herrschaft in der lombardischen Metropole. Die Seerepublik Venedig erhielt ihren mit großem Aufwand erworbenen riesigen Festlandsbesitz (*terraferma*) bestätigt. Nachdem diese beiden Mächte ihre Interessenssphären abgesteckt hatten, luden sie im Angesicht der von den Türken ausgehenden großen äußeren Gefahr Florenz, den Papst und Neapel ein, der Entente zur Sicherung des Status quo beizutreten (Italischer Bund, 1470 erneuert). Alsbald schlossen sich dem Bündnis auch die meisten der kleineren Herrschaften an, womit sich die Idee eines politischen Zusammenhalts Italiens konkretisierte [Lill, 128].

Das zunächst fragile Geflecht bescherte der Apenninenhalbinsel für ein halbes Jahrhundert eine Phase der relativen Ruhe – eine der Bedingungen für die Kultur der Renaissance. Der Florentiner Politiker und Historiker Niccolò Machiavelli (1469–1527) nannte die austarierte „Herrschaft der Fünf" (Pentarchie) zwischen den Republiken Florenz und Venedig, dem Herzogtum Mailand, dem Königreich Neapel/Sizilien sowie der geistlichen Wahlmonarchie des Kirchenstaates in seinem Hauptwerk „Der Fürst" (*Il principe* von 1513, Kap. XX) „ausbalanciertes Italien" (*Italia bi-*

### Detailskizze

Wie „Mittelalter" und „Humanismus" wurde auch **„Renaissance"** erst in nachmittelalterlicher Zeit zum Epochenbegriff. Die Humanisten setzten sich von einer vermeintlich kulturarmen Vergangenheit ab und trachteten danach, die verschüttete antike Literatur, Wissenschaft und Kunst zu neuem Leben zu erwecken. Von *rinascita* (Wiederaufblühen, Wiedergeburt) ist erstmals bei Giorgio Vasari (1511–1574) die Rede.

Der Basler Historiker Jacob Burckhardt (1818–1897) brachte das in seinen Augen Neuartige der Renaissancezeit mit der These von der „Entdeckung der Welt und des Menschen" auf den Begriff. Die außerordentliche Prägekraft seines Hauptwerks „Die Kultur der Renaissance in Italien" aus dem Jahre 1860 hat bis heute nicht nachgelassen. Burckhardts doppelte Entdeckung meint einmal, dass sich der Renaissancemensch der objektiven Erforschung von Natur, Mensch und Kultur zuwandte, was zu einer Betonung der Diesseitigkeit geführt habe. Zum anderen nahm Burckhardt an, dass der Mensch zuerst in Italien seine Subjektivität erkannt habe.

An Burckhardt wird kritisiert, er habe seine Folie des Mittelalters allzu düster gefärbt, um die neue Glanzzeit der Renaissance umso heller erstrahlen zu lassen. Es gebe bereits aus früherer Zeit Belege für Individualität und Naturphilosophie sowie für eine Hinwendung zur Kultur des Altertums. Man glaubt, frühere Renaissancen, die karolingische, die ottonische, die staufische, entdeckt zu haben.

Für Peter Burke ist die Renaissance daher keine Epoche, sondern eine kulturelle Bewegung, an der ein Netzwerk von Künstlern, Schriftstellern und Gelehrten teilhatte. Er scheidet die Renaissance deutlich von der Moderne und geht von dem langen Zeitraum von 1330 bis 1630 aus. Indem er auf gleichzeitige Hinwendungen zur Antike auch in der byzantinischen oder islamischen Welt verweist, möchte er von dem traditionellen italo- und eurozentrischen Blick auf die Renaissance abrücken.

Literatur: J. Burckhardt, Die Kultur der Renaissance in Italien, hrsg. v. H. Günther, Frankfurt/M./Leipzig 2003 (zuerst 1860); P. Burke, Die europäische Renaissance. Zentren und Peripherien, München 1998; Ders., Die Renaissance in Italien. Sozialgeschichte einer Kultur zwischen Tradition und Erfindung, Berlin 1996 (zuerst engl. 1972); V. Reinhardt, Die Renaissance in Italien. Geschichte und Kultur, München 2002.

*lanciata*). Die Voraussetzung für das labile Gleichgewicht der Kräfte in der zweiten Hälfte des 15. Jahrhunderts war die Konsolidierung der Herrschaftsverhältnisse in den führenden Staaten gewesen.

In Florenz hatte die Partei Cosimos de' Medici (1389–1464) Anfang der dreißiger Jahre des 15. Jahrhunderts die konkurrierende Gruppe um die Familie der Albizzi in blutigen Auseinandersetzungen ausgeschaltet. In einer stillen Revolution baute Cosimo seit 1434 die republikanische Verfassung so um, dass bei dem damals üblichen Wahl-Los-Verfahren für die entscheidenden Ämter nur noch Anhänger der Medici-Partei durchkamen. Die päpstliche Monarchie war durch die jahrzehntelange Abwesenheit der Kurie aus Italien und die Kirchenspaltung stark geschwächt worden; erst die Rückkehr des unangefochtenen Papstes Martin V. im Jahre 1420 nach Rom änderte die Lage grundlegend, so dass sich der Kirchenstaat allmählich festigte [Chiabo]. Im Süden setzte sich nach langwierigem Thronfolgestreit mit der Einnahme von Neapel und der päpstlichen Anerkennung in den Jahren 1442/43 der spanische König Alfons V. von Aragón durch. Um Akzeptanz zu gewinnen, sah er sich jedoch gezwungen, den Baronen im Land weitgehende Autonomierechte zu gewähren. Sie waren zwar formal lehnsabhängig, beanspruchten aber für ihre zum Teil riesigen Territorien, die bezeichnenderweise *stato* genannt wurden, niemandem unterworfen zu sein. Die Existenz solcher Staaten im Staat wirft die Frage nach der Souveränität der italienischen Renaissancestaaten auf.

Grundsätzlich waren überhaupt nur der Doge von Venedig, der einst die Herrschaft von Byzanz abgeschüttelt hatte, sowie der Bischof von Rom, der seine weltliche Gewalt tatsächlichen und vorgeblichen Schenkungen

Der Ausschnitt zeigt einen der Heiligen Drei Könige auf dem Weg nach Bethlehem. Er reitet inmitten eines personenreichen Zuges, der sich auf drei Seiten der Hauskapelle des Medici-Palastes in Florenz durch eine phantastische Landschaft bewegt. Es gibt gute Gründe, in dem abgebildeten jüngsten König den damaligen Stammhalter der **Medici**, Lorenzo (1449–1492), in idealisierter Form zu sehen; die gelegentlich vorgebrachte These von einer Porträtähnlichkeit mit dem damals etwa 10jährigen Jungen ist abzulehnen. Nach dem Tod seines Großvaters Cosimo und seines Vaters Piero folgte Lorenzo als faktischer Signore von Florenz. Diese drei wie weitere Personen aus der Familie und Klientel der Medici sind im Gefolge der Magier porträtiert. Der Zug, der die traditionell in Florenz stattfindende Dreikönigsprozession aufgreift, bei der die Medici eine herausragende Rolle spielten, diente in einem Sakralraum, der auch für Audienzen und politische Empfänge genutzt wurde, der familiären Selbstverherrlichung und politischen Propaganda.

Lorenzo untermauerte seine fürstengleiche Stellung durch umfassende Förderung der Künste und Wissenschaften. Er machte Florenz zur politisch und kulturell führenden Macht Italiens. Da er überdies selbst ein hervorragender Lyriker und Prosaschriftsteller war, ging er als das Modell eines Renaissancefürsten in die Geschichte ein: Man nannte ihn *il Magnifico*, den Prächtigen.

Bild: Benozzo Gozzoli (1420–1497), Der jüngste der drei Magier (Ausschnitt aus dem Zug der Heiligen Drei Könige), 1459-61, Wandmalerei, Florenz, Palazzo Medici-Riccardi, Kapelle. Foto: AKG.

Literatur: I. Walter, Der Prächtige. Lorenzo de' Medici und seine Zeit, München 2003; D. C. Ahl, Benozzo Gozzoli, New Haven/London 1996; C. Acidini Luchinat (Hrsg.), The Chapel of the Magi. Benozzo Gozzoli's frescoes in the Palazzo Medici-Riccardi Florence, London 1994 (zuerst it. 1993).

Dieses Relief steht im Zentrum eines hohen doppelgeschossigen Triumphbogens, der sich zwischen zwei gewaltigen Türmen des am Hafen von Neapel gelegenen Castel Nuovo erhebt. Es zeigt in antikisierender Manier den triumphalen Einzug, den **König Alfons V.** von Aragón und Sizilien (1416–1458) am 26. Februar 1443 in Neapel hielt. Schon damals war ein, freilich aus Holz gefertigter, Ehrenbogen aufgestellt und der Plan gefasst worden, das Ereignis in Marmor zu verewigen. Dem im Mittelpunkt stehenden Triumphwagen gehen Musikanten zu Pferd und zu Fuß voran. Über dem Herrscher, der auf dem Wagen mit einer Kugel in seiner Linken thront (die Rechte fehlt), wird ein Baldachin getragen. Ihm folgen der Adel des Landes sowie das Volk von Neapel.

Alfons hatte das Königreich nur in einem zehnjährigen aufreibenden Krieg erobern können. Nun wollte Alfons seinem Beinamen *Magnanimus*, der Großmütige, alle Ehre tun. Mit dem König hatte die Renaissance in Neapel und damit in Süditalien Einzug gehalten. An seinem Hof fanden sich viele Humanisten und Künstler ein, er gründete eine Bibliothek und die erste humanistische Akademie. Vom Triumphtor an seiner Residenz, das von Darstellungen der Tugenden und dem Erzengel Michael, dem Anführer der himmlischen Heerscharen, gekrönt wird, sollte die Botschaft ausgehen: Frieden und Gerechtigkeit sind in einem Land sicher, das einen König wie Alfons hat und es sich leisten kann, seine Hauptfestung durch eine solche Prachtfassade zu öffnen.

Bild: Pietro da Milano († 1473)/Francesco Laurana (um 1420–1502), Relief des Triumphzugs von König Alfons I. von Neapel, 1452–71, Neapel, Triumphtor am Castel Nuovo (37 x 9 m).



Literatur: A. Ryder, Alfonso the Magnanimous. King of Aragon, Naples and Sicily, 1396–1458, Oxford 1990; H.-W. Kruft/M. Malmanger, Der Triumphbogen Alfonsos in Neapel. Das Monument und seine politische Bedeutung, Tübingen 1977 (zuerst 1975).

von Kaisern und Königen verdankte, keiner außenstehenden Macht Rechenschaft schuldig. Die mächtige Republik Florenz war eine dem Kaiser tributpflichtige Reichsstadt, der Herzog von Mailand seit seiner in den Jahren 1395/96 erkauften Erhebung ein Vasall des römisch-deutschen Königs. Der ebenfalls in Lehnsabhängigkeit stehende König von Sizilien hatte schon seit langem dem Papst zu huldigen. Freilich blieben diese Abhängigkeiten zumeist leere Ansprüche. Auf der Ebene unter den großen Fünf lassen sich eine Reihe von Mittelmächten ausmachen wie das von den Herzögen von Savoyen beherrschte Piemont, dann Mantua und Ferrara unter den Markgrafen aus den Familien der Gonzaga und Este, die Republiken Genua, Lucca und Siena, die Herrschaften der päpstlichen Vikare aus den Familien der Malatesta in Rimini und Montefeltro in Urbino. Der französische Einmarsch in Italien im Jahre 1494 warf das kunstvolle Gebilde des ausbalancierten Italiens über den Haufen und zeigte, dass die fünf mächtigen Herrschaften Italiens nur auf der Apenninenhalbinsel mächtig waren – im Vergleich zu Monarchien wie Frankreich oder Spanien aber zuwenig Eigengewicht aufwiesen. Von nun an war Italien für lange Zeit nur noch Schauplatz und Objekt im Kampf um die Hegemonie in Europa.

**Ein Renaissancehof: Das Beispiel Ferrara.** Der italienische Renaissancehof bildete sich im zweiten Drittel des 15. Jahrhunderts im Umkreis der Stadtherren (*signori*) heraus. Zuvor hatten die Amtsträger noch konkrete administrative Aufgaben, beschränkte sich das höfische Leben auf wenige festliche Anlässe. Danach wurde der Hof zur Dauereinrichtung für eine deutlich gewachsene Zahl an Höflingen (um 1450 fünf- bis sechshundert in Ferrara), deren Funktion nun vor allem in der Repräsentation signoriler Herrschaft bestand, die den Untertanen in symbolischer Kommunikation vermittelt werden sollte. Schon seit ihren Anfängen war die Signorie auf performative Akte angewiesen. Am 16. Februar 1264 inszenierte Markgraf Obizzo II. d'Este in Ferrara eine Volksversammlung (*parlamentum*), die ihm die unumschränkte Macht über die Kommune feierlich zu übergeben hatte. Ohne ein legitimatorisches Ritual war eine nicht nur für Italien neue, ursprünglich illegitime städtische Herrschaftsform offensichtlich nicht erfolgreich durchzusetzen. Die kommunalen Institutionen wurden durch kaiserliche oder päpstliche Anerkennung sowie durch Erblichkeit der Signorie – die im günstigen Falle wie bei den Markgrafen (seit 1329 päpstlichen Vikaren, seit 1471 Herzögen) von Ferrara zu langdauernden Dynastien führte – dann endgültig ausgeschaltet.

▷ S. 101 f. Thema: Herrschen ohne Staat: Ressourcen und Rituale

Zur kulturellen Legitimation in der Verherrlichung der ältesten Herrscherdynastie Italiens wurden Architekten, Künstler und Humanisten herangezogen, die sich in allen nur denkbaren Genres gegenseitig zu übertreffen suchten [Bertozzi]. Die Stadt Ferrara selbst wurde zum Gesamtkunstwerk [Rosenberg]. Markgraf Leonello (reg. 1441–1450) zog Künstler wie Pisanello, Andrea Mantegna, Rogier Van der Weyden, Jacopo Bellini und Piero della Francesca an seinen Hof [Markmann]; sein Stiefbruder Herzog Ercole I. (reg. 1471–1505) gewann Dichter wie Ludovico Ariosto und Musiker wie Josquin Desprèsz [Tuohy]; Ercoles Tochter, die spätere Markgräfin von Mantua, Isabella (1474–1539), tat sich selbst als Humanistin hervor und wurde als Frauenideal der Renaissance gefeiert.

Uwe Israel

**Literatur**

**Römische Kirche**

S. Gensini (Hrsg.), Roma Capitale (1447–1527), Pisa/San Miniato 1994.

B. Guillemain, La cour pontificale d'Avignon (1309-1376). Étude d'une société, Paris 1962.

J. Helmrath, Das Basler Konzil 1431–1449. Forschungsstand und Probleme, Köln/Wien 1987.

I. Mieck (Hrsg.), Ämterhandel im Spätmittelalter und im 16. Jahrhundert, Berlin 1984.

P. Partner, The Lands of St. Peter. The Papal State in the Middle Ages and the Early Renaissance, London 1972.

E. Pitz, Die römische Kurie als Thema der vergleichenden Sozialgeschichte, in: Quellen und Forschungen aus italienischen Archiven und Bibliotheken 58, 1978, 216–359.

W. Reinhard, Freunde und Kreaturen. „Verflechtung" als Konzept zur Erforschung historischer Führungsgruppen. Römische Oligarchie um 1600, München 1979.

Ders., Nepotismus. Der Funktionswandel einer papstgeschichtlichen Konstanten, in: Zeitschrift für Kirchengeschichte 86, 1975, 145–185.

B. Schimmelpfennig, Das Papsttum. Von der Antike bis zur Renaissance, Darmstadt 1984; 4., korr. u. aktual. Aufl. 1996.

L. Schmugge, Kirche Kinder Karrieren. Päpstliche Dispense von der unehelichen Geburt im Spätmittelalter, Zürich 1995.

C. Schuchard, Die Deutschen an der päpstlichen Kurie im späten Mittelalter (1378–1447), Tübingen 1987.

B. Schwarz, Die römische Kurie im Zeitalter des Schismas und der Reformkonzilien, in: G. Melville (Hrsg.), Institutionen und Geschichte, Köln/Weimar/Wien 1992, 231–258.

A. A. Strnad, Papsttum, Kirchenstaat und Europa in der Renaissance, in: R. Elze/H. Schmidinger/H. Schulte Nordholt (Hrsg.), Rom in der Neuzeit, Wien/Rom 1976, 19–52.

G.-R. Tewes, Die römische Kurie und die europäischen Länder am Vorabend der Reformation, Tübingen 2001.

S. Weiss, Die Versorgung des päpstlichen Hofes in Avignon mit Lebensmitteln (1316–1378). Studien zur Sozial- und Wirtschaftsgeschichte eines mittelalterlichen Hofes, Berlin 2002.

**Italien**

M. Bertozzi (Hrsg.), Alla corte degli Estensi. Filosofia, arte e cultura a Ferrara nei secoli XV e XVI, Ferrara 1994.

M. Chiabo (Hrsg.), Alle origini della nuova Roma. Martino V. (1417–1431), Rom 1992.

R. Lill, Das Italien der Hoch- und Spätrenaissance. Vom Frieden von Lodi zum Frieden von Cateau-Cambrésis (1454–1559), in: W. Altgeld (Hrsg.), Kleine Italienische Geschichte, Stuttgart 2002, 123–174.

D. Markmann, Kontinuität und Innovation am ferraresischen Hof zur Zeit Leonello d'Estes (1407–1450), Hagen 2000.

C. M. Rosenberg, The Este Monuments and Urban Development in Renaissance Ferrara, Cambridge 1997.

T. Tuohy, Herculean Ferrara. Ercole d'Este, 1471-1505, and the Invention of a Ducal Capital, Cambridge 1996.

# Westeuropäische Monarchien

## Zeittafel

| | |
|---|---|
| 1302 | Schlacht bei Kortrijk (Courtrai). |
| 1314 | Schlacht von Bannockburn. |
| 1337 | Beginn des 100-jährigen Krieges. |
| 1340 | Vernichtung der französischen Flotte bei Sluis. |
| 1346 | Schlacht von Crécy. |
| 1356 | Schlacht von Poitiers. |
| 1358 | Jacquerie. |
| 1360 | Friede von Brétigny. |
| 1381 | Aufstand von Wat Tyler. |
| 1399 | Absetzung Richards II. |
| 1415 | Schlacht von Agincourt. |
| 1420 | Friede von Troyes. |
| 1429 | Aufhebung der Belagerung von Orléans unter Jeanne d'Arc. |
| 1435 | Vertrag von Arras. |
| 1453 | Schlacht von Castillon. Ende des 100-jährigen Krieges. |
| 1455 | Schlacht von St. Albans und Beginn der Thronkämpfe zwischen den Häusern Lancaster und York (Rosenkriege). |
| 1461 | Absetzung Heinrichs IV. |
| 1470 | Flucht Eduards IV. Wiedereinsetzung Heinrichs IV. |
| 1471 | Wiedereinsetzung Eduards IV. |
| 1474 | Friede von Utrecht beendet englisch-hansischen Seekrieg. |
| 1477 | Tod Herzog Karl des Kühnen von Burgund. |
| 1483 | Thronbesteigung Richards III. |
| 1485 | Schlacht von Bosworth. Tod Richards III. Thronbesteigung Heinrichs VII. Beginn der Königtums des Hauses Tudor. |
| 1494 | Französische Intervention in Italien. |

## England

**Heinrich III.** Die englische Politik im Spätmittelalter wurde außenpolitisch von den Auseinandersetzungen mit Frankreich und innenpolitisch von den Spannungen zwischen König und Adel beherrscht. Bei der Krönung des minderjährigen Heinrich III. (reg. 1216–1272) stand ein französisches Heer in England. Papst Honorius III. (reg. 1216–1227) stellte sich hinter Heinrich III. und bewirkte ein Umschwenken bei der Mehrzahl der wichtigen Adligen. Nach einer Reihe kleiner Niederlagen zogen sich die Franzosen aus England zurück, und auch die innenpolitische Situation stabilisierte sich kurzzeitig. Doch im Jahr 1234 brach der Konflikt zwischen König und Hochadel offen aus: Verstanden sich die Magnaten unter Führung von Simon von Montfort (gest. 1265) als die natürlichen Berater des Königs, deren Rat er befolgen müsse, so beanspruchte der Herrscher das Recht, seine Vertrauten selbst zu wählen und seine Entscheidungen allein zu treffen.

Zu dieser Auseinandersetzung hatten insbesondere außenpolitische Entwicklungen geführt, die erhebliche finanzielle Belastungen nach sich zogen: Heinrich III. intervenierte in Wales, um dort seine Macht auszubauen. Zur gleichen Zeit gerieten die englischen Truppen bei der Verteidigung des englischen Territoriums in Frankreich in die Defensive. Der Adel kritisierte diese Politik und verlangte mehr Mitbestimmung. In den „Provisions of Oxford" musste Heinrich III. 1259 einen Rat aus 15 Baronen zur Beratung und Kontrolle der Administration akzeptieren. Um außenpolitisch Handlungsspielraum zu gewinnen, schloss der englische König mit dem französischen Monarchen den Frieden von Paris. Konnte er als Lehnsmann nun den

▷ S. 81 Westeuropäische Monarchien

französischen König als Schiedsrichter im Konflikt mit dem Adel anrufen, so erklärte dieser ebenso wie der Papst die *Provisions* für ungültig. Die Folge waren kriegerische Auseinandersetzungen mit dem Adel, in dessen Verlauf der Sohn Heinrichs III., Eduard I. (reg. 1273–1307), 1265 die Aufständischen vernichtend schlug.

**Eduard I. und Eduard II.** Eduard I. ging nach seiner Krönung 1272 daran, seine Stellung durch den Ausbau des Rechtssystems zu stärken sowie die Lehnsbindungen auf seine Person zu konzentrieren. Zugleich wurde er außenpolitisch aktiv: Nach der Unterwerfung von Wales intervenierte er ab 1286 in Schottland, konnte dieses schwer zugängliche und in sich gefestigte Königreich aber wegen des Widerstands des schottischen Adels nicht unterwerfen. Die zur Finanzierung der Feldzüge notwendigen Steuern und Abgaben erregten zunehmend Unmut, der sich vor allem in den Zusammenkünften der Großen des Landes im „Great Council", bald „Parlament" genannt, äußerte. Die versammelten Magnaten sowie Vertreter der Grafschaftsritter, der Städte und des Klerus hatten das Recht zur Bewilligung neuer Abgaben und Steuern. Unter Eduard I. wie auch unter seinen Nachfolgern war jedoch umstritten, ob dem Parlament lediglich beratende Funktion zukam oder ob der Monarch an die Beschlüsse des Parlaments gebunden war. Damit verknüpft war die Frage, ob der Monarch selbst über die Zusammensetzung seines Hofes und damit über die Ernennung seiner Berater entscheiden konnte. Parallel zu diesem Konflikt erlangten die hohen Staatsämter wie die Kanzlei (*Chancery*) und das Schatzamt (*Exchequer*) zunehmend administrative Selbstständigkeit.

Die Ansprüche auf Schottland sowie das angespannte Verhältnis zum Adel überschatteten den Amtsantritt von Eduard II. (reg. 1307–1327). Dieser vertraute insbesondere einzelnen Günstlingen wie dem Ritter Piers Gaveston und provozierte damit den Widerstand des Adels. Die Auseinandersetzungen resultierten 1311 in der Ermordung von Gaveston. Ein erneuter Versuch, Schottland niederzuwerfen, endet 1314 mit der Niederlage der Engländer bei Bannockburn. Dennoch gelang es Eduard II. mit einer Handvoll Vertrauter unter Ausnutzung aller Rechts- und Machtmittel England innenpolitisch zu befrieden. Zur außenpolitischen Entlastung hatte der König Isabella, die Tochter des französischen Königs, geheiratet, doch wurde er 1326 von dieser gemeinsam mit Adligen um Roger Mortimer gestürzt und schließlich im folgenden Jahr ermordet. Für den noch minderjährigen Eduard III. (reg. 1327–1377) übernahm bis 1330 ein Regentschaftsrat unter Leitung der Königin und ihres Vertrauten Mortimer die Regierungsgeschäfte.

**Eduard III.** Im Gegensatz zu seinem Vater war Eduard III. in seinen ersten Herrschaftsjahren auf Kooperation mit dem Adel bedacht, den er in seine Entscheidungen einbezog und dessen Hilfe er bei der Sanierung der Finanzen erhielt. Zugleich eröffnete er den Magnaten Betätigungsfelder in den Auseinandersetzungen mit Frankreich und Schottland. Die zunehmende Verwendung von Söldnern führte einerseits zur Aufstellung privater Armeen und ermöglichte insbesondere Mitgliedern des Niederadels den sozialen Aufstieg, zog aber andererseits enorme finanzielle Belastungen sowohl für die Krone als auch für die Magnaten nach sich, die sich nur lohnten, wenn Gegenstände aus Plünderungen verkauft oder französische Gefangene gegen Lösegeld ausgelöst wurden. Als die militärischen Erfolge nach 1360 ausblieben, brachen die innenpolitischen Konflikte erneut auf. Zur gleichen Zeit wuchsen die sozialen und wirtschaftlichen Probleme in Folge der Pest. Zur Vermeidung sozialer Spannungen erließ die Krone unter anderem Höchstlohnsätze und beschränkte die Mobilität der Wanderarbeiter, während Grundbesitzer ihr Land zu festen Sätzen zu verpachten und von der arbeitsintensiven Bodennutzung abzugehen versuchten.

▷ S. 104 Reich der Deutschen

**Ein gescheiterter König: Richard II.** Die Verschlechterung der Situation insbesondere für die kleinen Bauern und Funktionsträger in Verbindung mit der Erhebung der vergleichsweise hohen allgemeinen Steuer von 1380 führte dann 1381 zu einem Aufstand unter der Führung von Wat Tyler, den der minderjährige Richard II. (reg. 1377–1399) nur mit Mühe niederschlagen konnte.

Im Schatten tief gehender sozialer und wirtschaftlicher Änderungen wurde seine Amtszeit aber im Wesentlichen von dem Konflikt mit seinem Onkel John of Gaunt (gest. 1399) bestimmt. Während Richard II. recht bald einen Ausgleich mit Frankreich herbeizuführen versuchte, plädierten die Magnaten mit John of Gaunt für die Fortsetzung des Konflikts. Bald nachdem der König die Volljährigkeit erlangt hatte, klagten die Magnaten 1387 eine Reihe königlicher Berater vor dem Parlament an, das mehrere zum Tode verurteilte. Der Monarch beugte sich dem Willen des Adels und heiratete schließlich 1396 in zweiter Ehe Isabella von Frankreich, mit deren Vater er einen 28-jährigen Waffenstillstand abschloss. Auf diese Weise hatte er innenpolitisch den Rücken frei und versuchte von 1397 bis 1399 die absolute Ausdehnung seiner Prärogative. Nach dem Tod von John of Gaunt verwies er dessen Sohn Heinrich von Lancaster außer Landes, der aber von Frankreich aus den Widerstand organisierte, 1399 in England landete und den König gefangen nahm. Nach dem erzwungenen Rücktritt Richards II. ließ er sich als Heinrich IV. (reg. 1399–1413) unter Zuhilfenahme fragwürdiger juristischer Konstruktionen krönen. Mit Richard II., der unter ungeklärten Umständen in Gefangenschaft starb, endete die Herrschaft des Hauses Plantagenet.

**Das Haus Lancaster.** Der französische Hof lehnte den neuen König ab. Innenpolitisch musste sich Heinrich IV. zunächst gegen mehrere Aufstände durchsetzen. Der hohe Finanzbedarf der Krone erzwang eine Kooperation sowohl mit den Magnaten als auch mit dem Parlament. Gesundheitlich geschwächt überließ der König gegen Ende des ersten Jahrzehnts immer mehr Macht seinem Sohn, der ihm 1413 auf den Thron folgte. Heinrich V. (reg. 1413–1422) sah in den inneren Wirren Frankreichs eine Chance zur erfolgreichen Wiederaufnahme des Krieges und damit zur Einbindung des englischen Adels. Nach dem Erfolg von Agincourt 1415 verbrachte der Monarch bis zu seinem Tod 1422 die meiste Zeit auf Feldzügen in Frankreich.

Sein früher Tod stellte langfristig die neue Dynastie in Frage, erst recht, da sein Sohn aus der Ehe mit Katharina, Tochter des französischen Königs, erst drei Jahre alt war. Die vollständige Eroberung Frankreichs konnte nicht erreicht werden, vielmehr ging nahezu der gesamte englische Festlandbesitz bis 1453 verloren. Weiterhin erhoben Vertreter des Hauses Plantagenet Ansprüche auf die Krone. So brachen die innenpolitischen Konflikte mit dem Adel und zwischen den Magnaten wieder auf, von denen viele die Schwäche des Königs zur Durchsetzung eigener Machtinteressen zu nutzen versuchten.

**Die Rosenkriege und das Haus Tudor.** 1455 begann eine Periode der permanenten Auseinandersetzungen zwischen den verschiedenen Adelsgeschlechtern, die nach den verschiedenfarbigen Abzeichen der Parteiungen als Rosenkriege bezeichnet werden. Langfristig konnten sich Humphrey von Gloucester und Richard von York sowie dessen Sohn Eduard, Earl of March, durchsetzen. Sehr bald kam es dann zu Spannungen zwischen dem neuen König Eduard IV. (reg. 1461–1469 und 1471–1483) und seinen engsten Anhängern, in deren Folge die verschiedenen Seiten Bündnispartner auf dem Kontinent fanden. Der König konnte nach und nach sämtliche Gegner beseitigen. Nach seinem Tod 1483 übernahm erneut ein Regentschaftsrat für seinen zwölfjährigen Sohn und Thronfolger die Macht. An seiner Spitze stand der jüngere Bruder des verstorbenen Königs, Richard Herzog von Gloucester (reg. 1483–1485), dem es bald gelang, den Thronfolger unter seine Kontrolle zu bekommen, und der sich insbesondere mit der Unterstützung Londons im selben Jahr selbst zum König krönen ließ. Wie auch seine Vorgänger stieß er auf den Widerstand anderer Magnaten. In der Schlacht von Bosworth 1485 besiegte ihn Heinrich Tudor (reg. 1485–1509), der mütterlicherseits zum Haus Lancaster gehörte und eine Tochter Eduards IV. geheiratet hatte. Mit ihm begann eine Periode von vergleichsweise stabilen innenpolitischen Verhältnissen, in der es keine militärischen Auseinandersetzungen zwischen König und Adel und keine nennenswerten englischen Feldzüge mehr in Frankreich gab.

Arnd Reitemeier



**Die Entwicklung bis zum Vertrag von Brétigny (1360)**

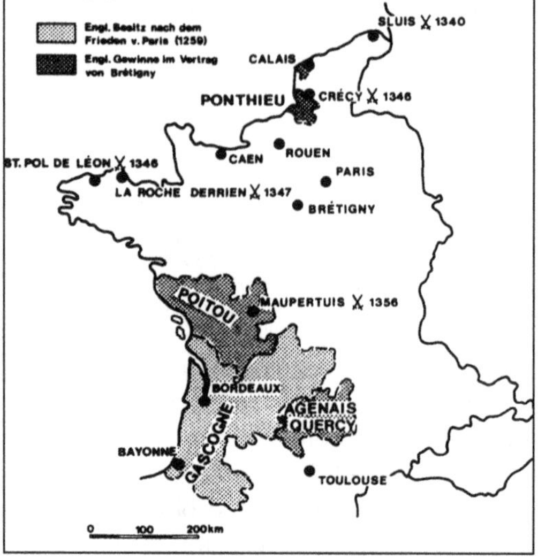

Bei den Auseinandersetzungen zwischen England und Frankreich, die man seit dem 19. Jahrhundert **Hundertjähriger Krieg** nennt, handelte es sich um eine mehr als 100 Jahre lange Abfolge militärischer Aktionen mit großen Pausen. Der rechtliche Streitpunkt war die lehnsrechtliche Stellung des Herzogs der Guyenne. Politisch zielte der französische König darauf, den englischen Festlandbesitz der Krondomäne zuzuschlagen. Der Auslöser des Krieges war die französische Thronfolge. Nach dem Tod aller Söhne Philipps IV. von Frankreich (reg. 1285–1314) erhob Eduard III. von England (reg. 1327–1377) erbrechtliche Ansprüche auf den französischen Thron: Nach salischem Recht ging die Krone an Philipp VI. (reg. 1328–1350) als Enkel Philipps III. (reg. 1270–1285) und damit Erben in männlicher Linie über, doch Eduard III. beanspruchte die französische Krone über die direktere weibliche Linie, da seine Mutter Isabella eine Tochter Philipps IV. war.

Die erste Phase des Krieges ab ca. 1338 wurde durch spektakuläre englische Erfolge (1346 Crécy, 1356 Poitiers) und Plünderungszüge (*chevauchées*) geprägt. Im Frieden von Brétigny (1360) gestand der gefangene Johann II. von Frankreich (reg. 1350–1364) dem englischen Monarchen die Souveränität über die stark vergrößerte Guyenne und weitere Gebiete zu.

Die zweite Phase bis 1413 bestimmten Grenzkriege ohne entscheidende Feldschlachten. Beide Könige waren in dieser Phase schwache Herrscher. Karl VI. (reg. 1380–1422) war krank und phasenweise unzurechnungsfähig, und Richard II. (reg. 1377–1399) wurde 1399 von einer Adelsopposition gestürzt. Der Versuch, durch eine Heirat Richards II. mit Isabella, der Tochter Karls VI., einen Frieden zu erreichen, scheiterte in beiden Ländern an inneren Widerständen.

Während der dritten Phase bis 1422 nutzte Heinrich V. (reg. 1413–1422) die innerfranzösischen

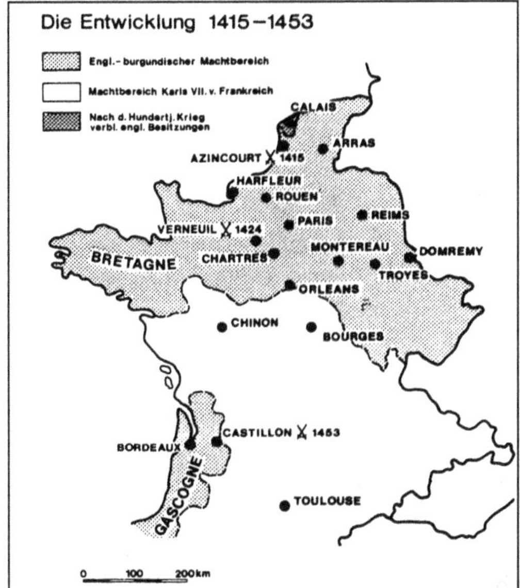


Wirren zum erneuten Expansionsversuch. Nach der vernichtenden Niederlage des französischen Heeres bei Agincourt (1415) eroberte er den gesamten Norden Frankreichs mit Paris. Nach dem Bündnis mit Herzog Philipp (dem Guten) von Burgund (reg. 1419–1467) 1419, der die Ermordung seines Vaters durch den Dauphin Karl VII. (reg. 1422–1461) rächen wollte, erzwang Heinrich V. 1420 den Frieden von Troyes: Er heiratete Katharina, die Tochter von Karl VI., und wurde vom französischen König als Reichsverweser eingesetzt. Weite Teile Mittel- und Südfrankreichs unterstanden aber faktisch weiterhin dem in dieser Regelung übergangenen Dauphin.

Die vierte Phase nach dem frühen Tod Heinrichs V. von 1422 bis 1453 war zunächst von einer Ausdehnung des englisch besetzten Gebiets geprägt. Dem Bauernmädchen Jeanne d'Arc, der Jungfrau von Orléans (um 1412–1431), gelang 1429 unter Verweis auf göttliche Berufung eine Neumotivation der Truppen von Karl VII. Sie erzwang die Aufhebung der englischen Belagerung von Orléans. Karl VII. wurde 1429 zum französischen König gekrönt. Von nun an waren die englischen Truppen in der Defensive. Im Vertrag von Arras söhnte sich 1435 Herzog Philipp von Burgund mit Karl VII. aus, dem während der folgenden Jahre eine innere Stabilisierung Frankreichs gelang. Nachdem diplomatische Ausgleichsversuche gescheitert waren, blieb infolge des Siegs von Castillon 1453 lediglich noch Calais in englischer Hand.

Arnd Reitemeier und
Petra Ehm-Schnocks

Karten: K.-F. Krieger, Geschichte Englands, Bd. 1: Von den Anfängen bis zum 15. Jahrhundert, München: Verlag C. H. Beck 1996, 294.

Literatur: P. Contamine, La guerre de Cent ans, 5. bearb. Aufl. Paris 1989; A. Curry, The Hundred Years War. History in Perspective, 2. Aufl. New York 2003.

## Frankreich

**Strittige Thronfolge.** Als Karl IV. (reg. 1322–1328) 1328 starb, hinterließ er keinen männlichen Erben. Zum ersten Mal seit dem 10. Jahrhundert war die französische Thronfolge ungeklärt. Damit war die Reichseinheit bedroht. Diese Situation nutzte Eduard III. von England, der über seine Mutter ein Enkel Philipps IV. (reg. 1285–1314) war, um seit 1337 offiziell Ansprüche auf die französische Krone zu formulieren. Dagegen unterstützte die Mehrheit des französischen Adels die Nachfolge Philipps VI. von Valois (reg. 1328–1350), eines Enkels Philipps III. (reg. 1270–1285) in männlicher Linie, und verhalf der später so genannten *Lex Salica* zur Anwendung. Diese Regelung bestimmte, dass für die Krone Frankreichs allein die männliche Erbfolge galt.

Philipp VI. übernahm von den letzten Kapetingern außer einer modernisierten Verwaltung auch die aus Wirtschaftskrise, Hungersnöten und Krieg genährte Unzufriedenheit weiter Teile der Bevölkerung. Dem entsprach der zunehmende Wille zur politischen Artikulation nicht nur des hohen Adels, sondern auch der Grafen und Herren und der bedeutenderen Städte (*bonnes villes*). Ludwig X. (reg. 1314–1316) hatte den oppositionellen regionalen Ligen in so genannten *chartes* Konzessio-nen machen müssen, die der königlichen Herrschaftsgewalt dauerhaft gewisse Schranken setzten. Auch diese Maßnahmen konnten aber den fortschreitenden Machtverlust der Krone nicht aufhalten, der neben der europaweiten Rezession und der Pest vor allem dem 1338 beginnenden Krieg mit England geschuldet war. Bis zum Jahr 1360 erlebte Frankreich den dramatischen Abstieg von der führenden europäischen Macht zu einem zerstückelten Territorium unter einer schwachen Regierung und einem gedemütigten König.

**Zeit der Krisen.** Die Unterlegenheit der französischen Ritterheere mündete in die katastrophalen Niederlagen von Crécy 1346 und Poitiers 1356. Die Gefangennahme Johanns II. (reg. 1350–1364) in Poitiers belastete das Reich moralisch und wirtschaftlich und gefährdete seine Integrität. Weite Teile des Landes litten schwer unter den Übergriffen der nach dem Waffenstillstand beschäftigungslos gewordenen Söldner und den neu aufflammenden Fehden des Adels. 1358 reagierten Handwerker und Landarbeiter im Aufstand der *Jacquerie* mit Plünderungen und Morden an Adligen, die für die Missstände verantwortlich gemacht wurden.

Weitreichende Konsequenzen hatte die Vergabe wichtiger Territorien (Anjou, Berry, Burgund, später Orléans und Bourbon; die Dauphiné war seit 1349 dem präsumptiven Thronfolger vorbehalten) als Apanagen an die Söhne Johanns II. In ligischer Vasallität als Herzogtümer von den Prinzen gehalten, trieben sie die Dezentralisierung des Reiches entscheidend voran. Ihre neuen Höfe in den Provinzhauptstädten wurden zu Zentren von Handel und Kultur und Anziehungspunkten für den regionalen Adel. Eine fast unabhängige Stellung besaß auch die Bretagne.

▷ S. 209 ff. Vasallität

**Zeit der Reformen.** Der Forderung nach politischer Mitsprache musste in den Krisenjahren in Form der regelmäßigen Einberufung von Ständeversammlungen (*états*) stattgegeben werden, die sich langfristig auf regionaler Ebene etablierten und vor allem bei der Steuerbewilligung ihren Einfluss geltend machten. Bis 1356 hatte die direkte Besteuerung nur fallweise erfolgen können und meist waren daher Lebensmittel indirekt besteuert worden (z. B. die *gabelle* auf Salz). Das Lösegeld für Johann II. aber konnte nur mit Hilfe neuer Besteuerungsmethoden aufgebracht werden: eine Herdsteuer (*fouage*) wurde erhoben, die Verbrauchssteuern (*aides*) ausgeweitet und zu ihrer Erhebung das Reich in Distrikte (*élections*) unterteilt, die Generaleinnehmern in den *recettes générales* unterstanden, die ihrerseits den Pariser Zentralbehörden (*chambre des comptes* und *cour des aides*) verantwortlich waren. Auch die adlige Heerfolgepflicht konnte nun durch Geldzahlungen abgelöst werden.

Das Parlament besaß als höchster königlicher Gerichtshof noch keine eigentlich repräsentativen Funktionen. Erst am Ende des 14. Jahrhunderts hatte es sich zu einer stabilen Gruppe professioneller Kronjuristen fortentwickelt, die sich korporative soziale und steuerliche Privilegien erstritten.

Die Emanzipation der zentralen Verwaltungsinstitutionen vom reisenden Hof machte ebenfalls entscheidende Fortschritte. Neben dem Kanzler, der als eigenen Gerichtshof die *audience* besaß, wurden die Rechenkammer, das Parlament und weitere Finanz- und Justizorgane auf der Pariser Ile de la Cité ansässig. Sie alle erhielten detaillierte Verwaltungsvorschriften und entwickelten Tendenzen zu einer quantifizierenden Erfassung des Reiches (1328: Zählung der Feuerstellen).

Ein günstiges Klima für die Rationalisierung der Verwaltung schuf Karl V. „der Weise" (reg. 1364–1380), der einen großen Kreis von Gebildeten um sich scharte. Sie bereicherten mit Übersetzungen der Klassiker (besonders Aristoteles) die französische Sprache um zentrale Vokabeln der politischen Theorie und erweiterten die Grundlagen zur zeremoniellen Erhöhung der Person des Königs. Diese konnte zu Beginn des 15. Jahrhunderts schließlich im Bild der „zwei Körper des Königs" gedacht werden, der als Mensch sterblich war, als Verkörperung der Dynastie, des Reiches und in der Kontinuität der Thronfolge aber unsterblich. Auch in der Abwehr der Engländer war Karl V. so erfolgreich, dass bis 1375 mit Hilfe einer kleinen stehenden Armee fast alle unter Johann II. verlorenen Gebiete wiedererobert waren.

Die Neustrukturierung des Heerwesens verschaffte der relativ großen Gruppe des um den Standeserhalt ringenden niederen Adels einen angemessenen Lebensunterhalt. Soziales Ansehen und politischer Einfluss waren mit der Zugehörigkeit zur *noblesse* verknüpft. Indem er dem Adel durch Positionen in der Armee und am Hof sowie durch Pensionszahlungen den Standeserhalt ermöglichte, konnte der König dieses entscheidende Segment der Gesellschaft unter der Formel *servir le roi* („dem König dienen") dauerhaft an sich binden.

**Karl VI.** Die lange Regierungszeit Karls VI. (reg. 1380–1422) demonstrierte, wie sehr die Einheit des Reiches noch von der Person des Monarchen abhing. Immer wieder erlitt Karl VI. Anfälle geistiger Umnachtung. In diesen Krankheitsphasen des Königs führten seine Onkel, die Herzöge von Berry und Burgund, und sein Bruder, der Herzog von Orléans, einen erbitterten Machtkampf um die Leitung der Regierungsgeschäfte. Dabei stand die Partei Herzog Johanns Ohnefurcht von Burgund für eine eher englandfreundliche Politik, während die Armagnacs genannte Fraktion um Herzog Ludwig von Orléans eine gegenüber England unnachgiebige Haltung vertrat. Als Johann Ohnefurcht 1407 Ludwig von Orléans ermorden ließ und 1413 die Anhänger des Burgunders (*Cabochiens*) Paris in ihre Gewalt brachten, stürzte ein Bürgerkrieg Land und Regierung in chaotische Verhältnisse. Diese Zustände ausnutzend eroberte Heinrich V. von England zwischen 1415 und 1420 weite Teile des Landes nördlich der Loire. Der Dauphin Karl (VII.) floh nach Bourges und Poitiers, wo er mit Hilfe des loyal zu ihm stehenden Südens eine Regierung etablierte und den Widerstand zu organisieren begann. Allerdings trieb der von ihm gutgeheißene Mord an Herzog Johann Ohnefurcht Burgund endgültig auf die Seite Heinrichs V. Im Vertrag von Troyes vereinbarten Burgunder und Engländer 1420, dass nach dem Tod Karls VI. eine englisch-französische Doppelmonarchie unter Heinrich V. etabliert werden sollte. Nur der frühe Tod Heinrichs 1422 hat wahrscheinlich die dauerhafte Zerstückelung Frankreichs verhindert.

**Konsolidierung und Aufstieg Frankreichs.** Die Abhängigkeit der englischen Position von burgundischer Unterstützung wurde nach 1422 schnell deutlich, als sich Herzog Philipp der Gute von Burgund von der englischen Regierung zu distanzieren begann. Gleichzeitig profitierte der 1422 zum König ausgerufene Karl VII. (reg. 1422–1461) militärisch und vor allem moralisch von den unter Jeanne d'Arc (ca. 1410/12–1431) errungenen Siegen und seiner dadurch ermöglichten Krönung in Reims, die ihn als legitimen, am rechten Ort gesalbten und gekrönten König Frankreichs auswies. Der Widerstand gegen die Besatzung erhielt durch das Auftreten Jeannes eine religiöse Dimension, die ihre Gefangennahme und Hinrichtung überdauerte. Als Philipp der Gute 1435 im Vertrag von Arras auf die Seite Karls VII. wechselte, mussten sich die Engländer rasch auf Maine, die Normandie und die Guyenne zurückziehen, die

**Burgund** nahm nach der Übertragung an Philipp den Kühnen (reg. 1363–1404) innerhalb der französischen Monarchie bald eine Sonderrolle unter den Apanagen (also der Ausstattung nichtregierender Königssöhne mit Land) ein. Durch Ehebündnisse und Erbfälle dehnten die Herzöge von Burgund ihre Herrschaft rasch unter anderem über die Grafschaften Flandern und Artois, die Freigrafschaft Burgund und die Herzogtümer Brabant und Limburg aus. Nach der Ermordung von Herzog Johann Ohnefurcht (reg. 1404–1419) im Jahre 1419 ließ sich sein Sohn Philipp der Gute (reg. 1419–1467) den Erwerb wichtiger Städte an der Somme und der Grafschaften Mâcon und Auxerre bestätigen und sicherte sich die Grafschaften Holland, Seeland und Hennegau sowie das Herzogtum Luxemburg. Karl der Kühne (reg. 1467–1477) erwarb nach 1465 kurzzeitig die Herzogtümer Geldern und Lothringen und Gebiete am Oberrhein. Nach seinem Tod 1477 zerfiel der Länderkomplex im Kampf zwischen dem französischen König Ludwig XI. und Kaiser Maximilian.

Der Hof der burgundischen Herzöge galt im 15. Jahrhundert als der prächtigste des Abendlandes. Neben höfischer Literatur und Geschichtsschreibung blühten Tafelmalerei, Goldschmiedekunst und Musik. Luxus in Kleidung und Schmuck, ein ausgefeiltes Hofzeremoniell und aufwändige Hoffeste repräsentierten den herzoglichen Hof als Ort idealer adeliger Lebensführung. Dieser Anspruch kulminierte in den Festen des Ordens vom Goldenen Vlies, die Hochadel und Herzog als Verkörperungen ritterlicher Tugend ausweisen sollten. Die Dedikationsminiatur aus einer für Herzog Karl den Kühnen angefertigten Handschrift der Taten Alexanders des Großen in französischer Übersetzung fängt etwas von dieser höfischen Welt ein. Karl der Kühne, in teurer und prachtvoller Robe auf einem Thron sitzend und mit der Ordenskette vom Goldenen Vlies dargestellt, empfängt von dem wesentlich bescheideneren, in ein kurzes Gewand gekleideten und barhäuptig vor ihm knienden Autor die Handschrift. Den Herzog umgeben Personen seines Hofes, aber auch wertvolles Silbergeschirr und ein Windhund sind zu sehen.

Das Bild von Luxus und Prachtentfaltung am burgundischen Hof, das in populären Darstellungen bis heute alle übrigen Aspekte überdeckt, hat zu einem nicht geringen Teil mit einer bewussten und gelungenen Selbstdarstellung der Herzöge zu tun. Diese Strategie einer Beeindruckung durch prachtvollen Augenschein hatte zweifellos auch kompensatorische Funktionen, denn trotz aller realen Macht mangelte es den Herzögen an Rang und Legitimität gegenüber den europäischen Monarchien.



Bild: Buchillustration aus Quintus Curtius, Les Faiz du Grant Alexandre, fol. 1r. Foto: Bibliothèque Nationale, Paris. Signatur: MS fr. 22547.

Literatur: W. Paravicini, Menschen am Hof der Herzöge von Burgund, Stuttgart 2002.

sie nur noch bis 1450 halten konnten. Die erneuerte Schlagkraft der französischen Streitmacht war nicht zuletzt der Schaffung der Ordonnanzkompanien als stehendes Heer zu verdanken, deren Disziplin durch regelmäßige Musterungen und einen festen Sold gesichert werden sollte.

Neben der Zurückdrängung der Engländer sah sich Karl VII. dem Problem der übermächtigen Fürstentümer gegenüber, die an einem wieder erstarkten Königtum keinerlei Interesse hatten. Unter Führung von Burgund und Bourbon und unter Duldung von Orléans und Anjou brach 1440 die *Praguerie* genannte Adelsrevolte aus. Ihre Unterdrückung beruhigte das Reich vorübergehend, bis 1465 die Liga des Gemeinen Wohls (*Ligue du Bien Public*) unter burgundischer Führung Thron und Leben Ludwigs XI. (reg. 1461–1483) ernsthaft in Gefahr brachte. Dennoch gelang unter Ludwig die allmähliche Neutralisierung des hohen Adels, nicht zuletzt durch die für den König ausgesprochen glückliche Verstrickung Herzog Karls des Kühnen von Burgund in Kriege mit den Eidgenossen und dem Herzog von Lothringen, die ihn 1477 das Leben kosteten. In den sich anschließenden Auseinandersetzungen um das burgundische Erbe sicherte Ludwig das Herzogtum Burgund dauerhaft der französischen Krone.

Der machtpolitischen Konsolidierung entsprachen Bemühungen zur Vereinheitlichung von Justiz und Verwaltung. Bis zu Beginn des 16. Jahrhunderts wurde die Aufzeichnung des lokalen Gewohnheitsrechts (*coutumes*) abgeschlossen und es erschien die erste gedruckte Sammlung königlicher Ordonnanzen. Zur Durchsetzung der königlichen Gewalt gegen fürstlichen Partikularismus wurden zehn je einem *lieutenant général* unterstehende *gouvernements* geschaffen, während die lokale Verwaltung weiterhin auf der Ebene der Burgbezirke (*châtellenies*) und der *bonnes villes* funktionierte. Die sprachliche Einheit der Verwaltung wurde allerdings erst 1539 im Edikt von Villers-Cotterets vorgeschrieben. Weiterhin unverzichtbar war für den Herrscher die umfassende Verfügungsgewalt über die Ämter der nun so genannten „gallikanischen Kirche", die unter Karl VII. und Ludwig XI. mit der Kurie ausgehandelt worden war. Als allerchristlichster und mit dem heiligen Öl gesalbter Herrscher nahm der König hier seine Rechte sowohl als Souverän des Reiches als auch als Gottes Stellvertreter auf Erden wahr.

Zusammen mit dem Bedürfnis, die fürstlichen Energien nach außen hin abzulenken, schlug sich diese gesteigerte Sakralität in imperialen Ansprüchen in Italien und im Heiligen Land nieder. Im Sinne einer humanistisch-nationalen Interpretation betrachtete man nun die auf den Gründungsmythen von Trojanern und Galliern fußende eigene Geschichte als diejenige eines auserwählten Volkes unter der Führung heiliger Könige. Karl VIII. (reg. 1483–1498) und Ludwig XII. (reg. 1498–1515) sahen in den Kriegen um Mailand und Neapel Vorstufen zu einem Kreuzzug nach Jerusalem, die das Land hinter dem König einen sollten. In Italien allerdings ebenso wie im Streben nach kaiserlichen Würden erwuchs den Königen von Frankreich in den Habsburgern für die kommenden Jahrhunderte ein ebenbürtiger Gegner.

Petra Ehm-Schnocks

### Zeittafel

| | |
|---|---|
| 1282 | Herrschaftsübernahme des Hauses Barcelona auf Sizilien. |
| 1292 | Eroberung Tarifas durch die Christen. |
| 1309 | Eroberung Gibraltars durch die Christen. |
| 1312 | Tod Ferdinands IV. von Kastilien. |
| 1325 | Herrschaftsübernahme Alfons' XI. von Kastilien. |
| 1350–1369 | Herrschaftszeit Peters I. (des Grausamen) von Kastilien. |
| 1336–1387 | Herrschaftszeit Peters IV. (des Zeremoniösen) von Aragón. |
| 1356–1369 | Krieg der beiden Pedros. |
| 1375 | Schaffung des Katalanischen Weltatlas durch den jüdischen Mallorkiner Cresques Abraham (1325-1387). |
| 1394-1460 | Heinrich der Seefahrer. |
| 1412 | Ende des Hauses Barcelona. |
| 1412–1416 | Herrschaftszeit Ferdinands I. von Aragón. |
| 1415 | Eroberung Ceutas durch die Portugiesen. |
| 1443 | Einnahme Neapels durch Alfons V. von Aragón. |
| 1465–1468 | Thronkampf Isabellas von Kastilien. |
| 1469 | Heirat der „Katholischen Könige". |
| 1474–1516 | Herrschaftszeit Ferdinands II. von Aragón. |
| 1478 | Eroberung der Kanarischen Inseln; Einführung der Inquisition in Kastilien. |
| 1479 | Vertrag von Alcáçovas zwischen Portugal und Kastilien-León. |
| 1492 | Eroberung Granadas durch die Christen; Vertreibung der Juden aus Kastilien. |
| 1492–1503 | Vier Entdeckungsfahrten des Kolumbus. |
| 1494 | Vertrag von Tordesillas zwischen Portugal und Kastilien-León. |
| 1512 | Annektierung des südlichen Teils Navarras durch Kastilien. |



## Spanien

**Das Ende der Reconquista.** Um das Jahr 1300 war die Reconquista weit vorangeschritten: Das Königreich Portugal war bis an die Algarveküste, Kastilien mit der Eroberung Tarifas 1292 und Gibraltars 1309 ebenfalls an den Atlantik vorgerückt. Doch konnte das einzig verbliebene islamische Reich auf iberischem Boden, das Königreich Granada, durch eine geschickte Schaukelpolitik weitere zwei Jahrhunderte lang überleben: Zwischen den islamischen Meriniden im heutigen Marokko und dem mächtigen Kastilien im Norden lavierend, konnten sich die Nasridenherrscher von Granada als Vasallen ihrer christlichen Nachbarn behaupten und eine hoch stehende Hofkultur entwickeln. Doch 1492 wurde ihr Reich nach einem mehrjährigen Krieg durch das Heer der katholischen Könige unterworfen und die christliche Eroberung damit endgültig abgeschlossen.

Das Königreich Navarra war bereits lange zuvor durch die Ausdehnung seiner Nachbarn an einer eigenen Expansion gehindert worden und orientierte sich über die Pyrenäen nach Norden. Von den Herrschern Frankreichs, Aragóns und Kastiliens bedroht, konnte das kleine Königreich unter der Führung einer Seitenlinie des französischen Königshauses über das Ende des Mittelalters hinaus seine Unabhängigkeit behaupten, auch wenn sein südlicher Teil 1512 von Kastilien annektiert wurde. Damit unterstanden am Ende des Mittelalters alle iberischen Reiche bis auf Portugal der Herrschaft Kastiliens und Aragóns, die gemeinsam in Personalunion durch Ferdinand II. von Aragón (1452–1516) regiert wurden.

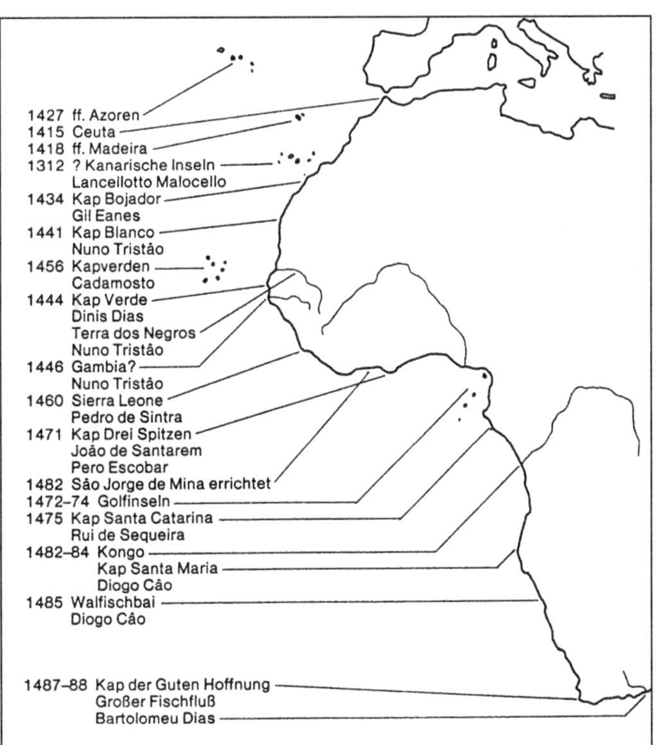


Die vier berühmten, von 1492 bis 1503 unternommenen Entdeckungsfahrten des Christoph Kolumbus (1451–1506) läuteten keineswegs die **Europäische Expansion** ein. Mit ihnen erreichte vielmehr ein Prozess seinen vorläufigen Höhepunkt, der das gesamte Hoch- und Spätmittelalter kennzeichnete, aber auch Stagnationsphasen aufwies. Doch was genau expandierte? Der Raum, der sich vom 10. bis zum 15. Jahrhundert ausdehnte, lässt sich am besten als „Papsteuropa" umschreiben, also als der Teil des Kontinents, der der römischen Kirche zugewandt war.

Während dieses „Papsteuropa" etwa Ende des 13. Jahrhunderts im Vorderen Orient durch die Mameluken oder im 14. Jahrhundert auf dem Balkan durch die Osmanen zurückgedrängt wurde, dehnte es sich im westlichen Mittelmeerraum weiter aus. Nachdem bereits Mitte des 14. Jahrhunderts mallorkinische Händler den Weg auf die Kanarischen Inseln gefunden hatten, fielen diese Gebiete unter die Herrschaft Kastiliens und wurden 1478 endgültig erobert. Auch Portugal beteiligte sich, vor allem unter dem Infanten Heinrich dem Seefahrer (1394–1460), an der Expansion im Atlantik: Hierzu zählte nicht nur die Eroberung von Ceuta (1415), sondern auch die Besiedlung Madeiras und die Gründung verschiedener Handelsniederlassungen entlang der afrikanischen Küste, die durch die abgebildete Karte dokumentiert werden. In der Tradition dieser Entdeckungsfahrten und der kastilisch-portugiesischen Konkurrenz sind die Fahrten des Kolumbus im Auftrag Isabellas zu sehen. Der um 1451 in Genua geborene Entdecker war lange im portugiesischen Seefahrer- und Kaufmannsmilieu tätig und griff die dort geläufige Vorstellung auf, jenseits der bekannten atlantischen Inselgruppen befände sich weiteres Land. So entwickelte er die Idee, Ostasien auf dem westlichen Seeweg zu erreichen. Nach erfolglosen Versuchen am portugiesischen und englischen Königshof gelang es ihm, die Unterstützung der kastilischen Monarchin zu gewinnen. 1492 stach er mit drei Schiffen in See. Der Erfolg des Unternehmens brachte Kastilien und Portugal in scharfe Konflikte um die Herrschaft über diese und weitere zu erwartende Entdeckungen, denn bereits 1479 war im Vertrag von Alcáçovas eine west-östliche Trennungslinie der Interessensphären festgelegt worden. Schließlich teilten beide Herrscher 1494 im Vertrag von Tordesillas ihre Interessengebiete im Atlantik und damit in der Neuen Welt gemäß einer in nord-südlicher Richtung, 370 Seemeilen westlich der Kapverdischen Inseln durch den Atlantik verlaufenden Trennlinie untereinander auf. Alle östlich gelegenen „Entdeckungen" sollten fortan Portugal, die westlich davon gelegenen hingegen Kastilien zustehen – was erklärt, warum in Brasilien als einzigem lateinamerikanischen Land Portugiesisch gesprochen wird.

Karte: Vordringen der Portugiesen entlang der afrikanischen Küsten während des 15. Jahrhunderts, aus: W. Reinhard, Geschichte der Europäischen Expansion, Bd. 1: Die alte Welt bis 1818, W. Kohlhammer GmbH Stuttgart 1983, Abb. 14, S. 44.

Literatur: C. Verlinden (Hrsg.), Die mittelalterlichen Ursprünge der europäischen Expansion, München 1986; E. Schmitt, Die Anfänge der europäischen Expansion, Idstein 1991.

**Krisen, Kriege und Expansion.** Diese Einigung war der Endpunkt eines langen durch Kriege und innere Unruhen geprägten Prozesses. Seit der Mitte des 14. Jahrhunderts stritten sich die Herrscher Kastiliens und Aragóns – etwa im Krieg der beiden Pedros (1356–1369) zwischen Peter I. von Kastilien (dem Grausamen, reg. 1350–1359) und Peter IV. von Aragón (dem Zeremoniösen, reg. 1336–1387) – um die Vorherrschaft. Zu diesen Konflikten traten dynastische Streitigkeiten und innere Unruhen. In Kastilien-León riefen z.B. der Tod Ferdinands IV. (1312), die Herrschaftsübernahme Alfons' XI. (1325), die Rivalität hochadliger Geschlechter wie der Trastámara (Mitte 14. Jahrhundert), adliger Widerstand gegen einflussreiche Ratgeber (Mitte des 15. Jahrhunderts) oder der Thronkampf Isabellas von Kastilien (1465–1468) jeweils Revolten oder sogar Bürgerkriege hervor, in denen mächtige Adelsgruppierungen den Einfluss der Krone beschnitten. In Aragón und Katalonien hingegen waren es die durch Kriege verursachten Finanzschwierigkeiten und der rebellische Adel, die den Handlungsspielraum der Monarchen einschränkten. Diese Belastungen der Königsherrschaft stärkten in beiden Reichen die Position der Ständeversammlung, der *Cortes*. Während der Adel von diesem Instrument verhältnismäßig wenig Gebrauch machte, nutzten es die Städte konsequent, die besonders in Katalonien und Aragón ihr Bewilligungsrecht bei der Erhebung von Sondersteuern erfolgreich als Machtmittel einsetzten.

Die Krone benötigte diese Einnahmen dringend, um ihre ambitionierte Mittelmeerpolitik zu betreiben. Mit der Erlangung der Herrschaft über Sizilien im Jahre 1282 hatte sich das Haus Barcelona als Macht im westlichen Mittelmeerraum etabliert. Während des gesamten 14. und beginnenden 15. Jahrhunderts rang die Krone in vielen Kriegen um die Herrschaft über Süditalien und Sardinien, die schließlich mit der Einnahme Neapels 1443 gesichert werden konnte. Kastilien dagegen führte während des 14. Jahrhunderts mehrfach Kriege mit Portugal und Aragón um die Vorherrschaft auf der Halbinsel und wurde seit der Mitte des Jahrhunderts zeitweise zu einem Nebenschauplatz des Hundertjährigen Kriegs.

**Wirtschaft und Handel.** Für diesen Krieg waren nicht zuletzt auch die wirtschaftlichen Interessen der kastilischen Wollproduzenten verantwortlich. Diese waren in der so genannten *Mesta* zusammengeschlossen und lieferten Rohstoffe an die Tuch verarbeitenden Zentren Nordwesteuropas. Die Wirtschaft der Krone Aragóns dagegen war ganz auf den Mittelmeerhandel ausgerichtet und konzentrierte sich auf die blühenden Hafenstädte Barcelona und Valencia, die mit den Handelszentren der nordafrikanischen und italienischen Küste im regen Austausch standen und über diese am Orienthandel beteiligt waren.

Diese wirtschaftlichen und politischen Unterschiede blieben auch dann bestehen, als nach dem Aussterben des Hauses Barcelona (1412) mit Ferdinand I. (reg. 1412–1416) ein Mitglied der kastilischen Dynastie der Trastámara den aragonesischen Thron bestieg. Die unter den Trastámara verstärkte, auch dynastische, Hinwendung nach Kastilien fand ihren Höhepunkt in der 1469 vollzogenen Heirat der „Katholischen Könige" Ferdinand II. von Aragón und Isabella I. von Kastilien (1451–1504). Unter den nunmehr in Personalunion regierten spanischen Königreichen wird das größere und deutlich stärker bevölkerte Kastilien fortan eine führende Rolle spielen.

Die **Katholischen Könige** Isabella von Kastilien und Ferdinand II. von Aragón trieben durch eine Reihe administrativer Maßnahmen die Annäherung der spanischen Reiche wesentlich voran. Sie bemühten sich um Homogenisierung der Verhältnisse, wobei der Religion als einigendem Band und Herrschaftsmittel große Bedeutung zukam. Schon 1478 wurde mit der Inquisition die erste sowohl die Krone Kastilien als auch die Krone Aragón überwölbende herrschaftliche Einrichtung geschaffen. Ihre Aufgabe bestand vor allem darin, die christliche Rechtgläubigkeit gegenüber nur scheinbar christianisierten Juden und Muslimen zu wahren. Die Zahl dieser so genannten „Judaisierenden" nahm nach der Eroberung Granadas (1492) und dem Vertreibungsdekret gegen die nicht bekehrungswilligen Juden und Muslime zu. Starke Missionsbestrebungen werden auch nach den Eroberungen der Kanarischen Inseln (1478) und amerikanischer Territorien erkennbar.

Außenpolitisch gelang es den Katholischen Königen, die Vorherrschaft Spaniens im Mittelmeerraum zu stabilisieren und gegen das aufstrebende Frankreich und die Osmanen zu verteidigen. Allerdings mussten sie erleben, dass die Thronfolge aufgrund dynastischer und biologischer Zufälle auf das Haus Habsburg überging, das im 16. Jahrhundert die Geschicke Europas weitgehend bestimmen sollte.

Bild: Porträt von Königin Isabella um 1500, nach einem Gemälde von Juan de Flandes, Öl auf Holz, Patrimonio Nacional, Madrid. Foto: AKG.

Literatur: J. PÉREZ, Ferdinand und Isabella. Spanien zur Zeit der Katholischen Könige, München 1989 (frz. Original 1988); M. A. LADERO QUESADA, Das Spanien der Katholischen Könige Ferdinand von Aragon und Isabella von Kastilien 1469–1516, Innsbruck 1992.

**Das Ende der *Convivencia*.** Dem unter den Katholischen Königen zutage tretenden Bemühen um religiös-kulturelle Homogenität ihrer Reiche fielen die bedeutenden jüdischen und muslimischen Bevölkerungsgruppen zum Opfer. Jahrhundertelang waren diese Territorien durch das Miteinander dreier unterschiedlicher Religionen gekennzeichnet. Dieser häufig, jedoch etwas beschönigend als *convivencia* (Zusammenleben) bezeichnete Zustand war von einem nicht toleranten, sondern pragmatischen Umgang mit den Andersgläubigen bestimmt: Die Muslime unter christlicher Herrschaft, die so genannten *mudéjares*, waren mehr noch als die Juden Einwohner zweiter Klasse. Sie mussten eine Kopfsteuer zahlen, durften keine Waffen tragen und wurden in eigenen Vierteln zusammengezogen. Allerdings konnten Muslime und Juden auf der Iberischen Halbinsel weitgehend ungehindert ihrer Religion nachgehen und besaßen Rechtssicherheit. Auch wenn aufgrund der rechtlichen Benachteiligung eine allmähliche Christianisierung erfolgte, existierten auch zum Ende der Reconquista noch große jüdische und muslimische Gemeinden. Die Juden mussten, soweit sie ihren Glauben nicht aufgaben, das Land 1492 verlassen, und die *mudéjares* wurden wenig später zwangsgetauft. Im Jahre 1609 schließlich wurden auch die Nachfahren dieser ehemaligen Muslime des Landes verwiesen.

Nikolas Jaspert

## Literatur


### England

D. Berg, Die Anjou-Plantagenets. Die englischen Könige im Europa des Mittelalters, Stuttgart 2003.

K. B. McFarlane, The Nobility of Later Medieval England, Oxford 1973.

A. J. Pollard, Late Medieval England 1399–1509, Harlow 2000.

### Frankreich

A. Rigaudière, Penser et construire l'Etat dans la France du Moyen Age, XIIIe-XV[e] siècle, Paris 2003.

Ders., Pouvoirs et institutions dans la France médiévale, Bd. 2: Des temps féodaux aux temps de l'Etat, 3. Aufl. Paris 2003.

### Spanien

V. Á. Álvarez Palenzuela, Historia de España de la Edad Media, Barcelona 2002.

S. K. Jayyusi (Hrsg.), The Legacy of Muslim Spain, 2 Bde., Leiden u.a. 1994.

A. MacKay, Spain in the Middle Ages. From Frontier to Empire 1000–1500, London 1977.

J. N. Hillgarth, The Spanish Kingdoms 1250 – 1516, 2 Bde., Oxford 1976–1978.

L. Vones, Geschichte der Iberischen Halbinsel im Mittelalter (711–1480). Reiche, Kronen, Regionen, Sigmaringen 1993.

# Nord- und osteuropäische Monarchien

## Zeittafel

| | |
|---|---|
| 1319–1355 | Schwedisch-norwegische Personalunion. |
| 1331–1355 | Stefan Dušan König, ab 1345 Zar von Serbien. |
| 1333–1370 | Kasimir III. „der Große" König von Polen. |
| 1340–1375 | Waldemar IV. König von Dänemark. |
| 1342–1382 | Ludwig von Anjou König von Ungarn. |
| 1370 | Stralsunder Friede sichert der Hanse die ökonomische Vorherrschaft im Ostseeraum. |
| 1376/80 | Der noch unmündige Olaf König von Dänemark und Norwegen unter der Vormundschaft seiner Mutter Margarethe (gest. 1412). |
| 1386 | Polnisch-Litauische Union. Jagiełło (gest. 1434) König von Polen. |
| 1389 | Schlacht auf dem Amselfeld. |
| 1396 | Schlacht bei Nikopolis, Ende des Zweiten Bulgarischen Reiches. |
| 1397 | Kalmarer Treffen: Krönung Eriks von Pommern (Großneffe Margarethes, gest. 1459) zum König von Norwegen, Dänemark und Schweden. |
| 1410 | Schlacht bei Tannenberg/Grunwald. |
| 1434–1442 | Absetzung Eriks von Pommern; Christoffer von Bayern (gest. 1448) König in Dänemark, Schweden und Norwegen. |
| 1447–1492 | Kasimir IV. König von Polen. |
| 1448–1481 | Christian von Oldenburg König in Dänemark, Norwegen und zeitweise in Schweden. |
| 1448–1457, 1464/65 u. 1467–70 | Karl Knutsson Bonde König von Schweden. |
| 1454–1466 | Dreizehnjähriger Krieg im Deutschordensland; endet mit Frieden von Thorn. |
| 1458–1490 | Matthias Corvinus, König von Ungarn. |
| 1460 | Vertrag von Ripen: Personalunion Dänemarks mit Schleswig-Holstein (bis 1864). |
| 1462–1505 | Iwan III. „der Große" Großfürst von Moskau. |
| 1470–1497 und 1501–1503 | Sten Sture d.Ä. schwedischer Reichsverweser. |
| 1481–1513 | König Hans von Dänemark, Norwegen und Schweden (1497-1501). |
| 1520 | „Stockholmer Blutbad". |
| 1523 | Gustav Vasa (gest. 1560) schwedischer König. |
| 1526 | Schlacht von Mohacs. |
| 1536 | Norwegen dänische Provinz (bis 1814). |

## Nordeuropa

**Niedergang und Wiederaufstieg Dänemarks.** Durch dynastische Zufälligkeiten waren Norwegen und Schweden 1319 bis 1355 in einer Personalunion verbunden. Dänemark stand allein, erlebte aber eine schwere Krise. Teile des Reichs wurden an die Grafen Holsteins verpfändet, die sich 1326 das Herzogtum Schleswig sicherten. Zwar gab Graf Gerhard III. (gest. 1340) nach drei Jahren die herzogliche Würde wieder ab, aber den holsteinischen Grafen war für mehr als ein Jahrhundert ein großes Ziel gegeben: der Erwerb des Herzogtums Schleswig. Die Krise Dänemarks kulminiert in den Jahren von 1332 bis 1340, als sich das Reich vollständig auflöste und es keinen König gab. Erst Waldemar IV. (um 1320–1375) vereinte Dänemark wieder bis 1365. Starker norddeutscher Einfluss herrschte damals auch in Schweden, zu dem Finnland als eigenständige Landschaft gehörte: 1363 wurde Albrecht III. von Mecklenburg (1340–1412) zum König von Schweden gewählt, in dessen Gefolge zahlreiche mecklenburgische Adlige ins Land kamen.

**Die Entstehung der Kalmarer Union.** 1375 starb Waldemar IV. ohne männlichen Nachfolger. Anspruch auf den dänischen Thron erhoben Albrecht IV. von Mecklenburg (gest. 1388), der Sohn von Waldemars Tochter Ingeborg, und Olaf (1370–1387), der damals noch unmündige Sohn von Waldemars Tochter Margarethe (1353–1412), die mit dem norwegischen König Håkon Magnusson (1340–1380) verheiratet war. Margarethe erreichte die Wahl ihres Sohnes, dessen Vormundschaft sie bis zu seiner Volljährigkeit übernahm. Versuche der Mecklenburger, ihre Ansprüche militärisch durchzusetzen, wurden abgewehrt. Aber kaum war Olaf mündig geworden, starb er 1387. Margarethe wurde zur Reichsverweserin Dänemarks und Norwegens bestellt. Als Nachfolger Olafs wurde ihr Großneffe Bogislav von Pommern-Stolp ausersehen (um 1382–1459), der den nordischen Namen Erik erhielt. Damals rief eine schwedische Adelsopposition Margarethe ins Land, deren Truppen am 24.2.1389 in der Schlacht bei Åsle das Heer Albrechts III. besiegten; Margarethe wurde auch in Schweden zur Regentin ernannt. Nachdem Erik mündig geworden war, wurde er im Juni 1397 auf der berühmten Kalmarer Versammlung zum König der drei skandinavischen Reiche gekrönt.

Margarethe bestimmte bis zu ihrem Tod 1412 die Unionspolitik, ihr Ziel war die Stärkung des Königtums nach innen und außen. Sie stützte sich vor allem auf den dänischen Reichsrat, den sie mit ihren Vertrauensleuten besetzte. Seit 1396 leitete sie in Dänemark und Schweden eine Reduktionspolitik ein, mit der sie im großen Stil das verlorene Königsgut für die Krone wiedergewann. Nachdem Margarethe 1386 die Holsteiner Grafen mit dem Herzogtum Schleswig belehnt hatte, um sich ganz auf die Auseinandersetzung mit den Mecklenburgern in Schweden konzentrieren zu können, bemühte sie sich seit 1404, das Lehen zurückzugewinnen. Erik von Pommern setzte die Politik seiner Adoptivmutter fort, agierte jedoch ungeduldiger und glückloser. Den Krieg um Schleswig mit den Holsteiner Grafen und schließlich auch der Hanse, der die Steuern in die Höhe trieb, verlor er 1435. Den Bestand der Union aber gefährdete er durch seine Personalpolitik in Schweden, wo um 1430 nahezu alle Amtmännerstellen an Landfremde vergeben waren. Die nordische Union entwickelte sich zu einem dänischen Reich.

**Die Emanzipation Schwedens.** 1434 erhoben sich die Einwohner der schwedischen Landschaft Dalarna unter der Leitung des adligen Grubenbesitzers Engelbrekt Engelbrektsson gegen das Regiment Eriks von Pommern. In der Folge sagten die Reichsräte der drei Länder Erik die Treue auf. Bis zum Beginn des 15. Jahrhunderts rangen in Schweden unionsfreundliche Gruppen und solche, die auf eine stärkere Selbstständigkeit drängten, um die Macht. 1440/42 wurde Christoffer von Bayern (1416–1448) neuer König einer Union, in der Schweden gemeinsam vom König und dem schwedischen Reichsrat regiert wurde. Dennoch wurde nach dem Tod Christoffers 1448 und der Erhebung Christians von Oldenburg (1426–1481) zum König von Dänemark und Norwegen in Schweden mit Karl Knutsson Bonde (gest. 1470) ein eigener König gewählt. Ihn konnte Christian nur zeitweise aus Schweden verdrängen.

Mehr Erfolg hatte Christian in der schleswigschen Frage: 1460 wurde er nach dem Aussterben der Holsteiner Grafen aus dem schauenburgischen Hause Herr über Schleswig-Holstein.

1470 bis 1520 wurde Schweden nahezu ununterbrochen von einem „Reichsvorsteher" (*riksförståndere*) regiert, der wie ein König vom Reichsrat gewählt und von einer Reichsversammlung aller Stände bestätigt wurde. Damit wahrte Schweden seine Unabhängigkeit, gab aber durch den Verzicht auf die Wahl eines Königs die Idee der Union, der Teile des schwedischen Adels anhingen, nicht preis und hielt sich die Möglichkeit zu hinhaltenden Unionsverhandlungen offen. Erst unter dem Eindruck des „Stockholmer Blutbades", in dem nach der Eroberung Schwedens durch die Dänen 82 Reichsräte, Bischöfe und Adlige hingerichtet worden war, ließ sich 1523 Gus-

Im Roskilder Dom, der bis heute die Grablege der dänischen Monarchie ist, befindet sich das Grab von **Margarethe** (1352–1412), Tochter des dänischen Königs Waldemar IV. Sie starb im Jahre 1412 in Flensburg und wurde im seeländischen Zisterzienserkloster Sorö begraben. Kein Zweifel besteht, dass die Wahl dieses Ortes, an dem auch ihr Vater und ihr Sohn ruhen, ihrem persönlichen Wunsch folgte. Von 1375 bis zu ihrem Tod hatte sie ganz wesentlich die skandinavische Geschichte bestimmt. Zunächst war sie Vormund für ihren noch unmündigen Sohn Olaf aus der Ehe mit dem norwegischen König, der 1375 in Dänemark und 1380 in Norwegen zum König erhoben wurde. Nach dessen Tod herrschte sie ab 1387/89 als Reichsverweserin – „bevollmächtigte Schützerin" (*fulmechtighe fruwe/tutrix*) und „Herrin" (*husbonde/domina*) – in Dänemark, Norwegen und Schweden. Schließlich behielt sie auch nach der Krönung ihres Großneffen und Adoptivsohnes Erik von Pommern zum König der drei nordischen Reiche 1397 in Kalmar die Fäden der Regierungspolitik in ihren Händen.

Ihr Erfolg ist nicht zuletzt auf ihre Persönlichkeit zurückzuführen. Sie war macht- und selbstbewusst, jedoch auch eine verlässliche Partnerin und, modern gesprochen, sozial und kommunikativ äußerst kompetent. So war die politische Bedeutung Margarethes auch als Tote noch von so erheblichem Gewicht, dass König Erik und Bischof Peder Lodehat von Roskilde, der ihr wichtigster Berater und Kanzler gewesen war, ihre Gebeine schon 1413 trotz der Proteste der Mönche von Sorö in den Roskilder Dom überführen ließen. Hier wollten sie um die tote Margarethe der Kalmarer Union ein geistliches Zentrum geben. Dementsprechend repräsentativ war auch ihr Grabmal gestaltet, das 1423 fertig gestellt wurde.

Dafür war der Lübecker Bildhauer Johannes Junge tätig geworden, dem allerdings ein erster Zuschlag misslang. Wegen eines Materialfehlers musste die Büste am Grabmal ausgetauscht werden. Die abgetrennte Büste wurde in der Heimatstadt des Bildhauers an die Jakobikirche gegeben und ging von dort an das St. Annenmuseum. So kann man nicht nur in Roskilde, sondern auch in Lübeck auf das Idealbild einer ca. 30-jährigen gekrönten Herrscherin blicken. Deutlich sieht man am Lübecker Stück aber auch links den Sprung, der zur Aufgabe des Bildwerkes führte. Für Johannes Junge wurde der Auftrag allerdings zum Misserfolg, weil er offenbar keinen Lohn für seine Arbeit erhielt, weshalb seine Söhne einen Prozess anstrengten.

Bild: Das Lübecker Bruchstück vom Grabmal Margarethes. Foto: St. Annenmuseum, Lübeck.

Literatur: V. Etting, Queen Margrethe I, 1353 – 1412, and the Founding of the Nordic Union, Leiden/Boston 2004.

tav Vasa (1496–1560) zum König von Schweden wählen. Damit kündigte Schweden definitiv die Kalmarer Union auf. Bis ins 19. Jahrhundert bestimmten seitdem die zwei Mächte Dänemark (mit Norwegen und Schleswig-Holstein) und Schweden (mit Finnland) die skandinavische Geschichte.

Thomas Hill

## Osteuropa

**Russland und Polen-Litauen.** Die russische Geschichte des 14. und 15. Jahrhunderts ist geprägt vom „Sammeln des russischen Landes", im Zuge dessen die Einzelfürstentümer schließlich alle unter Moskauer Herrschaft gelangten. Der Aufstieg von Moskau – selbst eine relativ junge, erstmals 1147 erwähnte Stadt – wurde dadurch begünstigt, dass der bis 1299 in Kiev ansässige Metropolit der Rus' seit 1326 hier residierte. Dank einer geschickten Politik gegenüber den Tataren erlangte der Moskauer Fürst 1328 dauerhaft den Großfürstentitel. Religiöse und politische Zentralfunktion bestärkten und begünstigten sich gegenseitig. Unter Dmitrij Donskoj errang das russische Heer 1380 erstmals einen Sieg über die Tataren; allerdings dauerte deren Machtstellung noch bis zum Ende des 15. Jahrhunderts. 1478 wurde auch die Stadtrepublik Novgorod, die durch ihre Rolle als Vermittlerin im Handel zwischen Ostseeraum und russischem Binnenland groß geworden war, vom Großfürsten unterworfen und verlor ihre Selbstverwaltung.

Das „asketische Zeitalter" in der russischen Geschichte begann mit dem Wirken des Mönches Sergij von Radonež, der 1340 das Troica-Sergij-Kloster ca. 90 km nördlich von Moskau gründete. Von hier aus griff die russische Klosterlandschaft auf den bisher kaum kolonisierten Norden aus und trug entscheidend zur Integration des Moskauer Reiches bei.

Taufe nach westlichem Ritus und Königskrönung des litauischen Fürsten Mindaugas 1253 blieben eine Episode. Nach seiner Ermordung 1263 kehrten die Nachfolger zum Heidentum zurück. Als Folge der Expansion in den Raum der westlichen Fürstentümer der einstigen Kiever Rus' gelangten große orthodoxe Bevölkerungsgruppen in das litauische Reich; seit 1458 residierte für sie dauerhaft ein Metropolit in Kiev. Den Anlass zur Herrschertaufe nach westlichem Ritus gab die 1386 in Krakau geschlossene Ehe von Großfürst Jagiełło (um 1351–1434) mit Hedwig von Polen; Jagiełło wurde zum König von Polen gekrönt. Die polnisch-litauische Personalunion erwies sich trotz einzelner Rückschläge als stabil; sie wurde 1569 zur Realunion umgewandelt. Über eine Reihe von Privilegien vom 14. bis 16. Jahrhundert gewann der polnische Adel eine immer stärkere rechtlich verankerte Beteiligung an der Herrschaft.

Nach der Niederlage in der Schlacht von Tannenberg 1410 erlitt der Deutsche Orden im 1. Thorner Frieden nur geringe territoriale Verluste an Polen-Litauen. Doch nachdem die preußischen Stände im Konflikt mit dem Hochmeister 1454 König Kasimir IV. (reg. 1447–1492) als Herrscher anerkannt hatten und daraufhin ein Krieg ausgebrochen war, musste der Orden im 2. Thorner Frieden von 1466 Pomerellen mit Danzig und weitere Gebiete an Polen abtreten, das dadurch wieder Zugang zur Ostsee erhielt.

**Ungarn und Bosnien.** Nach dem Aussterben der Árpáden übernahm die Dynastie der Anjou 1309 die ungarische Stephanskrone.

Gestützt auf königliche Freistädte und Kleinadel, stärkte Ludwig von Anjou (reg. 1342–1382) die Stellung des Königtums gegenüber den Magnaten. Seit 1370 war er zugleich in Personalunion König von Polen; dort folgte ihm seine Tochter Hedwig, die spätere Ehefrau Jagiełłos von Litauen.

Venedig hatte seit dem Anfang des 12. Jahrhunderts in mehreren Schritten alle Städte an der Adriaostküste bis Dubrovnik unter seine Herrschaft gebracht. Nun musste es diese Besitzungen nach langjährigen Kämpfen im Frieden von Zadar 1358 an Ludwig abtreten. Am Anfang des 15. Jahrhunderts gewann es alle Städte außer Dubrovnik zurück und hielt sie bis 1797. Dubrovnik erlangte die Selbstständigkeit als Stadtrepublik; es zahlte allerdings seit 1458 einen Tribut an den Sultan. Die Stadt verdankte ihren wirtschaftlichen Aufstieg der Rolle als wichtigem Stützpunkt auf dem Seeweg und als Hauptträgerin des sich seit dem 13. Jahrhundert entfaltenden Handels mit Serbien und Bosnien. Die Länder der Stephanskrone standen im 15. Jahrhundert schon unter dem Schatten der osmanischen Expansion; das Königtum war geschwächt durch die starke Stellung rivalisierender Magnaten. Unabhängig hiervon erlebte das Reich unter König Matthias Corvinus (reg. 1458-1490) eine kulturelle Blütezeit. Die Schlacht von Mohács 1526, nach der die Osmanen die Herrschaft über große Teile Ungarns und Slawoniens übernahmen, und die Wahl Ferdinands von Habsburg zum König von Ungarn und Kroatien 1527 gelten für diese Länder als das Ende des Mittelalters.

Der Landesname „Bosnien" ist nicht von einem Volksnamen abgeleitet, sondern vom Fluss Bosna im Kerngebiet des seit dem Ende des 12. Jahrhunderts gefestigten Reiches. Seine größte Machtentfaltung erlebte Bosnien am Ende des 14. Jahrhunderts, als es nach Osten und Südosten in Territorien des zerfallenen serbischen Nemanjidenreiches expandierte und von dem Machtvakuum in Kroatien nach dem Tod König Ludwigs von Anjou profitierte. So wie Serbien profitierte Bosnien von der Bergbaukolonisation. Im 13. und 14. Jahrhundert blühte die eigenständige „Bosnische Kirche"; inwieweit diese eine ähnliche Lehre wie die französischen Katharer vertrat, ist umstritten. Es gab keinen katholischen Weltklerus; die geistliche Betreuung der Katholiken lag, wie auch später unter den Osmanen, ausschließlich in den Händen von Franziskanern. 1463 wurde das Reich von den Osmanen unterworfen.

▷ S. 155 Byzanz und Südosteuropa

Ludwig Steindorff

### Literatur

**Nordeuropa**

A. E. CHRISTENSEN, Kalmarunionen og nordisk politik 1319–1439, Kopenhagen 1980.

K. ERSLEV, Danmarks Historie under Dronning Margrethe og Erik af Pommern, 2 Teile, Kopenhagen 1882/1901.

P. GRINDER-HANSEN u.a. (Hrsg.), Margrete I. Regent of the North. The Kalmar Union 600 Years, Kopenhagen 1997.

D. KATTINGER/D. PUTENSEN/H. WERNICKE (Hrsg.), „huru thet war talet j kalmarn". Union und Zusammenarbeit in der nordischen Geschichte. 600 Jahre Kalmarer Union (1397-1997), Hamburg 1997.

**Osteuropa**

J. V. FINE, The Late Medieval Balkans, Ann Arbor 1987.

P. HANÁK (Hrsg.), Die Geschichte Ungarns. Von den Anfängen bis zur Gegenwart, 2. Aufl. Budapest 1991.

M. HELLMANN (Hrsg.), Handbuch der Geschichte Russlands, Bd. I, 1–2, Stuttgart 1981/1989.

C. HIGOUNET, Die deutsche Ostsiedlung im Mittelalter, Berlin 1986.

J. K. HOENSCH, Geschichte Polens, 3. Aufl. Stuttgart 1998.

M. LÖWENER (Hrsg.), Die „Blüte" der Staaten des östlichen Europa im 14. Jahrhundert, Wiesbaden 2004.

C. LÜBKE, Das östliche Europa, Berlin 2004.

N. MALCOLM, Geschichte Bosniens, Frankfurt 1996.

J. W. SEDLAR, East Central Europe in the Middle Ages, 1000–1500, Washington 1994.

L. STEINDORFF, Geschichte Kroatiens. Vom Mittelalter bis zur Gegenwart, Regensburg 2001.

# Byzanz und Südosteuropa

## Zeittafel

| | |
|---|---|
| 1204 | Gründung des Lateinischen Kaiserreiches und weiterer lateinischer Staaten auf dem Gebiet des byzantinischen Reiches. |
| 1204/05 | Entstehung der byzantinischen Nachfolgereiche in Nikaia und Epiros. |
| 1205 | Niederlage der Kreuzritter und Venezianer bei Adrianopel gegen die Bulgaren. |
| 1259–1282 | Michael VIII. Palaiologos. |
| 1259 | Byzantinischer Sieg über die mit Epiros verbündeten Franken bei Pelagonia. |
| 1261 | Vertrag von Nymphaion mit Genua. Rückgewinnung Konstantinopels. |
| 1274 | Kirchenunion auf dem Konzil in Lyon, die aber von der byzantinischen Kirche und Bevölkerung nicht akzeptiert wird. |
| 1282 | „Sizilianische Vesper"; Scheitern des geplanten Angriffs Karls von Anjou auf Byzanz. |
| 1282–1328 | Andronikos II. Palaiologos. Bis 1337 Verlust der meisten Gebiete und der wichtigsten Städte des byzantinischen Kleinasiens an die Türken. |
| 1347–1354 | Johannes VI. Kantakuzenos. |
| ab 1354 | Die Osmanen greifen auf den Balkan über. |
| 1369 | Osmanische Eroberung Adrianopels. |
| 1388 | Bulgarien wird den Osmanen tributpflichtig. |
| 1389 | Osmanischer Sieg über die Serben auf dem Amselfeld. |
| 1402 | Bayezid wird bei Ankara von dem mongolischen Eroberer Timur Lenk geschlagen. |
| 1430 | Die Osmanen erobern endgültig Thessalonike. |
| 1438/39 | Kaiser Johannes VIII. Palaiologos erkennt auf dem Konzil von Ferrara/Florenz den Primat des Papstes an und akzeptiert die Kirchenunion, die aber in Byzanz nicht durchgesetzt werden kann. |
| 1444 | Osmanischer Sieg über ein Kreuzfahrerheer bei Varna. |
| 1453 | 29. 5. Die Osmanen erobern Konstantinopel. |
| 1460 | Die Osmanen erobern Mistras auf der Peloponnes. |
| 1461 | Die Osmanen erobern Trapezunt. |

**Das lateinische Kaiserreich.** Nach der Eroberung Konstantinopels im April 1204 schien das byzantinische Reich zerstört, und die Kreuzfahrer errichteten an seiner Stelle ein lateinisches Kaisertum. In Griechenland und auf der Peloponnes entstanden weitere lateinische Herrschaften. In einigen Küstenstädten und auf den Inseln setzte Venedig sich fest und begründete sein dortiges Kolonialreich, dessen Reste sich bis in das 17. Jahrhundert halten sollten. Aber die Griechen waren keineswegs völlig vernichtet. In Epiros errichteten zwei Brüder aus der Familie der Angeloi eine Herrschaft, den Despotat von Epiros, während weitere Flüchtlinge aus Konstantinopel sich in Nikaia niederließen und dort unter Konstantin Laskaris und nach diesem unter dessen Bruder Theodor das byzantinische Kaisertum beanspruchten. Gegen diese beiden Mächte hätten die Lateiner sich wohl problemlos durchgesetzt, aber sie unterschätzten die anderen Mächte in der Region, vor allem die Bulgaren, die seit Mitte der achtziger Jahre des 12. Jahrhunderts wieder selbstständig geworden waren.

Viele Byzantiner wären zu einer Zusammenarbeit mit den Kreuzfahrern bereit gewesen, wenn diese ihnen zumindest einen Teil ihres Besitzes gelassen hätten. Aber die Lateiner wollten alles, und damit trieben sie die Byzantiner in den Widerstand. Als sie nach Thrakien ausgriffen, riefen die dortigen Griechen die Bulgaren zur Hilfe, die das lateinische Heer im Frühjahr 1205 bei Adrianopel vernichteten. Damit war die Etablierung einer lateinischen Herrschaft anstelle der byzantinischen gestoppt, bevor sie richtig begonnen hatte. Zwar hielt sich das lateinische Kaiserreich noch bis 1261, aber als eigenständiger Machtfaktor spielte es keine Rolle mehr.

Im Kampf um die Wiederaufrichtung des alten Reiches setzte sich schließlich Nikaia durch, das Epiros ausschaltete und die bulgarischen Ambitionen abblocken konnte. Aber es gelang den Herrschern von Nikaia nicht, ihre Autorität auf das gesamte ehemalige Reichsgebiet auszudehnen. Auf dem Balkan blieben Serben und Bulgaren ebenso selbstständig wie die lateinischen Fürstentümer in Griechenland und auf der Peloponnes. Zur See spielte Byzanz keine Rolle mehr. Hier herrschte Venedig, bis es den Byzantinern gelang, ein Bündnis mit Genua abzuschließen und damit beide Seestädte gegeneinander auszuspielen. Jedoch war das eine gefährliche Politik, bei der sich Erfolg und Misserfolg häufig die Waage hielten. In Kleinasien wollte es das Glück, dass das Seldschukensultanat von Ikonion, das im 12. Jahrhundert der Hauptfeind der Griechen gewesen war, sich in inneren Kämpfen aufrieb, so dass wenigstens von dieser Seite her einigermaßen Ruhe herrschte.

Unter diesen Bedingungen gelang es den Kaisern immerhin, im Inneren wieder einigermaßen stabile Verhältnisse herzustellen, allerdings auf einem erheblich niedrigeren Niveau als vor 1204. Das Kaisertum in Nikaia war eine zweitrangige Macht von allenfalls regionaler Bedeutung, dessen Einwohner von einer Rückgewinnung Konstantinopels und von der Wiederherstellung der alten Macht und Herrlichkeit träumten. Einig waren sie sich vor allem in der Ablehnung der Lateiner.

**Bedrohungen von allen Seiten.** Mit der byzantinischen Rückeroberung von Konstantinopel im Jahre 1261 schien die Katastrophe von 1204 endgültig überwunden. Jedoch war dies keineswegs der Fall. Im Gegenteil weckte die Rückkehr der Griechen eine neue Welle von Byzanzfeindlichkeit im Abendland, und der neue Kaiser, Michael VIII. Palaiologos (reg. 1259–1282), hatte alle Hände voll zu tun, um das wiederhergestellte Reich vor neuen Angriffen zu bewahren.

Gefährlich wurde es vor allem, nachdem Karl von Anjou die Herrschaft der Staufer in Unteritalien und Sizilien beseitigt hatte und nun mit päpstlicher Unterstützung nach Osten ausgriff. Michael VIII. konnte ihn zunächst durch das Angebot der Kirchenunion aufhalten, die auf dem Konzil von Lyon 1274 vereinbart wurde, dann aber in Byzanz nicht durchgesetzt werden konnte. Als mit Martin IV. ein Franzose den päpstlichen Stuhl bestieg, war der Weg frei, und Karl von Anjou bereitete den großen Schlag vor. Jedoch hatte Michael Verbindung mit den Feinden des Anjou, die vor allem auf Sizilien einflussreich waren, aufgenommen. Diese Strategie hatte Erfolg: Kurz vor dem Aufbruch der Truppen Karls kam es 1282 auf der Insel zu einem großen Aufstand, der „Sizilianischen Vesper", die der dortigen Herrschaft Karls ein Ende setzte.

▷ S. 73 Die Römis[…] Kirche un[…] Italien

Trotz dieses Erfolgs war die Situation in Byzanz nicht günstig. Zwar hatte Michael VIII. das Reich auch auf dem Balkan, besonders in der Peloponnes, wieder vergrößern können, aber die damit verbundenen Anstrengungen hatten Byzanz mehr Kraft gekostet, als es hatte. Nach dem Tod Michaels VIII. kam es fast zum finanziellen Zusammenbruch, so dass die Militärausgaben drastisch zurückgefahren werden mussten. Dies hatte besonders in Kleinasien negative Folgen. Dort war in der Zwischenzeit das Reich der mongolischen Il-Khane entstanden, mit denen Byzanz übrigens gute Beziehungen unterhielt. Doch führte diese Herrschaftsbildung dazu, dass einige türkische Stämme westwärts zogen, um dem Druck der Mongolen auszuweichen. Byzanz unterschätzte diese Gefahr aus dem Osten zunächst und war später durch die finanzielle Verarmung und militärische Schwächung nicht mehr in der Lage, das weitere Vordringen der Türken zu verhindern. An der Küste der Ägäis entstanden in der ersten Hälfte des 14. Jahrhunderts türkische Emirate, die auch auf das Meer hin ausgriffen. Folgenschwerer noch war die Niederlassung der Osmanen an der Landgrenze zu Byzanz. Ab dem beginnenden 14. Jahrhundert dehnten die Osmanen ihren Einflussbereich auf Kosten der byzantinischen Provinzen aus, bis in den dreißiger Jahren die Griechen fast ganz von der Halbinsel vertrieben worden waren.

Auf dem Balkan sah es zunächst noch etwas besser aus, da auch die Bulgaren durch die Mongolen der „Goldenen Horde" geschwächt wurden. Doch in den vierziger Jahren wurde Serbien zur Vormacht in der Region und dehnte sich auf Kosten von Byzanz aus.

**Das Ende von Byzanz.** Um die Mitte des 14. Jahrhunderts war die Lage auf dem Balkan relativ trostlos. Die große Pest von 1348/49 hatte weite Landstriche verwüstet, in Byzanz hatten die Bürgerkriege vieles zerstört. Um sich gegen seine inneren und äußeren Gegner durchzusetzen, hatte Kaiser Johannes VI. Kantakuzenos (reg. 1347–1354) auch auf türkische Unterstützung gebaut und Soldtruppen der Osmanen in seinen Dienst genommen. Aber er spielte dabei mit Kräften, die er nicht kontrollieren konnte. In den fünfziger Jahren setzten sich erste osmanische Kontingente auf der Halbinsel Gallipoli fest, von wo aus sie sich rasch ausdehnten. 1369 gewannen sie Adrianopel (heute: Edirne), das wenig später ihre neue Hauptstadt werden sollte. 1371 schlugen die Osmanen die Serben und wurden rasch zur beherrschenden Macht auf dem Balkan.

Jetzt mehrten sich byzantinische Hilferufe an das lateinische Europa. Kaiser Johannes V. Palaiologos (reg. 1341–1391) reiste persönlich in den Westen, um dort Unterstützung gegen die Osmanen zu erbitten. Doch die großen Mächte des Abendlands waren zu sehr mit sich selbst beschäftigt, um sich auf dem Balkan zu engagieren. So hatten die Osmanen freie Bahn. In den achtziger Jahren machten sie Bulgarien zunächst tributpflichtig und unterwarfen es schließlich ganz. 1389 schlugen sie auf dem Kossovo Polje (Amselfeld) die Serben.

Unter den gegebenen Umständen schien der Fall Konstantinopels nur noch eine Frage der Zeit zu sein. Die osmanische Expansion bedrohte aber nicht nur Byzanz, sondern alle balkanischen Mächte, darunter auch Ungarn, das von Sigismund, einem Sohn des deutschen Kaisers Karl IV., regiert wurde. Es gelang Sigismund, im Abendland einen Kreuzzug anzuregen und ein großes Kreuzritterheer gegen die Osmanen aufzubringen, das jedoch 1396 bei Nikopolis an der Donau vernichtend geschlagen wurde.

▷ S. 151
Nord- und osteuropäische Monarchien

Der unaufhaltsam scheinende osmanische Vormarsch auf dem Balkan wurde von anderer Seite her aufgehalten. Im Osten hatte der große Eroberer Timur Lenk (Tamerlan) ein neues Großreich geschaffen, das auch nach Anatolien ausgriff und dort mit den Osmanen zusammenstieß. 1402 wurden die Türken bei Ankara geschlagen und ihr Sultan Bayezid I. gefangen genommen. Aber von den Christen wurde die Gelegenheit nicht genutzt, und das Reich Timur Lenks zerfiel nach dessen Tod so schnell, wie es entstanden war.

Nach einer kurzen Pause setzte die osmanische Expansion sich fort und erfasste fast den gesamten Balkan. Aus dem lateinischen Europa kam keine substanzielle Hilfe. 1430 ging Thessalonike endgültig verloren. Ein weiterer Unionsversuch auf dem Konzil von Ferrara/Florenz 1438/39 blieb gleichfalls ohne positive Folgen, und 1444 wurde ein weiteres Kreuzzugsheer nach anfänglichen Erfolgen bei Varna von den Osmanen geschlagen. So war es kaum überraschend, dass Konstantinopel am 29. Mai 1453 nach mehrwöchiger Belagerung von den Osmanen im Sturm genommen und zu ihrer neuen Hauptstadt gemacht wurde. Für mehrere Jahrhunderte blieben sie die vorherrschende Macht im Vorderen Orient.

Ralph-Johannes Lilie

**Literatur**

M. Angold, A Byzantine Government in Exile. Government and Society under the Lascarids of Nicaea 1204–1261, Oxford 1975.

M. Balard, La Romanie Génoise (XII^e – début du XV^e siècle), 2 Bde., Genua/Rom 1978.

A. Carile, Per una Storia dell' Impero Latino di Costantinopoli (1204–1261), 2. Aufl. Bologna 1978.

D. J. Geanakoplos, Emperor Michael Palaeologus and the West 1258–1282. A Study in Byzantine-Latin Relations, 2. Aufl. Hamden 1973.

C. Imber, The Ottoman Empire 1300–1481, Istanbul 1990.

P. Lock, The Franks in the Aegean, 1204–1500, London/New York 1995.

K. P. Matschke, Die Schlacht bei Ankara und das Schicksal von Byzanz, Weimar 1981.

K. P. Matschke/F. Tinnefeld, Die Gesellschaft des späten Byzanz, Köln 2000.

D. M. Nicol, Byzantium and Venice. A Study in Diplomatic and Cultural Relations, Cambridge 1988.

Ders., The Last Centuries of Byzantium, 1261–1453, 2. Aufl. Cambridge 1993.

A. Pertusi, La Caduta di Costantinopoli, Verona 1976.

S. Runciman, The Fall of Constantinople 1453, Cambridge 1965 (dt. Übersetzung: Die Eroberung von Konstantinopel 1453, München 1977).

K. M. Setton, The Papacy and the Levant (1204–1571), 4 Bde., Philadelphia 1976–1984.

F. E. Thiriet, La Romanie Vénitienne au Moyen Age, 2. Aufl. Paris 1975.

E. Werner, Die Geburt einer Großmacht. Die Osmanen (1300–1481). Ein Beitrag zur Genesis des türkischen Feudalismus, 3. Aufl. Berlin 1978.

Auch Staaten, die uns in ihren Grenzen, Institutionen, Behörden und mit ihrem Gewaltmonopol als Selbstverständlichkeiten erscheinen könnten, haben eine Geschichte. Sie waren im mittelalterlichen Europa gerade nicht von Anfang an vorhanden, sondern es gehört zu den bemerkenswerten Vorgängen der europäischen Geschichte, dass sich die (späteren National-) Staaten im Rahmen der hochmittelalterlichen Monarchien herausbildeten. Diesen Fundamentalprozess kurz und bündig zu beschreiben, fällt nicht leicht. Festzuhalten ist, dass es im Mittelalter niemals und nirgends einen Staat im modernen Sinne gab. In der neueren deutschen Forschung wird deshalb begrifflich unterschieden zwischen dem modernen Staat einerseits und den verschiedenen Formen der Herrschaftsausübung durch Könige, Fürsten bzw. Adel und auch Städte andererseits. Die „Staats"-Bildung stellte jedoch keinen wie auch immer gearteten Bruch mit älteren Verhältnissen dar, sondern bestand in der sich von ca. 1200 bis ca. 1500 und noch weit darüber hinaus erstreckenden Umformung der hochmittelalterlichen Königs- und Fürstenherrschaft. In der Zeit um 1500 kann man in der Entwicklung insofern einen Einschnitt machen, da zu dieser Zeit erstmals, wenn auch nur gelegentlich, das lateinische Wort *status* (eigentlich soviel wie Zustand, Ordnung) auf das Königtum bezogen (*status regni* oder *status regis*) und im Sinne von Staat gebraucht wurde.

Die ältere deutsche Forschung versuchte dieses Phänomen als Wandel vom Personenverbands-„Staat" zum institutionalisierten Flächen-„Staat" zu fassen – Begriffe, die seit einem seinerzeit grundlegenden Aufsatz von Theodor Mayer [MAYER] die Diskussion bestimmten. Nicht nur wegen der heute anachronistisch anmutenden Verbindung mit dem Wort Staat, das bei Mayer ohne Anführungszeichen erscheint, ist man von diesem Modell abgerückt. In der europäischen Forschung hat sich in den vergangenen Jahren die vergleichende Betrachtung der Königtümer in institutioneller und sozialgeschichtlicher Hinsicht durchgesetzt, um Gemeinsamkeiten und Unterschiede herausarbeiten zu können [BLOCKMANS/GENET].

Generell sind materielle und ideelle Aspekte zu unterscheiden. In materieller Hinsicht ist den Königreichen die zentrale Stellung des Königs und der königlichen Familie sowie des persönlichen Umfeldes gemein, d.h. zunächst des königlichen Haushalts, den man als engeren Hof fassen kann. Gemeinsam ist ferner, dass die Politik der Königtümer dynastisch ausgerichtet war, was sich im Eingehen politisch bedeutsamer Ehen niederschlug sowie in der Ausweitung des Machtbereichs durch die politische und zur Not militärische Durchsetzung umstrittener Erbansprüche. Für den Erfolg der königlichen Politik war in erster Linie die dynastische Kontinuität entscheidend, wie sie in besonderer Weise in Frankreich gegeben war, wo die Dynastie der Kapetinger von 987 bis 1328 in ununterbrochener Sohnesfolge bestand, der die Nebenlinie der Grafen von Valois nachfolgte. Anders war es in Deutschland und Italien: In den deutschen und norditalienischen Gebieten mit dem römischen König- bzw. Kaisertum setzte sich im Zeitraum vom 12. bis zum 15. Jahrhundert das nominelle Wahlrecht der Kurfürsten durch. Zahlreiche Dynastiewechsel waren die Folge. Erst ab 1438 blieb das Königtum traditionell in habsburgischer Hand. Durch diese zahlreichen Wechsel bedingt erlebte die Macht des römischen Königs/Kaisers im Vergleich zu den anderen Königtümern eine deutliche Schwächung. Die Ansätze zur Staatsbildung vollzogen sich deswegen nicht beim Königtum, sondern bei den hochadligen Fürsten geistlichen und weltlichen Standes und anderen Herrschaftsträgern. Im Reich kam es zur Bildung der Landesherrschaften.

Als weitere Gemeinsamkeiten in materieller Hinsicht lassen sich die Ausschaltung von anderen, in der Regel adligen Herrschaftsträgern und die Einführung von Finanz-Umlagen (Steuern) auf die verschiedenen untergeordneten Herrschaftsträger feststellen. Weil nach allgemeiner Anschauung Könige und Fürsten eigentlich von ihren Eigengütern zu leben hatten, regte sich gegen solche Forderungen der Widerstand des Adels und der Städte, der in aller Regel gebrochen werden konnte. Könige setzten sich auf lange Sicht gesehen im Inneren durch. Formen der delegierten Herrschaft (Stellvertretungen) waren sachlich oder regional, oft kleinräumig beschränkt. Generalvertretungen hingegen waren äußerst selten. Sie kamen nur gelegentlich bei längerer Abwesenheit des Herrn vor, wenn er sich beispielsweise auf einem Kreuzzug befand.

Ein äußeres, ebenfalls gemeinsames Kennzeichen bestand in der Lösung von einzelnen Funktionsbereichen aus dem mit dem König bzw. Fürsten reisenden Hof, was letztlich zur Bildung ortsfester Behörden führte. Allgemein ist im Spätmittelalter eine Steigerung der Schriftlichkeit festzustellen. Größere Bedeutung gewannen für die Bereiche der Rechtsprechung und der Verwaltung der königlichen bzw. fürstlichen Güter studierte Gelehrte allgemein, speziell weltliche Juristen, im Reich als gelehrte Räte, im Westen Europas als Legisten bezeichnet. Ein augenfälliges Ergebnis dieser Entwicklungen besteht überdies in der Zentralisierung der Königsmacht auch im räumlichen Sinne: Um 1500 konnten die Könige bzw. im Reich die Fürsten mit Hilfe von Boten und Gesandten „aus der Ferne regieren", es kam zur Bildung von Hauptstädten und Residenzen.

Zu den ideellen Aspekten gehörte eine propagandistische Überhöhung der Könige und Fürsten. Beliebt und wirksam war, den Dynastien ein möglichst hohes Alter zuzuschreiben. Hofgelehrte formulierten daher Abstammungssagen, die bis in die griechische Antike zurück reichten. Desweiteren wurden die Könige als „Mon-Archen", als Ein-Herrscher stilisiert, d.h. als Richter, die über „alle", also auch über den hochrangigen Adel urteilen konnten. Der aus dem römischen Recht übernommene Vorwurf des Majestätsverbrechens, auf den die Todesstrafe stand und gegen den man sich so gut wie nicht wehren konnte, wurde in politischen Prozessen sogar gegen hohe Adlige angewandt. Die besondere Stellung des Königs erfuhr daneben eine christliche bzw. biblische Legitimation, wie sie z. B. das David-Königtum Kaiser Friedrichs II. oder der Titel des „allerchristlichen Königs" in Frankreich darstellte. Die mit dem Begriff „Souveränität" verbundene Konzeption einer unabhängigen weltlichen Herrschaft wurde erst im 16. Jahrhundert von Jean Bodin (1529/30–1596) in Frankreich formuliert, doch hat dieses Konstrukt mittelalterliche Wurzeln. Selbst der Begriff erscheint bereits gegen Ende des 13. Jahrhunderts in Frankreich. Gedanklich ist die Idee abgeleitet von der Abwehr des von den Päpsten seit dem ausgehenden 12. Jahrhundert vertretenen Anspruchs einer Hoheit über alle weltliche, selbst königliche Gewalt.

Abschließend bleibt festzustellen, dass die Strukturveränderung der Königtümer zu modernen Staaten nicht als geradliniger Prozess verlief, sondern von vielerlei in andere Richtungen verlaufenden Entwicklungen gekennzeichnet war, zumal der moderne Staat den im Spätmittelalter agierenden Menschen nicht als erstrebenswertes Ideal und Ziel vor Augen stand. Zudem besaßen die Könige im Mittelalter keine absolute Macht wie die Herrscher der Frühen Neuzeit, sondern sie waren stets an den auf Hoftagen zu erzielenden Konsens mit den Großen ihres Reichs gebunden. Entscheidungen fielen mit Zustimmung zumindest eines Teils der Großen.

Harm von Seggern

**Literatur**


W. Blockmans/J.-P. Genet (Hrsg.), The Origins of the Modern State, 7 Bde., Oxford 1995–2000.

W. Blockmans, Geschichte der Macht in Europa. Völker, Staaten, Märkte, Antwerpen 1997.

J. H. Burns (Hrsg.), The Cambridge History of Medieval Political Thought, c. 350-c. 1450, Cambridge 1988.

T. Mayer, Die Ausbildung der Grundlagen des modernen deutschen Staates im hohen Mittelalter, in: HZ 159, 1939, 457–487; ND mit Zusätzen in: H. Kämpf (Hrsg.), Herrschaft und Staat im Mittelalter, Darmstadt 1974, 284-331.

W. Näf, Frühformen des „modernen Staates" im Spätmittelalter, in: HZ 171, 1951, 225–243; ND in: G. Wolf (Hrsg.), Stupor mundi. Zur Geschichte Friedrichs II. von Hohenstaufen, Darmstadt 1966, 244–265.

W. Reinhard, Geschichte der Staatsgewalt. Eine vergleichende Verfassungsgeschichte Europas von den Anfängen bis zur Gegenwart, München 1999.

B. Schneidmüller, Konsensuale Herrschaft. Ein Essay über Formen und Konzepte politischer Ordnung im Mittelalter, in: P.-J. Heinig u.a. (Hrsg.), Reich, Regionen und Europa in Mittelalter und Neuzeit. FS Peter Moraw, Berlin 2000, 53–87.

E. Schubert, Fürstliche Herrschaft und Territorium im späten Mittelalter, München 1996.

# Technik: Epochen als Lesart der Geschichte

**Ein langweiliges Thema.** So möchte man meinen. Hängt wirklich soviel davon ab, ob das Mittelalter mit der Völkerwanderung begann oder erst mit Karl dem Großen? Ob es mit der Großen Pest um 1350 endete oder mit der Reformation um 1520? Sind Epochen nicht einfach nur Hilfsmittel, um lange Zeitläufe übersichtlicher zu machen? Was soll man von Forschern halten, die sich über solche Fragen ereifern können? – Entsprechend ungern behandeln viele Historiker Epochenfragen. Lieber erklären sie: man müsse eben respektieren, dass es verschiedene Auffassungen gebe. Das aber wirkt nicht minder unbefriedigend.

In der Zeitgeschichte nämlich scheinen die Dinge anders zu liegen. Fragen wir beispielsweise, wann die moderne deutsche Gesellschaft begonnen habe, so sind es politische Grundsatzentscheidungen, ob man 1918, 1945 oder 1968 als Antwort nennt. Und wollte jemand allen Ernstes 1933 als Epochenjahr ansetzen, würde er vermutlich einen handfesten Skandal provozieren. Sind Epochenfragen also umso wichtiger, je näher die diskutierte Zeit uns liegt? Ist das Mittelalter nur zu weit entfernt als dass die Brisanz seiner Definition noch spürbar wäre?

**Was ist eine Epoche?** Das griechische Verb *epis'chein*, von dem *epoché* abgeleitet ist, heißt sowohl „sich erstrecken über" als auch „innehalten" und „aufhören". Eine Epoche ist also sowohl ein bestimmter, zusammenhängender Zeitabschnitt als auch der Moment, an dem er beginnt beziehungsweise: an dem man bemerkt, dass er beginnt. So teilt der Begriff jene Doppeldeutigkeit, die auch dem Wort „Geschichte" eignet. So wie dieses zugleich „Geschehenes" und „Bericht über das Geschehene" bedeutet, meint „Epoche" sowohl einen Zeitraum als auch dessen Wahrnehmung beziehungsweise Beschreibung. Zwei prominente Beispiele mögen dies illustrieren. In seiner Untersuchung über „Die Zeit der Kathedralen" [Duby 1992] teilt Georges Duby (1919–1996) das Mittelalter nach je charakteristischen Lebens- und Architekturformen in drei Epochen. Zwischen 980 und 1130 gilt ihm „Das Kloster" als typisch für Mentalität und Ideale der Zeitgenossen, zwischen 1130 und 1280 „Die Kathedrale" und zwischen 1280 und 1420 „Der Palast". In seiner Studie über „L'An Mil" [Duby 1996] hingegen fasst er „Epoche" im Sinne eines Wendepunkts auf. Er zeigt, wie die klösterliche Religiosität damals, als alle Zeitgenossen dem Weltende entgegenbangten, neue, aktionistische Formen annahm.

**Epochen sind nichts Objektives.** Sie ergeben sich vielmehr aus einer bestimmten Art, historische Vorgänge wahrzunehmen – und zwar seitens des beobachtenden Historikers ebenso wie seitens der historischen Akteure. Eine neue Epoche fängt an, wenn diese beginnen, ihre Welt mit anderen Augen zu betrachten, neu zu bewerten und Konsequenzen daraus zu ziehen. Solche Veränderungen aber sind selten abrupt und klar erkennbar. Meist muss der Historiker ihre Anzeichen detektivisch aus unterschiedlichen Quellen herausspüren, Indizien sammeln und die Epoche durch eine überzeugende Beschreibung überhaupt erst als solche postulieren. Eine neue Epoche beginnt also auch dann, wenn Historiker anfangen, ihre Quellen auf eine neue Art anzusehen und zu lesen.

Das wohl berühmteste Beispiel dafür ist „Die Kultur der Renaissance in Italien" des Schweizer Historikers Jacob Burckhardt (1818–1897) [Burckhardt]. Eine Epoche der Renaissance nämlich kannte niemand, bevor er sie

1860 als solche beschrieb. Ihm war aufgefallen, dass sich in Italien seit dem 14. Jahrhundert Formen der Politik, des geselligen Lebens, des Umgangs mit den Texten und Trümmern des römischen Altertums, ein Selbstgefühl und eine Haltung zu Leben und Welt entwickelt hatten, die auf einen fundamentalen Mentalitätswandel schließen ließen. Es gelang Burckhardt, diese Veränderungen so klar aus den (längst bekannten) Quellen nachzuweisen, so anschaulich zu beschreiben, so suggestiv zueinander in Beziehung zu setzen, dass der Epochencharakter der Renaissance seither nie mehr ernstlich bezweifelt wurde – obwohl kein Kapitel des Werkes unwiderlegt blieb. So wirkte Burckhardts Buch selbst epochal: viele Zeitgenossen begannen bei seiner Lektüre, die Vergangenheit wie ihre eigene Zeit mit anderen Augen zu sehen. Die radikale Zivilisationskritik eines Friedrich Nietzsche (1844–1900) beispielsweise nährte sich nicht zuletzt aus dem Vergleich zwischen der sinnlich-ästhetischen Kraft der italienischen Renaissance und der hybriden Fortschrittsgläubigkeit seiner eigenen Zeit.

▷ S. 128 Die Römische Kirche und Italien

**Wer nach Epochen fragt,** steht vor einer doppelten Aufgabe. Er muss, so hat Leopold von Ranke (1795–1886) mit schöner Klarheit gesagt, sein „Hauptaugenmerk erstens darauf richten, wie die Menschen in einer bestimmten Periode gedacht und gelebt haben; dann findet er, daß […] jede Epoche ihre besondere Tendenz und ihr eigenes Ideal hat. […] Der Historiker hat […] fürs zweite auch den Unterschied zwischen den einzelnen Epochen wahrzunehmen, um die innere Notwendigkeit der Aufeinanderfolge zu betrachten" [Ranke, 7 f.].

Wie diese „innere Notwendigkeit der Aufeinanderfolge" zu verstehen sei, war seit jeher umstritten. Noch Georg Wilhelm Friedrich Hegel (1770–1831) meinte, im Verlauf der Weltgeschichte einen Fortschritt in der Selbstentfaltung der Freiheit feststellen zu können. Heute bestreiten postmoderne Theoretiker, dass es überhaupt Epochen gebe, und erklären historische Vorgänge zu einer wirren Folge unvergleichbarer Zufälligkeiten [Appleby/Hunt/Jacob, 198–237]. Zwischen beiden Extremen bewegen sich Theorien, die davon ausgehen, dass niemals nur eine einzige „Tendenz" herrsche, sondern stets unterschiedlichste „Rhythmen" [Braudel] beziehungsweise „Zeitschichten" [Koselleck] parallel liefen. Das stimmt, solange man solche Zeitstrukturen nicht für etwas real Vorhandenes hält, das irgendwo verborgen liegt wie Münzen oder Gebäudetrümmer. Sie werden durch die Frage des Historikers vielmehr überhaupt erst konstituiert.

Ranke übrigens wollte Fortschritt nur „im Bereiche der materiellen Interessen" erkennen, nicht aber in moralischer Hinsicht. Vielmehr sei jede Epoche „unmittelbar zu Gott, und ihr Wert beruht gar nicht auf dem, was aus ihr hervorgeht, sondern in ihrer Existenz selbst, in ihrem eigenen Selbst. Dadurch bekommt die Betrachtung der Historie […] einen ganz eigentümlichen Reiz, indem nun jede Epoche als etwas für sich Gültiges angesehen werden muß und der Betrachtung höchst würdig erscheint" [Ranke, 7]. Damit äußert er, in der Sprache seiner Zeit, eine schlichte, zeitlose Warnung: Historiker sollten die Menschen früherer Zeiten weder für dümmer noch für schlechter halten als sich selbst. Sie sollten ihnen vielmehr mit Respekt begegnen und sie nicht beurteilen, sondern aufmerksam beschreiben.

Eben weil Epochen von der Fragestellung der Historiker abhängen, sind deren Definitionen ebenso zeitbedingt wie diese selbst. Jede Epoche, schrieb 1942 Lucien Febvre (1878–1952), der Mitbegründer der *Annales*-Schule, zimmere sich „ihr eigenes Bild von der historischen Vergangenheit: *ihr* Rom und *ihr* Athen, *ihr* Mittelalter und *ihre* Renaissance, und zwar gleichfalls aus dem ihr zur Verfügung stehenden Material – womit sich unversehens ein Fortschrittsfaktor in die Geschichtsforschung einschaltet: mehr Fakten, andersartige Fakten, aber auch besser kontrollierte Fakten, ein nicht zu unterschätzender Gewinn. [...] Aber Material ist nicht alles. Hinzu kommen die unterschiedlichen Fähigkeiten, die geistigen Eigenschaften und intellektuellen Methoden, vor allem aber die Neugier und Wißbegier und deren Triebfedern, die Interessen, die sich so schnell wandeln und die Aufmerksamkeit der Menschen einer Epoche auf bestimmte, bis dahin unbeachtete Aspekte der Vergangenheit lenken, die morgen schon wieder ins Dunkel zurücksinken. Das ist nicht nur menschlich, das ist das Gesetz des menschlichen Wissens" [FEBVRE, 14].

**Die Frage nach dem „Mittelalter"** muss daher lauten: Wie und wann kam man dazu, sich eine solche Epoche „zurechtzuzimmern", einen bestimmten Teil der Vergangenheit – oder auch der Gegenwart – als „Mittelalter" zu bezeichnen? Wir entdecken dabei, dass dies in den politisch-religiösen Kämpfen des Mittelalters selbst geschah. Der Begriff diente als Waffe, jene Mächte niederzuzwingen, die als „mittelalterlich" denunziert werden konnten.

Die Menschen des Mittelalters waren überzeugt, dass die gesamte Schöpfung durch den göttlichen Heilsplan vom ersten bis zum letzten Tag vorausbestimmt sei. Seit Aurelius Augustinus (353–430) teilte man die Geschichte in sechs Weltalter, die den menschlichen Le-

## Forschungsstimme

Der Historiker **Hartmut Boockmann** (1934–1998) war für seine prägnanten und klaren Darstellungen zur mittelalterlichen Geschichte bekannt. Zum Problem der Epochenabgrenzung schrieb er:

„Das Mittelalter schafft Verlegenheit. Wann begann es, wann fand es ein Ende? Selbst wenn man für das Anfangs- und für das Enddatum eine zwingende Antwort wüßte, wäre nur wenig gewonnnen. Denn was wäre zwischen dem Anfang und dem Ende des Mittelalters gewesen? Das Mittelalter natürlich, so muß die Antwort lauten, aber wirklich Zufriedenheit schaffen könnte eine solche Antwort nicht. Denn was heißt schon Mittelalter? Nimmt man das Wort ernst, so versteht es sich von einem Zeitalter davor, also der klassischen Antike, und einer darauf folgenden Periode, nämlich der Neuzeit oder der Moderne. So ist die Bezeichnung Mittelalter im 17. Jahrhundert auch entstanden. Inzwischen wissen wir aber, daß die klassische Antike keineswegs ein anfängliches Zeitalter darstellt, und wir rechnen damit, daß die Neuzeit zu Ende gehen könnte oder vielleicht schon zu Ende gegangen ist. Nicht selten ist ihr Ende verkündet worden, und besonders wache Geister sagen sogar, auch die Postmoderne sei vorbei. Das braucht uns vielleicht nicht zu beunruhigen. Aber es läßt sich nicht übersehen, daß das Mittelalter als Mittelalter fragwürdig geworden ist, seit wir von den vorantiken Kulturen wissen und seitdem das Bedürfnis wächst, die Zeit nach dem Mittelalter zu untergliedern. Denn das läuft ja nicht einfach darauf hinaus, daß das Mittelalter nun zwei Zeitalter vor sich hätte und daß zwei Zeitalter auf das Mittelalter folgten, so daß es wiederum in der Mitte läge. Unser Blickfeld hat sich nicht einfach symmetrisch nach beiden zeitlichen Richtungen erweitert, und es kommt hinzu, daß es auch geographisch größer geworden ist. Als man die weltgeschichtliche Trias Antike, Mittelalter, Neuzeit erfand, wußte man von den Kulturen Altamerikas oder Ostasiens nicht genug, als daß man sich davon im Hinblick auf die Periodisierung der Weltgeschichte hätte beunruhigen lassen müssen. Heute dürfen wird das nicht mehr ignorieren."

Quelle: H. BOOCKMANN, Tausend Jahre Verlegenheit zwischen Antike und Neuzeit: Vorstellungen vom Mittelalter – Umrisse des Mittelalters, in: DERS./K. JÜRGENSEN (Hrsg.), Nachdenken über Geschichte, Neumünster 1991, 367–381, hier: 367f.

bensaltern entsprachen. Deren letztes, so wusste man, war durch das Erscheinen Jesu Christi auf Erden eröffnet worden und würde mit dem Jüngsten Gericht enden. Dessen Datum und Verlauf erschlossen die Theologen aus dem Buch Daniel und der Offenbarung des Johannes. Diese erwähnten zudem vier Weltmonarchien, die einander folgen und mit deren letzter (an deren Anfang wiederum das Erdenleben Jesu Christi stand) die Welt untergehen werde. So war klar, dass das Römische Reich – nach denen der Babylonier, der Meder beziehungsweise der Perser und der Griechen – die vierte und letzte Weltmonarchie sein musste. Dass es inzwischen ebenfalls erloschen war, die Welt aber fortbestand, erlaubte nur eine Erklärung: dass es prinzipiell doch noch existiere, durch eine *translatio imperii* aber auf ein anderes Volk übergegangen sei. Es gehört zu den Triumphen Karls des Großen, dass seine Kaiserkrönung im Jahre 800 von Mit- und Nachwelt als diese Übertragung anerkannt wurde [SMALLEY; NEDDERMEYER].

So fühlten sich die Zeitgenossen letztlich noch als Mitbürger der Römer. Die zahlreichen „Renaissancen" des Mittelalters, die karolingische des achten wie die staufische des zwölften Jahrhunderts, waren daher keine Aufbrüche in neue Epochen, sondern im Gegenteil ambitionierte Versuche, eben diese Zeitgenossenschaft zu aktualisieren und neu zu befestigen [RÜEGG]. Denn die Lehre von den Weltmonarchien und der *translatio imperii* verlieh der kaiserlichen wie der kirchlichen Herrschaft ihre sakrale Legitimation. Eben deshalb aber musste dieses Epochenschema all denen missfallen, die von beiden Mächten nichts Gutes erwarteten.

▷ S. 32 Von einer Randkultur zum Zentrum Europas: Das Frankenreich

**Die ersten Gegner** erhoben sich in Oberitalien. Hier, im Machtvakuum zwischen Kaiser und Papst, waren neuartige Gemeinwesen entstanden: autonome Stadtrepubliken und Tyrannenstaaten, die nicht mehr in die mittelalterlichen Ordnungsvorstellungen passten und den alten Universalmächten den Gehorsam verweigerten. Um ihre Freiheit durch Tradition zu fundieren, suchten sie nachzuweisen, dass ihre Vorfahren weder Römer noch biblische Helden gewesen seien – keine Autoritäten also, als deren Rechtsnachfolger Kaiser und Papst auftraten –, sondern Griechen, Etrusker oder Trojaner. Für Florenz führte dessen Kanzler Leonardo Bruni (1370–1444) immerhin den Nachweis, dass nicht Caesar es gegründet habe, sondern Sulla. Als Republik von Anfang an durfte die Stadt so beanspruchen, die wahre Erbin jener römischen Freiheit zu sein, die unter den Kaisern zusehends unterdrückt worden sei [BUSCH].

▷ S. 127f. Die Römis[che] Kirche un[d] Italien

Seit man Geschichte nicht mehr als Erfüllung des biblischen Heilsplanes erzählte, sondern als Kampf um Freiheit, gewann sie ein anderes Aussehen. Der erste, der dieses neue Bild in mitreißenden Worten verkündete, war der Florentiner Francesco Petrarca (1304–74). Für ihn – wie für Cicero, sein antikes Vorbild – war die römische Republik zur Zeit der Scipionen das wahre, große Rom gewesen. Von dieser erhabenen Epoche aber sah Petrarca seine eigene Gegenwart durch eine „finstere Nacht", eine tiefe historische Kluft getrennt. Deshalb träumte er nicht mehr von einer *renovatio* kaiserlicher Allmacht, sondern von der „Wiedergeburt" eben dieser konkreten Republik, in der er die einzigartige Größe der italienischen Nation perfekt verwirklicht sah. Diese „*eigene* Wiedergeburt, der Anschluss an das *eigene* Wesen, die nationale Wendung des römischen Volkes gegen den französischdeutschen Einfluß soll[te] jene Epoche des staatlichen und auch geistigen Verfalls beenden – die *italienischen* Antriebe der ‚Renaissance' und des Renaissancebegriffes liegen hier klar zutage" [Rehm, 47].

Petrarcas Patriotismus entsprang einer rein innerweltlichen Betrachtung der Geschichte. Er bestritt das Weltmonarchie-Modell nicht, er ignorierte es einfach. Selbstverständlich aber lief seine Vision einer *rinascita* der Idee einer *translatio* diametral entgegen. Wenn die Übertragung der römischen Macht an fremde, barbarische Nationen eine Epoche bedeutete, dann konnte diese nur als tiefer Fall, als eine schmähliche Zeit der Erniedrigung empfunden werden.

**Die Umwertung der *translatio*-Idee** war der Anfang ihres Endes. 1438 begann der päpstliche Sekretär Flavio Biondo (1392–1463) ein Geschichtswerk, das die Fortdauer antiker Traditionen in Italien selbst zu beweisen und dieses so als beste Erbin Roms zu erweisen suchte. Seine *Historiarum ab inclinatione Romanorum imperii decades III* behandelten die Zeit zwischen 400 und 1400 und waren „das erste Werk der allgemeinen Geschichte überhaupt, das auf der Trias Altertum, Mittelalter, Neuzeit aufbaut" [Muhlack, 166]. Nach Orosius (gest. 418) nämlich, so entdeckte Biondo, wurden die Quellen so konfus und dubios, dass es stellenweise unmöglich schien, eine glaubhafte Geschichte daraus zu arrangieren. Für ihn hing dieser offenkundige Mangel an *bonae artes* und fähigen Autoren während der *media aetas* mit Italiens politischem Verfall zusammen. Seit die römische Macht sich aber wieder erhebe – Biondo sprach als Agent des aufstrebenden Renaissancepapsttums –, hätten sich auch *eloquentia* und *ornatus* verbessert [Muhlack, 166-170; Neddermeyer].

**Als kulturelles Feindbild** erschien das „Mittelalter" als Inbegriff aller Missstände, für die Biondo und seine Mitstreiter die Gegner des modernen Papsttums verantwortlich machten: die oppositionellen Kirchenfürsten jenseits der Alpen, die Anhänger des Kaisers und alle anderen ausländischen „Barbaren". Doch eben diese sollten mit dem gleichen Modell wenig später eine ganz neue Front eröffnen.

Anders als ihre italienischen Vorbilder und Gegenspieler empfanden deutsche Intellektuelle die Zeit der Völkerwanderung als eine erhabene, vorbildliche Epoche. Voller Stolz, dass Gott das Erbe der Caesaren ihren Vorfahren übertragen hatte, hielten sie eifrig an Weltmonarchien und *translatio imperii* fest. Zwar beklagten auch sie den Mangel an würdigen Geschichtswerken aus dieser Periode. Doch sie erklärten ihn anders. Wenn die alten Heldenlieder nicht mehr auffindbar waren, konnte dies nur die Schuld ungebildeter Mönche und anderer Papstknechte sein, die diese Schätze aus Ignoranz vernachlässigt oder gar vorsätzlich, aus Neid über den deutschen Ruhm, vernichtet hatten [Neddermeyer].

**Martin Luther (1483–1546)** vollendete diese Verschwörungstheorie. Seit 1520 verkündete er öffentlich, dass der Antichrist nicht erst zu erwarten stehe, sondern längst auf Erden erschienen sei. Es sei der Papst selbst. Seit Bonifatius III., dem Zeitgenossen Mohammeds, jenes zweiten großen Antichristen, hätten die römischen Bischöfe die bis dahin reine Urkirche mit List und Tücke in ihre Gewalt gebracht und zu einem Werkzeug ihrer satanischen Ziele gemacht. „Der allmähliche Aufstieg dieses antichristlichen regnum, seine volle Herrschaftsentfaltung und schließlich seine Entlarvung (revelatio) stellten [...] in genuin protestantischer Perspektive die drei Etappen dar, in die sich die nachchristliche Geschichte untergliederte" [SEIFERT, 7]. Vielen Zeitgenossen leuchtete dies spontan ein. Zu plausibel führte Luthers These alle humanistischen Verfallsvisionen – den Niedergang der Künste, die Dekadenz des deutschen Kaisertums und die Korruption der Kirche – auf den gleichen Schuldigen zurück. Und zu verlockend war der Rang, den sie der Reformation zuwies: indem sie den Antichrist entlarvte, eröffnete sie die letzte, unmittelbar Vorstufe des Jüngsten Gerichts.

**In Deutschland** war das Mittelalter eine protestantische Erfindung. Hier war es nicht nur in einem kulturellen Sinne finster, sondern auch in einem theologischen. Dass diese Sicht lange herrschend blieb, lag vorab an der Führungsrolle, die der Protestantismus in den intellektuellen Debatten wie in der Universitäts- und Bildungspolitik gewann. Es lag aber auch – nur scheinbar paradox – an der realen politischen Macht, die die katholische Kirche bis 1806 in Deutschland besaß. Bis ins 19. Jahrhundert blieben Gegenstimmen selten. Der katholische Gelehrte Johannes Janssen (1829–1891) versuchte seit 1876, die Wertungen umzukehren. In seiner „Geschichte des deutschen Volkes seit dem Ausgang des Mittelalters" schilderte er dieses als eine Zeit politischer Harmonie und wissenschaftlicher Blüte, die mit der Reformation beginnende Neuzeit hingegen als Niedergang der politischen Ordnung, Kultur und Sitten. Die Erinnerung an diese polemische Herkunft des deutschen Mittelalterbegriffs mag etwas von dem Eifer erklären, mit dem manche Mediävisten sich bemühen, all jene Merkmale, die man meist der Moderne zuschreibt – Individualitätsgefühle, Freiheitsstreben, kritisches Bewusstsein, Aufklärung und Experimentalforschung –, „schon im Mittelalter" nachzuweisen.

**Heute verschwimmen die Grenzen** zwischen Mittelalter und Neuzeit. Die derzeit tonangebende Historikergeneration nämlich hält soziale Strukturen oft für wichtiger als die angeblich „elitäre" Geistes- und Ideengeschichte. Die europäische Gesellschaft mit ihren Familienverbänden, Treue- und Lehensbindungen, Agrar- und „Haus"-Wirtschaften aber hat sich zwischen 1300 und 1800 in der Tat kaum geändert, weshalb Dietrich Gerhard diesen Zeitraum schon 1954 als „Alteuropa" bezeichnete [GERHARDT]. Allenfalls als einer Sozial-, Kommunikations- und Medienrevolution billigt man der Reformation heute noch Epochencharakter zu.

Relativiert werden traditionelle Epochengrenzen aber auch durch die Rückkehr der Universalgeschichte. Schon in Edward Gibbons weltumspannender „History of the Decline and Fall of the Roman Empire" (1776–1788) fehlte der Begriff „Mittelalter", und auch in Rankes Vorlesungen „Über die Epochen der neueren Geschichte" (1854), dem vielleicht bedeutendsten Epochenentwurf der deutschen Geschichtsschreibung, kommt er nicht vor [RANKE]. Hegel benutzte ihn seit 1822 in seinen Vorlesungen über die Philosophie der Weltgeschichte – aber nur in seiner Darstellung der „germanischen", also der europäischen Welt.

Dabei gibt es auch in der außereuropäischen Geschichte Perioden und Wendepunkte, die zeitlich mit dem europäischen „Mittelalter" übereinstimmen oder ähnliche Merkmale zeigen. In Indien beispielsweise kann die Blütezeit des Sultanats von Delhi seit dem 11. Jahrhundert an das Kaisertum des

Hochmittelalters erinnern. Die einander bekämpfenden Teilreiche, in die es seit Timurs Invasion 1398/99 zersplitterte, wirken „spätmittelalterlich“, während der Aufstieg des Mogulreichs ab 1526 ein Muster „frühneuzeitlicher“ Staatsbildung zu sein scheint. Als Beginn der „Neuzeit“ könnte man die nationale Sammlungspolitik der chinesischen Ming-Kaiser seit 1368 beschreiben, aber auch die straffe Zentralisierungspolitik, die den Azteken seit 1440 in Mexiko zu einem raschen Sieg über die „mittelalterlichen“ Nachfolgestaaten des Maya-Reichs verhalf. So spannend und anregend solche interkulturellen Epochenparallelen indes sein mögen – stimmen werden sie stets nur ungefähr und nur für einzelne Bereiche. Die sonderbare Statik der Ming-Gesellschaft beispielsweise, ihr Verzicht auf die vor 1434 so spektakulär begonnene Überseeexpansion und ihre Gelehrsamkeit, die sich im Sammeln ererbter Kenntnisse erschöpfte, passen kaum zu europäischen Vorstellungen von „Neuzeit“. So eignet sich der Begriff „Mittelalter“ in letzter Konsequenz eben doch nur für jenen politisch-kulturellen Raum, in dem er erfunden und umkämpft wurde: für das christliche Europa.

**Deutungskämpfe** bringen Epochenbegriffe hervor. Deshalb sind diese nie neutrale Gliederungsschemata, sondern enthalten Wertungen. Das gilt nicht nur für das „Dritte Reich“ (das wir aus guten Gründen nach wie vor in Anführungszeichen setzen), sondern sogar für eine so „neutrale“ Epochenrechnung wie die nach Jahrhunderten. In die Historiographie eingeführt nämlich wurde sie durch eine papstfeindliche Kirchengeschichte, die einige radikale Lutheraner um Matthias Flacius Illyricus (1520–1575) ab 1553 gemeinsam zu publizieren begannen. Um ihr Werk nicht nach dem „römischen“ Schema der Weltreiche gliedern zu müssen, teilten die *Magdeburger Centuriatoren* es nach Jahrhunderten (*centuriae*) ein. Gerade die ostentative Objektivität, die diese Form seither zur verbreitesten überhaupt gemacht hat, war zu ihrer Zeit ein kaum überbietbarer konfessioneller Affront.

Stets verraten Epochalisierungen etwas über Weltanschauung und Wertesystem eines Historikers wie der Gesellschaft, für die er schreibt. Wer eine Epoche postuliert, bekennt damit auch, was er in seiner eigenen Zeit für wichtig oder nebensächlich, für gut oder für schlecht hält. Ob eine solche Einteilung Erfolg hat oder nicht, sagt viel über die Mentalität der herrschenden Meinungsführer und über die Machtverhältnisse, die unter ihnen herrschen. Klare Epochengrenzen weisen dabei meist auf autoritäre Verhältnisse. Nur dort, wo eine Meinung verbindlich gilt, kann ein einheitliches Geschichtsbild herrschen. In pluralistischen Gesellschaften hingegen werden stets mehrere Epochenmodelle konkurrieren. Das mag Doktrinäre ärgern. Doch es beweist, dass in diesem System freie Forschung möglich ist.

**Epochen resümieren Forschung.** Sie bringen deren Resultate auf den Punkt. Sie zwingen den Historiker dazu, sich über die eigene Fragestellung, die zentralen Ziele und Zusammenhänge seiner Recherche Rechenschaft abzulegen. Sie sensibilisieren für die außerwissenschaftlichen Dimensionen und Prämissen fremder wie eigener Forschungen. Im interkulturellen Vergleich schärfen sie den Blick für die Gemeinsamkeiten zwischen Entferntem und für die Unterschiede zwischen Ähnlichen, für den, mit Ranke zu sprechen, „ganz eigentümlichen Reiz“ eines jeden historischen Phänomens. Deshalb gibt es keine langweiligen Epochenfragen, sondern höchstens langweilige Historiker. Dies wären solche, die Epochenprobleme als das behandeln, was sie eindeutig nicht sind: als Übungen in gelehrter oder politischer Korrektheit.

Gerrit Walther

**Literatur**

J. Appleby/ L. Hunt/ M. Jacob, Telling the Truth About History, New York/London 1994.

F. Braudel, Schriften zur Geschichte, 1: Gesellschaften und Zeitstrukturen, Stuttgart 1992.

J. Burckhardt, Die Kultur der Renaissance in Italien, hrsg. v. H. Günther, Frankfurt/M./Leipzig 2003 (zuerst 1860).

J. Busch, Die vorhumanistischen Laiengeschichtsschreiber in den oberitalienischen Kommunen und ihre Vorstellungen vom Ursprung der eigenen Heimat, in: J. Helmrath/U. Muhlack/G. Walther (Hrsg.), Diffusion des Humanismus. Studien zur nationalen Geschichtsschreibung europäischer Humanisten, Göttingen 2002, 35–54.

G. Duby, Die Zeit der Kathedralen. Kunst und Gesellschaft 980–1420, Frankfurt/M. 1992.

Ders., L'An Mil, in: Ders., Féodalité, Paris 1996, 267-449.

L. Febvre, Das Problem des Unglaubens im 16. Jahrhundert. Die Religion des Rabelais, Stuttgart 2002.

W. Goez, Translatio imperii. Ein Beitrag zur Geschichte des Geschichtsdenkens und der politischen Theorie im Mittelalter und in der frühen Neuzeit, Tübingen 1958.

R. Herzog/R. Koselleck (Hrsg.), Epochenschwelle und Epochenbewußtsein, München 1987.



R. Koselleck, Zeitschichten. Studien zur Historik, Frankfurt/M. 2000.

J. Kunisch (Hrsg.), Spätzeit. Studien zu den Problemen eines historischen Epochenbegriffs, Berlin 1990.

U. Muhlack, Geschichtswissenschaft im Humanismus und in der Aufklärung. Die Vorgeschichte des Historismus, München 1991.

U. Neddermeyer, Das Mittelalter in der deutschen Historiographie vom 15. bis zum 18. Jahrhundert. Geschichtsgliederung und Epochenverständnis in der frühen Neuzeit, Köln/Wien 1988.

L. v. Ranke, Über die Epochen der neueren Geschichte. Vorträge dem Könige Maximilian II. von Bayern gehalten, Darmstadt 1970.

W. Rehm, Der Untergang Roms im abendländischen Denken. Ein Beitrag zur Geschichte der Geschichtsschreibung und zum Dekadenzproblem, Leipzig 1930 (ND Darmstadt 1969).

V. Reinhardt (Hrsg.), Hauptwerke der Geschichtsschreibung, Stuttgart 1997.

W. Rüegg, Das antike Vorbild in Mittelalter und Renaissance, in: Ders., Anstöße. Aufsätze und Vorträge zur dialogischen Lebensform, Frankfurt/M. 1973, 91–111.

A. Seifert, Der Rückzug der biblischen Prophetie von der neueren Geschichte. Studien zur Geschichte der Reichstheologie des frühneuzeitlichen deutschen Protestantismus, Köln/Wien 1990.

B. Smalley, Historians in the Middle Ages, London 1974.

Soziale Gruppen in Europa

## Einführung: Die Gruppenkultur Europas

**Deutungen des Mittelalters.** Seit dem 18. Jahrhundert bemüht man sich, die Moderne in Absetzung von oder in Verknüpfung mit dem Mittelalter zu definieren [OEXLE 1997; OEXLE/PETNEKI/ZYGNER]. Weitverbreitet war und ist noch immer die Beschreibung der mittelalterlichen Gesellschaft als einer „Feudalgesellschaft" [FRYDE/MONNET/OEXLE; GUERREAU]. Im 19. Jahrhundert entstand die Deutung als eine das Individuum bindende, Individualität verhindernde Gesellschaft (Jacob Burckhardt) und, im Kontrast dazu, die Beschreibung des Mittelalters als einer Epoche der „Gemeinschaften", in denen das Individuum – im Gegensatz zur wurzellosen Moderne – seine Geborgenheit finden konnte (Ferdinand Tönnies). Individualität entstand demnach jedenfalls erst mit der Renaissance und der Reformation, ein bei Neuzeit- und Reformationshistorikern noch immer beliebtes Deutungsmuster. Hier schließt sich die Deutung der mittelalterlichen Kultur als einer von der Kirche wohltätig oder repressiv geleiteten „Einheitskultur" an. Die negativ bewertende Variante dieser Wahrnehmung greifen Historiker von heute mit dem Stichwort „persecuting society" wieder auf [MOORE; NIRENBERG]. Der Soziologe Norbert Elias hat 1969 in seinem bis heute viel diskutierten Werk „Über den Prozeß der Zivilisation" [ELIAS] den im Mittelalter sich vollziehenden Zivilisationsprozess als eine Wirkung der Königsherrschaft und der Höfe beschrieben, eine historische Deutung mit erheblichen Defiziten [SCHWERHOFF].

Allgemein akzeptiert ist hingegen die Interpretation der mittelalterlichen Gesellschaft als einer im Gegensatz zur Moderne stehenden Ständegesellschaft, also mit den Ständen (*ordines*) von Bauern und Rittern, von Adel und Bürgertum, einschließlich der nicht-ständischen Unterschichten, der Bettler, der Armen, der fahrenden Leute. Diese Auffassung kann an Reflexionen der mittelalterlichen *literati*, der Kleriker vor allem, anschließen: Zum Beispiel in der Form der so genannten „funktionalen Dreiteilung", derzufolge die mittelalterliche Gesellschaft in die drei Stände der *oratores*, der *bellatores* und der *laboratores*, also jener, die beten, kämpfen oder arbeiten, gegliedert ist. Aber diese Gliederung ist nur eine von vielen Auffassungen dieser Art. Bei all diesen Deutungen gesellschaftlicher Ordnung geht es um Gesellschaft als einen Kosmos der Unterschiede, die von Gott selbst in der Schöpfung der Welt angeordnet sind und auf einer „Harmonie in der Ungleichheit" beruhen [OEXLE 1987].

**Der Blick auf die Gruppe als Zugang zum Mittelalter.** Eine andere Wahrnehmung impliziert die der „Gruppengesellschaft" [OEXLE 1998; OEXLE, Stände 2001]. Sie erscheint modernen Wahrnehmungen freilich nicht weniger fremd als eine „Ständegesellschaft", weil, wie man weiß, auch die Einschränkung und die Beseitigung von Gruppen zum Modernisierungsprogramm des Ancien Régime, der Revolution und des modernen Staates gehört haben [OEXLE 1982].

Unter sozialen Gruppen versteht man Formen der „Vergesellschaftung" und „Vergemeinschaftung" (Max Weber), die durch eine Reihe von Gegebenheiten näher bestimmt werden können. Gruppen umfassen (1) eine bestimmte, anzugebende Zahl von Mitgliedern; sie sind (2) konstituiert durch Regeln und Normen, die implizit oder explizit vereinbart sind, sowie durch Werte, welche die

Ziele der Gruppe ausdrücken und zugleich Vorstellungen über die Gruppe bei ihren Mitgliedern wie auch bei Außenstehenden begründen. Man kann „Werte" von „Normen" insofern unterscheiden, als „Normen restriktiv sind, Werte aber attraktiv" [JOAS, 14]. Ein weiteres Moment der Definition von Gruppen ist (3) die Abgrenzung nach außen, die sich auch im Vorhandensein von Wechselbeziehungen zu anderen Gruppen zeigt. Dazu tritt (4) die innere Organisiertheit, die in der Differenzierung von Funktionen und von aufeinander bezogenen „sozialen Rollen" zum Ausdruck kommt, und schließlich (5) die relative Dauer und Kontinuität in der Zeit [OEXLE 1998; SCHÄFERS, 19-36].

Von besonderer Bedeutung sind bei alledem Regeln, Normen und Werte, sind die Vorstellungen der Gruppe bei ihren Mitgliedern und die Dauer in der Zeit. Denn dies bewirkt den Unterschied zwischen „formellen" Gruppen einerseits und „informellen" oder auch nur gelegentlich gebildeten („okkasionellen") Gruppen andererseits. Dieser Unterschied ist von Bedeutung, weil eine Familie, ein „Haus", ein adliges oder bürgerliches „Geschlecht", eine Gilde, eine bäuerliche oder städtische Kommune, ein Kloster, eine Pfarrei, die Gruppe der Vasallen eines Herrn etwas anderes sind als ein Treffen von Frauen am Brunnen oder von Männern im Wirtshaus. Und nur „formelle" Gruppen zeigen jene langfristigen Wirkungen in der Geschichte, die hier von Interesse sind.

Die Fragestellung zielt also auf die spezifische „Kultur" von Gruppen, es geht um jene Verflechtungen von jeweils typischen Mentalitäten, Denkformen und Wertsystemen, den daraus resultierenden Formen des sozialen Handelns und den aus dem Handeln hervorgehenden Objektivationen und Institutionen, die dann im Denken der Individuen, in der Gruppe wie außerhalb, angeeignet oder abgelehnt, verstanden oder missverstanden, transformiert und verändert werden. Aus solchen jeweils spezifischen Mentalitäten, Formen des Gruppenhandelns und Institutionenbildungen und deren Aneignung, Transformation oder Ablehnung resultiert auch in diesem Fall die Dynamik gesellschaftlicher und historischer Prozesse [OEXLE 2004].

Bei einer vom Interesse an Gruppen geleiteten Betrachtung der mittelalterlichen Gesellschaft geht es also um Familie und Verwandtschaft, um „Haus" und „Geschlecht", um monastische und vasallitische Gruppen, um die verschiedenen Formen der Freundschaft (*amicitia*), um die spezifische Form der geschworenen Einungen (*coniurationes*) in ihren beiden wichtigsten Ausprägungen, nämlich der Gilde und der Kommune [OEXLE, Gilde 1996], die wiederum in vielerlei Gestalt in Erscheinung treten: als bürgerliche und als städtische Kommune, als Ortsgilde oder als standes- oder berufsspezifisch zusammengesetzte Gilde, als Zunft, als Bruderschaft, als Adelsgesellschaft oder als Vereinigung von *pauperes*.

Die Forschung tut sich vor allem mit terminologischen Fragen schwer. Gleichwohl kann man zwei Grundtypen von Gruppen unterscheiden: einerseits Gruppen, die auf realer oder imaginierter Verwandtschaft beruhen, und andererseits jene, die durch Vereinbarung soziale Bindungen zwischen solchen Menschen herstellen, die miteinander gerade *nicht* verwandt sind und die eben deshalb durch Konsens und Vertrag in ein näheres und auf Dauer gestelltes Verhältnis zueinander treten. Ein solches Vertragsverhältnis kann zwischen Ungleichen (wie im Fall der Vasallität) oder zwischen Gleichen (wie im Fall monastischer Gruppen oder der Einungen) hergestellt werden. Die gesellschaftliche Bedeutung und die geschichtlichen Wirkungen gerade der durch Konsens und Vertrag konstituierten Gruppen sind besonders groß.

Die Erforschung der mittelalterlichen Gesellschaft unter dem Gesichtspunkt der Pluralität verschiedener Gruppen und Gruppenkulturen eröffnet weit reichende Einblicke in die Dynamik der mittelalterlichen Gesellschaft, welche die wesentlichen Bedingungen der Entstehung einer okzidentalen Moderne enthielt; sie gibt zudem neuen Forschungsrichtungen Raum; und sie provoziert schließlich komparatistische, kulturvergleichende Überlegungen und damit zugleich die Frage nach der Genese der okzidentalen Gesellschaft.

**Dynamik der mittelalterlichen Gesellschaft.** Das „Geschlecht" (*genealogia, prosapia, genus, stirps* usw.) ist eine durch gemeinsame Abstammung und Verwandtschaft konstituierte Gruppe, in deren Konzipierung sich reale und imaginäre oder als real gedachte Momente verbinden und in der sich das Selbstverständnis einer adligen oder bürgerlichen Familie, eines adligen oder bürgerlichen „Hauses" ausspricht. Die Forschung der letzten Jahrzehnte hat deutlich werden lassen, welche Fülle kultureller Produktion in Texten und Bildern, in Denkmälern und Architektur sich mit der Bildung adliger oder bürgerlicher Geschlechter verband. Auch beim „Haus" (*domus*) handelt es sich um ein komplexes Sozialgebilde, in dem sich dingliche und personale Beziehungen verknüpfen, das die Familie des Hausherrn und die *familia* der Unfreien und Hörigen umfasst und die Herrschaft des Herrn über die Unfreien mit der über Frauen und Kinder vereinigt. Die Bedeutung des „Hauses" in den Gesellschaften der Vormoderne ist in den letzten Jahren durch Arbeiten zur mittelalterlichen wie zur frühneuzeitlichen „Ökonomik" sichtbar geworden [GROEBNER]. Zunehmend wurde auch die Reflexion über das „Haus" als Grundlage der Reflexion über eine Vielzahl von Lebensbereichen schon seit der Spätantike und im frühen Mittelalter sichtbar; demnach ist die Geschichte des „Hauses" auch als die einer gruppenbezogenen normativen Denkform zu fassen, die soziale Wirklichkeit hervorbringt, weil Menschen anhand des „Hauses" über Gesellschaft nachdenken, gerade in Zeiten wirtschaftlicher und sozialer Krisen, in denen Normen für das Handeln von Individuen und Gruppen gewonnen werden mussten [MEYER 1998].

Von besonderer Bedeutung in der Geschichte sind – wie schon bemerkt – die „vereinbarten" Gruppen. Zu diesen Gruppen gehören alle jene, die man seit dem Beginn des 5. Jahrhunderts unter dem Stichwort der *Vita communis* zusammenfasst, womit die Lebensform des zönobitischen Mönchtums gemeint ist, also einer Gruppe von Menschen, die als religiöse Gesinnungsgemeinschaft zusammenlebt und deren materielle Grundlage eine ökonomische Gütergemeinschaft bildet, in der sich die religiöse Gesinnungsgemeinschaft ständig aufs Neue erweist [DERDA]. Die Begründung der Gesinnungsgemeinschaft auf Gütergemeinschaft und Gemeinbesitz erzwingt disziplinierende Einschränkungen in allen Lebensbereichen, weil alles auf die notwendigen Bedürfnisse (*necessaria*) beschränkt wird. Das Individuum wird durch die Gütergemeinschaft zu Verzichten aller Art genötigt. Und eben daraus entsteht jene „spezifisch rationale Methodik der Lebensführung", die die Klöster zu jenen „erstaunlichen Leistungen" befähigte, die über das „Normale" hinausgingen, wie Max Weber treffend bemerkt hat: von der Wirtschaft und Güterverwaltung bis zur Kunst und Architektur, in Buchproduktion und Wissenschaft, in Spiritualität, Seelsorge und Mission, und nicht zuletzt auch auf dem Gebiet der Organisation menschlichen Zusammenlebens in einzelnen Gruppen und, darüber hinaus, in Gruppenverbänden von zunehmender organisatorischer Komplexität [Oexle 2003].

Zu den auf Vertrag und Konsens beruhenden Gruppenbildungen gehört auch die Vasallität als eine Form des Vertragshandelns zwischen Ungleichen sowie jene auf Parität beruhenden Formen des gruppenspezifischen Vertragshandelns, die den geschworenen Einungen, der Gilde und der Kommune, in ihren verschiedenen Erscheinungsformen zugrunde liegen [Oexle, Gilde 1996; Oexle, Friede 1996]. Hier geht es immer um die Grundformen der Gegenseitigkeit, die durch einen wechselseitig geleisteten Versprechenseid begründet wird; er konstituiert eine vertragliche Bindung, welche Individuen – oft unter dem Druck einer Notlage und in Verhältnissen der Desorganisation – untereinander in Gleichheit und Brüderlichkeit eingehen, in der Absicht umfassender gegenseitiger Hilfe in allen Notlagen und für alle Lebensbereiche, von der Wirtschaft und der Organisation des Alltagslebens bis zur Religion.

Als Beispiel für solche Einungen und ihre umfassenden Wirkungen sei hier an die frühen Universitäten erinnert, bei denen es sich um Schwureinungen von Studierenden (Bologna) oder von Magistern mit ihren Studierenden (Paris) handelte. Ohne die Formen der Einungen und Coniuratio hätte es in Europa keine Universitäten gegeben, und es ist diese spezifische Form der Gruppenbildung, welche die okzidentale Universität von anderen „Hochschulen" des Okzidents, z. B. den bischöflichen Kathedralschulen, wie von denen anderer Kulturen unterscheidet. Von dem Grundgedanken der durch „Verschwörung" begründeten gegenseitigen Hilfe sind also große Wirkungen ausgegangen, etwa in der Schaffung von gruppengebundenem, positivem Sonderrecht und von Frieden [Oexle, Friede 1996].

Damit verbunden waren spezifische Formen der Institutionenbildung, die von den Normen der Gegenseitigkeit ausgingen und die sich konkretisieren in Selbstverwaltung, in selbst gesetzter Gerichtsbarkeit, in der Wahl der Funktionsträger auf Zeit und im Reihendienst; dazu gehört ferner das Rechtsprinzip des freien Eintritts und der Kooptation, gehören die Rechtsfiguren der Delegation und der Repräsentation.

Auch die okzidentale Stadt gehört als Stadtkommune zu den Erscheinungsformen der Coniuratio. Und bezeichnenderweise hat die Stadtforschung jüngst darauf hingewiesen, dass diese okzidentale Stadt als eine Gruppe der Gruppen gedacht werden kann und es ein Kennzeichen dieser kommunalen Stadt ist, dass sie eine Vielzahl von Gruppen unterschiedlichster Struktur, nämlich Familien, „Geschlechter", Verwandtengruppen, monastische und klerikale Gruppen, Gilden, Zünfte, Bruderschaften umfasst, die jeweils ganz unterschiedlichen Wertvorstellungen und Formen des sozialen Handelns folgten. Die Stadtforschung bewertet dies heute so, dass in der mittelalterlichen kommunalen Stadt eine wirkliche „Vergesellschaftung" im modernen Sinn stattgefunden hat [Dilcher, bes. 481ff.]; anders gesagt: in der „Kultur" der mittelalterlichen Stadt als einer kommunal verfassten Stadt ist erstmals „Gesellschaft" im modernen Sinn in Erscheinung getreten, nämlich als

Vielheit von Wertvorstellungen, Praktiken und Institutionenbildungen, die untereinander in Konkurrenz standen und doch zugleich immer wieder in Kooperation und Konsens zusammengeführt wurden.

**Neue Forschungsrichtungen.** Mit der Erforschung der mittelalterlichen Gesellschaft unter dem Gesichtspunkt sozialer Gruppen sind Forschungsrichtungen verknüpft, die unsere Kenntnis der mittelalterlichen Gesellschaft erheblich erweitert haben. Dazu gehört die Erforschung der Memoria als eines „totalen sozialen Phänomens", von ihren liturgischen Begründungen bis zu den umfassenden Funktionen eines kulturellen Gedächtnisses [OEXLE 1995; BORGOLTE; BRAND/MONNET/STAUB; BORGOLTE/ FONSECA/HOUBEN; BUREN; WEIGERT]. Dazu gehört die zunehmende Aufmerksamkeit für die Formen der Repräsentation, die sich in gruppenspezifischen Bezügen besonders anschaulich erforschen lassen [OEXLE/HÜLSEN-ESCH; BÜTTNER/SCHILP/WELZEL].

Einen weiteren fundamentalen Aspekt in der Geschichte sozialer Gruppen hat Wolfgang Hardtwig ins Spiel gebracht. Er bezeichnet ihn als „Diskursgeschichte". Hier geht es um das „Wissen" über Gruppen, bei den Mitgliedern, aber auch und vor allem bei den „Anderen", die nicht dazugehören. Solche Diskurse erörtern „in der Erfahrung, Benennung, Deutung und praktischen Verwirklichung eines bestimmten Typus sozialer Organisation und sozialen Verhaltens" Identitäten von Gruppen und deren Abwandlungen, sie erörtern ihre Form und ihre Werte und Normen sowie damit konkurrierende Formen gesellschaftlicher Organisation. Zu einer „Strukturgeschichte des Objektiven" tritt damit die „Strukturgeschichte des Subjektiven", also die „Geschichte der komplexen und materiellen Formen von Bewußtsein" [HARDTWIG, bes. 9 ff., 18 ff.]. Es werden die Handlungs- und Deutungszusammenhänge sichtbar, in denen die Akteure jeweils stehen. Solche „Diskurse" gibt es in der mittelalterlichen Gesellschaft vor allem im Hinblick auf die Erscheinungsformen der Einung und ihre konstitutiven Werte, also zum Beispiel über die Stadt [MEIER], und vor allem über die spezifischen Formen dieser Gruppen und ihre spezifische Weise, Recht und Frieden zu schaffen. Dabei wird auch reflektiert über die tiefgehenden Unterschiede zwischen diesen Lebensnormen und dem, was als die von Gott gesetzte Norm einer „ständischen" Gesellschaftsordnung gilt und was diese mit ihrer Forderung nach „Harmonie in der Ungleichheit" vom Einzelnen in seinem Verhalten und Handeln fordert [OEXLE, Friede 1996, 144 ff.].

So haben die Vertreter des Klerikerstandes im Hochmittelalter die Legitimität von Einungen im Hinblick auf die Normen einer ständischen Gesellschaftsordnung verneint, haben im Gegensatz dazu die spätmittelalterlichen Humanisten die Bedeutung der Vielheit von Einungen für den Frieden und die Rechtsordnung der Stadt herausgestellt.

Schließlich sei darauf hingewiesen, dass aus der Perspektive von sozialen Gruppen das viel diskutierte Problem der Individualität im Mittelalter in einem neuen Licht erscheint. Die Bedeutung des Individuums in seinen Gruppenbezügen tritt ungleich klarer zutage, als wenn man die mittelalterliche Gesellschaft als Ständegesellschaft oder nur im Licht herrschaftlicher Ordnungen betrachtete [OEXLE 1995, 48 ff.; SELZER/EWERT].

**Ansätze zum Kulturvergleich.** Nahe liegend, aber noch wenig in Angriff genommen ist die komparatistische Frage. Sie stellt sich gerade im Blick auf jene Gruppen, die auf Vertrag und Konsens beruhen, wie z.B. die Schwureinungen. Ihre große Bedeutung scheint ein Spezifikum der okzidentalen Geschichte zu sein [OEXLE, Konsens 2001]. In Byzanz gibt es sie jedenfalls nicht: hier gibt es zwar Vereinigungen von Handwerkern und Händlern, aber diese sind Institutionen des Kaisers und mit den okzidentalen Gilden und Zünften nicht vergleichbar. In Byzanz gibt es Hochschulen, aber keine Universitäten im okzidentalen Sinn. In Byzanz gibt es Städte, aber sie haben nicht die Form der okzidentalen Stadtkommune. Will man solche Sachverhalte begreiflich machen, so ist man zu Rückblicken auf die Genese der okzidentalen Gruppengesellschaft genötigt. Dabei wird man einerseits auf die ungewöhnliche Bedeutung von „Gemeinde" in der Frühgeschichte des Christentums, vor allem bis zum 4. Jahrhundert stoßen, wobei als besonders auffällig erscheint, dass das Christentum nicht weniger als drei, zudem sehr verschieden strukturierte Typen von „Gemeinde" hervorgebracht hat [OEXLE 2003, 310 ff.]. Zum anderen wird man darauf hinweisen können, dass sich im byzantinischen Osten die spätantike Kaiserherrschaft fortsetzte, während im lateinischen Westen ein tief gehender Zusammenbruch der „öffentlichen Ordnung" erfolgte. Dies führte einerseits dazu, dass die von den antiken Kaisern über Gruppen ausgeübte Kontrolle erlosch, während andererseits die Organisation des sozialen Lebens von den Individuen in neuer Weise, nämlich in zunehmendem Maße durch Gruppen, neu geschaffen werden musste. Hier ist die Begründung gerade für die Kraft und den Einfluss jener Gruppen zu suchen, die auf Vertrag und Konsens beruhen. Mit anderen Worten: daraus erklärt sich die Entstehung des Mönchtums, der Vasallität sowie der Einungen und geschworenen Einungen in der Zeit des Übergangs von der Antike zum Mittelalter. Königliche wie kirchliche Herrschaft sind deshalb im lateinischen Westen von Anfang an mit dem Phänomen der Gruppen konfrontiert, eine Konfrontation, die in den folgenden Jahrhunderten ein ständiges dynamisches Moment der Geschichte des mittelalterlichen Okzidents darstellen wird.

Otto Gerhard Oexle

**Literatur**


M. BORGOLTE, Memoria. Zwischenbilanz eines Mittelalterprojekts, in: ZfG 46, 1998, 197–210.

M. BORGOLTE/C. D. FONSECA/H. HOUBEN (Hrsg.), Memoria. Ricordare et dimenticare nella cultura del Medioevo, Bologna/Berlin 2005.

H. BRAND/P. MONNET/M. STAUB (Hrsg.), Memoria, Communitas, Civitas. Mémoire et Conscience Urbaines en Occident à la fin du Moyen Age, Ostfildern 2003.

T. VAN BUREN (Hrsg.), Care for the Here and the Hereafter: Memoria, Art and Ritual in the Middle Ages, Turnhout 2005.

N. BÜTTNER/T. SCHILP/B. WELZEL (Hrsg.), Städtische Repräsentation. St. Reinoldi und das Rathaus als Schauplätze des Dortmunder Mittelalters, Bielefeld 2005.

H.-J. DERDA, Vita Communis. Studien zur Geschichte einer Lebensform in Mittelalter und Neuzeit, Köln/Weimar/Wien 1992.

G. DILCHER, Rechtsgeschichte der Stadt, in: K. S. BADER/G. DILCHER, Deutsche Rechtsgeschichte. Stadt und Land – Bürger und Bauer im Alten Europa, Berlin u.a. 1999, 249–827.

N. ELIAS, Über den Prozeß der Zivilisation. Soziogenetische und psychogenetische Untersuchungen, 2. Aufl. Bern 1969.
N. FRYDE/P. MONNET/O. G. OEXLE (Hrsg.), Die Gegenwart des Feudalismus, Göttingen 2002.
V. GROEBNER, Ökonomie ohne Haus. Zum Wirtschaften armer Leute in Nürnberg am Ende des 15. Jahrhunderts, Göttingen 1993.
A. GUERREAU, L'Avenir d'un passé incertain, Paris 2001.
W. HARDTWIG, Genossenschaft, Sekte, Verein in Deutschland, Bd. 1: Vom Spätmittelalter bis zur Französischen Revolution, München 1997.
H. JOAS, Die kulturellen Werte Europas. Eine Einleitung, in: DERS./K. WIEGANDT (Hrsg.), Die kulturellen Werte Europas, Frankfurt/M. 2005, 11–39.
U. MEIER, Mensch und Bürger. Die Stadt im Denken spätmittelalterlicher Theologen, Philosophen und Juristen, München 1994.
U. MEYER, Soziales Handeln im Zeichen des ‚Hauses'. Zur Ökonomik in der Spätantike und im früheren Mittelalter, Göttingen 1998.
R. I. MOORE, The Formation of a Persecuting Society, Oxford 1987.
D. NIRENBERG, Communities of Violence, Princeton/New Jersey 1996.
O. G. OEXLE, Die mittelalterliche Zunft als Forschungsproblem. Ein Beitrag zur Wissenschaftsgeschichte der Moderne, in: BlldtLG 118, 1982, 1–44.
DERS., Deutungsschema der sozialen Wirklichkeit im frühen und hohen Mittelalter. Ein Beitrag zur Geschichte des Wissens, in: F. GRAUS (Hrsg.), Mentalitäten im Mittelalter. Methodische und inhaltliche Probleme, Sigmaringen 1987, 65–117.
DERS. (Hrsg.), Memoria als Kultur, Göttingen 1995.
DERS., Gilde und Kommune. Über die Entstehung von ‚Einung' und ‚Gemeinde' als Grundformen des Zusammenlebens in Europa, in: P. BLICKLE (Hrsg.), Theorien kommunaler Ordnung in Europa, München 1996, 75–97.
DERS., Friede durch Verschwörung, in: J. FRIED (Hrsg.), Träger und Instrumentarien des Friedens im hohen und späten Mittelalter, Sigmaringen 1996, 115–150.
DERS., Die Moderne und ihr Mittelalter. Eine folgenreiche Problemgeschichte, in: P. SEGL (Hrsg.), Mittelalter und Moderne. Entdeckung und Rekonstruktion der mittelalterlichen Welt, Sigmaringen 1997, 307–364.
DERS., Soziale Gruppen in der Ständegesellschaft: Lebensformen des Mittelalters und ihre historischen Wirkungen, in: DERS./ v. HÜLSEN-ESCH 1998, 9–44.
DERS., Stände und Gruppen. Über das Europäische in der europäischen Geschichte, in: M. BORGOLTE (Hrsg.), Das europäische Mittelalter im Spannungsbogen des Vergleichs. Zwanzig internationale Beiträge zu Praxis, Problemen und Perspektiven der historischen Komparatistik, Berlin 2001, 39–48.
DERS., Konsens – Vertrag – Individuum. Über Formen des Vertragshandelns im Mittelalter, in: Y. L. BESSMERTNY/O. G. OEXLE (Hrsg.), Das Individuum und die Seinen. Individualität in der okzidentalen und in der russischen Kultur in Mittelalter und früher Neuzeit, Göttingen 2001, 15–37.
DERS., Max Weber und das Mönchtum, in: H. LEHMANN/J. M. OUÉDRAOGO (Hrsg.), Max Webers Religionssoziologie in interkultureller Perspektive, Göttingen 2003, 311–334.
DERS., Historische Kulturwissenschaft heute, in: R. HABERMAS/R. v. MALLINCKRODT (Hrsg.), Interkultureller Transfer und nationaler Eigensinn. Europäische und anglo-ameri-

kanische Positionen der Kulturwissenschaften, Göttingen 2004, 25–52.
DERS./A. v. HÜLSEN-ESCH (Hrsg.), Die Repräsentation der Gruppen. Texte – Bilder – Objekte, Göttingen 1998.
DERS./Á. PETNEKI/L. Zygner (Hrsg.), Bilder gedeuteter Geschichte. Das Mittelalter in der Kunst und Architektur der Moderne, 2 Bde., Göttingen 2004.
B. SCHÄFERS, Entwicklung der Gruppensoziologie und Eigenständigkeit der Gruppe als Sozialgebilde, in: DERS. (Hrsg.), Einführung in die Gruppensoziologie. Geschichte – Theorien – Analysen, 2. Aufl. Heidelberg/Wiesbaden 1994.
G. SCHWERHOFF, Zivilisationsprozeß und Geschichtswissenschaft. Norbert Elias' Forschungsparadigma in historischer Sicht, in: HZ 266, 1998, 561–605.
S. SELZER/U. C. EWERT (Hrsg.), Menschenbilder – Menschenbildner. Individuum und Gruppe im Blick des Historikers, Berlin 2002.
L. WEIGERT, Weaving Sacred Stories: French Choir Tapestries and the Performance of Clerical Identity, Ithaca/London 2005.

**Tod als Übergangsritus.** In vielen vormodernen Gesellschaften ist der Tod, obwohl als Endpunkt des Lebens verstanden, zugleich aber wesentlicher Bestandteil und Kennzeichen der Kultur. Denn Gräber- und Ahnenkulte belegen das Bewusstwerden des Menschen über sich selbst. Dennoch ist der Tod, ganz gleich ob aus Altersschwäche, durch Kriegsfolgen oder Krankheiten, zugleich auch immer als Bedrohung empfunden worden. Die Rituale, die mit dem Tod zusammenhängen, sind daher als Extremfall von Übergangsriten aufzufassen, die diese Bedrohungen des Todes bannen und neutralisieren sollten. Aber über individuelle Schicksale hinaus offenbaren Verlustschmerz, Erinnerungszeremonien und Trauerriten als von Gruppen auferlegte Gefühlsäußerungen wichtige Ordnungsmechanismen von Gesellschaften, weil der Tod als radikale Destabilisierungssituation nach Neuorientierung sowohl von Individuen als auch von Gemeinschaften verlangte.

Das Sterben und der Tod haben im Mittelalter durch das Christentum eine spezifische Konnotation erhalten, da sich hier sowohl Vorstellungen von einer Gemeinschaft der Lebenden und der Verstorbenen als auch des Beistandes durch die Toten, besonders im Heiligenkult, ausprägten. Während der heutige Mensch sich wohl eher vor dem Sterben ängstigt, dem Zustand des Todes aber gleichgültiger gegenübersteht, waren in den Vorstellungen des Mittelalters die Sehnsüchte auf Verheißungen oder Ängste vor der Verdammnis jenseits der Todesstunde angesiedelt. Der Tod in Sündhaftigkeit, die *Mors peccatorum pessima*, war die furchtbarste aller Erwartungen. Das ewige Schmoren in der Hölle galt damit als ausgemachte Sache. Als seit dem 12. Jahrhundert die Gnadenmittel der Kirche immer mehr ausdifferenziert wurden, standen auch zur Bannung der Furcht vor dem „schlimmen Tod" Gegenmittel zur Verfügung, um gut gerüstet die diesseitige Welt zu verlassen und in die jenseitige einzugehen. Schaudevotionen vor geweihten Hostien, besondere Marienverehrungen, der Anblick des heiligen Christophorus – sie wurden als beste Todesvorbereitungen angesehen.

**Ars moriendi.** Die Herausforderung des Sterbens besonders im Gefolge der Pestwellen des 14. Jahrhunderts ließen das Sinnen über den Tod immer zentraler werden. Man sprach nun von einer Kunst des Sterbens, einer *Ars moriendi,* die sich in vielfältigen literarischen und bildnerischen Werken niederschlug. Im Spätmittelalter geriet das Abendland in einen ikonographischen Rausch, der unter anderem seinen Ausdruck in den vielfältigen Darstellungen des „Totentanzes" fand. In diesen eindrucksvollen Bildern visualisierte man die egalisierende Gewalt des Todes über den Menschen unabhängig von dessen gesellschaftlicher Stellung im Diesseits. So tanzen Päpste und Kaiser, Könige und Fürsten, Kardinäle und Bischöfe, Mönche, Ritter, Bürger und Bauern mit dem Sensenmann ihrem unvermeidlichen Schicksal entgegen. Die bekannteste Darstellung war der um 1460 unter dem Eindruck der Pest vom norddeutschen Maler Bernd Notke in der Totentanzkapelle der Marienkirche in Lübeck geschaffene Zyklus, der leider im Zweiten Weltkrieg zerstört wurde, von dem es aber noch Vorkriegsaufnahmen gibt.

Zudem entstanden im Nachdenken über die Vergänglichkeit allen Lebens die Sterbebücher, die die Todesbedrohungen literarisch verarbeiteten. Der „Ackermann aus Böhmen" des Johannes von Tepl (um 1350–1415) ist nicht nur eines der bedeutendsten Werke der spätmittelalterlichen Literatur, sondern vielleicht auch das prominenteste Beispiel jener Gattung. In dem im Jahre 1400 oder kurz danach entstandenen Text geht es um ein ergreifendes Streitgespräch zwischen einem Bauern, dessen Frau gerade verstorben ist, und dem Tod. Der Ackermann klagt: „Grimmiger tilger aller leute, schedlicher echter aller werlte, freissamer morder aller menschen, ir Tot, euch sei verfluchet!" Lange gehen die Argumente dann zwischen dem Kläger und dem Angeklagtem hin und her, bis schließlich Gott selbst das Urteil spricht. Er erinnert den Menschen an seine Sterblichkeit und den Tod ermahnt er nicht zu vergessen, dass er seine Macht nur von ihm, Gott selbst, übertragen bekommen habe.

**Totenmemoria.** Da wir für die Vormoderne, also auch für das Mittelalter, Vorstellungen von einer „Gegenwart der Toten" [OEXLE] annehmen dürfen, die sich irgendwann in der Frühen Neuzeit verlieren, blieben die Verstorbenen in bestimmten Beziehungen weiterhin Rechtspersonen und galten als Bezugspunkt von Gedenkstiftungen. Mit ihnen konnte man sogar auch bei gemeinsamen Totenmählern tafeln. Da die Gräber in viel stärkerem Maße als heute Haltepunkte der Erinnerung waren, stifteten sie deshalb für Gruppen oder Familien besonders eindringlich eine Identität und vermochten in einem bestimmten Inszenierungszusammenhang auch Herrschaft zu legitimieren.

Wie viele soziale Gruppen, so benötigten auch die Adelssippen des Mittelalters für ihre Identität und Abgrenzung Memoria, in der den Familiengrablegen als eine Art Erinnerungsfokus besondere Bedeutung zukam. Die Welfenmemoria des 12. Jahrhunderts ist ein geradezu idealtypisches Beispiel dafür, wie Herrschaft der Erinnerung bedarf, wie Memorialkultur auch auf eine zukünftige Erwartung zielte, ja, wie überhaupt die soziale Kategorie des Adels ohne Erinnerung, ohne eine entwickelte Memorialkultur, schlichtweg undenkbar gewesen wäre. Und so konnten den Gräbern und Begräbnisorten der großen und kleinen Herrschaftsträger im Zusammenhang zwischen Totengedächtnis, Gebetsgedenken und Legitimation ganz zentrale Rollen zukommen, die sehr oft ihren Ausdruck in besonderen künstlerischen Ausgestaltungen fanden.

Olaf B. Rader

**Literatur**

A. E. IMHOF, Ars moriendi. Die Kunst des Sterbens einst und heute, Wien/Köln 1991.

P. BINSKI, Medieval Death. Ritual and Representation, London 1996.

A. BORST u.a. (Hrsg.), Tod im Mittelalter, Konstanz 1993.

H. BRAET/W. VERBEKE (Hrsg.), Death in the Middle Ages, Leuven 1983.

H. FUHRMANN, Bilder für einen guten Tod, München 1997.

B. JUSSEN, Dolor und Memoria. Trauerriten, gemalte Trauer und soziale Ordnungen im späten Mittelalter, in: OEXLE (Hrsg.), Memoria als Kultur, 207–252.

L. KOLMER (Hrsg.), Der Tod des Mächtigen. Kult und Kultur des Todes spätmittelalterlicher Herrscher, Paderborn 1997.

O. G. OEXLE, Die Gegenwart der Toten, in: BRAET/VERBEKE 1983, 19–77.

DERS., Mahl und Spende im mittelalterlichen Totenkult, in: FMSt 18, 1984, 401–420.

DERS. (Hrsg.), Memoria als Kultur, Göttingen 1995.

N. OHLER, Sterben und Tod im Mittelalter, München 1990.

O. B. RADER, Grab und Herrschaft. Politischer Totenkult von Alexander dem Großen bis Lenin, München 2003.

DERS., Erinnern für die Ewigkeit. Die Grablegen der Herrscher des Heiligen Römischen Reiches, in: M. PUHLE/C.-P. HASSE (Hrsg.), Heiliges Römisches Reich Deutscher Nation 962 bis 1806. Von Otto dem Großen bis zum Ausgang des Mittelalters, Dresden 2006, Bd. 1, 173–184.

Bild: Ausschnitt aus dem zerstörten Totentanz-Zyklus aus der Lübecker Marienkirche. Foto: akg images.

# Familie, Haus, Geschlecht

**Begriffe und Forschungsansätze.** „Familie", „Haus" und „Geschlecht" sind moderne Strukturbegriffe, die zwar etymologisch auf mittelalterlichen lateinischen und volkssprachlichen Termini beruhen, inhaltlich mit diesen aber nichts gemein haben. Während der seit dem 16. Jahrhundert eingeführte Begriff „Familie" auf biologische Verwandtschaft abhebt, bezeichnet dessen lateinische Wurzel „familia" rechtliche Abhängigkeitsverhältnisse von nicht miteinander verwandten Personen, die in einem Herrschaftskontext einem gemeinsamen Patron unterstehen. Am vielschichtigsten ist der Begriff „Geschlecht": Er gehört einerseits zum semantischen Feld der „Verwandtschaft" – „Geschlechter" bezeichneten im späten Mittelalter Adels- und Patrizierfamilien –, andererseits in das Feld der Geschlechterbeziehungen von Mann und Frau, sei es im Sinne von „sexus", der biologischen Differenz der Geschlechter, sei es im Sinne von „gender", der sozialen Differenz der Geschlechter, die sich im Mittelalter als hierarchische Ordnung, im Rechtsinstitut der Geschlechtervormundschaft („Munt") als Herrschaftsgewalt des Mannes über die Frau manifestiert.

„Familie", „Haus" und „Geschlecht" sind zentrale Kategorien der mittelalterlichen Gesellschaftsorganisation, an deren Konzeptualisierung sich in den letzten 150 Jahren eine Vielzahl wissenschaftlicher Disziplinen beteiligten: In Deutschland waren dies vom 19. bis in die erste Hälfte des 20. Jahrhunderts die Rechts- und Staatswissenschaften sowie die Ökonomie; seither verschob sich das Gewicht auf die Soziologie, die Ethnologie, die Anthropologie und die Genderforschung. Die Nachkriegszeit wurde vom Konzept des „Ganzen Hauses" dominiert, das der Sozialhistoriker Otto Brunner (1898–1982) propagierte und popularisierte (s. u.). In Frankreich hingegen rezipierte die so genannte Annales-Schule das strukturalistische Verwandtschaftsmodell von Claude Lévi-Strauss [Le Jan]. Die englische Forschung, die seit den 1960er Jahren unter dem Einfluss der Sozialanthropologie stand, deutet in jüngster Zeit die mittelalterlichen Diskurse über „Familie", „Haus" und „Geschlecht" vor dem Hintergrund zeitgenössischer politischer Theorien und Ideologien. In Deutschland werden derzeit durch rechtshistorische Forschungen die Prämissen und theoretischen Grundlagen der „germanischen Rechtstheorien", auf die Otto Brunner setzte, kritisch reflektiert und revidiert; zugleich nähert sich die Geschichtswissenschaft den soziologisch-anthropologischen Ansätzen der französischen Forschung [Guerreau-Jalabert/Le Jan/Morsel]. Damit kommen neben der „klassischen" Genealogie die Methoden der Demographie, der Personen- und Ortsnamenkunde (Onomastik), der Prosopographie und der historischen Semantik in qualifizierenden und quantifizierenden Verfahren zur Anwendung.

▷ S. 323 Quantitative Methoden in der Mediävistik

**Familie: Verwandtschaft, Ehe, Sippe.** „Familie" als Subsystem von „Verwandtschaft" wurde im Mittelalter nicht nur auf biologischem, sondern auch auf sozialem und kulturellem Wege generiert [Althoff; Jussen 1991; Jussen 2001]. Zu familiären Strukturen (*lignage*) führten neben der Abstammung qua Geburt und der Verschwägerung qua Heirat auch Adoption, Patenschaft, Freundschaft (*amicitia*), Bruderschaft (*fraternitas*) und spirituelle Gemeinschaft als verwandtschaftsgleiche oder verwandtschaftsähnliche Rechts- und Sozialbeziehungen. Aus diesen Beziehungen ergaben sich unterschiedliche soziale, ökonomische und ethische Konsequenzen.

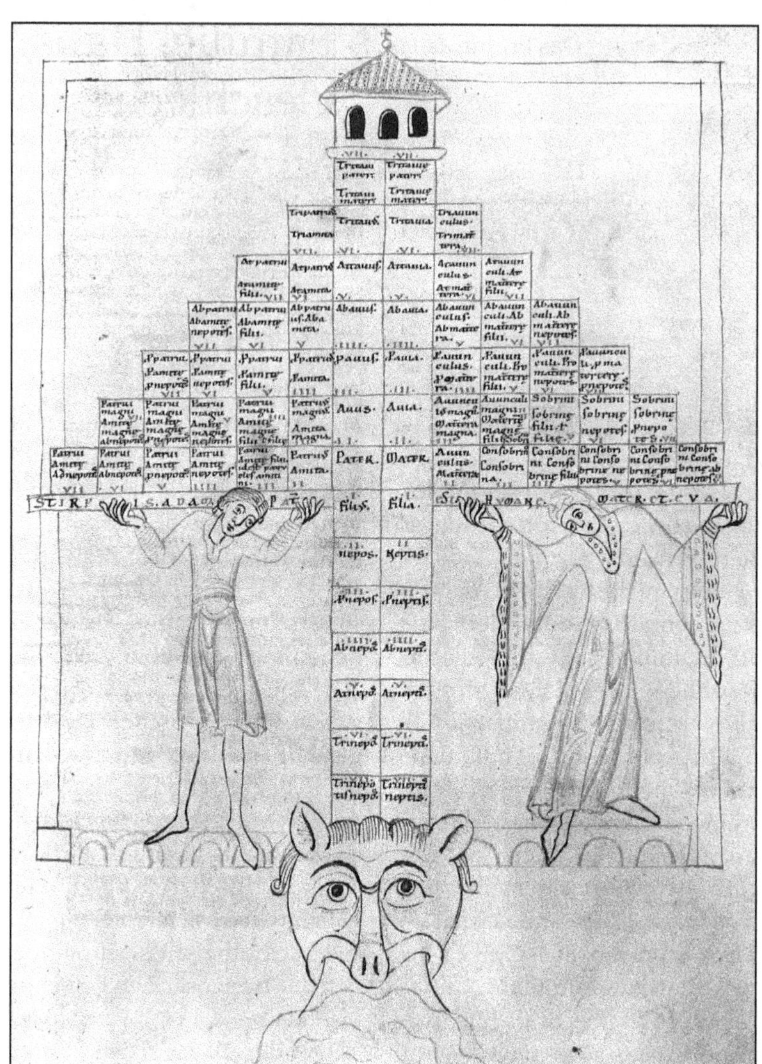


Zur Feststellung von Erbansprüchen und zur Überprüfung der Inzestvorschriften erstellten Theologen und Juristen Modelle von Verwandtschaft, die formal die Wachstumsstruktur des Baumes und die Architektur des Hauses imitierten. Diese **Verwandtschaftstafel**, die in der Mitte des 12. Jahrhunderts im schwäbischen Kloster Zwiefalten als Illustration zu einer Kopie der Etymologien des Isidor von Sevilla (Anf. 7. Jh.) angefertigt wurde, übernimmt das Dreiecksschema, das schon Isidor entworfen hatte.

Der Tafeltypus kombiniert die Verwandtschaftsgrade nach „römischer" und „germanischer" Zählung und wurde trotz einiger Fehler bis ins 12. Jahrhundert am häufigsten in Canonessammlungen und nichtjuristischen Werken kopiert. Die idealtypischen Eltern *pater* und *mater* stützen die Seitenarme des kombinierten Haus-/Baummodells mit ihren Armen und Schultern. Die Eltern sind hier personifiziert in Adam und Eva, die auf einer Basis aus stilisierten Architekturelementen (Brückenpfeiler?) stehen. Ihre symbolische Bedeutung als Stütze der Genealogie wird durch eine Inschrift am unteren Rand des Dreiecks erklärt: „stirpis Adam pater est humanae mater et Eva" („Adam ist der Vater des Menschengeschlechts und Eva die Mutter"). Das Haupt der Bestie, aus dem der Geschlechterbaum hervorsprießt, erinnert den Betrachter an die Vergänglichkeit und Endlichkeit Adams und des Menschen (nach Ambrosius, Expositio Evang. sec. Luc., Lib. VII, c. 15-16: „Fuit Adam et in illo fuimus omnes. Periit Adam, et in illo omnes perierunt").

Jedes Quadrat des Dreiecks repräsentiert eine Person bzw. Position innerhalb des Verwandtensystems. Männlichen und weiblichen Gliedern ist je ein eigenes Feld reserviert (z. B. *filius/filia*). Links, über Adam, sind die männlichen, rechts, über Eva, die weiblichen Kollateralen, also Seitenverwandten, angeführt. Der 7. Grad nach kanonischer Zählung entspricht hier in der Seitenlinie dem 8. Grad nach römischer Zählung. Es fehlen die *ego-* bzw. *ipse/ipsa-* und die *frater-soror*-Linie.



Bild: Federzeichnung, Buchillustration, Mitte 12. Jh., Württembergische Landesbibliothek Stuttgart, Cod. poet. et phil. 2° 33, fol. 85r. Foto: Bildarchiv Foto Marburg.

Literatur: H. Schadt, Die Darstellungen der Arbores Consanguinitatis und der Arbores Affinitatis. Bildschemata in juristischen Handschriften, Tübingen 1982.

Nur aus der Abstammung, der Verschwägerung und der Adoption entstand ein Anspruch auf das familiäre Erbe (*hereditas*) an Immobilien (*terra*) und Ämtern (*beneficium, officium*). Freundschaft, Bruderschaft und die durch die christliche Taufe erworbene Patenschaft hingegen verpflichteten lediglich zu einem sozialen Bündnis und Frieden, materielle Ansprüche erwuchsen daraus nicht. Ganz im Gegenteil: nach Augustinus (354–430) sollten sie den auf Besitzakkumulation bedachten endogamen Heiratspraktiken entgegenwirken und die sozialen Bindungen durch spirituelle Verwandtschaften und die ideelle Gemeinschaft der Kirche (*ecclesia*) erweitern.

Anspruch auf das familiäre Erbe besaßen nur legitime Nachkommen, diejenigen, die während einer legitimen Ehe gezeugt und geboren oder adoptiert worden waren. Als Dreh- und Angelpunkt des Erbrechts kristallisierte sich daher die Frage heraus, was denn eine legitime Ehe sei, eine Frage, auf die es in der Zeit zwischen 300 und 900 keine eindeutige Antwort gab. In dieser Epoche wurde die Ehe auf der Basis des antiken römischen Rechts und der *leges* in bischöflichen und päpstlichen Dekreten, in königlichen Kapitularien und auf Synoden kontrovers diskutiert und neu definiert. Gratian (gest. um 1160) hat die divergierenden Rechtsauffassungen im 12. Jahrhundert kompiliert.

Das Jahrhunderte währende Ringen fand auf dem IV. Laterankonzil (1215) ein Ende, als die Ehedefinition sanktioniert und die Ehe sakramentalisiert wurde. Als legitim galt seither eine Ehe, wenn die Brautleute (und nicht nur deren Eltern und Verwandte!) der Eheschließung zugestimmt hatten (Konsensehe), wenn die Ehe dotiert worden war, d.h., wenn die Familie des Bräutigams sie mit einer *dos* zur finanziellen Absicherung der Witwe und unmündiger Kinder ausgestattet hatte, und wenn sie vor Zeugen und einem Priester öffentlich geschlossen worden war. Mehrfachehen wurden verboten, die Ehe zum Sakrament erhoben und für unauflöslich erklärt. Ob die *copula carnalis*, der sexuelle Vollzug, als zwingend notwendige Bedingung für die Legitimiät der Ehe anzusehen sei, blieb umstritten. Sexuelle Partnerschaften, die die rituellen und rechtlichen Voraussetzungen einer Ehe nicht erfüllten, waren in allen sozialen Schichten weit verbreitet und akzeptiert (Konkubinat), die Kinder aus diesen Verbindungen besaßen aber keinen Rechtsanspruch auf das familiäre Erbe [Esmyol].

Neben der Definition der Ehe standen die Regeln der Heirat zur Disposition: Als Ehehindernisse, Scheidungsgründe oder Anlässe für die Eheannullierung galten Inzest, Krankheit, Impotenz und Sterilität, fehlende Zugehörigkeit zum Christentum sowie Unfreiheit.

Die Legitimität eines Erbanspruchs manifestierte sich nicht zuletzt im Personennamen, der in römischer Tradition mehrnamig oder in germanischer Tradition einnamig von den Eltern oder anderen Bluts- und Schwägerverwandten an die Kinder weitergegeben wurde. Der Name des Grundbesitzers ging auf den Ort über, an dem eine Siedlung entstand; erst im Hoch- und Spätmittelalter nahmen umgekehrt die Adels- und Patriziergeschlechter den Ortsnamen des Wohnsitzes als Geschlechternamen an.

Die sozialhistorische Adelsforschung diskutiert seit längerem, ob die frühmittelalterlichen Familienverbände kognatisch oder agnatisch strukturiert waren [Wollasch]. Nach gegenwärtigem Stand der Erkenntnis wurde Besitz im Frühmittelalter in variierenden Rangfolgen bilateral (kognatisch) vererbt, sowohl über die väterliche wie die mütterliche

Linie und die Seitenverwandten. Tendenziell wurden männliche gegenüber weiblichen Mitgliedern der Genealogie bevorzugt, Frauen waren aber in der Regel nicht grundsätzlich vom Erbe ausgeschlossen [KROESCHELL 1982; MURRAY]. Durch Zufälle, wie Kinderlosigkeit von Ehepaaren oder Brüdern, Verteilung des Geschlechterproporzes unter den Kindern oder Todesfälle der männlichen Erben verschiedener Grade, konnten Frauen trotz nachrangiger Erbsukzession in hohem Maß zu Grundbesitz gelangen [HELLMUTH]. Das Vererbungssystem wurde allerdings im 10./11. Jahrhundert auf die agnatische Patrilinie eingeschränkt, Frauen in einigen Ländern gänzlich vom Erbe und von der dynastischen Folge ausgeschlossen.

Der kognatische Familienverband war keineswegs, wie die ältere Forschung annahm, ein „germanischer Sippenverband", dessen Mitglieder zur gegenseitigen Friedenssicherung und militärischen Verteidigung bis hin zur Blutrache verpflichtet gewesen wären. Eine solche Vorstellung wird weder durch die Rechtsquellen noch durch die Memorialaufzeichnungen gedeckt [SCHMID]. Die kognatische Verwandtschaft regelte lediglich die Vererbungslinien und die Besitzrechte. „Geschlechter" – dieser Begriff ist nun an die Stelle der „Sippe" getreten – etablierten sich nach dem Übergang zur agnatischen Vererbung im Hoch- und Spätmittelalter ortsgebunden, begründeten ihre Besitz- und Erbansprüche an Gut und Ämtern mit der Genealogie und ihrem Ansehen, das durch repräsentative Zeichen, zu denen eine Burg auf dem Land, ein Geschlechterturm in der Stadt oder ein Wappen gehören konnten, äußerlich sichtbar gemacht wurde [MORSEL].

Die in der älteren Forschung verbreitete Vorstellung, die Menschen des Mittelalters hätten in einem Haushalt als „Großfamilie" (Mehrgenerationenfamilie) mit einer großen Kinderschar gelebt, wurde durch neuere demographische, onomastische und prosopographische Untersuchungen frühmittelalterlicher Urbare und Polyptychen in den Bereich des Mythos verwiesen. Vielmehr wurden die bäuerlichen Hufen in der Regel von Zweigenerationenfamilien mit 2–3 Kindern bewohnt und bearbeitet, gelegentlich trat unverheiratetes Gesinde hinzu. Sobald die Kinder die Volljährigkeit erreicht hatten, verließen sie den elterlichen Haushalt, um – eventuell nach einem Intermezzo auf dem Salhof des Herrn oder auf dem Meierhof – auf einer anderen Hufe eine eigene Familie zu gründen.

▷ S. 194 Grundherrschaft

Auch in den adeligen und königlichen Familien wechselten die Menschen im Verlauf ihres Lebens mehrfach den Haushalt. Die jungen Männer wurden von den Herrschern zur Ausbildung und Erziehung in die Häuser vertrauter Lehensleute oder naher Verwandter gegeben, bevor sie selbst einen Haushalt gründeten. Die Mädchen wurden in Klöstern oder Stiften auf ihre Rolle als Repräsentantinnen und Verwalterinnen großer Güter vorbereitet. Im Alter trennten sich viele Ehepartner, um den Lebensabend in einem Kloster zu verbringen.

**Familia – „Ganzes Haus" – „domus".** Die Haushalte und Lebensgemeinschaften auf den Salhöfen der Herren und auf den grundherrlichen Meierhöfen waren nicht auf biologische Kernfamilien reduziert, sondern bestanden aus einer *familia*, einer großen Zahl von Personen, die der Gewalt (*potestas*) des Hausherrn (*patronus*) und der Hausfrau (*matrona*) unterstanden. Dieser *familia* gehörten nicht nur Personen an, die im Haus des Herrn oder seines Verwalters wohnten, sondern alle

Personen, die das dem Herrn gehörende Land bewohnten und bewirtschafteten, also auch die Bauern unterschiedlichen Rechtsstandes. Die rechtlich relevante *familia* geht auf die römische Klientelbeziehung zurück und begründet die personen- und sachenrechtliche Herrschafts- und Hausgewalt des Hausherrn, des *pater familias*, über die Ehefrau und die Kinder sowie das Gesinde. Das „Haus" (*domus*) konstituierte die eheliche wie die familiäre Rangordnung. Der Wohnbereich des „Hauses", der sich um den Herd gruppierte, bildete einen Rechts- und Friedensbezirk.

S. 195, 197 Grundherrschaft

Aus dieser Konstellation hatte der Sozialhistoriker Otto Brunner (1898–1982) auf der Basis antiker griechischer „Ökonomiken", insbesondere des Xenophon und des Aristoteles, sowie einer theoretischen Vorlage des Soziologen Wilhelm Heinrich Riehl (1823–1897) das Konzept des „Ganzen Hauses" entwickelt. In ihm sah er den Nukleus der sozialen, rechtlichen und politischen Ordnung des Staates, da der Hausvater nicht nur die Strafgewalt innerhalb des Hauses besessen, sondern auch die politische und rechtliche Repräsentation der *familia* außerhalb des Hauses wahrgenommen habe [BRUNNER]. Brunners Konzept hat sich für die Mittelalter- und Frühneuzeitforschung als überaus wirkmächtig erwiesen und wurde erst in jüngerer Zeit durch die rechtshistorische [KROESCHELL 1968], die sozialhistorische [DERKS] und die Genderforschung [OPITZ] kritisiert.

Unbenommen der kritischen Auseinandersetzung mit den Thesen Brunners ist festzustellen, dass die griechischen Ökonomiken in den politischen Führungsschichten des Mittelalters nicht erst seit der Aristoteles-Rezeption an den Pariser Universitäten im 12. Jahrhundert zur Kenntnis genommen wurden, sondern dass sie bereits auf dem Umweg über die Briefe des Apostels Paulus, die Kirchenväter und die spätantike Enzyklopädie des Isidor von Sevilla (um 560–636) an den Höfen der Karolinger rezipiert wurden. Das „Haus" avancierte zur Metapher der Kirchengemeinde, es nahm einen zentralen Platz in der göttlichen Heilsordnung ein. Allerdings ersetzten die Autoren der Fürstenspiegel den griechischen Begriff *oikonomia* für die Verwaltung und Ordnung des Haushalts und des Staates durch den lateinischen Begriff *dispensatio* bzw. *dispositio*. Sie stilisierten den königlichen Haushalt zur Richtnorm einer idealen Ordnung, in dem der Herrscher und die Herrscherin als Vorsteher der königlichen *domus* sich so verhalten sollten, dass sie den Fürsten und dem Volk zum Vorbild gereichten. Sedulius Scottus (9. Jh.) sah in der Königin die Trägerin christlicher Tugenden, die ihrem Gemahl an Frömmigkeit und erbaulichem Lebenswandel voranleuchten und ihm weisen Rat erteilen sollte [MEYER].

Ehebruch und Scheidungsbegehren im königlichen Haushalt berechtigten zur Kritik an der Herrschaft des Königs und zur Forderung nach seiner Absetzung. Denn der Körper und der Haushalt des Königs symbolisierten den Zustand des Reiches. Kaiser Lothar II. (reg. 850–869) musste dies im Rahmen der von ihm seit 857 angestrebten Scheidung von seiner Frau Theutberga erfahren [AIRLIE].

Hedwig Röckelein

**Literatur**

S. AIRLIE, Private Bodies and the Body Politic in the Divorce Case of Lothar II, in: P&P 161, 1998, 3–38.

G. ALTHOFF, Verwandte, Freunde und Getreue. Zum politischen Stellenwert der Gruppenbindungen im früheren Mittelalter, Darmstadt 1990.

O. BRUNNER, Das „ganze Haus" und die alteuropäische „Ökonomik", in: DERS., Neue Wege der Sozialgeschichte, Göttingen 1956, 33–61; erneut in: DERS., Neue Wege der Verfassungs- und Sozialgeschichte, 3. Aufl. Göttingen 1980, 103–127.

H. DERKS, Über die Faszination des 'Ganzen Hauses', in: GG 22, 1996, 221–242.

A. ESMYOL, Geliebte oder Ehefrau. Konkubinen im frühen Mittelalter, Köln u. a. 2002.

A. GUERREAU-JALABERT/R. LE JAN/J. MORSEL, Familles et parentés, in: J.-C. SCHMITT/O. G. OEXLE (Hrsg.), Les tendances actuelles de l'histoire du Moyen Age en France et en Allemagne, Paris 2002, 433–446.

D. HELLMUTH, Frau und Besitz. Zum Handlungsspielraum von Frauen in Alemannien (700–940), Sigmaringen 1998.

B. JUSSEN, Patenschaft und Adoption im frühen Mittelalter. Künstliche Verwandtschaft als soziale Praxis, Göttingen 1991

DERS., Künstliche und natürliche Verwandtschaft? Biologismen in den kulturwissenschaftlichen Konzepten von Verwandtschaft, in: Y. L. BESSMERTNY/O. G. OEXLE (Hrsg.), Das Individuum und die Seinen. Individualität in der okzidentalen und in der russischen Kultur in Mittelalter und früher Neuzeit, Göttingen 2001, 39–58.

K. KROESCHELL, Haus und Herrschaft im frühen deutschen Recht, Göttingen 1968.

DERS., Söhne und Töchter im germanischen Erbrecht, in: G. LANDWEHR (Hrsg.), Studien zu den germanischen Volksrechten, Frankfurt/M./Bern 1982, 87–116.

R. LE JAN, Famille et pouvoir dans le monde franc (VIIe-X[e] siècle). Essai d'anthropologie sociale, Paris 1995.



C. LÉVI-STRAUSS, Les structures élémentaires de la parenté, Paris 1949.

U. MEYER, Soziales Handeln im Reich des ‚Hauses'. Zur Ökonomik in der Spätantike und im früheren Mittelalter, Göttingen 1998.

J. MORSEL, Geschlecht und Repräsentation. Beobachtungen zur Verwandtschaftskonstruktion im fränkischen Adel des späten Mittelalters, in: O. G. OEXLE/A. VON HÜLSEN-ESCH (Hrsg.), Die Repräsentation der Gruppen, Göttingen 1998, 259–325.

A. C. MURRAY, Germanic Kinship Structure. Studies in Law and Society in Antiquity and the Early Middle Ages, Toronto 1983.

C. OPITZ, Neue Wege der Sozialgeschichte? Ein kritischer Blick auf Otto Brunners Konzept des ‚ganzen Hauses', in: GG 20, 1994, 88–98.

K. SCHMID, Zur Problematik von Familie, Sippe und Geschlecht, Haus und Dynastie beim mittelalterlichen Adel, in: ZGO 105, 1957, 1–62.

H. K. SCHULZE, Grundstrukturen der Verfassung im Mittelalter, Bd. 2, Stuttgart 1986, 9–48.

J. WOLLASCH, Eine adlige Familie des frühen Mittelalters. Ihr Selbstverständnis und ihre Wirklichkeit, in: AKG 39, 1957, 150–188.

**Die spätantike Ausgangslage.** Früheste Belege christlich-asketischen Lebens finden sich Ende des 3. Jahrhunderts in Ägypten, bald auch in Palästina, Syrien und Kleinasien [Frank]. Im lateinischen Reichsteil lassen sich eindeutige Fälle erst ab Mitte des 4. Jahrhunderts in Italien, Nordafrika, Gallien und Spanien nachweisen. Irland und das nördliche Britannien kannten asketische Gemeinschaften ab Mitte des 5., die mittleren und südlichen Regionen Britanniens erst seit der Mitte des 7. Jahrhunderts [Lorenz; Frank].

Das spätantike Asketen- und Mönchtum Westeuropas tritt noch als formenreicher Wildwuchs entgegen: Asketen ohne Bindung an eine Gemeinschaft; Frauen- und Männergemeinschaften unter Leitung einer Äbtissin oder eines Abtes; Gemeinschaften von Klerikern, bisweilen mit Mönchen gemischt; gemischtgeschlechtliche Gemeinschaften und Eheleute, die als „Schwester" und „Bruder" ein asketisches Leben nebeneinander führten. In der Entwicklung des Mönchtums erscheint dann aber das Kloster als entscheidende Organisationsform asketischen Lebens, jene Art von Gemeinschaft also, die an einem abgegrenzten Ort, auf der Grundlage einer Regel und unter Leitung eines Abtes bzw. einer Äbtissin lebte [Lorenz; Jenal].

Die Formenvielfalt sowie der Mangel an Detailkenntnissen erlauben nur in Ansätzen eine Typologie des spätantiken, westlichen Asketen- und Mönchtums. Wahl, Stellung und Aufgaben des Vorstehers einer Gemeinschaft deuten sich in groben Umrissen an; erst wenige Hinweise finden sich für weitere Ämter und Funktionen, bezüglich des Problems der *regula*, also der Ordnung des Zusammenlebens, der Besitzverhältnisse und des Bildungsstandes der Gemeinschaften [Jenal].

Hier helfen auch frühe Regelwerke kaum weiter. Von der Mehrzahl der etwa 20 erhaltenen Regeln nämlich, die dem westlichen Mönchtum zwischen 400–ca. 600 zuzuordnen sind, bleibt unbekannt, ob ihnen überhaupt außerhalb der Gemeinschaft, in der sie jeweils verfasst oder übersetzt wurden, Geltung zukam. Dies trifft auch auf die *Regula Benedicti* und die Gemeinschaft in Montecassino bis weit ins Frühmittelalter hinein zu. Zudem stehen diesen wenigen Regeltexten Hunderte von Gemeinschaften gegenüber, von denen nicht bekannt ist, ob sie je ein schriftliches Reglement besaßen [de Vogüé; Jenal].

**Spätantike Klöster und ihre Umwelt.** Deutlicher als die äußeren Organisationsformen und interne Regelungen lassen sich die Grundzüge der Entwicklung spätantiker Klöster in den Wechselbeziehungen mit ihrer Umwelt erkennen. So sahen sich die frühen Asketen zunächst zweifacher Kritik ausgesetzt: zum einen den Angriffen heidnischer Intellektueller wegen der asketisch motivierten Kultur- und Zivilisationsabstinenz, zum anderen den Vorwürfen von Glaubensgenossen wegen der Hochschätzung des Virginitätsideals und der daraus folgenden Diskriminierung des Ehestandes [Jenal].

Bereits seit dem 4. Jahrhundert versuchte die Kirche das junge Asketen- und Mönchtum einzubinden: mit zahlreichen Schutz- und Strafbestimmungen, mit Regelungen für den Übergang des Mönchs in die Klerikerlaufbahn, mit Festlegungen zum Verhältnis von Kirchen- und Klosterbesitz sowie mit Bestimmungen zu dem ewig jungen Problem des Verhältnisses von Ortsbischof und Kloster [Jenal]. Nicht anders versuchte auch der spätantike Staat die Integration zu erreichen, greifbar in zahlreichen Erlassen der justinianischen Kirchengesetzgebung: so durch Schutzbestimmungen für *virgines et viduae sacrae*, mit besitz- und erbrechtlichen Festlegungen für Mitglieder asketischer Gemeinschaften, mit Erlassen zum Personen- und Standesrecht der Asketen, mit Bestimmungen über das Kloster als Institution, mit Regelungen über das Verhältnis von Mönchen, Klerus und Ortsbischof [JENAL].

In der grundlegenden Frage, wie der Asket mit dem paganen Wissensgut seiner Zeit umzugehen habe, fand man zunächst nur individuelle und noch widersprüchliche Antworten. Die Lösung des Problems bot schließlich Augustinus (354–430) mit seiner Schrift *De doctrina christiana*, in der weltlichem Wissen eine notwendige Funktion für jedes tiefere Verständnis der Heiligen Schrift zuerkannt wird. Damit war eine intellektuelle Öffnung geschaffen, die dem Asketen einen freieren Umgang mit weltlichem Wissen und paganer Kultur gestattete [JENAL].

Der Einfluss des gesellschaftlichen Umfeldes zeigt sich deutlich im Umgang mit Eigentum bei Eintritt in eine Gemeinschaft. Durchgehend hielt man an der Grundforderung nach strikter persönlicher Armut des Asketen fest. Beim Eintritt in eine asketische Gemeinschaft hatte – vom gesetzlichen Pflichterbteil abgesehen und sofern nichts anderes zuvor testamentarisch verfügt worden war – der gesamte vorhandene Besitz des Kandidaten an die Gemeinschaft zu gehen [JENAL].

Ein Grundpfeiler asketischen Lebens muss von den Anfängen an in der Forderung nach Handarbeit gesehen werden. Jedoch waren die Anforderungen an die Mitglieder einer Gemeinschaft keineswegs gleich, denn es gibt zahlreiche Hinweise, dass man Rücksicht nahm auf die körperliche und geistige Konstitution der Asketen und oft auch auf deren soziale Herkunft. Die Feldarbeit außerhalb des Klosters scheint überhaupt weitgehend von besonderen klostereigenen Arbeitskräften ausgeführt worden zu sein, nicht von den Mönchen [JENAL; FRANK].

Im Ganzen waren die monastischen Gemeinschaften der Spätantike Institutionen, die eine Indienstnahme noch kaum kannten. Ihr ökonomisches Volumen blieb noch auf Selbstversorgung berechnet. Ein großer Teil der Mönche konnte sicher lesen und einige auch schreiben, aber bedeutende Stätten der Bildung waren diese Gemeinschaften damit meist noch nicht. Das Normalkloster der Spätantike war ein Ort, an dem es ausschließlich um die Verwirklichung des asketischen Lebens ging [JENAL].

**Mönchtum und Askese unter den Merowingern.** Der allgemeine Niedergang während der Völkerwanderung traf auch die asketischen Gemeinschaften schwer, führte aber nicht zu ihrem völligen Verschwinden. Soweit sie überlebten, gingen von ihnen jedoch keine neuen Impulse mehr aus. Richtungweisend für die Entwicklung in Westeuropa wurde hingegen ein neuer Klostertypus, der sich – außerhalb römischen Herrschafts- und Kultureinflusses – im keltischen Irland ausgebildet hatte und durch die Initiative Columbans d. J. (543–615) und seiner Schüler Verbreitung auf dem Kontinent fand [PRINZ 1988].

Das columbanische Mönchtum lebte eine extreme Askese und kannte eine besondere Art des Klosters: strengster Gehorsam, hartes Fasten, ein ausgedehntes Gebetspensum, Nachtwachen, Stockschläge, Beten mit ausgebreiteten Armen und schließlich die *peregrinatio*, das freiwillige Verlassen der Heimat [ANGENENDT 1982 u. 1990].

Mit Columban fand die „Klosterparuchia" ihre Verbreitung auf dem Festland, also jener irische Klostertypus, der einen Bischof in den eigenen Reihen kannte, die Seelsorge der Umgebung übernahm – damit zur Emanzipation vom Episkopat drängte – und einen engen Verband mit den Tochtergründungen bildete. Der Alltag dieser Gemeinschaften orientierte sich an so genannten „Mischregeln", einer Kombination mehrerer Regeltexte, nicht selten aus *Regula Columbani* und *Regula Benedicti*. Bedeutung gewannen die columbanischen Gemeinschaften für die Mission, den Landesausbau und in bescheidenerem Umfang auch bereits für eine Schulausbildung sowie die Pflege von Schriftlichkeit.

Auf lange Sicht gesehen lag eine entscheidende Neuerung der columbanischen Klöster in ihrer verfassungsrechtlichen Stellung, d.h. in der Privilegierung mit Exemtion und königlicher Immunität. Damit waren die Gemeinschaften – bei gleichzeitiger Unterstellung unter Rom – zum einen aus der Zuständigkeit des Ortsbischofs herausgenommen; zum anderen garantierte der König ihnen das Recht, die öffentlichen Leistungen in eigener Regie und ohne Zwischeninstanz zu erbringen, ein Vorrecht, das letztlich allerdings die Übernahme öffentlicher Funktionen durch die Äbte bedeutete und so zum Wandel der Reichsabteien beitrug [PRINZ 1988; ANGENENDT 1990].

Den enormen Erfolg verdankte die columbanische Bewegung jedoch von Beginn an dem Schutz merowingischer Königsfamilien sowie der Unterstützung durch Mitglieder der Reichsaristokratie. Und wie Columban von der merowingischen Oberschicht zum Erfolg getragen worden war, so verebbte die Bewegung auch mit deren Abstieg im Verlauf des 7. Jahrhunderts [PRINZ 1988; ANGENENDT 1990; JENAL]. Über Columban hinaus aber blieben für die weitere Entwicklung des Klosterwesens in Westeuropa von Bestand: die besondere Vorstellung von Askese und Buße, der Typus des Missionsklosters mit Exemtion und Immunität sowie die Klostergemeinschaft als Ort, wo in Skriptorium und Bibliothek antikes Wissen und Können bereits eine Pflege fanden, wenngleich erst in bescheidenem Umfang, da noch auf die innermonastischen Anforderungen von Lesung und Gottesdienst beschränkt [SCHÄFERDIEK; ANGENENDT 1990].

**Bonifatianisch-angelsächsisches Missionsmönchtum der frühen Karolingerzeit.** Mit dem Aufstieg der Karolinger begann eine neue Phase in der Geschichte des westeuropäischen Mönchtums. Wie Columban verbanden auch die ersten angelsächsischen Mönchsmissionare Willibrord († 739) und Bonifatius († 754) ihre Mission mit der Herrscherfamilie. Als Missions- und Seelsorgestationen bildeten die Klöster auch Ausgangspunkte für Bischofssitze, an denen man stets enge Verbindungen zu den Gemeinschaften hielt [PRINZ 1988; ANGENENDT 1990]. Vorbild war das angelsächsische Kathedralkloster, in dem der Bischof mit dem Klerus seiner Kirche eine klosterähnliche Lebensgemeinschaft verwirklichte. In angelsächsischer Tradition standen auch gemischtgeschlechtliche Doppelklöster der bonifatianischen Zeit und die klösterlichen Eigengründungen der Mönchsmissionare selbst. Nicht weniger entsprach es angelsächsischen und nicht römisch-kanonischen Vorstellungen, wenn in den Eigengründungen Willibrords (Echternach), Liudwins (Münster) und Willibalds (Eichstätt) jeweils Verwandte in der Abtsnachfolge erschienen und wenn Willibrord, Bonifatius, Lul und Liudger sich nicht an ihren Bischofssitzen (Utrecht, Mainz und Münster), sondern in Eigengründungen (Echternach, Fulda, Hersfeld und Werden) bestatten ließen. Die Eigengründungen erscheinen eindeutig in der Funktion angelsächsischer Familienklöster [ANGENENDT 1990].

Ein für die spätere Entwicklung entscheidendes Moment aber lag darin, dass im Umfeld der Angelsachsen zum ersten Mal und eindeutig anstelle der Mischregeln die reine *Regula Benedicti* als Fundament für monastische Gemeinschaften propagiert wurde. Im 7. und 8. Jahrhundert gelang es schrittweise, dieser Regel den Vorrang vor allen anderen zu verschaffen, und dies nicht zuletzt durch königliche Unterstützung [HALLINGER 1981/82; ANGENENDT 1990]. Allerdings bestanden Varianten und Alternativen noch fort.

Zweifellos müssen diese Bestrebungen als Antwort auf das religiöse Bedürfnis der Zeit und als Belebung innerklösterlichen Lebens wie zwischenklösterlicher Verbundenheit verstanden werden. Doch fasst man in ihnen auch politisch-herrschaftliche Intensivierungen, weil zugleich der Zugriff auf die Gemeinschaften durch Bischof und König ermöglicht wurde, Vorgänge, die letztlich zu einer Veränderung der Klöster führten.

Auf andere Weise trug zum Wandel der Klöster auch die Reform des Metzer Kathedralklerus bei. Indem Bischof Chrodegang von Metz (um 700–766) mit dem Klerus seiner Bischofskirche eine monastische, auf seiner „Kanonikerregel" fußende Gemeinschaftsform praktizierte, leistete er neben der intendierten Spiritualisierung modellhaft zugleich Vorschub zu einer „Vermönchung" des Klerus. Dieser Vorgang, zusammen mit der gleichzeitig fortschreitenden „Klerikalisierung" des Mönchtums, eröffnete nicht nur weitere Möglichkeiten zur Indienstnahme der Priestermönche für den Kirchendienst, sondern förderte auch die seit der frühen Karolingerzeit bereits zu beobachtende Annäherung und Vermischung der Lebensformen und Funktionen der beiden *ordines* von Mönch und Kleriker [HALLINGER 1954; SEMMLER 1980; SCHIEFFER; ANGENENDT 1990].

**Kloster und Herrschaft unter Karl dem Großen.** Unter Karl dem Großen finden sich zahlreiche Anläufe, die je eigenen Lebensformen für Mönche und Kleriker wieder durchzusetzen [SEMMLER 1980]. Auffällig dabei war das stete Bemühen, die *Regula Benedicti* als Grundgesetz monastischer Gemeinschaften des Reiches zu etablieren. Ferner lässt sich unter Karl gleichzeitig ein forciertes Bemühen um die Einbindung der Reichsklöster in die Herrschaft beobachten. Durch Lehen, Stiftungen und Schenkungen zu vermögenden Großgrundherrschaften geworden, trugen die Reichsklöster unter Karl nicht nur die Last der Sachsenmission. Äbte erscheinen jetzt mit Kontroll- und Gerichtsaufgaben betraut, treten in Gesandtschaften und bei Vertragsverhandlungen auf, finden sich als Mitglieder der Kanzlei. Die drückendste und folgenschwerste Pflicht blieb die Bereitstellung und Anführung von Kriegskontingenten. Entgegen vielfach wiederholter Synodalverbote, die es geweihten und geistlichen Personen untersagten, Waffen zu tragen, bestand Karl auf der persönlichen Teilnahme von Bischöfen und Reichsäbten an Kriegszügen [PRINZ 1971]. Es war nur eine der Folgen solcher Vereinnahmung, wenn sich in den Reichsklöstern die Aufteilung des Gemeinschaftsbesitzes durchsetzte: in einen Teil für den Abt mit seinen Reichsverpflichtungen und in einen Rest, der die Existenzgrundlage der Gemeinschaft garantierte [ANGENENDT 1990].

Der Grad der Instrumentalisierung der Reichsabteien zeigte sich ebenso deutlich in der Vergabe von Abtsstellen vermögender Reichsklöster an Verwandte des Königs oder an verdiente Gefolgsleute, darunter auch verheiratete Laien, was der *Regula Benedicti* offensichtlich widersprach [ANGENENDT 1990].

Der Zugriff Karls auf die Reichsklöster zeigt sich nicht zuletzt in seiner Immunitätspolitik. Denn Karl hat neu gegründeten Reichsklöstern keine Immunitätsprivilegien mehr erteilt, sich lediglich auf Erneuerungen alter Privilegien dieser Art für Reichsklöster im Kern des Herrschaftsgebietes beschränkt – wohl um die Reichsklöster unter direkter Verfügungsgewalt zu halten [ANGENENDT]. Im Ganzen lässt sich unter Karl eine typisch mittelalterliche Doppelstrategie erkennen: Einerseits die strenge Forderung an die Reichsäbte, ihren geistlichen Pflichten nachzukommen, andererseits deren entschiedene Einbindung in das Herrschaftskonzept.

**Reichsklöster seit Ludwig dem Frommen.** Die ersten Jahre der Regierung Ludwigs standen im Zeichen energischer Veränderungen der gesamten Reichskirche. In einer Serie von Synoden (Aachen 816, 817, 818/819) fanden dabei – in königlichem Auftrag, aber unter Leitung Benedikts von Aniane (um 750–821) – die Ansätze aus der Zeit Karls ihre Fortsetzung [SEMMLER 1963; DERS./BACHT]. In der Absicht, die weit verbreitete Vermischung von Mönchen und Klerikern hinsichtlich Organisation, Lebensweise und Funktion wieder zu entwirren, wurden alle geistlichen Gemeinschaften, die nicht als *monachi* (bzw. *monachae*) der *Regula Benedicti* folgen wollten, als Kanoniker bzw. Kanonissen auf ein klosterähnliches Gemeinschaftsleben (Stift) unter einem Leiter bzw. einer Leiterin (Propst/Äbtissin) verpflichtet. Eine Zwischenform geistlichen Lebens sollte es nicht mehr geben. Sofern sich in den Klöstern der *monachi* Verhältnisse und Gewohnheiten ausgebildet hatten, die nicht mehr der *Regula Benedicti* entsprachen, sollten diese als schriftliche Ergänzung zur Regula hinzutreten. Dem Zeitalter der Mischregeln sollte so ein Ende gesetzt werden [SEMMLER 1963; SCHIEFFER; ANGENENDT 1990]. Erstmals beanspruchte die *Regula Benedicti* alleinige Geltung für alle Klöster des Reiches, ein Anspruch, der bis zum Auftauchen der Bettelorden mit neuen Regeln im 13. Jahrhundert währte. Erst seit Benedikt von Aniane, dem Schöpfer einer benediktinischen Observanz, kann man historisch korrekt von einem *Ordo Sancti Benedicti*, also den „Benediktinern" sprechen.

▷ S. 218 ff. Neue religiöse Gemeinschaften

Jenseits der Reformdekrete, die zunächst ja nur die normativen Vorstellungen ihrer Initiatoren spiegeln, zeigt sich die Wirklichkeit der Klöster in der Privilegienpolitik, ein Feld, auf dem Ludwig andere Wege ging als sein Vater. So war für Reichsklöster, die sich zur kanonikalen Lebensform entschieden hatten, eine Privilegierung ausgeschlossen, während sie für jene möglich blieb, welche die monastische Form gewählt hatten, verbunden mit Verleihung des Königschutzes.

Dieser aber war offenbar nicht als Herrschaftszugriff zu verstehen, sondern vielmehr als Fürsorge für die Gemeinschaft. So war etwa die freie Abtswahl garantiert, was der Gemeinschaft ihre innere Freiheit zugestand. Neu war allerdings, dass Ludwig zugleich einen Treueid der Gemeinschaften zum König forderte. Also verfolgte Ludwig letztlich ebenfalls den Reichsklöstern gegenüber eine Doppelstrategie: Gewährung inneren Frei-

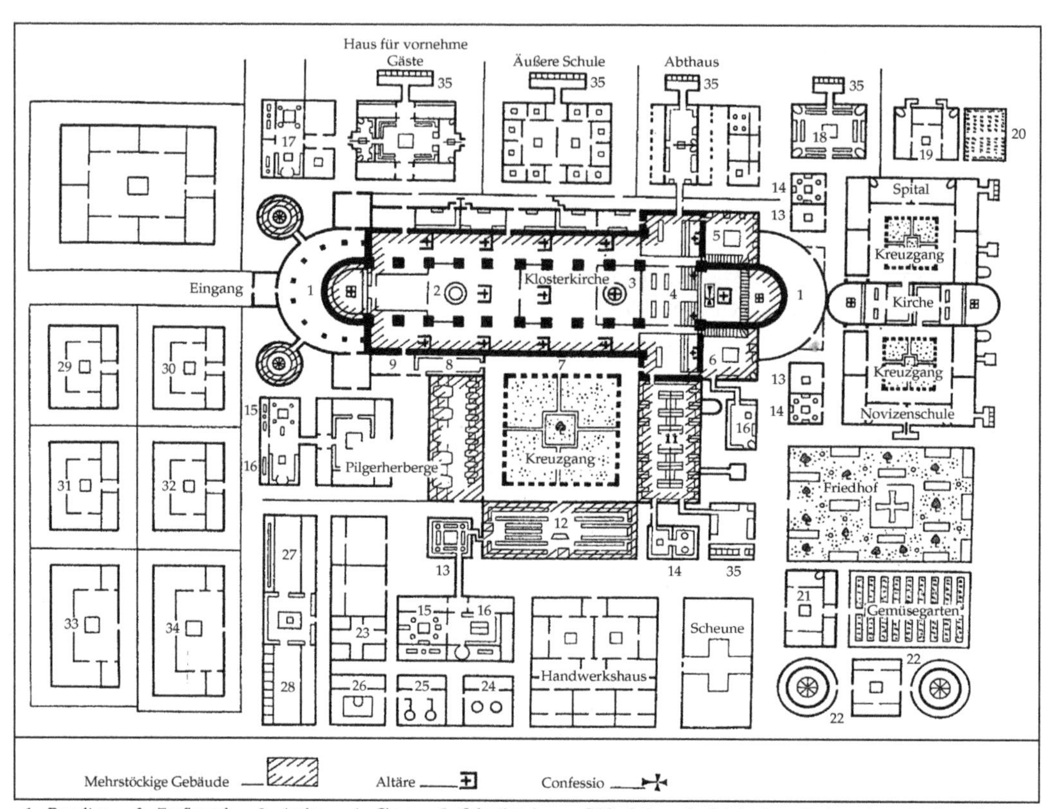


1. Paradies – 2. Taufkessel – 3. Ambo – 4. Chor – 5. Schreibstube u. Bibliothek – 6. Sakristei u. Parlamente – 7. Kapitelsaal – 8. Besuchsraum – 9. Armenpfleger – 10. Keller – 11. Wärmeraum u. Schlafsaal – 12. Eßsaal (Refectorium) u. Kleiderkammer – 13. Mönchsküche – 14. Badehaus – 15. Brauerei – 16. Bäckerei – 17. Wirtschaftshaus – 18. Haus für Aderlässe – 19. Arzthaus, Apotheke – 20. Heilkräutergarten – 21. Gärtner – 22. Geflügelzüchter – 23. Speicher – 24. Mühlen – 25. Stampfmörser – 26. Malzdarre – 27. Pferdeknechte – 28. Rinderhirten – 29. Gesinde – 30. Schafe – 31. Schweine – 32. Ziegen – 33. Pferde – 34. Kühe – 35. Aborte.

In der ersten Hälfte des 9. Jahrhunderts entstand – vermutlich im Zusammenhang mit der karolingischen Kirchen- und Klosterreform – der **St. Gallener Klosterplan**. Überliefert ist er als Zusammenfügung mehrerer Pergamentstreifen zu einer Größe von 112 x 77 cm, die Planzeichnung ist in Rot und Schwarz ausgeführt. Der hier in einer schematisierten Wiedergabe abgedruckte Plan zeigt Kirche und Klausur eines Klosters in einem wohl durchdachten Ensemble umliegender Nebengebäude. Die einzelnen Elemente der gezeichneten Anlage sind beschriftet.

Es handelt sich wohl um den Idealplan eines Reichs- bzw. Königsklosters. Auch wenn bislang keine bauliche Umsetzung des Entwurfes nachgewiesen werden konnte, ist er dennoch aufschlussreich, verrät er doch, was den karolingischen Reformern zu einem vollständig ausgestatteten und gut geordneten Königskloster notwendig und zweckmäßig erschien.

Matthias Meinhardt

Quelle: Lexikon des Mittelalters, hrsg. von N. Angermann u.a., Bd. 7, München/Zürich 1995, 1157f.

Literatur: W. Horn/E. Born, The Plan of St. Gall, Berkeley/London 1979; K. Hecht, Der St. Gallener Klosterplan, Sigmaringen 1983.

raums bei direkter Bindung an den Herrscher [ANGENENDT 1990].

Diese Bindung zeigt sich nirgends deutlicher als in dem Leistungskatalog, der die Anforderungen im Falle eines Kriegszuges regelte. Danach waren die ärmeren Reichsklöster zum Gebetsdienst für den König, seine Familie und das Reich verpflichtet. Die vermögenderen Gemeinschaften mussten darüber hinaus Leistungen (*dona*) erbringen, d.h. die Herbergspflicht gegenüber König und Tross erfüllen sowie Pferde, Waffen und Geschenke bereitstellen. Die reichen Gemeinschaften hatten zudem *militia* zu leisten, was bedeutete, bewaffnete und ausgebildete Soldaten (*milites*) unter Führung des Abtes zu stellen. Dieser Leistungskatalog spiegelt nicht nur deutlich den Grad der Einbindung der Reichsklöster in die Königsherrschaft wider, sondern er erklärt darüber hinaus auch, warum die klösterlichen Grundherrschaften zu großen Teilen nicht für den Bedarf der eigenen Gemeinschaften, sondern für die Verpflichtungen dem König gegenüber wirtschafteten. Die Reichsklöster hatten eine bewaffnete Klientel zu garantieren, auf die der König bei seinen Kriegsfahrten nicht verzichten konnte. Trotz ihrer Freiheit im Innern blieben die Reichsklöster daher auch unter Ludwig eng in die Herrschaft des Königs einbezogen [ANGENENDT 1990].

**Bedeutung der Reichsklöster.** Versucht man über die politischen und wirtschaftlichen Zusammenhänge hinaus die Leistungen und Verdienste der Reichsklöster des 9. Jahrhunderts zu erfassen, vornehmlich auch deren Bedeutung für Religion und Kultur, so zeigen sich Mönchtum und Klosterkultur bereits weit entwickelt. Auf die *Regula Benedicti* sowie ergänzende *consuetudines* verpflichtet, waren die Reichsklöster dabei zunächst Orte, an denen ein strikter Tagesablauf mit fester Gottesdienst- und Gebetsordnung, mit bestimmten Arbeits- und Schlafenszeiten befolgt wurde und an denen man – ermöglicht durch die zunehmende Klerikalisierung der Gemeinschaften – in ambitionierter Weise die hohe Liturgie der Bischofskirchen, ja sogar Roms, zu imitieren suchte; an denen man ferner als Gegenleistung für Stiftungen mit Gottes- und Gebetsdiensten Sühne für die Lebenden und Verstorbenen in der Welt leistete [ANGENENDT 1990]. Nicht zuletzt aber waren die Reichsklöster durch Lehen, Schenkungen und Stiftungen zu Zentren großer Grundbetriebe mit weit gestreutem Landbesitz geworden, die nicht nur die Räumlichkeiten für den Tagesablauf der Mönche (Kirche, Kreuzgang, Kapitelsaal, Refektorium, Dormitorium, Schulräume, Bibliothek, Skriptorium, Gästeräume u.a.) umschlossen, sondern auch alle zu einer Großökonomie notwendigen Gebäude und Einrichtungen kannten wie Vorratsräume, Werkstätten, Stallungen, Bäckerei, Brauhaus, Wohnungen für die nicht mönchischen Arbeitskräfte etc. Den idealen Grundriss einer solchen Klosteranlage zeigt der berühmte Klosterplan von St. Gallen, entstanden vermutlich in der ersten Hälfte des 9. Jahrhunderts [ANGENENDT 1990].

Schließlich waren die großen Reichsklöster aufgrund ihrer Wirtschaftskraft auch Orte des Geisteslebens mit Schulen, Skriptorien und Bibliotheken. Hier war der Ort, an dem eine neue Buchkultur geschaffen wurde, man nicht mehr nur liturgisch-asketische Schriften zusammenstellte, nicht allein die Bibel und die Kirchenväter abschrieb und kommentierte, sondern sich langsam auch weltlichem Wissen öffnete, allmählich zur Rezeption der antiken, heidnischen Autoren fand, wo Buchmalerei und Ikonographie blühten, eigenständige theologische Ansätze erdacht wurden, die Annalistik ihre Fortsetzungen fand, frühe Spuren einer Geschichtsschreibung und erste literarische Versuche in Volkssprachen ihren Platz hatten [ANGENENDT 1990]. Zweifellos hatte mit den benediktinischen Reichsklöstern der Karolingerzeit das Mönchtum Westeuropas einen Höhepunkt erreicht. Allerdings ähnelte das Bild der reich ausgestatteten Großklöster kaum noch jenem der ursprünglichen, bescheiden wirtschaftenden asketischen Lebensgemeinschaften der Spätantike.

Georg Jenal

**Literatur**

A. ANGENENDT, Die irische Peregrinatio und ihre Auswirkungen auf dem Kontinent vor dem Jahre 800, in: H. LÖWE (Hrsg.), Die Iren und Europa im früheren Mittelalter, Bd. 1, Stuttgart 1982, 52–79.

DERS., Das Frühmittelalter. Die abendländische Christenheit von 400 bis 900, Stuttgart 1990.

K. S. FRANK, Grundzüge der Geschichte des christlichen Mönchtums, 5. Aufl. Darmstadt 1993.

K. HALLINGER, Römische Voraussetzungen der bonifatianischen Wirksamkeit im Frankenreich, in: St. Bonifatius. Gedenkausgabe zum 1200. Todestag, Fulda 1954, 320–361.

DERS., Benedikt von Monte Cassino. Sein Aufstieg zur Geschichte, zu Kult und Verehrung, in: RBS 10/11, 1981/82, 77–89.

G. JENAL, Italia ascetica atque monastica. Das Asketen- und Mönchtum in Italien von den Anfängen bis zur Zeit der Langobarden (ca. 150/250–604), 2 Bde., Stuttgart 1995.

R. LORENZ, Die Anfänge des abendländischen Mönchtums im 4. Jahrhundert, in: ZKG 77, 1966, 1–61.

F. PRINZ, Klerus und Krieg im früheren Mittelalter. Untersuchungen zur Rolle der Kirche beim Aufbau der Königsherrschaft, Stuttgart 1975.

DERS., Frühes Mönchtum im Frankenreich. Kultur und Gesellschaft in Gallien, den Rheinlanden und Bayern am Beispiel der monastischen Entwicklunng (4.–8. Jh.), 2. Aufl. Darmstadt 1988.

K. SCHÄFERDIEK, Columbans Wirken im Frankenreich (591–612), in: H. LÖWE (Hrsg.), Die Iren und Europa im früheren Mittelalter, Bd. 1, Stuttgart 1982, 171–201.

R. SCHIEFFER, Die Entstehung von Domkapiteln in Deutschland, Bonn 1976.

J. SEMMLER, Die Beschlüsse des Aachener Konzils 816, in: ZKG 74, 1963, 15–82.

DERS., Mönche und Kanoniker im Frankenreich Pippins III. und Karls des Großen, in: Max-Planck-Institut für Geschichte (Hrsg.), Untersuchungen zu Kloster und Stift, Göttingen 1980, 78–111.

DERS./H. BACHT, Art. „Benedikt v. Aniane“, in: Lexikon des Mittelalters, hrsg. von N. ANGERMANN u.a., Bd. 1, München/Zürich 1980, 1864–1867.

A. DE VOGÜÉ, Les règles monastiques anciennes (400–700), Turnhout 1985.

**Das Frühmittelalter: Eine Agrargesellschaft.** Wer die mittelalterliche Geschichte verstehen will, muss sich mit der ländlichen Gesellschaft, ihrer Wirtschaftsweise und ihren Herrschaftsformen beschäftigen. Zwar fehlen genaue statistische Angaben, doch dürften im Früh- und Hochmittelalter gut 90 % der Bevölkerung auf dem Land gelebt haben und in der Agrarwirtschaft tätig gewesen sein. Seit dem 12./13. Jahrhundert nahm dieser Anteil durch den Aufschwung der Städte ab, aber eine agrarisch geprägte Welt blieb Europa bis in die Neuzeit [Rösener 1997; Un Village]. Die Landwirtschaft bestimmte Grundstrukturen der mittelalterlichen Gesellschaft und ihre Erträge begrenzten die Lebensbedingungen der Bevölkerung, wie an den zahlreichen Hungersnöten ablesbar ist [Curschmann].

Die meisten Menschen waren eingebunden in Grundherrschaften, die als „Herrschafts-, Betriebs- und Lebensform" [Hägermann 1981] bis in die Frühe Neuzeit ein wesentliches Element der Grundstrukturen Alteuropas bildeten. In ihnen waren Wirtschaftsverfassung und Gesellschaftsordnung, Herrschaftspraxis und Rechtspflege untrennbar verknüpft [Schulze; Kuchenbuch 1991]. Mittelalterliche Herrschaft war dinglich und personal ausgerichtet und beruhte auf der Verfügung über Grund und Boden sowie die darauf wirtschaftenden Menschen. Die Bauern erhielten ihr Land zur selbstständigen Bewirtschaftung vom Grundherrn und waren dafür zu Abgaben und Diensten verpflichtet. In einem Zeitalter ohne Staat als Träger des Gewaltmonopols war für die Mehrzahl der Menschen die Grundherrschaft die bestimmende Herrschaftsform.

**Was ist eine Grundherrschaft?** Grundherrschaft ist ein Ordnungsbegriff der Forschung [Schreiner; Kuchenbuch 1997; Goetz]. Vorformen gab es bereits in der römischen Spätantike und bei den Germanen, doch ist die Grundherrschaft als allgemeine Organisationsform im Frühmittelalter entstanden. Erst in Quellen des 13. Jahrhunderts begegnet die Bezeichnung *dominus fundi* (Grundherr), und seit dem 14. Jahrhundert ist auch die deutschsprachige Entsprechung nachweisbar. Den Begriff „Grundherrschaft" kennen die Quellen nicht. Allgemeines Kennzeichen ist die Herrschaft über „Land und Leute", doch verbergen sich dahinter recht unterschiedliche Herrschaftsformen, die vom bloßen Besitz an Land mit dem Anspruch auf bäuerliche Abgaben über Herrschaftsrechte an Personen bis hin zu Gerichtsrechten reichen konnten. Während im späten Mittelalter Grundherrschaft, Leibherrschaft und Gerichtsherrschaft sich vielfach in unterschiedlichen Händen befinden konnten, fielen diese Rechte im frühen und hohen Mittelalter zumeist in der Hand eines Herrschaftsträgers zusammen. Die Grundherrschaft war mehr als nur eine bestimmte Art der Güterorganisation, sie war zugleich Herrschafts- und Sozialverband [Schulze].

**Die großen Grundherren: König – Adel – Kirche.** Als Grundherren erscheinen im frühen und hohen Mittelalter das Königtum, der Adel und die Kirche (Bischöfe, Domkapitel, Klöster und Stifte), im späten Mittelalter zunehmend auch Städte und Bürger, Pfarreien und Hospitäler. Die Verhältnisse der kirchlichen Grundherrschaften [Bünz; Devroey; Rösener 1989 u. 1995], vor allem der großen Klostergrundherrschaften, sind durch Urbare am besten überliefert. Die

### Detailskizze

**Urbare** bilden die wichtigste Quellengruppe, die aus dem Bereich der mittelalterlichen Grundherrschaft überliefert ist. Sie verzeichnen das liegende Gut und die Gerechtsame eines Grundherrn, vor allem die Einkünfte und Abgaben, zum Teil aber auch die Inhaber der Güter. Das Spektrum reicht von den frühmittelalterlichen Polyptychen und Inventaren über Hubenlisten und Heberegister bis zu den spätmittelalterlichen Zinsrödeln, Gült- und Lagerbüchern, Berainen und Zinsregistern. Verbindendes Element ist, dass sie vorrangig ökonomischen Zwecken dienen, worauf schon die Herkunft des Begriffes verweist, bezeichnet *urbor* doch im Mittelhochdeutschen den Ertrag eines Grundstücks.

Urbare zeigen die Sicht des Herren auf seine Grundherrschaft und dienten vor allem dazu, eine Übersicht über Besitz und Rechtstitel zu haben, weniger für die tägliche Wirtschaftspraxis. Die meisten Urbare sind aus kirchlichen Grundherrschaften überliefert. Das Polyptychon des Klosters St-Germain-des-Prés in Paris (825/828) ist „die umfangreichste und detaillierteste Quelle zur Wirtschafts- und Sozialgeschichte des frühen Mittelalters" [Hägermann 1993, III]. Die Aufnahme der Urbare erfolgte zumeist durch den Grundherrn oder dessen Beauftragten vor Ort. Dabei war man häufig auf die Befragung der kundigen Männer angewiesen (*inquisitio*), die dem Grundherren unter Eid seine Güter, Einkünfte und Rechte wiesen; ihre Aussagen hatten den Charakter einer rechtlichen Auskunft, eines „Weistums", und konnten nicht einseitig verändert werden (Gewohnheitsrecht). Die Befragung allein reichte jedoch nicht immer, sondern man griff auch auf ältere Aufzeichnungen zurück, um ein neues Urbar anzulegen. Ein Beispiel ist das Urbar des Klosters Prüm von 893, das Abt Cäsarius 1222 abschrieb und kommentierte. Im späten Mittelalter nimmt die Zahl der Urbare durch den allgemeinen Trend zur Verschriftlichung und den Strukturwandel der Grundherrschaften erheblich zu.

Literatur: E. Bünz, Urbare und verwandte Quellen zur Wirtschafts- und Sozialgeschichte, in: M. Maurer (Hrsg.), Aufriß der historischen Wissenschaften, Bd 4: Quellen, Stuttgart 2002, 168–189; K. Elmshäuser/A. Hedwig, Studien zum Polyptychon von Saint-Germain-des-Prés, Köln u. a. 1993; D. Hägermann, Anmerkungen zum Stand und den Aufgaben frühmittelalterlicher Urbarforschung, in: RhVjbll 50, 1986, 32–58; Ders. (Hrsg.), Das Polyptychon von Saint-Germain-de-Prés, Köln/Weimar/Wien 1993; I. Heidrich, Befragung durch Beauftragte – Beeidung durch Betroffene. Zum Verfahren bei mittelalterlichen Besitzaufzeichnungen, in: VSWG 85, 1998, 352–358.

Äbte waren nicht nur Vorsteher geistlicher Gemeinschaften, sondern auch Leiter wirtschaftlicher Großbetriebe. Den geistlichen Grundherrschaften fiel umfangreicher Besitz vor allem durch Schenkungen des Königtums und des Adels zu. Die Reichsabtei Fulda beispielsweise verfügte Anfang des 9. Jahrhunderts bereits über 6000 bis 7000 Hufen sowie über Salland, also Land, das zu einem Fronhof gehörte, im Umfang von ca. 30.000 Morgen. Die Grundherrschaft des Klosters Prüm (Eifel) umfasste Ende des 9. Jahrhunderts etwa 1700, die von Corvey an der Weser im 10. Jahrhundert gut 2000 Bauernstellen [Hägermann 1981].

Umfangreich und weit gestreut war das Reichsgut des Königs, das dem Reisekönigtum des Früh- und Hochmittelalters die wirtschaftliche Grundlage bot [Metz]. Die Bewirtschaftung der Königsgüter hat Karl der Große im *Capitulare de villis* geregelt. Das „Tafelgüterverzeichnis" (nach 1152) gibt einen Überblick des Königsgutes in Deutschland und Reichsitalien. Unübertroffen ist das *Domesday Book* König Wilhelms I. von England (1086). Es ist nicht nur ein Urbar der königlichen Domäne, sondern verzeichnet den Besitz aller Herrschaftsträger in England, die der Krone untergeordnet waren.

Auch die Macht des Adels beruhte auf Grundherrschaften, die aber im Früh- und Hochmittelalter zumeist nur in das Licht der Quellen treten, wenn Besitz an kirchliche Institutionen geschenkt wird. Der *Codex Falkensteinensis* der bayerischen Grafen von Falkenstein (1164/70) ist eines der ältesten erhaltenen adligen Besitz- und Rechtsverzeichnisse.

**Grundherrschaft als Ordnungssystem.** Das typische Organisationsprinzip der früh- und hochmittelalterlichen Grundherrschaft war die Villikations- oder Fronhofsverfassung, die von der Forschung als „zweigeteiltes" Grundherrschaftssystem (*système bipartite*) bezeichnet wird [VERHULST]. Dieser Grundherrschaftstyp ist im 7./8. Jahrhundert zwischen Loire und Rhein entstanden und hat sich von dort im Frankenreich weiter ausgebreitet. Neben den günstigen geographischen Bedingungen (Lössböden) ist der Einfluss des Königtums für die Entwicklung dieses Typs wohl maßgeblich gewesen. Daneben bestanden auch andere Typen wie die Rentengrundherrschaft und der Gutsbetrieb.

Die Villikationsgrundherrschaft besteht aus zwei Komponenten: Fron- oder Herrenhöfe (*curtis, mansus indominicatus*), die vom Grundherrn in eigener Regie bebaut werden (Eigenwirtschaft), und davon abhängige Hufen, die von Bauern selbstständig bewirtschaftet werden. Die Hufe (*huoba, mansus*) bezeichnet die Normalausstattung einer vom Fronhof abhängigen Bauernstelle mit Hofstatt, Ackerland und Nutzungsrechten an der Allmende; ihre Größe unterlag regionalen Schwankungen. Das zu den Fronhöfen gehörige Salland (*terra salica*) hatte einen nach Lage und Funktion unterschiedlichen Umfang. Für dessen Bewirtschaftung stand dem Grundherrn unfreies Hofgesinde zur Verfügung, doch waren zusätzlich bemessene Arbeitsleistungen (Frondienste) der Hufenbauern notwendig. Beide Elemente zusammen – Fronhof und Hufen – sind für die grundherrschaftliche Wirtschaftsführung von wesentlicher Bedeutung gewesen. Die Urbare verzeichnen zumeist nur die Zahl der Hufen, die Höhe ihrer Abgaben und den Umfang der Dienste, nicht aber die Größe des Sallandes [HÄGERMANN 1981].

Zu Grundherrschaften gehörten vielfach auch Sonderkulturen (z. B. Weinberge) und wirtschaftlich bzw. finanziell nutzbare Besitztitel wie Mühlen, Fähren und abhängige Personen wie Fischer oder Handwerker. Marktbindungen waren schon im frühen Mittelalter wichtig für den Absatz der agrarischen und gewerblichen Produktion der Grundherrschaften.

▷ S. 182 f. Familie, Haus, Geschlecht

Mit den Grundherrschaften war ein organisierter Personenverband verbunden, die *familia*. Dieser Hörigenverband unterlag dem Hofrecht (*ius curiae, lex familiae*) und schloss Menschen unterschiedlicher Rechtsstellung ein. Die Grundherrschaft erfasste im Laufe ihrer Entwicklung den Großteil der bäuerlichen Bevölkerung und wurde für deren wirtschaftliche und soziale Position bestimmend.

**Bauern zwischen Freiheit und Unfreiheit.** Der auf dem Land arbeitende Mensch des frühen und hohen Mittelalters wird nur aus der Perspektive des Grundherrn sichtbar [DOLLINGER]. Man kann schon im frühen Mittelalter im funktionalen Sinne von „Bauern" sprechen, doch ist der volkssprachliche Begriff erst im Hochmittelalter aufgekommen, weil er kennzeichnend ist für eine ständisch, wirtschaftlich und funktional differenzierte Gesellschaft. Für die Menschen, die in die Fronhofsverbände des frühen Mittelalters eingebunden waren, begegnet in den Quellen hingegen eine verwirrend vielfältige Terminologie. Kennzeichnend war der Gegensatz von frei und unfrei, wobei es verschiedene Grade von Unfreiheit gab (*servi, coloni, lidi, tributarii* etc.). Auch die Grundholden, die einen eigenen Hof bewirtschafteten, waren nicht nur durch die Landleihe und die daraus resultierende Abgabenpflicht eingebunden, sondern unterlagen dem grundherrschaftlichen Rechtskreis des Hofrechtes, das selbst

**Bauern bei der Feldarbeit.** Eine Vorstellung vom bäuerlichen Alltag im Frühmittelalter gestatten die Monatsbilder einer Salzburger Handschrift aus dem frühen 9. Jahrhundert. Die Monate von Juni bis September zeigen den landwirtschaftlichen Produktionszyklus: das Pflügen mit dem Haken, den Grasschnitt mit der Sense, die Getreideernte mit der Sichel, das Ausbringen der Wintersaat. Die Arbeitsvorgänge sind bis in die Details technischer Sachverhalte realistisch dargestellt.

Bild: Kalenderblatt (Ausschnitt), Salzburg, 1. Viertel des 9. Jahrhunderts. Wien, Österreichische Nationalbibliothek, Cod. 387, fol. 90v.

Literatur: W. Achilles, Der Monatsbilderzyklus zweier Salzburger Handschriften des frühen 9. Jahrhunderts in agrarhistorischer Sicht, in: K. H. Kaufhold (Hrsg.), Theorie und Empirie in Wirtschaftspolitik und Wirtschaftsgeschichte, Göttingen 1982, 85–107.

die persönlichen Bindungen (Heiratsbeschränkungen) regelte. Zwischen Grundherrn und Bauern bestand ein wechselseitiges Verhältnis von Schutz und Hilfe. Außerhalb der Grundherrschaften hat es eine große Zahl von freien Bauern gegeben (*liberi*, Gemeinfreie, im Gegensatz zu den *nobiles*, dem edelfreien Adel), die aber nur selten in den Quellen begegnen. Das Beispiel vieler Freier, die sich im hohen Mittelalter als Zensualen (Wachszinser) in die Abhängigkeit von Klöstern und Stiften begaben, zeigt aber, welchem Druck sie seitens der Grundherrschaften ausgesetzt waren (Vergrundholdung).

**Wandel im Hochmittelalter.** Durch Bevölkerungswachstum, Landesausbau, Ostsiedlung und Aufkommen des Städtewesens erlebte das Hochmittelalter seit dem 11./12. Jahrhundert einen Strukturwandel, der die ländliche Welt tief greifend veränderte. Der Übergang von der Fronhofsverfassung zur Rentengrundherrschaft führte zur weitgehenden Aufgabe der Eigenwirtschaft und zur Entstehung des Dorfes als Wirtschaftsverband und Rechtsbezirk [RÖSENER 1991 u. 1995]. Aus dem Hofrechtsverband (*familia*) wurde die Dorfgemeinde. Damit einher ging eine soziale Differenzierung, z. B. durch den Aufstieg von Hörigen zu Dienstmannen, aus denen ein Teil der adligen Ministerialität hervorgegangen ist. Die Grundherrschaft bestimmte auch die ländlichen Lebensverhältnisse des späten Mittelalters, doch gewannen die Dorfgemeinde und die selbstständige bäuerliche Wirtschaft an Bedeutung.

▷ S. 223 Landgemeinden

Enno Bünz

**Literatur**

E. BÜNZ, Bischof und Grundherrschaft in Sachsen. Zu den wirtschaftlichen Grundlagen bischöflicher Herrschaft in ottonischer Zeit, in: M. BRANDT u. a. (Hrsg.), Bernward von Hildesheim und das Zeitalter der Ottonen. Katalog der Ausstellung Hildesheim 1993, Bd. 1, Hildesheim/Mainz 1993, 231–240.
F. CURSCHMANN, Hungersnöte im Mittelalter. Ein Beitrag zur deutschen Wirtschaftsgeschichte des 8. bis 13. Jahrhunderts, Leipzig 1900.
J.-P. DEVROEY, Études sur le grand domaine carolingien, Aldershot 1993.
P. DOLLINGER, Der bayerische Bauernstand vom 9. bis zum 13. Jahrhundert, hrsg. von F. IRSIGLER, München 1982 (erstmals Paris 1949).
H.-W. GOETZ, Frühmittelalterliche Grundherrschaften und ihre Erforschung im europäischen Vergleich, in: M. BORGOLTE (Hrsg.), Das europäische Mittelalter im Spannungsbogen des Vergleichs, Berlin 2001, 65–87.
D. HÄGERMANN, Der Abt als Grundherr. Kloster und Wirtschaft im frühen Mittelalter, in: F. PRINZ (Hrsg.), Herrschaft und Kirche. Beiträge zur Entstehung und Wirkungsweise episkopaler und monastischer Organisationsformen, Stuttgart 1988, 345–385.
DERS., Eine Grundherrschaft des 13. Jahrhunderts im Spiegel des Frühmittelalters. Caesarius von Prüm und seine kommentierte Abschrift des Urbars von 893, in: RhVjbll 45, 1981, 1–34.
L. KUCHENBUCH, Grundherrschaft im frühen Mittelalter, Idstein 1991.
DERS., Potestas und Utilitas. Ein Versuch über Stand und Perspektiven der Forschung zur Grundherrschaft im 9.-13. Jahrhundert, in: HZ 265, 1997, 117–146.
W. METZ, Das karolingische Reichsgut. Eine

verfassungs- und verwaltungsgeschichtliche Untersuchung, Berlin 1960.
W. Rösener (Hrsg.), Strukturen der Grundherrschaft im frühen Mittelalter, Göttingen 1989
Ders. (Hrsg.), Grundherrschaft im Wandel. Untersuchungen zur Entwicklung geistlicher Grundherrschaft im südwestdeutschen Raum vom 9. bis 14. Jahrhundert, Göttingen 1991.
Ders., Grundherrschaft und bäuerliche Gesellschaft im Hochmittelalter, Göttingen 1995.
Ders., Einführung in die Agrargeschichte, Darmstadt 1997.
K. Schreiner, „Grundherrschaft". Entstehung und Bedeutungswandel eines geschichtswissenschaftlichen Ordnungs- und Erklärungsbegriffs, in: H. Patze (Hrsg.), Die Grundherrschaft im späten Mittelalter, Bd. 1, Sigmaringen 1983, 11–74.
H. K. Schulze, Grundstrukturen der Verfassung im Mittelalter, Bd. 1: Stammesverband, Gefolgschaft, Lehnswesen, Grundherrschaft, 4. Aufl. Stuttgart u. a. 2004.
Un village au temps de Charlemagne. Moines et paysans de l'abbaye de Saint-Denis du VIIe siècle à l'An Mil. Musée national des arts et traditions populaires, 29 novembre 1988–30 avril 1989, Paris 1988.
A. E. Verhulst, The Carolingian Economy, Cambridge 2002.

# Kaufmannsgilden

**Terminologische Probleme.** Zur Deckung der Bedürfnisse nach Luxusartikeln unternahmen Fernkaufleute bereits im Frühmittelalter lange, gefahrvolle Reisen, Schifffahrten und Karawanenzüge in ferne Länder, um aus dem Norden und Osten Pelze, Bernstein, Silber, Pferde und Sklaven zu importieren. Aus England lieferten sie Bücher, Wolle, Fett und Zinn, aus dem Westen Tuche und Gewebe und aus dem Süden Glaswaren, Gewürze, Weine und Öle. Schutz und Hilfe suchten viele Kaufleute im Zusammenschluss, anfangs wohl nur für die Dauer einer Reise. Später entwickelten sich aber auch dauerhafte genossenschaftlich organisierte Kaufmannsgilden. Sie gehören zum Typus der „vereinbarten Gruppe" (*coniuratio*), in der sich Individuen durch Konsens mit gegenseitigen Versprechenseiden zusammenschlossen, um gemeinsame Ziele zu verwirklichen.

▷ S. 172 Einführung

In der Terminologie der heutigen historischen Forschung werden die Vereinigungen von Kaufleuten als „Gilde" bezeichnet, während für Handwerkskorporationen der Terminus „Zunft" und für die religiös motivierten Vereinigungen jener der „Bruderschaft" vergeben wurde. In früherer Zeit wurden diese Begriffe jedoch synonym für die verschiedenen Formen der genossenschaftlichen Korporationen verwendet, die auf denselben Grundgedanken basierten, nämlich jenen der freien, auf Eid beruhenden Vereinigung zum gegenseitigen Schutz und Beistand. Der Begriff „Gilde" wurde vornehmlich im niederdeutschen Sprachraum verwendet, wobei dort Vereinigungen von Fernkaufleuten auch gern mit dem Begriff „Hanse" belegt wurden. So ist z.B. für 1157 in Köln eine *gilda et fraternitas mercatorum* und für 1199 im englisch-schottischen Bereich eine *hansea et gilda mercatoria* belegt. In der heutigen Terminologie versteht man unter „Hanse" sowohl die „Kaufleutehanse Nordwesteuropas" als auch den „Norddeutschen Städtebund" [Schmidt-Wiegandt 1982, 1985 u. 1999; Irsigler; Oexle 1989; Coornaert].

**Gildenstatuten.** Wann sich die erste Kaufmannsgilde zusammenfand, ist unbekannt, zumal diese Zusammenschlüsse nicht notwendigerweise einer schriftlichen Regelung bedurften. Die ältesten erhaltenen Statuten stammen aus Valenciennes (1050/70) [Caffiaux] und Saint-Omer (1127/28) [Espinas/Pirenne]. An ihnen kann man die konstitutiven Elemente der Kaufmannsgilden erkennen. Sie enthalten die für alle „geschworene Einigungen" wichtigen Bestimmungen über die Teilnahme an den regelmäßige Versammlungen, Festmählern, Gottesdiensten und am Totengedenken. Zudem finden sich Bestimmungen über die Wahl neuer Mitglieder, deren Aufnahme und die dafür zu zahlenden Eintrittsgelder, ferner über das Wahlverfahren der Vorsteher und des Gildegerichts [Oexle 1979 u. 1989]. Letzteres war für die interne Gerichtsbarkeit zuständig, wenn Gildemitglieder untereinander entgegen dem gegenseitig gelobten Aggressionsverbot und Friedensgebot stritten oder mit Außenstehenden in Konflikt gerieten.

▷ S. 178 Tod im Mittelalter

**Das Prinzip gegenseitiger Hilfeleistung.** Das Besondere an den Kaufmannsgilden, und damit unterscheiden sie sich von anderen gleichzeitig oder später bestehenden genossenschaftlichen Vereinigungen, sind die Bestimmungen über die Risikominderung durch die gegenseitige Hilfeleistung während der Handelsreisen in die Fremde. Geriet ein Mitglied in Schwierigkeiten, so waren alle anderen vor Ort anwesenden Mitglieder ver-

**Lübecker Stadtsiegel**

Bereits auf dem ältesten **Lübecker Stadtsiegel** von 1223 ist ein Handelsschiff zu sehen, auf dem sich zwei zueinander gewandte Personen mit Eidesgestus befinden. Noch deutlicher ist die Szene auf dem hier abgebildeten zweiten Stadtsiegel von 1255/6 zu erkennen. Eine einleuchtende Interpretation besagt, dass es sich bei der stehenden Person im Heck des Koggen um einen „über Land fahrenden Kaufmann" handelt. Ihm gegenüber am Ruder säße dann ein seefahrender Kaufmann oder ein Schiffer, dessen kapuzenförmige Kopfbedeckung, eine Gugel, für diese Berufsgruppe typisch ist. Beide schwören sich gegenseitig einen Eid. Das Siegel könnte mithin den konstitutiven Akt bei der Bildung einer kaufmännischen Fahrtgenossenschaft festhalten. Die Umschrift weist das Stück als Siegel der Lübecker Bürger aus: *Sigillum Burgensium de Lubeke.* Was die Lübecker Bürgen damit ausdrücken wollten, ist nicht zweifelsfrei zu entscheiden. Sicher ist wohl, dass mit dem Motiv die Bedeutung der Stadt als Handelszentrum symbolisiert werden sollte. Doch hätte das Siegel mit diesem Bildsujet auch zu einer Kaufmannsgilde gepasst. Es zeigt somit auch die enge Verbindung der Kaufmannsgilden mit den Kommunen des hohen Mittelalters.

Bild: Zweites Lübecker Stadtsiegel von 1255/6. Foto: Stadtarchiv Lübeck.

Literatur: G. Gerkens/A. Grassmann, Der Lübecker Kaufmann. Aspekte seiner Lebens- und Arbeitswelt vom Mittelalter bis zum 19. Jahrhundert, Lübeck 1993.

pflichtet, nicht abzureisen und den Hilfebedürftigen zu unterstützen. Eine besondere Gefahrensituation war dabei stets, sich vor einem fremden Gericht verantworten zu müssen, zumal die Kaufleute oft nicht mit den örtlichen Rechten und Gewohnheiten vertraut waren. Auch galt vielerorts noch das durch Zweikampf ausgetragenes Gottesurteil als übliches Beweismittel. Zur Vermeidung dieser gefahrenvollen Situationen erreichte beispielsweise die Kaufleute von Tiel zu Anfang des 11. Jahrhunderts die Ablösung des Gottesurteils durch Eidesleistung [AKKERMAN].

Nicht nur um im Zweikampf bestehen zu können, sondern auch um sich während der Reisen vor Raub und Überfällen zu schützen, schrieben die Statuten der Kaufmannsgilde in Valenciennes, die sich selbst als *caritas* bezeichnete, ihren Mitgliedern vor, außer bei den Gildeversammlungen stets Waffen zu tragen.

Verlor ein Gildemitglied dennoch seine Waren durch Raub, Beschlagnahmung, Schiffbruch oder wurde es gegen eine Lösegeldforderung gefangen genommen, sahen die Statuten vieler Kaufmannsgilden vor, dass die Gilde ihm zur Hilfe kam. Als letztes Mittel, ein Mitglied oder dessen Familie im Unglücksfalle vor der völligen Verarmung zu bewahren, war eine Finanzhilfe, die aus der Gildekasse genommen oder durch eine Sammlung unter den Mitgliedern aufgebracht wurde.

Eine weitere Art der finanziellen Unterstützung war das so genannte Seedarlehen (*pecunia traiecitiae*), mit dessen Hilfe der Einkauf von Waren und die Ausrüstung von Schiffen vorfinanziert werden konnte. Nach Rückkehr von einer erfolgreichen Reise – und nur dann – wurde das Darlehen zuzüglich eines Gewinnanteils zurückgezahlt. Diese Form des Seedarlehens war schon in der Antike in Gebrauch und wurde im Zusammenhang von Gilden zum ersten Mal im Gildestatut von Exeter (England) aus der Zeit vor 950 erwähnt, wobei es sich bei dieser Gilde um keine reine Kaufmannsgilde handelte, denn neben den Risiken der „Südfahrt" wurde darin auch die finanzielle Unterstützung der Mitglieder bei Brandschaden und im Todesfall geregelt. Die Mitgliedschaft in einer Gilde bedeutete somit für viele gleichsam eine Art von Versicherungsschutz [SCHEWE].

**Privilegierung von Kaufmannsgilden.** Zudem konnte eine Gilde für ihre Mitglieder gewichtige Handelsvorteile erreichen. Kaufleute verschiedener Städte wurden in der Zeit zwischen dem 10. und 12. Jahrhundert immer wieder von den Königen privilegiert, ohne dass in den Quellen jedoch ihre Organisation als Kaufmannsgilde eindeutig genannt ist. So erhielten z. B. die Magdeburger Kaufleute, deren organisierte Kaufmannsgilde aber erst im Jahr 1183 sicher belegt ist, 975 von Otto II. weitreichende Privilegien, die ihnen freie Handelstätigkeit im ganzen Reich sowie eine Abgaben- und Zollfreiheit außerhalb von Mainz, Köln, Tiel und Bardowick gewährten. Neben solchen Zoll- und Abgabefreiheiten war es für die Kaufleute von besonderem Interesse, dass der König sie unter seinen Schutz und Schirm nahm und ihre Verbundsfähigkeit sowie das gewohnheitsrechtlich herausgebildete Kaufmannsrecht (*ius mercatorum*) anerkannt wurden.

Die Kaufmannsgilde in Saint-Omer sah in ihren Regelungen auch vor, dass Waren, die einen Wert von fünf Schilling überschritten und nicht für den Eigenbedarf gedacht waren, auf Verlangen an andere Genossen abgetreten werden mussten. 1231 ließ sich die Gilde der

Kaufleute und Gewandschneider von Stendal von den Markgrafen von Brandenburg ihr Vorrecht privilegieren, dass nur sie den so genannten Gewandschnitt, d.h. den Handel und die Direktvermarktung der hochwertigen, oftmals aus der Ferne importierten Tuche, betreiben durften. Lediglich während der Jahrmarktstage wurde dieses Monopol außer Kraft gesetzt, dann war auch Fremden der Tuchhandel in Stendal erlaubt. Mit solchen Handelsvorteilen wurde die Solidarität der Mitglieder untereinander gefördert. Gleichzeitig wurden Nichtmitglieder vom Markt verdrängt, da sie nicht mehr konkurrenzfähig waren. Die Mitgliedschaft in einer Kaufmannsgilde hatte somit eine hohe Attraktivität. Dies zeigt sich auch an den Mitgliederzahlen, weshalb diese Gilden auch gerne als „Großgilden" bezeichnet werden. Die *gilda et fraternitas mercatorum* in Köln vereinigte z.B. in der Mitte des 12. Jahrhunderts zwischen 200 und 300 Mitglieder, die teils aus entfernten Orten stammten und sich in Köln angesiedelt hatten [Doren, Dilcher, Cordt].

**Kaufmannsgilden des frühen Mittelalters.** Für frühmittelalterliche Kaufmannsgilden gibt es nur wenige Quellenbelege. Dieser Mangel ist aber weniger Indiz für die Nichtexistenz solcher Vereinigungen, als vielmehr entweder für fehlende eigene Schriftlichkeit oder das Desinteresse der Sammler und Redakteure der merowingischen und karolingischen Gesetzestexte an den Verhältnissen der Kaufleute. Die wenigen Quellenbelege des Frühmittelalters befassen sich weniger mit dem heimischen, sondern mehr mit dem von außen kommenden Handel. Sie äußern sich kaum zur Organisation der Kaufleute. Die *Lex Visigothorum* aus dem 6. Jahrhundert z.B. befreit die *transmarinis negotiatoribus* von der Gerichtsbarkeit des Westgotenreichs, indem es bestimmte, Streitigkeiten der Fernkaufleute von den Zöllnern des jeweiligen Handelshafens beilegen zu lassen. Andere Gesetzestexte regeln das Verfahren von Seedarlehen und von Strafen bei Nichteinhaltung geschlossener Verträge. Sie treffen Bestimmungen für die Todesstrafe bei Überfällen, die Haftung bei Überwachung von Warenlagern sowie die Gewährung von Schutz, Zoll- und Lastenfreiheiten [Siems]. Erzählende Quellen verweisen häufig darauf, dass aus Sicherheitsgründen Reisegemeinschaften gebildet wurden, die sicherlich oft bei der Ankunft an ihrem Bestimmungsort ihre Waren zu Preisen anboten, die bereits während der Reise abgesprochen worden waren. Im England des späten 9. Jahrhunderts war es dann auch von Vorteil, wenn eine Reisegemeinschaft von einem erfahrenen Kaufmann angeführt wurde, der im Land bereits bekannt war und dort Vertrauen genoss, denn die Kaufleute mussten sich bei ihrer Einreise in das Land bei dem jeweiligen Königsvogt präsentieren.

Der erste konkrete Hinweis auf Gilden im mitteleuropäischen Raum findet sich im Kapitular von Herstal aus dem Jahr 779, mit dem Karl der Große ein Verbot der Gilden aussprach. Allerdings wurde toleriert, dass man sich gegenseitig bei Verarmung, Brand und Schiffsbruch aushalf. Dies galt aber nur unter der Voraussetzung, dass man keine gegenseitigen Eide schwor. Bei den bekannten Gilden des 8. und 9. Jahrhunderts handelt es sich meist um so genannte Schwur- oder Schutzgilden, deren Mitglieder sich nicht nur wegen ihrer Handelstätigkeit, sondern auch als alltägliches Hilfenetzwerke zur Absicherung verschiedener Risiken zusammenschlossen [Jankuhn/Ebel; Jankuhn; Oexle 2003].

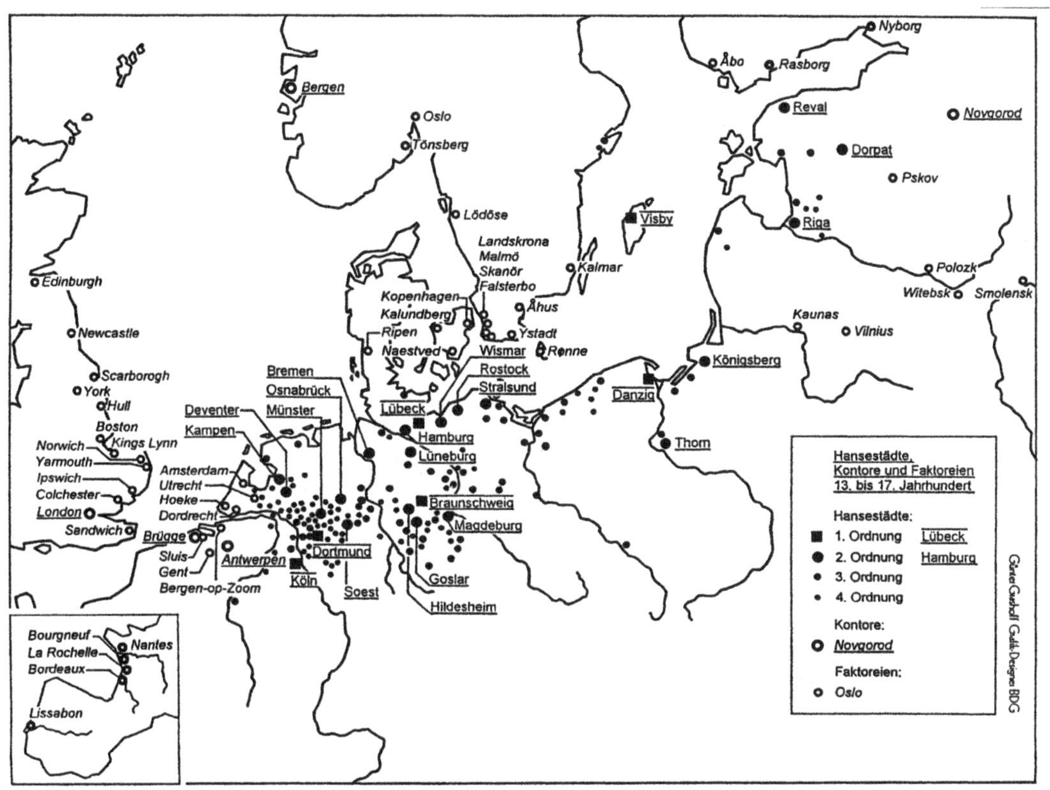


**Die Hanse** galt in der Geschichtsschreibung lange Zeit als ein hierarchisch gegliederter Städtebund, der militärisch so mächtig war, dass er im Nord- und Ostseeraum die fehlende politische Zentralgewalt des Reichs ersetzen konnte. In dieser Sicht der Dinge wäre für die Hanse kein Platz in einem Abschnitt über Kaufmannsgilden. Diesen Organisationsformen zuzuordnen ist die Hanse nur dann, wenn man bedenkt, dass „die Hanse" seit der Mitte des 12. Jahrhunderts aus mehreren Hansen zusammengewachsen ist. Diese waren Gilden, in denen sich Fernhandelskaufleute zur Durchsetzung ihrer Interessen genossenschaftlich verbunden hatten. Erst seit Ende des 14. Jahrhunderts suchte die so gebildete Gesamtgenossenschaft immer mehr die Unterstützung der Heimatstädte ihrer Mitglieder. Das fiel leicht, weil die Kaufleute in diesen Städten in aller Regel die politische Führungsschicht bildeten. Seit 1400 kann man daher definieren: „Die Hanse war eine Organisation von niederdeutschen Fernkaufleuten einerseits und von rund 70 großen und 100 bis 130 kleinen Städten andererseits, in denen diese Kaufleute das Bürgerrecht hatten" [HAMMEL-KIESOW, 10]. Den Raum, in dem die hansischen Kaufleute zu Hause waren, umreißt die Karte, die freilich nur einen wichtigen Teil der eingebundenen Städte zeigen kann. Der Geschäftserfolg der Kaufleute beruhte auf dem Austausch von Rohstoffen und Lebensmitteln aus dem Osten und Norden Europas gegen gewerbliche Fertigprodukte des Westens und Südens, die über die Drehscheibe des Hanseraums verteilt wurden. An den Endpunkten des hansischen Handels in Novgorod, Bergen, London und Brügge lagen die vier wichtigen Handelsniederlassungen, die Kontore.

Karte: Günter Grashoff Grafik-Designer BDG.

Literatur: P. DOLLINGER, Die Hanse, 5. Aufl. Stuttgart 1997; R. HAMMEL-KIESOW, Die Hanse, 3., akt. Aufl. München 2004.

**Die weitere Entwicklung.** Die erste wirkliche Erwähnung einer Kaufmannsgilde ist jedoch erst aus den zwanziger Jahren des 11. Jahrhunderts erhalten, als der Mönch Alpert von Metz in seinem Werk *De diversitate temporum* die Zucht- und Rechtlosigkeit der Kaufleute von Tiel am Niederrhein kritisierte. An diesem Ort hatte sich ein wichtiger Handelsplatz mit guten Verbindungen nach England etabliert. Dabei erfährt man, dass die Kaufleute sich organisiert hatten, eine eigene Gerichtsbarkeit ausübten, eine gemeinsame Kasse zur Finanzierung von Darlehen und aufwändigen Trinkgelagen führten und sich vom König verschiedene Privilegien zur Erleichterung ihrer Handelstätigkeit gesichert hatten.

Ihre Blütezeit hatten die aufgrund ihrer Handelstätigkeit gegründeten Kaufmannsgilden im 11. Jahrhundert, bedingt durch den in dieser Zeit zu beobachtenden Aufschwung des Handels. Auffällig dabei ist, dass Kaufmannsgilden, wie auch schon früher die allgemeinen Schutzgilden, sich vor allem an den Außengrenzen Zentraleuropas, in England (nach 1087 Burford, nach 1093 Canterbury und im 12. Jahrhundert in Winchester, Lincoln, Oxford, London u.a.), in Flandern und Nordfrankreich (1001 Calais, 1082 Saint-Omer, 1100 Aire-sur-la-Lys, 1125 Lille, vor 1127 Brügge, Gent und Ypern u.a.), am Niederrhein (1020 Tiel, 1074 Köln), im Weser-Elbe-Gebiet (1025 Magdeburg, 1036 Halberstadt, 1038 Goslar, 1128 Halle, 1158 Lübeck u.a.) und in Skandinavien (1158 Visby sowie die zahlreichen Knudsgilden des 13. Jahrhunderts in Flensburg, Ringstedt und Odense u. a.), entwickelt haben [Schewe]. Dies mag damit zusammenhängen, dass sich Ansiedlungen in Küsten- oder Flussnähe als Ausgangspunkte für den Fernhandel anboten. Plausibel erscheint aber auch die Erklärung, dass in den Grenz- und Küstenregionen, die immer wieder von außen überfallen wurden und in denen durch ihre entfernte Randlage der königliche Schutz nicht ausreichend wirksam war, die „Verhältnisse der Desorganisation“ [Oexle 1989] zum Anlass von selbst organisierten Schutzbündnissen genommen wurde. Auch wurde das von Karl dem Großen mit dem Kapitular von Herstal 779 erstmals ausgesprochene Gildeverbot von den deutschen Königen und Kaisern immer wieder erneuert. Man verhinderte damit bis zum 12. Jahrhundert das Aufkommen von Kaufmannsgilden innerhalb des Reichs.

**Kaufmannsgilden in der städtischen Gesellschaft.** Die Kaufmannsgilden waren vielerorts fest im städtischen Alltag integriert und beteiligten sich an den Gemeinschaftsaufgaben, wie z. B. an dem Instandsetzungsarbeiten an Mauern und Straßen. Besonders in den Handelsstädten übernahmen die oft in Kaufmannsgilden organisierten reichen Fernkaufleute Schlüsselpositionen im städtischen Regiment.

Wenngleich die Aussage, dass die Städtegründungen des 11. und 12. Jahrhunderts maßgeblich von den Kaufmannsgilden vorangetrieben worden seien, heute als überholt gilt, so hatten sie dennoch großen Einfluss auf den durch die Ausweitung des Handels beding-ten Urbanisierungsprozess: Viele Kommunen übernahmen verschiedene konstitutive Elemente der Schwurgemeinschaften, wie die gegenseitige Eidesleistung, die eigene Gerichtsbarkeit oder die Schutz- und Hilfeverpflichtung für die in der Stadt lebenden Einwohner.

▷ S. 234 Stadtkommune

Die vor allem wegen der Risikominderung gegründeten Kaufmannsgilden verloren dadurch immer mehr an Attraktivität, aus ihnen entwickelten sich jedoch neue Formen von Interessenverbänden. Mit der vermehrten Beteiligung der Handwerker am städtischen Regiment im 14. Jahrhundert bemühten sich die alteingesessenen, reichen Familien der Oberschicht, oft auch mit dem in der Forschung umstrittenen Begriff des „Patriziats" bezeichnet, nach unten abzuschließen und sich in exklusiven Vereinigungen unter ihresgleichen zu versammeln, um dort ihre zahlreichen Vorrechte und ein alle anderen Gruppen überragendes Standesbewusstsein zu zelebrieren [HOFFMANN]. Diese Gesellschaftsform wird in der wissenschaftlichen Literatur meist als „Patriziergesellschaft" betitelt, ihre Eigenbezeichnungen variierten je nach örtlicher Ausprägung zwischen Gilde, Kompanie, Bruderschaft, Herren- und Trinkstube. In Lübeck gab es z. B. die Zirkelgesellschaft sowie die Kaufleute- und Greveradenkompanien, in Reval und Riga die Großen Gilden, in Lüneburg die Theodori-Gilde.

▷ S. 268 Zünfte

In vielen Handelsstädten des Ostseeraums, wie in Danzig, Elbing, Stralsund, Thorn, Braunsberg, Marienburg, Königsberg oder Riga, entstanden die so genannten Artushöfe, in denen sich die vorübergehend anwesenden und die sesshaften Fernkaufleute versammelten und neben ihren kaufmännischen Geschäften eine ritterlich-höfische Lebensform nach dem Vorbild von König Artus pflegten.

Auch in anderen Städten Nord- und Westdeutschlands schlossen sich seit der Mitte des 14. Jahrhunderts Kaufleute auf Dauer zusammen, die in dieselbe geographische Richtung Handel trieben, aber nicht immer ihre Waren selbst begleiteten. Wie schon bei den früheren Kaufmannsgilden bemühte man sich um Monopol- und Handelsprivilegien. In den fernen Handelsstädten entstanden so neben den schon genannten Artushöfen auch feste Stützpunkte (Handelskontore) in den Städten London, Brügge, Bergen und Nowgorod und auch im außerhansischen Bereich, z. B. in Venedig. Aber auch in ihren Heimatstädten pflegten diese Kaufleute ein gemeinsames gesellschaftliches Leben mit Gelagen und religiös-karitativen Aktivitäten, so z. B. in Stettin die Dragörfahrer, in Lübeck die Bergen-, Schonen-, Riga- und Flandernfahrer, in Haarlem die Schonenfahrer oder in Hamburg die Flandern-, Schonen- und Englandfahrer.

Sonja Dünnebeil

**Literatur**

J. B. AKKERMAN, Het koopmansgilde van Tiel omstreks het jaar 1000, in: TRG 30, 1962, 409–471.

H. CAFFIAUX, Mémoire sur la charte de la frairie de la halle basse de Valenciennes (XIe et XIIe siècle), in: Mémoires de la Société Nationale des Antiquaires de France 38, 1877, 1–41.

E. COORNAERT, Les ghildes médiévales (V[e] et XIVe siècles). Définition – évolution, in: RH 199, 1948, 22–55, 208–243.

E. CORDT, Die Gilden. Ursprung und Wesen, Göttingen 1984.

G. DILCHER, Die genossenschaftlichen Strukturen von Gilden und Zünften, in: SCHWINEKÖPER (Hrsg.), Gilden, 71–111.

A. DOREN, Untersuchungen zur Geschichte der Kaufmannsgilden im Mittelalter, Leipzig 1892.

G. ESPINAS/H. PIRENNE, Les coutumes de la gilde marchande de Saint-Omer, in: MA 14, 1901, 189–196.

K. FRIEDLAND, Die Hanse, Stuttgart u.a. 1991.

A. GRASSMANN, Art. „Fahrerkompanien", in: Lexikon des Mittelalters, hrsg. von N. ANGERMANN u.a., Bd. 4, München/Zürich 1989, 231.

E. HOFFMANN, Gilde und Rat in den schleswigschen und nordelbischen Städten im 12. und 13. Jahrhundert, in: Hansische Geschichtsblätter 105, 1987, 1–16.
F. IRSIGLER, Zur Problematik der Gilde- und Zunftterminologie, in: SCHWINEKÖPER (Hrsg.), Gilden, 53–70.
H. JANKUHN (Hrsg.), Historische und rechtshistorische Beiträge und Untersuchungen zur Frühgeschichte der Gilde, Göttingen 1981.
H. JANKUHN/E. EBEL, Organisationsformen der Kaufmannsvereinigungen in der Spätantike und im frühen Mittelalter: Bericht über die Kolloquien der Kommission für Altertumskunde Mittel- und Nordeuropas in den Jahren 1980 bis 1985, Göttingen 1989.
N. JÖRN/D. KATTINGER/H. WERNICKE (Hrsg.), Genossenschaftliche Strukturen in der Hanse, Köln/Weimar/Wien 1999.
R. MACKENNEY, Tradesmen and traders. The world of the guilds in Venice and Europe, c. 1250–c. 1650, London 1987.
O. OEXLE, Die mittelalterlichen Gilden: Ihre Selbstdeutung und ihr Beitrag zur Formung sozialer Strukturen, in: A. ZIMMERMANN (Hrsg.), Sozial-Ordnungen im Selbstverständnis des Mittelalters, Berlin 1979, 203–226.
DERS., Die Kaufmannsgilde von Tiel, in: JANKUHN/EBEL (Hrsg.), Organisationsformen, 173–196.
DERS., Art. „Gilde", in: Lexikon des Mittelalters, hrsg. von N. ANGERMANN u. a., Bd. 4, München/Zürich 1989, 1452f.
DERS., Die Hanse vor der Hanse, in: E. MÜLLER-MERTENS/H. BÖCKER (Hrsg.), Konzeptionelle Ansätze der Hanse-Historiographie, Trier 2003, 46–60.
D. SCHEWE, Geschichte der sozialen und privaten Versicherung im Mittelalter in den Gilden Europas, Berlin 2000.
R. SCHMIDT-WIEGAND, Hanse und Gilde. Genossenschaftliche Organisationsformen im Bereich der Hanse und ihre Bezeichnungen, in: Hansische Geschichtsblätter 100, 1982, 21–40.
DIES., Die Bezeichnungen Zunft und Gilde in ihrem historischen und wortgeographischen Zusammenhang, in: SCHWINEKÖPER (Hrsg.), Gilden, 31–52.
DIES., Genossenschaftliche Organisation im Spiegel historischer Bezeichnungen. Hanse, Gilde, Morgensprache, in: JÖRN/KATTINGER/WERNICKE (Hrsg.), Genossenschaftliche Strukturen, 1–12.
B. SCHWINEKÖPER (Hrsg.), Gilden und Zünfte. Kaufmännische und gewerbliche Genossenschaften im frühen und hohen Mittelalter, Sigmaringen 1985.
S. SIEMS, Die Organisation der Kaufleute in der Merowingerzeit nach den Leges, in: JANKUHN/EBEL (Hrsg.), Organisationsformen, 62–145.
P. SPIESS, Art. „Kaufmannsgilde", in: A. ERLER/E. KAUFMANN (Hrsg.), Handwörterbuch zur deutschen Rechtsgeschichte, Bd. 2, Berlin 1978, 687–694.

**Das Grab einer adeligen Frau im Kreis ihrer Familie.** Zufällig wurden 1986 bei Bauarbeiten in einem Industriegebiet nahe des schwäbischen Lauchheim die Gräber einer etwa 40-jährigen Alamannin und ihrer Familie zusammen mit 1304 weiteren Gräbern entdeckt. Der Name dieser Frau, die um 600 n. Chr. bestattet wurde, ist nicht bekannt. Gleichwohl konnten mit archäologischen Methoden einige Erkenntnisse über sie ermittelt werden, so dass sie zwar anonym, aber dennoch nicht konturlos bleibt.

Rückschlüsse ließen zunächst Kleidung und Grabbeigaben zu. Insbesondere eine reich verzierte goldene Filigranscheibenfibel mit einem für diese Zeit und Region noch keineswegs selbstverständlichen christlichen Kreuzsymbol lässt die Frau überaus modisch ausgestattet erscheinen. Der Trend zu einzelnen runden Gewandschließen hatte sich im romanischen Kulturbereich zu dieser Zeit bereits durchgesetzt und ersetzte nun auch nördlich der Alpen zunehmend das Tragen von Bügelfibelpaaren.

Sie trug ferner ein wertvolles Collier aus Glas- und Amethystperlen mit einem scheibenförmigen Goldanhänger und einen goldenen Fingerring mit einem Amethyst. Ihre Wadenbinden und Schuhe waren mit silbernen Pressblechen verziert. An einem mit Silberblechen beschlagenen Amulettgehänge befand sich eine Kugel aus Bergkristall, an einem weiteren Elfenbeinring eine Zierscheibe. Aufgrund dieser Stücke lässt sich der Frau ein erhöhter sozialer Status zuweisen.

Doch nicht nur die Qualität von Kleidung und Accessoires deutet auf eine höhere Stellung der Frau. Unter den 1308 Gräbern fanden sich nur 49 Gräber mit ähnlich reicher Ausstattung. Wie die Ruhestätte der hier vorgestellten Familie lagen diese sämtlich im Osten des Gräberfeldes, so dass offenbar ein gemeinsamer gehobener sozialer Kontext die Wahl des Begräbnisortes mitbestimmte.

Hinweise auf die Familienverhältnisse ergaben sich aus der Untersuchung des unmittelbaren Umfeldes, in dem sich zwei Knabengräber und ein beraubtes Männergrab fanden. Ihre Lage dicht nebeneinander und die Tatsache, dass die vier Gräber ursprünglich von einem gemeinsamen Hügel überwölbt waren, sprechen für eine Familiengrabstätte.

Der jüngere Knabe starb im Alter von etwa vier Jahren.

Grabung Lauchheim „Wasserfurche", Grab 66. Foto: Regierungspräsidium Stuttgart, Archäologische Denkmalpflege.

Neben einer fast vollständigen, „kindgerechten" Waffenausstattung weist seine Gürtelgarnitur italienische Einflüsse auf. Auch die Grabbeigaben des zweiten Knaben, der zum Zeitpunkt seines Todes zwischen sechs und acht Jahre alt gewesen sein dürfte, deuten in das langobardische Italien, so z.B. die Scheide seines Schwertes und eine Gürtelgarnitur. In seinem Grab fand sich außerdem ein Goldblattkreuz als eindeutiges Zeichen für die Zugehörigkeit zum Christentum. Auf Fragmente eines solchen Kreuzes stieß man auch in dem beraubten Männergrab.

Die verschiedenen Hinweise auf Oberitalien könnten Zeugnis einer allgemeineren kulturellen Beeinflussung des nordalpinen Raumes aus dem Süden sein; doch möglicherweise stammte die Frau auch selbst aus Italien und hatte durch Einheirat in eine alamannische Familie modische Entwicklungen aus ihrer Heimat importiert.

So erschließen sich über das Grab einer unbekannten Frau Erkenntnisse über deren Herkunft, religiöse Vorstellungen, Familienverhältnisse und gesellschaftlichen Rang. Darüber hinaus liefert es Hinweise auf modische Entwicklungen sowie soziale und kulturelle Austauschbeziehungen.

Jens Brauer

**Literatur**

Die Alamannen. Katalog zur Ausstellung in Stuttgart, Zürich und Augsburg 1997/98, hrsg. vom Archäologischen Landesmuseum Baden-Württemberg, Stuttgart 1997.

R. Bernbeck, Theorien in der Archäologie, Tübingen 1997.

U. v. Freeden/S. v. Schnurbein (Hrsg.), Spuren der Jahrtausende. Archäologie und Geschichte in Deutschland, Stuttgart 1997.

U. Koch/A. Wieczorek/K. Welck (Hrsg.), Die Franken – Wegbereiter Europas. Vor 1500 Jahren: König Chlodwig und seine Erben. Katalog zur Ausstellung im Reiss-Museum Mannheim, Mainz 1996.

W. Menghin/D. Planck (Hrsg.), Menschen, Zeiten, Räume. Archäologie in Deutschland. Katalog zur Ausstellung in Berlin und Bonn 2003, Stuttgart 2002.

I. Stork, Friedhof und Dorf, Herrenhof und Adelsgrab. Der einmalige Befund Lauchheim, in: Die Alamannen, 290–310.

**Dhuoda.** Ein Buch, *Liber manualis* genannt, zählt zu den ungewöhnlichsten Zeugnissen des Frühmittelalters. In 73 Kapiteln, teils in Versen, teils in Prosa abgefasst, erklärt darin eine Mutter ihrem Sohn die Pflichten gegenüber Gott, den „Großen" der Welt, seinen Nächsten und sich selbst. Es ähnelt darin Fürstenspiegeln, die Ermahnungen zu Amtsführung und Ethik eines Herrschers geben und herrschafts- wie gesellschaftstheoretische Zusammenhänge behandeln. Doch darüber hinaus verrät das Buch viel über Selbstverständnis, Lebensumstände und Familienbewusstsein seiner Autorin und gewinnt zuweilen einen sehr persönlichen und emotionalen Charakter – ein für diese Zeit überaus seltener Zug. Ungewöhnlich ist auch, dass hier kein Kleriker, sondern eine Person weltlichen Standes am Werk war. Auch dass man es hier mit dem Buch einer Frau zu tun hat, ist nicht selbstverständlich, sind doch aus dem Frühmittelalter nur vergleichsweise wenige Schriften von Frauenhand überliefert.

Verfasst hat das Buch eine fränkische Adelige namens Dhuoda zwischen 841 und 843 in Uzés im heutigen Südfrankreich. Weder Tag noch Ort der Geburt dieser bemerkenswerten Frau sind bekannt, doch immerhin weiß man von ihrer Hochzeit mit dem Grafen Bernhard von Septimanien am 24. Juni 824 in Aachen. Mit diesem Zeitpunkt gewinnt ihr Leben in der Überlieferung deutlichere Konturen. Meist scheint sie trotz der Ehe allein in Uzés gelebt zu haben. 826 brachte sie ihren ersten Sohn Wilhelm zur Welt, 841, also ganze 15 Jahre später, folgte ein zweiter namens Bernhard. Das Leben Dhuodas und ihrer Familie wurde vom ebenso ehrgeizigen wie riskanten Streben ihres Mannes nach einem eigenen Reich geprägt. Die Erziehung der Söhne wurde diesem Ziel untergeordnet, als man sie aus politischem Kalkül an den Hof Karls des Kahlen gab. Doch im Jahre 844 endeten die ambitionierten Bestrebungen Graf Bernhards mit seiner Hinrichtung durch den Frankenherrscher.

Die Trennung von ihren Söhnen und die unsichere Situation des Mannes belasteten Dhuoda zur Zeit der Niederschrift des *Liber manualis*. Besonders der Abschnitt über die „Übung christlicher Tugenden und zur Abwehr der Laster" ist hier aufschlussreich: Erwähnt werden u.a. Gefahren und Entbehrungen, die sie zwar überstanden, aber innerlich noch nicht überwunden habe. Wie eine Liste zeigt, war sie darüber hinaus um das Schicksal gleich einer ganzen Reihe von Verwandten besorgt, für die zu beten sie dem Sohn eindringlich ans Herz legte. Dass die Besorgnisse durchaus begründet waren, belegen Beispiele. So findet sich in der Namensreihe ihre Schwägerin Gerberga, eine Nonne, die 834 ermordet in einem Fass in der Sâone gefunden wurde; auch ihr 830 geblendeter Schwager Herbert sowie der 834 enthauptete Schwager Gauzelm werden erwähnt.

Angesichts solcher Schicksale im Familienkreis traf Dhuoda in ihrem Buch Vorkehrungen für den eigenen, voll Sorge erwarteten Tod: Sie bat Wilhelm um die Begleichung von Schulden und trug ihm auf, sich um ihr Grabmal zu kümmern, dessen Inschrift sie vorsorglich noch selbst textete. Allerdings sind Todesjahr und Begräbnisort Dhuodas unbekannt.

Jens Brauer

**Literatur**

Y. Bessmertny, Le monde vu par une femme noble au IX$^{e}$ siècle. La perception du monde dans l'aristocratie carolingienne, in: Le Moyen Âge 93, 1987, 161–184.
E. Bondurand, L'éducation Carolingienne. Le Manuel de Dhuoda (843), Paris 1887, ND Genf 1978.
C. B. Bouchard, Family Structure and Family Consciousness among the Aristocracy in the Ninth to Eleventh Centuries, in: Francia 14, 1986, 639–658.
F. Brunhölzl, Geschichte der lateinischen Literatur des Mittelalters, Bd. 1, München 1975, 407–409, 565.
M. A. Claussen, Fathers of Power and Mothers of Authority: Dhuoda and the Liber manualis, in: French Historical Studies 19, 1996, 785–809.
Dhuoda, Manuel pour mon fils, Introduction, texte critique, notes par P. Riché, traduction par B. de Vregille et C. Mondésert, 2. Aufl. Paris 1997. Übersetzung ins Englische: Handbook for William: A Carolingian Woman's Counsel for Her Son, Lincoln (Neb.) 1991.
B. Löfstedt, Zu Dhuodas Liber Manualis, in: Arctos 15, 1981, 67–83.
M. A. Mayeski, Dhuoda. Ninth Century Mother and Theologian, Scranton 2005.
W. Meyer, Gesammelte Abhandlungen zur mittellateinischen Rhythmik, Bd. 3, Berlin 1936, 72–85, 242–244.
J. Wollasch, Eine adelige Frau des frühen Mittelalters. Ihr Selbstverständnis und ihre Wirklichkeit, in: AKG 39, 1957, 150–188.

**Begriff der Vasallität.** Seitdem in jüngster Zeit die für das Früh- und Hochmittelalter längst sicher geglaubten Grundlagen des Lehnswesens in Frage gestellt wurden [REYNOLDS], steht auch der damit verbundene Begriff der Vasallität wieder im Mittelpunkt größerer Diskussionen. Er begegnet als *vassaticum* bzw. *vasalliticum* in den Quellen und birgt in sich entweder den Terminus *vassus*, der ab dem 6. Jahrhundert vorkommt, oder den Begriff *vasallus*, der seit dem 9. Jahrhundert bezeugt ist. Diese Begriffe werden ihrerseits aus keltischen Wurzeln hergeleitet, welche die Bedeutung „Diener" oder „Knecht" in sich tragen. Gleichwohl handelt es sich trotz der Quellenbelege bei dem Terminus Vasallität im eigentlichen Sinn um ein modernes Konstrukt der Historiker [REUTER], mit dessen Hilfe man idealtypisch eine bestimmte personale Bindung, Rechte und Pflichten eines Vasallen und die damit in Zusammenhang stehenden politisch-militärischen wie sozialen Sachverhalte umschreibt.

Zeitlich bezieht sich der Begriff Vasallität meist auf das ausgehende Hoch- und das Spätmittelalter. Begründet wird ein Vasallenverhältnis durch einen feierlichen Akt, der Kommendation genannt wird und in dem ein vom Stand her Freier sich ohne Zwang in die Abhängigkeit zu einem Herrn, dem *senior* oder *dominus*, begibt. Zusätzlich verbindet beide ein besonderer Treueid. Der Vasall ist dem Herrn fortan zwar nicht zu striktem Gehorsam, aber zu Treue (*fidelitas*) und Diensten verpflichtet, die mit seinem Stand vereinbar sein müssen. Dazu zählen vornehmlich Rat und Hilfe (*consilium et auxilium*). Die Hilfe bezieht sich hauptsächlich, aber nicht ausschließlich auf militärische Unterstützung. Der Herr schuldet dem Vasallen seinerseits Schutz und Treue, worunter auch die Sicherung des Lebensunterhalts des Vasallen zu rechnen ist. Letztere kann über direkte Unterstützungsleistungen oder aber durch Überlassung von Nutzungsrechten in Form von Schenkung oder Leihe erfolgen. Hierin ist das materielle Bindeglied zwischen Vasallität und Lehensvergabe zu sehen. Das vasallitische Verhältnis besteht normalerweise bis zum Tode des Vasallen bzw. Herrn.

**Offene Forschungsfragen.** Strittig ist in der gegenwärtigen Forschung vor allem, wann die Vasallität in der skizzierten idealtypischen Form entstanden ist und zu welchem Zeitpunkt Vasallität und Lehensvergabe zusammenfallen. Zweifelsohne hat die Vasallität gallorömische Wurzeln, die sich in karolingischer Zeit mit Elementen des germanischen Gefolgschaftswesens verbanden. Die ältere Forschung ging von einer voll ausgebildeten Vasallität im Rahmen eines für die Zeit Karls des Großen schon als klassisch bezeichneten Lehnswesens aus [WOLFRAM; KIENAST 1990] und wertete die zeitgleich aufkommende Vergabe von Grund und Boden in der Rechtsform eines Lehens als „Verdinglichung" oder gar „krankhafte Entartung" des ursprünglich im Vordergrund stehenden persönlichen Elements, welches die Vasallität innerhalb des Lehnswesens darstellt [MITTEIS; GANSHOF]. Diese Vorstellung erfuhr nun neuerdings erhebliche Kritik, die mit Verständnis- und Interpretationsproblemen der betreffenden Schlüsselbegriffe begründet wurde [REYNOLDS; BECHER; KASTEN; GOETZ]. Statt des 8./9. Jahrhunderts werden jetzt verstärkt das ausgehende 11. und das 12. Jahrhundert als neue Achsenzeit für das System feudo-vasallitischer Institutionen betrachtet [REYNOLDS; DEUTINGER; HAUSER]. Erst in dieser Zeit scheinen nämlich Vasallität und Lehen rechtlich aufeinander bezogen worden und das Lehnsrecht in der uns bekannten Form entstanden zu sein. Demzufolge sei das Lehnswesen nicht im Sinne einer Verdinglichung entartet, sondern „es war die Entartung selbst" [Deutinger, 105]. Überhaupt ist in der Forschung eine Akzentverschiebung in Richtung auf das Hoch- und Spätmittelalter zu beobachten [Spiess].

**Soziale Vielfalt.** Blickt man auf die soziale Verfasstheit der Vasallität, so fällt ihre große Heterogenität ins Auge, wobei die Waffenfähigkeit aufgrund der militärischen Wurzeln der Vasallität von tragender Bedeutung blieb. In der Merowingerzeit und noch bis ins 8. Jahrhundert hinein bezeichnete Vasall einen Unfreien, wurde dann aber mehr und mehr für einen abhängigen Freien gebraucht. Das Aufkommen des Treueids im 8. oder frühen 9. Jahrhundert wertete die vasallitische Stellung auf, da er „dem der Kommendation ursprünglich inhärenten Zug der Selbstverknechtung ein Element der Freiwilligkeit hinzufügte" [Reinle, 1417]. Der qualitativen Veränderung des Charakters der Vasallität, in die nun gefolgschaftlich organisierte Verbände einmündeten, entsprach, dass in der zweiten Hälfte des 8. Jahrhunderts sozial hochstehende Königsvasallen greifbar werden. Die vasallitische Anbindung des Adels und der Amtsträger an das Königtum entwickelte sich dann über einen längeren Zeitraum. Als erster hochadeliger Vasall gilt der Agilolfinger Tassilo III. (um 741 – nach 794), wenngleich man sich mit der zeitlichen Einordnung seiner Vasallität schwer tut. Neben den Großen des Reichs, die meist Kronlehen innehatten, begegnen die adeligen Inhaber mittlerer und kleinerer Lehen bzw. die Vasallen der Magnaten als Vasallität. Nach dem Wormser Konkordat von 1122 gehörten auch Bischöfe, Reichsäbte und Reichsäbtissinnen als Angehörige des Fürstenstands dazu. Im Spätmittelalter verschmolz der Vasallenverband mit den Ministerialen. Zeitgleich stieg die Zahl bürgerlicher Kronvasallen sprunghaft an.

**Lehnshof und Heerschild.** Die Gesamtheit der Vasallen eines Herrn bildete den Lehnshof. Ihn hat man sich als herrschaftlich organisierten Verband vorzustellen, dem im Unterschied zu genossenschaftlich gebildeten Gruppen die Verpflichtung zur gegenseitigen Unterstützung fehlte. Das Lehnsgericht bildete indes eine Plattform für genossenschaftliches Handeln der Vasallen: War der Lehnsherr in einer Streitsache unbeteiligt, konnte er als Richter fungieren, hatte jedoch das Urteil von seinen Vasallen als Urteilern einzuholen. War er selbst Partei, setzte er einen seiner Vasallen als Richter ein.

Das Recht zum Aufgebot der Vasallen bezeichnete ursprünglich der Heerschild. In der bekannten Heerschildordnung des Sachsenspiegels erfolgt eine Abstufung der Vasallen gemäß ihrer Lehnsfähigkeit. „Der König, der Vasallen hatte, ohne selbst Vasall zu sein, stand an der Spitze der Lehnshierarchie. Darauf folgten auf der zweiten Stufe die geistlichen Reichsfürsten, während die ihnen an sich gleichberechtigten weltlichen Reichsfürsten auf der dritten Stufe standen, da sie aufgrund der Kirchenvogteien häufig Lehnsmannen ihrer geistlichen Standesgenossen waren. Ihnen folgten auf der vierten Stufe die freien Herren, während der sechste Heerschild wiederum deren Vasallen zukam und der siebte unbenannt blieb" [Spiess, 25].

Die **Heerschildordnung des Sachsenspiegels** wird häufig falsch interpretiert und grafisch missverständlich als Lehnspyramide dargestellt, die den Eindruck erweckt, als seien Herzöge, Bischöfe, Reichsäbte und Grafen vom König direkt belehnte Kronvasallen gewesen, während Ritter und Dienstmannen nicht als solche fungierten und Bürger meist gar keine Erwähnung finden. Der Sachsenspiegel jedoch ist so zu verstehen, dass sich die Lehnsmannschaft eines Reichsvasallen nur aus Personen zusammensetzen konnte, die einer niedrigeren Heerschildstufe angehörten als er selbst. Ein freier Herr konnte also keinen Fürsten zum Vasallen haben, auch wenn er unmittelbar vom König belehnt war. In der Rechtspraxis freilich gab es immer wieder Abweichungen von diesem Prinzip, vor allem kam es zu Vasallitätsverhältnissen zwischen Adligen, die auf derselben Stufe standen.

Auf der Buchillustration aus dem Sachsenspiegel, die hier abgebildet ist, sieht man von oben nach unten: 1.) Zwei Herren bieten einem Vasallen eine Belehnung an. Der Vasall nimmt sie von demjenigen entgegen, der selbst ein Fahnlehen als Voraussetzung für seine Zugehörigkeit zum Fürstenstand innehat. Er leistet kniend „Mannschaft" und legt dazu seine gefalteten Hände zwischen die des sitzenden Herrn. 2.) Steht der Herr, so bleibt auch der Vasall bei der Zeremonie stehen; hier wird zwei Mannen das gleiche Lehen verliehen: Der eine, der die Ähren umfasst, erhält es real, der andere bekommt das „Gedinge", also die Anwartschaft für den Fall, dass der Lehnsbesitzer ohne Lehnserben stirbt. Das Gedinge wird durch die im Kreis befindlichen Ähren symbolisiert. 3.) Zur Begründung des Lehnsverhältnisses gehört der Treueschwur des Mannes, den er hier unter Berührung von Reliquien ablegt. Desweiteren wird von ihm ein ehrerbietiges Verhalten gegenüber dem Herrn erwartet, z.B. soll er ihn – wie ersichtlich – vorangehen lassen.

Bild: Buchillustrationen aus der Heidelberger Bilderhandschrift des Sachsenspiegels. Foto: Universitätsbibliothek Heidelberg, Cod. Pal. germ. 164, fol. 1v (unten), 2v (Mitte), 5v (oben).

Literatur: H. Lück, Über den Sachsenspiegel. Entstehung, Inhalt und Wirkung des Rechtsbuches, 2. Aufl. Halle 2005.

**Rechte und Pflichten der Vasallen.** Rechtlich waren Vasallen je nach regionalen und politischen Umständen recht unterschiedlich gestellt. Rat und Hilfe kamen in der Verpflichtung zur Hof- und Heerfahrt sowie durch die Leistung von Ehrendiensten und die Unterstellung unter das Lehnsgericht des Herrn zum Ausdruck. Verletzte der Vasall seine Pflichten, drohten ihm ein Verfahren wegen Felonie und im Fall der Verurteilung der Lehnsverlust. Doch wurde ein Herr wegen Felonie verurteilt, konnte auch er seiner Rechte am Lehen zugunsten des Oberlehnsherrn verlustig gehen. Kraft seiner Schutzverpflichtung war der Herr dem Vasallen gegenüber zur Garantie des ungestörten Lehnsgenusses verpflichtet. Auch hatte er ihm im Bedarfsfall gerichtliche oder, wenn das Lehen in seinem Bestand bedroht war, militärische Unterstützung zu gewähren. Für beide Seiten galt dabei der Grundsatz der Zumutbarkeit, was etwa zu räumlichen und zeitlichen Einschränkungen der Heerfahrtspflicht führte.

Recht und Pflicht, Rat zu erteilen, sicherte den Vasallen eine gewisse politische Beteiligung. Die Vasallität konnte so den Keim für die landständische Korporation des Adels bilden, wie sie zum Ausgang des Mittelalters begegnet [DIESTELKAMP].

**Weitergabe und Ansammlung von Lehen.** Ungeachtet des prinzipiell personalen Charakters der Vasallität, die bei Herren- oder Mannfall – also dem Tod eines der Beteiligten – einer neuen Begründung bedurfte, entwickelte sich die Lehnsfolgeberechtigung der Söhne zur Sohneserbfolge, wozu später ergänzend ein Erbrecht von Frauen und Seitenverwandten trat. Gewisse Bedeutung für das Reich hatte dabei Konrads II. *Constitutio de feudis* (1037), die den oberitalienischen Vasallen (Valvassoren) das Erbrecht in ihren Lehen zusicherte. Demgegenüber bemühten sich Lothar III. und Friedrich I. 1136 bzw. 1154/58 um eine verstärkte Absicherung der dem Reich zu erbringenden Lehnspflichten, vor allem in Hinblick auf die Veräußerung der Lehen. Im Übrigen gelang es dem Königtum im ostfränkisch-deutschen und auch im westfränkisch-kapetingischen Bereich trotz theoretisch-juristischer Untermauerung seiner Stellung gegenüber den Vasallen faktisch nicht, sich in die Beziehungen zwischen Kron- und deren Untervasallen einzuschalten, während sich das normannisch-englische Königtum einen grundsätzlichen Treuevorbehalt sichern konnte [KIENAST 1952].

Auch die anscheinend erst im ausgehenden 11. und beginnenden 12. Jahrhundert verstärkt einsetzende und im Bestreben nach dem Besitz möglichst vieler Lehen begründete Mehrfachvasallität [DEUTINGER] stärkte die vasallitische Position, da sie im Konfliktfall zur Neutralität der Vasallen führen konnte. In der Mehrfachvasallität lässt sich ein „Chaos der Verpflichtungen" erblicken [KRIEGER, 395]. Dagegen bemühten sich die Herren vor allem in Frankreich und England mit dem Institut der *Ligesse* abzusichern, das gewissermaßen ein Monopol der Vasallentreue darstellt – freilich mit nur gelegentlichem Erfolg.

**Rang und Ehre im Spiegel der Umgangsformen.** Das in ein feierliches Belehnungszeremoniell eingekleidete eidliche Treueversprechen des Vasallen gegenüber seinem Herrn prägte den persönlichen Umgang der beiden miteinander auf Lebenszeit. Das vasallitische Abhängigkeitsverhältnis wurde ursprünglich als Parallele zur Hausherrschaft

Speziell für die Fürsten bildete sich im Spätmittelalter ein aufwändiges **Lehnszeremoniell** heraus, das die Ableitung der fürstlichen Herrschaft vom Königtum vor Augen führte. Die Investitur fand zur besseren Sichtbarmachung auf einem erhöhten Podest statt, auf dem sich der König nebst Kurfürsten und eventuell weiteren Reichsfürsten befand. Vor dem eigentlichen Lehnsakt erfolgte als symbolische Bitte um Belehnung das dreimalige „Berennen" des Lehnspodestes durch den Fürsten und seine Begleitmannschaft. Die Belehnungszeremonie selbst begann mit der kniend vorgetragenen Bitte um Belehnung, darauf folgten der Lehnseid und anschließend die Übergabe der Fahnen. Am Ende wurden die Lehnsfahnen in die Zuschauermenge geworfen und dort zerrissen. In entsprechender Weise sieht man hier die Belehnung der Herzöge Otto I. und Barnim III. von Pommern durch Kaiser Ludwig den Bayern im Jahre 1338.

Bild: Initiale (L) der Belehnungsurkunde Ottos I. und Barnims III. durch Ludwig den Bayern, 14.8.1338. Foto: Landesamt für Kultur und Denkmalpflege Mecklenburg-Vorpommern – Landesarchiv Greifswald, Rep. 2 Ducalia Nr. 73.

Literatur: K.-H. Spiess, Das Lehnswesen in Deutschland im hohen und späten Mittelalter, Idstein 2002.

des Familienoberhaupts aufgefasst, wie die Bezeichnung *senior* für den Herrn anzeigt. Der Herr wurde mit „Ihr" und „Euch" angesprochen, und ihm kamen Anreden wie *gnediger herr* oder *uwer gnaden* zu, womit der vom Vasallen zu erhoffenden Gnade und Huld gedacht war. Demgegenüber galt für den Vasallen die Anrede „Du". Der Vasall hatte den Steigbügel zu halten, wenn der Herr sein Pferd bestieg. Grundsätzlich wurde ein ehrerbietiges Verhalten gegenüber dem Herrn erwartet, vor dem man aufzustehen und zurückzutreten hatte. Voraussetzung für die Einprägung und Pflege solcher Umgangsformen war eine mehr oder weniger starke Kontaktpflege, wie sie sich über die Reiseherrschaft der Könige und Landesherrn, durch Sitzungen des Lehnsgerichts oder bei Festen und Hoftagen ergeben konnte. Auch bedurfte die Bindung zwischen Herrn und Vasallen einer stetigen Aktualisierung in Form von Lehnsneuerungen oder aber durch Belohnungen und Strafen. In den Ausnehmungen von Bündnisverträgen, also in der Benennung derjenigen Personen, die von einem Bündnis nicht betroffen und von einem Angriff ausgenommen waren, begegnen neben Verwandten oft auch Lehnsherren. „Das vertikale Lehnsverhältnis und die horizontale Verwandtschaft erweisen sich somit als zentrale Orientierungspunkte für das politische und soziale Handeln des Adels" [Spiess, 59; dazu auch Garnier]. Es bleibt bislang noch ein Desiderat der Forschung, zu diskutieren, welcher Orientierungspunkt – Verwandtschaft/Freundschaft oder Lehnsbindung – im Einzelfall der letztlich ausschlaggebende war [dazu bisher Dendorfer].

Oliver Auge

**Literatur**

G. ALTHOFF, Verwandte, Freunde und Getreue. Zum politischen Stellenwert der Gruppenbindungen im früheren Mittelalter, Darmstadt 1990.

M. BECHER, Eid und Herrschaft, Sigmaringen 1993.

J. DENDORFER, Was war das Lehnswesen? Zur politischen Bedeutung der Lehnsbindung im Hochmittelalter, in: E. SCHLOTHEUBER (Hrsg.), Denkweisen und Lebenswelten des Mittelalters, München 2004, 43–64.

R. DEUTINGER, Seit wann gibt es die Mehrfachvasallität?, in: ZRG GA 119, 2002, 78–105.

B. DIESTELKAMP, Lehnrecht und spätmittelalterliche Territorien, in: H. PATZE (Hrsg.), Der deutsche Territorialstaat im 14. Jahrhundert, Bd. 1, Sigmaringen 1970, 65–96.

F. L. GANSHOF, Was ist das Lehnswesen? 7., rev. dt. Aufl. Darmstadt 1989.

C. GARNIER, Amicus amicis inimicus inimicis. Politische Freundschaft und fürstliche Netzwerke im 13. Jahrhundert, Stuttgart 2000.

H.-W. GOETZ, Staatlichkeit, Herrschaftsordnung und Lehnswesen im Ostfränkischen Reich als Forschungsprobleme, in: Il feudalismo nell' alto medioevo, Bd. 1, Spoleto 2000, 85–143.

S. HAUSER, Staufische Lehnspolitik am Ende des 12. Jahrhunderts 1180–1197, Frankfurt/M. u.a. 1998.

B. KASTEN, Beneficium zwischen Landleihe und Lehen – eine alte Frage, neu gestellt, in: D. R. BAUER u.a. (Hrsg.), Mönchtum – Kirche – Herrschaft 750–1000, Sigmaringen 1998, 243–260.

W. KIENAST, Untertaneneid und Treuevorbehalt in Frankreich und England, Weimar 1952.

DERS., Die fränkische Vasallität, hrsg. von P. HERDE, Frankfurt/M. 1990.

K.-F. KRIEGER, Die Lehnshoheit der deutschen Könige im Spätmittelalter, Aalen 1979.

H. MITTEIS, Lehnrecht und Staatsgewalt, Weimar 1933 (ND Köln u. a. 1974).

C. REINLE, Vasall, Vasallität, in: Lexikon des Mittelalters, Bd. 8, hrsg. von N. ANGERMANN u.a., München 2002, 1416–1419.

T. REUTER, Vasallität, in: A. ERLER/E. KAUFMANN (Hrsg.), Handwörterbuch zur deutschen Rechtsgeschichte, Bd. 5, Berlin 1998, 644–648.

S. REYNOLDS, Fiefs and Vasalls, Oxford 1994 (ND 1996).

H. K. SCHULZE, Grundstrukturen der Verfassung im Mittelalter, Bd. 1, 4., aktual. Aufl. Stuttgart u. a. 2004, 54–94.

K.-H. SPIESS, Das Lehnswesen in Deutschland im hohen und späten Mittelalter, Idstein 2002.

H. WOLFRAM, Karl Martell und das fränkische Lehenswesen, in: J. JARNUT u.a. (Hrsg.), Karl Martell in seiner Zeit, Sigmaringen 1994, 61–78.

# Neue religiöse Gemeinschaften: Zisterzienser und Bettelorden

**Impulse religiöser Erneuerung.** Im Zuge der tief greifenden Krisen und Wandlungen von Kirche und Welt seit dem 11. Jahrhundert bestimmte auch das Mönchtum seinen Platz und seine Gestalt neu. Neben das benediktinische Mönchtum traten neue religiöse Lebensformen, wie der sich im 12. Jahrhundert herausbildende Orden der Zisterzienser, die im 13. Jahrhundert entstehenden Bettelorden, aber auch die sich seit dem 12. Jahrhundert formierenden Ketzerbewegungen. So vielfältig die Anfänge dieser neuen rechtgläubigen wie häretischen Gemeinschaften und so verschieden ihre institutionell-spirituellen Ausprägungen auch immer waren, gemeinsam ist dem religiösen Aufbruch ihrer Gründer die Suche nach einer vollkommenen christlichen Lebensform in rigoroser Verwirklichung der urkirchlichen Ideale Armut, Demut, Barmherzigkeit und Nächstenliebe.

▷ S. 121 ff. Römische Kirche und Italien
▷ S. 185 ff. Mönchtum

**Die Zisterzienser – Rückbesinnung auf die Benediktsregel.** Der Zisterzienserorden führt seine Ursprünge auf die Gründung einer neuen Klostergemeinschaft durch 21 Benediktiner im Jahr 1098 zurück. Diese ersten Zisterzienser, benannt nach dem Standort der Neugründung Cîteaux (lat. *Cistercium*), verstanden sich als Erneuerer des Mönchtums. Sie wollten die Regel des Hl. Benedikt und deren Grundsatz des „Bete und arbeite!" (lat. *ora et labora*) wieder in ursprünglicher Strenge, in apostolischer Armut und Weltabgeschiedenheit verwirklichen. In Besinnung auf das Ideal strengster Armut und in Abgrenzung von dem nahe Cîteaux gelegenen älteren benediktinischen Reformzentrum Cluny verzichteten sie auf architektonische Pracht, kehrten zu den einfachen Liturgieformen der Benediktsregel zurück und betonten neben dem immerwährenden Gebetsdienst den gleichrangigen Wert der Handarbeit der Mönche. Die frühen Satzungen des Ordens schrieben deshalb die Eigenwirtschaft der Klöster fest und untersagten alle wirtschaftlichen Existenzsicherungen, denen Fremdarbeit und Herrschaftsrechte, wie die Herrschaft über abhängige Bauern oder die Einnahme von Grundrenten und Einkünfte aus Eigenkirchen, zugrunde lagen. Diese Forderungen führten zu der für die frühen Zisterzienser so charakteristischen autarken und überaus erfolgreichen Wirtschaftsweise auf Grundlage agrarischer Eigenbetriebe (Grangien) und der Gründung ihrer Klöster in abgelegenen, gering kultivierten Gebieten, wobei es bei der Durchsetzung der Eigenwirtschaft vor allem im 12. Jahrhundert zur Auflösung von Dörfern und Freisetzung ansässiger Bauern kam.

▷ S. 193 f. Grundherrschaft

**Ein neues Verfassungsmodell des Mönchtums.** Die wegweisende innovatorische Leistung der Zisterzienser beruhte jedoch weniger auf ihren hoch effektiven Wirtschafts- und Verwaltungsformen [RÖSENER] als auf ihrer neuartigen Verfassung. Monastische Formung und Organisationsstruktur wurden in der päpstlich bestätigten Ordensregel *(Carta caritatis)* niedergelegt. In dem durch Filiation entstehenden zisterziensischen Verband bildeten Mutter- und Tochterklöster rechtlich und wirtschaftlich autonome Vollklöster. Sie einte die Benediktsregel, die in der für alle Zisterzen verbindlichen Auslegung der *Carta caritatis* gewahrt wurde. Die uniforme Einhaltung der zisterziensischen Lebensgewohnheiten garantierten die jährliche Visitation des Abtes des Mutterklosters und das einmal im Jahr in Cîteaux tagende Generalkapitel der Äbte aller Klöster.

Die Genese der Zisterzienser und ihrer Sat-

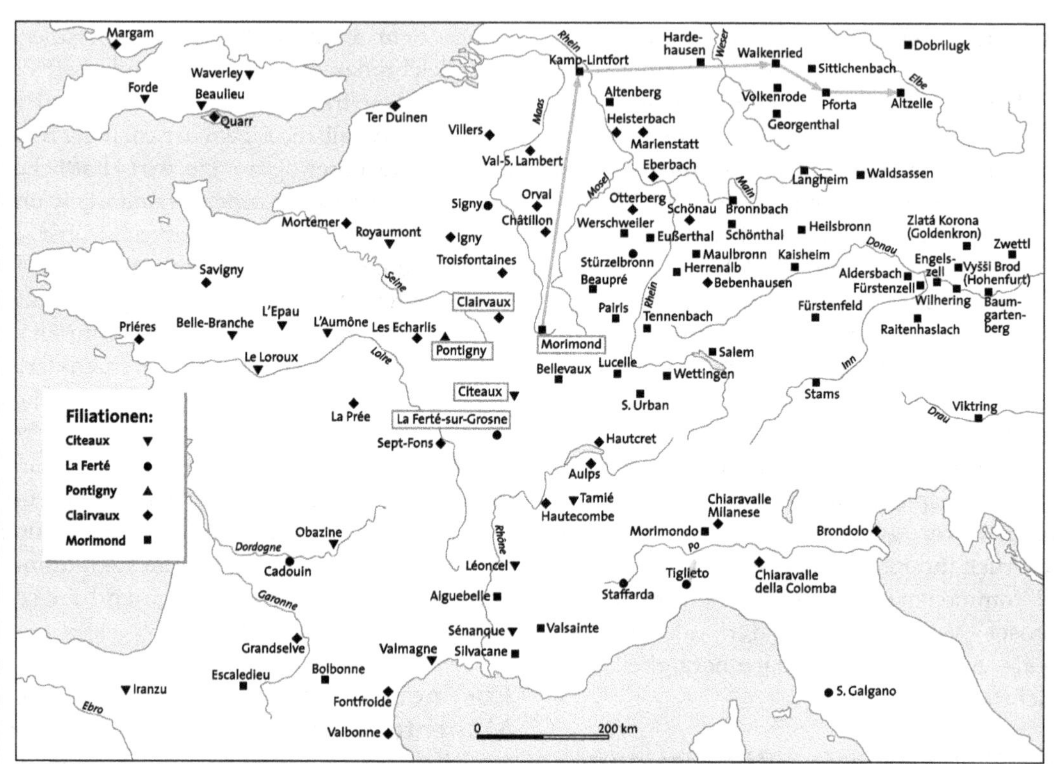


Die Karte zeigt wichtige **Gründungen der Zisterzienser im 12. Jahrhundert**. Die Darstellung verdeutlicht die Ausbreitung des Ordens durch das Prinzip der Filiation: Neue Zisterzen, Tochterklöster (lat. *filia*), entstanden durch Aussendung eines Gründungskonvents aus einem Mutterkloster. Den Ausgangspunkt aller zisterziensischen Filiationen bildete Cîteaux, von wo aus zwischen 1112–1115 vier Tochtergründungen erfolgten – die Primarabteien La Ferté, Pontigny, Clairvaux und Morimond. Auf Cîteaux und seine Primarabteien lassen sich alle Zisterzienserklöster des Mittelalters zurückführen. So war das Kloster Altzelle ein Tochterkloster der an der Saale gelegenen Abtei Pforta. Über Walkenried und Kamp, der ersten, 1123 gegründeten Zisterze des deutschen Sprachraums, ging Pforta wiederum auf die Primarabtei Morimond zurück.

Karte: Nach I. EBERL, Die Zisterzienser. Geschichte eines europäischen Ordens, Stuttgart 2002, 518f.

Literatur: B. SCHNEIDMÜLLER, Zisterziensischer Aufbruch. Anfänge und Ausbreitung eines europäischen Reformordens, in: Buchmalerei der Zisterzienser. Kulturelle Schätze aus sechs Jahrhunderten, Stuttgart 1998, 19-27.

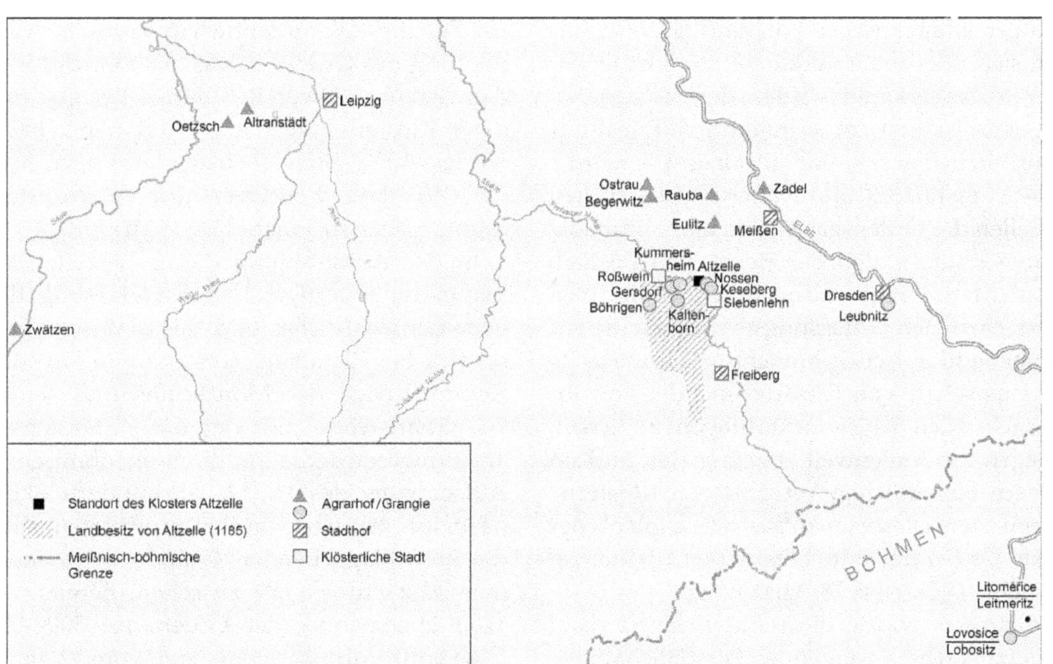


Der Erfolg zisterziensischer Agrarwirtschaft hat die Forschung von einem „Wirtschaftswunder" des 12./13. Jahrhunderts sprechen lassen [RÖSENER; EBERL, 227]. Ein anschauliches Beispiel für das **Wirtschaftssystem der Zisterzienser** ist Altzelle (gegr. 1162-75), das als das reichste Kloster des wettinisch-sächsischen Herrschaftsbereiches galt. Das Prinzip der zisterziensischen Eigenwirtschaft zeichnet sich in den zahlreichen Grangien des Klosters ab, die durch ein neuartiges Modell der Arbeitsorganisation verwaltet wurden. Es beruhte auf klostereigenen Arbeitskräften, Laienbrüdern (Konversen), die sowohl den klosternahen Grund- als auch weit ausgedehnten Streubesitz bewirtschafteten. Sie waren durch ein Gelübde an das Kloster gebunden, somit der Ordensdisziplin unterworfen, konnten jedoch nicht in den Mönchsstand aufsteigen.

Die straff organisierte, kosteneffiziente Agrarwirtschaft der Zisterzienser erzeugte enorme Überschüsse. Dieser Reichtum entfernte den Orden von seinen ursprünglichen Idealen. Schon Ende des 12. Jahrhunderts begannen die Zisterzienser, ihre in den Satzungen niedergelegte Städte- und Handelsfeindlichkeit aufzugeben. So vertrieb Altzelle seine Überschussproduktion an Getreide, Wein und Fisch auf den Märkten der aufstrebenden sächsischen Städte, wo das Kloster Stadthöfe als Lager- und Umschlagplätze errichtete. Aufgrund wirtschaftlicher Krisenerscheinungen, wie dem Mangel an Arbeitskräften, wurde die Eigenwirtschaft zunehmend unrentabel, so dass der Orden seit dem 13. Jahrhundert verstärkt Rentengrundherrschaften erwarb; das Kloster Altzelle erlangte sogar die Herrschaft über zwei kleinere Landstädte.

Karte: Entwurf Martina Schattkowsky.

Literatur: M. SCHATTKOWSKY, „Ora et labora". Wirtschaftliche Grundlagen des Klosterlebens in Altzelle, in: DIES./A. THIEME (Hrsg.), Altzelle. Zisterzienserabtei in Mitteldeutschland, Leipzig 2002, 141–160, Karte auf S. 146; W. SCHICH (Hrsg.), Zisterziensische Wirtschaft und Kulturlandschaft, Berlin 1998.

zungen ist inzwischen von der Forschung als ein sich über mehrere Jahrzehnte hinziehender Prozess erkannt worden, der von den Zisterziensern erst im erinnernden Rückblick schriftlich fixiert – und idealisiert – wurde. Die Authentizität und Datierung der frühen Quellen der Ordensgeschichte und mithin die Entwicklungsstufen der Regel sind deshalb umstritten. Einigkeit besteht jedoch darüber, dass die neuen Verfassungsprinzipien die tief im benediktinischen Mönchtum verwurzelte Gemeinschaft von Cîteaux und die von ihr ausgehenden Klostergründungen zu einem „gegen die Außenwelt abgegrenzten und im Innern einheitlichen Verband von Klöstern" formierten. Dieser *Ordo cisterciensis* gilt als der erste Orden der mittelalterlichen Kirchengeschichte [Rösener, 78; Melville].

Getragen wurde diese Entwicklung nicht zuletzt von herausragenden Persönlichkeiten. Neben Robert von Molesme († 1111), der als erster Abt von Cîteaux das Experiment eines „besseren" Mönchtums wagte, und Stephan Harding († 1134), der als dritter Abt von Cîteaux die Grundzüge der *Carta caritatis* formulierte und als „eigentlicher Organisator zisterziensischer Lebensform" dem Reformaufbruch Dauer verlieh [Schneidmüller, 23f.], war es vor allem ein 1113 mit 30 Gefährten und nächsten Verwandten in Cîteaux eintretender burgundischer Adliger, der durch sein Wirken für den Orden zu einer der Zentralgestalten der Kirchenpolitik des 12. Jahrhunderts, der geistig-religiösen Bewegungen des Mittelalters und der monastischen Theologie werden sollte – Bernhard von Clairvaux (1090–1153). Der Begründer der Primarabtei Clairvaux hat durch unermüdliche Werbung für die Zisterzienser, durch theologische Reflexion ihrer Spiritualität und durch sein Eingreifen in die kirchenpolitischen Konflikte seiner Zeit die außerordentlich dynamische Ausbreitung des Ordens maßgeblich beeinflusst. Aus den über 70 von Bernhard selbst gegründeten Klöstern gingen noch zu seinen Lebzeiten fast 100 weitere Tochtergründungen hervor, so dass Clairvaux das größte und raumgreifendste Filiationsnetz ausbildete.

In der Ausstrahlung dieser Einzelgestalten, in der neuartigen Ordensverfassung, die genossenschaftliche und hierarchisch-herrschaftliche Elemente verschränkte, in der Reformstrenge des Mönchtums und seiner Wirtschaftsweise, mit der die Zisterzienser am immensen demographisch-ökonomischen Aufschwung des 11./12. Jahrhunderts aktiv partizipierten und von ihm profitierten, sind die ausschlaggebenden Gründe ihrer enormen Anziehungskraft zu sehen. Bereits um 1200 überspannte der Orden mit 500 Abteien ganz Europa, so dass man vom 12. Jahrhundert als dem „zisterziensischen Zeitalter" spricht [Schneidmüller, 19].

**Die Bettelorden – „Mönchtum" in der Welt.** Dem „Jahrhundert der Zisterzienser" folgte das der Bettelorden, die mit dem traditionellen Mönchtum radikal brachen. Waren die Zisterzienser die Vollender weltabgewandten Mönchtums, wirkten die Bettelorden, zu denen als die wichtigsten Franziskaner und Dominikaner zählen, mit Predigt und Seelsorge in der Welt. Sie übernahmen damit Aufgaben, die den hinter Klostermauern lebenden Mönchen untersagt waren, weshalb die Bettelorden nur bedingt als Mönchsgemeinschaften zu charakterisieren sind.

Die Bettelorden entwickelten sich aus sehr unterschiedlichen Wurzeln. So gingen die Franziskaner aus einer sich um den Kaufmannssohn Franz von Assisi († 1226) versammelnden Gemeinschaft von Laien hervor, die

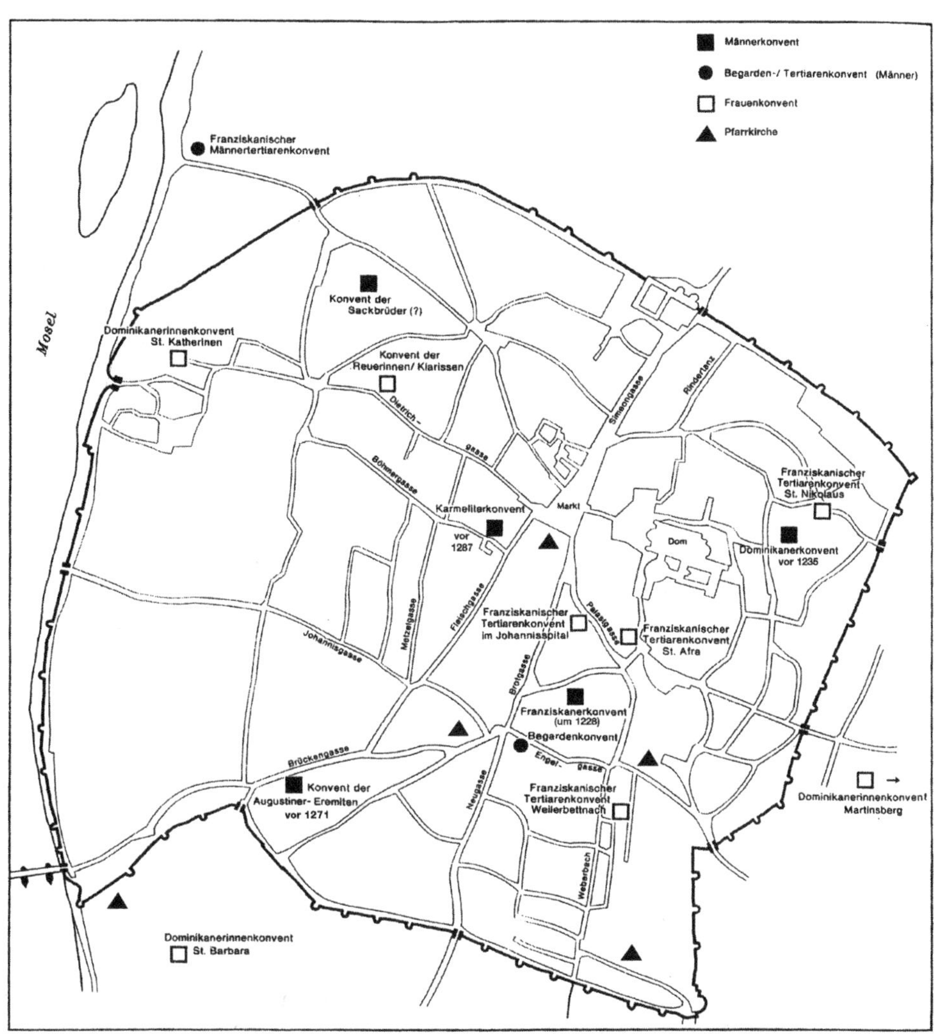


Die Karte der **Bettelorden in Trier** veranschaulicht das wechselseitige Verhältnis zwischen Mendikanten und Stadt als eines der zentralen Merkmale der Mendikanten, von denen I. W. Frank pointiert als „verstädtertes Mönchtum" gesprochen hat. Im 13. Jahrhundert siedelten sich in Trier mit den Franziskanern, Dominikanern (einschließlich ihrer weiblichen Zweige), Augustinereremiten und Karmeliten alle vier großen Bettelorden an. Ihre anfänglich bescheidenen, dann jedoch im zeitgemäßen gotischen Stil errichteten Konvente und Hallenkirchen entwickelten als „paraparochiale Kultzentren" [Frank, 576] außerordentliche Attraktivität, da die Bettelorden durch päpstliche Privilegien der bischöflichen Gewalt entzogen (Exemtion) und zu einer die Pfarrsprengel übergreifenden, außerparochialen (lat. *parochia* – Pfarrei) Seelsorge und Predigt berechtigt waren. Die Konvente der Franziskaner und Dominikaner bildeten zudem die „topographischen Mittelpunkte" der von ihnen seelsorgerisch betreuten semireligiosen Gemeinschaften der Beginen und Begarden [Schmidt, 45].

Der Zulauf der Gläubigen und die damit einhergehenden materiellen Zuwendungen entfremdeten jedoch die Bettelorden von ihren Idealen der absoluten Armut und führten zur Angleichung an die städtischen Lebensbedingungen und an das traditionelle Mönch- und Kanonikertum. Hier setzten nicht nur die spätmittelalterlichen Ordensreformbestrebungen an, sondern liegen auch die Ursachen vielfältiger Spannungen zwischen den Bettelorden und ihrem städtischem Umfeld. Die städtischen Räte schritten unter Berufung auf die Verfassung der Bettelorden gegen deren Erwerbspolitik ein. Die außerordentlichen Seelsorgeprivilegien der Mendikanten waren Angriffspunkt des Pfarrklerus, dem mit den Bettelorden mächtige Konkurrenten in Predigt und Seelsorge erwachsen waren.

Karte: H. J. Schmidt, Bettelorden in Trier. Wirksamkeit und Umfeld im hohen und späten Mittelalter, Trier: Kliomedia 1986, 44.

Literatur: I. W. Frank, Mendikantenorden, in: W. Brandmüller (Hrsg.), Handbuch der bayerischen Kirchengeschichte, Bd. 1, St. Ottilien 1999, 558-597; B. Neidiger, Mendikanten zwischen Ordensideal und städtischer Realität. Untersuchungen zum wirtschaftlichen Verhalten der Bettelorden in Basel, Berlin 1981; H. J. Schmidt, Bettelorden in Trier. Wirksamkeit und Umfeld im hohen und späten Mittelalter, Trier 1986.

## Detailskizze

In engem Zusammenhang mit der Differenzierung geistig-religiösen Lebens traten seit dem 11. Jahrhundert in Europa **Häretiker** (lat. *haereticus* – Ketzer) auf. Nach einzelnen Ketzerepisoden wurde das westliche Abendland im 12. Jahrhundert von häretischen Strömungen erfasst, in denen sich religiöse Erwartung und Unzufriedenheit breiter Kreise von Gläubigen gegenüber einer sich von den Laien abgrenzenden hierarchischen Amtskirche Bahn brachen. Die moderne Forschung deutet diese Formen religiösen Aufbruchs darum als „Seitentriebe und Verzweigungen des mittelalterlichen Christentums" [GRUNDMANN, 2], denn die meisten Häretiker verstanden sich nicht als Glaubensabtrünnige, sondern als Verfechter des wahren Christentums.

Überragende Stellung erlangten die Katharer und Waldenser. Die Katharer, die um 1130 erstmals in den westeuropäischen Städtelandschaften auftraten, entwickelten eine neuartige, dualistische Lehre. Sie waren von Glaubensrichtungen aus Osteuropa beeinflusst, besonders von den aus dem Balkangebiet stammenden Bogumilen. Ihre Lehre war nicht mehr mit christlichen Vorstellungen vereinbar, lehnte alle kirchlichen Sakramente ab und bestritt die Erlösungstat Christi. Die Katharer fassten besonders in Südfrankreich, hier meist als Albigenser bezeichnet, und in Oberitalien Fuß, wo sie eine eigenständige Kirche errichteten.

Die auf den Lyoner Kaufmann Petrus Valdes zurückgehenden Waldenser suchten dagegen zunächst als Arme Christi (*Pauperes Christi*) die päpstliche Anerkennung als Teil der rechtgläubigen Kirche, um als Wanderprediger das Evangelium zu verkünden. Die Ablehnung einer jenseits der Kirche von Laien getragenen Schriftauslegung und Predigt durch das Papsttum führte 1184 zum Verbot der Waldenser. Als häretische Sekte wurden sie in den Untergrund gedrängt, doch überdauerten sie als einzige Häresie das Mittelalter und wurden im 16. Jahrhundert Teil des Protestantismus.

Welche Glaube und Kirche gefährdende Dimension diese häretischen Großgruppen annahmen, wurde seit den 1180er Jahren sichtbar. Nach sporadischer Verfolgung und ersten Ketzergesetzgebungen gingen Kirche und Papsttum seit dem Pontifikat Innozenz' III. (1198–1216) zur systematischen, kirchenrechtlich begründeten Verfolgung über: Durch die Albigenserkreuzzüge 1209–1229 wurden die südfranzösischen Katharer fast völlig vernichtet. Das Vorgehen gegen die Sekte ist zudem ein typisches Beispiel dafür, wie eng sich die Bekämpfung von Häresien mit machtpolitischen Konfliktlagen verflechten konnte.



Unter Gregor IX. (1227–1241) wurde die Ketzerverfolgung durch Einrichtung einer ständigen päpstlichen Inquisition strafrechtlich geregelt, die den Bettelorden übertragen wurde. Grundlage dieser Glaubensgerichtsbarkeit bildete das 1215 formulierte, verbindliche Glaubensbekenntnis der katholischen Kirche, das zwischen Rechtgläubigkeit (Orthodoxie) und Häresie unterschied. Unter Bezug auf die biblische und spätantik-kirchenväterliche Tradition galt als Häretiker, wer durch eigensinnige Auslegung der biblischen Schriften von den durch die römisch-katholische Kirche festgesetzten und vermittelten Glaubenswahrheiten (Dogmen) abfiel und diesen Glaubensirrtum hartnäckig verteidigte.

Die hochmittelalterlichen Häresien wurden damit zum „Wetzstein", an dem sich das Selbstverständnis der römischen Papstkirche als universeller Glaubensinstanz schärfte. Fortan wurden die vielen verschiedenen Häresien nicht mehr nach differierenden, sondern nach einheitlich festgelegten Kriterien in ihrer Glaubensabweichung untersucht und verfolgt. Als ein derartiges „Kunstprodukt der Ketzer-Inquisition" [PATSCHOVSKY, 1936] erweist sich die – hauptsächlich unter Beginen – verbreitete Häresie des Freien Geistes. Unter dem Vorwurf der Freigeistigkeit wurden sehr unterschiedliche, voneinander unabhängige, abweichende Formen religiösen Lebens und mystisch-spekulativen Denkens des Spätmittelalters zusammengefasst und verfolgt.

Daneben formierte sich die Kritik an der verweltlichten päpstlichen Amtskirche in radikalen Strömungen. Zu nennen sind hier vor allem die Franziskanerspiritualen (um 1300), die von der Lehre des Oxforder Theologen Johannes Wyclif († 1384) inspirierte kirchenreformatorisch-antiklerikale Bewegung der englischen Lollarden und die auf den Prager Magister Jan Hus zurückgehenden Hussiten, deren Kirchenkritik sich mit tschechisch-nationalen Strömungen verband. Als Hus' Märtyrertod (1415) die ganz Böhmen erfassende Hussitenbewegung auslöste, vermochte die römische Kirche deren geistige und militärische Bedrohung nur noch durch die Anerkennung einer eigenständigen Landeskirche einzudämmen, der sie den von den Hussiten geforderten Laienkelch als liturgischen Sonderritus zugestand.

Literatur: H. GRUNDMANN, Ketzergeschichte des Mittelalters, Göttingen 1963; M.D. LAMBERT, Häresie im Mittelalter. Von den Katharern bis zu den Hussiten, Darmstadt 2001; A. PATSCHOVSKY, Häresie, in: Lexikon des Mittelalters, hrsg. von N. Angermann u.a., Bd. 4, München/Zürich 1989, 1933-1937; G. SCHWERHOFF, Die Inquisition. Ketzerverfolgung in Mittelalter und Neuzeit, München 2004, 9-58.

als „mindere Brüder“ (*Ordo fratrum minorum*) in radikalster Nachfolge Christi, in tiefster Demut und Besitzlosigkeit das Wort Gottes in der Welt predigten. Erst in einem konfliktreichen Anpassungsprozess wurde daraus ein Kleriker- und Priesterorden. Der Orden des spanischen Weltgeistlichen Dominikus († 1221) wurzelte hingegen in einer Gemeinschaft von Priestern, die sich zur Bekämpfung der Häresie des Katharismus zusammengeschlossen hatte. Ihre Überzeugungskraft beruhte auf ihrer vorbildhaften apostolischen Lebensform in Bettelarmut, mehr noch aber auf einer auf Studium und praktisch-rhetorischer Ausbildung basierenden Predigt, die konstitutives und namengebendes Merkmal ihres Ordens wurde (*Ordo predicatorum*).

In ihrer radikalen Forderung nicht nur individueller, sondern auch gemeinschaftlicher freiwilliger Armut verzichteten die Bettelorden auf alle existenzsichernden Grundlagen. Ihre auf Nachfolge Christi und der Apostel ausgerichtete Lebensform gründeten sie auf Almosen, die ihnen aus pastoralem Dienst und organisiertem Bettel zuflossen. Die Vielzahl ihrer Gemeinschaften wurde deshalb schon um 1250 unter dem Namen *Ordines mendicantium* (Mendikantenorden, von lat. *mendicare* – betteln) zusammengefasst. Darüber hinaus waren Predigt und Seelsorge, Ketzerbekämpfung und über Europa ausgreifende Mission, städtische Wirksamkeit und Studium ihre gemeinsamen Merkmale.

Ihre Verfassung als *Ordo* knüpfte an die der Zisterzienser an (Ordensregel, Generalkapitel, Visitation), doch besaß ihre maßgeblich von den Dominikanern entwickelte Struktur stärker korporativ-„demokratischen“ Charakter. Bettelorden waren durch strikte Befehlsgewalt organisiert, die vom General des Gesamtordens ausging und über die Provinziale zu den Vorstehern der in Provinzen zusammengeschlossenen Einzelkonvente führte. Diesem Zentralismus wirkte ein von unten ausgehendes repräsentatives Prinzip entgegen. Die Ordensämter wurden auf Zeit durch Provinz- und Generalkapitel besetzt, denen die gewählten Amtsinhaber rechenschaftspflichtig waren [Elm 1994; Cygler].

Um 1300 zählten die Franziskaner ca. 1600, die Dominikaner ca. 550 Konvente. Die Frage nach den Wurzeln und Gründen dieser explosionsartigen, ganz Europa erfassenden Ausbreitung der Bettelorden beschäftigt die Forschung seit langem. Bevölkerungswachstum, Geldwirtschaft, Urbanisierung, Umbau sozialer Ordnungen und große Gegensätze von arm und reich bestimmten seit dem 12. Jahrhundert eine Welt gesellschaftlicher Umbrüche, deren Bedürfnisse nach intensiverer geistlicher Zuwendung eine breite Armuts- und Laienbewegung artikulierte, die sich jenseits der Kirche entwickelte. Das Papsttum konnte diese tiefe Krise der Kirche im frühen 13. Jahrhundert abwenden, indem es Teile der Armutsbewegung als rechtgläubige Gemeinschaften anerkannte. Die so entstehenden Bettelorden (Franziskaner 1209/1223, Dominikaner 1216 u. a.) wurden zu den bedeutendsten Trägern des spätmittelalterlichen geistig-religiösen Lebens. Ihnen fiel gleichermaßen die Aufgabe zu, den gewandelten religiösen Ansprüchen städtischer Lebenswelt zu entsprechen und den Gefährdungen der Kirche Einhalt zu gebieten [Elm 1981]. Bevorzugtes Wirkungsfeld der Bettelorden wurden deshalb die Städte, wo sie unter dem aufstrebenden Bürgertum enormen Zulauf und ihre wichtigsten Förderer fanden, weil sie durch ihr Beispiel apostolischen Lebens in freiwilliger Armut, mit Predigt und Seelsorge auf das „Spannungsfeld zwischen bürgerlicher Existenz und Streben nach Seelenheil" reagierten [SCHMIDT, 296]. Als den Päpsten unterstellte Orden und von diesen zur Predigt gegen Ketzer berufen sowie mit der Durchführung der Inquisition betraut, konnten sie die häretischen Ausprägungen der laikalen Armutsbewegung umso wirkungsvoller bekämpfen, da sie selbst aus ihr hervorgegangen waren.

Die Wirksamkeit der Bettelorden wurde durch den Aufbau eigenständiger Studien zur Ausbildung von Predigern und Seelsorgern stark befördert. Im gleichen Maße entwickelten sich die in die entstehenden Universitäten inkorporierten Generalstudien der Bettelorden zu den bedeutendsten Zentren der mittelalterlichen Scholastik.

▷ S. 239 ff. Universitäten

Der religiöse Aufbruch, in dessen Folge sich Zisterzienser und Bettelorden als neue religiöse Gemeinschaften formierten, erfasste auch die Frauen. Die Gründungswelle von Frauenzisterzen setzte ein, als sich der Orden um 1200 der Frauenseelsorge öffnete. Mehr noch suchte die religiöse Frauenbewegung aber die Nähe der Bettelorden. Unter dem Druck ihres Zulaufs entstanden weibliche Bettelordenszweige (Dominikanerinnen, Klarissen), die an traditionelle Formen regulierter und in strenger Klausur lebender, weiblicher Religiosität anknüpften; ebenso übernahmen die Bettelorden in großem Umfang die geistliche Betreuung nicht regulierter, semireligioser Frauen- und Männergemeinschaften, meist Beginen oder Begarden genannt.

▷ S. 281 Thema: Kunigunde von der Neuen Tür

Petra Weigel

**Literatur**

F. CYGLER, Zur Funktionalität der dominikanischen Verfassung im Mittelalter, in: MELVILLE/OBERSTE (Hrsg.), Bettelorden, 385–428.

P. DINZELBACHER, Bernhard von Clairveaux. Leben und Werk des berühmten Zisterziensers, Darmstadt 1998.

I. EBERL, Die Zisterzienser. Geschichte eines europäischen Ordens, Stuttgart 2002.

K. ELM, Bettelorden, in: Lexikon des Mittelalters, hrsg. von N. ANGERMANN u.a., Bd. 1, München/Zürich 1980, 2088–2093.

DERS. (Hrsg.), Stellung und Wirksamkeit der Bettelorden in der städtischen Gesellschaft, Berlin 1981.

DERS., Franziskus und Dominikus. Wirkungen und Antriebskräfte zweier Ordensstifter, in: DERS., Vitasfratrum. Beiträge zur Geschichte der Eremiten- und Mendikantenorden des 12. und 13. Jahrhunderts, hrsg. von D. BERG, Werl 1994, 121–140.

K. ELM/P. JOERISSEN/H.J. ROTH (Hrsg.), Die Zisterzienser. Ordensleben zwischen Ideal und Wirklichkeit. Ausstellungskatalog/Ergänzungsband, Köln 1980/1982.

G. MELVILLE, Duo novae conversationis ordines. Zur Wahrnehmung der frühen Mendikanten vor dem Problem institutioneller Neuartigkeit im mittelalterlichen Religiosentum, in: DERS./OBERSTE (Hrsg.), Bettelorden, 1–23.

DERS./J. OBERSTE (Hrsg.), Die Bettelorden im Aufbau. Beiträge zu Institutionalisierungsprozessen im mittelalterlichen Religiosentum, Münster 1999.

W. RÖSENER, Die Zisterzienser und der wirtschaftliche Wandel des 12. Jahrhunderts, in: D. R. BAUER/G. FUCHS (Hrsg.), Bernhard von Clairvaux und der Beginn der Moderne, Innsbruck 1996, 70–95.

H.-J. SCHMIDT, Arbeit und soziale Ordnung. Zur Wertung städtischer Lebensweise bei Berthold von Regensburg, in: AKG 71, 1989, 261–296.

B. SCHNEIDMÜLLER, Zisterziensischer Aufbruch. Anfänge und Ausbreitung eines europäischen Reformordens, in: Buchmalerei der Zisterzienser. Kulturelle Schätze aus sechs Jahrhunderten, Stuttgart 1998, 19–27.

**Forschungsgang.** Die Beobachtung, dass es im Mittelalter selbst verwaltete und politisch eigenständige Gemeinden in Stadt und Land gegeben hat, fasziniert nicht erst den heutigen, an „demokratischen" Strukturen interessierten Betrachter. Bereits die Forscher des 19. Jahrhunderts suchten in den mittelalterlichen Gemeinden Vorbilder und Vorformen für in ihrer Zeit aktuelle oder angestrebte Formen der Gesellschaftsorganisation. So glaubte Georg Ludwig von Maurer (1854) in den mittelalterlichen Landgemeinden Überreste germanischer Markgenossenschaften zu erkennen [MAURER], die Friedrich Engels als klassen- und besitzlose Gemeinschaften einer freien germanischen Urzeit weiter interpretierte. In Deutschland war es insbesondere die Rechtsgeschichte, die sich mit der mittelalterlichen Gemeinde beschäftigte, allen voran Otto von Gierke, der an ihnen seine Theorie des Genossenschaftsrechts entwickelte [GIERKE]. Noch Karl-Siegfried Bader, der eine gründliche Untersuchung der Landgemeinden im südwestdeutschen Raum vorlegte und zum ersten Mal die zeitgenössische Begrifflichkeit in ihrer Vielschichtigkeit und ihrem historischen Kontext in den Blick nahm, war vor allem an der Rechtsgeschichte dieser genossenschaftlichen Zusammenschlüsse interessiert [BADER]. Dagegen zeigten die von Theodor Mayer herausgegebenen Sammelbände „Die Anfänge der Landgemeinde und ihr Wesen" erstmals die große Vielfalt der Gemeindeentwicklung in den verschiedenen Regionen sowie die Erkenntnismöglichkeiten interdisziplinärer Betrachtung des Phänomens [MAYER]. Aus der Untersuchung von Gemeinden in Stadt und Land entwickelte schließlich Peter Blickle, ausgehend von seinen Untersuchungen zum Bauernkrieg 1525, seine Theorie vom spätmittelalterlich-frühneuzeitlichen Kommunalismus, den er als Gegenbegriff zum Absolutismus als Grundelement der europäischen Verfassungsentwicklung versteht [BLICKLE].

Gegenüber der vorwiegend rechts- und verfassungsgeschichtlich ausgerichteten deutschen Forschung befasste sich die französische und italienische eingehender mit Fragen der Siedlungsentwicklung und Demographie [GENICOT 1990; für England DYER]. Stand hier in älteren Arbeiten vor allem die Frage nach der Kontinuität seit der Antike im Mittelpunkt des Interesses, so werden in jüngerer Zeit die Umbrüche der Spätantike sowie der Zeit um 1000 deutlicher betont. Die italienische Landgemeindenforschung hat sich intensiv mit dem Phänomen des so genannten *incastellamento* befasst, also der systematischen Neugründung von Dörfern im Umfeld hochmittelalterlicher Burgen [BERNACCHIA].

**Gemeindebegriffe.** Entsprechend dieser Forschungstraditionen fallen auch die Begriffsbestimmungen der französischen Forschung sehr viel offener als die der deutschen aus. Leopold Génicot definiert die Landgemeinde als „Verband von Landbewohnern…, die gemeinschaftliche Merkmale haben und sich ihrer Gemeinsamkeiten bewusst sind" [GÉNICOT 1986, 1280], während die Begrifflichkeit deutscher Mediävisten stärker rechtshistorisch-systematisierend erscheint: So ist die von Walter Schlesinger vorgeschlagene Definition noch immer einflussreich. Danach ist Dorfgemeinde „ein auf umfassender Ordnung des täglichen bäuerlichen Lebens gerichteter dauerhafter, genossenschaftlicher, rechtsfähiger, ortsgebundener Verband, der nicht nur über seine Mitglieder, sondern über alle in seinem Bereich Wohnhaften obrigkeitliche, insbesondere gerichtliche Rechte auszuüben vermag" [Schlesinger, 66].

In der aktuellen Forschung treten dagegen die traditionellen rechtsgeschichtlichen Fragen zunehmend in den Hintergrund und machen Platz für solche nach ländlicher Herrschaftspraxis und ihren Ritualen, nach Kommunikation in der Gemeinde und zwischen Herren und Gemeinden, nach sozialer Mobilität, sozialen Gruppen in der ländlichen Gesellschaft (z.B. der Familie), nach der „sozialen Logik" innerdörflicher Differenzierung oder nach den „handlungsleitende(n) Vorstellungen der wirtschaftlichen Betätigung" [Maier/Sablonier, 463f.; Rösener 2000].

▷ S. 230 Stadtkommunen

**Anfänge im Hochmittelalter.** Die Ursprünge der ländlichen Gemeindebildung liegen etwa in derselben Zeit wie die der städtischen Kommunen. Wenn man auch Hinweise auf noch frühere, bis in die Karolingerzeit reichende Anfänge von gemeinsamer Organisation der aus Gruppen von zwanzig bis vierzig Höfen gebildeten Siedlungen finden kann [Schwind; Staab], so treten doch erst im 12. und 13. Jahrhundert ausgeprägtere soziale und wirtschaftliche Kooperationsformen in den Quellen entgegen, die mit dem oben zitierten strengeren Gemeindebegriff der deutschen Forschung korrespondieren. Karl-Heinz Spiess ist den hochmittelalterlichen Anfängen gemeinschaftlichen Wirtschaftens und Handelns in Dörfern des Mittelrheingebiets nachgegangen [Spiess] und fand dort deutliche Ansätze zur Gemeindebildung bereits um 1200: der Nachweis von Dorftoren in Quellen dieser Zeit lässt auf eine Umzäunung oder gar Befestigung der Siedlungen schließen, deren Errichtung und Instandhaltung nur als Gemeinschaftsaufgabe zu erklären ist. In der gleichen Zeit findet sich die ausgeprägte Zelgenverfassung, also Systeme der Drei- bzw. Zweifelderwirtschaft, die eine eng aufeinander abgestimmte Flurbewirtschaftung aller Dorfbewohner voraussetzt. Veranlasst wurde sie durch eine Intensivierung des Getreideanbaus aufgrund von Bevölkerungswachstum und zunehmender Städtedichte der Region.

Schon im 11. Jahrhundert lässt sich im Mittelrheingebiet die Auflösung der Fronhofsysteme und der Übergang zur Rentengrundherrschaft im großen Stil beobachten, wodurch den Dorfbewohnern einerseits ein freieres Wirtschaften, andererseits mit dem Zurücktreten der grundherrschaftlichen Bindung der Zusammenschluss in einer gemeinsamen Rechts- und Sozialgemeinschaft Dorfgemeinde überhaupt erst ermöglicht wurde [Sablonier 1984]. Gleichzeitig begannen die Herrschaftsträger in den Dörfern, insbesondere die weltlichen Vögte der geistlichen Grundherren, statt der personell auf die Mitglieder einer Grundherrschaft konzentrierten nun eine auf das ganze Dorf als räumliche Einheit ausgerichtete Dorfherrschaft mit einem einheitlich für alle Dorfbewohner zuständigen Dorfgericht zu etablieren, oft in heftiger Konkurrenz zueinander und zu den geistlichen Grundherren. Die bis in die Karolingerzeit zurückreichende gemeinsame Nutzung von Allmendland schließlich wurde im Hochmittelalter zum von der Dorfgemeinde organisierten, vor allem aber auch in deren Besitz als Rechtsgemeinschaft verfügbaren Gemeindebesitz. Impulse gewann die Gemeindebildung in den mittelrheinischen Dörfern – wie in den Städten – zweifellos aus den bereits weit ausgebildeten kirchlichen Gemeinden der Pfarrbezirke, in denen sich schon im Hochmittelalter Hinweise auf das Recht

▷ S. 195 Grundherrschaft

▷ S. 253ff Pfarreien und Bruderschaften

der freien Pfarrerwahl finden. Im Mittelrheingebiet hatte sich demnach bereits um 1150 eine Dorfgemeinde formiert, die kurz danach als rechtlich handlungsfähig in Erscheinung tritt [SPIESS].

Ähnlich früh bildeten sich bäuerliche Gemeinden in den holländischen Ausbaulandschaften der Weser- und Elbmarschen, doch stand am Anfang dieser Entwicklung eine planmäßige Privilegierung mit Erbzinsrecht für die bäuerlichen Pächter und Immunität für das dörfliche Gericht, für die ein Lokator zuständig war [WUNDER]. Die Lokatoren führten Dorfgründungen wie Unternehmer durch, warben die Bauern an und trugen das finanzielle Risiko. Diese Form der Gemeindebildung wurde während der hochmittelalterlichen Kolonisationsphase auch in die ostelbischen Gebiete importiert.

Die Unterscheidung in Altsiedel- und hochmittelalterliche Ausbaulandschaften bildet denn auch die wichtigste Erklärungsgrundlage für die unterschiedliche regionale Entwicklung der Landgemeinden [NICOLAY-PANTER; REYER; RÖSENER 1992]. Während Gemeinden in Rodungs- oder Ausbaulandschaften von Anfang an als eigenständige Rechtseinheiten angelegt und gezielt mit entsprechenden Privilegien ausgestattet waren, mussten die Gemeinden in Altsiedellandschaften – vergleichbar mit der städtischen Kommunebewegung im Hochmittelalter – durch geschworene Einungen ihren Herren gegenüber ihre Unabhängigkeit durchsetzen [WUNDER].

**Landgemeinden im Spätmittelalter.** Im Spätmittelalter erreichten die Dorfgemeinden ein Höchstmaß an Selbstverwaltungsrechten, das mit Beginn der Frühen Neuzeit durch die umfassende Regelungskompetenz des Territorialstaates wieder eingeschränkt wurde. Am Beispiel der Entwicklung im Mittelrheingebiet [SCHMITT] soll dies im Folgenden konkreter dargestellt werden:

In einem manchmal über Jahrhunderte sich hinziehenden Prozess gelang es hier in der Regel einem der oft zahlreichen in einer Siedlungseinheit des Hochmittelalters präsenten Herren – einem der geistlichen oder weltlichen Grundherrn oder dem weltlichen Vogt einer geistlichen Grundherrschaft – sich als alleiniger Dorfherr durchzusetzen.

Diese „Verdorfung" von Herrschaft [SABLONIER 1984] hatte verschiedene Folgen. Sie führte zu einer territorial statt wie bisher vorwiegend personal organisierten Herrschaftsstruktur und bildete so eine Grundlage der spätmittelalterlichen Territorialisierung. Sie bewirkte ferner, dass alle Dorfbewohner nun einem einheitlichen Gericht unterstanden statt wie bisher einer Vielzahl verschiedener grundherrschaftlicher Hofgerichte, wodurch sie zu einer einheitlichen Gerichtsgemeinde mit aus ihrer Mitte gewählten oder ernannten Schöffen sowie einem vom Herrn ernannten Gerichtsvorsitzenden (Schultheiß, Untervogt usw.) zusammenwuchsen. Dieser vom herrschaftlichen Gericht vorgegebenen Organisation stand eine vom Herrn oft unabhängige, durch die Gemeindemitglieder selbst organisierte Gemeindeversammlung unter der Führung eines Gemeindevorstehers gegenüber (Bürgermeister, Baumeister, Vierer usw.). Diese hatte eigene, von der Gemeinde ernannte Funktionsträger und übernahm mehr oder weniger selbstständige Ordnungsaufgaben, zum Teil auch – mangels herrschaftlichen Engagements – eher unfreiwillig.

Der Konkurrenzkampf der Herren untereinander um die Herrschaft im Dorf schuf darüber hinaus für die Gemeinden Hand-

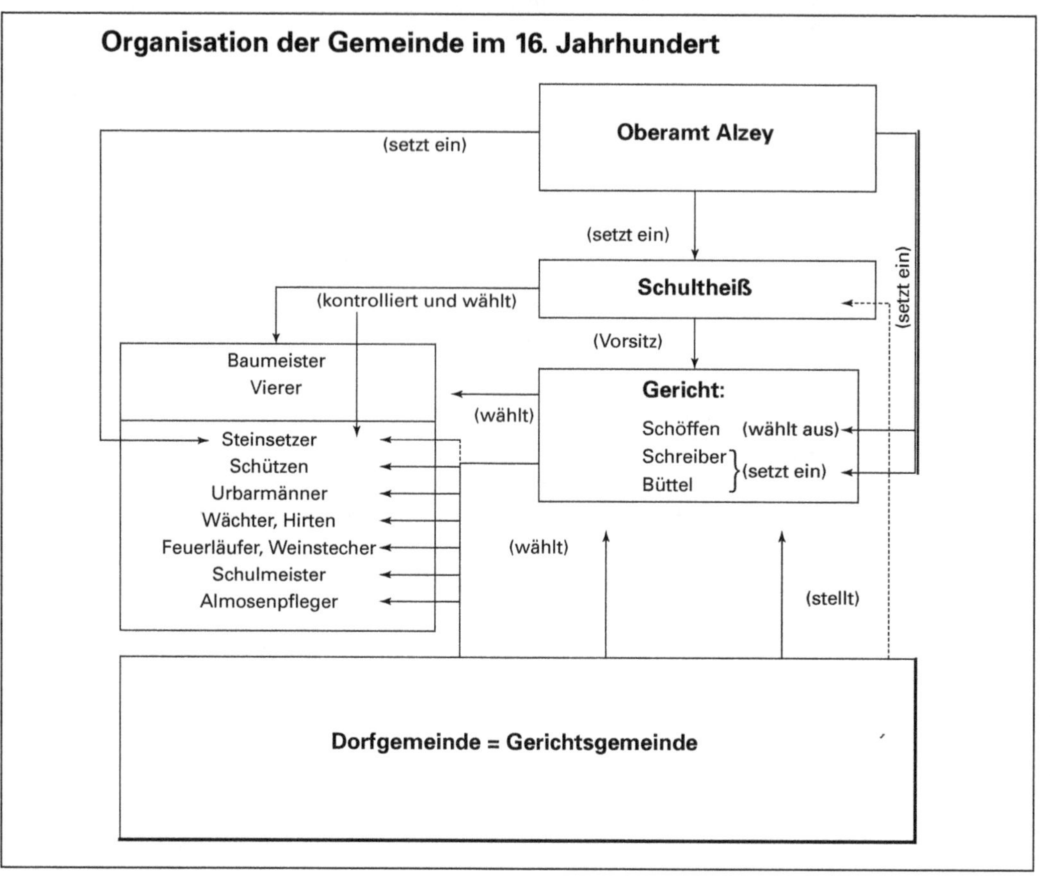


Im 16. Jahrhundert hatte sich im Mittelrheingebiet (hier am Beispiel der linksrheinisch zwischen Mainz und Worms gelegenen kurpfälzischen Gemeinden) ein differenziertes System von **Gemeindeorganisation** auf der einen und herrschaftlichem Dorfgericht auf der anderen Seite herausgebildet. Kontrolliert wurden beide Bereiche zu dieser Zeit bereits durch das im 15. Jahrhundert entstandene pfalzgräfliche Oberamt in Alzey, an dessen Spitze ein vom Landesherrn eingesetzter adliger Amtmann stand. Er setzte im Namen des Landesherrn in den zu seinem Amtsgebiet gehörenden Dörfern einen Schultheißen als Vorsitzenden des Gerichts ein, den er in der Regel aus dem Kreis der Dorfgemeinde wählte. Die Schöffen des Dorfgerichts, die im Kooptationsverfahren von ihren im Amt verbliebenen Kollegen vorgeschlagen wurden, wurden ebenfalls vom Amtmann eingesetzt, ebenso Gerichtsschreiber und Büttel.

Neben diesem direkt vom Herrn bzw. seinem Amtmann kontrollierten Dorfgericht stand als zweite Säule die Gemeindeorganisation, an deren Spitze ein vom herrschaftlichen Schultheißen kontrollierter Baumeister stand (bzw. das Kollegium der Vierer). Weitere Gemeindebeauftragte wurden je nach Größe und Reichtum der Gemeinde eingesetzt und besoldet (Steinsetzer, Schützen, Urbansmänner, Wächter, Hirten usw.).

Die hier ausgedrückte starke Kontrolle der gesamten Gemeindeorganisation durch den herrschaftlichen Amtmann bzw. Schultheißen stellt eine Entwicklung des 16. Jahrhunderts dar, die mit der Herausbildung des Territorialstaates und dessen umfassender Regelungskompetenz zusammenhängt. Im Spätmittelalter war die eigentliche Gemeindeorganisation weitgehend unabhängig vom dorfherrschaftlichen Gericht entstanden und wurde ausschließlich von der Gemeindeversammlung gewählt und kontrolliert. In dieser Zeit existierte daher eine echte „Doppelspitze" in den Dörfern: ein Schultheiß als Vertreter des Dorf- bzw. Gerichtsherrn neben einem oder mehreren Baumeistern (Vierern) als Vertretern der Gemeinde.

Literatur: G. Fouquet, Gemeindefinanzen und Fürstenstaat in der Frühen Neuzeit. Die Haushaltsrechnungen des kurpfälzischen Dorfes Dannstadt (1739–1797), in: ZGO 136, 1988, 247-291; M. Nicolay-Panter, Entstehung und Entwicklung der Landgemeinde im Trierer Raum, Bonn 1976; S. Schmitt, Territorialstaat und Gemeinde im kurpfälzischen Oberamt Alzey vom 14. bis zum Anfang des 17. Jahrhunderts, Stuttgart 1992.

lungsräume, die sie zur Durchsetzung ihrer eigenen Interessen nutzen konnten. So konnte oft gegen unrechtmäßige oder als ungerecht empfundene Forderungen des einen Herrn die Unterstützung eines anderen gewonnen werden, konnte im Streit zwischen zwei Herren über ihre jeweiligen Rechte im Dorf die in der Gemeinde tradierte und von den Schöffen verkündete Rechtsauskunft (Weistum) zum maßgeblichen Rechtsmittel werden, während der Machtkampf der Herren manches Mal in einem Machtvakuum im Innern des Dorfes resultierte, welches die Dorfgemeinde mit ihren eigenen Ordnungsvorstellungen zu füllen in der Lage war (Dorfordnungen).

Vollberechtigte Mitglieder der Gemeinden waren in der Regel alle männlichen Bewohner, die durch Geburtsrecht oder durch unter bestimmten Regeln vollzogenen Einzug in die Dorfgemeinde aufgenommen wurden (Einwohnergemeinde). Anders als in manchen Regionen Süd- und Norddeutschlands, z.B. den Rodungsgebieten der Mittelgebirgslandschaften, war also nicht der Besitz bestimmter Hofstellen, sondern die mit einem Eid besiegelte Aufnahme in den Rechtsverband der Dorfgemeinde maßgeblich für den Erwerb des Bürgerrechts. Beim Einzug Fremder waren mehr oder weniger umfangreiche Gebühren zu entrichten, deren Höhe sich nach dem jeweils aktuellen Bedarf an Neubürgern richtete (Einzugsgelder). Alle Gemeindemitglieder hatten zunächst gleichberechtigt Nutzungsrechte an den Gemeindeeinrichtungen, also vor allem an der Allmende, wobei jedoch in Zeiten starken Bevölkerungswachstums die Tendenz bestand, eine Übernutzung zu verhindern, indem die Zahl des pro Haushalt zu haltenden Viehs eingeschränkt wurde.

Übergreifende Forschungen zur Sozialstruktur der spätmittelalterlichen Landgemeinden im Mittelrheingebiet fehlen bisher, doch lassen die vorliegenden Einzelstudien eine weniger strikte Aufteilung der dörflichen Gesellschaft erkennen als in Gebieten mit Anerbenrecht, in denen schon aufgrund der Erbgewohnheiten eine Differenzierung in Hoferben und nachgeborene bzw. nicht erbberechtigte Söhne vorgegeben war. Im Mittelrheingebiet ist von einer vergleichsweise großen Präsenz niederadliger Personen in den Dörfern auszugehen, die über mehr oder weniger ausgeprägte Privilegien gegenüber der nichtadligen Bevölkerung verfügten. Die übrige Bewohnerschaft gliederte sich entsprechend ihrer Besitzgröße, wobei Auf- und Abstiege von der Ober- in die Mittelschicht aufgrund des Realteilungsrechts in recht kurzer Zeit geschehen konnten. Das im Spätmittelalter fast durchgängig verbreitete Erbpachtsystem bewirkte ein hohes Maß an Besitzsicherheit, wobei durch Verschweigen herrschaftlicher Besitztitel bzw. mangelnde Kontrolle seitens der Herren in bemerkenswertem Umfang auch bäuerliches Eigen vorkam. Die Unterschicht rekrutierte sich nicht nur aus landarmen Gemeindemitgliedern, sondern auch aus (noch) nicht in das Gemeinderecht aufgenommenen besitzlosen Knechten und Mägden, also mehr oder weniger mobilen Arbeitskräften, die aufgrund der relativ hohen Städtedichte der Region nicht nur auf dem Land, sondern auch in den Städten ihre Arbeitskraft anboten.

Sigrid Schmitt

**Literatur**

K. S. Bader, Studien zur Rechtsgeschichte des mittelalterlichen Dorfes, 3 Bde., Weimar/Köln/Graz 1957–1962.

R. Bernacchia, Incastellamento e distretti rurali nella Marca Anconitana (secoli X–XII), Spoleto 2002.

P. Blickle, Kommunalismus. Skizzen einer gesellschaftlichen Organisationsform, 2 Bde., München 2000.

C. Dyer, Everyday Life in Medieval England, London/New York 2000.

L. Génicot (Hrsg.), Rural Communities in the Medieval West, Baltimore 1990.

Ders., Dorf, Westeuropa, in: Lexikon des Mittelalters, Bd. III, München/Zürich 1986, Sp. 1266–1312.

O. v. Gierke, Das deutsche Genossenschaftsrecht, Bd. 1: Rechtsgeschichte der deutschen Genossenschaft, Darmstadt 1954 (ND der dt. Ausg. von 1868).

T. Maier/R. Sablonier (Hrsg.), Wirtschaft und Herrschaft. Beiträge zur ländlichen Gesellschaft in der östlichen Schweiz (1200-1800), Zürich 1999.

G. L. v. Maurer, Einleitung zur Geschichte der Mark-, Hof-, Dorf- und Stadtverfassung, München 1854.

T. Mayer (Hrsg.), Die Anfänge der Landgemeinde und ihr Wesen, 2 Bde., Stuttgart 1964.

M. Nicolay-Panter, Entstehung und Entwicklung der Landgemeinde im Trierer Raum, Bonn 1976.

H. Reyer, Die Dorfgemeinde im nördlichen Hessen. Untersuchungen zur hessischen Dorfverfassung im Spätmittelalter und in der frühen Neuzeit, Marburg 1983.

W. Rösener, Agrarwirtschaft, Agrarverfassung und ländliche Gesellschaft im Mittelalter, München 1992.

Ders. (Hrsg.), Kommunikation in der ländlichen Gesellschaft vom Mittelalter bis zur Moderne, Göttingen 2000.

R. Sablonier, Das Dorf im Übergang vom Hoch- zum Spätmittelalter. Untersuchungen zum Wandel ländlicher Gemeinschaftsformen im ostschweizerischen Raum, in: L. Fenske u.a. (Hrsg.), Institutionen, Kultur und Gesellschaft im Mittelalter, Sigmaringen 1984, 727–745.

W. Schlesinger, Bäuerliche Gemeindebildung in den mittelelbischen Landen im Zeitalter der mittelalterlichen deutschen Ostbewegung, in: Mayer (Hrsg.), Anfänge, Bd. 2, 25–87.

S. Schmitt, Territorialstaat und Gemeinde im kurpfälzischen Oberamt Alzey vom 14. bis zum Anfang des 17. Jahrhunderts, Stuttgart 1992.

F. Schwind, Beobachtungen zur inneren Struktur des Dorfes in karolingischer Zeit, in: H. Jankuhn u.a. (Hrsg.), Das Dorf der Eisenzeit und des frühen Mittelalters, Göttingen 1977, 285–356.

K.-H. Spiess, Bäuerliche Gesellschaft und Dorfentwicklung im Hochmittelalter, in: W. Rösener (Hrsg.), Grundherrschaft und bäuerliche Gesellschaft im Hochmittelalter, Göttingen 1995, 384–412.

F. Staab, Verfassungswandel in rheinhessischen Dörfern zwischen dem 12. und dem 14. Jahrhundert, in: A. Gerlich (Hrsg.), Das Dorf am Mittelrhein, Stuttgart 1989, 149–173.

H. Wunder, Die bäuerliche Gemeinde in Deutschland, Göttingen 1986.

**Tendenzen der Stadtgeschichtsforschung.** Die moderne Stadtgeschichtsschreibung hat in den letzten Jahren viel ideologischen Ballast abgeworfen. Manch altes Modell ist bis auf die Grundmauern dekonstruiert: eine zunächst stark bürgerlich bestimmte städtische Geschichtsschreibung, die die eigenen Wurzeln suchte, den Adel aus der Stadt schrieb, die grundherrlichen Bezüge, die politischen wie wirtschaftlich-sozialen Abhängigkeiten vom Land vernachlässigte und die Stadt als demokratisches Urgestein feierte, gehört inzwischen nur mehr zur Wissenschaftsgeschichte. Umfangreiche Untersuchungen zur Kommunebildung, zu den Entwicklungslinien pragmatischer städtischer Schriftlichkeit, eine empirisch orientierte Rechts- und Verfassungsgeschichte, eine detailreiche Patriziats- und Funktionseliteforschung, differenzierte Analysen der anderen sozialen Gruppen und ihrer Lebenswelt und vor allem die Betonung der Stadt-Umlandbeziehung sowie eine intensive Beschäftigung auch mit den kleinen Städten und Landgemeinden markieren die wissenschaftlichen Eckpfeiler dieser Entwicklung. Neuere Tendenzen der Forschung betonen zudem auch für die Stadtgeschichte gegenüber den eher rational-funktional und instrumentell ausgerichteten Modellen die symbolische Dimension von kommunikativem Handeln vor allem in der Herstellung von Öffentlichkeit, aber auch im kommunalen Entscheidungsprozess selbst. Angesichts des wirkmächtigen Perspektivwechsels der Forschung von der inneren Struktur der Stadt auf das Verhältnis zum Umland sollen hier die Differenzen zwischen Stadt und Land, das spezifisch Städtische, das noch die kleinen Städte in ihrer Umgebung als vom Land abgehobene Siedlungen wahrnehmen und das Städte als Lebensform erst zu einem zukunftsweisenden Modell werden ließ, wieder deutlicher herausgearbeitet werden.

Wer sich als Zeitreisender mit dem imaginären Bewusstsein eines mittelalterlichen Bauern einer größeren mittelalterlichen Stadt näherte, durch eines der Stadttore schritt, dem fielen sicherlich nicht die Analogien zu seinem Dorf oder seinem Hof auf. Vielmehr dürfte der ländliche Besucher von der Differenz zu seiner alltäglichen Lebenswelt, von der Höhe der Bauwerke, von den Menschenmassen, der Enge des Raumes und den verwinkelten Gassen beeindruckt gewesen sein. Mit der Stadt betrat er einen Bereich erhöhten Friedens und erhöhter Sicherheit, stadtbürgerlicher Freiheiten und relativer Rechtsgleichheit bei gleichzeitig intensiverer Reglementierung. Denn der Stadtfriede begrenzte zugleich die individuellen Freiheitsrechte, schuf aber im Gegenzug einen Zustand garantierter und sanktionierter Gewaltlosigkeit. Den verwinkelten Gassen entsprach ein ebensolcher Organisationsgrad. Oligarchische Ratsherrschaft, Handwerkerzünfte, Patriziergesellschaften, Gesellengilden, zahlreiche laikal-religiöse Bruderschaften, Klöster und Stifte, Nachbarschaften strukturierten die Stadt zu einem komplexen administrativen und sozialen Gebilde [Isenmann 1988].

**Definitionen.** Definitionsversuche der mittelalterlichen Stadt bewegen sich zwischen präzisen Begriffsbestimmungen und Idealtypisierungen, die gemeinsame Wesensmerkmale der unterschiedlichsten Städte in klaren Konturen herausarbeiten, und weichen, offenen, variabel kombinierten Kriterienbündeln, die sich der Stadt eher phänomenologisch-beschreibend nähern. Die Schwierigkeiten der Definitionsleistung liegen in der

Vielfalt des Phänomens, reicht doch das Spektrum europäischer Städte von der Klein- und Zwergstadt mit ackerbürgerlichem Charakter bis hin zur Großstadt mit ausgeprägtem Exportgewerbe und Fernhandel, gleichsam von Münzenberg (Hessen) bis Venedig. Abschließend zu konstatieren, dass jede Stadt ein Individuum sei, befreit kaum von der Anstrengung der Begriffsbildung.

Max Webers klassischer und als zweckmäßiger Arbeitsbegriff kaum übertroffener Idealtypus der okzidentalen Stadt etwa reduziert diese Komplexität auf fünf wesentliche Merkmale: 1. die Befestigung, 2. den Markt, 3. ein eigenes Gericht und mindestens teilweise eigenes Recht, 4. Verbandscharakter und damit verbunden 5. mindestens teilweise Autonomie und Autokephalie, also politische und kirchliche Unabhängigkeit [Weber; Isenmann 1988]. Nach Evamaria Engels bewusst offener Zuschreibung zeichnet sich die mittelalterliche Stadt aus durch „die ökonomische Verbindung der Stadt mit ihrem agrarischen Umland, die Zentralität eines Ortes, d. h. sein Funktions- und Bedeutungsüberschuss gegenüber anderen Siedlungen der Umgebung, sowie die politische Organisation seiner sozial differenzierten Bürger in der Stadtgemeinde" [Engel, 18]. Engel weicht also Webers Kriterien auf und gibt der Stadt zusätzlich zu Webers Merkmalen mit der zentralörtlichen Funktion eine Raumdimension.

**Sprachgebrauch in den Quellen.** Die größere Siedlungen bezeichnenden Quellenbegriffe, wie *civitas, oppidum,* selten *urbs, castrum, burg, stat, ville* etc., helfen bei der Kategorisierung des Phänomens nur begrenzt, zeigen aber, wenn man sie chronologisiert, seit dem Übergang vom 11. zum 12. Jahrhundert eine sich verstärkende Tendenz zur Eindeutigkeit. Waren im Früh- und Hochmittelalter die Begriffe weitgehend austauschbar, so wurden seit dem 12. Jahrhundert *civitas* und volkssprachliche Begriffe wie *stat* zur Kennzeichnung tatsächlicher Städte, *castrum* und *burg* hingegen nur mehr für die Befestigungsanlage verwendet. Der Gebrauch der volkssprachlichen Begriffe markiert ebenfalls eine präzisere Zuschreibung. Die eindeutigeren Quellenbegriffe dokumentieren damit den Übergang von der grundherrlichen Anbindung zur Stadtkommune und werden in diesem Prozess zu Eigenbezeichnungen.

**Demographische und geographische Faktoren der Stadtentwicklung.** Zeichnen sich Definitionen und Begriffsbildungen durch massive Komplexitätsreduzierung aus, so haben historisch-empirische, systematische Beschreibungen die ganze Vielfalt der Erscheinungsformen in Raum und Zeit zu reflektieren. Sie müssen naturräumliche, verkehrsgeographische, herrschaftlich-strategische, demographische, ökonomische, soziale, rechtliche, politische Faktoren in ihrem stetigen Wechsel und Wandel sammeln und gewichten. Die hier künstlich unterschiedenen Faktoren wirken vor allem bei erfolgreichen Städten nur in Kombination, können ihre Bedeutung steigern oder verlieren. Die Stadtgeschichtsforschung griff für die Bildung von Stadttypen stets auf einen oder mehrere Faktoren als Unterscheidungsmerkmal zurück.

Die demographische Entwicklung der mittelalterlichen Gesamtbevölkerung, der massive Anstieg im Hochmittelalter, hat im Grunde erst die Voraussetzungen für jene ungeheure Gründungswelle und den Wachstumsschub mittelalterlicher Städte geschaffen, der zum Anstieg der städtischen Population auf einen Anteil von ca. 20–25 % an

▷ S. 17
Einführung

## Städteklassen nach Bevölkerungszahlen

**Klassifizierung nach Hektor Ammann**
**Deutsche Städte** (Gesamtzahl ca. 4000)

| Klassen | Einwohner | | |
|---|---|---|---|
| Zwergstädte | unter 200 | ca. 94,5 % | |
| Kleine Kleinstädte | 200–500 | | |
| Mittlere Kleinstädte | 500–1000 | | |
| Ansehnliche Kleinstädte | 1000–2000 | | |
| Kleine Mittelstädte | 2000–5000 | mehr als 200 Städte | |
| Größere Mittelstädte | 5000–10000 | ca. 5 % | |
| Großstädte | über 10000 | ca. 16 Städte | ca. 26 Städte |
| | über 20000 | ca. 9 Städte | ca. 0,5 % |
| | über 40000 | Köln | |
| (Weltstädte) | über 50000 | Paris, Gent, Brügge, Mailand, Venedig, Florenz | |

**Klassifizierung nach Heinz Stoob**
**Mitteleuropäische Städte** (ca. 3800 Städte)

| Klassen | Einwohner | Fläche (ha) | Anzahl um 1300 | %-Anteil um 1330/40 |
|---|---|---|---|---|
| Zwerg-/Minderformen | unter 800 | unter 8 | | ca, 18,5 |
| Kleinstädte | 800–2000 | mindestens 8 | | ca. 47,5 |
| | 2000–4000 | 15 | | ca. 21 |
| Mittelstädte | 4000–10000 | 10–100 | 400–450 | ca. 11,5 |
| Großstädte | über 10000 | mindestens 100 | 60–70 | ca. 1,5 |

**Relationen der Städteklassen untereinander** (um 1300)
1 Großstadt : 7 Mittelstädte : 14–15 größere und 30 geringere Kleinstädte : 12 Zwerg- und Minderformen

**Verteilung der Stadtbevölkerung** (ca. 7 Millionen um 1330/40)

| | |
|---|---|
| Zwerg- und Minderformen | ca. 4 % |
| Kleinstädte | ca. 56 % |
| Mittel- und Großstädte | ca. 40 % |

| **Anteil der Stadtbevölkerung an der Gesamtbevölkerung** | | Gesamt |
|---|---|---|
| Alemannischer Raum, Westeuropa | ca. 25 % | 28–35 Mio. |
| östliches Mitteleuropa | ca. 20 % | 20 Mio. |

Quelle: E. ISENMANN, Die deutsche Stadt im Spätmittelalter, 1250–1500. Stadtgestalt, Recht, Stadtregiment, Kirche, Gesellschaft, Wirtschaft, Stuttgart 1988, 31.

der Gesamtbevölkerung führte. Größere geschlossene Siedlungen auf engem Raum wurden zum einen schlicht notwendig und gewannen zum anderen über ihren wirtschaftlichen und politischen Erfolg an Anziehungskraft. Aus diesem Grund haben demographische Katalogisierungen zu Typenbildung geführt. Hektor Ammann etwa unterteilte die deutschen Städte nach ihrer Größe in folgende Klassen: Zwergstädte, kleine Kleinstädte, mittlere Kleinstädte, kleine Mittelstädte, größere Mittelstädte und Großstädte mit wiederum drei Unterkategorien, die er schließlich noch mit so genannten Weltstädten kontrastierte. Die große Mehrheit deutscher Städte war nach dieser Statistik Zwerg- und Kleinstädte [AMMANN].

Heinz Stoob hat diese Systematik auf Mitteleuropa ausgeweitet, die Unterscheidungskriterien chronologisch wertend variiert. Bis 1150 entstandene Städte bezeichnet er als Mutterstädte, zwischen 1150–1250 entstandene als Gründungsstädte, von 1250–1300 entstandene als Kleinstädte und schließlich von 1300–1450 entstandene als Minderstädte [STOOB].

Für den Prozess der Stadtentwicklung war der Naturraum ein wesentlicher Faktor. Ohne fruchtbare Böden im Umland war die Nahrungs- und Rohstoffversorgung einer Bevölkerung, die selbst nicht landwirtschaftlich tätig war, kaum zu gewährleisten. Ein funktionsfähiger Markt als städtisches Zentrum setzte eine landwirtschaftliche Überproduktion notwendig voraus. Das Vorkommen von ergiebigen Bodenschätzen zog die entsprechenden Gewerbe an und war oft der strukturierende Faktor für eine blühende, auf die Weiterverarbeitung eben dieser Bodenschätze spezialisierte Gewerbelandschaft. Entsprechend zeichnet eine bevorzugte naturräumliche Lage eine hohe Siedlungskontinuität aus.

Siedlungen an einem schiffbaren Wasserweg verfügten über einen unschätzbaren verkehrsgeographischen Standortvorteil. Nürnberg etwa, dem ein schiffbarer Wasserweg fehlte, betonte diesen Nachteil noch in Privilegien des 15. Jahrhunderts, als die Stadt längst zu einer europäischen Handelsmetropole aufgestiegen war, um seine hervorragende Ausstattung mit Privilegien und die Notwendigkeit weiterer herrschaftlicher Unterstützung zu rechtfertigen. Ebenso bevorzugt waren Siedlungen, die an wichtigen Landverkehrswegen lagen, am Fuße einer Passstraße, an einem Flussübergang etc. Der Vorteil potenzierte sich, wenn mehrere Verkehrswege sich kreuzten. Freilich barg eine verkehrsgünstige Lage immer auch eine gewisse Unsicherheit, denn die Siedlung war damit auch für Feinde gut zugänglich, und Erfolg weckte Begehrlichkeiten.

**Stadttypen.** Handelsemporien und angeschlossene Handwerkersiedlungen, wie etwa im Frühmittelalter für den nördlichen Raum typisch, konnten daher zwar das Fundament für eine spätere Stadt bilden, überlebten jedoch ohne herrschaftlichen Schutz nur sehr kurze Zeit. Herrschaftszentren und grundherrschaftliche Herrenhöfe zogen zudem ohnehin über ihre meist strategisch sichere Lage im Falle der Bedrohung die schutzsuchende Bevölkerung regelmäßig an, was sich durchaus zu einer ständigen Ansiedlung an der jeweiligen festen Verteidigungsanlage verstetigen konnte. Königshöfe, Burganlagen, Stifte oder Klöster bilden daher in den meisten Städten die Siedlungskerne oder topographischen Bezugspunkte zumindest der Altstadt, manchmal auf Basis überkommener Reste alter römischer Siedlungskörper.

Auch ihr ständiger Versorgungsbedarf lockte Handwerker und Kaufleute an. Viele *villae* waren über ihre grundherrliche Zentralfunktion zu Siedlungskernen geworden, in denen man Überschuss gewerblich weiterverarbeitete und die gesammelten Naturalabgaben, die nicht dem Eigenbedarf dienten, in Geld tauschte. Vor allem an den Abgabeterminen der Grundherrschaft wurden die Herrenhöfe zugleich zu Keimzellen mittelalterlicher Jahrmärkte, so dass sich ein weiterer Faktor für die Formierung einer festen Siedlung hinzufügte, die schließlich zur Stadt aufsteigen konnte.

Von diesem sukzessiv gewachsenen Städtetypus ist die Gründungsstadt zu unterscheiden. Diese erhält ihre rechtlich wie bauliche Grundausstattung gewissermaßen mit einem Schlag und profitiert massiv von den bisherigen Errungenschaften der gewachsenen Siedlung. Denn der gründende Grundherr musste seine Stadt, wollte er ihre Anziehungskraft nicht von vorneherein schmälern, zumindest mit den gleichen Rechten ausstatten, die sich die gewachsenen Städte in langem Ringen erarbeitet hatten. In vielen Fällen reagierte der Gründer damit auf die städtische Konkurrenz und versuchte mit der eigenen Stadt, sein Land vor einem weiteren Abzug an Leuten in fremde Städte zu bewahren.

Vor allem für die Frühzeit der Stadtentwicklung bleibt daher auch eine Differenzierung und Typenbildung nach Herrschaftsträgern durchaus sinnvoll. So unterscheidet man üblicherweise Königs- und Reichsstadt, Bischofsstadt, Abteistadt und schließlich landesherrliche Territorialstadt oder Land- und Amtsstadt voneinander.

Der Einfluss der Stadtherren ist durchaus hoch einzuschätzen, denn seinen Schutz gewährte er, ähnlich wie in der Grundherrschaft, nur gegen Abgaben und Dienste, wobei die Dienste schnell zugunsten von Abgaben zurücktraten. Auch stammten die ersten politischen Funktionseliten seiner Stadt in der Regel aus seiner *familia*, so dass der mittelbare Einfluss bestehen blieb, selbst wenn der unmittelbare zurückging. Die erste Generation des städtischen Patriziats kam zumeist aus diesen Kreisen. Anders gestaltete sich die herrschaftlich-politische Prägung, wenn wie etwa in Italien der Adel zugleich einen Landsitz wie einen Stadtsitz zu unterhalten pflegte. Hier ist unterhalb der Ebene des Stadtherrn mit mehreren konkurrierenden *familiae* und mit entsprechenden Parteiungen zu rechnen, die mit adligem, unabhängigem Selbstbewusstsein auftraten und das spätere Patriziat bildeten.

Maßgeblich für den politischen Lösungsprozess von der Stadtherrschaft war der wirtschaftliche Erfolg der jeweiligen Stadt, so unterschiedlich sich zunächst auch die individuelle Struktur darstellte – Max Weber unterscheidet etwa nach wirtschaftlichen Kriterien die Konsumentenstadt von der Produzentenstadt und unterteilt diese wiederum in Gewerbe- und Händlerstadt [Weber]. Dies galt für den einzelnen Bürger wie auch für die Stadt als Gemeinschaft aller Bürger. Im Zentrum der mittelalterlichen Stadt, dem Markt – Zoll und Münze als eher fiskalische Elemente der alten Dreieinigkeit Markt, Zoll, Münze gehen im Marktbegriff auf –, bildet sich eine neue Form der sozialen Differenzierung, die zunächst den sozialen Status bestimmte und schließlich in eine rechtlich abgesicherte Position der bürgerlichen Freiheit umgemünzt wurde. Als Gegenkraft zum Stadtherrn und seinen Vertretern formte sich mit dem städtischen Rat ein eigenes Gremium mit den Bürgermeistern an der Spitze, das den Stadther-

Bürger mittelalterlicher Städte lebten nicht als zusammenhangslose Ansammlung von Menschen nebeneinander. Der Bürgereid bildete zwischen ihnen ein Band, das sie zur Bürgergemeinde verknüpfte, also zu einem Verband besonderer rechtlicher, sozialer, ökonomischer und politischer Qualität mit jeweils eigener Identität und Repräsentation.

Teil dieser Gemeinschaft zu sein war attraktiv, ergaben sich doch aus dem **Bürgerrecht** viele Vorteile, so etwa die Chance auf politische Partizipation oder Schutz und Beistand der Stadt in Konflikten und bei Gefahren. Auch die Teilhabe an städtischen Privilegien oder die Ausübung vieler Handwerke und Gewerbe waren nur im Besitz des Bürgerrechts möglich. Freilich gab es auch Pflichten, allen voran jene zu Treue und Gehorsam oder die Leistung von Steuern, Abgaben und Diensten. In Gemeinschaft zu leben bedeutete eben sowohl Geben als auch Nehmen.

Nur ein Teil der Stadtbevölkerung gehörte zum Kreis der Bürger, nicht jeder konnte das Bürgerrecht überhaupt erwerben. Mancherorts nahm man Frauen nur selten auf, häufiger noch grenzte man Juden aus. Stets war der Erwerb des Bürgerrechts an Bedingungen gebunden, die als soziale Filter wirkten. So waren eine freie und eheliche Abkunft sowie ein guter Leumund meist unentbehrliche Voraussetzungen. Auch knüpfte man das Bürgerrecht oft an Immobilieneigentum oder ein Mindestvermögen. Von neuen Bürgern bei ihrer Aufnahme Geldleistungen oder andere Gaben zu verlangen, war allgemein üblich, obgleich man Kindern von Bürgern gerade hier Erleichterungen zugestand.

Von solchen finanziellen Hürden zeugt das abgebildete Einnahmeverzeichnis des Jahres 1489. Es stammt aus einer Dresdner Kämmereirechnung, also einem Register der kommunalen Finanzverwaltung. Meist wurden hier der Name des Neubürgers, der Tag des Bürgereides und die Höhe der Aufnahmegebühr notiert. In Einzelfällen finden sich zusätzliche Angaben, so in Zeile 16ff., wo auch der Herkunftsort angegeben wird: „It[em] lix G[rossos] d[edi]t Hans Richter / von Hermansdorff Freitag nach / Remi[ni]sce[re]" (wörtl.: „Auch 59 Groschen hat gegeben Hans Richter von Hermansdorf am Freitag nach Reminiscere"). Wie für die Verwaltungsschriftlichkeit dieser Zeit üblich, werden Deutsch und Latein kombiniert, Zahlen in kleinen römischen Ziffern angegeben, mehrfach Abkürzungen verwendet und nach einem Sonntag des Kirchenjahres (hier der fünfte Sonntag vor Ostern) datiert.

Matthias Meinhardt

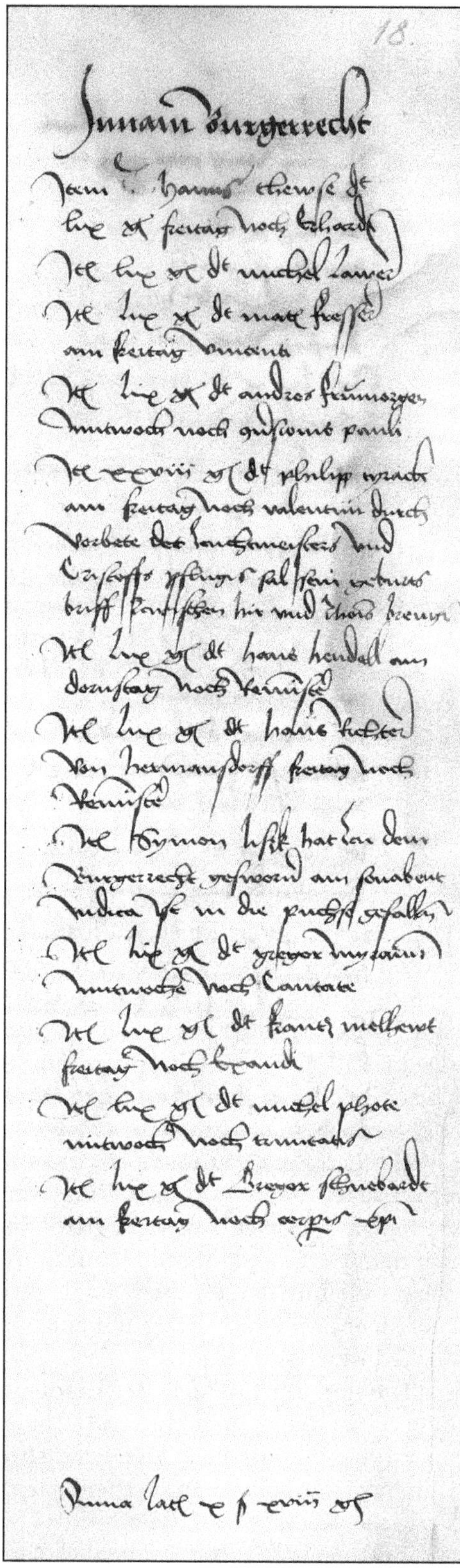

Bild: Verzeichnis von Einnahmen aus der Vereidigung neuer Bürger der Stadt Dresden des Jahres 1489. Foto: Stadtarchiv Dresden, Ratsarchiv, Kämmereirechnungen 1489 (Innam Burgerrecht), A.XV.b.46, Bl. 18a.

Literatur: G. Dilcher, Bürgerrecht und Stadtverfassung im europäischen Mittelalter, Köln u. a. 1996.

ren aus seinen herrschaftlichen Funktionen immer weiter verdrängte, bis der Rat diese fast vollständig übernahm. Als letztes herrschaftliches Element ging zumeist die Zuständigkeit für die Gerichtsbarkeit auf die Stadt über, so dass sich Schöffengericht und Ratsgericht in städtischer Hand befanden.

**Stadträte.** Der Rat selbst bestand in der Regel aus einem oder zwei Gremien, etwa aus einem großen und einem engeren Rat, der die eigentliche politische Entscheidungsgewalt besaß.

Die politisch entscheidende Frage innerhalb der Stadt war nun nicht mehr die Nähe zum Stadtherrn, sondern wer die Ratsbänke besetzte. Das Prinzip der Abkömmlichkeit – Ratsherren wurden meist nicht besoldet, saßen aber häufig die ganze Woche zu Rate und mussten entsprechend von bereits angesammeltem Vermögen leben können – schränkte den Kreis der potenziellen Bewerber grundsätzlich ein. Auch blieb es fast immer wenigen von ihrem sozialen und rechtlichen Status her privilegierten Familien vorbehalten, die Schöffen- und Ratsbänke zu besetzten. Zwar erweiterten die hochmittelalterliche Kommunebewegung und die spätmittelalterlichen Handwerkeraufstände den Kreis möglicher Aspiranten. Im Zuge etwa der Handwerkeraufstände des 14. Jahrhunderts wurden etliche Städte zu Zunftstädten, besetzten die Zünfte häufig eine eigene, dritte Bank im Rat und führten den Zunftzwang ein, so dass sich auch die Kaufleute in Zünften organisierten. Doch blieb die Ratsfähigkeit ein exklusives Gut. Dies hieß jedoch keineswegs, dass die herrschende Ratsoligarchie in ihren Entscheidungen nicht an die Gemeinde rückgebunden war. Zum einen waren die Zyklen der Ratsperioden für den einzelnen Ratsherrn ausgesprochen kurz, in der Regel ein Jahr, so dass innerhalb des Kreises für stetigen Wechsel gesorgt war. Zum anderen wurde die statuarische Rechtsnorm über vergleichbare Amtseide den Ratsherren, dem Vogt, dem Schultheißen oder auch dem Münzmeister öffentlich geboten und stand über das Antrittszeremoniell in einem sinnfälligen Wechselbezug zum Treueeid der Bürger. Die regelmäßige Eidleistung aller Bürger, auch der städtischen Herrschafts- und Funktionsträger, aktualisierte ihre Bindung an die Stadtgemeinde [Isenmann 2003].

▷ S. 268 Zünfte

▷ S. 205 Kaufmannsgilden

**Die Kommunebewegung des Hochmittelalters.** Die Formierung der mittelalterlichen Stadtkommune (*coniuratio, communio, constituto, colligatio*), d.h. die Lösung des städtischen Herrschaftsverbandes aus den alten grundherrlichen und lehensrechtlichen Bindungen, vollzog sich in einer Mischung aus intensiven Konflikten und evolutionärer Bewegung zeitlich, räumlich und funktional höchst differenziert. Im Prozess der Kommunebildung vollendete sich die Konstituierung der Stadt als politisch agierender eigener Rechtsbezirk [Diestelkamp]. Die Bürger lösten sich aus den alten grundherrlichen Überlagerungen. Das Recht und der politische Selbstvertretungsanspruch wurden in den erfolgreichen Städten im eigenen Rat lokalisiert und hoben den städtischen Bezirk organisatorisch vom Land ab. Die Bürger übernahmen, vertreten durch den städtischen Rat, die Zuständigkeit für den „Gemeinen Nutzen", das *bonum commune*, in eigener Verantwortung [Schulz].

*Italien.* Die ersten Ansätze, die stadtherrliche Gewalt zu begrenzen, lassen sich in Oberitalien, vor allem in Mailand und Cremona, bereits um das Jahr 1000 beobachten [Mi-

LANI]. Doch erst die allgemeine religiös-politische Krisenstimmung während der Kirchenreform und während des Investiturstreites und die gleichzeitige Schwächung der Zentralgewalten weckten auch in den Städten das politische Selbstbewusstsein, die politische Entscheidungskompetenz und den innerstädtischen Interessenausgleich stärker selbst zu gewährleisten. Ideengeschichtlich verband sich die allgemeine politisch-religiöse Aufgeregtheit mit Formen der politischen Willensbildung, die bereits in der Gottes- und Landfriedensbewegung eingeübt worden waren: der durch Eid gebundenen Schwurgemeinschaft *coniuratio.* Unter dem Einfluss der kirchlichen Reformbewegung mit ihrem Ruf nach *libertas*, dem Schutz der Schwachen vor der Gewalt der Mächtigen, und der Idee einer Garantie der rechten Ordnung durch geschworene Eide und den Zusammenschluss aller Gutwilligen vollzog sich ein Wandel der Einstellungen. Zugleich stärkten auf einer pragmatischen, wirtschaftlich-sozialen Ebene die zunehmende Siedlungsdichte, das Bevölkerungs- und Flächenwachstum und vor allem die äußerst erfolgreiche Wirtschaftstätigkeit den städtischen Selbstvertretungsanspruch und öffneten die Tore für diese neuen Teilnehmer im alten Herrschaftsgefüge. Die politische Willensbildung (der herrschaftliche Konsens) musste durch die neuen Konkurrenten auf breiterer Ebene erfolgen.

Die lange und intensive Konfliktphase lässt sich in den oberitalienischen, lombardischen Städten mit dem Fokus auf Mailand zwischen den Jahren ca. 1030/50 bis 1075 beobachten. Zeitnah bildet sich um 1100 auch in den toskanischen Städten eine vergleichbare Kommuneverfassung heraus, während das südliche Italien davon eher unbeeinflusst blieb. Einen Bruch erlebte die Kommunebewegung in Italien allerdings bereits im 13. Jahrhundert, als viele Städte ihrer konkurrierenden Interessengruppen nicht mehr Herr wurden und die unterschiedlichen Parteien häufig gemeinsam als ultima ratio auf auswärtige Hilfe in Gestalt eines *podesta* zurückgriffen [KELLER].

*Frankreich.* Nur wenig später verbreitet sich die kommunale Idee auch in der nordfranzösischen Städteregion: von Le Mans (1070) und Cambrai (1077) über Saint Quentin (um 1081), Beauvais (um 1099), Noyon (1108/09) bis hin zu Laon (1112/16). Ähnlich wie in Italien zeigt sich auch in Frankreich ein Nord-Süd-Gefälle. In der königlich dominierten Mitte und in dem von der Konsulatsverfassung geprägten Süden vollzog sich die Kommunebildung erst um die Wende vom 12. zum 13. Jahrhundert und wurde schon um 1250 wieder stark eingedämmt [HEERS].

*Deutsches Reich.* Als dritte Städtegruppe begannen sich in den rheinischen Bischofstädten, vor allem in Worms (seit 1073), Köln (seit 1074) und Mainz (seit 1077), Gemeindeverbände zu formieren, die jedoch erst zwischen 1105/06 und 1110/12 deutlicher fassbar werden und sich um etwa 1200 in Form einer Ratsverfassung durchsetzten. Der im Deutschen Reich eher herrschaftlich zu differenzierende Prozess der Kommunebildung setzte sich auch in den Königsstädten fort, freilich hier zumeist im Verbund mit dem obersten Stadtherrn, dem König, gegen die Territorialherren der Umgebung. Häufig erkauften sich die erfolgreichen Städte auf der Basis ihrer Wirtschaftskraft kommunale Freiheiten und Rechte, fügten Privileg um Privileg ein eigenes Stadtrecht zusammen und errangen auf diesem Wege weitgehende politische und rechtliche Selbstständigkeit. Der König blieb jedoch immer der Garant all dieser durch Privilegien abgesicherten Freiheiten.

Eine andere Gruppe von deutschen Städten erhielt die persönlichen Freiheitsrechte ihrer Bürger und die politischen Mit- bzw. Selbstbestimmungsrechte als Körperschaft bereits mit ihrer Gründung, so etwa die Gründungsstädte der Zähringer im Südwesten [KIESSLING] oder der Welfen im Nordosten. Das politische und vor allem wirtschaftliche Erfolgsmodell Kommune wurde hier von Beginn an, gewissermaßen wie ein Betriebssystem, installiert.

Als letzte Gruppe im Reich profitierten selbst manche Land- und Territorialstädte als Residenzstädte von den Segnungen der kommunalen Bewegung, freilich aufgrund ihrer weitaus engeren, teilweise sogar räumlichen Anbindung an den jeweiligen Territorialherrn in weitaus bescheidenerem Maße.

*Übriges Europa.* Im europäischen Nordwesten, der letzten gut untersuchten Region, behaupteten zunächst die Städte Flanderns auf der Basis ihrer wirtschaftlich überaus erfolgreichen Tuchproduktion in den Jahren 1127/28 nach der Ermordung des Grafen von Flandern einen politischen Selbstvertretungsanspruch und verteidigten diesen gestützt auf erste umfangreiche Privilegien auch gegen manche Rückschläge zumindest bis zur Wende des 14. zum 15. Jahrhundert.

In England zeigen sich erste Ansätze kommunaler Bestrebungen zwar bereits um 1130, kommen aber mit London als Führungsstadt erst um 1190 zur Vollendung und münden schließlich als ein einflussreicher Faktor um 1215 mit in die *Magna Charta* [PALLISER].

In den Randzonen Europas, etwa in Spanien, finden sich durchaus Analogien zur Kommunebewegung, auch wenn die spanische Forschung mit dem Hinweis auf die Abhängigkeiten der Stadtgemeinden vom Königtum eine vergleichbare Entwicklung negiert hat.

Diese Einbindung der Kommune in ein bereits bestehendes Herrschaftsgefüge kennzeichnete aber auch die übrigen europäischen Regionen. Die Kommunebewegung bewirkte nie die völlige Autonomie einer Stadt, sondern behauptete lediglich einen Selbstvertretungsanspruch im Kontext der anderen Herrschaftsträger und die persönlichen Freiheiten der Bürger innerhalb der Stadt. Zwar gelang es einigen Städten, sich zu Stadtstaaten mit eigenem Territorium aufzuschwingen, die kommunale Freiheit der meisten europäischen Städte reichte jedoch kaum über die eigene Landwehr hinaus. Der Versuch, die Kommunebewegung in Gestalt von Städtebünden über die eigene Stadt hinauszutragen, scheiterte am massiven Widerstand der Territorialherren. Im Deutschen Reich etwa gelang den Kurfürsten die Aufnahme des Verbots der städtischen *coniurationes* und *fraternitates* in die Goldene Bulle von 1355/56. Damit war die Kommunebewegung als Modell für eine noch umfassendere reichsweite politische Willensbildung zunächst an ihre Grenzen gestoßen.

So sehr man sich vor voreiligen Analogien zu Institutionen in modernen demokratischen Staaten hüten muss, so evident ist doch, dass sich in der hochmittelalterlichen Kommunebewegung neue genossenschaftliche Formen des Interessenausgleichs zwischen einzelnen Bürgern, Parteiungen und sozialen Gruppen sowie Entscheidungsfindungs- und Konfliktlösungsstrategien formten, die auch für größere Korporationen als die Stadt musterbildend wurden.

Michael Rothmann

**Literatur**

H. AMMANN, Wie groß war die mittelalterliche Stadt?, in: Studium generale 9, 1956, 503–506; erneut in: HAASE (Hrsg.), Stadt, Bd. 1: Entstehung und Ausbreitung, 3. Aufl., 415–422.

H. BOOCKMANN, Die Stadt im späten Mittelalter, 2. Aufl. München 1987.

B. DIESTELKAMP, Beiträge zum hochmittelalterlichen Städtewesen, Köln/Wien 1982.

E. ENGEL, Die deutsche Stadt des Mittelalters, München 1993.

E. ENNEN, Die europäische Stadt des Mittelalters, 4. Aufl. Göttingen 1987.

C. HAASE (Hrsg.), Die Stadt im Mittelalter, 3 Bde., 2. bzw. 3. Aufl. Darmstadt 1976–1978.

J. HEERS, La ville au Moyen Âge en Occident: paysages, pouvoirs et conflits, Paris 1990.

E. ISENMANN, Die deutsche Stadt im Spätmittelalter. 1250–1500. Stadtgestalt, Recht, Stadtregiment, Kirche, Gesellschaft, Wirtschaft, Stuttgart 1988.

DERS., Ratsliteratur und städtische Ratsordnungen des späten Mittelalters und der frühen Neuzeit. Soziologie des Rats – Amt und Willensbildung – politische Kultur, in: MONNET/OEXLE (Hrsg.), Stadt und Recht, 215-479.

H. KELLER, ‚Kommune': Städtische Selbstregierung und mittelalterliche ‚Volksherrschaft' im Spiegel italienischer Wahlverfahren des 12.–14. Jahrhunderts, in: G. ALTHOFF u. a. (Hrsg.), Person und Gemeinschaft im Mittelalter, Sigmaringen 1988, 573–616.

R. KIESSLING, Die Stadt und ihr Land. Umlandpolitik, Bürgerbesitz und Wirtschaftsgefüge in Ostschwaben vom 14. bis ins 16. Jahrhundert, Köln/Weimar/Wien 1990.

E. MEYNEN (Hrsg.), Zentralität als Problem der mittelalterlichen Stadtgeschichtsforschung, Köln/Wien 1979.

G. MILANI, I comuni italiani, Rom 2005.

P. MONNET/O. G. OEXLE (Hrsg.), Stadt und Recht im Mittelalter/La ville et le droit au Moyen Âge, Göttingen 2003.

P. MONNET, Villes d'Allemagne au Moyen Âge, Paris 2004.

D. NICHOLAS, The Growth of the Medieval City, New York 1997.

DERS., The Later Medieval City, 1300-1500, New York 1997.

D. M. PALLISER (Hrsg.), The Cambridge Urban History of Britain, Bd. 1: 600–1540, Cambridge 2000.

E. PITZ, Europäisches Städtewesen und Bürgertum. Von der Spätantike bis zum hohen Mittelalter, Darmstadt 1991.

F. SCHMIEDER, Die mittelalterliche Stadt, Darmstadt 2005.

K. SCHULZ, „Denn sie lieben die Freiheit so sehr…". Kommunale Aufstände des europäischen Bürgertums im Hochmittelalter, Darmstadt 1992.

H. STOOB (Hrsg.), Die Stadt. Gestalt und Wandel bis zum industriellen Zeitalter, 2. u. verm. Aufl. Köln/Wien 1985.

M. WEBER, Wirtschaft und Gesellschaft, hrsg. von J. WINCKELMANN, 5., rev. Aufl. Tübingen 1980.

# Universitäten

**Universität als Personengemeinschaft.** Die europäische Universität ist eine Schöpfung des Hochmittelalters [Classen; Rüegg]. Zahlreiche Begriffe, die bis in die Gegenwart das akademische Leben prägen, stammen aus jener Zeit, wie z. B. Immatrikulation, Examen, Bakkalar, Magister, Doktor, Kollegium, Dekan, Fakultät, Rektor und eben auch Universität [Weijers]. Als *universitas* (Gesamtheit) konnte in der hochmittelalterlichen Rechtssprache zunächst jeder menschliche Verband bezeichnet werden, der ein Statut besaß. Zur Unterscheidung solcher Personengruppen war deshalb ein erläuternder Zusatz notwendig. So sprach man von der Gemeinschaft von Magistern und Studierenden zunächst als *universitas magistrorum et scholarium*. Ab der Mitte des 13. Jahrhunderts engte sich die Bedeutung des Wortes *universitas* so stark ein, dass es allein für Gelehrten- und Studierendengemeinschaften verwendet wurde [Michaud-Quantin].

Damit gehört die Universität zu den „alteuropäischen Formen der Gruppenbildung", deren gemeinsame Wurzeln bis ins Frühmittelalter zurückreichen und die bereits zuvor, seit dem 11./12. Jahrhundert, in den Gilden der Kaufleute und Handwerker neu Gestalt angenommen hatten [Oexle]. Ihnen allen lag die soziale Form der geschworenen Einung zugrunde, in der sich die Beteiligten einen genossenschaftlichen Bereich gegenseitigen Beistandes und Schutzes schufen, der sich von keiner Obrigkeit noch irgendeiner bestehenden Institution ableitete, stattdessen durch statutarisches Recht beschrieben wurde. Neu war allerdings, dass die Form der genossenschaftlichen Einung nun auch auf den Bereich von Bildung und Wissenschaft übertragen worden war. Und darin unterschied sich die Universität von den „Hochschulen" im antiken Rom, in Byzanz oder den „Medressen" im islamischen Raum ebenso wie von den Bettelordensstudien oder dem 1224 von Kaiser Friedrich II. in Neapel gegründeten „Studium" [Oexle].

▷ S. 199 f. Kaufmannsgilden
▷ S. 267 Zünfte
▷ S. 170 Einführung

**Spontane Entstehung.** Die Rahmenbedingungen, die im 12. Jahrhundert in Frankreich und in Norditalien zur Bildung geschworener Einungen von Magistern und Scholaren führten, sind mit den Stichworten Bevölkerungsvermehrung, Mobilität, Siedlungsbewegung und Urbanisierung grob umrissen. Hinzu traten umfassende Wandlungsprozesse geistiger, religiöser und kirchlicher Natur wie die Neuaneignung antiken Wissens in Jurisprudenz, Medizin und Philosophie, die Entstehung neuer Orden religiöser Bewegungen sowie die Kirchenreform. Außerhalb der städtischen sowie der Dom- und Klosterschulen scharten sich bildungswillige junge Leute um Intellektuelle wie Petrus Abaelardus (1079–1142) und bildeten so genannte *sectae*, *scholae* oder *familiae* [Le Goff]. Sie wanderten umher, zogen einander Mitglieder ab, wuchsen oder verschwanden, je nach Ansehen und Anziehungskraft ihres Lehrers.

▷ S. 230 ff. Stadtkommunen
▷ S. 115 ff. Neue religiöse Gemeinschaften
▷ S. 65 ff. Die Römische Kirche und Italien

Unter diesen ungeordneten Bedingungen schlossen sich um 1200 einige Magister mit ihren Scholaren in der Königsstadt Paris zu einer *universitas* zusammen, um sich nach außen schützen zu können und den Lehrbetrieb im Innern zu ordnen [Cobban; Classen]. Sie verbanden sich durch einen Eid, legten fest, wer Mitglied werden und lehren durfte, welche Qualifikationen ein Lehrer nachweisen musste, und führten von nun an ein eigenes Siegel als Symbol ihrer Gemeinschaft. Nur indem sie zusammenstanden und ihr

▷ S. 337 Sphragistik

Das **Siegel der Pariser Universität** und zugleich ihrer Artistenfakultät – hier der seitenverkehrte Siegelstempel – erweckt durch die symmetrische gotische Bogenarchitektur den Eindruck von Räumlichkeit. Sie unterteilt das Siegelbild und weist verschiedenartigen Szenen ihren gesonderten Platz auf kleiner Fläche zu. Im Zentrum thront unter einem dreigeteilten Baldachin Maria, die Gottesmutter, mit dem Jesuskind auf dem Knie als Schutzpatronin der gesamten Universität. Sie wird flankiert von der Patronin der Artistenfakultät, der Heiligen Katharina, und vom Heiligen Nikolaus. Darunter sind zwei Doktoren und sechs Scholaren mit Büchern dargestellt. Die Umschrift lautet: *S.(igillum) Uniuersitatis Magistror.(um) (et) Scolariv.(m) Parisivs.* Das Siegel wurde vom 13.-16. Jahrhundert verwendet.

Bild: Siegelstempel der Pariser Universität, 13. Jahrhundert. Foto: Bibliothèque Nationale, Paris.

Literatur: R. GANDILHON, Sigillographie des Universités de France, Paris 1952, 89-93.

Recht auf „genossenschaftliche Autonomie" (*libertas scolastica*) von König, Papst, Bischof und Stadtgemeinde anerkennen ließen, konnten sie als Ortsfremde Rechtssicherheit erwarten. Doch erst in den folgenden Jahrzehnten gelang es ihnen, gegen den Kanzler des Bischofs von Paris, der die Aufsicht über die gesamte Lehre beanspruchte, auch die Erteilung der Lehrbefugnis von der Prüfung durch die Genossenschaft abhängig zu machen. Für Theologie und Philosophie war Paris die herausragende Bildungseinrichtung in Europa. Grundlage dieser Fächer bildeten die *Septem artes liberales*, also der Kanon der „Sieben freien Künste". Hierzu zählten Grammatik, Rhetorik und Dialektik, zusammen als Trivium bezeichnet, sowie Musik, Astronomie, Arithmetik, Geometrie, die das Quadrivium bildeten. Als frei galten diese Disziplinen, weil sie – eben im Gegensatz zu den *Artes mechanicae* – nicht als handwerkliche, sondern rein geistige Betätigungen verstanden wurden [Boockmann].

Zur gleichen Zeit entstanden in Bologna gleich zwei Juristenuniversitäten. Anders als in Paris bildeten dort nur die Scholaren genossenschaftliche Interessenverbände, und zwar auf der Grundlage von Landsmannschaften, den so genannten *nationes*. Die Italiener vereinigten sich zur *universitas citramontana*, alle Nichtitaliener zur *universitas ultramontana* [Kibre]. Doktoren stellten beide anfangs nur als Lehrer an, Mitglieder durften sie nicht werden. Nicht das Recht auf Selbstrekrutierung wie in Paris, sondern die Mitbestimmung im Lehrbetrieb stand deshalb auch in den Autonomiebestrebungen gegenüber der Stadt im Vordergrund [Steffen].

▷ S. 275 Nationen

Nach dem Vorbild dieser beiden Grundformen entstanden im 13. Jahrhundert weitere Universitäten in Frankreich, Italien, Spanien und England. Auswandernde Professoren und Scholaren, die sich in ihren Rechten verletzt fühlten, suchten andernorts bessere Bedingungen. Ihr Wissen und ihre Erfahrungen um die Studienorganisation nahmen sie mit, brachten es in die Neugründungen ein, passten es den jeweiligen Gegebenheiten an.

**Obrigkeitliche Stiftung.** Die verhältnismäßig kurze Phase spontaner Entstehung war schon um 1230 vorbei. Angefangen mit Toulouse (1229) errichteten nur noch geistliche oder weltliche Herren Universitäten. Auch keine der „deutschen" Universitäten ist mehr durch freien Zusammenschluss zustande gekommen. Ob nun ein Landesherr, wie Karl IV. 1348 in Prag, oder eine Stadtregierung, wie 1388 in Köln, tonangebend war, die Stiftung wurde zum „landesherrlichen Modus einer Universitätsgründung" [Borgolte, 383f.]. Zwar war auch das ein „komplexer interaktiver Prozess", an dem verschiedene soziale Gruppen wie Hochadel, städtische Bürgerschaft und lokaler Klerus teilhatten [Rexroth, 5]. Doch begann von nun an „Herrschaft" das „Genossenschaftliche" zu durchdringen; die „geschworene Einung" wurde zunehmend durch obrigkeitliche Setzung überformt [Oexle]. Vor allem aus der Bereitstellung der wirtschaftlichen Grundlage für das Studium leiteten die Stifter ihr Recht her, die ersten Professoren und ebenso die späteren zu ernennen. Gleichwohl räumten sie den neu gegründeten Gemeinschaften auch ein gewisses Maß an Selbstbestimmung ein, wie sich aus dem Vergleich von Stiftungsurkunden und Statuten ablesen lässt [Wagner]. Denn nur wenn sich Herrschaft und Genossenschaft ergänzten, konnte eine Universität dauerhaft bestehen – auch über den Tod ihres Stifters hinaus.

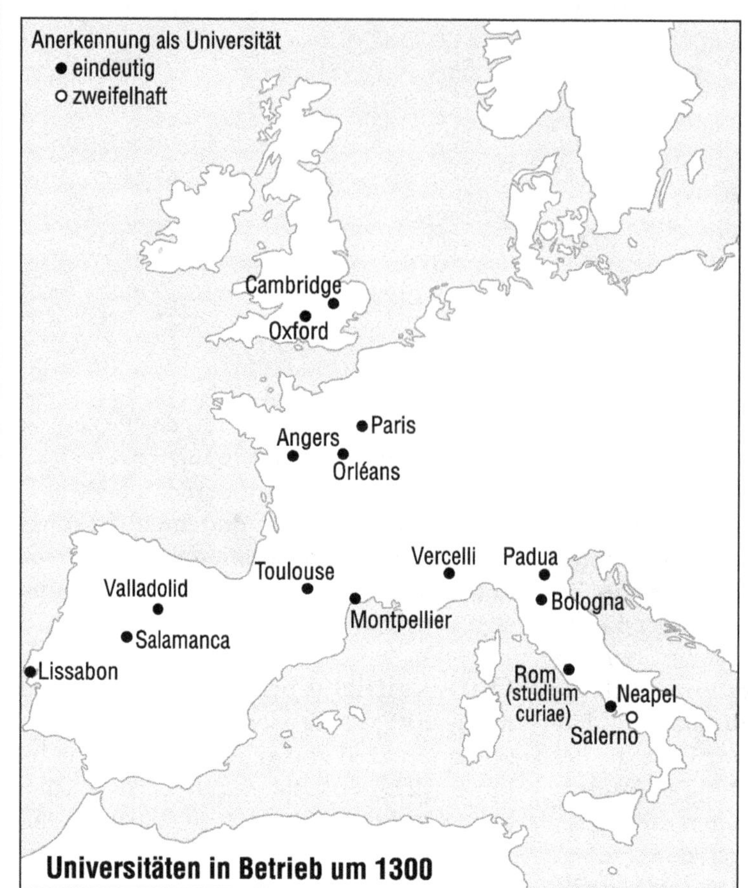


**Universitäten um 1300.** Die Anzahl der Universität im 12. Jahrhundert sagt nur wenig über ihren Erfolg aus. Während Paris und Bologna bereits Tausende Studierende zählten, lassen sich die Besucherzahlen der kleineren Universitäten kaum ermitteln. In weiten Teilen Europas gab es keine Universität.

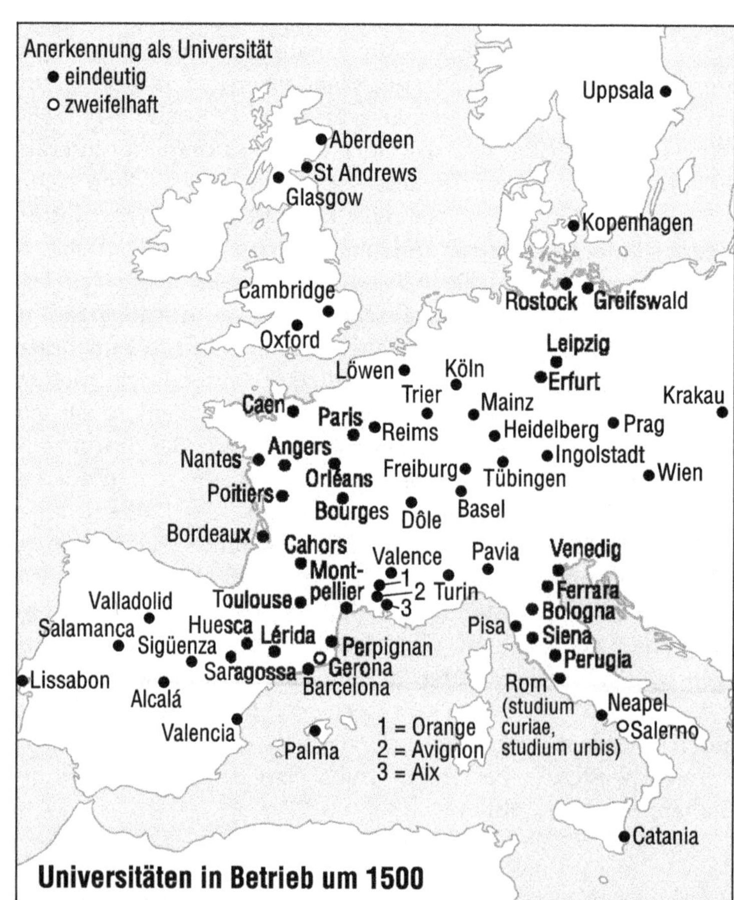


**Universitäten um 1500.** Mit dem Großen Abendländischen Schisma (ab 1378) nahmen die Universitätsneugründungen zu. An die Stelle der papstgeleiteten, universalen Konzeption traten partikulare, nationale Kräfte. Da Paris den avignonesischen Päpsten treu blieb, wanderten zahlreiche Magister und Scholaren aus und schufen sich mit Hilfe territorialer geistlicher und weltlicher Obrigkeiten neue Studienstätten.

Literatur: W. Rüegg (Hrsg.), Geschichte der Universität in Europa, Bd. 1, München 1993.

**Gab es Wechselwirkungen zwischen Studium und Gesellschaft?** Diese Frage wird in der Forschung bis heute kontrovers diskutiert [BORGOLTE; KINTZINGER]. Insbesondere geht es darum, inwieweit das Interesse an praktischer Ausbildung die Universitäten beeinflusste, welche die Gesellschaft verändernden Impulse umgekehrt von ihnen ausgingen, welchen Stellenwert die Lehre besaß und in welchem Maße sich die *universitates* aus der sozialen und kirchlichen Ständeordnung aussonderten. Erstens wird die Universität als Teilsystem der Gesellschaft begriffen, als spiegelbildliche Widergabe derselben. Prosopographische Untersuchungen der Universitätsbesucher zeigen, dass universitäres Leben und Studium vielfach nach den gleichen sozialen Regeln abliefen, die auch im zumeist städtischen Umfeld der Hochschule galten [MORAW; SCHWINGES 1986]. Weniger wissenschaftliche Normen als vielmehr die traditionalen Sozialformen des Netzwerks, der Patronage bzw. der *familia* haben demnach auch über Erfolg oder Misserfolg von Gelehrtenkarrieren entschieden [SCHWINGES 1996; SCHMUTZ]. Zweitens lässt sich die Universität auch als System für sich betrachten. So hat sich die Erkenntnissuche mit Hilfe der Scholastik als neuer wissenschaftlicher Methode vor allem im Rahmen einer „scientific community" vollzogen, die von „gruppenexternen Nützlichkeitserwägungen und Verwertungsinteressen" weitgehend unabhängig agierte [SEIFERT, 611]. Sowohl, was Anerkennung und Prestige anging, als auch ökonomisch genügte sie sich von einem gewissen Punkt an selbst. Drittens ist auch eine vermittelnde, eher die Wechselwirkungen betonende Sichtweise möglich [CLASSEN]. So ist etwa am Beispiel von Bologna und Modena die Frage nach den Austauschbeziehungen zwischen Rechtsstudium und städtischer Gesellschaft erörtert worden. Am Wandel des Tätigkeitsprofils, des Selbstverständnisses, der sozialen Stellung und der politischen Funktionen von Rechtsgelehrten und städtischen Amtsträgern in Rechtsangelegenheiten zwischen ca. 1100 und 1230 lässt sich dort die „Entstehung des Juristenstandes" beobachten. Die zunehmende Einsicht in die Brauchbarkeit des römischen Rechts hatte dazu geführt, dass sich auch die Söhne der Vornehmen und Adeligen dem Jurastudium zuwandten, sich einander auf diese Weise annäherten und so die Grundlage für den neuen Stand schufen [FRIED]. Wer römisches Recht studiert hatte, beherrschte juristisches, also analytisch-problemlösendes Denken in einer Weise, die ihn anderen überlegen machte und zu Verwaltungsangelegenheiten und Herrschaftsausübung befähigte [KINTZINGER].

▷ S. 179 Familie, Haus, Geschlecht

▷ S. 157 Thema: Die Entstehung des modernen Staates

Die starke Verbreitung der Universitäten im 15. Jahrhundert brachte indessen nicht nur Vorteile: Die Einzugsbereiche verringerten sich, Regionalisierung, Provinzialisierung und Indienstnahme für landesfürstliche Interessen waren die Folge [LORENZ].

Wolfgang Eric Wagner

**Literatur**

P. BAUMGART/N. HAMMERSTEIN (Hrsg.), Beiträge zu Problemen deutscher Universitätsgründungen des 15. Jahrhunderts, Nendeln 1978.

H. BOOCKMANN, Wissen und Widerstand. Geschichte der deutschen Universität, Berlin 1999.

M. BORGOLTE, Zur Geschichte der Universitäten, in: DERS., Sozialgeschichte des Mittelalters. Eine Forschungsbilanz nach der deutschen Einheit, München 1996, 373–384.

P. CLASSEN, Die Hohen Schulen und die Gesellschaft im 12. Jahrhundert, in: DERS., Studium und Gesellschaft im Mittelalter, hrsg. von J. FRIED, Stuttgart 1983, 1–26.

A. B. COBBAN, The Medieval Universities. Their Development and Organization, London 1975.

J. FRIED, Die Entstehung des Juristenstandes im 12. Jahrhundert. Zur sozialen Stellung und politischen Bedeutung gelehrter Juristen in Bologna und Modena, Köln/Wien 1974.

P. KIBRE, The Nations in the Mediaeval Universities, Cambridge (Mass.) 1948.

M. KINTZINGER, Wissen wird Macht, Ostfildern 2003.

J. LE GOFF, Die Intellektuellen im Mittelalter, Stuttgart 1986.

S. LORENZ (Hrsg.), Attempto – oder wie stiftet man eine Universität? Die Universitätsgründungen der sogenannten zweiten Gründungswelle im Vergleich, Stuttgart 1999.

P. MICHAUD-QUANTIN, Universitas. Expressions du mouvement communautaire dans le moyen âge, Paris 1970.

P. MORAW, Aspekte und Dimensionen älterer deutscher Universitätsgeschichte, in: DERS./V. PRESS (Hrsg.), Academia Gissensis. Beiträge zur älteren Gießener Universitätsgeschichte, Marburg 1982, 1–43.

O. G. OEXLE, Alteuropäische Voraussetzungen des Bildungsbürgertums – Universitäten, Gelehrte und Studierte, in: W. CONZE/J. KOCKA (Hrsg.), Bildungsbürgertum im 19. Jahrhundert, Teil 1, Stuttgart 1985, 29–78.

F. REXROTH, Deutsche Universitätsstiftungen von Prag bis Köln. Die Intentionen des Stifters und die Wege und Chancen ihrer Verwirklichung im spätmittelalterlichen deutschen Territorialstaat, Köln/Weimar/Wien 1992.



W. RÜEGG (Hrsg.), Geschichte der Universität in Europa, Bd. 1, München 1993.

J. SCHMUTZ, Juristen für das Reich. Die deutschen Rechtsstudenten an der Universität Bologna 1265–1465, 2 Teile, Basel 2000.

R. C. SCHWINGES, Deutsche Universitätsbesucher im 14. und 15. Jahrhundert. Studien zur Sozialgeschichte des Alten Reiches, Stuttgart 1986.

DERS. (Hrsg.), Gelehrte im Reich. Zur Sozial- und Wirkungsgeschichte akademischer Eliten des 14. bis 16. Jahrhunderts, Berlin 1996.

A. SEIFERT, Studium als soziales System, in: J. FRIED (Hrsg.), Schulen und Studium im sozialen Wandel des hohen und späten Mittelalters, Sigmaringen 1986, 601–619.

W. STEFFEN, Die studentische Autonomie im mittelalterlichen Bologna, Bern/Frankfurt/M./Las Vegas 1981.

J. VERGER, Les universités françaises au moyen âge, Leiden 1995.

W. E. WAGNER, Universitätsstift und Kollegium in Prag, Wien und Heidelberg. Eine vergleichende Untersuchung spätmittelalterlicher Stiftungen im Spannungsfeld von Herrschaft und Genossenschaft, Berlin 1999.

O. WEIJERS, Terminologie des universités au XIIIe siècle, Rom 1987.

**Guillaume le Maréchal.** Als er spürte, dass sein Leben zu Ende ging, begab er sich in eine Gemeinschaft, die ihm in seinem letzten Kampf beistehen sollte. Im Gewand des Templerordens starb am 14. Mai 1219 Guillaume, den alle nur den Marschall nannten. An seinem Sterbebett standen Menschen verschiedener Gruppen, denen er sich zugehörig fühlte. Sein ältester Sohn und seine Ehefrau waren anwesend. Und noch vier weitere Söhne und fünf Töchter hinterließ er. Für den Fortbestand des Geschlechts schien also gesorgt. Hätte er gewusst, dass alle Söhne ohne männliche Nachkommen sterben würden, wäre ihm dies ein zusätzlicher Schmerz gewesen, sollte doch ein adliges Geschlecht eine immerwährende Abfolge von Generationen in der Zeit sein.

Zwar hatte er seine Kinder standesgemäß versorgt. Doch wie stark die emotionalen Bindungen waren, lässt sich nicht beurteilen. Ob er selbst seinen Vater dafür hasste oder eher bewunderte, dass dieser ihn einst als Geisel übergeben hatte und dann, als man drohte, den sechsjährigen Jungen hängen zu lassen, antwortete, dass er über Hammer und Amboss verfüge, um weitere Söhne zu schmieden? Doch war es auch dieses Erbteil eines Draufgängers, dem Guillaume seine ungewöhnliche Karriere verdankte. Denn als er als zweiter Sohn der zweiten Frau eines englischen Adligen um 1146/7 geboren wurde, war zumindest eines sicher: Für ihn galt es, sein Glück selbst in die Hand zu nehmen und das zu tun, was er gelernt hatte: Reiten und mit Schwert und Lanze kämpfen. Darin war er nicht allein, sondern fühlte sich getragen in einer Gruppe junger Männer. Zwischen 1167 und 1183 zogen sie über die Turnierplätze Westeuropas. Auch wenn die Bilanz von 500 Siegen vielleicht übertrieben ist, so war Guillaume doch einer der Besten in diesem Metier. Von den Weggefährten und Freunden lebten 1219 noch einige wenige. Aber natürlich waren in seinem eigenen Haushalt derweil ähnlich ungestüme junge Männer einer neuen Generation zugegen. Um sie zu zähmen, waren noch immer die ritterlichen Ideale die besten Mittel. Zum Ritter musste man freilich gemacht werden, so wie Guillaume 1167 den Ritterschlag von seinem Onkel erhalten hatte. Seitdem gehörte er zur Ritterschaft, die er im Heiligen Land und auf Turnieren als internationale Gemeinschaft erlebt hatte.

Grabplatte von Guillaume le Maréchal in der Temple Church, London. Foto: David Lodge.

Doch was uns selbstverständlich für einen Ritter erscheint, besaß Guillaume damals noch nicht: ein Lehen. Und weil es ihm an dieser materiellen Basis mangelte, gehörte er noch mit knapp 40 Jahren zu den „Jungen", womit nicht das Lebensalter, sondern der unbehauste und unverheiratete Status solcher Männer gemeint war. Dass sich dies änderte, verdankte er dem englischen König Heinrich II. Dessen Sohn hatte er von 1170 bis 1182 erzogen. Für diesen 1183 früh verstorbenen Prinzen hatte Guillaume zudem stellvertretend das Gelübde erfüllt, auf einen Kreuzzug zu ziehen. Nicht zuletzt dafür verlieh ihm Heinrich II. 1187 die Lordschaft Cartmel. Und die Gunst des Königs reichte noch weiter, war die Heirat Guillaumes mit der siebzehnjährigen Isabel de Clare, der damals reichsten Erbin Englands, doch ebenfalls auf königlichen Einfluss zurückzuführen. Seitdem gebot Guillaume als Lehnsherr über Vasallen, die ihn bis ans Totenbett nicht verließen. Seinerseits diente er mit Rat und Hilfe gleich vier englischen Königen nacheinander. Nur einmal wurde seine Loyalität in Zweifel gezogen, als er 1204 auch dem französischen König für normannischen Besitz huldigte. Für diesen Versuch, konkurrierende Bindungen auszubalancieren, zahlte er mit dem zeitweiligen Verlust seines englischen Besitzes und einem 1207 erzwungenen Ausweichen ins unwirtliche Irland, von wo er erst 1213 an den königlichen Hof zurückkehren konnte. Dass er dennoch 1216 beim Tod von König Johann „Ohneland" zum Regenten für den neunjährigen König Heinrich III. bestellt wurde, spricht dafür, dass die übrigen Barone an seiner Ehre und Treue nicht zweifelten.

Vielleicht hat sich Guillaume auf dem Sterbebett auf das Geflecht von Gruppenzugehörigkeiten besonnen, dessen Teil er gewesen war. Welche Bindung ihm am meisten bedeutete, wissen wir nicht. Für die Nachwelt entschieden hat dies erst sein ältester Sohn, indem er „L'Histoire de Guillaume le Maréchal" schreiben ließ. Weil sich diese Lebensbeschreibung in einer einzigen Abschrift erhalten hat, erinnern wir uns an Guillaume le Maréchal nicht nur als Lehnsmann, Grundherrn und Regenten, als der er in Urkunden erscheint, sondern als den besten aller Ritter.

Stephan Selzer

**Literatur**

G. DUBY, Guillaume le Maréchal oder der beste aller Ritter, Frankfurt/M. 1986.

**Elisabeth von Thüringen.** Die Szene aus dem um 1240 für die Elisabethkirche in Marburg geschaffenen Glasfensterzyklus fasst in prägnanter Form das Phänomen der Elisabeth von Thüringen: Die als Heilige dargestellte Fürstin dient einer Kranken.

Die Geschichte dieser außergewöhnlichen Frau beginnt in Thüringen, wohin die 1207 geborene Tochter des ungarischen Königs Andreas II. als Vierjährige gelangt, um 1221 einen der einflussreichsten und angesehensten Fürsten des Reiches zu heiraten – Landgraf Ludwig IV. von Thüringen. Im gleichen Zeitraum kommt sie in engste Berührung mit den neuen religiösen Bewegungen ihrer Zeit. Unter dem Einfluss der im belgisch-flandrischen Raum entstehenden, zwischen Orden und Welt wirkenden Beginenbewegung sowie der sich 1224 in der landgräflichen Residenzstadt Eisenach ansiedelnden und von Elisabeth geförderten Franziskaner nimmt die tiefe Frömmigkeit der Landgräfin neue, für eine Frau ihres Standes unerhörte Formen an: Sie verzichtet auf allen fürstlichen Luxus, wendet sich Bettlern zu, versorgt Arme und pflegt Kranke. Elisabeths unbedingtes Streben, in radikaler Christusnachfolge die Ideale der Armuts- und Laienbewegung in ihrem höfischen Umfeld zu leben, kommt einer ungeheuerlichen Provokation gleich. Allein ihr Pflichtbewusstsein als Landgräfin und die bedingungslose Unterstützung ihres Mannes schützen Elisabeth vor der Ablehnung und dem Spott, die ihr entgegenschlagen.

Der Tod Ludwigs IV. auf dem Kreuzzug 1227 bedeutet daher für Elisabeth die endgültige Wende. Dass sie nun schutzlos den Anfeindungen ihrer Gegner ausgesetzt ist, von ihren Schwägern vertrieben und ihr das Witwengut entzogen wird, bestärkt Elisabeth nur in ihrem Willen, hinfort als wirklich Arme zu leben. In den unerhörten Skandal um die in einem Schweinestall in Eisenach lebenden Königstochter greift Papst Gregor IX. ein. Er bestellt seinen engen Vertrauten und Kreuzzugsprediger Konrad von Marburg zum Beschützer Elisabeths, der bereits seit 1226 als Beichtvater und Seelenführer die beherrschende Gestalt in ihrem Leben ist. Gegenüber Konrad verweigert sie im Frühjahr 1228 die zeittypischen Lebenswege für eine adlige Witwe, nämlich die Wiederverheiratung oder den Rückzug in ein Kloster. Sie hält an ihrem Wunsch fest, in Bettelarmut die christlichen Werke der Barmherzigkeit in der Welt zu vollbringen. Auf die Vermittlung Konrads von Marburg hin wird eine Lösung gefunden, die Elisabeth die gefährdete Existenz einer Bettlerin zwar verwehrt, ihrem Anliegen aber doch weitestgehend entspricht: Unter der Leitung und dem Schutz Konrads errichtet sie 1228 in Marburg ein Hospital, in dem sie bis zu ihrem Tod 1231 den Schwächsten und Ausgestoßenen dient. Schon zu Lebzeiten weit gerühmt, wird Elisabeth bereits 1235 heilig gesprochen. Die im Zusammenhang der Kanonisation entstandenen Texte, Konrads von Marburg Abriss ihres Lebens und die Zeugenberichte von vier Frauen aus ihrem engsten Umfeld, stellen die frühesten und unmittelbarsten Zeugnisse zum Leben der Elisabeth dar. Von Marburg mit der 1235–1283 über dem Grab der Heiligen errichteten Wallfahrtskirche geht ein rasch aufblühender, europaweiter Kult der Elisabeth aus, die in ihrer selbst bestimmten geistlichen Lebensform als Hospitalschwester ohne Ordensanbindung, als „Schwester in der Welt" (*soror in seculo*), zu den herausragenden Portalfiguren der religiösen Bewegungen des 13. Jahrhunderts zählt.

Petra Weigel

Bilder: Ausschnitte aus dem Elisabethfenster im Ostchor der Elisabethkirche Marburg, entstanden vor 1250. Fotos: Bildarchiv Foto Marburg.

**Literatur**

Sankt Elisabeth. Fürstin, Dienerin, Heilige. Aufsätze, Dokumentation, Katalog, Sigmaringen 1981.

M. Werner, Art. „Elisabeth von Thüringen", in: Lexikon des Mittelalters, hrsg. von N. Angermann u.a., Bd. 3, München/Zürich 1986, 1838–1842.

# Hoforden und Adelsgesellschaften

**Hoforden.** Im adligen Milieu, das uns heute vor allem in seiner herrschaftlich-höfischen Prachtentfaltung vor Augen steht [NOLTE/SPIESS/WEHRLICH] und damit die Vorstellung einer eher hierarchisch organisierten Gesellschaft vermittelt, die sich vom Rande her rangmäßig aufsteigend zum Fürsten hin organisiert [PARAVICINI 1997], scheinen egalitär-genossenschaftliche Zusammenschlüsse von Adligen kaum denkbar zu sein. Und in der Tat finden wir an den fürstlichen Höfen durch Eid beschworene und durch Statuten reglementierte Verbindungen lediglich in Gestalt der so genannten Hoforden [BOULTON], die ihre Mitglieder ausschließlich auf den jeweils stiftenden Fürsten verpflichteten, der auch allein über die Aufnahme entschied. Diese verschaffte ihren Mitgliedern prestigereiche Herrennähe und Exklusivität, ließ teilhaben an herrschaftlichem Glanz und bedeutete Festigung der gesellschaftlichen Position. Heute noch berühmt sind der englischen Hosenbandorden (1348), der ungarische Drachenorden (1408), der burgundische Orden vom Goldenen Vlies (1431), der österreichische Adlerorden (1433) oder der brandenburgische Schwanenorden (1440). Aber auch viele kleinere Höfe Europas versuchten, die Adligen mit Hilfe solcher Gründungen über traditionelle Treuebeziehungen hinaus an sich zu binden und besondere Loyalitäten zu schaffen.

Dazu reichte der in den Statuten regelmäßig eingeforderte Vasalleneid auf den jeweiligen Souverän nicht aus. So war der von Alfons XI. von Kastilien gegründete Orden von der Schärpe (1330), der gleichsam das Modell für alle weiteren abgab, laut Statuten als Bruderschaft mit regelmäßigen Messen und Begängnissen konstituiert. Alfons wusste, dass er die Adligen, die er an seinen Hof binden wollte, als eine Elitevereinigung präsentieren musste, und er hatte erkannt, dass dies eine Betonung der christlichen Berufung der Ritterschaft erforderte. Dies stand hinter den religiösen Zeremonien der Orden, die ihren Kapitelversammlungen vorangingen, den Stiftungen von Ordenskirchen und -kapellen und den oft eingehend geregelten Seelenmessen für verstorbene Mitglieder. Damit begründeten sie stets aufs neue die Seelengemeinschaft von Lebenden und Toten und machten die betenden Ritter zum Hüter des Seelenheils jedes verstorbenen Bruders, dessen sie im Gebet namentlich gedachten.

▷ S. 256 Pfarreien und Bruderschaften

Dass aber die Gemeinschaft, der Zusammenhalt dieser weltlichen Ordensritter über das bruderschaftliche Element hinaus gestärkt wurde, zeigt sich in dem elitären Verständnis, das mit dem Zusammenschluss verbunden wurde. In den Vorschriften über die Lebensführung der Mitglieder werden diese an die höfischen Konventionen gebunden, wie sie sich an den großen Fürstenhöfen zu der Zeit schon entwickelt hatten und die sie aus der Masse der übrigen Adelsgenossen heraushob: im Minnedienst, in Form und Farbe einheitlicher Kleidung, in einer besonderen Etikette und in der Kunst der Fest- und Turnierpraxis hatten sich die Ordensritter zu bewähren [PARAVICINI 1994]. Die Ordensritter partizipierten auf diese Weise neben ihrer durchaus handfesten militärischen Funktion an den Formen einer elitär stilisierten Lebenswelt, die zunehmend aus der Ideenwelt der Rittermythologie und der Literatur, z.B. den Artuslegenden, gespeist wurde [KEEN]. So ist interessant, dass die erwähnte Vasallentreue zum Souverän in den Statuten mit der Moral höfischer Liebe verknüpft wird: so sei die ritterliche Treue gegenüber dem Herrn ebenso zu erfüllen wie die Liebe zu der Frau, die man in sein Herz geschlossen habe.

Ähnliches klingt an, wenn vom Verhalten der Ordensritter als regelmäßiger Turnierpartei die Rede ist, lassen sich doch zwanglos die Konventionen der Ritter vom Artushof assoziieren. Dazu wird nunmehr regelmäßig tjostiert, was dem einzelnen Ritter auf der Turnierbahn hochgerüstet im Zweikampf zu Pferde die Chance individueller Bewährung im Angesicht der Dame und vermehrte Gelegenheit zu deren Gunstbezeugung bei Tanz und festlichem Mahl bot. Die Einrichtung der Tafelrunde offenbart schließlich auch eine direkte Übernahme des sozialen Beziehungsmusters der Artushelden in die höfische Wirklichkeit [Bumke]. Ganz offensichtlich hatten Alfons und alle anderen Gründer mit ihren Orden die höfische Lebensform in vielen Teilen gleichsam wie in einem Brennglas gebündelt, verstärkt und damit letztlich zu ihrer weiteren Intensivierung, Nachahmung und immer rascheren Verbreitung beigetragen [Ranft 1998]. Spätere wechselseitige Verleihungen und Mitgliedschaften der Orden im Zuge einer seit dem 15. Jahrhundert vom europäischen Adel zunehmend praktizierten gegenseitigen Bereisung gerade fremder Höfe ließen ein weit gespanntes, filigranes Netz der Beziehungen zwischen den europäischen Höfen entstehen und wachsen, das über alle Fremdheit und Grenzen hinweg ein einheitliches – weil gemeinsam verstandenes – Elitebewusstsein weltlichen Rittertums ausbilden half [Ranft 2005].

**Adelsgesellschaften.** So prägend die Hoforden für die Ausbildung einer höfisch-elitären Vorstellung weltlichen Rittertums auch waren und sich als wirksames Instrument der Fürsten zur Stabilisierung einer adligen Gefolgschaft über traditionelle Herrschaftsbindungen hinaus erwiesen, erfassten sie dennoch nicht die große Masse des Niederadels. Dies hätte schon dem Bemühen um Prestige vermittelnde Exklusivität widersprochen. Vor allem im spätmittelalterlichen Reich gerieten weite Teile des Niederadels zunehmend in Loyalitäts- und Interessenkonflikte. Denn die vielen machtbewussten fürstlichen Herrschaften nutzten die schwache Zentralgewalt des Reiches, um mit ihrer Landfriedenspolitik, bei der sie die Städte auf ihrer Seite wussten, einer zunehmenden Territorialherrschaft Vorschub zu leisten. Die zahlreich ausgesprochenen Landfrieden stellten das vom Adel allgemein als Herrschaftsprivileg beanspruchte Fehderecht als Instrument souveräner Rechtsdurchsetzung massiv in Frage, und die Ritterschaft der so genannten „Vier Lande" (Rheinlande, Franken, Bayern und Schwaben) sah darüber hinaus ihre traditionelle Reichsunmittelbarkeit gefährdet.

▷ S. 157 Thema: Die Herausbildung des modernen Staates

Neben diesen herrschaftlichen Zwängen bewirkte der ökonomische Aufschwung der Städte, mit dem ein rasanter sozialer Aufstieg ihrer Eliten einherging, weitere Verunsicherungen. Bald konnten die Angehörigen des städtischen Patriziats den Aufwand eines Adligen leicht überflügeln; weder bewaffnet zu Pferde noch als residierender Burgherr war er vom Bürger unterscheidbar. Der Herrschaft legitimierende Lebensgestus, wie er am fürstlichen Hof immer aufwändiger im höfischen Fest mit Turnier, Bankett und Messe prachtvoll zelebriert wurde, drohte ihm abhanden zu kommen und damit die Sicherung des Standesanspruchs, auf dem er beharrte. Ökonomisch ruinös wirkte dabei insbesondere die gegenseitige Befehdung als exklusiv beanspruchtes Rechtsmittel im Konfliktfall, denn das den einzelnen Adligen tragende Netz von Verwandtschaft und Beziehung konnte auch

**Wappenfresko der „Eselsgesellschaft".** Das gesellschaftliche Leben der in Genossenschaft verbundenen Niederadligen besaß neben gegenseitigem Versprechenseid, Gemeinschaft stiftendem festlichem Mahl und Trank sowie Turnier und Waffenbrüderschaft auch einen geistlich-religiösen Anker: gemeinsame Messen und Totenfeiern in eigens dazu bestifteten Kirchen und Kapellen ermöglichten die notwendige *memoria*, die lebende und tote Seelen im Gebet bruderschaftlich verband und das Seelenheil sichern half. Die Vergegenwärtigung der Verstorbenen erfolgte durch Namensnennung in den Fürbitten der dazu bestellten Priester und erlangte ewige Dauer beispielsweise durch die Anbringung der Totenschilde der Verstorbenen in den Kapellen oder durch die Präsenz der an einer Chorwand *a fresco* aufgebrachten Wappen der Verstorbenen.

Während die Teilgesellschaft vom „Unteren Esel" ihre Messen und Begängnisse im Frankfurter Reichsstift St. Bartholomäus abhielt, hatten jene vom „Oberen Esel" für ihre Kapitelsitzungen, Feste und geistliche Messen in der Residenzstadt Heidelberg Sitz genommen und die Stiftskirche Heiliggeist zum religiösen Zentrum gewählt. Hier suchten die adligen Gesellen an herausragender Stelle, dem Ort der kurfürstlichen Grablege im südlichen Seitenschiff, das Gedächtnis der Verstorbenen zu verewigen. Das Wappenfries zeigt die Gedenkwappen sowie am Beginn links (heraldisch rechts) eine Darstellung der Gottesmutter und des Ritterpatrons St. Georg. Das Schriftband über den Wappen führt, nur noch teilweise lesbar, die Namen der durch die Wappen verewigten Gesellen auf.

Bild: Wappenfresko der „Eselsgesellschaft" in der Heiliggeistkirche zu Heidelberg 1436–1449 (südliches Chorseitenschiff, Westwand). Foto: Harald Drös.

Literatur: H. Drös, Heidelberger Wappenbuch, Heidelberg 1991, 45-65; A. Ranft, Adelsgesellschaften. Gruppenbildung und Genossenschaft im spätmittelalterlichen Reich, Sigmaringen 1994; K. J. Svoboda, Das Wappenfresko in der Heiliggeistkirche zu Heidelberg. Ein Beitrag zur Kraichgauer Ritterschaftsgeschichte, in: Kraichgau 2, 1923, 180-185.

jeden von ihnen als mithaftenden Fehdegenossen jederzeit durch Verheerung in den materiellen Abgrund ziehen; und die Städte besaßen bei derartigem Konfliktaustrag als Gegner den längeren Atem [Ranft 1996].

Es sind diese Faktoren, welche die Adligen vielfach in genossenschaftliche Verbindungen brachten, die sie selbst meist als „Gesellschaften" bezeichneten. Eine ihrer wichtigsten Funktionen war es, gemeinschaftlich niederadelige Interessen im Konflikt mit Fürsten und reichem Bürgertum zu wahren, was dem einzelnen Niederadligen durch Ressourcenüberlegenheit und ökonomische Vorteile der fürstlichen und bürgerlichen Konkurrenten schwer fiel [Ranft 1994a]. Durch Zusammenschluss gestärkt, wurden sie als militärische Bündnispartner ebenso interessant wie als Gegner gefürchtet. Beides spiegelt sich in kaiserlichen Verboten wie in der Goldenen Bulle Karls IV. 1356 und in späteren Bestätigungen durch Kaiser Siegmund 1422/31. Insbesondere der gegenseitige Versprechenseid wird immer wieder von gegnerischer Seite herausgestellt, verdichtete er doch durch solche „Verschwörungen" einen bewaffneten Haufen Adliger in ihren Augen zu einem kritischen Machtpotenzial, dem mit allen Mitteln begegnet werden musste. Meist aber lavierten die bewaffneten Gesellen zwischen den Mächtigen, wechselten die Bündnisse aus wohlverstandenen Opportunitätsgründen. Sie gaben sich einprägsame aber doch ihre Intentionen eher verbergende Namen nach Heiligen, Tieren, nach Gerätschaften und Waffen, Teilen einer Bekleidung oder auch nach heraldischen Kategorien.

▷ S. 199 f. Kaufmannsgilden
▷ S. 267 ff. Zünfte

In der Binnenorganisation waren sie ganz dem Genossenschaftsprinzip verpflichtet und glichen darin sehr den Gilden und Zünften. So besetzten sie Wahlämter auf Zeit und übten eine durchgreifende Binnengerichtsbarkeit aus; auch praktizierten sie Caritas gegenüber den Genossen, eine gemeinschaftliche Memoria und verbindliche Geselligkeit mit gemeinsamen Mahl. Ihre Versammlungen nannten sie – wie auch die Hoforden – „Kapitel", ihre Funktionsträger „Hauptmann" oder „König"; wie bei Hofe trugen sie einheitliche Kleidung und Farben für den gemeinsamen Auftritt und besaßen ein Zeichen, das auf ihren Gesellschaftsnamen verwies, wie Fisch, Falke oder Esel, Schwert, Rad, St. Georg oder St. Hubertus, um nur wenige Beispiele zu nennen. Die Phantasie kannte dabei keine Grenzen, was ihrer öffentlichen Erscheinung eine ähnlich markante Signatur gab wie das Wappen der einzelnen Person. Ebenso stifteten sie Kapellen und Altäre, wo sie wie eine Bruderschaft Messen und Begängnisse abhielten und Totenschilde oder Wappen der Verstorbenen zum Gedächtnis hinterließen.

Feste feierten sie mit großen Turnieren, bei denen man sich gegenseitig in der Gestellung der teuren Turnierpferde und Rüstungen unterstützte, die nicht selten schon den Gegenwert eines Dorfes ausmachten und den mancher unter ihnen allein nicht aufzubringen vermochte. Auf diese Weise entfalteten sie ebenfalls höfische Pracht, die gelegentlich sogar fürstlichen Adel anzog, wie Turnierbücher aus dem 15. Jahrhundert ausweisen. Damit wird einsichtig, dass es den adligen Gesellen nicht nur um militärische Behauptung ging. Viel stärker noch tritt hier die soziale Dimension zutage, die höfische Festlichkeit und Herrschaftsgestus im Milieu des niederen Adels ermöglichte. Die großen „Vier Lande Turniere" am Ende des 15. Jahrhunderts waren reichsweit beachtete Großereignisse mit hohem Propagandawert und brachten etwas von dem Prestige zurück, das den Herrschafts- und sozialen Führungsanspruch des Niederadels eindrücklich vor Augen führte [RANFT 1994a]. Wie der fürstliche Hof feierten die Gesellen in der Stadt, denn hier allein fanden sie die Infrastruktur für Unterkunft, Versorgung und allerlei Zurüstung für Annehmlichkeiten, die auf der Burg oder im adligen Gehöft nicht darzustellen war. Und nicht zuletzt bot die Stadt das notwendige Publikum für die Vorführung adligen Lebens, das stets auch eine propagandistische Funktion besaß. Die Statuten vieler Gesellschaften gaben solchen Intentionen breiten Raum, indem sie Vorschriften über Auftreten, Anwesenheit der Damen und den Aufwand der Feste enthielten. Man kann in diesem Zusammenhang regelrecht von einer Vergesellschaftung höfischer Kultur im niederen Adel sprechen.

Indes sind damit die Intentionen der Gesellschaften keineswegs erschöpfend erfasst. Denn nicht minder bedeutsam waren Bestimmungen über gerechte Fehdeführung und genossenschaftliche Hilfe. Niemand sollte mehr aus subjektivem Rechtsempfinden allein eine Fehde vom Zaun brechen, sondern fortan auf das Votum seiner Genossen angewiesen sein. Man hatte erkannt, dass in der beanspruchten Fehdegerechtsame auch die Gefahr des Selbstruins lag, dem man auf diese Weise vorbeugen wollte. Den Fehden wohnte als sich oftmals über größere Zeiträume erstreckenden „Kleinkriegen", geführt als steter Wechsel von Schadenzufügung und Vergeltung, eine enorme zerstörerische Kraft inne. Auch weiteten sich solche Konflikte häufig aus, zogen immer mehr Verbündete und Opfer in die Auseinandersetzungen, gerieten zuweilen zum Flächenbrand. Nicht zuletzt um die Gefahr der Fehdeprovokation gegenüber Dritten zu minimieren, wurde daher ein ritterlich-tugendhaftes Ehrverhalten eingefordert. Man strebte in diesem Zusammenhang sogar danach, die genossenschaftlichen Verhaltensanforderungen in diesen Fällen über die Schiedsgerichtsbarkeit der großen Turniere, die prinzipiell dem gesamten Adel offen standen und große Attraktion besaßen, für den gesamten Stand verbindlich zu machen. Jeder Turniergenosse, auch wenn er keiner Gesellschaft angehörte, sollte darauf verpflichtet werden. Solches aber war auf Dauer nicht durchsetzbar; und es ist spannend zu lesen, wie z.B. Wilwolt von Schaumburg, ein durch einen Geschichten- und Tatenbericht berühmter Ritter und Kriegsmann [KELLER], der an vielen Höfen ein und ausging, sich den Schutz durch Gesellenhilfe und Schiedsgerichtsbarkeit allein über wechselnde Mitgliedschaften in Adelsgesellschaften einigermaßen sichern konnte. Am Ende war er Mitglied der fränkischen Fürspängergesellschaft, die ihren Namen nach der Gürtelschnalle der von ihnen verehrten Heiligen Maria ableitete, ein „Fetisch", der auch eine erotische Dimension im Blick auf die ritterliche Minnepraxis erkennen lässt. Wilwolt selbst kämpfte Zeit seines Lebens für die Ehre einer Frau, die er heimlich besuchte und von der er stets einen Schleier als Fetisch an seiner Turnierrüstung trug [BOOCKMANN]. Sein Totenschild ließ ihn in das ewige Gedächtnis seiner Mitgesellen eingehen.

Das Ende der Gesellschaften um 1500 erklärt sich u.a. mit dem wachsenden materiellen Aufwand, der ungeachtet genossenschaftlicher Hilfe von immer weniger Adligen aufzubringen war. Auch ein kaum durchzuhaltender Exklusivitätsanspruch ist hier anzuführen, der von vornherein viele Adelsfamilien durch Ahnenprobe, d.h. dem Adelsnachweis bis in die vierte Generation, und das

Verbot bürgerlichen Konnubiums ausschloss. Der Verteilungskampf um Sozialprestige ließ sich auf diese Weise nicht mehr durchhalten und das Ringen um adlige Selbstbehauptung verlagerte sich eher auf Institutionen politischer Natur, wie sie der Schwäbische Bund oder später die Reichsritterschaft darstellten.

Andreas Ranft

**Literatur**

H. Boockmann, Ritterliche Abenteuer – adlige Erziehung, in: Ders., Fürsten, Bürger, Edelleute. Lebensbilder aus dem späten Mittelalter, München 1994, 105–128, 234.

A. Borst (Hrsg.), Das Rittertum im Mittelalter. Studienausgabe, 3. Aufl. Darmstadt 1998.

D'A. J. D. Boulton, The Knights of the Crown. The Monarchical Orders in Later Medieval Europe 1325–1520, Woodbridge 1987.

J. Bumke, Höfische Kultur. Literatur und Gesellschaft im hohen Mittelalter, 2 Bde., München 1986.

W. Hechberger, Adel, Ministerialität und Rittertum im Mittelalter, München 2004.

M. Keen, Das Rittertum, Zürich/München 1987.

A. v. Keller (Hrsg.), Die Geschichten und Taten Wilwolts von Schaumburg, Stuttgart 1859.

H. Kruse/W. Paravicini/A. Ranft (Hrsg.), Adelsgesellschaften und Ritterorden des deutschen Spätmittelalters. Ein analytisches Verzeichnis, Frankfurt/M. 1991.

C. Nolte/K.-H. Spiess/G. Wehrlich (Hrsg.), Principes. Dynastien und Höfe im späten Mittelalter, Stuttgart 2002.

W. Paravicini, Die ritterlich-höfische Kultur des Mittelalters, München 1994.

Ders. (Hrsg.), Zeremoniell und Raum, Sigmaringen 1997.

A. Ranft, Stadt und Adel im späten Mittelalter. Ihr Verhältnis am Beispiel der Adelsgesellschaften, in: S. Rhein (Hrsg.), Die Kraichgauer Ritterschaft in der frühen Neuzeit, Sigmaringen 1993, 47–64.

Ders., Adelsgesellschaften. Gruppenbildung und Genossenschaft im spätmittelalterlichen Reich, Sigmaringen 1994.

Ders., Die Turniere der Vier Lande: Genossenschaftlicher Hof und Selbstbehauptung des niederen Adels, in: ZGO, 142, 1994(a), 83–102.

Ders., Einer von Adel. Zu adligem Selbstverständnis und Krisenbewußtsein im 15. Jahrhundert, in: HZ, 263, 1996, 317–343.

Ders., Ritterorden und Rittergesellschaften im Spätmittelalter. Zu Formen der Regulierung und Internationalisierung ritterlich-höfischen Lebens in Europa, in: K. Elm/C. D. Fonseca (Hrsg.), Militia Sancti Sepulcri. Idea e istituzioni, Città del Vaticano 1998, 89–110.

Ders., Spätmittelalterlicher Hof und adliges Reisen, in: K. Herbers/N. Jaspert (Hrsg.), „Das kommt mir Spanisch vor". Eigenes und Fremdes in den deutsch-spanischen Beziehungen des späten Mittelalters, Münster 2004, 291–311.

Ders., Die Hofesreise im Spätmittelalter, in: R. Babel/W. Paravicini (Hrsg.), Grand Tour. Adliges Reisen und europäische Kultur vom 14. bis zum 18. Jahrhundert, Ostfildern 2005, 89–103.

# Pfarreien und Bruderschaften

**Pfarrzwang.** Buchstäblich von der Wiege bis zum Grab war das Leben jedes Christen im Mittelalter nicht nur ganz allgemein von Kirche und Religion geprägt, sondern auch von einem ganz bestimmten Gotteshaus: von seiner Pfarrkirche.

Dies hatte nicht zuletzt rechtliche Gründe, denn die gesamte römisch-katholische Christenheit war in Pfarrbezirke aufgeteilt. Jeder dieser Sprengel besaß eine Pfarrkirche, in welcher der Pfarrer oder ein Geistlicher, der ihn vertrat, insbesondere die Sakramente spendete, ebenso Messen las und andere geistliche Aufgaben verrichtete; in vielen Kirchen hatten weitere Kleriker (so genannte Altaristen oder Messpriester) von der Pfarrpfründe unabhängige Messpfründen inne.

Jeder Christ war in mehreren Belangen auf die Pfarrkirche verwiesen, in deren Sprengel er wohnte. Zum Beispiel durften Säuglinge nur in der für sie zuständigen Pfarrkirche und nicht in einem anderen Gotteshaus getauft werden. Ebenso mussten Sterbende von ihrem Pfarrer oder dessen Vertreter mit der letzten Ölung versehen, Tote auf dem Friedhof der Pfarrkirche begraben werden. Darüber hinaus hatte jeder Christ wenigstens einmal im Jahr, zu Ostern, in seiner Pfarrkirche die Beichte abzulegen und das Abendmahl zu empfangen. Zu vier Terminen im Jahr musste er außerdem eine Pflichtspende leisten.

Die beiden zuletzt genannten Bestimmungen verweisen auf zwei wichtige Motive, die hinter diesen Anordnungen standen. Zum einen sollten die Gläubigen durch den Pfarrer und damit durch die Amtskirche überwacht werden. Wer sich der Befolgung der Vorschriften aus Nachlässigkeit entzog oder gar ketzerischen Bewegungen anhing, sollte auffallen und zur Rechenschaft gezogen werden. Diese Kontrolle war jedoch schon deswegen lückenhaft, weil es keine Namenslisten von den Pfarrkindern gab, die dem Pfarrer einen genauen Überblick verschafft hätten.

Zum anderen hatte der Pfarrzwang finanzielle Gründe. Der Pfarrer verfügte zu seinem Lebensunterhalt über das Pfarrgut, welches den Pfarrhof und weiteren Grundbesitz umfasste. Außerdem erhielt er mitunter kleinere Anteile für Messen, die in der Pfarrkirche gestiftet worden waren. Hauptsächlich aber bestanden seine Einnahmen in unterschiedlichen Gebühren, welche die Gläubigen bei Erteilung der Sakramente zahlen mussten und die später „Stolgebühren" genannt wurden, sowie in den schon erwähnten Pflichtspenden und in anderen Spenden (Oblationen), die bei Gottesdiensten aller Art anfielen und die sich zu beachtlicher Höhe addierten [PRIETZEL 1994]. Diese Einkünfte wären womöglich zu großen Teilen weggefallen, hätte man den Gläubigen erlaubt, die entsprechenden liturgischen Handlungen in einer beliebigen Kirche vornehmen zu lassen.

**Soziale und politische Rolle der Pfarrei.** Aus allen diesen Gründen war die Pfarrkirche für jeden Christen der Ort, an dem entscheidende Stationen seines eigenen Lebens sowie des Lebens seiner Angehörigen und Freunde feierlich begangen wurden, und zwar mit dem Wissen und häufig im Beisein der anderen Bewohner der Pfarrei. So wurden diese Ereignisse öffentlich. Besonders groß war die Beteiligung wohl dann, wenn die Solidarität der Mitmenschen am meisten gebraucht wurde: bei Gottesdiensten zu Begräbnissen und zum Totengedenken. Ihrer Verstorbenen gedachte die Gemeinde z. B. auch, indem deren Namen bei den sonntäglichen Messen verlesen wurden.

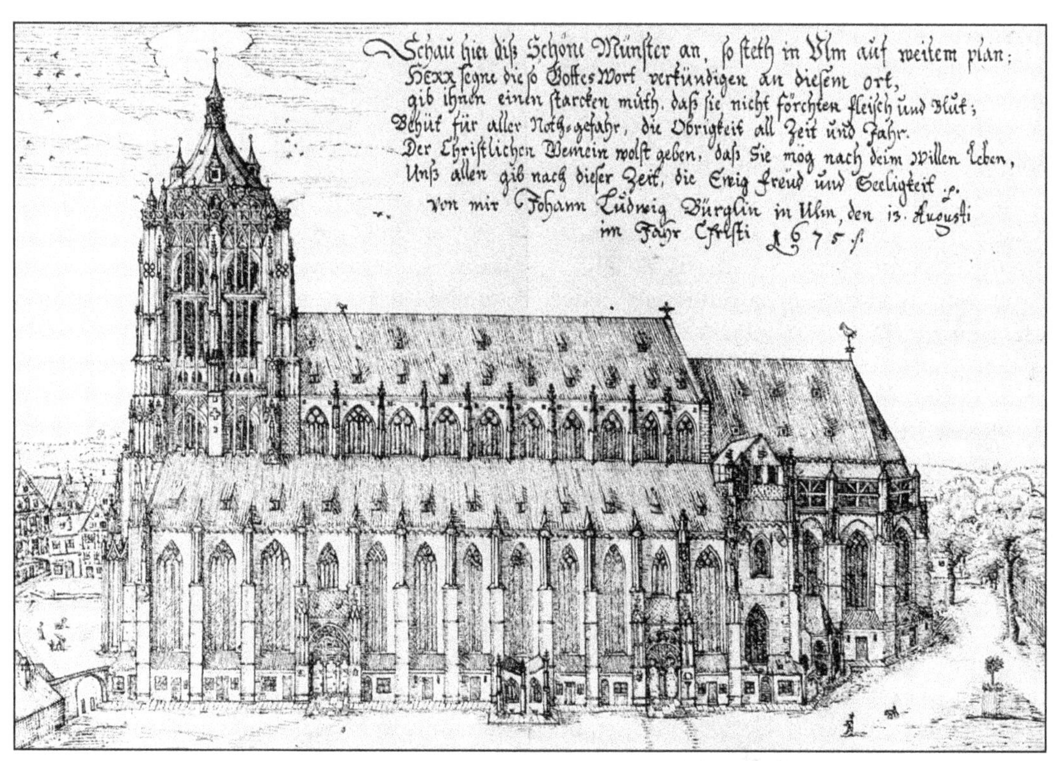


Das **Ulmer Münster** zeigt auf besonders eindrucksvolle Weise, mit welchem Stolz und mit wie viel Aufwand eine Stadt ihre Macht und ihren Reichtum durch ihre Pfarrkirche darzustellen suchte. Lange Zeit befand sich die Pfarrkirche, zu der Ulm gehörte, vor den Stadtmauern. Im Jahr 1377 wurde sie abgebrochen. Noch in demselben Jahr begannen die Ulmer in der Stadt mit dem Bau eines neuen Kirchengebäudes, das alle anderen Pfarrkirchen an Größe und Pracht übertreffen sollte. Es ist 123 m lang und bietet Platz für 29 000 Menschen; die Stadt zählte im 15. Jahrhundert aber nur ungefähr halb so viele Einwohner. Das ehrgeizige Vorhaben kam allerdings nach einigen Jahrzehnten zum Erliegen. Die hier abgebildete Zeichnung aus dem Jahr 1675 gibt den halbfertigen Zustand wieder. Erst im 19. Jahrhundert wurde die Kirche fertig gestellt.

Bild: Ansicht des Ulmer Münsters, Tuschezeichnung 1675, Johann Ludwig Bürglin. Foto: Stadtarchiv Ulm, Sign. F3 Ans. 442.

Literatur: H. Boockmann, Kirche und Frömmigkeit in Ulm, in: Meisterwerke massenhaft. Die Werkstatt des Niklaus Weckmann und die Malerei in Ulm um 1500, Stuttgart 1993, 55-61.

Die Pfarrkirche und die Pfarrgemeinde bildeten also einen wichtigen Rahmen für das soziale Leben der Laien, doch reichte ihre Bedeutung weit darüber hinaus, denn zwischen religiöser, lokaler und politischer Gemeinschaft wurden keine klaren Grenzen gezogen. Deutlich sichtbar wurde dies vor allem daran, dass die Bevölkerung einer Stadt bei bestimmten Anlässen bewusst als eine einzige religiöse Gemeinschaft agierte; dies galt auch für die recht zahlreichen Städte, die mehrere Pfarrkirchen besaßen. Zum Beispiel gab es häufig zu bestimmten Kirchenfesten, vor allem Fronleichnam, und zur Abwehr drohender Gefahren wie Epidemien und Kriegen gemeinsame Prozessionen der städtischen Pfarreien.

Die Kirchengebäude drückten das Selbstbewusstsein nicht nur der kirchlichen, sondern oft auch der politischen Gemeinde aus und wurden daher mit großem Aufwand ausgebaut und ausgeschmückt. Dies galt umso mehr, als die Pfarrkirche – weit mehr als das Rathaus – das öffentliche Gebäude schlechthin darstellte. Hier waren häufig die Normmaße angebracht; sie zeigten z. B. verbindlich und exakt, wie lang in dieser Stadt eine Elle oder ein Fuß waren. Am Turm der Pfarrkirche befand sich oft die erste mechanische Uhr, die in der Stadt installiert wurde. In den Messen wurden auch Anordnungen der geistlichen wie weltlichen Obrigkeit verlesen.

**Kirchenfabrik.** Bau und Unterhalt der Pfarrkirche sowie die laufenden Kosten für die Gottesdienste, z. B. für den Küster oder die Kerzen, wurden aus dem Vermögen der jeweiligen Pfarrkirche bestritten, das Kirchenfabrik genannt wurde [Reitemeier]; es war streng getrennt vom Pfarrgut, dessen Nutzung dem Pfarrer zustand. Die Verwalter dieses Vermögens wurden je nach Region mit unterschiedlichen Titeln bezeichnet (Alterleute, Zechpröpste, Vormünder usw.), so dass die Benennungen auch in der Forschung variieren. Diese Amtsinhaber wurden grundsätzlich von der Gemeinde aus der Reihe ihrer Mitglieder gewählt, doch war in der Praxis das aktive wie passive Wahlrecht weitgehend auf die männlichen Mitglieder der örtlichen Führungsschichten beschränkt. Für sie stellte die Übernahme dieser Aufgabe eine angesehene Station auf ihren Ämterlaufbahnen dar, bewiesen sie dadurch doch Verantwortung für das Gemeinwohl.

**Stiftungen.** Für die Ausschmückung des Kirchgebäudes und die Ausweitung des Gottesdienstes sorgten auch eine Vielzahl von Stiftungen, die von Zünften, Bruderschaften, Familien oder Einzelpersonen getätigt wurden. Auf diesem Feld konkurrierten die städtischen Pfarrkirchen mit anderen örtlichen Gotteshäusern wie Kapellen und Klöstern, doch konnten sie im Allgemeinen mit der besonderen Anhänglichkeit ihrer Pfarrkinder rechnen. Dies lag nicht zuletzt daran, dass alle diese Stiftungen nicht nur auf das Seelenheil des Stifters und die Mehrung des Gottesdienstes zielten. Vielmehr wollten die Stifter auch in ganz irdischer Weise an sich erinnern und ihren Reichtum demonstrieren, z. B. durch ihre Wappen an Schlusssteinen im Gewölbe oder durch Stifterbildnisse auf den Altargemälden. Solche stolzen Verweise auf die eigene Person und die eigene Familie waren aber gerade dort besonders erstrebenswert, wo die Stifter wohnten und bekannt waren, in jenem Gebäude, das für ihr Leben in vielfacher Hinsicht einen wichtigen Bezugsrahmen bildete: in ihrer Pfarrkirche.

**Entstehung von Bruderschaften.** Vielen Menschen genügte im späten Mittelalter das Angebot nicht, das die Amtskirche in ihren verschiedenen Institutionen (Kloster- und Pfarrkirchen sowie Kapellen) zur Sicherung ihres Seelenheils zur Verfügung stellte. Sie suchten zur Befriedigung ihrer religiösen Bedürfnisse die Gesellschaft von Gleichgesinnten. So entstand neben den amtskirchlichen Einrichtungen, keineswegs gegen sie gerichtet, sondern sie ergänzend, eine Vielzahl von genossenschaftlich strukturierten Gemeinschaften, mit deren Hilfe die Mitglieder vorrangig religiöse Interessen verfolgten. Anders als durch den Eintritt in ein Kloster änderte sich durch die Aufnahme in eine solche Genossenschaft die kirchenrechtliche Stellung der Mitglieder nicht. In den Quellen können diese Gemeinschaften ganz unterschiedliche Namen tragen, die Forschung nennt sie jedoch im Allgemeinen in Anlehnung an eine kirchenrechtliche Begriffsprägung der frühen Neuzeit Bruderschaften [JOHANEK; RAHN; REMLING].

Die weite Verbreitung und die hohe Zahl dieser Gemeinschaften erklärt sich vor allem durch die allgemeine Intensivierung der religiösen Bestrebungen, wie sie für die letzten Jahrzehnte des Mittelalters charakteristisch ist. Bruderschaften von Laien werden bezeichnenderweise erst seit dem Beginn des 15. Jahrhunderts häufiger erwähnt, die überwiegende Zahl von ihnen entstand sogar erst nach 1450.

Schon früher traten hingegen vielerorts Klerikerbruderschaften auf, d.h. Gemeinschaften, deren Mitglieder ausschließlich oder in der Mehrzahl Geistliche waren und die daher von Klerikern geleitet wurden; ihre Zielsetzungen berücksichtigen in unterschiedlichem Maß auch ständische Interessen des Klerus [PRIETZEL 1995]. Vor allem in Norddeutschland wurden Bruderschaften dieser Art häufig Kaland genannt. Laien konnten die Geschicke dieser Klerikergemeinschaften meist nicht mitbestimmen, aber durch eine Stiftung oder Schenkung an ihren geistlichen Wohltaten teilhaben und an den bruderschaftlichen Begängnissen teilnehmen.

**Vielfalt des Bruderschaftswesens.** Zur starken Ausbreitung der Bruderschaften von Geistlichen wie Laien trug auch bei, dass sich diese Organisationsform den lokalen Gegebenheiten und den Wünschen ihrer potenziellen Mitglieder flexibel anpassen konnte. Auch die einzelnen Gemeinschaften waren keinesfalls statisch, sondern reagierten sensibel auf Veränderungen in ihrem Umfeld und in den Wünschen ihrer Mitglieder. Die spätmittelalterlichen Bruderschaften sind daher äußerst vielgestaltig.

Wie die einzelnen Gemeinschaften das Seelenheil ihrer Mitglieder befördern wollten, war sehr unterschiedlich. Wohl jede Bruderschaft dürfte gleich anderen mittelalterlichen Genossenschaften ein gemeinsames Totengedenken gepflegt haben. Manche Bruderschaften konzentrierten sich auf die Verehrung eines oder einer Heiligen. Viele widmeten sich karitativen Aktivitäten, die ebenfalls als religiös verdienstvoll galten; sie pflegten z.B. Kranke und Alte. Auch das gemeinsame Mahl, das bei Bruderschaftsbegängnissen üblich war, galt als praktizierte Nächstenliebe und damit als religiös verdienstlich; es hatte jedoch ebenso soziale Funktionen. Ständische oder berufsständische Interessen spielten hingegen bei Laienbruderschaften – anders als bei Klerikerbruderschaften, Adelsgesellschaften oder Zünften – kaum eine Rolle.

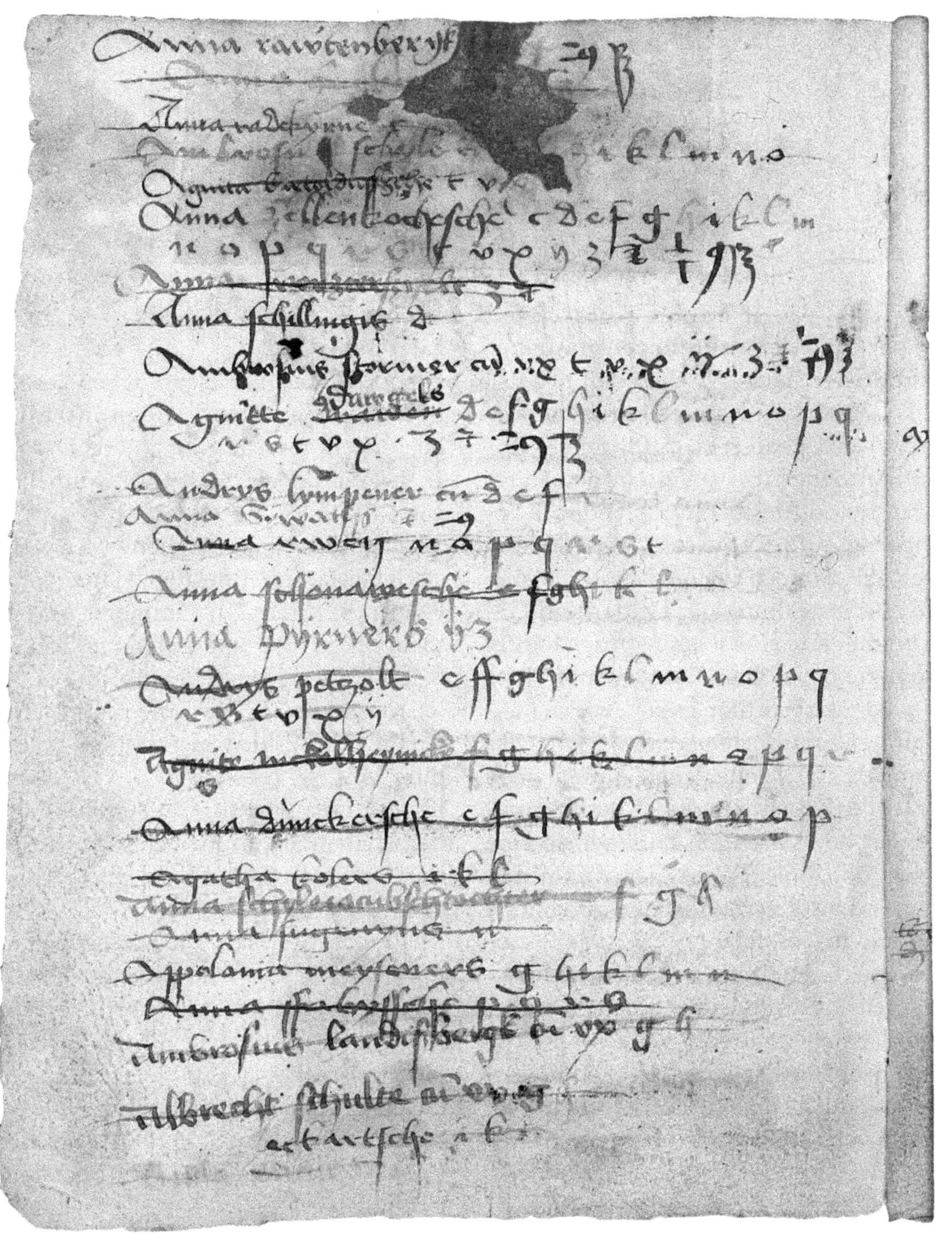

Von den meisten Bruderschaften des späten Mittelalters sind nur wenige, kaum zusammenhängende Fakten bekannt. Ein seltener Ausnahmefall ist es, wenn uns eine Quelle eine Bruderschaft als sozialen Organismus konkret vor Augen führt und hinter allgemeinen Strukturen einzelne Menschen und ihre Schicksale erahnen lässt. Dies ist der Fall beim **Rechnungsbuch der Elenden-Bruderschaft in Königsberg** in Ostpreußen; diese Gemeinschaft widmete sich besonders der Fürsorge für Ortsfremde („elende"). Die Mitglieder sind grob nach dem Anfangsbuchstaben ihrer Vornamen geordnet. Verstorbene wurden gestrichen, Neuaufgenommene nachgetragen. Die Kleinbuchstaben hinter den Namen bezeichnen die Jahre, in denen der jährliche Beitrag, das so genannte Wachsgeld, ordnungsgemäß bezahlt wurde; ein „a" steht z. B. für das Jahr 1477, in dem das Buch angelegt wurde, ein „b" für 1478 usw. Als das Rechnungsbuch durch Streichungen und Nachträge unübersichtlich wurde, legte man 1502 ein neues an.

Bild: Seite aus einem Rechnungsbuch der Elenden-Bruderschaft in Königsberg, Handschrift. Foto: Geheimes Staatsarchiv Preußischer Kulturbesitz Berlin, XX. HA, Ordensfoliant 89k, fol. 3v.

Literatur: D. Heckmann (Bearb.), Das Kontenführungsbuch der Elenden Bruderschaft von Königsberg-Löbenicht (1477–1523), Köln/Weimar/Wien 2000.

Auch der Grad der institutionellen Ausformung differierte stark zwischen den Bruderschaften. Gemeinsam waren allen jedoch die Grundzüge der genossenschaftlichen Organisation. An der Spitze stand ein gewählter Leiter, für dessen Amt es unterschiedliche Benennungen gab (z. B. Meister oder Dekan). Mitunter gab es noch weitere Ämter, insbesondere zur Verwaltung der Gelder und Güter; die betreffenden Personen wurden häufig als Kämmerer bezeichnet. Die Regeln, welche die Mitglieder zu beachten hatten, waren häufig in Statuten schriftlich niedergelegt. Bei der Aufnahme in die Bruderschaft hatten neue Mitglieder die Einhaltung dieser Bestimmungen zu geloben. Außerdem mussten sie eine Beitrittsgebühr zahlen; diese diente unmittelbar dazu, das bruderschaftliche Vermögen zu erhöhen und insbesondere die Kosten auszugleichen, die durch das neue Mitglied entstehen konnten, z. B. für Gedächtnismessen. Bei manchen Gemeinschaften war dieser Betrag jedoch so hoch, dass sich nur die Wohlhabenderen den Beitritt finanziell leisten konnten. Zusätzlich verlangten viele Gemeinschaften jährliche Beiträge von ihren Mitgliedern. Solche finanziellen Regelungen machen es verständlich, dass allgemein unter den Mitgliedern der Laienbruderschaften die Angehörigen der Ober- und Mittelschicht überrepräsentiert waren. Einige Gemeinschaften besaßen sogar einen sozial ausgesprochen exklusiven Charakter.

In der Reformationszeit wurden dort, wo sich der Protestantismus durchsetzte, die Bruderschaften bis auf wenige Ausnahmen aufgelöst. In Gegenden, die katholisch blieben oder rekatholisiert wurden, bildeten hingegen Bruderschaften ein wichtiges Instrument der katholischen Reform.

Malte Prietzel

**Literatur**

H. Boockmann, Bürgerkirchen im späteren Mittelalter, in: Ders., Wege ins Mittelalter. Historische Aufsätze, hrsg. von D. Neitzert, U. Israel und E. Schubert, München 2000, 186–204.

S. Graf, Das Niederkirchenwesen der Reichsstadt Goslar im Mittelalter, Hannover 1998.

P. Johanek (Hrsg.), Einungen und Bruderschaften in der spätmittelalterlichen Stadt, Köln/Weimar/Wien 1993.

R. Kiessling, Bürgerliche Gesellschaft und Kirche in Augsburg im Spätmittelalter, Augsburg 1971.

K. Militzer (Hrsg.), Quellen zur Geschichte der Kölner Laienbruderschaften vom 12. Jahrhundert bis 1562/63, 4 Bde., Düsseldorf 1997–2000.

M. Prietzel (Hrsg.), Die Finanzen eines spätmittelalterlichen Stadtpfarrers. Das Rechnungsbuch des Johann Hovet, Pfarrer von St. Johannis in Göttingen, für das Jahr 1510/11, Hannover 1994.

Ders., Die Kalande im südlichen Niedersachsen. Zur Entstehung und Ausbreitung von Priesterbruderschaften im Spätmittelalter, Göttingen 1995.

K. Rahn, Religiöse Bruderschaften in der spätmittelalterlichen Stadt Braunschweig, Braunschweig 1994.

A. Reitemeier, Pfarrkirchen in der Stadt des späten Mittelalters. Politik, Wirtschaft und Verwaltung, Stuttgart 2004.

L. Remling, Bruderschaften in Franken. Kirchen- und sozialgeschichtliche Untersuchungen zum spätmittelalterlichen und frühneuzeitlichen Bruderschaftswesen, Würzburg 1986.

# Bäuerliche Schwurgemeinschaften

**Konflikt- und Widerstandsformen.** Die mittelalterliche Grundherrschaft kann als komplexes Gebilde von Rechten und Pflichten zwischen Grundherrn und Grundholden beschrieben werden, das aufgrund seiner asymmetrischen Struktur und den daraus resultierenden Interessengegensätzen zwischen Herrn und Holden ein immanentes Konflikt- und Widerstandspotenzial aufwies. Ungehorsam, Protest und agrarische Revolten sind folglich charakteristisch für die ständische Gesellschaft Alteuropas. Dabei unterscheidet die Forschung mehrere Formen bäuerlicher Auflehnung: von individueller oder kollektiver Verweigerung von Abgaben und Diensten sowie der Übertretung von Geboten über die Flucht aus der Grundherrschaft bis hin zu offenen gewaltsamen Aufständen. Der Begriff „Widerstand" kann dabei als Oberbegriff für verschiedene Formen der Auflehnung benutzt werden. Die Übergänge zwischen den Widerstandsformen sind fließend, so dass „Widerstand" und „Unruhen" als Ordnungsbegriffe der Forschung ebenso wie Versuche der Binnendifferenzierung in niederen und höheren, latenten und offenen sowie gewaltsamen und gewaltfreien Widerstand stets am Einzelfall auf ihre Plausibilität überprüft werden müssen.

▷ S. 194 f. Grundherrschaft

**Widerstandshäufigkeit und -verbreitung.** Verweigerung von Abgaben und Diensten, Bedrohung der Steuereinnehmer und Flucht aus den sich verfestigenden Grundherrschaften sind schon im Frankenreich bezeugt; Widerstand gegen Frondienste und sonstige Leistungsverweigerung dürften im Hochmittelalter zur Auflösung der Fronhofsverbände beigetragen haben. Diese Formen der Resistenz waren jedoch auf einzelne Grundherrschaften beschränkt.

Spektakuläre Bauernaufstände sind erst für das Spätmittelalter bekannt, wo sie in West-, Mittel- und Ostmitteleuropa vorkamen. So setzten sich seit 1204 (?) an der Unterweser die Stedinger Bauern, die im Zuge des Landesausbaus zunächst günstige Besitz- und Abgabenverhältnisse erhalten hatten, auf Basis gut ausgebildeter genossenschaftlicher Verbände (Deichgenossenschaften) gegen militärische Versuche des Erzbischofs von Bremen und der Grafen von Oldenburg zur Wehr, ihr Land stärker herrschaftlich zu durchdringen. Zu Ketzern erklärt (1231), wurden sie mit einem „Kreuzzug" überzogen und nach einem ersten Abwehrsieg (1233) geschlagen (1234) [Köhn 1979].

Für die Zeit zwischen 1300 und 1523 hat Bierbrauer allein für das Reich 59 Revolten ermittelt. Dabei ist eine auffällige Häufung im südwestdeutschen Raum sowie auf dem Gebiet der Eidgenossenschaft festzustellen.

**Abgrenzungsprobleme.** Unruhen in der ständischen Gesellschaft konnten vielfältige Probleme widerspiegeln und folglich von mehreren Gruppen zugleich getragen werden. Eine Abgrenzung zwischen Bauernaufständen und „Volksaufständen" bzw. „Volksbewegungen" ist daher nicht immer einfach. So wird der Stellinga-Aufstand (841/42 und 843), bei dem sächsische Freie (*frilingi*) und Liten (*lazzi*, abhängige, halbfreie Bauern) die Bruderkämpfe unter den Söhnen Ludwigs des Frommen nutzten, um sich gegen die Folgen der Eingliederung Sachsens ins Frankenreich zu wehren, häufig zu den Bauernaufständen gezählt. Dies ist jedoch in Hinblick auf die Vielzahl der Aufstandsmotive, zu denen auch der Widerstand gegen die Christianisierung zu zählen ist, eine vereinfachende Sicht [Goldberg].

Der Bundtſchu
Diſz biechlein ſagt von dem bö
ſen fürnemen der Bundtſchuher/wye es ſich
angefengt geendet vnd aus kumen iſt.

Pamphilus Gengenbach R G S
Nyt me yetzundt iſt mein beger
Ob yenen ainer vom bundtſchu wer
Dem da fülr kem dieß ſchlecht gedicht
Bit ich er wels verachten nicht
So kumpt er nit yn ſolche not
Als mancher yetz iſt bliben todt
Vngehorſam gou vngeſtroſſt nit lot

Der Name **Bundschuh** leitet sich von dem bäuerlichen Riemenschuh her, der als Wappenfigur und Hauszeichen begegnet. Auf Fahnen verwendet, wurde er während des 15. Jahrhunderts besonders im Südwesten des Reichs zu einem Symbol für Einung und Selbsthilfe, so etwa 1439 und 1444/45 während der Abwehr eines Einfalls französischer Söldner ins Elsass, und schließlich zum Synonym für Aufruhr und Empörung der Untertanen. Historisch bedeutend sind vor allem die Bundschuhverschwörungen der Jahre 1493, 1502, 1513 und 1517. Sie spielen in der deutschen Widerstandsgeschichte insofern eine Sonderrolle, als sie sich nicht auf eine Herrschaft beschränkten: Vielmehr handelte es sich um herrschaftsübergreifende Konspirationen von Teilen der Landbevölkerung. Gedacht war aber an eine standesübergreifende Ausrichtung, die in Grenzen auch erreicht wurde. Die These, die Bewegung sei 1517 gleichsam „abgesunken" und durch einen überproportionalen Anteil randständischer Personen – fahrende Leute, Bettler, entlassene Landsknechte – charakterisiert gewesen, ist jedoch fragwürdig.

Die vier oberrheinischen Bundschuhverschwörungen hatten offenbar unterschiedlich weit gefasste Zielsetzungen. Zunächst setzte man an den Missbräuchen des geistlichen Gerichts und des Hofgerichts Rottweil sowie an der Pfründenhäufung der Geistlichen an, man trachtete nach Vertreibung der Juden und der Aufhebung von Zöllen und bestimmten fiskalischen Lasten (1493), um in der Folge die Forderung nach Rückkehr der Geistlichen zur apostolischen Armut und Abschaffung aller feudalen Lasten (1502), ja zur „Aufhebung aller feudalen Zwischeninstanzen" (1513; SCOTT, 341) zu stellen. Allerdings ist die Quellenlage teils dürftig (besonders zu 1517), teils problematisch, da u.a. auf erfolterten Aussagen beruhend, so dass die Ziele der Aufrührer nicht zweifelsfrei belegt werden können. Selbst die Existenz der Verschwörung von 1517 wurde kürzlich bezweifelt [DILLINGER]. So muss die angebliche Bezugnahme auf das eidgenössische Vorbild und die Erwartung eidgenössischer Unterstützung quellenkritisch hinterfragt werden, weniger klar als bislang angenommen ist auch die konkrete Füllung des Schlagworts vom „göttlichen Recht" durch die Bundschuher. Das hier abgebildete Titelblatt zeugt davon, dass die Bundschuh-Verschwörungen mit erheblichem propagandistischen Gegenwind zu rechnen hatten. Es stammt von einer anonymen bundschuhfeindlichen Darstellung der Ereignisse von 1513, die der Basler Buchdrucker Pamphilius Gengenbach 1514 publizierte, versehen mit einer Reimvorrede. Das Titelbild zeigt einen mit einem Schwert bewaffneten Bauern mit einer fiktiven Bundschuhfahne.

Was auch immer die Verschwörer anstrebten: Sie bekamen keine Gelegenheit, für ihre Vorstellungen zu kämpfen, denn alle Konspirationen wurden verraten und im Keim erstickt. Dies unterscheidet sie von dem ebenfalls überständischen und überregionalen, wenn auch weitgehend auf das Herzogtum Württemberg bezogenen Aufstand des „Armen Konrad" (1514), dessen überwiegend altrechtlich argumentierende Protagonisten sich zwar mit Forderungen nach Landstandschaft des gemeinen Mannes, „Ausweitung der politischen Mitbestimmung im gemeindlichen Bereich oder Respektierung des alten Herkommens" [SCHMAUDER, 192] nicht durchsetzen konnten, die in Folge ihres Aufstands aber dennoch Verbesserungen erwirkten.

Bild: Titelblatt der Schrift „Der Bundtschu", Basel 1514.

Literatur: J. DILLINGER, Der Bundschuh von 1517. Neue Quellen, eine Chronologie und der Versuch einer Revision, in: ZGO 153, 2005, 357–377; A. SCHMAUDER, Der Arme Konrad in Württemberg und im badischen Bühl, in: P. BLICKLE/T. ADAM (Hrsg.), Bundschuh. Untergrombach 1502, das unruhige Reich und die Revolutionierbarkeit Europas, Stuttgart 2004, 183–194; T. SCOTT, Freiburg und der Bundschuh, in: H. SCHADEK (Hrsg.), Der Kaiser in seiner Stadt. Maximilian I. und der Reichstag zu Freiburg 1498 , Freiburg i. Br. 1998, 332–353.

## Detailskizze

Bereits die Bundschuhverschwörungen, die Erhebung des „Armen Konrad" und der Schweizer Bauernkrieg 1513/14 waren herrschaftsübergreifende Erhebungen gewesen, in denen auch Forderungen erhoben worden waren, die nicht durch das „alte Recht" gedeckt waren (Abschaffung der feudalen Zwischeninstanzen und folglich auch der Leibeigenschaft bei Joß Fritz; Aufhebung der Leibeigenschaft durch die Solothurner Bauern). Im deutschen **Bauernkrieg 1524–1526**, der im Sommer 1524 im Hegau aufflackerte, der in der Breite aber erst im Januar 1525 begann und seine Schauplätze in Oberschwaben, Franken und Württemberg (März 1525), dem Schwarzwald, dem Elsass und der Pfalz (April 1525) sowie in Thüringen, Tirol, Salzburg, Inner- und Oberösterreich (Sommer 1525) hatte, verbanden sich altrechtliche mit göttlich-rechtlichen Ansätzen und gaben einer Massenbewegung die Legitimation zum gewaltsamen Aufstand: Der Erhebung der Bauern schlossen sich nicht selten Bewohner von Landstädten und manchmal die unteren und mittleren Schichten der Reichsstädte an; gelegentlich beteiligten sich auch Bergknappen am Aufstand (Erzstift Salzburg, Grafschaft Tirol), so dass Blickle sogar von einer „Revolution des gemeinen Mannes" sprach.

Als Ursachen für den Ausbruch des Bauernkriegs sind die zunehmenden Belastungen der Landbevölkerung durch die sich verfestigenden Territorialstaaten, die von der Verschlechterung der persönlichen Rechtsstellung und der sich steigernden politischen und fiskalischen Nutzung der Herrenrechte, besonders der Leibherrschaft, bis hin zu wachsendem Steuern- und Abgabendruck reichten, ebenso zu nennen wie ein Bevölkerungswachstum, das den Zugriff des Einzelnen auf Ressourcen schmälerte. Positiv gewendet galt der Kampf u.a. der Behauptung gemeindlicher Selbstverwaltung.

Darüber hinaus gingen entscheidende Einflüsse von der Reformation aus. Der für die Reformation charakteristische Rückgriff auf das „reine Evangelium" verlieh der Forderung nach der Anwendung des „göttlichen Rechts" in innerweltlichen Belangen zusätzliche (scheinbare) Plausibilität: Dies galt umso mehr, als der Einsatz geistlicher Zwangsmittel zu weltlichen Zwecken schon im 15. Jahrhundert für zunehmende Verbitterung gesorgt und den weit verbreiteten Antiklerikalismus genährt hatte. In den „Zwölf Artikeln der oberschwäbischen Bauern" vom März 1525 wurden die Reduktion von Abgaben und Diensten, die Rückgabe der Allmenden, das Jagd- und Fischereirecht, aber auch die Aufhebung der Leibeigenschaft verlangt; das geforderte Recht zur Wahl sowie zur Absetzung der Pfarrer sollte die Predigt des reinen Evangeliums gewährleisten. „‚Brüderliche Liebe' und ‚gemeiner christlicher Nutzen' sollten als Grundwerte der neuen gesellschaftlich-politischen Ordnung verwirklicht werden" [Holenstein, 42]. Drei süddeutsche Bauernhaufen schlossen sich laut Präambel ihrer „Bundesordnung" zu einer „christlichen Vereinigung" zusammen.

Zu den rechtlichen und ökonomischen Forderungen der Bauern traten auch politische Ziele. So erstrebten die Bauern in den süddeutschen Kleinterritorien „das kommunal-förderative Modell der ‚Christlichen Vereinigungen'" [Holenstein, 43], während sie in größeren Territorien an der Repräsentativverfassung partizipieren wollten. Ihre Entschlossenheit, die eigenen Ziele zu erreichen, bekundeten die Bauern auf gewaltsame Weise, besonders durch Burgenbruch und Klosterplünderungen. Doch wurden die Bauernhaufen im Mai und Juni 1525 durch die Heere des Schwäbischen Bundes und der Reichsfürsten besiegt; in der Folge zogen sich die Auseinandersetzungen noch bis zum Jahresende 1525 bzw. in den Sommer 1526 (Erzstift Salzburg) hin. Der Niederlage der Bauern folgten teils harte Strafmaßnahmen, teils wurden aber auch Verträge abgeschlossen, die zumindest teilweise auf die Beschwerden der Bauern eingingen. Trotz des erheblichen Blutzolls, den der Bauernkrieg gefordert hatte, gab es seit den 1560er Jahren erneut bäuerlichen Widerstand. Dieser spielte sich in der Frühen Neuzeit jedoch immer stärker in prozessualen Formen ab. Auch die These von einer „politischen Entmündigung der Bauern" [Franz; dazu Blickle 1988, 77] infolge ihrer Niederlage im Bauernkrieg wurde von der Forschung revidiert.

Literatur: P. Blickle, Der Bauernkrieg. Die Revolution des Gemeinen Mannes, München 1998; G. Franz, Der deutsche Bauernkrieg, 11. Aufl. Darmstadt 1977; A. Holenstein, Bauern zwischen Bauernkrieg und dreißigjährigem Krieg, München 1996.

Erst recht handelt es sich beim sächsischen Aufstand gegen König Heinrich IV. (1073) nicht um einen Bauernaufstand im engeren Sinn. In der nach dem Beinamen ihres Anführers Arnold von Uissigheim als „Armledererhebung" bezeichneten Revolte (1336–1338/39) verbanden sich ländliche und städtische Unterschichten in Franken und im Elsass zu einer Aufstandsbewegung, die sich besonders gegen die Judengemeinden richtete [Arnold 1974]. Auch die flandrischen Unruhen von 1323–1328 hatten eine breitere soziale Basis, die, ausgehend von der Landbevölkerung, etwa die Walker und Weber in Brügge und Ypern einschloss. Hier wandten sich die Aufständischen zunächst gegen die Übergriffe einzelner Gerichtsherren, dann gegen die gräfliche Verwaltung, die Schöffen der Städte und die Zinsforderungen des Klerus. Primär religiös motiviert war dagegen die hussitische Bewegung. Dies gilt auch für Hans Böheim, einen Hirten und Dorfmusikanten, der am Marienwallfahrtsort Niklashausen im Taubertal Predigten mit revolutionärer Tendenz hielt, in denen er Kritik an der Amtskirche übte und die allgemeine Aufteilung des Besitzes, die Verwerfung aller weltlichen und kirchlichen, landes- und grundherrlichen Abgaben sowie den Lebenserwerb aller durch Handarbeit forderte [Arnold 1980].

Die genannten Revolten und Bewegungen zeugen durch ihre ständeübergreifende Zusammensetzung und ihre über Probleme der Agrarverfassung hinausweisende Zielrichtung vom Unruhepotenzial der ständischen Gesellschaft als Ganzer, ohne dass sie als Bauernaufstände im engeren Sinn angesprochen werden dürften. Umgekehrt konnten Bauernaufstände sich zu überständischen Aufständen ausweiten.

**Ursachen und Legitimationsgrundlage.** Bäuerlicher Widerstand richtete sich als kollektive Aktion gegen eine Herrschaft, wobei der Widerstand auslösende Konflikt rechtlicher, sozialer oder wirtschaftlicher Natur sein konnte. Auch das Versagen der Herrschaft – besonders in Hinblick auf die Schutzpflicht – konnte als Begründung für einen Aufstand geltend gemacht werden, zumal der „Schwabenspiegel", ein zentrales mittelalterliches Rechtsbuch des 13. Jahrhunderts, die Dienstpflicht der Bauern mit dem Schutz der Herren begründete. In der Regel wird von einer Mehrzahl verschränkter konfliktauslösender Faktoren auszugehen sein. Unterschiedlich fällt in der Forschung jedoch ihre Gewichtung aus. Während Brady im Anschluss an ältere Forschungen das Vorbild der eidgenössischen Freiheit betonte, betrachtete Franz die Zurückdrängung alter Rechte durch den werdenden Territorialstaat als Ursache bäuerlicher Revolten, auch und gerade seit dem späten 14. Jahrhundert in den Landgebieten der eidgenössischen Stadtstaaten. In den oberdeutschen Klosterherrschaften wurden z.B. Verschlechterungen der Erb- und Besitzrechte und Minderung der Allmenden oder die territorialpolitisch motivierte, mit massivem Zwang einhergehende Ausweitung der Leibherrschaft, d.h. die Verschlechterung der persönlichen Rechtsstellung, zum Auslöser von Aufständen. Andere Forscher betonten stärker ökonomische Aspekte und führen das Vordringen der Geldwirtschaft oder die (angebliche) Agrarkrise des Spätmittelalters an, die nicht nur zu einer Verarmung der Bauern, sondern auch zu steigendem Abgabendruck in Kleinterritorien geführt habe. Dass es den Aufständischen um die Durchsetzung umfassender politischer Gegenentwürfe zur bestehenden Verfassung gegangen sei, ist vor 1493 nicht eindeutig nachweisbar. In den Augen der Betroffenen dienten die Aufstände nach FRANZ vielmehr der Behauptung eines durch lange Tradition legitimierten „alten" Rechts, das zugleich die Legitimationsgrundlage des Aufstandes darstellte; die Revolten waren also ihrer Natur nach defensiv. Hingegen enthielt der Rekurs auf das in der Heiligen Schrift niedergelegte, als höchste Instanz betrachtete „göttliche Recht" den Ansatz zu einer grundsätzlichen Umorganisation der politischen, sozialen und ökonomischen Ordnung. Die immer wieder vertretene Ansicht, dass das Schlagwort der göttlichen Gerechtigkeit, auf das sich die Bundschuhaufstände des Joß Fritz (belegt zwischen 1502 und 1517) beriefen, bereits in einem umstürzlerischen Sinn benutzt worden sei, wurde neuerdings relativiert [ZIMMERMANN].

▷ S. 225ff. Landgemeinden

**Organisationsbasis und Schwureinung.** Unbestritten ist, dass im spätmittelalterlichen Reich die Ausbildung von Gemeinden (Gerichtsgemeinde, Landgemeinde) Widerstandshandlungen die organisatorische und institutionelle Basis bot. Die Bedeutung der Gemeinde in Südwestdeutschland wiederum könnte die dortige Aufstandshäufung zu Teilen erklären; doch bleibt trotzdem offen, warum es innerhalb vergleichbarer Räume Gegenden mit ausgeprägter Widerstandstradition und Gegenden ohne eine solche Tradition gab. Die Annahme, bäuerliche Führungsschichten hätten eine tragende Rolle bei Bauernaufständen gespielt, konnte nicht erhärtet werden. Bei verschiedenen Erhebungen von der Karolingerzeit bis zu den Bundschuhverschwörungen 1493–1517 ist ein Zusammenschluss der Rebellen auf der Basis einer Schwureinung nachgewiesen, d.h. ein Eid bildete die Verpflichtungsgrundlage der meist freiwillig, gelegentlich aber auch unter Zwang beigetretenen Genossen. *Coniurationes* dienten hier der Durchsetzung gemeinsamer Ziele, sie konnten bei längerer Dauer auch institutionellen Charakter annehmen.

**Verlaufstypologie und Ergebnisse.** Die offene Erhebung stand stets am Ende einer längeren Eskalation, die mit dem Vorbringen von Beschwerden begann, die aber auch den Einsatz von Druckmitteln – wie die Verweigerung von Abgaben, Diensten und der Huldigung –, die Einschaltung von Schlichtern und den Prozessweg einschloss. War es zum offenen Widerstand gekommen, beendeten die durchweg siegreichen Herren den Konflikt meist durch einen den Bauern aufgezwungenen Vergleich. Dennoch ist zu würdigen, dass es überhaupt vertragliche Vereinbarungen gab, die auch die Rechte der Bauern fixierten. Solche Verträge, die in erster Linie aus geistlichen Herrschaften bekannt sind, trugen zur Fortentwicklung der Agrarverfassung [BLICKLE/ HOLENSTEIN] und zur Fundierung der Position von Untertanenschaft und Gemeinden bei.

▷ S. 233 Stadt-Kommunen

Andererseits brachte Kaiser Maximilian nach der Entdeckung des Untergrombacher Bundschuhs von 1502 alle Bundschuhmitglieder in Verbindung mit Hochverrat, was ihren Widerstand kriminalisierte und sie mit der Todesstrafe bedrohte. Auch der „Tübinger Vertrag" von 1514 sanktionierte bereits die Planung von Widerstand mit der Todesstrafe. Vergleichbare „Empörerordnungen" anderer Territorien folgten seit 1525.

Christine Reinle

## Zur Transkription der Dokumente

Stillschweigend wurden Kürzungen aufgelöst, die Groß- und Kleinschreibung sowie die Zeichensetzung modernisiert. Heute unübliche Getrenntschreibung wurde ebenfalls ohne besondere Kennzeichnung aufgehoben.

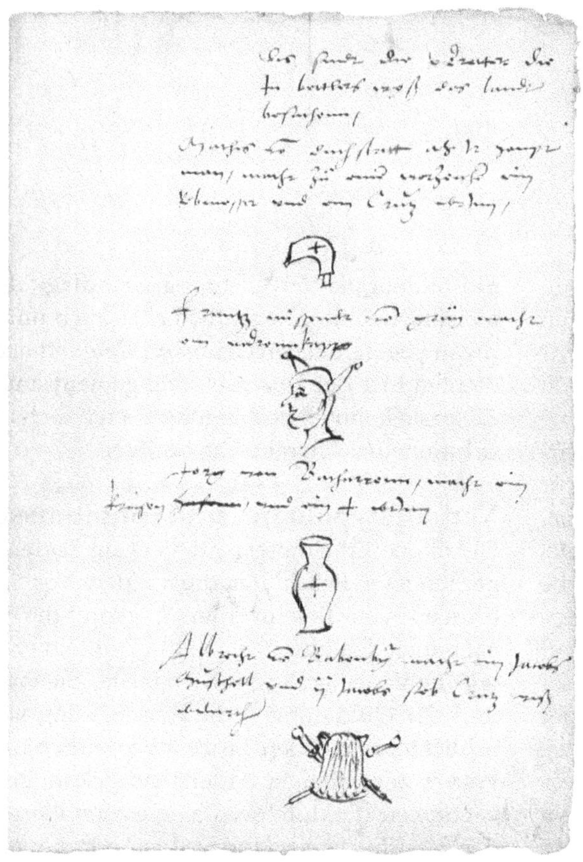

*Dis sindt die Veretter, die in Bettlers Wyß das Landt besuchenn:*

*Mathis von Duchstatt als ir Houptman, macht zu einem Warzeichen ein Rebmesser und ein Crutz drinn.*

*Frantz Missendr von Grün macht ein Narrenkappe.*

*Jorg von Bacharrenn, macht ein Krugen [Streichung] und ein + drinn.*

*Albrecht von Babenburg macht ein Jacobsmuschell und ii Jacobssteb crutzwiß do durch.*

*Batt von Rufach macht ein Segesz und ein Acherhorn.*

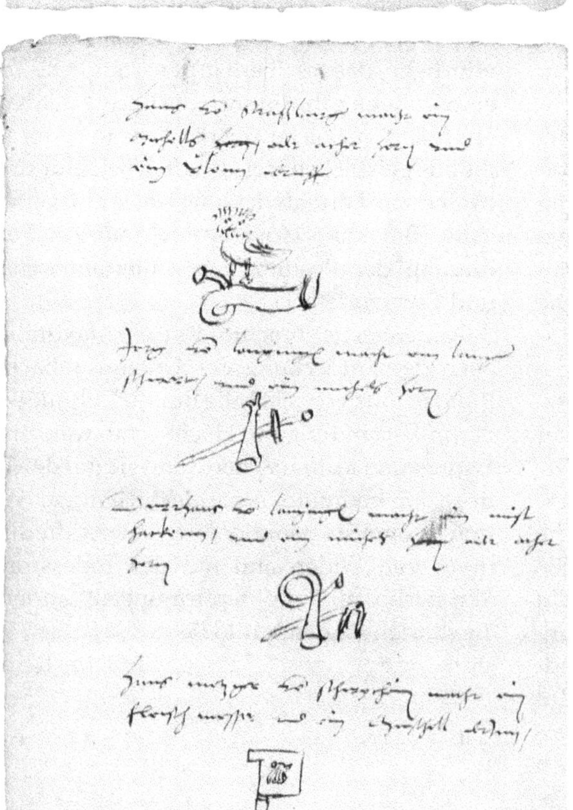

*Hans von Straßburg macht ein michells [Streichung] odr Acherhorn und ein Vlenn druff.*

*Jorg von Laugingen macht ein lang Schwert, und ein michels Horn.*

*Durrhans von Laugingen macht ein Misthacken, und ein michels [Streich.] oder Acherhorn.*

*Hans Metzger von Schwycheim macht ein Fleischmesser und ein Muschell drinn.*

**Bettelnde Verschwörer mit geheimen Erkennungszeichen?**

Gerüchte gingen 1517 im Oberrheinischen um: Joß Fritz, der gesuchte und gefürchtete Bundschuhführer, der die Region bereits 1502 und 1513 in Unruhe versetzt hatte, habe im Untergrund Anhänger für einen neuen Aufstandsversuch um sich geschart. In den Rathäusern der Städte und in herrschaftlichen Amtsstuben auf dem Land war man sogleich besorgt und stellte Ermittlungen an. Sehr ernst nahm man in der sozial wie wirtschaftlich angespannten Lage solche Hinweise. Alsbald griff man auch Verdächtige auf, die im ausdauernden Verhör, teils unter Anwendung der Folter, gestanden, mit den Verschwörern im Bunde zu sein. Weitere Namen und Treffpunkte angeblicher Mitverschwörer wurden genannt, Pläne und Verabredungen des Bundschuhs zu Protokoll gegeben.

In den Behördenstuben wurden die Aussagen protokolliert, kopiert, an andere Stellen weitergesandt; man kombinierte und bewertete Informationen und stellte Folgeuntersuchungen an. Aus solchen Ermittlungen ist das hier abgebildete Aktenstück hervorgegangen. Mit hoher Wahrscheinlichkeit stammt es aus Freiburg i. Br. und sollte benachbarte Obrigkeiten vor Verschwörern warnen, die als Bettler getarnt das Land durchstreiften, um heimlich Mitverschwörer zu werben und Brände zu legen. Offenbar auf Denunziationen beruhend, werden hier neun Männer namentlich genannt, denen man jeweils ein Zeichen zuordnete, mit dem der Betreffende sich bei seiner Tätigkeit im Untergrund angeblich zu erkennen gab. Mit Rebmesser, Misthacke und Sense wird gleich mehrfach landwirtschaftliches Gerät gezeigt; häufiger noch finden sich Zeichen, die auf das Vagantenmilieu verweisen, also auf Bettler, Spielleute und Gaukler. So erkennt man Jakobsmuscheln und Jakobsstäbe, eine Narrenkappe und Horninstrumente. Die soziale Verbindung von bäuerlichem und vagierendem Milieu in einem neuen Bundschuh lässt sich hier scheinbar deutlich symbolisch greifen.

So klar, wie man angesichts der Quelle glauben könnte, ist die Sache indes nicht. Schon die Herkunft und Datierung der Quelle bereitet Probleme. Zwar spricht viel für die erwähnte Zuordnung, doch mit letzter Gewissheit zu beweisen ist sie nicht. Aber das Problem ist noch größer. Selbst wenn man die Provenienzfrage beiseite lässt, bleibt unklar, was die Quelle eigentlich bezeugt. Denn in der Forschung ist noch keineswegs entschieden, ob es den Bundschuh von 1517 überhaupt wirklich gab oder er letztlich nur eine auf Gerüchten, Denunziationen, erpressten falschen Geständnissen und aufgebauschten Halbwahrheiten beruhende Chimäre war.

Keiner der in der Quelle genannten Bettler ist zweifelsfrei identifiziert; auch weiß man nicht sicher zu sagen, ob Männer dieses Namens der Mordbrennerei oder der Werbetätigkeit für einen Bundschuh des Jahres 1517 jemals angeklagt oder gar überführt wurden. Im Gegenteil: es ist nicht einmal auszuschließen, dass die abgebildete Zusammenstellung schlicht auf böswilliger Denunziation oder im Verhör erfundenen Falschaussagen beruht.

Doch von zweierlei zeugt die Liste gewiss, nämlich davon, was Behörden in der aufgeladenen Stimmung dieser Zeit für möglich hielten und wovor sie sich fürchteten: umherziehende, mit aufrührerischer Landbevölkerung verschworene Vaganten, die Unruhe stifteten und heimlich Feuer legten, scheinen ihnen ebenso vorstellbar wie Besorgnis erregend gewesen zu sein. Ob die Quelle heute also tatsächlich noch – wie lange Zeit in der älteren Forschung – uneingeschränkt als Zeugnis für Organisation und soziale Basis eines Bundschuhs im Jahre 1517 taugt, mag zweifelhaft sein, mentalitätsgeschichtliche Schlaglichter vermag sie aber nach wie vor zu werfen.

Matthias Meinhardt

Bild: Namen und Erkennungszeichen von gesuchten Bundschuhverschwörern (1517), Generallandesarchiv Karlsruhe, 74/3384.

Literatur: T. ADAM, Joß Fritz – das verborgene Feuer der Revolution. Bundschuhbewegung und Bauenkrieg am Oberrhein im frühen 16. Jahrhundert, Ubstadt-Weiher 2002, bes. 211-239; J. DILLINGER, Der Bundschuh von 1517. Neue Quellen, eine Chronologie und der Versuch einer Revision, in: ZGO 153, 2005, 357-377; V. GROEBNER, Der Schein der Person. Steckbrief, Ausweis und Kontrolle im Europa des Mittelalters, München 2004, bes. 62f.; R. KÖHN, Der Bundschuh von 1517 – kein Aufstandsversuch des Gemeinen Mannes auf dem Lande?, in: P. BLICKLE / T. ADAM (Hrsg.), Bundschuh. Untergrombach 1502, das unruhige Reich und die Revolutionierbarkeit Europas, Stuttgart 2004, 122-139; A. ROSENKRANZ, Der Bundschuh, die Erhebungen des südwestdeutschen Bauernstandes in den Jahren 1493-1517, 2 Bde., Heidelberg 1927.

**Literatur**

T. Adam, Joß Fritz – das verborgene Feuer der Revolution, Ubstadt-Weiher 2002.

G. Algazi, Herrengewalt und Gewalt der Herren im späten Mittelalter, Frankfurt/M. 1996.

K. Arnold, Die Armlederbewegung im Franken 1336, in: Mainfränkisches Jb. 26, 1974, 35–62.

Ders., Niklashausen 1476, Baden-Baden 1980.

P. Bierbrauer, Bäuerliche Revolten im Alten Reich, in: Blickle u.a. (Hrsg.), Aufruhr, 1-68.

P. Blickle, Die Revolution von 1525, 4. Aufl. München 2004.

Ders., Unruhen in der ständischen Gesellschaft 1300-1800, München 1988.

Ders./T. Adam (Hrsg.), Bundschuh. Untergrombach 1502, das unruhige Reich und die Revolutionierbarkeit Europas, Stuttgart 2004.

Ders./A. Holenstein, Agrarverfassungsverträge, Stuttgart 1996.

Ders. u.a. (Hrsg.), Aufruhr und Empörung? Studien zum bäuerlichen Widerstand im Alten Reich, München 1980.

T. A. Brady, Turning Swiss. Cities and Empire, 1450-1550, Cambridge u. a. 1986.

K. H. Burmeister, Der Bund ob dem See, in: P. Blickle/P. Witschi (Hrsg.), Appenzell – Oberschwaben, Konstanz 1997, 65–83.

G. Franz, Der deutsche Bauernkrieg, 11. Aufl. Darmstadt 1977.

E. J. Goldberg, Popular Revolt, Dynastic Politics and Aristocratic Factionalism in the Early Middle Ages: The Saxon Stellinga Reconsidered, in: Speculum 70, 1995, 467–501.

R. Köhn, Die Verketzerung der Stedinger durch die Bremer Fastensynode, in: Bremisches Jb. 57, 1979, 15–89.

Ders., Der Hegauer Bundschuh (Oktober 1460) – ein Aufstandsversuch in der Herrschaft Hewen gegen die Grafen von Lupfen, in: ZGO 138, 1990, 99–141.

G. P. Marchal, Bundschuh und schweizerische Eidgenossenschaft, in: SZG 52, 2002, 341–351.

B. F. Porschnew, Formen und Wege des bäuerlichen Kampfes gegen die feudale Ausbeutung, in: Sowjetwissenschaft. Gesellschaftswiss. Abteilung 1952, 440-459.

W. Rösener, Einführung in die Agrargeschichte, Darmstadt 1997.

A. Rosenkranz, Der Bundschuh, 2 Bde., Heidelberg 1927.

A. Schmauder, Württemberg im Aufstand. Der Arme Konrad 1514, Leinfelden-Echterdingen 1998.

H. Schmidt, Hochmittelalterliche „Bauernaufstände" im südlichen Nordseeküstengebiet, in: W. Rösener (Hrsg.), Grundherrschaft und bäuerliche Gesellschaft im Hochmittelalter, Göttingen 1995, 413–442.

T. Scott, Freiburg und der Bundschuh, in: H. Schadek (Hrsg.), Der Kaiser in seiner Stadt. Maximilian I. und der Reichstag zu Freiburg 1498, Freiburg i. Br. 1998, 332–353.

G. Zimmermann, Die Grundgedanken der Bundschuhverschwörungen des Joss Fritz, in: ZGO 142, 1994, 141–164.

# Zünfte

**Definition.** Zunft ist ein Forschungsbegriff für soziale Gruppen im vormodernen Gewerbe, vor allem im Handwerk. Im 17./18. Jahrhundert hat er sich in Deutschland unter dem Einfluss der Handwerksgesetzgebung des Reiches gegen andere quellennahe Begriffe wie Gilden, Ämter, Innung oder Zechen durchgesetzt und ist seitdem in der wissenschaftlichen Literatur eingeführt [Obst]. Die mittelalterlichen Zünfte umfassten nicht nur die wirtschaftlichen Ziele, sondern die Gesamtheit des Lebens ihrer Mitglieder. In ihnen waren die in der Moderne auseinander fallenden Bereiche von Wirtschaft, Politik, Religion, Recht und Kultur noch nicht ausdifferenziert [Oexle].

**Verbreitung.** In Europa breiteten sich Zünfte in unterschiedlichem Tempo aus. In Italien reichen möglicherweise Kontinuitätsspuren bis in die Spätantike zurück, doch erst für das 11./12. Jahrhundert ist sicher, dass sich dort in den Städten neben den Kaufleuten autonome Gruppen der Handwerker bildeten [Schulz 1998]. Auch in Frankreich traten Zünfte erstmals im 12. Jahrhundert auf; das Pariser Gewerbe war 1292 in 128 Zünften organisiert. In England erhielten Zünfte (*guilds*) seit ca. 1120 kommunale Privilegien. Die relativ späte Ausbreitung von Zünften in Nordeuropa und Ostmitteleuropa im 13./14. Jahrhundert wurde beeinflusst von Zuwanderern aus dem deutschen Sprachraum. Hier verwendete man Zunft als Quellenbegriff erstmals 1226 für die Basler Kürschner [Keutgen, Nr. 271 § 5]. Der Zusammenschluss der Handwerker selbst ist wahrscheinlich älter und geht in den Bischofsstädten am Rhein wohl bis in die Zeit um oder vor 1100 zurück. Nicht zuletzt wegen der Quellenarmut für diese frühe Zeit trug die deutsche Forschung über die Entstehung der Zünfte im hohen Mittelalter lebhafte Debatten aus, ohne restlos befriedigende Lösungen zu finden [Lenger; Oexle].

Sicher ist, dass Zünfte in Deutschland im 12./13. Jahrhundert mit dem Ausbau des Städtenetzes ein verbreitetes Phänomen geworden sind. Mit wachsender schriftlicher Überlieferung, auch wegen der von ihnen ausgetragenen Konflikte, erhalten wir seit dem 13./14. Jahrhundert immer mehr Nachrichten über sie. Ihre ungebremste Ausbreitung hing mit der weiteren Verdichtung des Städtenetzes zusammen und war um 1500 noch nicht beendet [Reininghaus 2000]. Bis zum Ende des Alten Reichs blieb die Einrichtung der Zunft unter Handwerkern ein attraktives Modell, selbst bei Landhandwerkern.

**Zünftige Berufe.** Ob sich eine Zunft konstituierte, hing vor allem von der Zahl der Handwerker in einem Beruf und von der gewerblichen Ausrichtung einer Stadt ab. Den Anfang machten oft Gewerbe, die den täglichen Bedarf abdeckten und für den städtischen Markt produzierten: Bäcker, Fleischer, Schmiede, Schneider, Schuhmacher. In Exportgewerbestädten besaßen die Wollweber und Wandschneider schon ausgangs des hohen Mittelalters hohes Ansehen, weil sie über den Handel Möglichkeiten zur Kapitalbildung besaßen. Mit fortschreitender Arbeitsteilung im Gewerbe entstanden bis 1500 immer neue Zünfte für weitere Berufe [Reith; Reininghaus 1986]. Die Schmiede und Weber gliederten sich nach Spezialisten für einzelne Produkte auf. Zuvor gemeinsam auftretende Handwerke trennten sich in eigene Zünfte, z. B. die Schuhmacher von den Rot- und Weißgerbern. Eine gegenläufige Tendenz prägte kleine Städte, in der sich Handwerker mehrerer Berufe wegen ihrer geringen Zahl zu einer Zunft zusammenschlossen.

Zünfte blieben keineswegs auf das Handwerk begrenzt, denn auch andere Gewerbe bildeten Zünfte, insbesondere die Kleinhändler, agrarische Berufe und Dienstleistende.

**Politik.** Zünfte mussten Arrangements mit ihrer jeweiligen Obrigkeit finden, weil ihnen Rechte abgetreten wurden. In ihrer frühesten Phase waren dies gewerbliche Privilegien. Dagegen hatten die Zünfte, nachdem um 1200 die Ratsverfassung im Reichsgebiet entstanden war und sich weiter ausbreitete, keinen Anteil am Stadtregiment. Im Zuge der kommunalen Bewegung kämpften Zünfte in vielen Städten neben anderen gegen die etablierte Oberschicht der alten Ratsgeschlechter. Zur Mitte des 13. Jahrhunderts kam es zu einem ersten Höhepunkt dieser „Bürgerkämpfe" (Erfurt 1250/55, Köln 1252, Straßburg 1261). Zwischen 1300 und 1500 wurden mehrere hundert weitere Konflikte in den Städten des Reiches gezählt. Einen neuerlichen Höhepunkt bildete das mittlere 14. Jahrhundert, als sogar Kaiser Karl IV. gegen aufständische Zünfte in Nürnberg 1348 und Frankfurt 1358 eingriff. Wegen der prominenten Beteiligung der Zünfte waren diese und spätere innerstädtische Unruhen als „Zunftrevolutionen" oder „Zunftkämpfe" lange direkt mit ihrem Namen verbunden. Inzwischen hat die Forschung [Czok; Maschke] herausgestellt, dass die Unruhen nicht auf ein spezifisches Interesse der Zünfte an städtischer Politik zurückgingen. Vielmehr wurden sie vor allem durch Proteste von Bürgern gegen die finanzielle Belastung und angebliche Misswirtschaft des Rates verursacht.

▷ S. 235 Stadtkommunen

Als Ergebnis städtischer Unruhen kam es häufig zur zeitweiligen oder dauerhaften institutionellen Beteiligung der Zünfte an der Ratsherrschaft. In den oberdeutschen Reichsstädten erhielten sie so starken Einfluss, dass dort von einer „Zunftverfassung" gesprochen werden konnte. Dort waren die Ratswahlgremien oft in (politische) Zünfte gegliedert, die häufig mehrere Berufe umschlossen. Im niederdeutschen Sprachraum fusionierten Zünfte zu einem Dachverband im Rahmen der Stadtverfassung („Gesamtgilden" in Münster und Osnabrück nach 1410). Bei näherem Hinsehen zeigt sich jedoch, dass auch in Städten mit Beteiligung der Zünfte an der Ratsherrschaft der dominierende Einfluss der Kaufleute auf die städtische Politik fortbestand. Abkömmlichkeit vom alltäglichen Beruf war Voraussetzung zur politischen Betätigung; Handwerkern war dies in der Regel nicht möglich.

**Marktregulierung.** Wer Zünfte im Lichte moderner marktwirtschaftlicher Theorie beschreibt, wird in ihnen Monopolisten erblicken. Nach Ausweis ihrer Statuten versuchten sie, Konkurrenz und Wettbewerb zu verhindern. In der Stadt war es Fremden – abgesehen von festgelegten Zeiten für Wochen- und Jahrmärkte – untersagt, neben den Mitgliedern der Zünfte Waren und Dienstleistungen anzubieten. In der Bannmeile der Stadt wurden keine unzünftigen Wettwerber geduldet; in der Stadt mussten Klöster und Handwerker an Fürstenhöfen daher mit dem Protest der Zünfte rechnen, wenn sie in deren Domäne einbrachen. Zugleich legten die Zünfte Regeln für die Produktion ihrer Mitglieder fest. Zum einen mussten neue Mitglieder persönliche Voraussetzungen wie freie und eheliche Geburt und zum anderen ihre fachliche Qualifikation durch ein Meisterstück nachweisen, meistens verbunden mit der Zahlung einer

Aufnahmegebühr und einem Mahl als Einstand. Des weiteren griffen die Zünfte in die Produktionskapazität einzelner Betriebe ein, indem sie die Zahl der Arbeitskräfte begrenzten und das Abwerben von Gesellen verboten sowie die Sonn- und Feiertagsarbeit unter Strafe stellten.

Dieses aus den Zunftstatuten gewonnene Bild ist jedoch einseitig und irreführend. Zwar liegen keine verlässlichen Daten über Betriebsgrößen im spätmittelalterlichen Handwerk vor, doch bestanden oft große Vermögensspannen unter den Mitglieder einer Zunft. Dies spricht deutlich gegen eine nivellierende Wirkung der Zunftnormen. Einzelne Handwerker konnten sich durch Teilnahme am Handel oder durch Doppelzünftigkeit Marktchancen eröffnen. Auch gelang es den Zünften durch ihre Statuten nicht, eine umfassende Kontrolle über das städtische Umland auszuüben, wie die im 15. Jahrhundert einsetzenden Klagen über Landhandwerker belegen. Dem Bild einer engstirnig auf die Stadt konzentrierten Zunft widersprechen zum einen auch die in die Regionen ausgreifenden Handwerkerbünde am Ober- und Mittelrhein und im Hanseraum, die nach 1350 entstanden und in denen wirtschaftspolitische Aktionen von Zünften aufeinander abgestimmt wurden [Göttmann]. Zum anderen ist die Exportorientiertheit vieler Handwerke zu betonen, in denen die Zünfte für Güte und Beschaffenheit der Produkte ihrer Mitglieder bürgten und dies u.a. durch Siegel dokumentierten. Zünfte im Metall- und Textilgewerbe konnten im Kaufsystem Partner von Großhändlern sein, mit deren Hilfe weit entfernt liegende Absatzgebiete bedient wurden. Die Forschungen von Rudolf Holbach haben für das 14./15. Jahrhundert die massenhafte Verbreitung des Verlagswesens, also der dezentralen Produktion durch viele Kleinhandwerker bei zentraler Steuerung des Herstellungsprozesses, gerade in den zünftig organisierten Handwerken der west- und mitteleuropäischen Städte ergeben [Holbach]. Zünfte waren also weder grundsätzlich verlagsfeindlich noch verhinderten sie technischen Fortschritt um jeden Preis.

**Religion.** Die in Zünften vereinigten Handwerker formierten innerhalb der mittelalterlichen Kirche Sondergemeinden von Laien. Dieser religiöse Aspekt gehörte integral zu ihrem Gruppenleben. Zünfte bildeten deshalb immer auch Bruderschaften, die allerdings im hohen und späten Mittelalter verschiedene Formen annahmen. Mit Ludwig Remling sind drei Hauptformen zu unterscheiden:

▷ S. 256 ff. Pfarreien und Bruderschaften

1. Der bruderschaftliche Aspekt konstituierte neben anderen Aspekten die primäre Organisation eines Handwerks als Zunft. 1226 hieß die Kürschnerzunft in Basel *societas et fraternitas* [Keutgen, 367, § 6].
2. Bruderschaften konnten als Zunftersatz dienen, falls die Obrigkeit die politische oder wirtschaftliche Betätigung von Zünften unterdrückte.
3. Handwerker gründeten als Anhang zur Zunft Heiligen-Bruderschaften, vor allem im 15. Jahrhundert. Die Bruderschaften standen oft auch Nicht-Zunftmitgliedern offen [Remling].

Wichtigste Merkmale dieser religiösen Seite der Zünfte waren ihre eigenen Gottesdienste. Zünfte verabredeten mit Pfarrkirchen, Stiftern oder Ordenskonventen Privatmessen, in denen sie ihrer verstorbenen Mitglieder gedachten. Einzelne Handwerke wählten eigene Patrone, die Schmiede den Heiligen Eligius, die Schuhmacher die Heiligen Crispin und Crispinian, die Weber den Heiligen Severin.

Viele Zünfte sparten manchmal über längere Zeiträume Beträge an, um einen eigenen Altar für „ihren" Zunftheiligen zu errichten.

▷ S. 219 Neue religiöse Gemeinschaften

Im 14./15. Jahrhundert entstand in vielen Städten eine große Nähe der Zünfte zu den Bettelorden. Nicht zufälligerweise beendeten der Frankfurter Rat und die aufständischen Zünfte 1355 ihren Streit bei den Barfüßern. Die Handwerker machten vom Raumangebot der Bettelorden auf vielfältige Weise Gebrauch. Im Konvent hielten sie ihre regelmäßigen Versammlungen ab, feierten Feste, deponierten ihre Laden und Dokumente. Ein solches Angebot schuf Vertrautheit und Nähe und damit einen geeigneten Rahmen für die Seelsorge.

▷ S. 178 Tod im Mittelalter

Die Zünfte hatten wie andere mittelalterliche Gruppen teil an der Memorialkultur. Hierfür opferten sie regelmäßig im Rahmen der Messe und legten eigene Totenverzeichnisse und Sakralgerät an, vor allem Kerzen [Reininghaus 1998]. Prozessionen boten gute Gelegenheiten, soziales Ansehen zu repräsentieren.

**Begräbnis- und Krankenfürsorge.** Zünfte bemühten sich auch um die Bestattung ihrer Mitglieder. Aus Sorge um ein angemessenes Begräbnis beschafften sie Leichentücher und Bahren und hielten alle Meister und ihre Familien bei strenger Strafe an, die Verstorbenen auf ihrem letzten Gang zu begleiten. Einzelne Zünfte besaßen sogar eine Grabstätte. Für bedürftige Mitglieder wurden die Begräbniskosten übernommen. Die später ausgegründeten handwerklichen Sterbekassen gehen auf spätmittelalterliche Vorbilder innerhalb der Zünfte zurück.

Die Begräbnisfürsorge war Teil einer umfassenden Sozialfürsorge, die gegen Unfall und Krankheit absicherte. Der hierdurch bedingte Arbeitsausfall konnte durch kleinere Darlehen aus der Zunftkasse vorübergehend kompensiert werden. Reichere Zünfte pflegte enge Verbindungen zu Hospitälern, die ihre Kranken und Alten betreuten und ärztliche Hilfe boten. Selbst Ansätze einer Geldrente kamen in spätmittelalterlichen Zünften vor, so 1500 bei den Rußfärbern in Lübeck [Fröhlich].

**Feste.** Zentrale Akte des Zunftlebens waren ihre jährlich oder in kürzeren Abständen einberufenen Versammlungen, bei denen die Mitglieder nicht ohne Entschuldigung fehlen durften. Manche der regional gültigen Namen wie Pflichttag oder Gebot veranschaulichen den Zwang zu erscheinen. Meistens fanden diese Treffen am Tage des Zunftpatrons statt und wurden mit einem gemeinsamen Gottesdienst begangen. Bei den Versammlungen ordneten die Zünfte ihre internen Angelegenheiten. Ihre Statuten wurden vorgelesen und ergänzt, die Vorsteher und anderen Funktionsträger gewählt, Rechenschaft über die Einnahmen und Ausgaben in der Kasse abgelegt, neue Mitglieder aufgenommen, Streitfragen geklärt. Für diese Treffen benötigten die Zünfte einen Ort. Sie reservierten Stuben in Gastwirtschaften und investierten, wenn sie vermögend genug waren, in eigene Häuser, die zugleich als erste Anlaufstationen für hereinwandernde fremde Gesellen dienten. Die Zünfte begingen ihre Zusammenkünfte mit einem gemeinsamen festlichen Mahl, dessen Speisenfolge festgelegt war. Viele Zünfte leisteten sich eigenes Trinkgeschirr und eigene Essbestecke. Die Treffen beschränkten sich aber nicht auf die regelmäßigen Versammlungen, sondern Zünfte organisierten auch Spiele und Tänze, mit denen sie sich in der Öffentlichkeit präsentierten. Auch der Karneval war

Schon das Äußere verweist auf die Bedeutung des Inneren: Keine einfache Kiste für irgendwelchen Krimskrams hat man mit der **Zunftlade der Osnabrücker Schuhmacher** von 1476 vor sich, sondern ein aus Eiche und Holznägeln sorgsam zusammengefügtes Behältnis, verstärkt und verziert durch Scharnierbänder, Eck- und Schlossbeschläge. Nicht mehr die ganze Pracht ist heute noch zu erkennen, ursprünglich war die Lade außen ganz in weiß grundiert und darüber rot bemalt. Doch zwei aufgebrachte Figuren sind noch zu erkennen und lassen sich identifizieren: Es sind Crispin und Crispinian, die Schutzheiligen des Schuhmacherhandwerkes, mit denen man den Deckel der Lade schmückte. Außerdem sind zwei Wappen zu erkennen, links ein an einem Zweig hochspringender Steinbock, rechts ein Halbmondmesser, das Schuhmacher üblicherweise zum Zuschneiden des Oberleders brauchten; beide Motive wurden von Schuhmacherzünften häufig als Wappenbilder genutzt.

Und auch die Sicherung verweist auf den besonderen Wert des Inhalts der Lade: Nur mit zwei Schlüsseln gleichzeitig ließ sie sich öffnen, und zur Sicherheit verwahrten die Schlüssel zwei verschiedene Vorsteher der Schuhmacherzunft, so dass Missbrauch oder Beraubung erheblich erschwert wurden.

Was bewahrte man nun in einer so aufwändig gestalteten und gesicherten Lade auf? Geld? Solches wohl auch, doch sollte man die Barschaft von Zünften eher nicht überschätzen. Und wichtiger noch war anderes: Solche schmucken Behälter dienten den Zünften vor allem zur sicheren Aufbewahrung ihrer wichtigen Urkunden und Registraturen, also beispielsweise schriftlicher Statuten und Ordnungen, wertvoller Privilegien, Meisterverzeichnisse sowie Rechnungsbücher. Auch Siegel wurden häufig in den Laden verschlossen.

Wertvoll waren Zunftladen jedoch nicht nur durch ihre materielle Qualität und durch den Inhalt. Sie waren dies auch als Symbol, dokumentierten sie mit ihren Verzierungen, den Inschriften und Wappen nicht zuletzt Gruppenidentität und berufsständisches Selbstverständnis der Zunftmitglieder.

Matthias Meinhardt

Bild: Zunftlade der Osnabrücker Schuhmacher, 17,5x32x25,5cm, Eichenholz, verzinntes Eisen, 1476. Foto: Kulturgeschichtliches Museum Osnabrück, E 506.

Literatur: H. Appuhn, Briefladen aus Niedersachsen und Nordrhein-Westfalen, Dortmund 1971, 158, Nr. 13.

**Die Amtsstube im Zunfthaus der Augsburger Weber**

Viele Zünfte hielten ihre Beratungen und Geselligkeiten im Haus eines ihrer Mitglieder ab; nicht selten suchte man dazu auch öffentliche Orte wie Schankstuben auf. Doch waren Mitgliederzahl, logistische Notwendigkeiten, Machtanspruch, Repräsentationsbedürfnis und materielle Grundlage groß genug, unterhielten Zünfte auch eigene Gebäude.

Zu diesem Kreis gehörte die Augsburger Weberzunft, die 1389 eine Immobilie im Stadtgebiet erwarb. Rasch entwickelte sich dieses Zunfthaus zum politischen und ökonomischen Zentrum im genossenschaftlich organisierten Leben des Weberhandwerkes: Hier kamen die Weber zu den Hauptversammlungen zusammen, hielten die leitenden Zunftmeister ihre Beratungen ab; in diesem Haus wurden Konflikte unter den Zunftmitgliedern verhandelt, die Disziplinargewalt wahrgenommen und die Gewerbeaufsicht ausgeübt; Waren wurden vorgeführt, geprüft, gelagert und Geschäftstreffen abgehalten; wichtige Ereignisse im Zunftleben, wie die Aufnahme und Freisprechung von Lehrlingen, Knechten und neuen Meistern, wurden hier vollzogen. Lediglich das gesellige Leben mochte die Zunftführung nur eingeschränkt in das Gebäude einlassen, man scheute die mit dem Alkoholkonsum oft verbundenen Unersprießlichkeiten. Andere Zunftführungen waren hier weniger besorgt, und so richtete man in manch einem Zunfthaus für gesellige Anlässe besondere Trinkstuben ein. Aber die Augsburger Weber suchten und fanden räumliche Alternativen.

Prunkstück des Augsburger Weberhauses war eine große Amtsstube, deren beeindruckende Ausgestaltung 1867 in das Bayerische Nationalmuseum übertragen wurde. 1456-57 beauftragten die Weber Peter Kaltenhofen mit der Ausmalung, für die Jahre 1521, 1538 und 1601 sind Renovierungen bezeugt, was eine fortwährende Wertschätzung des Raumes dokumentiert. An der gewölbten Decke sind Szenen aus dem Alten Testament und dem Alexanderroman mit erläuternden Versen in deutscher Sprache zu sehen. Die Seitenvertäfelung zeigt auf 27 Feldern von links nach rechts die sieben Kurfürsten und Kaiser Friedrich III. (reg. 1440-93); es folgen Hector, Karl der Große, Gottfried von Bouillion, König Artus, David und nach einem Durchlass, der mit den Namen der Evangelisten überschrieben ist, Judas Makkabäus – die Evangelisten werden wohl erst mit dem nachträglichen Türdurchbruch an dieser Stelle ihre bildliche Darstellung verloren haben. Die Reihe wird fortgeführt mit den Philosophen und Propheten Seneca, Platon, Sokrates, Jesaja, Ezechiel, Jeremias, Amos, Cicero, Aristoteles und Daniel, jeweils ein Spruchband haltend. Nach einem weiteren Durchlass sind Josua, Julius Cäsar und Alexander der Große zu sehen. Zwischen den Figurentafeln und den Deckendarstellungen erkennt der Betrachter Szenen aus dem Neuen Testament.

Nicht vielleicht näher liegende Darstellungen der Zunftheiligen oder Szenen aus dem Handwerkerleben sind es also, die hier in den Mittelpunkt gerückt wurden, sondern Figuren und Szenen, die sich als Analogien für die Teilhabe an politischer Herrschaft und Verantwortung, als Selbstverpflichtung auf ein christliches und ritterliches Tugendsystem, aber auch als Ausweis humanistischer Bildung deuten lassen. Damit wählten die Augsburger Weber – die seit 1368 formalisiert über die Zunftverfassung an der Stadtherrschaft beteiligt waren – ein Bildprogramm für ihre Amtsstube, das ganz ähnlich auch an städtischen Repräsentationsbauten, wie Rathäusern oder öffentlichen Brunnen, zu finden war.

Matthias Meinhardt

Bild: Amtsstube aus dem Zunfthaus der Weber in Augsburg, ausgemalt 1457 von Peter Kaltenhofen, instand gesetzt 1538 von Jörg Breu d.J. und 1601 von Johann Herzog. Foto: Bayerisches Nationalmuseum München, Inv. Nr. MA 856-860.

Literatur: H. Boockmann, Die Stadt im späten Mittelalter, 2 Aufl. München 1987, 294 u. 296; N. Lieb, Die Amtsstube des Augsburger Weberhauses, in: Alt-Augsburg 1, 1937, 17-27; J. Rogge, Die Bildzyklen in der Amtsstube des Weberzunfthauses in Augburg von 1456/57, in: A. Löther u.a. (Hrsg.), Mundus in imagine. Bildersprache und Lebenswelten im Mittelalter. Festgabe für Klaus Schreiner, München 1996, 319-343.

fester Bestandteil von Zunftfesten. Bei diesen Anlässen waren feste Verhaltensregeln und eine angemessene Bekleidung vorgeschrieben, die sich vom Arbeitsalltag abhob.

**Rituale.** Die wiederkehrenden Rituale zu den wichtigsten Terminen des Gruppenlebens gaben diesem eine feste Struktur und sicherten mündlich vereinbarte, zur Gewohnheit gewordene Regeln ab. Bei den Zunftversammlung war die Lade geöffnet. Die Lade repräsentierte als Wahrzeichen die Zunft, in ihr lagen die wichtigsten Gebrauchsgegenstände, die Statuten, die Rechenbücher, die Kasse. Im Spätmittelalter begannen die Zünfte, ihre Laden mit Malerei und Schnitzerei ihres Handwerks prachtvoll auszustatten. Als Symbole dienten die typischen Werkzeuge oder Produkte, ein Schiffchen für die Weber, eine Schere für die Schneider, eine Brezel für die Bäcker.

**Frauen, Gesellen, Lehrlinge.** Die Zünfte und ihre Regeln umfassten nicht nur selbstständige Meister, sondern auch deren Familienmitglieder, Gesinde, Gesellen und Lehrlinge. Meisterfrauen waren wichtige Arbeitskräfte in Werkstatt und Haushalt. Sie bildeten mit dem Ehemann und den Kindern eine Produktionsgemeinschaft. Witwen besaßen oft das Recht, den Betrieb des verstorbenen Mannes mindestens eine begrenzte Zeit mit Hilfe von Gesellen fortzuführen. Je nach arbeitsphysiologischen Gesichtspunkten waren Handwerke mehr oder weniger geeignet für Frauenarbeit. Insbesondere die Textilgewerbe boten Frauen viele Chancen, vor allem dann, wenn sie häuslicher Tätigkeit entwachsen waren. In einigen städtischen Textilberufen waren die Frauen so dominant, dass sie dort die meisten Arbeitskräfte stellten. Die Frauenzünfte des spätmittelalterlichen Köln (Garnmacherinnen, Goldschlägerinnen und z. T. die Seidenweber) sind allerdings im europäischen Rahmen beinahe singulär. Vergleichbare Verhältnisse gab es nur in Paris.

Gesellen wohnten als unverheiratete Arbeitskräfte meist zeitweilig im Haushalt der Meister; nur bei den Webern und Bauhandwerken war es Gesellen möglich, zu heiraten und einen eigenen Hausstand zu gründen. Wanderungen wurden für die Gesellen erst nach 1500 zur Pflicht. Trotzdem führten ihre hohe Mobilität und eine günstige Arbeitsmarktlage im 14. und frühen 15. Jahrhundert in den größeren Gewerben zu einer eigenständigen Organisation der Gesellen. Ihre Vereinigungen spiegelten – auch wenn sie zeitweilig im Konflikt mit ihnen lebten – die Strukturen der Zünfte wider und mussten wegen der Verfolgung durch städtische Obrigkeiten oft im Geheimen operieren. Am Ende des Mittelalters bildeten die Vereinigungen der Gesellen zwischen den größeren Städten ein reichsweites Netzwerk. Die Reichspolizeiordnung von 1530 setzte mit Maßnahmen gegen die geschenkten Handwerke auf einer langen Tradition gesellenfeindlicher Politik auf, ohne große Wirkung zu erzielen.

Im Spätmittelalter differenzierte sich unterhalb der Gesellen eine eigene Gruppe von Lehrlingen, die unmittelbar in den Haushalt des Meisters eingebunden waren und deshalb sozial in großem Abstand zu den Gesellen lebten. Unter Aufsicht der Zunft absolvierten sie die Lehre, die sie mit einer Prüfung abschlossen. Der Aufstieg zum Gesellen war mit Initiationsriten verbunden.

Wilfried Reininghaus

**Literatur**

H. BRÄUER, Einige Grundzüge der mitteleuropäische Zunfthandwerksgeschichte – Vom Spätmittelalter bis zum Ancien régime, in: P. HUGGER (Hrsg.), Handwerk zwischen Idealbild und Wirklichkeit, Bern/Stuttgart 1991, 15-36.

K. CZOK, Zunftkämpfe, Zunftrevolution oder Bürgerkämpfe?, in: Wiss. Zs d. Karl-Marx-Universität Leipzig 8, 1958/59, 129-143.

S. FRÖHLICH, Die soziale Sicherung bei Zünften und Gesellenverbänden, Berlin 1976.

F. GÖTTMANN, Handwerk und Bündnispolitik. Die Handwerkerbünde am Mittelrhein vom 14. bis zum 17. Jahrhundert, Wiesbaden 1977.

R. HOLBACH, Frühformen von Verlag und Großbetrieb in der gewerblichen Produktion (13.- 16. Jahrhundert), Stuttgart 1994.

K. H. KAUFHOLD/W. REININGHAUS (Hrsg.), Stadt und Handwerk in Mittelalter und früher Neuzeit, Köln/Weimar/Wien 2000.

F. KEUTGEN, Urkunden zur städtischen Verfassungsgeschichte, Stuttgart 1901 (ND Aalen 1965).

F. LENGER (Hrsg.), Handwerk, Hausindustrie und die historische Schule der Nationalökonomie. Wissenschafts- und gewerbegeschichtliche Perspektiven, Bielefeld 1998.

E. MASCHKE, Städte und Menschen. Beiträge zur Geschichte der Stadt, der Wirtschaft und Gesellschaft 1959-1977, Wiesbaden 1980.

K. OBST, Der Wandel in den Beziehungen für gewerbliche Zusammenschlüsse des Mittelalters, Frankfurt/M. 1983.

O. G. OEXLE, Die mittelalterliche Zunft als Forschungsproblem. Ein Beitrag zur Wissenschaftsgeschichte der Moderne, in: BlldtLG 118, 1982, 1-44.

W. REININGHAUS, Arbeit im städtischen Handwerk an der Wende zur Neuzeit, in: K. TENFELDE (Hrsg.), Arbeit und Arbeitserfahrung in der Geschichte, Göttingen 1986, 9-31.

DERS., Sachkultur und handwerkliche Gruppenkultur. Neue Fragen an die ‚Zunftaltertümer', in: O. G. OEXLE/A. HÜLSEN-ESCH (Hrsg.), Die Repräsentation der Gruppen. Texte – Bilder – Objekte, Göttingen 1998, 429-464.

DERS. (Hrsg.), Zunftlandschaften in Deutschland und in den Niederlanden im Vergleich, Münster 2000.

R. REITH (Hrsg.), Lexikon des alten Handwerks. Vom Spätmittelalter bis zum 20. Jahrhundert, München 1990.

L. REMLING, Bruderschaften in Franken. Kirchen- und sozialgeschichtliche Untersuchungen zum spätmittelalterlichen und frühneuzeitlichen Bruderschaftswesen, Würzburg 1986.

K. SCHULZ. u.a., Art. „Zunft, -wesen, -recht", in: Lexikon des Mittelalters, hrsg. von N. ANGERMANN u.a., Bd. 9, München/Zürich 1998, 690-709.

K. SCHULZ (Hrsg.), Handwerk in Europa. Vom Spätmittelalter bis zur Frühen Neuzeit, München 1999.

B. SCHWINEKÖPER (Hrsg.), Gilden und Zünfte. Kaufmännische und gewerbliche Genossenschaften im frühen und hohen Mittelalter, Sigmaringen 1986.

**„Nation" – ein schillerndes Wort.** Bereits das lateinische Wort *natio* wies eine große Bedeutungsbreite auf: Es bezeichnete die Geburtsgöttin, Philosophenschulen, „Völker" und – in der lateinischen Bibelübersetzung – die Ungläubigen. Die beiden zuletzt genannten Bedeutungen gingen in das mittelalterliche Latein über und wurden häufig angewendet, um Großgruppen zu bezeichnen.

Trotz dieses Befunds weigert sich ein Teil der neuzeitlichen Geschichtsforschung, den Begriff „Nation" für die Zeit vor der Französischen Revolution zu verwenden [Wehler]. Erst der Sieg des Bürgertums und das Konzept des *citoyen* hätten den Nationalstaat, die prägende Staatsform des 19. Jahrhunderts, ermöglicht. „Nationalismus" als abstrakter Begriff tauche im Deutschen bezeichnenderweise erst 1774 auf.

Demgegenüber lassen fast alle westeuropäischen Staaten ihre eigene Nationalgeschichte im Mittelalter beginnen. Offensichtlich sind die europäischen Nationen das Ergebnis eines Prozesses, der lange vor 1789 einsetzte. Anders als die Geschichtsschreibung des 19. Jahrhunderts nutzt die heutige Forschung aber nicht mehr biologische Metaphern, um diesen Prozess zu beschreiben: Sie spricht nicht mehr vom Wachsen, Blühen und Absterben der Nationen, und sie sucht nicht nach „Keimen" frühen Nationalgefühls.

**Die Bibel als Vorbild: Das auserwählte Volk Gottes.** Als das Christentum an die Stelle der antiken Religionen trat, veränderten sich auch die Kriterien, nach denen Großgruppen sich selbst definierten oder wahrgenommen wurden. An die Stelle der *barbari* als Gegenfiguren traten die Ungläubigen, denen die Christenheit als auserwähltes Volk Gottes entgegengestellt wurde [Hutchison/Lehmann]. Theoretisch gab es keine sozialen Unterschiede innerhalb dieser religiös definierten Gemeinschaft; in der Praxis blieben die sozialen Ungleichheiten aber bestehen. Das Konzept der drei Stände, welches sich im Verlauf des Hoch- und Spätmittelalters durchsetzte, unterstrich die sozialen Trennlinien zusätzlich. Dennoch blieb die Vorstellung erhalten, dass eine Gemeinschaft von Gläubigen – unbeschadet ihres sozialen Standes – mit der Unterstützung Gottes rechnen konnte, gleich wie das Volk Israel im Alten Testament.

**Eigen- und Fremdbilder.** Das Bewusstsein der eigenen Auserwähltheit reichte aber nicht aus, um Großgruppen zu vorgestellten Gemeinschaften („imagined communities"; Anderson) werden zu lassen. Eine gemeinsame Geschichte, Sprache, Kultur oder Lebensweise dienten als Merkmale, um die Zugehörigkeit zu einer vorgestellten Gemeinschaft zu belegen.

An die Seite dieses zumeist positiven Eigenbildes (Autostereotyp) trat im Gegenzug das eher negative Fremdbild (Heterostereotyp) von benachbarten Großgruppen oder Feinden. Die Tugend- und Lasterkataloge der verschiedenen *nationes*, welche bereits in der Antike bekannt waren, wurden zu diesem Zweck immer wieder zitiert und angepasst.

Sowohl Eigen- als auch Fremdbilder beruhten allerdings auf Vorstellungen, die der Wirklichkeit nicht entsprachen. Keine mittelalterliche *natio* verfügte über eine einheitliche Sprache, Geschichte oder Lebensweise, und die Tugenden oder Laster, welche Freund und Feind zugeschrieben wurden, sind an Eintönigkeit und wechselseitiger Entsprechung nicht zu überbieten. Es wäre aber irrig, den Einfluss von Vorstellungen und Mentalitäten zu unterschätzen. Sie sind oft handlungsleitend – und sie können zu Krieg führen. Die Hartnäckigkeit, mit der sich Feindbilder halten und in einem neuen Kontext auftauchen können, zeigt das Beispiel der Kreuzzüge: Das Heterostereotyp des Ungläubigen wird im Spätmittelalter immer häufiger auf den feindlichen Nachbarn übertragen [SIEBER-LEHMANN].

**Sprecher, Ethnos und Demos, Territorium.** Es waren in erster Linie schriftkundige Geistliche, welche das Wechselspiel von Eigen- und Fremddefinition in ihren Texten festhielten. Sie traten als Sprecher ihrer *natio* auf, aber wir können lange Zeit nicht abschätzen, ob sie mit ihren Aussagen bloß auf gelehrte Traditionen zurückgriffen oder bereits die Meinung größerer Bevölkerungsgruppen wiedergaben [GRAUS]. Die heutige Forschung hütet sich davor, aus einzelnen Quellenbelegen das „Nationalbewusstsein" eines „Volkes" im Mittelalter zu rekonstruieren. Überhaupt wird der Begriff „Volk" gemieden und eher von „Ethnie" gesprochen. Das aus dem Griechischen *ethnos* stammende Wort verhindert eine vorschnelle Identifizierung der mittelalterlichen *populi* und *nationes* mit heutigen Staatsvölkern.

Dem subjektiv wahrgenommenen *ethnos* wird in der Forschung der objektive *demos* zur Seite gestellt [FRANCIS]. Damit ist nicht mehr eine vorgestellte Gemeinschaft gemeint. Der Begriff bezieht sich auf eine Gesellschaft, welche durch schriftlich festgehaltene Regeln und mit transpersonalen Institutionen eine Struktur zur Verfügung stellt, die das Zusammenleben einer Großgruppe dauerhaft gewährleistet.

Bis ins 13. Jahrhundert waren es vor allem lateinkundige Kleriker, die mit administrativen Aufgaben betraut waren und die Verfassung des jeweiligen *demos* aufrechterhielten. Der wachsende Einfluss der Volkssprachen und der steigende Anteil von schriftkundigen Laien – zumeist Juristen – in der Verwaltung veränderten die Situation: Die Sprecher verwendeten nun eine Sprache, die von der Bevölkerung besser verstanden wurde. Gleichzeitig verfeinerte und verdichtete sich das Verwaltungsnetz in den westeuropäischen *nationes*. An die Stelle von Gefolgschaften, die auf persönlichen Beziehungen beruhten, traten Verwaltungseinheiten, die sich auf ein bestimmtes Territorium bezogen; dabei ergingen die herrschaftlichen Verordnungen in der jeweiligen Landessprache.

▷ S. 182 f. Familie, Haus, Geschlech

Die wachsende Schriftlichkeit, welche durch die Einführung der Papierherstellung im 13. Jahrhundert und durch die Drucktechnik im 15. Jahrhundert gefördert wurde, ließ nun Kommunikationsgruppen entstehen, welche einen viel größeren Personenkreis umfassten als zuvor. *Ethnos* und *demos* verschränkten sich zusehends. Wenn im Spätmittelalter von *natio*, *populus*, *gens*, *volk* oder *peuple* die Rede ist, so handelt es sich um vorgestellte Gemeinschaften, denen eine von vielen Menschen gelebte und erlebte Wirklichkeit entsprach.

**Nationalmonarchien und das Heilige Römische Reich.** Die beschriebenen Prozesse verliefen in den europäischen *nationes* auf unterschiedliche Weise [EHLERS 1993]. Eine erste Übergangszeit bildete das 9. bis 11. Jahrhundert, als die politische Landkarte Europas neu gestaltet wurde. Das Karolingerreich teilte sich in kleinere Königreiche auf. Gleichzeitig entstanden Polen sowie Böhmen als christliche *regna*, und mit der Eroberung Englands 1066 erwarben

▷ S. 91 Nord- und Osteuropa

▷ S. 75 West-uropäische Ionarchien

die Normannen – neben Teilen Süditaliens – einen eigenen Herrschaftsbereich. Alle diese Gemeinwesen waren Monarchien, geführt von einem König, der sich seinerseits auf den Hochadel und die Kirche stützte.

Die ehemals ostfränkischen Gebiete des Karolingerreichs gingen in der Folge einen anderen Weg: Seit 919 erarbeiteten sich Könige aus der sächsischen Familie der Liudolfinger eine Stellung, die sie den Herzögen von Franken, Bayern und Alemannien überordnete. Diese sächsischen *reges* knüpften an die karolingische Tradition an, und 962 ließ sich Otto I. in Rom zum Kaiser der Römer krönen. Er und seine Nachfolger aus dem Hause der Salier und Staufer standen damit zwar über den Königen des restlichen Europas, aber die Konflikte während des Investiturstreits schwächten nachhaltig die Position der Kaiser als Erben der antiken Reichsidee und als Schützer der Kirche. Überdies vermochte keine der kaiserlichen Herrscherdynastien im Reich das Wahlrecht der Hochadligen auf die Dauer einzuschränken, welche vor allem beim Aussterben eines Geschlechts den Nachfolger zu bestimmen wünschten.

▷ S. 50 Vom Reich er Franken zum Reich Deutschen

▷ S. 68 Römische Kirche und Italien

Der Ausgang des Investiturstreits brachte eine schärfere Aufteilung von geistlichem und weltlichem Herrschaftsbereich; letzterer ging – mit Ausnahme des Kaisertums – gestärkt aus dieser Auseinandersetzung hervor. Einerseits bekämpften die Päpste die Herrscher aus dem *Regnum Teutonicorum*: So nannten sie in abwertender Weise die römischen Kaiser. Andererseits mussten sie den übrigen Königen Europas Zugeständnisse machen, um sie an sich zu binden. Der Erfolg des Papsttums, das den Kaiser in die Schranken wies, stärkte indirekt die Herrschaft der anderen Könige.

Das Beispiel Frankreichs illustriert dies am deutlichsten. Das Königsgeschlecht der Kapetinger verstand sich seit 987 ebenfalls als Erbe Karls des Großen, ohne aber den Kaisertitel anzustreben. Die kapetingischen Könige beanspruchten bloß die Stellung des obersten Lehnsherrn und die Herrschaft über die Krondomäne. Da ehemalige karolingische Machtzentren im Gebiet der neuen Machthaber lagen, konnten die kapetingischen Herrscher alte Traditionen mit der Geschichte des eigenen Geschlechts verschmelzen und gleichzeitig territorial fixieren: Der *Rex Francorum* wurde so zum *Roi de France*. Dagegen war eine Verbindung des Heiligen Römischen Reichs – der Titel taucht zum ersten Mal unter den Staufern im 12. Jahrhundert auf – mit einem bestimmten Territorium nie möglich.

▷ S. 79 West-europäische Monarchien

Alle großen westeuropäischen Monarchien durchliefen vom 13. bis 15. Jahrhundert schwere Krisen: Im Reich war es der Untergang des staufischen Herrscherhauses und das Interregnum, im westlichen Europa der Hundertjährige Krieg zwischen Frankreich und England.

Der Ausgang aus diesen Zwangslagen gestaltete sich völlig unterschiedlich: Das französische Königtum war gestärkt, die englische Krone zog sich vom europäischen Festland zurück und festigte ihre Stellung auf der Insel, und das Reich gliederte sich immer stärker in einzelne Fürstenherrschaften auf. Die überregionale Reichsidee behielt als Bezugspunkt noch bis in die Frühe Neuzeit einen hohen Stellenwert, verengte sich aber immer mehr auf das Gebiet der „teutschen nation".

In allen diesen Fällen kam es aber nicht zu einer Änderung der bestehenden Verfassungsformen: Die großen Mächte verstanden

## Detailskizze

Den Beginn ihrer eigenständigen Geschichte verortet die heutige Schweiz ebenfalls im Spätmittelalter. Im Vergleich mit den westeuropäischen Nationalmonarchien entwickelte sich an der Schnittstelle von drei Sprach- und Kulturgrenzen aber ein Gemeinwesen, das ein Einzelfall bleiben sollte. Als sich in der Mitte des 14. Jahrhunderts die Innerschweizer Länderorte mit den Städten des Mittellands verbanden, erregte dies zuerst wenig Aufsehen. Erst die Schlacht von Sempach 1386, in welcher der österreichische Herzog sein Leben verlor, machte die schlagkräftige „Eidgnoszschaft" in Europa bekannt. Mit unbekümmerter Selbsthilfe dehnte das Bündnisgeflecht im Verlauf des 15. Jahrhunderts seinen Machtbereich auf Kosten des Hauses Habsburg aus. Die Siege gegen Karl den Kühnen in den Jahren 1474-1477 ließen die Eidgenossen zu gesuchten Bündnispartnern werden, und um 1500 nahm die **Eidgenossenschaft**, welche nun den Namen „Schweiz" trug, an der europäischen Politik teil.

Verschiedene Faktoren begünstigten diese Entwicklung. Die wechselseitigen Bündnisse beließen den einzelnen Orten eine große Handlungsfreiheit. Die Kleinräumigkeit der Schweiz ermöglichte es aber, dass sich die führenden Personen alle vierzehn Tage zu einer Tagsatzung treffen konnten. Übereinstimmende Interessen ergaben sich aus der gemeinsamen Verwaltung der eroberten Gebiete. Daneben entstand eine wirtschaftliche Austauschbeziehung zwischen dem Mittelland, das die hoch gelegenen Gebiete mit Korn versorgte, und dem alpinen Bereich, der die Produkte seiner Viehwirtschaft im Unterland absetzte. Schließlich erhöhte das Soldwesen den Geldzufluss in die Schweiz in starkem Maße und bot vielen Leuten ein Auskommen.

Langsam bildete sich auch ein gemeineidgenössisches Geschichtsbewusstsein heraus, worin Schlachtensiege eine wichtige Rolle spielten. Sie bewiesen, dass die Eidgenossen das auserwählte Volk Gottes waren. Gleichzeitig entwickelte sich im Verlauf des 15. Jahrhunderts die Befreiungssage; sie setzte den Beginn der Eidgenossenschaft mit einer Heldentat gleich. Obwohl auf Fiktion beruhend, bildete die gemeinsam vorgestellte Geschichte eine wichtige Konstante eidgenössischer Mentalität.

Im Jahre 1513 erreichte die Eidgenossenschaft, welche nun dreizehn Orte umfasste, ihre größte Ausdehnung; hinzu kamen „zugewandte Orte" als Bündnispartner, die aber keine Stimme auf der Tagsatzung besaßen. In der Folge erlahmte die Dynamik, mit der sich die Schweiz als politischer Faktor etabliert hatte; die im Spätmittelalter entwickelte Verfassung blieb aber bis 1798 praktisch unverändert in Kraft.

Das Bild aus der Luzerner Chronik des Diebold Schilling entstand 1512, kurz vor Abschluss der eidgenössischen Expansion. Es illustriert das Selbstverständnis der Eidgenossen als auserwähltes Volk, das 1476 gegen einen ungläubigen Feind, den burgundischen Herzog Karl den Kühnen, ins Feld vor Nancy zieht. Die Krieger sind mit Kreuzen gekennzeichnet und beten mit ausgebreiteten Armen, ein Gestus, der zu diesem Zeitpunkt als Erkennungszeichen der Eidgenossen galt; zwei Mönche, die auf Misthaufen stehen, halten die Hostie empor. Im Hintergrund setzen sich die Truppen in Marsch, angefeuert von ihren Hauptleuten.

Bild: Aufbruch der Eidgenossen und ihrer Verbündeten von Niklaussport gegen Nancy, 5.1.1477. Buchillustration aus der Chronik des Diebold Schilling, um 1512, fol. 118, Zentral- und Hochschulbibliothek Luzern, © Korporationsgemeinde Luzern. Foto: Schweizerisches Landesmuseum Zürich.

Literatur: G. P. MARCHAL, Schweizer Gebrauchsgeschichte. Geschichtsbilder, Mythenbildung und nationale Identität, Basel 2006; R. Sablonier, Schweizer Eidgenossenschaft im 15. Jahrhundert. Staatlichkeit, Politik und Selbstverständnis, in: J. WIGET (Hrsg.), Die Entstehung der Schweiz. Vom Bundesbrief 1291 zur nationalen Geschichtskultur des 20. Jahrhunderts, Schwyz 1999, 9-42.

sich als Nationalmonarchien mit ständischer Ordnung.

**Die okzidentale Stadt: Eine Präfiguration der modernen Nation.** Einzig in den europäischen Städten, die seit dem 11. Jahrhundert einen Aufschwung erlebten, entstand eine gesellschaftliche „Figuration" [ELIAS], welche den ständischen Aufbau durchbrach. Bürger und Bürgerinnen waren Teil einer Schwurgemeinschaft und verfügten über die gleichen Rechte und Pflichten – zumindest auf dem Papier. Selbstverständlich gab es auch in den Städten ein großes Machtgefälle zwischen Führungsschicht und Bürgerschaft, aber als genuin europäische Lebensform nahm die „okzidentale Stadt" [WEBER] viele Züge der modernen Nation vorweg. Der Einbezug der Städte in die jeweilige Nationalmonarchie kann auch als Gradmesser für die Stärke des Nationsbewusstseins genommen werden. Während die französischen Könige mit den Städten gezielt zusammenarbeiteten, welche ihrerseits den *Roi de France* als Oberherrn anerkannten, blieb das Reich hochadlig geprägt, und die Reichsstädte waren von den Entscheidungsprozessen auf den Hof- und Reichstagen ausgeschlossen. Allerdings konnte in Europa die städtische Bevölkerung, deren Anteil auf maximal 20% der Bevölkerung geschätzt wird, nie als eigenständige politische Kraft auftreten.

▷ S. 235 Stadtkommunen

Claudius Sieber-Lehmann

**Literatur**

B. ANDERSON, Imagined communities. Reflections on the Origin and Spread of Nationalism, 2. Aufl. London 1991.

H. BEUMANN (Hrsg.), Beiträge zur Bildung der französischen Nation im Früh- und Hochmittelalter, Sigmaringen 1983.

DERS./W. SCHRÖDER (Hrsg.), Aspekte der Nationenbildung im Mittelalter. Ergebnisse der Marburger Rundgespräche 1972-1975, Sigmaringen 1978.

DIES. (Hrsg.), Frühmittelalterliche Ethnogenese im Alpenraum, Sigmaringen 1985.

DIES. (Hrsg.), Die transalpinen Verbindungen der Bayern, Alemannen und Franken bis zum 10. Jahrhundert, Sigmaringen 1987.

J. EHLERS, Artikel „Nation", in: Lexikon des Mittelalters, hrsg. von N. ANGERMANN u.a., Bd. 6, München/Zürich 1993, 1038-1040.

J. EHLERS (Hrsg.), Ansätze und Diskontinuität deutscher Nationsbildung im Mittelalter, Sigmaringen 1989.

T. EICHENBERGER, Patria. Studien zur Bedeutung des Wortes im Mittelalter (6.-12. Jahrhundert ), Sigmaringen 1991.

N. ELIAS, Was ist Soziologie?, München 1970.

E. K. FRANCIS, Ethnos und Demos. Soziologische Beiträge zur Volkstheorie, Berlin 1965.

F. GRAUS, Die Nationenbildung der Westslawen im Mittelalter, Sigmaringen 1980.

C. HIRSCHI, Wettkampf der Nationen. Konstruktionen einer deutschen Ehrgemeinschaft an der Wende vom Mittelalter zur Neuzeit, Göttingen 2005.

W. R. HUTCHISON/H. LEHMANN (Hrsg.), Many are Chosen. Divine Election and Western Nationalism, Minneapolis 1994.

B. SCHNEIDMÜLLER, Nomen Patriae: Die Entstehung Frankreichs in der politisch-geographischen Terminologie (10.-13. Jahrhundert), Sigmaringen 1987.

C. SIEBER-LEHMANN, Spätmittelalterlicher Nationalismus. Die Burgunderkriege am Oberrhein und in der Eidgenossenschaft, Göttingen 1995.

M. WEBER, Wirtschaft und Gesellschaft. Die Wirtschaft und die gesellschaftlichen Ordnungen und Mächte, Tübingen 1999.

H.-U. WEHLER, Nationalismus. Geschichte, Formen, Folgen, München 2001.

**Kunigunde von der Neuen Tür.** Seit dem 13. Jahrhundert waren Beginen in Mitteleuropa ein Massenphänomen. Sie führten in freiwilliger Ehelosigkeit ein Leben intensivierter Religiosität, ohne die Gelübde eines religiösen Ordens abzulegen. Kirchenrechtlich gehörten sie daher nicht zum geistlichen Stand, sondern unterstanden der weltlichen Obrigkeit. Sie genossen die Verfügungsgewalt über ihr persönliches Eigentum und lebten allein, in kleinen Gruppen oder in Konventen überwiegend von eigenem Besitz, aber auch von Stiftungen, Almosen und gelegentlich von ihrer Arbeit, etwa als Dienstboten.

Zu diesen Frauen zählte auch Kunigunde von der Neuen Tür (lat. *de Nova Janua*). Sie wird 1305 erstmals in einem Kölner Schreinsbuch, also einem frühen Grundbuch, als „beggina" und Besitzerin eines Erbzinses erwähnt. Mit den Miteigentümern einer Häusergruppe einigte sie sich ein Jahr später über den Zugang zur gemeinsamen Latrine. 1322 setzte Kunigundes Mutter Berta, Witwe des Gerhard von der Neuen Tür, ihr Testament auf. Darin vermachte sie ihren vier lebenden Kindern Kunigunde, Hermann und den Benediktinermönchen Gerhard und Peter die hohe Summe von je 1000 Mark. Zwei Enkelkinder, Töchter eines bereits verstorbenen Sohnes, erhielten zusammen 600 Mark. Diese Familie war demnach sehr wohlhabend, gehörte aber nicht zum kleinen Kreis der Patrizierfamilien.

Warum Kunigunde Begine wurde und nicht in ein Frauenkloster eintrat, gibt Anlass zu Vermutungen. Um 1300 gab es so viele Beginen in Köln, dass alle Plätze in rheinischen Klöstern nicht ausgereicht hätten, um sie aufzunehmen. Doch ist das Beginentum für Kunigunde wohl kein Notbehelf; sie hätte sicher das Eintrittsgeld für ein Kloster aufbringen können. Als Begine genoss sie aber nicht nur die freie Verfügungsgewalt über ihr Vermögen, sie lebte überdies nahe der Familie und konnte sich frei in der Stadt bewegen. Damit konnte sie wichtige Aufgaben übernehmen: Zusammen mit ihrem Bruder Gerhard war sie Testamentsvollstreckerin für ihre Mutter und Vormund über ihre beiden Nichten.

Über Kunigundes Lebensweise informiert ihr eigenes Testament, das sie am 7. März 1333 aufsetzte. Zu dieser Zeit war sie krank und bettlägerig. Zuerst legte sie fest, dass sie bei den Dominikanern bestattet werden wollte, denen sie die hohe Summe von 60 Mark vermachte. Den Lektor der Dominikaner, Bruder Johann, bestimmte sie zu einen der Testamentsvollstrecker. Ihm zur Seite stehen sollten die ihr nahen Beginen Bela vom Esel und Stina. Gemeinsam mit diesen beiden Frauen und ihren Nichten, den Beginen Druda und der jüngeren Kunigunde, lebte sie in einem steinernen Haus, das Kettwig genannt wurde. Aus einem Schreinseintrag geht hervor, dass das Haus nach Kunigundes Tod an die Dominikaner fallen sollte, ihre vier Mitbewohnerinnen es aber zeitlebens nutzen durften, sofern sie nicht heirateten, was Beginen grundsätzlich möglich war. Eine Gütergemeinschaft bildeten die fünf Frauen nur eingeschränkt; zwar vermachte Kunigunde den Mitbewohnerinnen ihren Hausrat, aber jeder Einzelnen einen Geldbetrag von unterschiedlicher Höhe. Zudem legt das Testament Zeugnis ab von Kunigundes geistlichen und sozialen Kontakten. Zwei von ihr bedachte Neffen waren Angehörige des Johanniterordens. Kleinere Geldsummen bestimmte sie für den erwähnten Lektor Johann und dessen Bruder Goswin, ebenfalls ein Dominikaner, den Magister Alard, einen Vikar am Kölner Dom, ihren zuständigen Pfarrer Richard von St. Maria Ablass sowie für einen weiteren Weltgeistlichen. Kleine Zuwendungen erhielten u.a. auch die *puella* Stina von Bickendorf (wohl eine Begine), die weiblichen Bettelordenshäuser St. Klara (Franziskanerinnen) und St. Gertrud (Dominikanerinnen) sowie die Beginenkonvente Ver Sele und Ver Oden.

Nach Aufsetzung des Testamentes hat Kunigunde nicht mehr lange gelebt. Bereits am 17. August 1333 erhielt ihr Neffe Gerhard vom Johanniterkomtur die Vollmacht, über die Erbschaft von seiner verstorbenen Tante Kunigunde zu verfügen.

Wie Kunigunde kamen in Köln viele Beginen aus wohlhabenden Familien, nicht wenige hatten einflussreiche geistliche Angehörige. Das Beginentum des 13. und 14. Jahrhunderts war dort wie vielerorts eine in die städtische Gesellschaft integrierte und geachtete Lebensform; zu Verfolgungen kam es in Köln – anders als an manch anderem Ort, wo Beginen in den Verdacht der Ketzerei gerieten – nicht.

Letha Böhringer

**Literatur**

L. Böhringer, Kölner Beginen im Spätmittelalter – Leben zwischen Kloster und Welt, in: Geschichte in Köln 53, 2006, 7–34.
A. Fössel/A. Hettinger, Klosterfrauen, Beginen, Ketzerinnen. Religiöse Lebensformen von Frauen im Mittelalter, Idstein 2000.
F.-M. Reichstein, Das Beginenwesen in Deutschland. Studien und Katalog, Berlin 2001.

**Henning Strobart.** Henning Strobart stammte aus der Grauzone zwischen Nicht-Adel und Adel und hatte als Vasall des Erzbischofs von Magdeburg seit 1416 in Fehden gegen die Markgrafschaft Brandenburg militärische Erfahrung und Verdienste gesammelt. Es folgten die Verleihung erster Lehen und 1420 das Amt des Vogtes in Hötensleben. Doch spätestens im Frühjahr 1427 verließ er den Dienst des Erzbischofs und wurde Stadthauptmann in Halle an der Saale, wo er nun städtische Truppen in einer Fehde gegen den Erzbischof führte. In mehreren Anläufen erweiterte er schließlich sein Amt zum gemeinsamen Stadthauptmann von Magdeburg und Halle, das er in der Magdeburger Stiftsfehde sehr erfolgreich gegen den Erzbischof und seine Verbündeten ausübte.

Persönlich profitierte er vom überschaubaren und militärisch wie wirtschaftlich potenten Rahmen der Städte, in denen er als Militärfachmann eine Sonderstellung einnahm. Neben den militärischen Aufgaben war Henning Strobart auch diplomatisch vor allem in Schiedsgerichten aktiv und legte die wirtschaftlichen Erträge seiner Erfolge in Grundbesitz, Geldanlagen und Geldgeschäften mit dem Niederadel an. In seinem Dienstvertrag in Halle erreichte er 1437 eine üppige Bezahlung, erhebliche Sonderrechte und ungeminderte Bürgerrech-te für seinen Sohn.

Politische Veränderungen führten schließlich 1440 zum Dienstende in Magdeburg und zu einem erneuten Wechsel der Fronten, indem er u.a. die sächsischen Kurfürsten mit der Wahrung seiner Ansprüche gegen Magdeburg beauftragte. In diesem Zusammenhang verwendete er am 15.6.1440 erstmals sein drittes Siegel. Es ist besonders aufwändig gestaltet und dokumentiert seinen sozialen Aufstieg. Neben dem Amt als Stadthauptmann von Halle pflegte er in den folgenden Jahren enge Verbindungen zum sächsischen Kurfürsten Friedrich II., der ihm mehrfach gegen erhebliche Summen Ämter verpfändete und ihn zu seinem Vertreter in Halle machte. Zusätzlich gelang ihm durch die Verheiratung seiner Schwester eine Verschwägerung mit dem regionalen Niederadel. Damit verletzte Henning Strobart jedoch politisch, finanziell und verwandtschaftlich die Gleichheitsvorstellungen der Stadtgemeinde.

Eine Schlägerei seines Sohnes und ihre juristischen Folgen führten schließlich 1452 zu seiner Inhaftierung in Halle, die erst nach knapp zwei Jahren durch die Fürsprache niederadliger Kollegen, einen umfangreichen Vermögensverzicht und den Schwur einer Urfehde beendet wurde.

Doch bald folgte ein Streit mit Kurfürst Friedrich II. von Sachsen, der ihn ebenfalls verhaften ließ. Diese Gefangenschaft sollte Henning Strobart nicht überleben. Er starb am 6. April 1456 auf Schloss Rochlitz.

In einem Wechsel von fürstlichem und städtischem Umfeld gelang Henning Strobart zunächst ein rasanter Aufstieg, der für seine Zeit nicht untypisch war, aber in seiner guten Überlieferung eine Ausnahme bildet.

Michael Vollmuth-Lindenthal

Drittes Siegel Henning Strobarts. Foto: Sächsisches Hauptstaatsarchiv Dresden.

**Literatur**

K. ANDERMANN/P. JOHANEK (Hrsg.), Zwischen Nicht-Adel und Adel, Stuttgart 2001.
H. BOOCKMANN, Spätmittelalterlich deutsche Stadt-Tyrannen, in: BlldtLG 119, 1983, 73–91.
M. VOLLMUTH-LINDENTHAL, Henning Strobart und Halle – Überlegungen zur hallischen Stadtgeschichte im 15. Jahrhundert, in: H. ZAUNSTÖCK (Hrsg.), Halle zwischen 806 und 2006. Neue Beiträge zur Geschichte der Stadt, Halle (Saale) 2001, 35–60.
DERS., Henning Strobart – Stadthauptmann von Halle und Magdeburg, in: W. FREITAG (Hrsg.), Mitteldeutsche Lebensbilder. Menschen im Späten Mittelalter, Köln/Weimar/Wien 2002, 157–179.

# Technik: Soziale Deutungsmuster als Lesart der Geschichte

**Begriff und Forschungskonzept.** Die Begriffsbildung „Soziale Deutungsmuster" und ihr Einsatz als Forschungsinstrument entstammen der Soziologie. Der Begriff bezeichnet zeitstabile und stereotype Sichtweisen und Interpretationen, die von Mitgliedern einer sozialen Gruppe „zu ihren alltäglichen Handlungs- und Interaktionsbereichen lebensgeschichtlich entwickelt" wurden. Soziale Deutungsmuster bieten Orientierung und Rechtfertigung im Alltag „in der Form grundlegender, eher latenter Situations-, Beziehungs- und Selbstdefinitionen, in denen das Individuum seine Identität präsentiert und seine Handlungsfähigkeit aufrechterhält" [ARNOLD, 894].

Für die Verwendung des Begriffes im historischen Kontext ist seine wissenssoziologische Prämisse wichtig: Sie geht von der Annahme aus, dass die Bildung individueller Handlungsorientierungen von sozial verfügbaren Deutungsangeboten abhängig und entsprechend vermittelt ist [ULLRICH].

Soziale Deutungsmuster können von Historikern in den untersuchten Epochen entdeckt, beschrieben und zur Interpretation genutzt werden. Die in diesem Zusammenhang zu beobachtenden Wechselwirkungen zwischen Handeln und Wissen sind es, die dieses Verstehenskonzept zu einer attraktiven Lesart vor allem für Vertreter historisch-kulturwissenschaftlicher Ansätze machen, gehen sie doch oft davon aus, dass im Wissen eines jeden Menschen durch Umgang mit anderen Deutungszusammenhänge gleichsam generiert und gespeichert werden, die ihm helfen, die eigene Wahrnehmung zu strukturieren und sozial zu handeln und dabei aus Deutungszusammenhängen zusehends Sinnzusammenhänge zu formen. Für die sozialen Gruppen gilt dies ebenso: sie entstehen und bestehen nicht einfach, vielmehr konstituieren sie sich durch ihre Vorstellung von sich und der Wirklichkeit um sie herum und durch ihr Handeln immer wieder neu im Sinne einer permanenten Selbstvergewisserung. Dass zugleich ihre Umwelt zur ständigen Formierung beiträgt, indem äußere Sichtweisen und Interpretationen auf das Selbstbild der Gruppe einwirken, gehört ebenfalls zu diesem Verständnis. Beide Aspekte müssen im Fokus des Forschers liegen. Die historischen Kulturwissenschaften knüpfen damit an eine Tradition an, die explizit auf die Soziologen Alfred Schütz (1899–1959), Peter L. Berger (*1929) und Thomas Luckmann (*1927) zurückgeht, implizit aber Emile Durkheim (1858–1917), Max Weber (1864–1920), Karl Mannheim (1893–1947) oder auch Antonio Gramsci (1891–1937) und Niklas Luhmann (1927–1998) mit einschließt. Aktualität und internationale Anschlussfähigkeit dieses Konzeptes werden offenbar, wenn man beispielsweise an Pierre Bourdieus Forschungsbegriff des „Habitus" denkt, der ausdrücklich als „ein sozial konstituiertes System von strukturierten *und strukturierenden* Dispositionen, das durch Praxis erworben wird und konstant auf praktische Funktionen ausgerichtet ist", definiert wird [BOURDIEU/WACQUANT, 154].

Mit Hilfe von Verstehenskonzepten wie der Analyse sozialer Deutungsmuster gelingt es insbesondere der Mediävistik, die Einbindung des mittelalterlichen Menschen in ein komplexes System sozialer Gruppen und damit den Pluralismus und die Offenheit vormoderner Gesellschaften in den Mittelpunkt der Aufmerksamkeit zu rücken. Sie entgeht so der Gefahr, das Traditionelle vormoderner Gesellschaften durch Fokussierung auf Routinen und daraus ableitbare Institutionen überzubewerten. Denn moderner Mediä-

▷ S. 169 ff. Einführung

Zu den Illustrationen, die einen oft seit Schulbuchzeiten verfolgen, gehört dieser Holzschnitt. Die Abbildung dürfte deshalb so beliebt sein, weil man hierin – so wie in einem soziologischen Schichtendiagramm moderner Gesellschaften – den **Aufbau der mittelalterlichen Sozialordnung** zu finden meint. Zu dieser scheinbaren Analogie trägt bei, dass zumeist gar nicht mehr nachgewiesen wird, woher die Abbildung stammt. Sie ist einem 1492 erschienenen Mainzer Frühdruck des astrologischen Werkes „Pronosticatio in latino" von Johannes Lichtenberger entnommen, welches 1488 erstmals veröffentlicht worden war.

Technik:
Soziale Deutungsmuster als Lesart der Geschichte

vistik erscheint das Mittelalter eher als grundsätzlich „krisenhafte" Epoche, in der stets neu existenzielle Orientierungen und Sinnstiftungen für das Handeln der Menschen gefunden werden mussten. Insofern versteht sie vormoderne soziale Deutungsmuster – und ihre Um- und Neudeutungen – vornehmlich als Krisenlösungen. Zugespitzte Krisensituationen und die in ihnen entweder allererst geschaffenen oder sich mit ihnen wandelnden sozialen Deutungsmuster eignen sich damit in besonderer Weise als Zugang zum Verständnis historischer Prozesse.

**Entstehung und Wandel eines sozialen Deutungsmusters – das Beispiel augustinischer Typologie.** Der Veranschaulichung können hier die Entstehungsbedingungen der klassischen Typologie des Augustinus (354–430) als eines über das Mittelalter hinaus wirkungsmächtigen Deutungsmusters sowie dessen radikale und ebenso dauerhafte Umdeutung im Kontext der Massenkonversionen von Juden (und Moslems) im Spanien des 15. Jahrhunderts dienen. Mit dem Begriff der Typologie ist hier ein theologisches Konzept bezeichnet, das von einer engen Verbindung zwischen dem Alten und dem Neuen Testament ausgeht, die es freizulegen gilt.

**Deutung und Deutungsbezug.** Ausgangspunkt sind Antworten des berühmten Kirchenlehrers und Philosophen Augustinus auf die theologischen Herausforderungen durch die Manichäer, denn sie haben weit über den Krisenkontext der Wende vom 4. zum 5. Jahrhundert hinaus die Grundlagen für eine christliche Identität in einer als „ambivalent" erlebten Welt gelegt. Die Manichäer bildeten eine Glaubensrichtung, die auf den

Die Abbildung zeigt die Gesellschaft in drei Stände geteilt. Die Beter (*oratores*) sind für Gebet und Gottesdienst zuständig. Die adligen Krieger (*bellatores*) garantieren den Schutz. Die Arbeiter (*laboratores*) sorgen für die Nahrung und den Unterhalt. Der segnende Christus auf dem Regenbogen unterweist die Repräsentanten der drei Stände in ihren Handlungen. Zu Papst, Kaiser und einem Bauern sagt er auf Latein „Du bete inständig", „Du schütze" sowie schließlich noch „Und Du [*tuque*] arbeite." Entscheidend ist, dass in diesem Modell jeder sozialen Gruppe eine fundamentale Aufgabe für den Erhalt der Gesamtgesellschaft zugewiesen ist. Die ethische Aussage der funktionalen Dreiteilung (daher: trifunktionales Schema) lautet also, dass kein einzelner Stand ohne die beiden anderen existieren könnte. Damit ist die soziale Ungleichheit zwar nicht aufgehoben, aber durchaus relativiert.

Doch ist die Dreiteilung der Menschen keine getreuliche Widerspiegelung der mittelalterlichen Realität, sondern ein soziales Deutungsmuster, also ein geistiger Entwurf, ein Kopfbild, eine Imagination, eine Form der Weltdeutung. Man erkennt seine Lücken etwa daran, dass die am Ende des 15. Jahrhunderts gar nicht zu übersehenden Stadtbürger unter den Bauern zu suchen wären und dass Mönche und Kleriker einen einzigen Stand bilden. Andere mittelalterliche Deutungsmuster und Sozialmetaphern gehen deshalb anders vor, wenn sie beispielsweise eine Zweiteilung in Klerus und Laien entwerfen oder die Gesellschaft als menschlichen Körper deuten und einzelne soziale Gruppen den Organen und Gliedern zuweisen. Das trifunktionale Schema ist also nicht in einem gegenständlichen Sinne wirklich und wahr bzw. es ist höchstens genauso wirklich und wahr wie andere zeitgenössische und moderne Gesellschaftsmodelle. Was es von modernen Abstraktionen zum Zwecke der wissenschaftlichen Analyse abhebt, ist der Umstand, dass dieses Deutungsmuster als zeitgenössisches Modell das Handeln mittelalterlicher Menschen bestimmt hat. Das Bild von der Dreiteilung der Gesellschaft erschuf also dadurch Wirklichkeit, dass Menschen ihr Handeln nach dieser Vorstellung ausrichteten. Dies war seit der gesamteuropäischen Umbruchzeit des 11. Jahrhunderts verstärkt der Fall.

Stephan Selzer

Bild: Buchillustration aus Johannes Lichtenberger, Pronosticatio in latino, Mainz 1492, Holzschnitt.

Literatur: G. Duby, Die drei Ordnungen. Das Weltbild des Feudalismus, Frankfurt/M. 1986 (zuerst frz. 1978).

persischen Religionsstifter Mani (216–273) zurückzuführen ist und in der sich unterschiedliche vorderorientalische und mediterrane Vorstellungen vereinigten. Gegen die Manichäer, denen er zeitweilig selbst angehört hatte, verteidigte Augustinus die frühchristliche Exegese, wonach das Neue Testament durch das Alte präfiguriert wird. Er brach dabei jedoch in einem entscheidenden Punkt mit der bisherigen Apologetik. Denn anders als Justin († 165), Tertullian (um 160-nach 220) und noch sein Zeitgenosse Hieronymus (um 347–419 oder 420), die das Alte Testament allegorisch als Vorausdarstellung des Neuen deuteten, dabei aber allesamt die buchstabengetreue Interpretation von Gottes Willen als Gesetz entschieden verwarfen, vertrat Augustinus im *Contra Faustum* (398) die Meinung, dass Christi Geburt eine neue Ära, das Zeitalter der Gnade, eröffnet, auf keinen Fall aber ein neues Gesetz eingeführt habe. Dem jüdischen Volk wies Augustinus eine besondere Rolle zu: Christus bedurfte eines seiner Größe angemessenen Propheten und fand diesen nicht in einer einzelnen Person, sondern in einem ganzen Volk, eben den Juden (*Contra Faustum* XXII, 24). Nun würden die zerstreuten Juden allerdings, wie die Häretiker auch, in *terra commotionis* wohnen, ihr Leben sei „nunmehr durch das Verlangen des Fleisches erschüttert – im Gegensatz zu jener freudigen Ruhe, die Gott im Paradies verheißt“ (ebd. XII, 13).

Kaum eine Exegese dürfte während des Mittelalters eine so große soziale Wirkung entfaltet haben wie die des Augustinus. Vor allem aber sollte seine Typologie eine entscheidende Säkularisierung der Geschichte nach sich ziehen. Dass mit der Geburt Christi kein neues Gesetz begonnen habe, war Augustinus deshalb so wichtig, weil er seit 396 zunehmend auf die Kluft zwischen Ewigkeit und Zeitlichkeit aufmerksam geworden war und über die Vermittlung von Ewigkeit und Zeitlichkeit, Gott und Mensch durch die Heilige Schrift nachdachte. Ausgangspunkt war dabei die damals in seiner Schrift *Ad Simplicianum* formulierte Einsicht, dass, wenn alle Menschen Sünder sind, Gott der Gerechte ist und dass sich daher seine Gerechtigkeit der menschlichen Kenntnis entziehen muss. Die nachbiblische Geschichte verlor jegliche endzeitliche Dimension. Der „Ambivalenz der Welt“ und insbesondere dem Fortbestehen des Judentums im Exil nach der Geburt Christi maß Augustinus keine besondere Bedeutung bei.

**Umdeutung und Umdeutungsbezug.** Augustinus und die Tradition nach ihm setzten den Fortbestand des Judentums voraus. Genau diese „Vorgabe“ schien aber nach der so folgenreichen Konversion zehntausender Juden auf der Iberischen Halbinsel im Zuge der Pogrome von 1391 nicht mehr länger zu gelten. Die weitgehende Assimilation der Juden, die übrigens auch die moslemischen Minderheiten in den christlichen Gebieten erfasste, hatte zu einem weit reichenden sozialen Wandel geführt, da neue Schichten nun in Stellungen und Berufszweige eindrangen, zu denen sie aufgrund ihrer religiösen Zugehörigkeit bis dahin keinen Zugang hatten. Mit dieser Assimilationswelle gingen jedoch tief greifende Identitätsverschiebungen einher.

Bei der Mehrheitsbevölkerung, die sich teilweise in ihrer privilegierten Position bedroht sah, führte der Wandel binnen einer Generation zu einer Soziologisierung des typologischen Deutungsmusters. Die Juden waren nicht mehr wie bislang eine zerstreute Minderheit, sondern sie wurden nunmehr als existenzielle Bedrohung der christlichen Bevölkerung ausgemacht und bekämpft mit dem Ziel, die verschwindende soziale Kluft zwischen „altgläubigen" Christen und erst jüngst zum Christentum konvertierten Juden und Moslems (*conversos*) sinnstiftend, d.h. begründbar, zu befestigen. Ab 1449 wurden so genannte Statuten über die „Reinheit des Blutes" erlassen, die den *conversos* den Zugang zu Verwaltung, Kirche, Universität oder auch Bruderschaften verwehrten. Im Wechselspiel mit der königlichen Inquisition, die 1478 auf Initiative Isabellas von Kastilien (1451–1504) zunächst in Kastilien und nach der Thronbesteigung ihres Ehemannes Ferdinand von Aragon (1452–1516) 1479 dann in ganz Spanien eingeführt wurde, wurden die *conversos* und ihre Nachfahren zunehmend verdächtigt, jüdischen Riten nachzugehen (*judaizare*).

▷ S. 145 Westeuropäische Monarchien

Dies geschah, indem die Attribute alttestamentarischer Gesetzestreue auf die Konvertiten projiziert wurden. Diese Attribute und die damit verbundene Charakterisierung der Juden als eines Volkes, das „nach dem Fleisch" lebe, waren von Augustinus mit Bezug auf die Rolle des Alten Israel zumindest partiell als positiv hervorgehoben worden. Spätestens ab der Mitte des 15. Jahrhunderts wurden sie aber durch die aus den augustinischen Schriften abgeleitete Koexistenz von Gesetz und Gnade ins Negative gewendet und zur Diskriminierung der neuen Schichten benutzt.

Wie aus den Handbüchern für Inquisitoren hervorgeht, ging es bei dem Vorwurf des *judaizare* bezeichnenderweise darum, die Nähe der *conversos* zum „Fleisch" zu dokumentieren. Neben der Beschneidung und der Einhaltung jüdischer Essverbote bzw. Fastengebote fielen darunter die sexuelle Verführung „altgläubiger" Männer und Frauen, die Wiederheirat von Witwen mit Schwagern sowie die Geldgier. Damit war es ohne große Schwierigkeiten möglich, auch Nachfahren von Moslems der Häresie zu bezichtigen.

Zwar wurde das erste Statut über die „Reinheit des Blutes" aus Toledo noch von Papst Nikolaus V. (1397–1455) mit Verweis auf die Kirchenlehre des Augustinus verworfen. Denn Feind des Menschengeschlechts, so die Bulle *Humani generis inimicus*, seien nicht die Juden, sondern jene, die behaupteten, Juden könnten nicht bekehrt werden; vielmehr bestehe in der Kirche, die ein einziger Leib sei, kein Unterschied zwischen jüdischer und heidnischer Abstammung. Doch sollten in der Folgezeit immer mehr spanische Institutionen zu Diskriminierungsmaßnahmen greifen.

Die Auslegung des Augustinus, derer man sich über Jahrhunderte hinweg bedient hatte, um den Anspruch der Juden auf Auserwähltheit abzuwehren, die zugleich aber die Anerkennung jüdischer Gesetzestreue ermöglichte und die geistige Basis für ein friedliches Miteinander bot, war einer radikalen Umdeutung ausgesetzt, die schließlich soziale Diskriminierung und Dissoziation nach sich zog.

Martial Staub

**Literatur**

R. Arnold, Deutungsmuster. Zu den Bedeutungselementen sowie den theoretischen und methodologischen Bezügen eines Begriffs, in: Zeitschrift für Pädagogik 29, 1983, 893–912.

P. Berger/T. Luckmann, Die gesellschaftliche Konstruktion der Wirklichkeit. Eine Theorie der Wissenssoziologie, Frankfurt/M. 1984.

G. Bollenbeck, Bildung und Kultur. Glanz und Elend eines deutschen Deutungsmusters, München 1994.

P. BOURDIEU, Sozialer Sinn. Kritik der theoretischen Vernunft, Frankfurt/M. 1980.

DERS./L. WACQUANT, Reflexive Anthropologie, Frankfurt/M. 1996.

P. FREDRIKSEN, Excaecati occulta iustitia Dei: Augustine on Jews and Judaism, in: Journal of Early Christian Studies 3, 1995, 299–324.

DIES., Secundum carnem: History and Israel in the Theology of St. Augustine, in: The Limits of Ancient Christianity. Essays on Late Antique Thought and Culture in Honor of R.A. Markus, Ann Arbor 1999, 26–41.

DIES., Allegory and Reading God's Book: Paul and Augustine on the Destiny of Israel, in: J. WHITMAN (Hrsg.), Interpretation and Allegory, Leiden 2000, 125–149.

DIES., Augustine and Israel: Interpretatio ad litteram, Jews, and Judaism in Augustine's Theology of History, in: Studia Patristica 38, 2001, 119–135.

C. HÖFFLING/C. PLASS/M. SCHETSCHE, Deutungsmusteranalyse in der kriminologischen Forschung, in: Forum Qualitative Sozialforschung 3/1, 2002 (online).

K. MANNHEIM, Ideologie und Utopie, Frankfurt/M. 1985 (zuerst 1929).

D. NIRENBERG, Conversion, Sex, and Segregation: Jews and Christians in Medieval Spain, in: American Historical Review 107, 2002, 1065–1093.

DERS., Enmity and Assimilation: Jews, Christians, and Converts in Medieval Spain, in: Common Knowledge 9, 2003, 137–155.

U. OEVERMANN, Zur Analyse der Struktur von sozialen Deutungsmustern (1973), in: Sozialer Sinn 1, 2001, 3–33.

DERS., Die Struktur sozialer Deutungsmuster. Versuch einer Aktualisierung, in: Sozialer Sinn 1, 2001, 35–81.

O. G. OEXLE, Die funktionale Dreiteilung der „Gesellschaft" bei Adalbero von Laon. Deutungsschemata der sozialen Wirklichkeit im frühen Mittelalter, in: Frühmittelalterliche Studien 12, 1978, 1–54.

DERS., Tria genera hominum. Zur Geschichte eines Deutungsschemas der sozialen Wirklichkeit in Antike und Mittelalter, in: L. FENSKE (Hrsg.), Institutionen, Kultur und Gesellschaft im Mittelalter, Sigmaringen 1984, 483–500.

DERS., Deutungsschemata der sozialen Wirklichkeit im frühen und hohen Mittelalter. Ein Beitrag zur Geschichte des Wissens, in: F. GRAUS (Hrsg.), Mentalitäten im Mittelalter. Methodische und inhaltliche Probleme, Sigmaringen 1987, 65–117.

DERS., Die funktionale Dreiteilung als Deutungsschema der sozialen Wirklichkeit in der ständischen Gesellschaft des Mittelalters, in: W. SCHULZE (Hrsg.), Ständische Gesellschaft und soziale Mobilität, München 1988, 19–51.

F. OHLY, Schriften zur mittelalterlichen Bedeutungsforschung, Darmstadt 1977.

C. PLASS/M. SCHETSCHE, Grundzüge einer wissenssoziologischen Theorie sozialer Deutungsmuster, in: Sozialer Sinn 3, 2001, 511–536.

M. SCHETSCHE, Wissenssoziologie sozialer Probleme. Grundlegung einer relativistischen Problemtheorie, Wiesbaden 2000.

A. SCHÜTZ, Der sinnhafte Aufbau der sozialen Welt. Eine Einleitung in die verstehende Soziologie, Konstanz 2004 (zuerst 1932).

A. SWIDLER/J. ARDITI, The New Sociology of Knowledge, in: Annual Review of Sociology 20, 1994, 305–329.

C. G. ULLRICH, Deutungsmusteranalyse und diskursives Interview. Leitfadenkonstruktion, Interviewführung und Typenbildung, in: Arbeitspapiere – Mannheimer Zentrum für Europäische Sozialforschung 3, 1999, 1–32 (online).

# Vorgehen der Forschung

## Einführung: Die Quellen und ihre Erschließung

**Der Quellenbegriff.** Der Begriff „Quelle" lässt in der Vorstellung das Bild eines sprudelnden Brunnens entstehen, aus dem reichlich Wasser fließt, so dass sich jeder nach Belieben daraus bedienen kann. Es quillt unaufhaltsam, man muss nicht nachhelfen, sondern darf sich damit begnügen, aus dem Überfluss zu schöpfen. Klar ist dieses Wasser, noch ungetrübt von allen äußeren Einflüssen.

Bezogen auf die Arbeit des Historikers ist der Begriff allerdings überaus irreführend. Zum einen sprudeln die Quellen, aus denen er seine Kenntnis der Vergangenheit gewinnt, in höchst unterschiedlicher Intensität: oft handelt es sich lediglich um ein lustloses Tröpfeln, mitunter muss durch Bohren nachgeholfen oder gar die Lage einer möglichen Wasserstelle erst mühsam erkundet werden, bevor mit der eigentlichen Arbeit des Schöpfens begonnen werden kann. Dann wieder bricht ein Sturzbach hervor, dessen Massen kaum gebändigt, geschweige denn ausgeschöpft werden können. Zudem ist dieses Wasser keineswegs klar und sauber, sondern durch eine Vielzahl äußerer Einflüsse getrübt, oft sogar regelrecht verschmutzt.

**Historische Definitionen und Gliederungen.** Grundsätzlich kann dem Historiker beinahe alles als Quelle für die Erforschung der Vergangenheit dienen: schriftlich und mündlich tradierte Texte, Gegenstände und Bilder, Begriffe und Namen, Umstände und Gebräuche. Mit dem Beginn der historischen Forschung entwickelte sich auch die Disziplin der Quellenkunde, die sich darum bemüht, dieses „Alles" in verschiedene Kategorien einzuteilen – nicht aus Freude am Zergliedern und Einteilen, sondern aus der Erkenntnis heraus, dass unterschiedliche Quellen auch jeweils eigene Zugänge benötigen und ganz unterschiedlichen Aussagewert besitzen.

Solche Kategorien der Gliederung können eher formaler Natur sein, wenn man etwa Gegenstände und Bilder von Gebräuchen sowie von Texten trennt und erstere der Archäologie und Kunstgeschichte bzw. der Volkskunde zuweist, letztere hingegen der Geschichtswissenschaft vorbehält. Dieser Ansatz hat sich gerade im Bereich der Mediävistik als unergiebig erwiesen, denn Bilder und Texte bildeten im Mittelalter oftmals eine sinnfällige Einheit, die dann von der modernen Forschung zerrissen würde.

Eine andere Klassifizierung unterscheidet Primär- von Sekundärquellen. Hier steht die Nähe der jeweiligen Quelle zum historischen Geschehen, über das berichtet wird, im Zentrum, und zumeist bevorzugt der Historiker die Informationen aus erster Hand. Diese Einteilung dient eher als Arbeitsinstrument; sie kann keine absolute Geltung beanspruchen, denn mit dem Auftauchen jeder weiteren, noch näher am Ereignis stehenden Quelle können andere plötzlich ihre scheinbare Unmittelbarkeit verlieren. Hinzu kommt, dass eben auch die Sekundärquellen ihre Vorzüge haben, oftmals sind sie gerade wegen ihrer Distanz zum Geschehen objektiver als diejenigen, die in unmittelbarem Zusammenhang mit dem Berichteten entstanden sind.

Eine weitere, sehr fruchtbare Kategorisierung fragt nach der Überlieferungsintention der Quelle: wurde sie angefertigt, um über eine historische Begebenheit zu informieren oder sollte sie allein zu ihrer Zeit eine irgendwie geartete Funktion erfüllen? So unterschieden Johann Gustav Droysen und, seine Überlegungen ausbauend, Ernst Bernheim die Quellen der „Tradition" von bloßen „Überresten". Als Tradition wird demnach bezeichnet, was verfertigt worden ist, um einer Nachwelt zur Unterrichtung „übergeben" (*tradere*) zu werden, in Bezug auf das Mittelalter also etwa die geschichtsschreibende Literatur wie Annalen und Chroniken. Alles übrige, vom Kochtopf über die rechtsetzende Urkunde bis zum Personen- oder Ortsnamen, wird unter dem Begriff des Überrests zusammengefasst, ist es doch nicht zum Zweck der Benachrichtigung verfertigt worden, sondern aus dem mittelalterlichen Leben übriggeblieben. In der Begrifflichkeit etwas deutlicher, aber im Grundsatz derselben Unterscheidung folgend, trennte Hanns Leo Mikoletzky die „willkürliche" von der „unwillkürlichen" Überlieferung.

▷ S. 302f. Das Spektrum mittelalterlicher Schriftlichkeit

Die genannte Einteilung lässt sich auf die unterschiedlichen Informationsmedien übertragen. Im Grad der Abstraktion zunehmend kann man so gegenständliche, schriftliche sowie mündliche oder völlig abstrakte Quellen voneinander unterscheiden. Entsprechend lassen sich historische Quellen an verschiedenen Orten finden: die geschriebenen Texte aller Epochen lagern vornehmlich in Archiven und Bibliotheken; schützenswerte Sachdokumente finden wir heute in Museen und den Magazinen der Ämter für Denkmalpflege. Ein großer Teil der Sachquellen ist jedoch immer noch im öffentlichen Raum zu sehen: profane und sakrale Gebäude, die Ausstattung mittelalterlicher Kirchen und Rathäuser, Brunnen, Denkmäler und vieles mehr.

**Gegenständliche Quellen.** Lange Zeit wurden im Mittelalter entstandene und bis heute erhaltene Gegenstände von Historikern kaum in den Blick genommen, sondern den Archäologen und Volkskundlern überlassen und im Übrigen auf ihren dekorativen Schauwert reduziert. Dies änderte sich nur dann, wenn Gegenstände einen über ihre reine Funktion hinausreichenden Verweischarakter erhielten, also mit einem religiösen, sozialen oder rechtlichen Symbolwert ausgestattet wurden. Anhand der Wappen, die sich vom Kampfschild zum Träger eines ausgefeilten sozialen Codes entwickelten, lässt sich dies erkennen.

▷ S. 347 Sachkulturforschung
▷ S. 329 Heraldik

**Schriftliche Quellen.** Chroniken und andere Texte der mittelalterlichen Historiographie machen es dem heutigen Historiker scheinbar leicht: sie berichten ihm bereitwillig, was er über die Geschichte seiner Stadt, der ihn interessierenden Region oder Familie wissen möchte. So lesen sich denn viele von Laien verfasste Stadt- oder Dorf-„Chroniken" auch nicht viel anders als zeitgenössische erzählende Texte. In unbekümmertem Vertrauen auf die „Wahrheit" des scheinbar unmittelbar Berichteten und auf die Aussagekraft des „Geschehenen" werden Aussagen von Zeitzeugen kompiliert oder passagenweise von einzelnen Autoren abgeschrieben. Übersehen wird dabei, dass kaum eine Textgattung von der historischen „Wirklichkeit" so weit entfernt ist wie die der Geschichtsschreibung.

▷ S. 302f. Das Spektrum mittelalterlicher Schriftlichkeit

Der Grund liegt nicht unbedingt in einer vom Autor bewusst vorgenommenen Verfälschung des von ihm Erlebten oder Gehörten. Aber wie es auch heute einem Zeugen praktisch unmöglich ist, Gesehenes unvoreingenommen zu beschreiben, kann man auch von mittelalterlichen Autoren keine Objektivität erwarten. Außerdem lag es in der Regel auch gar nicht in ihrer Intention, unabhängig zu berichten. Dies begründet sich bereits aus der

In der ersten Hälfte des 14. Jahrhunderts entstand in Zürich die Handschrift, die nach dem heutigen Aufbewahrungsort als Große Heidelberger Liederhandschrift, nach der Familie des vermutlichen Auftraggebers auch als *Codex Manesse* bezeichnet wird. Sie besteht aus insgesamt 426 Pergamentblättern und enthält die umfangreichste Sammlung mittelhochdeutscher Dichtung, die überliefert ist. Die Texte dieser sukzessive entstandenen Sammelhandschrift stammen aus der Zeit zwischen der Mitte des 12. bis zum Beginn des 14. Jahrhunderts. Besonderen Wert hat die Handschrift durch die 138 farbigen Miniaturen, welche die einzelnen Dichter in ihrem höfischen Umfeld wiedergeben.

Der Dichter **Hartmann von Aue**, der am Ende des 12. Jahrhunderts an einem Kreuzzug teilnahm und um 1210 gestorben sein muss, übertrug den „Erec" und den „Iwein" des Chrétien de Troyes ins Deutsche. So wurde der Stoff der Artuslegende in Deutschland populär. In der Manessischen Handschrift wird der Schwabe Hartmann als Ritter mit Vollwappen, Lanzentuch und Pferdedecke wiedergegeben, die seine Wappenfigur (einen Adlerkopf) tragen.

Bild: Buchillustration aus der Großen Heidelberger Liederhandschrift (so genannter Codex Manesse), Zürich, 1. Hälfte 14. Jahrhundert. Universitätsbibliothek Heidelberg, Cod. Pal. germ. 848, fol. 184v. Foto: Universitätsbibliothek Heidelberg.

Literatur: Codex Manesse. Die Miniaturen der Großen Heidelberger Liederhandschrift, hrsg. und erläutert von I. F. WALTHER, Frankfurt/M. 1989.

mittelalterlichen Vorstellung vom Ablauf der Geschichte als christliche Heilsgeschichte: wenn Anfang und Ende feststehen, gilt es, Erlebtes und Erfahrenes in dieses vorgegebene Schema einzuarbeiten. In der Geschichte dokumentiert sich der Wille Gottes: Historiographie ist nichts anderes als eine durchkomponierte Interpretation der erlebten Phänomene.

Demgegenüber scheinen zumindest die „Überreste" weniger gefilterte Sachverhalte zu vermitteln, sind sie doch nicht durch eine Überlieferungsabsicht geprägt. Es liegt auf der Hand, dass als Überrest gegenständliche und schriftliche ebenso wie abstrakte Quellen angesprochen werden können. In Bezug auf Schriftquellen sind es in erster Linie die Produkte der Verwaltungstätigkeit, die zur Gruppe der Überreste gerechnet werden können. Als typische Beispiele können die so genannten Urbare gelten, die im Zuge der mittelalterlichen Grundherrschaft angelegt wurden.

▷ S. 297, 300, 302 Das Spektrum mittelalterlicher Schriftlichkeit

**Mündliche Überlieferung, Verhalten, Zustände.** Die Quellengruppe mit dem höchsten Abstraktionsgrad ist gerade für die mittelalterliche Geschichte besonders problematisch: Zeitzeugen, die mündlich von ihren Erlebnissen berichten könnten, gibt es nicht, und vieles, das wir als mittelalterlich anzusehen gewohnt waren, hat sich schließlich als Produkt der Rezeption entpuppt. Märchen und Volkslieder, die mündlich scheinbar aus grauer Vorzeit stammende Verhältnisse und Ereignisse zu tradieren vorgaben, sind meist erst im Zuge der romantischen Mittelalterverklärung des 19. Jahrhunderts entstanden, oftmals als Kunstprodukte, die sich heute einzelnen Autoren zuordnen lassen.

Dennoch gibt es noch allerorten „Mittelalterliches", es bedarf allerdings eines geschulten Blicks, um es zu entdecken. Namen, Redensarten, Straßenführungen, Festtage und deren Begängnis sowie eine Vielzahl juristischer Kautelen lassen sich auf die religiösen, sozialen, wirtschaftlichen und rechtlichen Bedingungen der vorreformatorischen Zeit zurückführen. Allerdings bedarf es dazu in der Regel eines Spezialwissens, das über das des Historikers hinausgeht. Sprach- und Literaturwissenschaftler, Kirchen- und Rechtshistoriker sowie Volkskundler, alle mit mediävistischem Schwerpunkt, sind hier gefragt.

▷ S. 371 ff. Technik: Mittelalter auf Schritt und Tritt

**Kombination von Schrift und Bild.** Die oben getroffene Unterscheidung zwischen denjenigen Quellen, die verfertigt worden sind, um einer Nachwelt zur Unterrichtung überlassen zu werden, und allen übrigen Hinterlassenschaften vergangener Zeiten führt zu einem großen quantitativen Ungleichgewicht dieser Quellengruppen. Hinzu kommt das methodisch noch schwerwiegendere Problem, dass sich ein großer Teil des mittelalterlichen Quellenmaterials nicht eindeutig einer der beiden Kategorien zuordnen lässt. Droysen hat dies bereits früh erkannt und die große Gruppe der Überreste weiter untergliedert. Als zweckmäßig erwies sich, die Zwischenkategorie der „Denkmäler" zu akzeptieren. Hierunter lassen sich Gegenstände der Sachkultur zusammenfassen, die dazu geschaffen wurden, der Nachwelt Informationen zu übermitteln.

So weisen etwa mittelalterliche Grabmäler in der Regel eine Inschrift auf, die, meist in ein feststehendes Formular gefügt, Auskunft über Namen und Stand des Verstorbenen sowie das Todesdatum gibt. Weiterhin tragen viele vorreformatorische Grabplatten

▷ S. 315 ff. Epigraphik

eine bildliche Darstellung, die häufig den Verstorbenen selbst zeigt, aber auch sein Wappen oder seine Hausmarke wiedergeben kann. Schließlich vermittelt auch das Denkmal selbst durch Material, Herstellungstechnik und Standort weitere Informationen über die Kaufkraft und das Sozialprestige des Auftraggebers, über Handels-, Künstler- und Handwerkskontakte.

Man würde allerdings der Grabplatte als Quelle nicht gerecht, wollte man Inschrift und bildliche Darstellung dem Bereich der in Überlieferungsabsicht verfertigten „Tradition", die Erkenntnisse über die technische Ausführung dem des nur unbeabsichtigte Informationen vermittelnden „Überrests" zuordnen, denn zum einen durchdringen sich diese verschiedenen Aspekte in sehr hohem Maße, d.h. sie beeinflussen sich wechselseitig, so dass ihre einzelnen Aussagen kaum voneinander zu trennen sind. Die Fertigungsweise eines Grabmals bestimmt sein Gesamtbild, beeinflusst das ikonographische Programm; dieses wiederum kann sich auf die Inschrift auswirken und umgekehrt.

Zum anderen lässt sich jeder dieser drei Bereiche, die den Informationsgehalt eines Denkmals ausmachen, wiederum nach willkürlicher und unwillkürlicher Aussage trennen. Inschrift, bildliche Darstellung und Fertigung besitzen also sowohl als „Traditionsquellen" einen beabsichtigten Informationsgehalt als auch als „Überreste" einen nicht zur Überlieferung vorgesehenen Aussagewert. Dies gilt für die Inschrift, die neben ihren „eigentlichen" inhaltlichen auch formale Informationen enthält, die durch Sprache, Stil oder Schrift sehr viel interessanter sein können als die Todesnachricht im engeren Sinne. Und genauso trifft dies zu für die bildliche Darstellung, deren sekundäre Nachrichten über die Anschauung von Realien, über Gesten, Beifiguren etc. viel mehr sind als stereotype Standesdarstellungen. Umgekehrt sind der Stein oder das Metall, in die Text und Bild eingebracht wurden, nicht nur zufällige Träger einer künstlerischen Darstellung, sondern können ihrerseits durch Herstellungstechnik oder Material Bedeutungen repräsentieren.

Der ideelle Stellenwert von Kunst war im Mittelalter ein ganz anderer als heute. Bildwerke waren nicht bloß Illustration, also Schmuck, Zierde und damit Luxus, sondern ein elementares Mittel des Menschen, die Umwelt zu verstehen, Kontakt mit übergeordneten Mächten zu suchen, sich selbst einzuordnen und zu behaupten. Zwischen zwei primären Funktionen des Kunstwerks wird unterschieden: der des Überlieferns, hinter der die Tendenz steht, Ähnlichkeit zu schaffen, und der, Vorstellungen zu vermitteln, Unsichtbares in Sichtbares umzusetzen. Beide Intentionen lassen sich an Grabmälern ablesen. Dies rührt von ihrer Zwischenstellung her, retrospektiv das Gewesene darzustellen und gleichzeitig prospektiv auf das geglaubte Zukünftige Bezug zu nehmen. Das Kunstwerk muss dabei als Endpunkt einer Entwicklung aufgefasst werden, die sehr viel weiter zurückreicht, als Summe einer Reihe von Vorstellungen, die unter ganz anderen Voraussetzungen entstanden, was dem Betrachter die Möglichkeit eröffnet, sich „anhand der Rezeptionen und Einverleibungen den historischen Zusammenhang der Kulturen vor Augen zu führen" [BANDMANN, 163]. Auf ähnliche Weise besitzen Reduktionen, Ablehnungen und Zerstörungen ihren Wert, sobald sie als solche erkannt werden.

**Quellenkritik.** Damit ist die Quellenkritik angesprochen, die sich von einer naiven, voraussetzungslosen Betrachtungsweise ebenso fernzuhalten hat wie von – in diesem Zusammenhang – nichtssagenden Begriffen wie „Qualität". Aufgaben und Methode der kritischen Untersuchung von Kunstwerken lassen sich mit den für jede Art historischer Quellenkritik anwendbaren Begriffen der Quellenbeschreibung, der Bild- und Textsicherung, der Äußeren und der Inneren Kritik wiedergeben.

Eine Untersuchung des Quellengehalts von Grabdenkmälern beispielsweise kann sich demnach nicht mit der bloßen Zerlegung des Objekts in seine einzelnen Bestandteile und deren Analyse zufriedengeben. Vielmehr muss sowohl ein Überblick über die verschiedenen Erscheinungsformen als auch der Versuch einer Einordnung in einen kulturgeschichtlichen Hintergrund, der die unterschiedlichen Interpretationsansätze aufzeigt, geleistet werden.

Klaus Krüger

**Literatur**

G. BANDMANN, Das Kunstwerk als Gegenstand der Universalgeschichte, in: Jahrbuch für Ästhetik und allgemeine Kunstwissenschaft 7, 1962, 146–166.

E. BERNHEIM, Lehrbuch der historischen Methode, Leipzig 1889.

J. G. DROYSEN, Historik, Bd. 1: Rekonstruktion der ersten vollständigen Fassung der Vorlesungen (1857). Grundriß der Historik in der ersten handschriftlichen (1857/58) und in der letzten gedruckten Fassung (1882), hrsg. von P. LEYH, Stuttgart 1977.

H. FUHRMANN, Überall ist Mittelalter. Von der Gegenwart einer vergangenen Zeit, München 1996.



G. KOCHER, Zeichen und Symbole des Rechts. Eine historische Ikonographie, München 1992.

H. L. MIKOLETZKY, Quellenkunde des Mittelalters, in: MIÖG 58, 1950, 209–227.

G. THEUERKAUF, Einführung in die Interpretation historischer Quellen. Schwerpunkt: Mittelalter, Paderborn u. a. 1991.

# Das Spektrum mittelalterlicher Schriftlichkeit

**Finstere Zeiten?** Das Mittelalter gilt als eine Epoche, für die schriftliche Quellen vergleichsweise spärlich strömen. Wenn bereits die italienischen Philologen des 14. Jahrhunderts, die die Texte der griechischen und lateinischen Antike wiederentdeckten, vom „dunklen Mittelalter" sprachen, meinten sie zunächst einmal: arm an qualitätsvollen Quellen in gutem Latein. Die heute in der englischsprachigen Wissenschaftsliteratur verwendete Epochenbezeichnung „Dark Ages" bezieht sich auf die Quellenarmut des Frühmittelalters. Ein verächtlicher Unterton ist indessen hier wie dort nicht zu überhören. Der abwertende Tenor der Formulierung vom „finsteren Mittelalter" als einer – im Vergleich zur vorangegangenen und zur nachfolgenden Epoche – kulturlosen Zeit liegt hier begründet.

Allerdings ist die Vorstellung von der schriftquellenarmen Epoche zwischen 500 und 1500 in Frage zu stellen. Zwar war die Schriftlichkeit in den meisten Bereichen während des frühen Mittelalters deutlich zurückgegangen, doch lag dies vor allem daran, dass sie in den Jahrhunderten zuvor zum großen Teil aus Verwaltungstexten bestanden hatte. Nach dem Zusammenbruch des Römischen Reiches gab es auch keinen Bedarf mehr an dessen Bürokratie. Die Kenntnis der antiken Texte religiöser, philosophischer und rechtlicher Natur dagegen war im Mittelalter niemals verschüttet, und im Zuge einer erneuten herrschaftlichen Durchdringung aller Lebensbereiche entwickelte sich auch wieder ein den neuen Bedingungen angepasstes Verwaltungsschrifttum.

## Schriftgut im rechtlichen Kontext.

*Urkunden.* Das germanische Rechtsleben kam beinahe ohne Schriftlichkeit aus. Streit- und Rechtsfälle wurden in Anwesenheit von Zeugen abgehandelt, die in Zweifelsfällen wieder hinzugezogen werden konnten. Die wichtige Rolle der Zeugen ist im mittelalterlichen Urkundenwesen noch nachzuvollziehen. So bestand die früheste Funktion der Urkunden darin, die Namen der bei einem Rechtsakt Anwesenden festzuhalten. Sie sollten den Abschluss des Rechtsvorganges bei späteren Unstimmigkeiten „bezeugen". Da solche Zeugenlisten leicht zu fälschen waren, mussten verschiedene Formen der Beglaubigung entwickelt werden, und dazu gehörte ein bestimmtes, römischen Rechtstraditionen entstammendes Formular, das zwar nicht mehr in allen Feinheiten verstanden, gleichwohl aber als Authentizität versprechendes Merkmal einer Urkunde weiterverwendet wurde.

▷ S. 312 Diplomatik

Für einen individuellen Stil blieb kaum Raum, dennoch lassen sich zeittypische oder auch lokale Unterschiede und Gepflogenheiten im Schreibstil erkennen, die heute bei der Beurteilung der Echtheit helfen können. Urkunden wurden für das Verlesen geschaffen, und so wirkte zumindest bei denjenigen der weltlichen und geistlichen Herrscher auch die Schrift selbst repräsentativ: die erste sowie die Signum- und Rekognitionszeile, in denen der Aussteller sich selbst nannte, wurden durch Auszeichnungsschriften (*scriptura elongata* = verlängerte Schrift) hervorgehoben, der Name des Herrschers zu einem auffallenden Monogramm zusammengezogen. Eine eigenhändige Unterschrift des Ausstellers war zur Beglaubigung nicht notwendig, mitunter tätigte der König immerhin einen „Vollziehungsstrich", der sein Monogramm vollendete.

*Rechtstexte und Gesetze.* Das auf dem Gewohnheitsrecht basierende, mündlich über-

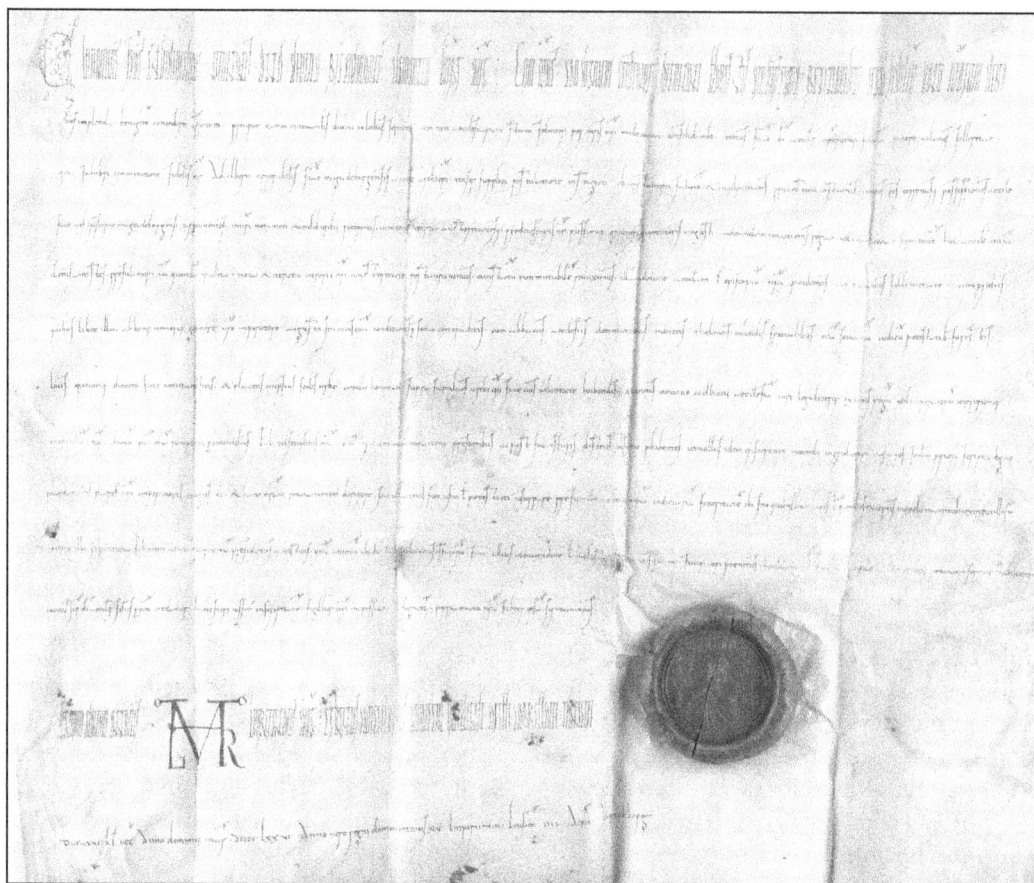

Otto II. († 983) erneuert in dieser **Kaiserurkunde**, am 16. September 976 in Kirchberg ausgestellt, der erzbischöflichen Kirche zu Magdeburg alle ihre von seinem Vater erteilten Privilegien und bestätigt ihr deren Inhalt, namentlich ihren Besitz und ihre Rechte.

Die erste Zeile ist durch eine schmückende Auszeichnungsschrift (*scriptura elongata* – verlängerte Schrift) hervorgehoben. Dabei wird keine Rücksicht auf den Inhalt genommen: die Anrufung Gottes (*In nomine sanctae et individuae trinitatis*) und die Selbstnennung des Kaisers (*Otto divina preordinante clementia imperator augustus*) sind ebenso durch *Scriptura elongata* hervorgehoben wie der Beginn des folgenden Satzes, der Ottos Verbundenheit mit der Magdeburger Kirche unterstreicht. So endet die Hervorhebung mitten im Wort *devo / tius*.

Bild: Urkunde Ottos II., 16.9.976, Landeshauptarchiv Sachsen-Anhalt, Abteilung Magdeburg, Rep. U1, I Nr. 44.

Literatur: O. Kresten, Diplomatische Auszeichnungsschriften in Spätantike und Frühmittelalter, in: MIÖG 64, 1966, 1–50.

Die Dresdner Bilderhandschrift des **Sachsenspiegels** ist eine von vier erhaltenen Exemplaren. Die drei anderen werden heute in Heidelberg, Oldenburg und Wolfenbüttel verwahrt und sind zwischen 1295 und 1371 entstanden.

Die Bilder illustrieren die behandelten Rechtsfälle. Durch die Übernahme der Initialen vom Beginn der Absätze in die Illustrationen wird die Verbindung zwischen Text und Bild hergestellt.

Abgebildet ist Bl. 007v, also die Rückseite (*verso*) des siebten Blattes. Hier wird eine Erbteilung veranschaulicht. Nach dem Tode des Vaters bleiben bewegliche Güter, repräsentiert durch Münzen, sowie Immobilien, dargestellt durch Halme als Symbol für landwirtschaftlich genutzten Grundbesitz, die bereits zu seinen Lebzeiten geschenkt worden waren, von späteren Erbteilungen ausgeschlossen (Bild 1). – Kinder, die zum Zeitpunkt des Todes ihrer Eltern unmündig waren, können, wenn sie erwachsen sind, die Erbschaften ihrer Eltern einfordern (Bild 2). – Aufteilung des Erbes (Bild 3). – Ein leichtsinniger Erbe verschwendet sein Erbteil durch Würfelspiel, mit einer Hure und beim Tanz (Bild 4). – Aufteilung des Erbgutes (Bild 5).

Bild: Buchseite aus der Dresdner Bilderhandschrift des Sachsenspiegels, zwischen 1295 und 1369 im Raum Meißen entstanden, Bl. 007v, Mscr. Dresd. M. 32. Foto: SLUB Dresden/Deutsche Fotothek; Akademische Druck- und Verlagsanstalt Graz.

Literatur: H. Lück, Über den Sachsenspiegel. Entstehung, Inhalt und Wirkung des Rechtsbuches, 2. Aufl. Halle 2005.

lieferte germanische Recht bedurfte zunächst keiner Kodifizierung, also schriftlichen Aufzeichnung. Erst seit dem 6. Jahrhundert begannen einzelne germanische Stämme, ihre Rechtsgewohnheiten sowie die auf dem Ding (Gerichtsversammlung) gefällten Urteile für spätere Entscheidungen festzuhalten. So entstanden aus einer Vielzahl an Einzelentscheidungen komplexere Gesetzestexte, die immer wieder modifiziert wurden. Eine der frühesten dieser Rechtsaufzeichnungen verzeichnet die Gesetze des Stammes der Salfranken, deren älteste Fassung aus dem Anfang des 6. Jahrhunderts stammt; sie wird deshalb als *Lex Salica* bezeichnet. Im späten Mittelalter setzt sich die Tradition der Rechtsbücher fort. Die vielleicht berühmteste dieser Sammlungen stellt der so genannte „Sachsenspiegel" dar, der zwischen 1210 und 1230 durch Eike von Repgow niedergeschrieben wurde. Aufgeteilt in ein Landrecht und ein Lehnrecht, wird hier der größte Teil der weltlichen Jurisdiktion abgehandelt, illustriert durch farbige Bilder von hoher Symbolkraft. Jüngere Aufzeichnungen süddeutscher Rechtsnormen, wie Deutschenspiegel, Schwabenspiegel oder Frankenspiegel, sind stark vom Sachsenspiegel beeinflusst.

*Kapitularien und Constitutiones.* Mit dem Erstarken des Königtums im Frankenreich nahm auch der königliche Einfluss auf das Rechtswesen zu. Der Herrscher beanspruchte für sich den Bann, d.h. das Recht auf Gebot, Verbot und Strafe. Seit merowingischer Zeit werden königliche Erlasse veröffentlicht, die wegen ihrer unter den Karolingern gebräuchlichen Einteilung in *capitula*, also Kapitel, als Kapitularien bezeichnet werden. Diese betrafen sowohl den weltlichen als auch den kirchlichen Bereich, erstere konnten auch das Stammesrecht abändern. Im späteren Mittelalter findet sich erst seit dem 12. Jahrhundert wieder eine königliche Gesetzgebung größeren Umfangs, die die Gesamtheit des Römischen Reiches betraf. Sie entstand aus einer Vielzahl von Einzelgesetzen der Könige und Kaiser, die als *Constitutiones* bezeichnet werden.

## Pragmatische Schriftlichkeit.

*Akten.* Das Gewicht, das die Geschichtswissenschaft lange Zeit den großen Herrscher- und Papsturkunden beigemessen hat, darf nicht darüber hinwegtäuschen, dass diese nur einen kleinen Teil des mittelalterlichen Schriftgutes ausmachen. Eine Urkunde stellt das Endprodukt eines aufwändigen Verwaltungsvorganges dar, der selbst bis weit ins hohe Mittelalter hinein undokumentiert blieb. Dagegen werden in Akten eben eine Vielzahl unterschiedlicher Aufzeichnungen gesammelt, die auf den einzelnen Ebenen der Verwaltung entstanden sind und deren Aufbewahrung offenbar zunehmend als sinnvoll oder sogar notwendig erachtet wurde. Dazu gehörten Briefe, Konzepte und Entwürfe, Notizen und Protokolle sowie die abschließenden Urkunden. Obwohl das eigentliche „Aktenzeitalter" erst mit der Frühen Neuzeit einsetzte, findet sich schon seit dem späten Mittelalter Material in den Archiven, das als pragmatisches oder Verwaltungsschriftgut bezeichnet werden kann.

*Besitz- und Einkommensverzeichnisse.* Mit der Intensivierung der Grundherrschaft und dem Aufkommen der Städte nahm die Notwendigkeit einer intensiveren schriftlichen Durchdringung des Alltagslebens zu. Im Kontext der mittelalterlichen Grundherrschaft wurden die so genannten Urbare angelegt. Unter diesem Sammelbegriff (abgeleitet vom mhd. *urbor* = Ertrag) wird heute eine Reihe unterschiedlicher Ver-

▷ S. 234 Stadtkommune

▷ S. 194 Grundherrschaft

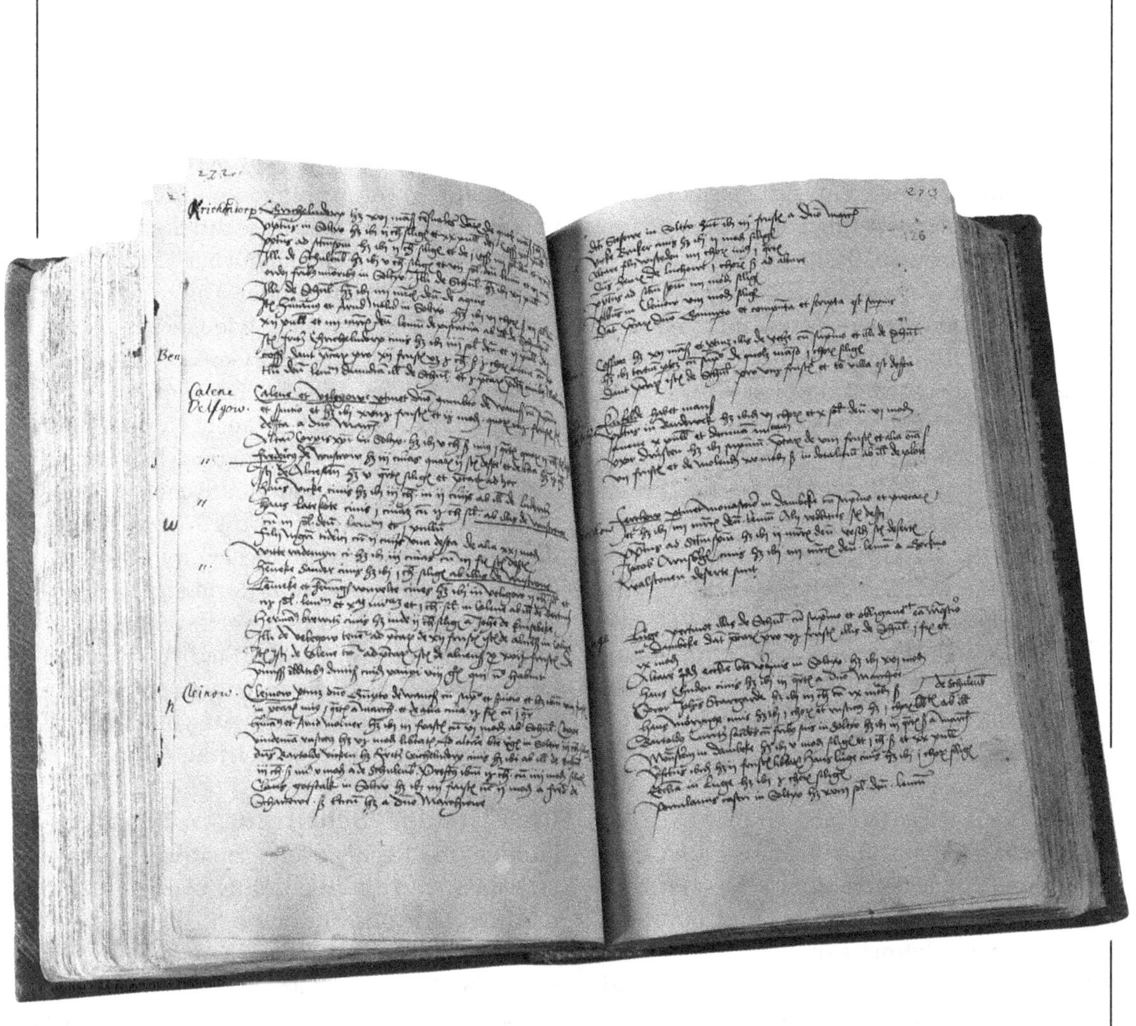

Kaiser Karl IV. ließ nach seiner Machtübernahme in der Mark Brandenburg 1375 sein berühmtes „**Landbuch**" anlegen, ein landesherrliches Güter- und Einkommensverzeichnis: geplant als Bestandteil einer großen Verwaltungsreform, verschaffte er sich selbst einen Überblick über Land und Leute, über Struktur und Einkünfte der neu erworbenen Herrschaften.

Das Buch ist in zwei Exemplaren aus dem 14. bzw. 15. Jahrhundert erhalten, die wiederum auf zwei nicht erhaltene Vorlagen zurückgehen.

Bild: Landbuch Kaiser Karls IV., S. 125r u. 126v. Foto: Geheimes Staatsarchiv Preußischer Kulturbesitz Berlin, I. HA Rep. 78, Nr. 1b.

Literatur: Das Landbuch der Mark Brandenburg von 1375, hrsg. von J. SCHULTZE, Berlin 1940.

zeichnisse zusammengefasst, mit deren Hilfe der Grundherr, etwa ein Adliger oder ein Kloster, sich einen Überblick über seinen zum Teil weit verstreuten Besitz und die daraus jährlich zu erwartenden Einkommen verschaffte. Zeitgenössische Bezeichnungen sind u.a. Beraine, Rödel, Inventare, Hubenlisten, Hebe- oder Zinsregister, Gült-, Land- oder Lagerbücher. Die Spanne reicht von den kleinsten Liegenschaften bis zum Herzogtum. Aber auch unterhalb der landesherrlichen Ebene entwickelte sich im späten Mittelalter an den Adelshöfen ein umfangreiches Verwaltungsschriftgut, in dem neben Besitz und Einkommen auch Forderungen und Pfänder, Schulden und Rechnungen, Kosten für Personal und Hofhaltung sowie Lehens- und Rechtsverhältnisse verzeichnet wurden.

Als wirtschaftshistorische Quelle genutzt, können solche Verzeichnisse dem Historiker Auskünfte über den Umfang und die Lage der Liegenschaften eines Territoriums geben, darüber hinaus über deren agrarische oder sonstige wirtschaftliche Nutzung und ihren Ertrag, schließlich oftmals über die Person des Inhabers der betreffenden Güter. Sie sind allerdings nicht zu dem Zweck angelegt worden, die Nachwelt über diese Verhältnisse zu unterrichten, und sie sagen oft nichts darüber aus, ob diese Einkünfte tatsächlich in der jeweiligen Form und Höhe eingetrieben werden konnten, da sie häufig lediglich die Ansprüche der Grundherren dokumentieren. Dies schmälert die Erkenntnischancen.

*Städtisches Verwaltungsschriftgut.* Mit der Zunahme der wirtschaftlichen und politischen Bedeutung der Städte im hohen Mittelalter nahm auch für diese die Notwendigkeit zu, ihr Verwaltungshandeln zu verschriftlichen. Dies geschah zunächst ganz unsystematisch: Grundstücksgeschäfte von Bürgern, Privilegien vom Stadtherrn oder vom Rat erlassene Verordnungen wurden laufend in Verzeichnissen niedergeschrieben, die als Memorial- oder Denkelbücher bezeichnet wurden. Mit zunehmender Differenzierung der Verwaltungsbereiche, wie Gericht, Kämmerei, Wette (Markt- und Gewerbeaufsicht), wurden auch die Stadtbücher verfeinert. So entstanden Kopialbücher (auch: Kopiare) mit Abschriften von Urkunden und Privilegien sowie der ausgehenden städtischen Korrespondenz, Ordalbücher für die Aufzeichnung des Stadtrechts, Wettebücher mit Notizen über Strafgefälle und Verordnungen, die Handel und Gewerbe betrafen, Verfestungsbücher mit den Namen der aus der Stadt Verbannten und natürlich die Stadtrechnungsbücher, die jährlich die Einnahmen und Ausgaben des öffentlichen Haushaltes verzeichneten.

▷ S. 233 ff. Stadtkommunen

**Erzählendes Schriftgut.** Während Urkunden und Rechtstexte normativen Charakter haben, sind die aufgezählten Verwaltungsschriften eher deskriptiver Art: sie organisieren das tägliche Leben einer wie auch immer gearteten Gemeinschaft. Bestimmt sind sie oftmals für den Verfasser selbst oder seinen Amtsnachfolger, als Gedächtnisstütze oder Anweisung für künftiges Handeln. Hiervon unterscheidet sich als dritte Kategorie das erzählende Schriftgut, das von vornherein dazu bestimmt ist, eine Nachwelt von Ereignissen, die der Verfasser als überliefernswert einstuft, zu unterrichten.

*Annalistik.* Die Gattung der historischen Geschichtsschreibung hatte sich von der Antike nicht ins Mittelalter hinüberretten können, sie wurde im Frühmittelalter neu entwickelt. Dies geschah auf einem Umweg: Um den Termin des Osterfestes, von dem ein Gutteil des Kirchenjahres abhängig war, berechnen zu können, wurden in den Klöstern so genannte Ostertafeln geführt, die das bewusste Datum in chronologischer Reihe für die einzelnen Jahre verzeichneten. Der freibleibende Rand wurde – zunächst im angelsächsischen Raum – zunehmend dafür genutzt, herausragende oder für das jeweilige Kloster wichtige Ereignisse zu notieren. Da nur wenig Platz zur Verfügung stand, konnten nur die wichtigsten Nachrichten verzeichnet werden, etwa der Tod eines Herrschers oder Abtes, ein Krieg, eine Hungersnot. Aus diesen „Randnotizen" entwickelte sich eine entsprechend aufgebaute Geschichtsschreibung, die fortlaufend Ereignisse vermerkte, und zwar jahrweise, weswegen diese Texte als Annalen (von lat. *annus* = Jahr) bezeichnet werden. Sie stammen in der Regel nicht von einem einzelnen Verfasser, sondern entstanden oftmals im Zeitraum mehrerer Generationen. Durch den Kontakt der Klöster untereinander wurden deren Annalen weitergegeben. Im Hochmittelalter gelangte die Annalistik zu hoher Blüte, wir kennen nun auch Namen einzelner Gelehrter, die sich damit beschäftigten, doch mit der Reformierung der alten Mönchsorden verlor diese spezielle Literaturgattung an Bedeutung.

*Chronistik.* Im Gegensatz zum heutigen war das mittelalterliche Geschichtsdenken nicht offen, sondern hermetisch: Anfang (Schöpfungsgeschichte) und Ende (Apokalypse) der diesseitigen Welt waren durch die Heilige Schrift bekannt. Ein Geschichtsschreiber sah seine Aufgabe darin, den selbst erlebten und durch unterschiedliche Quellen überlieferten historischen Verlauf mit den Schilderungen der Bibel in Übereinstimmung zu bringen. Geschichte musste also nicht einfach niedergeschrieben, sondern zugleich als durch das Wirken Gottes sinnvolles Geschehen interpretiert werden. Aus den genannten Gründen setzt mittelalterliche Weltgeschichtsschreibung stets mit Gottes Schöpfung der Welt ein, Altes und Neues Testament werden paraphrasiert, bevor der Autor in historische Zeiten gelangt. Dafür bedient er sich der Technik der Kompilation, der oftmals unkritischen Abschrift älterer Quellen. Dazu nutzte er andere Chroniken, Annalen, schließlich auch Verwaltungsschriftgut und mündliche Berichte.

Es liegt auf der Hand, dass der Quellenwert der Chronistik mit der Nähe des Autors zur beschriebenen Zeit zunimmt. Im späten Mittelalter werden auch an Höfen und in Städten Chroniken geführt, oftmals als Auftragswerke eines Landesherrn (Landeschroniken) oder eines städtischen Rates (Stadtchroniken). Zwar steht hier die heilsgeschichtliche Komponente nicht mehr so stark im Zentrum, dafür haben wir es jetzt in der Regel mit politischer Propaganda zu tun, die die Fürstendynastie oder die städtische Obrigkeit zu legitimieren hatte. Insofern ist die mittelalterliche Chronistik nicht als unmittelbare Vorläuferin der heutigen wissenschaftlichen Geschichtsschreibung zu verstehen.

*Lebensbeschreibungen.* Das eben Festgestellte lässt sich analog auf die Gattung der mittelalterlichen Lebensbeschreibungen übertragen. Als überliefernswert galt das Leben des Einzelnen in der Regel nur, wenn es sich um einen Heiligen handelte. Solche Viten (sg. Vita), wurden zunächst abgefasst, um die Kanonisation des Betreffenden zu betreiben, sie dienten aber auch der Belehrung und der Erbauung von Hörern und Lesern. So kann die literarische Gattung der Hagiographie (von gr. *hagios* = heilig), zu der außerdem auch Wunderberichte (Miracula) sowie Schilderungen der Auffindung und Überführung heiliger Gebeine (Translationsberichte) gehören, nicht den Anspruch historischer Überlieferung erheben. Als Quelle kann sie trotzdem dienen, wenn nicht für die Lebenszeit des beschriebenen Heiligen, dann doch für die Motive und die Umstände, die zu seiner Verehrung führten.

Die Biographie weltlicher Herrscher, die in der römischen Antike mit Plutarch und Sueton geblüht hatte, setzt erst in karolingischer Zeit wieder ein und blieb auf wenige Versuche beschränkt.

Dem fränkischen König und römischen Kaiser Karl dem Großen wurde die erste profane Vita nach römischem Vorbild gewidmet, nach seinem Tode verfasst von dem an seinem Hofe lebenden Gelehrten Einhard. Außer der literarischen Qualität ist hier die politische Bedeutung, die ein solcher Text haben kann, deutlich erkennbar: Indem er Karl emporhebt, kritisiert Einhard zugleich dessen Sohn und Nachfolger Ludwig den Frommen, den er für den Niedergang des fränkischen Königtums verantwortlich macht.

*Gestae.* Eine Übergangsform zur zuvor angesprochenen Chronistik bildet die Gattung der so genannten Gestae (lat. Taten). Darunter sind chronologisch angeordnete Berichte über die Taten einzelner hoher Amtsträger, Bischöfe oder Äbte zu verstehen; zuweilen werden aber auch Stämme oder Völker zum Gegenstand gemacht. Die Anlage solcher Quellen wirkt meist verhältnismäßig gleichförmig.

Klaus Krüger

**Literatur**

K. Beyerle, Die deutschen Stadtbücher, in: Deutsche Geschichtsblätter. Monatsschrift zur Förderung der landesgeschichtlichen Forschung 11, Heft 6/7, 1910, 145–200.

E. Bünz, Probleme der hochmittelalterlichen Urbarüberlieferung, in: W. Rösener (Hrsg.), Grundherrschaft und bäuerliche Gesellschaft im Hochmittelalter, Göttingen 1995, 31–75.

H. Grundmann, Geschichtsschreibung im Mittelalter. Gattungen – Epochen – Eigenart, 4. Aufl. Göttingen 1987.

J. Hartmann, Urkunden, in: F. Beck/E. Henning (Hrsg.), Die archivalischen Quellen. Mit einer Einführung in die Historischen Hilfswissenschaften, 3. überarb. und erw. Aufl. Köln/Weimar/Wien 2003, 9–39.

M. Maurer (Hrsg.), Aufriß der Historischen Wissenschaften, Bd. 4: Quellen, Stuttgart 2002; Bd. 5: Mündliche Überlieferung und Geschichtsschreibung, Stuttgart 2003.

H. Patze, Neue Typen des Geschäftsschriftgutes im 14. Jahrhundert, in: Ders. (Hrsg.), Der deutsche Territorialstaat im 14. Jahrhundert, Bd. 1, 2. Aufl. Sigmaringen 1986, 9–64.

Ders. (Hrsg.), Geschichtsschreibung und Geschichtsbewußtsein im späten Mittelalter, Sigmaringen 1987.

A. Petter, Mittelalterliche Stadtbücher und ihre Erschließung. Grundlagen und Gestaltung quellenkundlicher Arbeiten zur mitteldeutschen Überlieferung, in: Sachsen und Anhalt 24, 2002/03, 189–245.

D. W. Poeck, Das älteste Greifswalder Stadtbuch (1291-1332), Köln 2000.

R. Schmidt-Wiegand (Hrsg.), Die Wolfenbütteler Bilderhandschrift des Sachsenspiegels. Aufsätze und Untersuchungen. Kommentarband zur Faksimileausgabe, Berlin 1993.

**Grundlagen.** Die Paläographie bereitet die Grundlage für die Arbeit mit mittelalterlichen Schriftquellen. Als Lehre von den Schriften erleichtert sie die Quellenlektüre, ermöglicht deren kritische Beurteilung und Datierung, hilft bei der Bestimmung von Schreibern und geographischen Provenienzen. Sie ist die unabdingbare Voraussetzung jeder historischen Analyse, Interpretation und Edition schriftlicher Überlieferung. Für die Erforschung der mittelalterlichen Geschichte Europas sind das lateinische, griechische, arabische und hebräische Schriftsystem besonders relevant. Im folgenden kann jedoch nur das lateinische näher beschrieben werden.

▷ S. 318 f. Epigraphik

Die aus der Epigraphik abgeleitete Kapitalis bildete die Grundlage der lateinischen Schrift. Sie war eine Schrift aus Großbuchstaben, eine Majuskelschrift, die man zunächst auf Papyrus schrieb. Aus der Kapitalis entwickelte sich seit dem 4. Jahrhundert die Unziale, ebenfalls eine Majuskelschrift, die dem aufkommenden neuen Beschreibstoff, dem Pergament, angepaßt war. Als ausgesprochene Minuskelschrift, also eine Schrift aus kleinen Buchstaben, entstand parallel zur Unziale die Halbunziale, die auch schon kursive Elemente aufwies. Nach dem Untergang des antiken Römischen Reiches endete im 6./7. Jahrhundert die gemeinsame großräumige Schrifttradition. In den einzelnen europäischen Gebieten entstanden bald unterschiedliche Schriften, so Beneventana, Kuriale, oberitalienische, merowingische, westgotische und insulare Schriften.

**Karolingische Minuskel.** Erst seit dem 9. Jahrhundert bildete sich mit der karolingischen Minuskel im lateinischen Europa wieder eine relativ einheitliche Schrift heraus. Sie wurde als schöne Buchschrift ausgeprägt. Eine Sonderform stellte die diplomatische Minuskel dar. Aufgrund unterschiedlicher Vorstufen wies die karolingische Minuskelschrift in den verschiedenen Schreibschulen vielgestaltige Formen auf. Trotzdem zeichnete sie sich durch relativ einheitliche charakteristische Merkmale und ein klares Erscheinungsbild aus. Letzteres resultierte vor allem aus der konsequenten Einhaltung eines Vierlinien-Schemas. Die meisten Buchstaben bzw. die Buchstabenkörper befanden sich zwischen den beiden mittleren Linien; b, d, h, k, l sowie f und s wiesen Oberlängen, g, p, q, y Unterlängen auf. Jeder Buchstabe wurde nach entsprechenden Vorschriften geformt und in der Regel separat auf der Zeile positioniert. Ligaturen, also Verbindungen zwischen den Buchstaben, blieben selten, ebenso wurden Abkürzungen nur sparsam verwendet.

Die karolingische Minuskel war eine gut lesbare Schrift, die man auch recht zügig schreiben konnte. In den Buchstabenformen unterschied sie sich vor allem bei a, g und n von der Halbunziale. Zu ihren markanten Lettern gehörten ferner e, r, s und t. Die Schreiber etablierten bald auch eine Hierarchie der Buchstabenformen: Die Kapitalis vor allem für Überschriften, die Unziale für nachgeordnete Überschriften, die Minuskel für „normale" Texte und Briefe. Als Beschreibstoff diente in der Regel das Pergament, das in einem aufwändigen Verfahren aus Tierhäuten (Kalbs-, Schafs- oder Ziegenhaut) hergestellt wurde. Das dauerhaft haltbare Pergament wurde häufig mehrfach als Beschreibstoff genutzt, indem man seine bisherige Beschriftung tilgte und es erneut beschrieb (Palimpsest).

Die Etablierung der karolingischen Minuskel wurde durch die straffere politische Organisation des Reiches und durch die Kultur-

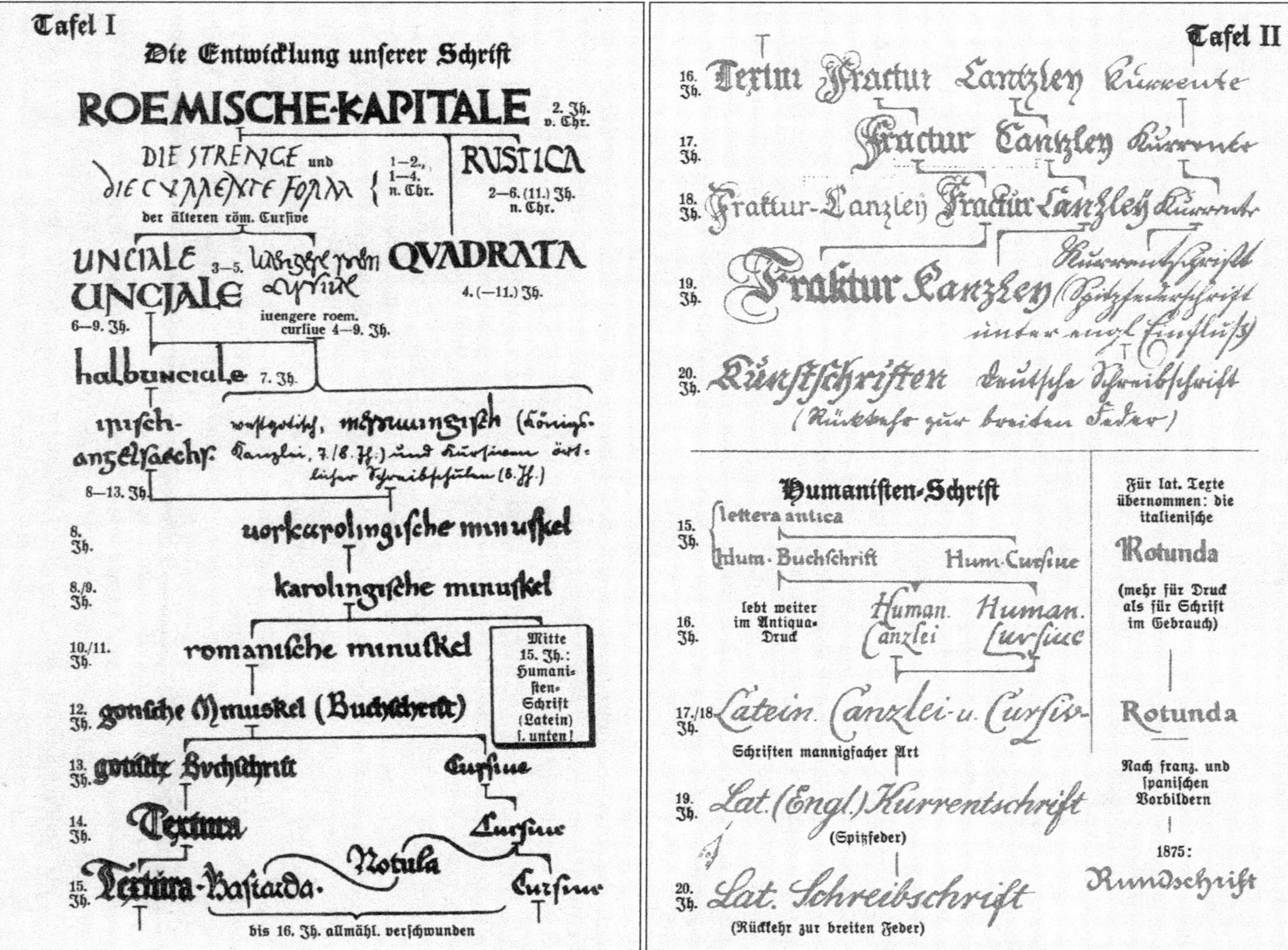


**Die Entwicklung der Schrift**

Die Tafeln zeigen die **Schriftentwicklung** von der römischen Kapitale des 2. vorchristlichen Jahrhunderts bis zu den in Deutschland gebräuchlichen Schriften des 20. Jahrhunderts.

Bild und Literatur: P. A. GRUN, Leseschlüssel zu unserer alten Schrift, Görlitz 1935, ND Limburg/Lahn 1984, Tafel 1–2.

und Bildungspolitik in der Regierungszeit Karls des Großen befördert. Sie verbreitete sich in vielen Teilen des Frankenreiches und drängte regionale Schrifttypen zurück. Die karolingische Minuskel blieb bis zum 12. Jahrhundert die dominierende Schriftart im lateinischen Europa. Danach wurde sie von der gotischen abgelöst.

**Gotische Minuskel.** Diese Schrift trat zuerst in Nordfrankreich hervor und verbreitete sich im Laufe des 13./14. Jahrhunderts im lateinischen Europa. Für sie sind eckige Formen und spitze Bögen sowie gestreckte und eng aneinander gestellte Buchstaben kennzeichnend. Markant sind besonders a, d, t und m, n, u sowie das lange s und das runde s am Wortende. Zudem sind spitzwinklige An- und Abstriche an den Buchstabenschäften sowie die Gegenüberstellung von Grund- und Haarstrichen auffallend.

Im 14./15. Jahrhundert wurde die gotische Schrift dann noch spitzer ausgeprägt, wobei sich bereits regionale Besonderheiten zeigten. Charakteristisch für die spätgotische Buchminuskel ist die Brechung der Bögen und Schäfte der Buchstaben. Dadurch wurde nahezu jede Rundung aus winklig angeordneten Geraden geformt. In Verbindung mit der Zunahme der Schriftlichkeit und der Verbreitung von Papier als Beschreibstoff entstand eine gotische Kursive mit flüchtigeren Zügen und Buchstaben, die oft miteinander verbunden waren. So konnte man relativ viele Buchstaben fortlaufend schreiben, ohne die Feder abzusetzen.

Die italienischen Humanisten, zuerst die Florentiner, wandten sich von der verschnörkelten gotischen Schrift ab und ahmten die karolingische Minuskel nach, die sie für eine antike Schrift hielten. Der Wechsel von der „gotischen" zur „humanistischen" Schrift (Antiqua) vollzog sich – gebietsweise zeitlich versetzt – in einer längeren Übergangsphase. Aus der „humanistischen" Minuskel entwickelte sich im 15./16. Jahrhundert die moderne Druckschrift, die man noch durch Großbuchstaben ergänzte. Auf diese Weise wurde die ursprünglich aus der Karolingerzeit stammende Minuskel zu einer Art Universalschrift, die noch heute im germanisch- und romanischsprachigen Bereich dominiert.

**Zeichensetzung und Kürzungen.** Die mittelalterliche Interpunktion zielte auf die Kennzeichnung von kleinen, mittleren und großen Sprechpausen. Sie erfolgte in der Regel durch Punkte auf der unteren, mittleren oder oberen Linie. Viele Schreiber benutzten unterschiedliche Zeichen für die verschiedenen Pausen, außer dem einfachen Punkt meist eine Kombination aus Punkt(en) und Strich(en).

Schon in den alten römischen Majuskelschriften verwendete man verschiedene Methoden von Kürzungen. Zu ihnen gehörten die Suspension, z.B. P.R. für *Populus Romanus*, sowie die syllabare Suspension, bei der nur die erste Silbe oder die Anfangsbuchstaben der Silben eines Wortes geschrieben wurden, wie bei DAT. für *Datum*. Bei der Kontraktion wurden der erste und der letzte, gelegentlich auch ein mittlerer Buchstabe eines Wortes zusammengezogen, so bei DS. für *Deus* oder EPS. für *Episcopus*.

Im Verlauf des Früh- und Hochmittelalters nahm die Zahl der abgekürzten Silben bzw. Wörter im Rahmen der drei genannten Methoden allmählich zu. Die Abkürzungsformen erreichten in den gotischen Schriften die größte Vielfalt. Dazu traten besonders in den Geschäfts- und Urkundenschriften Kürzungen durch Zeichen mit feststehender Bedeutung, z.B. ein hochgestelltes Komma am Wortende für die Endung -us (*confirmam'* = *confirmamus, donam'* = *donamus*), sowie durch Zeichen mit veränderlicher Bedeutung. Letztere wurden vor allem für die Kürzung von Vorsilben sowie bei Relativ- und Demonstrativpronomen verwendet.

Die unterschiedliche Bedeutung der Siglen kennzeichnete man meistens durch verschiedene Positionen des Kürzungsstriches, beispielsweise für *per* oder *pro*. Durch die Anordnung von zwei Buchstaben übereinander nahm man ebenfalls häufig Kürzungen vor, so v und o für *vero* oder i und g für *igitur*. Die antiken und mittelalterlichen Kürzungsmethoden finden noch heute vielfach Verwendung, z.B. EU und UNO als Suspensionen, Abt., Koll. oder Prof. als syllabare Suspensionen und als Kontraktionen etwa Bd., Dr. und Nr.

Wolfgang Huschner

**Literatur**

J. AUTENRIETH (Hrsg.), Renaissance- und Humanistenhandschriften, München 1988.

F. BECK, Schrift, in: DERS./E. HENNING (Hrsg.), Die archivalischen Quellen. Mit einer Einführung in die Historischen Hilfswissenschaften, 3. Aufl. Köln/Weimar/Wien 2003, 179–202.

B. BISCHOFF, Paläographie des römischen Altertums und des abendländischen Mittelalters, 3. Aufl. Berlin 2004.

A. CAPPELLI, Lexicon abbreviaturarum. Dizionario di abbreviature latine ed italiane, 6. Aufl. Mailand 1961 (ND 1996, dt.: Leipzig 1928).

E. CROUS/J. KIRCHNER, Die gotischen Schriftarten, Leipzig 1928.

A. CHROUST, Monumenta Paleografica. Denkmäler der Schreibkunst des Mittelalters, Abteilung 1: Schrifttafeln in lateinischer und deutscher Sprache, München 1914. Deutsche Inschriften. Terminologie zur Schriftbeschreibung, Wiesbaden 1999.

H. FÖRSTER, Abriß der lateinischen Paläographie, 3. Aufl. Stuttgart 2004.

H.-W. GOETZ, Proseminar Geschichte: Mittelalter, 2. Aufl. Stuttgart 2000, 332–342.

P. A. GRUN, Leseschlüssel zu unserer alten Schrift, 3. Aufl. Limburg/Lahn 2002.

DERS., Schlüssel zu alten und neuen Abkürzungen, Limburg/Lahn 1966 (ND 2002).

A. PELZER, Abréviations latines médievales. Supplément au „Dizionario di abbreviature latine ed italiane" de Adriano Cappelli, 3. Aufl. Beauvechain 1995.

A. SCHMID, Schriftreform – Die karolingische Minuskel, in: C. STIEGEMANN/M. WEMHOFF (Hrsg.), 799. Kunst und Kultur der Karolingerzeit, Bd. 3: Beiträge zum Katalog der Ausstellung Paderborn 1999, Mainz 1999, 681–691.

K. SCHNEIDER, Paläographie und Handschriftenkunde für Germanisten. Eine Einführung, Tübingen 1999.

M. J. SCHUBERT (Hrsg.), Der Schreiber im Mittelalter, in: Das Mittelalter 7.2, 2002.

F. STEFFENS, Lateinische Paläographie, 3. Aufl. Berlin/Leipzig 1929.

J. STIENNON, Paléographie du Moyen Âge, 2. Aufl. Paris 1991.

Tagung des Comité International de Paléographie Latine, in: Archiv für Diplomatik 50, 2004, 205–577.

B. L. ULLMANN, The Origin and Development of Humanistic Script, Rom 1960.

W. WATTENBACH, Das Schriftwesen im Mittelalter, 3. Aufl. Leipzig 1896 (ND 1958).

**Die Lehre von den Urkunden.** Schon im Mittelalter musste man sich häufig mit der Frage auseinandersetzen, ob eine Urkunde als ge- oder verfälscht zu beurteilen sei. Doch erst der französische Benediktiner Jean Mabillon (1632–1707) gilt mit seinem Werk „De re diplomatica libri VI" (1681) als Begründer der modernen kritischen Urkundenlehre (Diplomatik). Er wandte erstmals systematisch die Methode des Vergleichs an, um echte von unechten Urkunden zu unterscheiden. Im 19. Jahrhundert etablierte sich die Diplomatik als eigenständige historische Hilfswissenschaft. Ihre theoretischen Grundlagen und ihr methodisches Rüstzeug wurden besonders in Verbindung mit Editionen von Herrscherurkunden im Rahmen der Monumenta Germaniae Historica erweitert und verfeinert. Im deutschsprachigen Raum hoben vor allem Theodor Sickel (1826–1908), Harry Bresslau (1848–1926) und Paul Fridolin Kehr (1860–1944) die Diplomatik auf ein neues wissenschaftliches Niveau.

▷ S. 383 Geschichte Mittelalterforschung

S. 353, 355 …likationen

Unter einer Urkunde versteht man ein unter Beachtung von bestimmten Formen hergestelltes und beglaubigtes Schriftstück, das rechtlich relevante Beschlüsse oder Handlungen dokumentiert. Zu den äußeren Merkmalen einer Urkunde zählen der Beschreibstoff, die Vorbereitung der Schreibfläche, die Schrift und graphische Zeichen; zu den inneren gehören die Urkundensprache und die formelhaften Textteile. Die Einhaltung der zur jeweiligen Ausstellungszeit üblichen äußeren und inneren Merkmale ist ein Hauptkriterium für die Echtheit einer Urkunde. Überliefert sind Urkunden im Original oder als Abschrift. Man unterscheidet nach dem Ausstellerprinzip drei Urkundengruppen: Urkunden der Kaiser und Könige, der Päpste sowie jene anderer Aussteller („Privaturkunden").

**Entstehung von Kaiser- und Königsurkunden.** Zu diesen Urkunden zählen Diplome und Mandate. Diplome dokumentieren dauerhaft gültige Rechtsverleihungen oder -setzungen, die zuvor ausgehandelt und in der Regel durch symbolische Akte vollzogen worden waren; Mandate enthalten zumeist befristete und gezielte Anweisungen. In den Diplomen spiegeln sich vor allem die Beziehungen von Herrschern zu geistlichen und weltlichen Großen, aber auch jene der Fürsten untereinander. Sie wurden bei ihrer Übergabe am Herrscherhof und am Sitz des Empfängers in einem öffentlichen Rahmen verlesen und gezeigt. Die Verfasser und Schreiber gestalteten die Diplome deshalb oft in einem Stil, der zum Vortragen besonders geeignet war. Außerdem übertrugen sie die in der jeweiligen Volkssprache getroffenen Entscheidungen ins Lateinische. Dies erlaubte eine besonders feierliche Vortragsform der Urkunde und legitimierte sie zusätzlich. Erst im späteren Mittelalter wurden Herrscherurkunden zunehmend volkssprachlich verfasst.

Vor allem Sickel und Bresslau nahmen an, dass an den früh- und hochmittelalterlichen Herrscherhöfen behördenartige Kanzleien existierten. Unter der Aufsicht des Kanzlers – eines adeligen Geistlichen – hätte eine Vielzahl von Verfassern und Schreibern (Notaren) – Geistliche niederer Herkunft – die Urkunden angefertigt. Der Kanzler persönlich hätte sich an der „niederen" Tätigkeit des Schreibens nur ausnahmsweise, der Erzkanzler niemals beteiligt. Da viele Notare namentlich nicht bekannt und nur durch ihre Handschrift zu unterscheiden sind, wurden sie mit Hilfe von Siglen den Kanzlern zugeordnet (z. B. Brun A = chronologisch erster Schreiber zur Zeit des Kanzlers Brun, Brun B = zweiter Schreiber etc.).

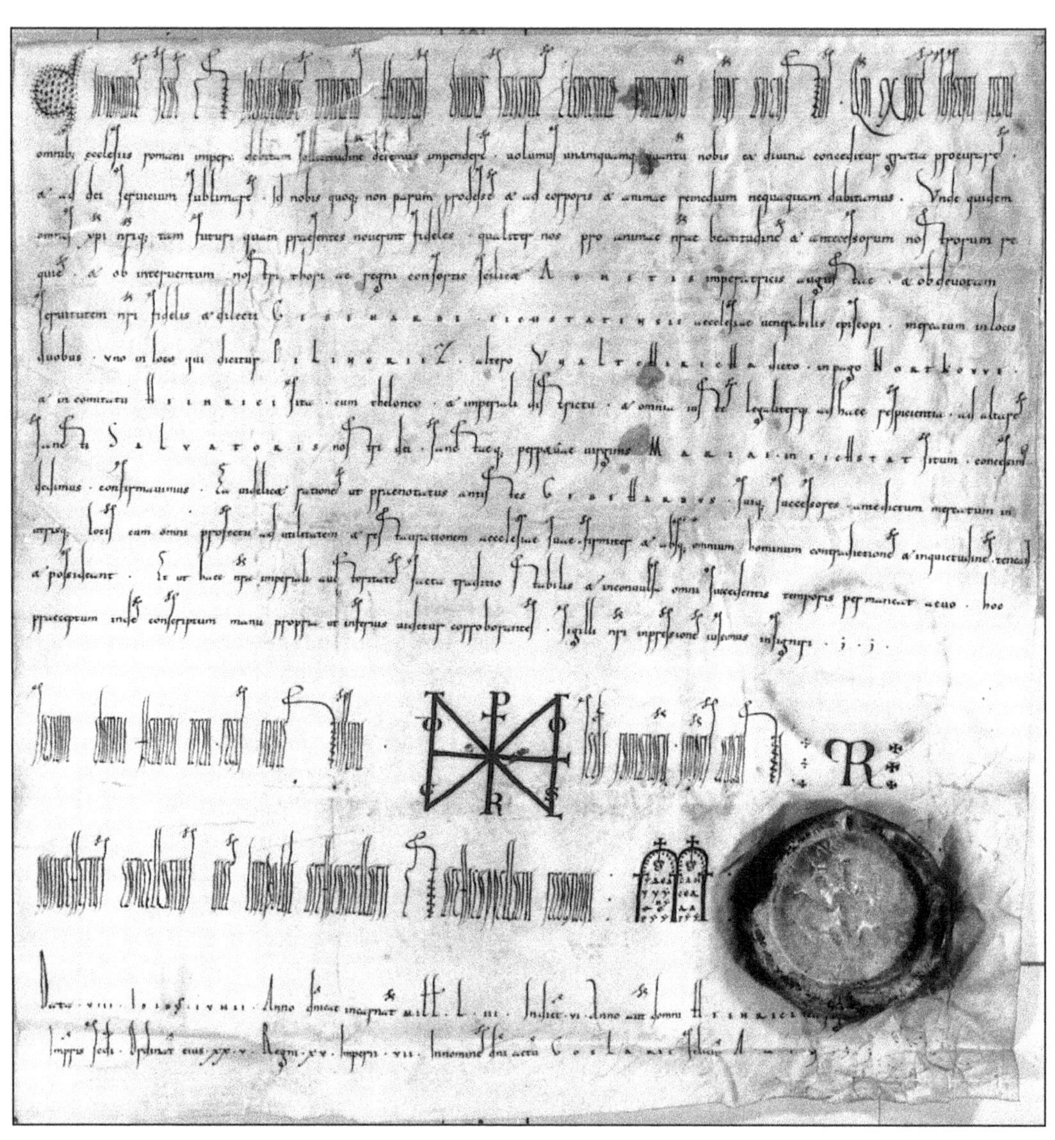

Als Beispiel für die **Gestaltung einer hochmittelalterlichen Kaiserurkunde** kann hier das Originaldiplom Heinrichs III. (1039–1056) für die bischöfliche Kirche von Eichstätt vom 6. Juni 1053 dienen, das in der maßgeblichen Edition von Bresslau und Kehr in der Diplomata-Abteilung der MGH die Nr. 306 (D H. III. 306) erhielt. Darin wurde (in der **Dispositio**) die Übertragung von Markt-, Gerichts- und Zollrechten in den Orten Beilngries und Waldkirchen im bayerischen Nordgau an das Bistum Eichstätt unter Bischof Gebhard (1042–1057) dokumentiert. Der Verfasser und Schreiber des D H. III. 306 war ein heute unbekannter Hofgeistlicher, dem die Editoren die Sigle Winither B gaben (zweiter namentlich nicht bekannter Hofnotar in der „Amtszeit" des Kanzlers Winither, erster: Winither A). Er verwendete nur etwas mehr als die obere Hälfte des Blattes für **Protokoll** und **Kontext**, den unteren Bereich reservierte er einer repräsentativen Anordnung des **Eschatokolls**. Das D H. III. 306 beginnt mit einem verzierten Chrismon (symbolische Invocatio). Es folgt die erste Zeile in verlängerter Schrift (Elongata) mit der verbalen **Invocatio** (*In nominae sanctae et indiuiduae trinitatis*). Daran schließt sich die **Intitulatio** an mit dem Namen des Herrschers (*Heinricus*), der christlichen Legitimationsformel (*diuina fauente clementia*) und der Titulatur (*romanorum imperator augustus*). Um die erste Zeile vollständig in Elongata auszufüllen, nahm man noch die ersten fünf Worte der **Arenga** darin auf.

In der zweiten Zeile setzt mit der diplomatischen Minuskel die übliche Schriftart für den **Kontext** ein. Darin fällt der zielgerichtete Einsatz von Majuskeln auf. Winither B benutzte sie besonders zur Hervorhebung von Heiligen-, Personen- und Ortsnamen. So werden in der **Narratio** die Namen der Kaiserin und Intervenientin Agnes sowie des Bischofs und Urkundenempfängers Gebhard von Eichstätt durch Majuskeln und größere Anfangsbuchstaben hervorgehoben.

Im **Eschatokoll** bilden das große Monogramm und das Siegel die optischen Zentren. Das repräsentative kaiserliche Monogramm wird links (*signum domni Heinrici tercii regis inuictissimi*) und rechts (*secundi romanorum imperatoris augusti*) von der Signumzeile in Elongata eingerahmt. Zudem wurde es genau senkrecht unter der **Intitulatio** in der ersten Zeile angebracht. Es basiert auf einem H-Gerüst, in das zwei Diagonalen und eine Vertikale eingefügt wurden. Die im Monogramm enthaltenen Buchstaben stehen für: *HEINRICVS DEI GRACIA TERTIVS REX SECVNDVS ROMANORVM IMPERATOR AVGVSTVS.*

Am Ende der Signumzeile wurde genau über dem Siegel ein weiteres Zeichen, eine Buchstabenkombination, positioniert. Rechts davon brachte man senkrecht untereinander drei Kreuze an. Dieses verstärkt ausgeführte Beizeichen stellt eine Besonderheit in den Diplomen Heinrichs III. und seiner beiden salischen Nachfolger dar. Die ältere Forschung erkannte darin die Buchstaben *MPR*, die man als *MANU PROPRIA* („durch eigene Hand") deutete. Überzeugender ist ein neuerer Vorschlag, wonach das Beizeichen mit *MARIA* aufzulösen sei. Da das Signum direkt über dem Siegel mit dem thronenden Kaiser platziert ist, habe man die Herrschaft Heinrichs III. symbolisch unter den Schutz der Himmelskönigin gestellt (P. Rück). Das Thronsiegel wurde seit der Kaiserkrönung Heinrichs III. 1046 in Urkunden für Empfänger im deutschen Teil seines Imperiums verwendet.

Unter der Signumzeile positionierte man in gleich großer Elongata die Rekognitionszeile, in welcher der Kanzler Winither in Vertretung des Erzkanzlers und Erzkaplans Liutbold aufgeführt wird. Danach folgt ein Rekognitionszeichen, das seit der Regierungszeit Ottos II. (973–983) nicht mehr üblich war. Unter Heinrich III. und seinen beiden salischen Nachfolgern erlebte es nochmals eine kurze Renaissance. Seit dem Italienaufenthalt Heinrichs III. von 1046/47 formte man es nach Vorbildern der Kirchenarchitektur mit aufgesetztem Kreuz. Die Datierung führte Winither B in zwei Zeilen aus. Die einzelnen Datierungselemente (Inkarnationsjahr, Indiktion, Ordinations-, Königs- und Kaiserjahr) leitete er mit einer besonders großen Majuskel nach dem Vorbild von Initialen ein. Die Namen des Herrschers und des Ausstellungsortes (Goslar) sowie die Monatsangabe wurden vollständig in Majuskeln geschrieben. Die **Apprecatio** und die Urkunde schließen mit AMEN.

Bild: Urkunde Kaiser Heinrichs III. (1039–1056) für die bischöfliche Kirche von Eichstätt, ausgestellt in Goslar am 6. Juni 1053. Staatsarchiv Nürnberg, Eichstätt, Hochstift – Urkunden 8.

Literatur: P. Rück, Bildberichte vom König. Kanzlerzeichen, königliche Monogramme und das Signet der salischen Dynastie, Marburg 1996.

Nach heutiger Kenntnis hat eine solche hierarchisch organisierte Kanzlei aber lange nicht existiert. Vielmehr haben sich nur einzelne Hofgeistliche mit der Anfertigung der relativ wenigen Herrscherurkunden befasst. Deshalb gehörte zum Personalverband an den Höfen zwar ein Kanzler, aber es gab keine „Kanzlei" im Sinne einer Behörde mit geregelter Arbeitsteilung und abgesteckten Kompetenzen. Hinzu kommt, dass ein Großteil der Diplome von der Empfängerseite oder von Dritten hergestellt wurde. Zwischen den drei Extremen – vollständige Anfertigung der Urkunde durch Hofleute, die Empfängerseite oder durch Dritte – existierten viele Mischformen mit wechselseitiger Beteiligung. Diese verschiedenen Varianten der inhaltlichen und graphischen Herstellung entsprachen durchaus dem mehrseitigen Charakter der Diplome. Sie wurden nicht vom „niederen Personal" angefertigt, sondern von gelehrten und oftmals hochrangigen Geistlichen, welche zur Aussteller-, Empfänger- oder einer dritten Seite gehören konnten. Es ist noch ungeklärt, ab wann die Urkundenherstellung an mittelalterlichen Herrscherhöfen dauerhaft in institutionalisierter Form und damit in einer „Kanzlei" erfolgte.

**Aufbauschema der Kaiser- und Königsurkunden.** Idealtypisch verfasste Kaiser- und Königsdiplome gliedern sich in drei Hauptbestandteile: Protokoll, Kontext und Eschatokoll. Zum Protokoll gehören Invocatio, Intitulatio und Inscriptio. Bei der Invocatio, der Anrufung Gottes, unterscheidet man zwischen der symbolischen (z. B. Kreuz) und der verbalen (z. B. Trinitätsformel). In der Intitulatio werden Name und Titel jenes Herrschers aufgeführt, welcher der Urkunde die erforderliche Autorität verleiht und damit als ihr Aussteller fungiert. Name und Titel sind häufig mit einer Legitimations- bzw. Devotionsformel (z. B. *Dei gratia*) verbunden. In der Inscriptio erscheinen Name und Titel des Urkundenempfängers. Zum Kontext zählen Arenga, Promulgatio (Publicatio), Narratio, Dispositio, Sanctio und Corroboratio. In der Arenga werden meist religiöse Beweggründe für die Ausstellung von Urkunden, übliche Herrschertugenden und allgemeine Ziele, etwa die Förderung der Kirchen, sowie die damit verbundenen Erwartungen des Ausstellers im Dies- und Jenseits angeführt. Thematisch korrespondiert die Arenga häufig mit dem konkreten Beurkundungsfall. Die Promulgatio stellt eine Verkündigungsformel dar. Die Narratio erzählt die Vorgeschichte der Beurkundung und nennt oft die beteiligten Personen, darunter die Petenten („Antragsteller"), die meistens die Empfängerseite repräsentieren, sowie die Intervenienten, die als Fürsprecher beim Herrscher für den potenziellen Destinatär (Empfänger) fungieren. Der konkrete Rechtsinhalt wird in der Dispositio aufgeführt. In der Sanctio droht man für eventuelle Verstöße gegen die Bestimmungen der Urkunde Strafen an. Die Corroboratio dient zur Angabe der Beglaubigungsmittel und enthält den Siegelbefehl. Seit dem 12. Jahrhundert können dann noch Zeugenlisten folgen. Das Eschatokoll ist im Hinblick auf Autorität und Beglaubigung wichtigster Bestandteil einer Herrscherurkunde. In der Signumzeile werden nochmals Name und Titel des Ausstellers aufgeführt, meist kombiniert mit schmückenden Beiwörtern (z. B. *serenissimus*). Im Mittelpunkt der Signumzeile steht das Herrschermonogramm, das zusammen mit dem Siegel das optische Zentrum der Urkunde bildet. Das Siegel drückte man dem Pergament auf oder hängte es daran an. Die

Rekognitionszeile enthält die Namen des Kanzlers und des Erzkanzlers bzw. Erzkaplans. Teilweise folgt im Früh- und Hochmittelalter noch ein Rekognitionszeichen. Die Datierung nennt Zeit und Ort der Beurkundung oder der Rechtshandlung. Mit der Apprecatio, einem Segenswunsch (z. B. *feliciter amen*), endet das Eschatokoll. Kaiser- und Königsurkunden folgen nicht immer dem genannten Schema, einzelne Elemente können fehlen.

Da Herrscherurkunden in der Öffentlichkeit nicht nur verlesen, sondern auch gezeigt wurden, war ihr Äußeres ebenso wichtig wie der Inhalt. Sie sollten eine audiovisuelle Wirkung erzielen und waren durch ihre Größe, ihre spezielle graphische Gestaltung sowie durch die Siegel als Herrscherurkunden erkennbar. Als Beschreibstoff diente das dauerhaft haltbare Pergament. Man verwendete es im Hoch- oder Querformat. Für die Einhaltung der Ränder und Zeilenabstände sowie für die Höhe der Buchstabenkörper in den Auszeichnungsschriften wurden oft blinde Linien vorgezeichnet. Die erste Zeile mit dem Protokoll sowie die Signum- und die Rekognitionszeile im Eschatokoll führte man regelmäßig in verlängerter Schrift (Elongata) aus. Seit normannisch-staufischer Zeit verwendete man anstelle der Elongata vor allem eine monumentale und verstärkte Majuskelschrift nach dem Vorbild von Hand- oder Inschriften. Der Herrschername wurde häufig durch Initialen oder andere graphische Gestaltungsvarianten hervorgehoben. Für den Kontext benutzte man eine kleinere Schrift, die diplomatische Minuskel. Die Datierung wurde meist an den unteren Rand der Urkunde in verschiedenen Schriften geschrieben.

▷ S. 305 ff.
äographie

**Papsturkunden.** Päpstliche Privilegien entsprachen im Früh- und Hochmittelalter etwa den königlichen Diplomen, päpstliche *litterae* (Briefe) den Mandaten. Wahrscheinlich erreichte die päpstliche Urkundenausstellung aber früher eine institutionalisierte Organisation. Ähnlich wie bei Herrscherurkunden wurde der Aufbau der päpstlichen Privilegien und *litterae* stark formalisiert. Trotzdem war die Mitwirkung der Empfängerseite, zumindest an der inhaltlichen Gestaltung von Privilegien, ebenso hoch wie bei den Diplomen. Im Verlauf des 13. Jahrhunderts traten die Privilegien hinter die *litterae* zurück, deren inhaltliches und formales Spektrum erweitert wurde. Seit Ende des 14. Jahrhunderts verwendete man zudem formal reduzierte *litterae*, die Breven (kurze Schreiben), die zunächst für den diplomatischen und den verwaltungstechnischen Schriftverkehr vorgesehen waren. Später konnten die Breven auch *litterae* ersetzen. Seit dem 13. Jahrhundert existierten außerdem die päpstlichen Bullen, eine Urkundenart, die inhaltlich und formal zwischen Privilegien und *litterae* angesiedelt war.

**Urkunden anderer Aussteller.** Geistliche und weltliche Fürsten orientierten sich bei der äußeren und inneren Gestaltung ihrer Urkunden meist an Diplomen, mitunter an Papsturkunden. Sie besaßen eine hohe Autorität und wurden deshalb auch in Angelegenheiten Dritter ausgestellt. Urkunden von Ausstellern, die auf der sozialen Stufenleiter unter den Fürsten standen, fertigte man hingegen inhaltlich und graphisch in reduzierter Form aus. Für diese Urkunden ist eine große Gestaltungsvielfalt charakteristisch. Sie konnten nur in eigener Sache als Beweismittel dienen. Als Alternative bot sich die Beglaubigung einer Urkunde durch einen Notar an. Er schrieb die

Urkunde eigenhändig, versah sie mit einem Notariatsvermerk und fügte sein individuelles graphisches Zeichen hinzu. Für diese notariellen Urkunden waren daher keine Siegel zur Beglaubigung erforderlich.

Wolfgang Huschner

**Literatur**

J. BISTRICKÝ (Hrsg.), Typologie der Königsurkunden, Olmütz 1998.

H. BRESSLAU, Handbuch der Urkundenlehre für Deutschland und Italien, 2 Bde., 2. Aufl. Leipzig 1912–1915, Bd. 2,2 hrsg. von H.-W. KLEWITZ, Berlin/Leipzig 1931, Registerbd. hrsg. von H. SCHULZE, Berlin 1960.

F. DÖLGER/J. KARAYANNOPULOS, Byzantinische Urkundenlehre, München 1968.

E. EISENLOHR/P. WORM (Hrsg.), Arbeiten aus dem Marburger Hilfswissenschaftlichen Institut, Marburg 2000.

W. ERBEN, Die Kaiser- und Königsurkunden des Mittelalters in Deutschland, Frankreich und Italien, München/Berlin 1907.

H. FICHTENAU, Beiträge zur Mediävistik, Bd. 2: Urkundenforschung, Stuttgart 1977.

T. FRENZ, Papsturkunden des Mittelalters und der Neuzeit, 2. Aufl. Stuttgart 2000.

H.-W. GOETZ, Proseminar Geschichte: Mittelalter, 2. Aufl. Stuttgart 2000, 153–173, 344–346.

O. GUYOTJEANNIN/J. PYCKE/B.-M. TOCK (Hrsg.), Diplomatique médiévale, Turnhout 1993.

C. HAIDACHER/W. KÖFLER (Hrsg.), Die Diplomatik der Bischofsurkunde vor 1250, Innsbruck 1995.

J. HARTMANN, Urkunden, in: F. BECK/E. HENNING (Hrsg.), Die archivalischen Quellen. Mit einer Einführung in die Historischen Hilfswissenschaften, 3. Aufl. Köln/Weimar/Wien 2003, 9–39.

R. HIESTAND (Hrsg.), Hundert Jahre Papsturkundenforschung. Bilanz – Methoden – Perspektiven, Göttingen 2003.

W. HUSCHNER, Transalpine Kommunikation im Mittelalter. Diplomatische, kulturelle und politische Wechselwirkungen zwischen Italien und dem nordalpinen Reich (9.–11. Jahrhundert), 3 Bde., Hannover 2003.

T. KÖLZER, Studien zu den Urkundenfälschungen des Klosters St. Maximin vor Trier (10.–12. Jahrhundert), Sigmaringen 1989.

H.-H. KORTÜM, Zur päpstlichen Urkundensprache im frühen Mittelalter. Die päpstlichen Privilegien 896–1046, Sigmaringen 1995.

A. MEYER, Felix et inclitus notarius. Studien zum italienischen Notariat vom 7. bis zum 13. Jahrhundert, Tübingen 2000.

O. REDLICH, Die Privaturkunden des Mittelalters, München/Berlin 1911.

P. RÜCK, Bildberichte vom König. Kanzlerzeichen, königliche Monogramme und das Signet der salischen Dynastie, Marburg 1996.

DERS. (Hrsg.), Graphische Symbole in mittelalterlichen Urkunden. Beiträge zur diplomatischen Semiotik, Sigmaringen 1996.

L. SCHMITZ-KALLENBERG, Die Lehre von den Papsturkunden, in: R. THOMMEN/DERS., Urkundenlehre I. und II. Teil, 2. Aufl. Leipzig/Berlin 1913, 56–116.

H. VON SYBEL/T. SICKEL (Hrsg.), Kaiserurkunden in Abbildungen, 11 Lieferungen, Berlin 1880–1891.

T. VOGTHERR, Urkunden und Akten, in: M. MAURER (Hrsg.), Aufriß der Historischen Wissenschaften, Bd. 4: Quellen, Stuttgart 2002, 146–167.

**Gegenstand der Epigraphik.** Historiker konzentrieren sich bei der Erforschung des Mittelalters überwiegend auf handschriftliche Quellen. Geschrieben wurde aber nicht nur auf Pergament oder Papier. Noch heute stößt man auf Kirchenräume, die übersät sind mit mittelalterlichen Epitaphen und Grabinschriften. Reliquienschreine wurden nicht nur mit bildlichen Darstellungen, sondern auch mit kommentierenden Schriftzügen versehen, auf mittelalterlichen Messgewändern finden sich ebenso Schriftzeichen wie auf Glocken in den Kirchtürmen oder auf Balken, die zum Hausbau verwendet wurden. Alle diese Formen werden unter dem Begriff der Inschrift zusammengefasst. Die historische Teildisziplin, die sich mit ihrer Erforschung beschäftigt, ist die Inschriftenkunde oder Epigraphik (von griech. *epigráphein* – daraufschreiben).

Da Inschriften in verschiedensten Materialien ausgeführt worden sind, unterschiedlichste Inhalte transportieren und in vielfältige Entstehungs- und Rezeptionszusammenhängen eingebunden sind, kann man nur durch eine Negativdefinition bestimmen, was eine Inschrift ist: „Inschriften sind Beschriftungen verschiedener Materialien – in Stein, Holz, Metall, Leder, Stoff, Email, Glas, Mosaik usw. –, die von Kräften und Methoden hergestellt sind, die nicht dem Schreibschul- und Kanzleibetrieb angehören" [Kloos, 2].

**Quellenwert der Inschriften.** Für die wissenschaftliche Beschäftigung mit den Inschriften gilt, dass diese wie alle Schriftzeugnisse immer in doppeltem Sinne Quellen sind: Überreste eines vergangenen Kommunikationsaktes und Träger von Texten. Als Historiker ist man gewohnt, sich auf die Texte zu konzentrieren und die materielle Form, in der sie überliefert sind, meist nur für Fragen der Quellenkritik heranzuziehen. Gerade im Falle der Inschriften ist die materielle Form aber nicht nur zufällige Erscheinung der sprachlichen Botschaft, sondern trägt wesentlich zu ihrer Bedeutung bei und ist eng auf deren kommunikative Funktion bezogen.

Inschriftlich vermittelte Texte sind so einerseits Quellen für die unterschiedlichsten Teilgebiete der Geschichtswissenschaft, von der Politik- und Verfassungsgeschichte bis zur Mentalitäts- und Kulturgeschichte. Mehr und mehr wird jedoch die spezifische Formung und architektonische Einbindung der Inschriften Gegenstand eines eigenen Forschungsfeldes, das die verschiedenen Dimensionen epigraphischer Praxis im Blick hat.

Aufgrund der formalen und inhaltlichen Vielfalt des überlieferten Materials liegt bis heute keine überzeugende Inschriftentypologie vor. Doch kann man gerade unter dem Blickwinkel des Quellenwertes für den Historiker einige Gruppen unterscheiden.

**Grabinschriften und Epitaphe.** Für die Kultur- und Mentalitätsgeschichte ist diese Quellengruppe besonders wichtig. Sie ist eng mit Begräbnispraxis und Memoria verbunden. Häufig sprechen die Texte dieser Inschriften direkt von den religiösen Vorstellungen der Zeit, indem sie etwa Hoffnungen für das Jenseits artikulieren oder die Leser der Inschriften zur Fürbitte für den Verstorbenen auffordern. Doch Grabinschriften und Epitaphe sind vor allem materielle Überreste der sozialen und religiösen Praktiken, die mit den Toten und ihren Grabstätten verbunden waren. Als solche sagen sie mehr aus als ihre oft formelhaften Texte.

▷ S. 178 Thema: Der Tod im Mittelalter

Jenseits ihrer primären Funktion stellen Grabinschriften und Epitaphe für den Historiker eine Fundgrube für biographische Daten

Am 22. September 1409 wurde in Oberhaid der Pfarrer von Trunstadt, Johannes Schack, ermordet. Am Ort des Verbrechens ließ man ein **Epitaph** anbringen, das neben einer bildlichen Darstellung der Tat eine Inschrift trägt: *„anno d(omi)ni · m · ccccv · / iiii · in · die · s(an)c(t)i · mauricii / o(biit) · ioh(ann)es schak · an(nis) · <….> pl(e)b(a)nus i(n) transtat inter / f(e)c(t)us a · heinrico · gundloch · civi · bambergensi · / nacione · i(n) · obern · hede · cui(us) · / cause sente(n)cia(m) · obtinu/it"* (Im Jahre des Herrn 1409 am Tag des heiligen Mauricius (22. September) starb Johannes Schak <….> Jahre Pfarrer in Trunstadt, getötet in Oberhaid von Heinrich Gundloch, Bamberger Bürger, für welche Tat dieser verurteilt wurde).

Das Epitaph lässt sich als Zeugnis einer historischen Kommunikationssituation interpretieren: An der Außenwand der Pfarrkirche in Oberhaid angebracht, kam dem Monument ein hohes Maß an Publizität zu. Von besonderem Interesse ist in diesem Fall die Bild-Text-Relation. Zunächst fällt auf, dass die Inschrift nur mit großer Mühe zu lesen ist, da der Text um die Darstellung des Ermordeten herumläuft, man bei der Lektüre also mehrfach den Kopf drehen muss. Gerade mit Blick auf die Funktion des Epitaphs, das ja vor allem zur Fürbitte für den Verstorbenen anregen sollte, dominiert die bildliche Darstellung, die den Ermordeten im Gebet zeigt, während der drastisch vergrößerte Dolch auf ihn einsticht. Abscheu vor der Tat und Mitleiden mit dem Ermordeten werden so vor allem durch das Relief hervorgerufen, während der Text der Inschrift die Vorgänge eher nüchtern schildert.



Foto: Cordula Hubert.

Literatur: R. M. Kloos u.a., Die Inschriften des Landkreises Bamberg bis 1650, München 1980, Nr. 44, S. 23f. u. Tafel XII.

dar, gleich, ob man sich für den Lebenslauf der bestatteten Person interessiert, die Amtsträger einer kirchlichen Institution erforschen oder prosopographische Studien zu den Angehörigen städtischer Führungsschichten durchführen will. Oft liefern Inschriften mehr als nur magere biographische Daten, viele heben auch die Verdienste und Vorzüge der Verstorbenen hervor. Die Inschriften sind so wichtige Quellen für das Selbstbewusstsein und die Wertewelt der Verstorbenen bzw. ihres sozialen Umfeldes.

**Bau-, Stifter- und Künstlerinschriften.** An vielen mittelalterlichen Bau- und Bildwerken, aber auch auf Erzeugnissen des Kunsthandwerks, finden sich Inschriften, die sich auf die Entstehung der jeweiligen Bauten bzw. Objekte beziehen. Bauinschriften nennen etwa das Jahr des Baubeginns, der Vollendung oder einer Instandsetzung. Oft werden Baumeister, Bauherr oder Stifter genannt. Von Interesse sind diese Inschriften in erster Linie natürlich für die Geschichte des Bauwerkes, doch geht ihre Bedeutung darüber hinaus, da sie mitunter Aussagen über das Selbstverständnis der Künstler, Bauherren oder Stifter überliefern.

Grabinschriften und Bauinschriften wurden angebracht, um die Erinnerung an Verstorbene bzw. an den Baubeginn oder die Vollendung eines Gebäudes und die daran beteiligten Personen zu bewahren. In vielen Fällen überliefern sie aber auch Informationen, die nicht direkt mit dieser primären Funktion in Zusammenhang stehen. So werden auf Grabinschriften Ereignisse erwähnt, an denen ein Verstorbener Anteil hatte, zur Datierung des Baubeginns wird oft auf zeitgleiche Ereignisse verwiesen oder es werden regierende Herrscher oder Päpste genannt. Auf diese Weise geht der Quellenwert einer Inschrift über deren primäre Funktion hinaus. Daneben finden sich auch Inschriften, die eigens angebracht wurden, um an historische Ereignisse zu erinnern, etwa an Naturkatastrophen oder auch Ereignisse der politischen Geschichte. Derartige Inschriften stellen eine interessante Ergänzung oder Parallelüberlieferung zur handschriftlichen Geschichtsschreibung dar. Die Analyse der Gedenkinschriften führt hier direkt zur Geschichts- bzw. Erinnerungskultur des Mittelalters.

**Urkundeninschriften.** Inschriften überliefern Texte, die nicht selten einen literarischen Anspruch verfolgen. Grabinschriften stehen in einem rhetorischen und theologischen Zusammenhang, der nicht auf die inschriftlich umgesetzten Texte zu reduzieren ist. Die Verbindung zwischen handschriftlichen und inschriftlichen Texten ist am engsten im Falle der Urkundeninschriften. Was in der Antike gängige Praxis war, die Veröffentlichung von Gesetzen oder Privilegien in inschriftlicher Form, geht im Mittelalter deutlich zurück. Doch auch aus dem Mittelalter haben sich so genannte Urkundeninschriften erhalten. Man trifft auf epigraphische Umsetzungen von päpstlichen Privilegien, etwa die Gewährung bestimmter Ablässe für die Besucher einer Kirche, oder von Privaturkunden oder Notariatsinstrumenten. Die bloße Existenz der Urkundeninschriften verweist auf grundsätzliche Funktionen der inschriftlichen Umsetzung von Texten. Motiv für die Inschriftensetzung war hier einerseits sicher die Haltbarkeit des Materials, das den Bestand der Urkunde besser zu sichern versprach als eine Pergamentausfertigung. Wichtig ist aber auch die größere Publizität der Inschrift: Im Gegensatz zur meist verschlossen aufbewahrten Pergamentausfertigung konnte die Inschrift von einem größeren Personenkreis wahrgenommen werden. Hierin wird man sicher auch die Gründe für die seit dem Hochmittelalter anzutreffenden inschriftlichen Umsetzungen von Texten der städtischen Gesetzgebung oder auch von Ordnungen geistlicher und weltlicher Gemeinschaften – etwa den Statuten von Bruderschaften – sehen können. Auch bei solchen Formen handelt es sich um Phänomene pragmatischer Schriftlichkeit, die es weiter zu erforschen gilt.

Die kommunikative Funktion der Inschriften tritt insbesondere bei einer weiteren Gruppe in den Vordergrund. Sich in auffordernder Weise an den Leser wendende Passagen begegnen schon in Grabinschriften, etwa die fast stereotyp wiederkehrende Aufforderung zur Fürbitte für den Verstorbenen. Im religiösen Bereich bleiben Appelle zur sittlich-moralischen Umkehr. Auf Stadttorinschriften findet man explizite Warnungen an potenzielle Angreifer, andere Inschriften fordern den Besucher einer Kirche zu Spenden für den Bau auf. Solche Formen belegen einmal mehr, dass Inschriften nicht nur in besonderer Weise umgesetzte Texte sind, sondern dass sie eine bestimmte Form der sprachlichen Kommunikation darstellen.

**Bildlegenden.** Gleich ob eigens angefertigte Inschriftenplatten oder ob bestehende Objekte beschrieben werden: Für die Bedeutung und Funktion der Inschrift ist stets die Beziehung zum Trägerobjekt von entscheidender Bedeutung. Besonders offensichtlich ist diese Text-Objekt-Relation bei den Bildlegenden. Inschriften finden sich häufig als integrale Bestandteile von Mosaiken, Gemälden oder plastischen Bildwerken. In der Regel erklären oder erläutern sie die Darstellung, mitunter ist das Dargestellte sogar einzig durch den Rückgriff auf die Inschrift zu identifizieren. Doch Bildlegenden sind nicht nur für den Kunsthistoriker oder den an Bildzeugnissen interessierten Historiker von Interesse. Aufgrund ihrer Häufigkeit sind sie einerseits für die Inschriftenpaläographie von großer Bedeutung; ihre Analyse liefert andererseits wichtige Bausteine zu einer Untersuchung der epigraphischen Praxis als Teil einer Geschichte der Schrift und des Schriftgebrauchs im Mittelalter.

▷ S. 305ff. Paläograph

**Formen und Funktionen.** Lange Zeit war Epigraphik des Mittelalters gleichbedeutend mit Paläographie der Inschriften. Die Folge dieser Ausrichtung war, dass formal und inhaltlich sehr unterschiedliche Schriftzeugnisse Gegenstände der Epigraphik wurden. So untersucht die Epigraphik des Mittelalters nicht nur Inschriften in Stein, sondern auch solche in Metall und Holz, auf Glas und Leder, Mosaikinschriften und sogar gestickte oder eingewebte Schriften auf Textilien. Eine formale Differenzierung ist aber unabdingbar, gerade wenn man nach den Funktionen der Inschriften und der Kommunikationssituation, in die sie eingebunden sind, fragt.

Inschriften wurden angebracht, um gelesen zu werden: Aus dieser zunächst banalen Feststellung ergibt sich direkt die Frage nach dem angesprochenen Publikum. Man muss der mittelalterlichen Inschriftenproduktion keinen modernen Funktionalismus unterstellen, um die Form der Inschriften mit ihrer Funktion bzw. mit dem von ihnen angesprochenen Adressatenkreis in Zusammenhang zu bringen. Schon die Schriftgröße entscheidet natürlich über Möglichkeiten und Grenzen der Rezeption: Eine Monumentalinschrift an einer Kirchenfassade kann von vielen Menschen (gleichzeitig) ohne größere Mühe gelesen werden, die Miniaturinschrift auf einem Bischofsring nur von seinem Besitzer oder Personen in seinem näheren Umkreis.

Neben der Größe ist die Position der Inschrift von Bedeutung. Zugänglichkeit und Einsehbarkeit bestimmen zusammen mit der Form (Größe, Schriftschnitt) die Grenzen der Rezeption einer Inschrift. Eine Bleiinschrift, die in einem Grab oder einem Reliquienschrein eingeschlossen wurde, ist in eine andere Kommunikationssituation eingebunden als eine Inschrift, die an zentraler Stelle an einem Stadttor angebracht wurde.

Form, Größe und Position einer Inschrift bestimmen aber nicht nur die Lesbarkeit der Inschrift, sondern sagen auch etwas über deren Bedeutung aus. So können im Falle einer Grabinschrift neben dem Text die Art der Ausführung der Inschrift (bzw. des gesamten Grabmals) den Status des Bestatteten zum Ausdruck bringen.

**Epigraphik als Hilfswissenschaft.** Im Reigen der Historischen Hilfswissenschaften ist die Epigraphik des Mittelalters bisher eher vernachlässigt worden. Dies zeigt sich schon daran, dass sie im klassischen Einführungswerk, dem „Werkzeug des Historikers" von Ahasver von Brandt [Brandt], gar nicht vorkommt. Die Gründe hierfür liegen weniger darin, dass die Interpretation inschriftlicher Zeugnisse keine speziellen Kenntnisse erforderte, sondern eher in der schon angesprochenen Unterschätzung ihres Quellenwertes. Wenngleich hier in den letzten 50 Jahren wichtige Fortschritte gemacht worden sind, ist die Editionslage im Bereich der Inschriften – vor allem mit Blick über die engeren Grenzen des deutschsprachigen Raums hinaus – auch heute noch vergleichsweise dürftig.

Der Anfänger stößt oft schon bei der Auswertung edierter Inschriften auf Schwierigkeiten. Dies betrifft zunächst die Benutzung der wissenschaftlichen Editionen. So wird in den Editionen mittelalterlicher Inschriften heute beispielsweise nahezu durchgängig auf verschiedene Klammertypen zur Kennzeichnung von Auflösungen und Ergänzungen zurückgegriffen, ein System, das es sich anzueignen gilt [hierbei hilfreich: Kloos, 92ff.].

Eine zweite Hürde stellt die Sprache der Inschriften dar. Bis weit in die Neuzeit ist die vorherrschende Sprache der Inschriften das Lateinische, die Volkssprachen werden je nach Region erst zwischen dem 12. und dem 14. Jahrhundert quantitativ bedeutender. Weitere Eigenheiten der Inschriftentexte erschweren oft deren Verständnis. Nicht selten sind Inschriftentexte mit literarischem Anspruch verfasst, sind etwa metrisch oder allgemein poetisch geformt. Hinzu kommt die Häufung formelhafter Wendungen und eine starke Komprimierung der Sprache, die der Beschränkung des zur Verfügung stehenden Schreibraums geschuldet ist.

Grundsätzlich gilt, dass selbst die beste Edition im Fall der Inschriften gutes Fotomaterial bzw. die Autopsie des Originalzusammenhanges nicht ersetzen kann. Dies betrifft die graphische Form, vor allem aber die architektonische Einbindung der Inschrift, die in vielen Editionen nur sehr begrenzt berücksichtigt wird. Nicht selten wird man schon deshalb auf die Originale zurückgreifen müssen, weil es keine zuverlässige Edition der entsprechenden Inschrift gibt. Hat man sich einmal die Besonderheiten epigraphischer Schriften angeeignet, fällt deren Entzifferung im Vergleich zu vielen Handschriften eher leicht, da sie meist mit großer Sorgfalt ausgeführt worden sind. Schwierig wird es immer dann, wenn die Lesbarkeit der graphischen Stilisierung des Schriftbildes geopfert wird, was gerade bei den gotischen Inschriften nicht selten der Fall ist. Auch die Inschriften sind wie alle anderen Schriftzeugnisse des Mittelalters mit Kürzungen durchsetzt [hier hilfreich: CAPPELLI]. Eine Besonderheit epigraphischer Schriften sind Verschränkungen und Kombinationen einzelner Buchstaben, die ebenfalls der Platzersparnis dienen.

Neben die Entzifferung des Inschriftentextes tritt die Quellenkritik. Fragen nach der Echtheit, der Datierung und Lokalisierung standen schon am Beginn der wissenschaftlichen Beschäftigung mit den mittelalterlichen Inschriften. Wie im Falle anderer Quellen wird am Anfang zunächst eine Analyse des Textes stehen. Die sich hieraus ergebenden expliziten oder impliziten Datierungshinweise sind dann mit den Befunden einer formalen Analyse der Inschrift zu konfrontieren. Dabei wird man vor allem auf die paläographische Untersuchung der Inschrift zurückgreifen müssen. Die Analyse der Schrift kann durch den Vergleich mit anderen, zuverlässig datierten und lokalisierten Schriften zu einer Bestimmung von Entstehungszeit und -ort der Inschrift führen [KLOOS].

**Epigraphik als eigenständige Teildisziplin.** Abschließend kann nur noch kurz auf weiterführende Aspekte verwiesen werden. Die Epigraphik lässt sich keineswegs auf ihre hilfswissenschaftliche Funktion reduzieren. Sie ist vielmehr auch ein Forschungsfeld mit eigenständigen Fragestellungen. Insbesondere die Einbeziehung epigraphischer Formen in die Forschungen zu Schriftlichkeit und Schriftkultur im Mittelalter hat in der letzten Zeit interessante Ergebnisse zutage gefördert. Unter dem Blickwinkel einer Sozialgeschichte des Mediums wurden Veränderungen der sozialen Herkunft und kulturellen Orientierung bei Auftraggebern, Verfassern und Publikum der Inschriften beobachtet. Gerade mit Blick auf urbane Räume konnten Inschriften als Mittel der Propaganda bzw. als Medium einer die städtischen Machtverhältnisse spiegelnden Repräsentationspraxis erkannt werden [PETRUCCI]. Ansätze, die auf die epigraphische Praxis als Forschungsgegenstand gerichtet sind, erfordern eine Zusammenarbeit der verschiedenen mediävistischen Disziplinen, der Geschichtswissenschaft ebenso wie der Philologien und der Kunst- bzw. Architekturgeschichte. Die ersten Erträge versprechen, dass die Epigraphik und damit auch die Inschriften des Mittelalters durch die Ausweitung der Methoden und Perspektiven ihr Dasein als Stiefkind der Mediävistik in Zukunft verlieren werden.

Marc von der Höh

**Literatur**

A. VON BRANDT, Werkzeug des Historikers, 15. Aufl. Stuttgart 1998.

A. CAPPELLI, Lexicon abbreviaturarum. Dizionario di abbreviature latine ed italiane, 6. Aufl. Mailand 1929 [div. Nachdrucke].

Deutsche Inschriften: Terminologie zur Schriftbeschreibung, erarbeitet von den Mitarbeitern der Inschriftenkommissionen der Akademien der Wissenschaften, Wiesbaden 1999.

R. FAVREAU, Épigraphie médiévale, Turnhout 1997.

R. M. KLOOS, Einführung in die Epigraphik des Mittelalters und der frühen Neuzeit, 2. Aufl. Darmstadt 1992.

A. PETRUCCI, La scrittura: ideologia e rappresentazione, Turin 1986.

# Quantitative Methoden in der Mediävistik

**Zählen und Rechnen in der Geschichtswissenschaft.** Da möchte man sich mit der Geschichte befassen, einer der klassischen Geisteswissenschaften, und dies vielleicht nicht zuletzt, weil einem die stark auf Kenntnisse der Mathematik angewiesenen Sozial-, Technik- und Naturwissenschaften immer schon etwas fremd und unzugänglich erschienen, und nun dies: Historiker, solche die über das Mittelalter arbeiten noch dazu, die ständig zählen und rechnen, den ganzen Tag am Computer scheinbar überaus komplizierte Datenkolonnen erstellen und auswerten. Offenbar ist auch die Geschichtswissenschaft trotz ihrer engen Bindung an Text- und Bildquellen kein Refugium vor der Welt nüchterner Zahlen und abstrakter Formeln.

▷ S. 385 Geschichte der Mittelalterforschung

In der Entwicklung der Geschichtswissenschaft sind insbesondere zwei Impulse hierfür verantwortlich: Zum einen der Einfluss der jüngeren historischen Schule der Nationalökonomie, durch den bereits um 1900 sozialstatistische Methoden Eingang in die Geschichtswissenschaft fanden. Vor allem auf sozial- und wirtschaftshistorischen Arbeitsfeldern hat sich dies schon früh ausgewirkt. Sodann brachte die verstärkte Rezeption sozialwissenschaftlicher Theorien und Methoden seit den 1960er Jahren einen weiteren Schub, der durch die wachsenden Möglichkeiten elektronischer Datenverarbeitung noch begünstigt wurde.

▷ S. 368 f. ue Medien

Allerdings hat es stets auch Unbehagen über solche Entwicklungen gegeben. Deutlich formulierte der französische Mediävist Georges Duby seine Skepsis: „[...] die Quantifizierung, die Erstellung statistischer Serien, die arithmetische Auswertung verbreiten den Anschein von Wissenschaft. Sie machen glauben – ich betone glauben –, dass man zu genauso präzisen und abgesicherten Ergebnissen gelangen könnte, wie dies in den exakten Wissenschaften der Fall ist. Man errechnet eine Proportion auf drei Dezimalstellen genau. Dabei vergisst man allzu leicht, daß die Zahl trotz ihrer grotesken Präzision nichts bedeutet, weil ja die Daten, die ihr zugrundeliegen, unvollständig, nicht erschöpfend oder nicht vollständig homogen sind." [Duby/Lardreau, 107].

Solche Äußerungen sind keineswegs schlicht als Ausdruck einer modernitäts- oder technikfeindlichen Haltung beiseite zu schieben. Sie verweisen vielmehr auf ein in der Tat erhebliches Problem: Anders als moderne Sozial- oder Naturwissenschaftler, die ihre Daten bedarfsgerecht nach methodisch einwandfreien Prinzipien erheben können, ist der über vormoderne Zeiten forschende Historiker meist auf Quellen angewiesen, die weder für quantitative Zwecke geschaffen wurden, noch einen unmittelbaren Zugriff erlauben. Es bedarf hier nicht nur des allgemein erforderlichen Rüstzeugs historischer Forschung, wie guter philologischer und hilfswissenschaftlicher Kenntnisse, und einer gründlichen Quellenkritik, in der etwa Entstehungskontext, Intentionen und Aussagereichweite des herangezogenen Materials offen gelegt werden; die Quellen müssen auch einer intensiven Aufbereitung unterzogen werden, in der viele methodische Tücken liegen. Eine statistische Untersuchung mit Hilfe des Computers ist nämlich in der Regel erst dann sinnvoll durchzuführen, wenn man die in den Quellen gebotenen Informationen so organisiert, dass sie eine einheitliche Struktur aufweisen. Dabei können Informationen verloren gehen, die in der Quelle noch vorhanden sind, aber nicht in das Erfassungsschema der statistischen Untersuchung passen. Und selbst bei gründlichstem Vorgehen erreicht man nur in wenigen Fällen eine so hohe Verlässlichkeit der Ergebnisse, wie man sie von gegenwartsbezogenen Untersuchungen erwarten darf.

**Nutzen von quantitativen Verfahren.** Warum müht man sich dann überhaupt als Historiker auf diesem schwierigen Feld ab? Der Grund liegt trotz aller Probleme im eben doch beachtlichen Erkenntnispotenzial. Grundlegende Strukturen, konjunkturelle Schwankungen und langfristige Prozesse können meist nur erkannt, Größenordnungen und soziale Zusammenhänge oft erst realistisch eingeschätzt und verglichen werden, wenn man umfangreichere Informationssammlungen analysiert. Gerade in der Verarbeitung größerer Datenmengen, die sich aufgrund der rasch gegebenen Unübersichtlichkeit einer qualitativen Auswertung entziehen, liegt die Stärke quantitativer Methoden. Insbesondere serielle Quellen, also solche, die in langen Reihen überliefert sind, wie Steuerregister oder Bürgerbücher mit oft Hunderten oder gar Tausenden von Einzeleinträgen, lassen sich mit ihrem Instrumentarium nicht mehr nur punktuell, sondern komplett untersuchen. Ergebnisse können ferner komprimiert und klar dargestellt werden, so z.B. in übersichtlichen Tabellen und Graphiken oder mit Hilfe statistischer Maßzahlen. Auch lassen sich unterschiedliche Informationen, mitunter auch ganz verschiedener Herkunft, in Beziehung setzen und so Zusammenhänge aufdecken, die sonst verborgen blieben. Dies soll im Folgenden anhand ausgewählter Anwendungsbeispiele veranschaulicht werden.

**Itinerarforschung.** Mittelalterliche Kaiser und Könige, aber auch geistliche und weltliche Fürsten herrschten für gewöhnlich aus dem Sattel, praktizierten Reiseherrschaft. Feste Residenzen mit einer lokal fixierten Zentralverwaltung bildeten sich erst am Ende des Mittelalters in längeren, meist nicht kontinuierlich verlaufenden Prozessen aus. Gleichwohl verliefen fürstliche Reisen keineswegs ungeordnet, sondern waren durchaus gut organisiert und folgten neben persönlichen Vorlieben nicht zuletzt dynastischen Traditionen, logistischen Möglichkeiten, juristischen Notwendigkeiten und politischen Problemlagen. Will man die hieraus resultierenden Muster mobiler Herrschaft, ihre Organisation und die Ansätze zur Ausbildung fester Residenzen, die sich u.a. in der Verdichtung von Aufenthalten an bestimmten Orten spiegeln können, studieren, muss man den Fürsten und ihren Höfen folgen. Genau hier setzt die Itinerarforschung an [Streich; Heimann, 306f.]. In der Regel auf Grundlage von Datums- und Ortsangaben in Urkunden werden Aufenthaltsorte und Reisewege mittelalterlicher Herrscher ermittelt. Ordnet man die Ergebnisse chronologisch, lassen sich bei hinreichend dichter Überlieferung Reiserouten erkennen und kartieren. Häufigkeitsverteilungen und die Analyse der Aufenthaltsdauer können sodann Aufschluss über Herrschaftsverdichtungen geben. Unterzieht man die Urkunden einer inhaltlichen Auswertung und verbindet diese Resultate mit den quantitativen Ergebnissen, lassen sich Erkenntnisse über die Funktion bestimmter Aufenthaltsorte gewinnen. So können zuweilen Orte identifiziert werden, die eine besondere sakrale und memoriale Bedeutung für einen Herrscher haben, während an anderen die Gerichtspraxis, die standesgemäße Vergnügung der Jagd oder politische Verhandlungen stärker im Vordergrund standen.

▷ S. 313 Diplomatik

Itinerarforschung erfolgt heute meist mit

Hilfe elektronischer Datenbanken, in denen sich längere Datenreihen aus umfangreicheren Urkundenbeständen erfassen, ordnen, auswerten und in Schaubilder oder kartographische Darstellungen überführen lassen.

**Historische Demographie.** Ein anderes Feld quantitativer Forschung ist die historische Demographie, die Erkenntnisse über Umfang, Herkunft und Struktur von Bevölkerungen zu bestimmten Zeitpunkten und in festgelegten geographischen Räumen gewinnen möchte. Darüber hinaus versucht sie die für die Bevölkerungsentwicklung maßgeblichen Faktoren zu ermitteln. Die Mittelalterforschung steht dabei dem Problem gegenüber, dass sie nur in Ausnahmefällen über vollständige Verzeichnisse oder zuverlässige zeitgenössische Angaben verfügen kann, da genaue Bevölkerungsstatistiken und Ursachenforschungen erst Phänomene späterer Zeit sind. Sie ist hier zumeist darauf angewiesen, Quellen auszuwerten, die ursprünglich nicht zu statistischen Zwecken erstellt wurden [Pitz]. So analysiert man z. B. Kirchregister, um zu Erkenntnissen über Geburten- und Sterberaten oder über die Zahl von Eheschließungen zu gelangen. Um Bevölkerungsgrößen zu bestimmen, nutzt man hingegen oft Steuer-, Abgabe-, Besitz- oder Wehrverzeichnisse und vergleicht die Ergebnisse über längere Zeiträume. In der Regel kommt dabei jeweils nur ein Ausschnitt der Bevölkerung in den Blick. Ehefrauen, unmündige Familienmitglieder, Gesinde oder von Diensten und Abgaben befreite Geistliche etwa werden häufig nicht verzeichnet. So ist man gezwungen, über das einfache Auszählen hinauszugehen und nicht verzeichnete Bevölkerungsteile durch Hochrechnungen zu ergänzen. Zu diesem Zweck bedient man sich eines Reduktionskoeffizienten, mit dem man z.B. die in einem Steuerregister einer Stadt verzeichneten Haushaltsvorstände mit der durchschnittlichen Personenzahl eines Haushaltes multipliziert. Durch zahlreiche Untersuchungen über Haushalts- und Familiengrößen haben sich hierfür zeitlich und regional unterschiedliche Richtwerte eingebürgert. Methodisch sicherer ist es jedoch, diese nicht einfach zu übernehmen, sondern nach Möglichkeit für jede Untersuchung eigene, aus den Quellen geschöpfte, zeit- und räumlich nahe Koeffizienten zu bestimmen [Andermann; Imhof; Pfister].

**Migrationsforschung.** Ein wichtiges Teilgebiet der historischen Demographie ist die Migrationsforschung. Im Bereich der mittelalterlichen Geschichte sind Aussagen über Bevölkerungswanderungen nur schwer auf eine stabile Quellengrundlage zu stellen. Die günstigsten Voraussetzungen bieten hier noch spätmittelalterliche Städte. Insbesondere die vielfach verzeichneten Aufnahmen neuer Bürger werden dafür von der Forschung genutzt.

Auch diese Verzeichnisse sind nicht zu statistischen Zwecken angelegt worden, sondern dienten der schriftlichen Fixierung eines bestimmten Rechtsaktes und sollten so die Rechtssicherheit erhöhen. Da häufig mit dem Erwerb des Bürgerrechts Geld-, Sach- oder Dienstleistungen verbunden waren, lassen sie sich zudem als Teil städtischer Haushaltsführung begreifen. Notiert wurde in der Regel der Name eines neuen Bürgers, ferner das Datum, an dem der Bürgereid abgelegt wurde. Für Migrationsforschungen besonders interessant sind vor allem solche Quellen, die überdies Aufschluss über die geographische Herkunft, den Beruf, Familienstand oder Verwandtschaftsverhältnisse geben. Auf dieser

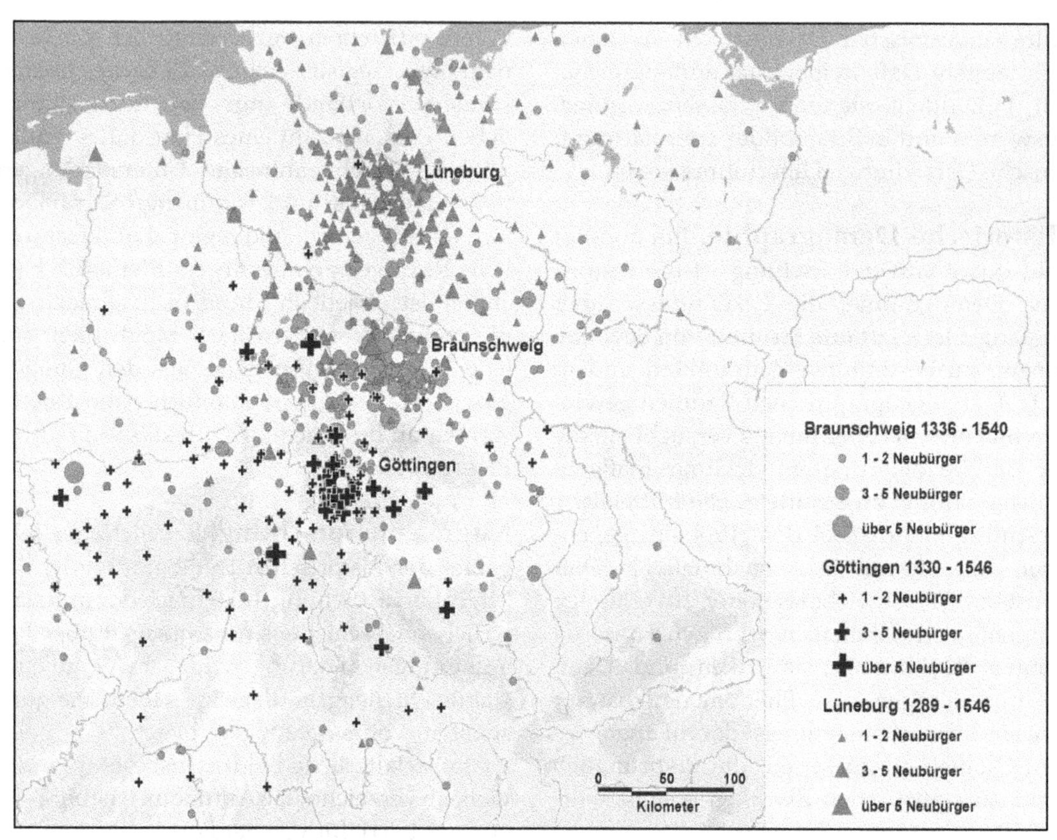


Die Karte zeigt die Herkunft von Neubürgern der Städte Lüneburg, Braunschweig und Göttingen im späten Mittelalter. Deutlich zu erkennen ist zunächst die typische Dominanz des Umlandes als Rekrutierungsfeld. Bei genauerer Betrachtung lassen sich jedoch noch andere wichtige **migrationsgeschichtliche Erkenntnisse** gewinnen: So werden unterschiedlich große Migrationsräume, Ausdehnungsrichtungen, Überlappungszonen und weitere Herkunftsschwerpunkte erkennbar.

Grundlage solcher Darstellungen sind umfangreiche Datensammlungen, in denen die Neubürger betrachteter Städte mit möglichst genauer Herkunftsbezeichnung verzeichnet werden. Zuweilen liegen die Neubürgeraufnahmen ediert vor, in vielen Fällen muss man diese jedoch erst aus ungedruckten Quellen, wie z.B. Bürgerbüchern oder Ratsrechnungen, ermitteln. Wie bei sozialtopographischen Untersuchungen lassen sich auch die hierbei aufgebauten Datenbanken mit elektronischem Kartenmaterial verbinden und so am Computer migrationshistorische Darstellungen generieren.

Karte: Rainer C. Schwinges. Zuerst abgedruckt in: Ders., Die Herkunft der Neubürger: Migrationsräume im Reich des späten Mittelalters, in: Ders. (Hrsg.), Neubürger im späten Mittelalter. Migration und Austausch in der Städtelandschaft des alten Reiches (1250-1550), Berlin 2002, 371-408, hier 395. In diesem Band auch weiterführende Literatur zum Thema.

Basis lässt sich nicht nur die quantitative Entwicklung der Neubürgeraufnahme nachzeichnen, sondern es können auch Untersuchungen über die soziale Struktur und Verflechtungen der Neubürger angestellt werden. Setzt man beispielsweise die quantitative Entwicklung mit der geographischen Herkunft und der Berufstätigkeit in Beziehung, lassen sich Migrationsräume einer Stadt oder die Wanderungsreichweite bestimmter Berufsgruppen bestimmen. Vorstellungen von einer weitgehend immobilen Gesellschaft des Mittelalters waren nicht zuletzt durch solche Untersuchungen zu revidieren.

Allerdings ist auch hier die Aussagereichweite beschränkt. Neubürgerverzeichnisse dokumentieren die Aufnahme einer Person in die Bürgergemeinde, nicht aber damit auch unbedingt den Zeitpunkt des Zuzuges. Oft lebten Menschen schon einige Zeit an einem Ort, bevor sie sich zu diesem Schritt entschlossen. Außerdem waren keineswegs alle Einwohner zugleich auch Bürger ihrer Stadt. So besaßen Frauen, Geistliche, Adelige, Juden oder Mitglieder des Gesindes oft kein Bürgerrecht und sind daher meist auch nicht in Neubürgerregistern verzeichnet. Für stimmige Migrationsbilanzen müsste man zudem nicht nur die in Neubürgerlisten immerhin zu einem erheblichen Teil dokumentierte Zuwanderung erfassen, sondern auch Abwanderungen, die jedoch noch seltener überliefert sind [Schwinges 2002].

▷ S. 234 Stadtkommunen

**Vermögensstrukturen.** Sicher eine Domäne der quantitativen Forschung ist die Untersuchung von Vermögensstrukturen. Dabei kann es um die Vermögenslage von Individuen und bestimmten Gruppen ebenso gehen wie um gesamtgesellschaftliche Verteilungen. Wichtigste Quellengruppe sind hier Steuer- und Abgabenregister, doch werden zuweilen auch Quellen herangezogen, die den Wohlstand einer Person nur mittelbar spiegeln.

Grundprinzip solcher Untersuchungen ist es, die Gesamtheit der in den Quellen überlieferten Personen zu erfassen und hierarchisch nach dem Vermögen oder der Steuer- und Abgabenleistung zu sortieren. Sodann teilen sich die Forscher in zwei Gruppen. Die einen bilden mehr oder minder gut begründete Vermögensklassen, um zu Aussagen über die Vermögensverteilung zu gelangen. Abgesehen davon, dass solchen Gliederungen zuweilen etwas Willkürliches anhaftet, sind sie aufgrund unterschiedlicher Steuersätze, Währungsunterschiede oder Geldwertveränderungen nur schwer mit Ergebnissen aus anderen Zeiten oder Orten zu vergleichen. Eine andere Gruppe von Forschern verzichtet auf die Konstruktion von solchen Vermögensklassen und bedient sich stattdessen logisch-mathematischer Verfahren, mit deren Hilfe sich Vermögensungleichheiten losgelöst von Veränderungen des Geldwertes, der Steuersätze oder Währung recht präzise beschreiben und vergleichen lassen. Vor allem Mittelwerte, Streuungs- und Konzentrationsmaße als Instrumente deskriptiver Statistik werden dabei genutzt.

Aber wie kaum anders zu erwarten, hält die mittelalterliche Überlieferung auch hier einige Probleme bereit. So können sich selbst in ein und derselben Stadt binnen kurzer Frist die Besteuerungsgrundsätze so geändert haben, dass Steuerverzeichnisse ganz unterschiedliche Personenkreise erfassen, so etwa einmal nur Eigentümer von Immobilien, ein andermal alle Bürger (also auch Mieter mit Bürgerrecht) und später sämtliche Personen über 14 Jahren unabhängig von ihrem Besitz und Rechtsstatus. Auch gibt es in den mittelal-

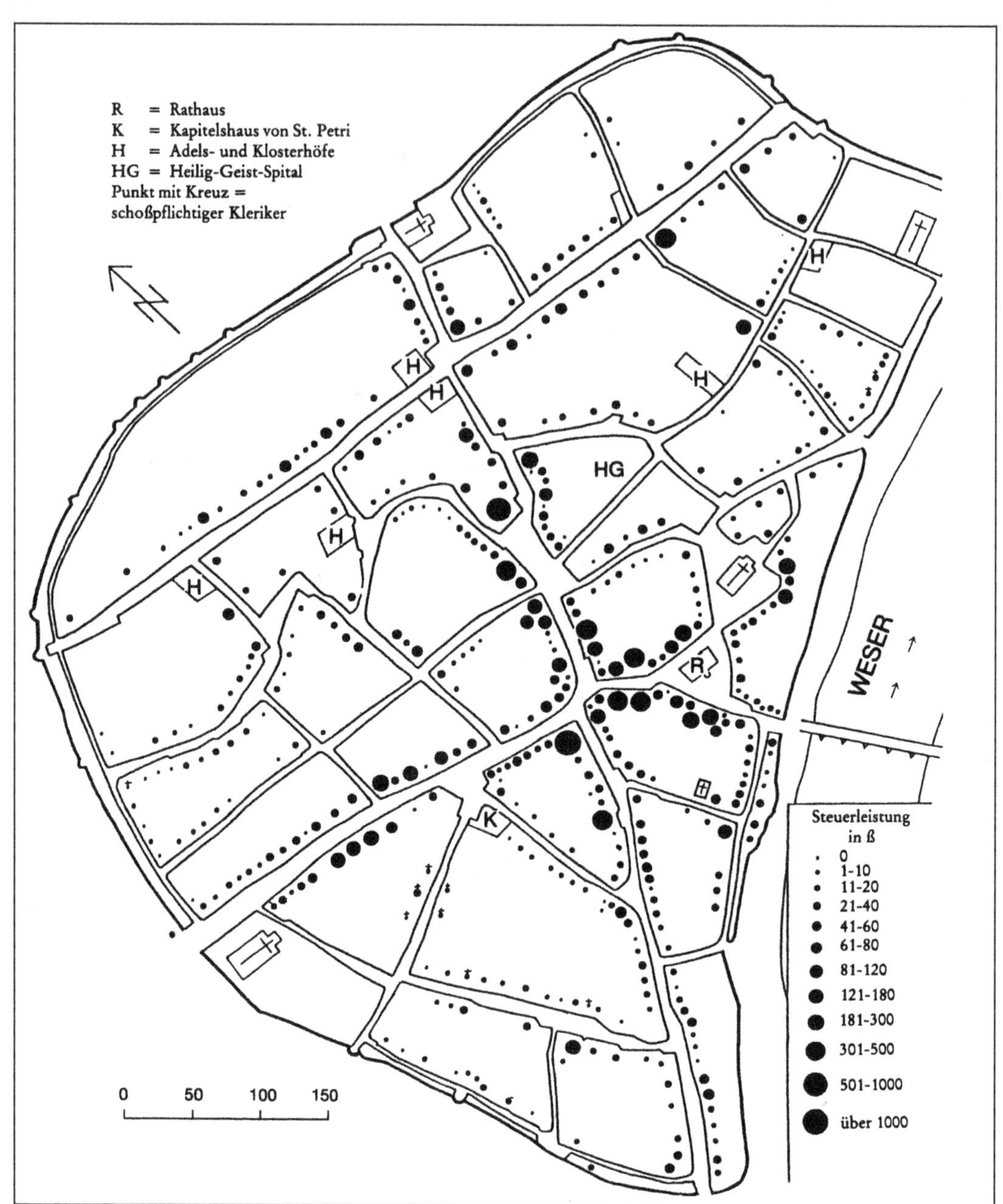


Die schematisierte Darstellung veranschaulicht den Zusammenhang von Wohnlage und Vermögen in der ostwestfälischen Stadt Höxter im Jahr 1501. Deutlich lassen sich die Wohngebiete der Steuerpflichtigen mit einem hohen Vermögen von jenen anderer Vermögensgruppen unterscheiden. Auf diese Weise wird sichtbar, dass gesellschaftliche Strukturen ihren Ausdruck u.a. in der Wahl des Wohnortes fanden. Weitere Sozialmerkmale, wie z.B. Erwerbsarten oder die Bekleidung politischer Ämter, lassen sich ebenso mit der Wohnlage in Beziehung setzen und mithin **sozialtopographische Muster** aufdecken.

Basis solcher Darstellungen sind neben Karten und Plänen, die ihrerseits meist erst mit historisch-geographischen Methoden rekonstruiert werden müssen, sozialstatistische Datensammlungen. Anfänglich hat man diese mit Hilfe von Zettel- und Karteikästen erstellt, dann – mit fortschreitender Entwicklung der Computertechnologie seit den 1970er Jahren – zunehmend durch Lochkartensysteme ersetzt. Die Übertragung der Informationen aus diesen Datensammlungen auf Stadtpläne erfolgte lange Zeit noch manuell. Heute arbeitet man in der Regel am Computer mit modernen Datenbankprogrammen, in denen die Sozialmerkmale bereits mit elektronischem Kartenmaterial verknüpft sind, wodurch die Datenverwaltung und die Erstellung sozialtopographischer Pläne sehr erleichtert werden.



Karte: Heinrich Rüthing. Zuerst abgedruckt in: Ders., Höxter um 1500. Analyse einer Stadtgesellschaft, 2. Aufl. Paderborn 1986, 17.

Literatur: M. Meinhardt/A. Ranft (Hrsg.), Die Sozialstruktur und Sozialtopographie vorindustrieller Städte, Berlin 2005.

Gezähltes Mittelalter
Quantitative
Methoden
in der Mediävistik

terlichen Städten meist privilegierte Gruppen, die von Steuern und Abgaben befreit waren oder verminderte Sätze zahlten, so oft Geistliche, aber zuweilen auch Adelige oder Ratsmitglieder. Und wo Bürgermeister und Ratsherren nicht frei von der Steuerpflicht waren, leisteten sie ihre Zahlung zuweilen im Geheimen. Solche Faktoren können die Aussagekraft von Vermögensuntersuchungen mindern.

Setzt man Vermögenslagen z.B. mit Berufen oder politischen Ämtern in Beziehung, lassen sich Zusammenhänge zwischen Vermögen und Erwerbsarten oder politischer Partizipation aufdecken. Durch die Analyse längerer Zeitreihen sind ökonomische Auf- und Abstiege zu erkennen. Kartiert man Vermögenslagen, so gewinnt man Erkenntnisse über Beziehungen zwischen Raum und Wohlstand.

**Historisch-sozialgeographische Untersuchungen.** Neben Vermögenslagen lassen sich auch andere quantitativ erfassbare Sozialmerkmale, wie Stand, Berufe, Ämter, geographische Herkunft, Wohnformen u.a.m., auf Plänen verzeichnen, so dass sozialstatistische Datenbanken Basis komplexer sozialräumlicher Untersuchungen und Darstellungen sein können. Aus der Verbindung sozialstatistischer und geographischer Datenbanken wurden in den letzten Jahren mehrdimensionale elektronische Informationssysteme entwickelt, die auf dem Weg sind, herkömmliche Kartenwerke abzulösen. Sie lassen sich nicht nur im wissenschaftlichen, sondern auch im musealen, denkmalpflegerischen oder touristischen Bereich einsetzen [Krüger/Pápay/Kroll; Pápay].

**Stellung der quantitativen Forschung in der Mediävistik.** Damit ist das Spektrum quantitativer Forschung noch längst nicht vollständig umrissen. Vor allem wirtschaftshistorische Fragen, z.B. solche nach Warenströmen und Handelsvolumina, der Entwicklung von Löhnen, Preisen und ganz allgemein nach ökonomischen Konjunkturen, lassen sich hier noch anführen [Krüger, 62ff.]. Darüber hinaus können auch Erkenntnisse über Kontinuität und Wandel politischer Institutionen erzielt werden, etwa durch eine Untersuchung der Fluktuationsraten im Rat einer Stadt. Auch in der historischen Bildungsforschung haben sich quantitative Methoden als hilfreich erwiesen, so bei der Analyse mittelalterlicher Universitätsbesucher [Schwinges 1986]. Ein generell wichtiges Arbeitsfeld stellen prosopographische Datenbanken dar, also komplexe Personenverzeichnisse, die sich insbesondere bei der Analyse sozialer Verflechtungen bewährt haben [Poeck; Storjohann].

Quantitative Methoden haben also ihren Platz auch in der Mediävistik gefunden. Allerdings spielen sie heute gerade in der Mittelalterforschung keine so dominierende Rolle, wie manche noch in den 1970er und 1980er Jahren angesichts der Neuerungen im Bereich der Computertechnologie euphorisch hofften, andere hingegen eher fürchteten. Hierfür sind sicher nicht zuletzt die Probleme mittelalterlicher Überlieferung verantwortlich, die einer quantitativen Untersuchung oft enge Grenzen setzen. Auch die Scheu vor sprachlicher Abstraktion und mathematischer Formelhaftigkeit schrecken gelegentlich ab. Und die zum Teil überaus mühselige und langwierige Umformung von Quelleninformationen in statistisch auswertbare Datensätze empfinden viele nicht gerade als Einladung. Ganz sicher hat hier aber auch das bereits seit längerem nachlassende Interesse an grundlegenden

Strukturen und übergeordneten Prozessen zugunsten von Ansätzen, die kulturelle und individualhistorische Perspektiven stärker in den Blick nehmen, eine wichtige Rolle gespielt. Nicht immer hinreichend bewusst scheint, dass es sich hier sinnvoll nicht um konkurrierende, sondern um sich ergänzende Forschungsstrategien handelt. Handwerklich gut gerüstete Historiker können beides: quantitativ und qualitativ arbeiten.

Matthias Meinhardt

**Literatur**

K. ANDERMANN (Hrsg.), Bevölkerungsstatistik an der Wende vom Mittelalter zur Neuzeit. Quellen und methodische Probleme im überregionalen Vergleich, Sigmaringen 1990.

G. DUBY/G. LARDREAU, Geschichte und Geschichtswissenschaft. Dialoge, Frankfurt/M. 1982.

R. FLOUD, Einführung in quantitative Methoden für Historiker, Stuttgart 1980.

H.-D. HEIMANN, Einführung in die Geschichte des Mittelalters, Stuttgart 1997, 305–313.

P. HUDSON, History by Numbers. An Introduction to quantitative Techniques, London u.a. 2000.

A. E. IMHOF, Einführung in die Historische Demographie, München 1977.

K. H. JARAUSCH/G. ARMINGER/M. THALLER, Quantitative Methoden in der Geschichtswissenschaft. Eine Einführung in die Forschung, Datenverarbeitung und Statistik, Darmstadt 1985.

K. KRÜGER, Historische Statistik, in: H.-J. GOERTZ (Hrsg.), Geschichte. Ein Grundkurs, Reinbek 1998, 59–82.

DERS./G. PAPÁY/S. KROLL (Hrsg.), Stadtgeschichte und historische Informationssysteme, Münster 2003.

N. OHLER, Quantitative Methoden für Historiker. Eine Einführung, München 1980.

G. PÁPAY, Historische Informationssysteme für Mecklenburg, in: I. BUCHSTEINER (Hrsg.), Mecklenburg und seine ostelbischen Nachbarn: Historisch-geographische und soziale Strukturen im regionalen Vergleich, Schwerin 1997, 264–280.

E. PITZ, Entstehung und Umfang statistischer Quellen in der vorindustriellen Zeit, in: HZ 223, 1976, 1–39.

C. PFISTER, Bevölkerungsgeschichte und historische Demographie. 1500–1800, München 1994.

D. W. POECK, Hansische Ratssendboten, in: R. HAMMEL-KIESOW (Hrsg.), Vergleichende Ansätze in der hansischen Geschichtsforschung, Trier 2002, 97–142.

R. C. SCHWINGES, Deutsche Universitätsbesucher im 14. und 15. Jahrhundert. Studien zur Sozialgeschichte des Alten Reiches, Stuttgart 1986.

DERS. (Hrsg), Neubürger im späten Mittelalter. Migration und Austausch in der Städtelandschaft des Alten Reiches (1250–1550), Berlin 2002.

J. SENSCH, Statistische Modelle in der Historischen Sozialforschung, Bd. I: Allgemeine Grundlagen, Deskriptivstatistik, Auswahlbibliographie, Köln 1995.

J. STORJOHANN, Prosopographie und EDV – das Programm HISTODAT: Eine Demonstration, in: R. HAMMEL-KIESOW (Hrsg.), Vergleichende Ansätze in der hansischen Geschichtsforschung, Trier 2002, 295–305.

B. STREICH, Zwischen Reiseherrschaft und Residenzbildung. Der wettinische Hof im späten Mittelalter, Köln/Wien 1989.

H. THOME, Grundkurs Statistik für Historiker, 2 Bde., Köln 1989/90.

**Entwicklung und Funktionen von Wappen.** Wappen prägten in heute kaum mehr vorstellbarem Maße das Bild der spätmittelalterlichen Höfe, der Burgen und der Städte [Paravicini 1998]. Das Wappenwesen ist militärischen Ursprungs, wie schon die Verwandtschaft der Begriffe „Waffen" und „Wappen" deutlich macht. Die Rüstung der berittenen Krieger machte durch ihre zunehmende Panzerung im Laufe des 12. Jahrhunderts, vor allem durch die Entwicklung des geschlossenen Topfhelms, die verhüllte Person unkenntlich, wodurch eine Kennzeichnung zur Identifizierung notwendig wurde. Dafür bot sich die große Fläche des Reiterschilds an, auf der mit kräftigen Farben figürliche, stilisierte Symbole oder geometrische Feldteilungen angebracht wurden. Klare, weithin sichtbare Farbkontraste erreichte man durch eine strenge Beschränkung auf wenige Tinkturen: die so genannten „Metalle" Gold (Gelb) und Silber (Weiß) und die „Farben" Rot, Blau, Schwarz, Grün und Purpur.

Die ersten echten Wappen begegnen in Westeuropa um 1180. Die zeitliche Koinzidenz mit den Kreuzzügen ist auffällig, doch legt die Funktion des Wappens als Erkennungszeichen des Einzelkämpfers weniger den ursprünglichen Zusammenhang mit kriegerischen Auseinandersetzungen nahe, bei denen es ja wichtiger war, die beiden Parteien als Ganzes auseinanderhalten zu können – so wählten die Kreuzfahrer als gemeinsames Feldzeichen das Kreuz. Eine gewichtigere Rolle scheint vielmehr von Beginn an das Turnierwesen gespielt zu haben [Fenske]. Im Turnier stand der Einzelkämpfer im Vordergrund, zur Beurteilung seiner Leistung musste er von den übrigen Teilnehmern eindeutig unterscheidbar sein. Hierin kann man die sinnvollste Erklärung für die „Erfindung" des Wappens als persönliches Abzeichen sehen. Die Organisation der Turniere oblag den Herolden, die durch die Ausbildung von Regeln und einer eigenen Fachsprache das ihre zur Entwicklung des Wappenwesens beitrugen, die ferner durch das Anlegen von Wappenverzeichnissen die Kenntnis der Wappen trainierten und weitergaben. Ihnen verdankt die Heraldik ihren Namen.

Hauptträger des Wappens, der ihm seine äußere Form gibt, ist der Schild. Zum Wappen wird das darauf angebrachte Bild durch die Farbgebung, die heraldische Stilisierung und durch die grundsätzliche Unveränderlichkeit, die es zum bleibenden Abzeichen des Wappenführers macht. Träger heraldischen Schmucks wurden aber auch weitere Rüstungsteile, wie Waffenrock und Pferdedecke, vor allem jedoch der Helm des Reiters. Auf dem Helm wurde die Helmzier angebracht, die auf einer Fläche das Schildbild wiederholen oder als vollplastische Figur – auch abweichend vom Schildbild – gestaltet sein konnte. Die Helmzier bildet zusammen mit dem Schild einen festen Bestandteil des „Vollwappens".

**Verbreitung von Wappen.** Zunächst führte nur der waffenführende und turnierende Adel Wappen. Die Ausdehnung der Wappenführung auf weitere Gruppen ist eng mit dem Siegelwesen verknüpft. Siegel mussten als Beglaubigungsmittel ihren Führer möglichst unverwechselbar bezeichnen, wofür sich die Verwendung der Wappen anbot. Der Siegelführer konnte entweder sich selbst als gewappneten Reiter ins Bild setzen – in dieser Form sind die frühesten Wappendarstellungen überliefert – oder das Wappen allein (Schild oder Vollwappen) wurde als Siegelbild gewählt. Die sich rasch ausbreitende

▷ S. 337 f. Sphragistik

Eine in Ober- und Mittelitalien beliebte Form der Repräsentation führender sozialer Gruppen war die Anbringung von **Amtsträgerwappen** an öffentlichen Gebäuden. Ein Teil des heute so genannten Palazzo Pretorio im toskanischen Arezzo diente ab 1290 als Sitz des *Capitano di Giustizia*, ein anderer Teil ab 1404 als Gefängnis. An diesem Amtsgebäude ließ die seit 1384 endgültig unter florentinischer Herrschaft stehende Stadt Wappen ihrer verdienten Stadtoberhäupter anbringen, die jeweils für ein Jahr gewählt wurden. Die eindrucksvolle Reihe der über hundert erhaltenen Wappentafeln setzt 1434 ein und wurde bis ins 18. Jahrhundert fortgeführt. Das Detail zeigt die Wappen der *Capitani del Popolo* Carlo Carducci (5mal geteilt und überdeckt von einem Schrägbalken) von 1473 und Francesco Busini (11mal im Zickzackschnitt geteilt, das Ganze überdeckt von einem mit 3 Rosen belegten Schrägbalken) von 1515. Sie befinden sich im großen Foto über der zweiten Tür von links.

Bild: Arezzo, Palazzo Pretorio, Wappentafeln an der Ostfassade, 1473 und 1515. Foto: Harald Drös.



Literatur: Il Palazzo Pretorio di Arezzo. Restauro degli stemmi, hrsg. v. Centro Diagnosi e Conservazioni, Arezzo, Arezzo 1992.

Verwendung der Wappen auf Siegeln des hohen und niederen Adels – und somit losgelöst von den Waffen als ihren Trägern – ermöglichte es jetzt auch Nicht-Kombattanten, den Wappengebrauch zu übernehmen.

Eine weitere Voraussetzung dafür war, dass das heraldische Abzeichen erblich und somit vom persönlichen Symbol zum unveränderlichen Symbol eines Geschlechts wurde. Frauen führten das Wappen des Vaters, des Ehemanns oder beide zusammen. Die Wappenführung dehnte sich auf den Klerus, die Bürger, schließlich die Bauern aus, so dass um 1350 alle Bevölkerungsgruppen erfasst waren. Eine rechtliche Beschränkung bestand nie. Einzige geforderte Voraussetzung für die Annahme eines Wappens war, dass das gewählte Zeichen in derselben Form nicht bereits von anderen geführt wurde. Auch Korporationen konnten Wappen annehmen: Städte, Zünfte und Stifte, zuletzt sogar Klöster und Mönchsorden wurden zu Wappenführern, und schließlich konnten auch Wappen von Geschlechtern auf die von ihnen beherrschten Länder übergehen.

**Verwendung von Wappen.** Im Bestattungswesen kam dem Wappen eine besondere Bedeutung zu. Der tatsächlich vom Verstorbenen zu Lebzeiten geführte Schild oder ein eigens dafür angefertigter Funeralschild wurde an der Grabstätte als Erinnerungszeichen und zur Kennzeichnung des Grabes aufgehängt. Der nächste Schritt war das Einmeißeln des Wappens direkt auf der Grabplatte oder dem Epitaph. Wappen dienten aber auch als Besitzzeichen an Gebäuden, an Möbeln, Gerät und Gegenständen aller Art. Zur Verewigung einer Stiftung ließ man sein Wappen am gestifteten Gegenstand anbringen. Dies trifft vorwiegend auf kirchliche Ausstattungsstücke wie Altäre, Glasfenster [Rauch], liturgische Textilien (Paramente) und Gerätschaften zu. Personengruppen ließen sich zu bestimmten Anlässen durch das gemeinsame Anbringen ihrer Wappen, etwa in monumentalen Wappenfresken, darstellen. Solche Wappenserien hatten meist Memorialfunktion, wie ihre bevorzugte Anbringung in Sakralräumen zeigt, sie dienten aber beispielsweise auch der Selbstinszenierung des Adels. Herolde fertigten eine große Zahl von Wappenrollen und Wappenbüchern an, daneben wurden aber auch viele nicht vorwiegend heraldische Werke mit bisweilen reichem Wappenschmuck versehen. So wurden beispielsweise Lehenbücher mit den Wappen der Vasallen geschmückt, Familienchroniken und Stammtafeln heraldisch illustriert. Einen gewichtigen Beitrag zur Ausbreitung, Entwicklung und Verfeinerung des Wappenwesens leistete auch die höfische Dichtung, in der den Protagonisten Phantasiewappen beigegeben und diese ausführlich beschrieben wurden. Auch in die meist ständisch-hierarchisch gegliederten Wappensammlungen wurden im Streben nach Vollständigkeit häufig imaginäre Wappen aufgenommen: für exotische Herrschaften, für „vorheraldische“ oder sagenhafte Personen, für Heilige.

▷ S. 315ff. Epigraphik

▷ S. 249 Hoforden und Adelsgesellschaften

**Bedeutung der Heraldik als Hilfswissenschaft.** Die heraldische Forschung arbeitet zahlreichen Nachbarwissenschaften zu. Die Identifizierung von durch so genannte Allianzwappen symbolisierten Eheverbindungen und die Entschlüsselung genealogischer Verbindungen durch die Auflösung heraldisch dargestellter Ahnenproben dienen der Genealogie, vor allem der Adelsgeschichtsforschung. Wappengleichheit oder Wappenverwandtschaft verschiedener Geschlechter (so genannte „Wappengruppen") erlauben oft Rückschlüsse auf gemeinsame Abstammung oder auf Dienstverhältnisse [GRUBER; WOLFERT 1977]. Wappenveränderungen durch Variieren einzelner Elemente, völliger Wappenwechsel oder Wappenvermehrung durch Kombination des eigenen mit erworbenen Wappen im Schild bzw. Wappenminderung gehen oft einher mit dem Gewinn bzw. Verlust von Herrschaften, Lehen, Ämtern oder Würden durch politische Ereignisse oder geben Hinweise auf Heiratsverbindungen, Erbschaften oder Besitzteilungen innerhalb eines Geschlechts, gelegentlich auch auf politische Parteiwechsel. Es ist daher von zentraler Bedeutung, den Zeitpunkt solcher Wappenänderungen möglichst exakt zu bestimmen.

Die Kunstgeschichte profitiert von der Identifizierung von Wappen an Baudenkmälern und Kunstgegenständen, die oft eine Provenienzbestimmung, eine genauere Datierung oder die Bestimmung der Auftraggeber ermöglicht. Der heraldische Stil, der sich im Schildumriss, in der Form des Helms, der Helmdecken und Helmzierden sowie in der stilistischen Entwicklung der Schildbilder äußert, liefert ein vielfach unterschätztes Datierungskriterium. Weitere Nutznießer der Wappenkunde sind die Epigraphik, Sphragistik und Numismatik.

**Terminologie.** Jede Wissenschaft hat ihre spezifische Fachsprache. Dies gilt in besonderem Maße für die Heraldik. Schon früh entwickelten die Herolde eine Terminologie, mit deren Hilfe die Wappenbilder in möglichst knapper, dabei aber eindeutiger Weise beschrieben („blasoniert") werden können. Diese Terminologie hat noch heute ihre Gültigkeit. Was für den Anfänger zunächst vielleicht antiquiert und auf den ersten Blick unverständlich erscheinen mag, erweist sich bei näherem Hinsehen als in sich weitgehend konsequentes und daher relativ leicht erlernbares System. Es stellt ein unverzichtbares Instrument sowohl zur aktiven Beschreibung eines Wappens als auch zum Verständnis historischer und wissenschaftlich-heraldischer Blasonierungen dar.

Es ist hier nicht der Platz, ausführlich auf die Regeln des Blasonierens einzugehen [ARNDT/SEEGER], aber einige wichtige Prinzipien seien doch genannt. So werden Wappen grundsätzlich aus der Sicht desjenigen beschrieben, der den Schild mit dem Wappen hält, d.h. die vom Betrachter aus linke Seite ist heraldisch rechts und umgekehrt. Dies zu befolgen, ist durchaus sinnvoll, da die (heraldisch) rechte Seite auch gleichzeitig die vornehmere Seite ist, bei mehrfeldrigen Schilden steht das vornehmste Wappen deshalb in der Regel rechts oben. Bei den Wappenbildern unterscheidet man die „Heroldstücke" (Schildteilungen durch geometrisch geformte Linien) und die „gemeinen Figuren" (gegenständliche Darstellungen aller Art). Die vollständige Blasonierung muss die Anzahl und die Tinkturen sämtlicher Elemente enthalten, die im Wappen vorkommen, zudem die jeweilige Stellung im Schild bzw. zueinander sowie sämtliche etwaige vom Normalfall abweichende Gestaltungen. Das Wappen der Landgrafen von Hessen lässt sich beispielsweise korrekt beschreiben als „in Blau ein gold gekrönter siebenmal silber-rot geteilter Löwe".

**Entwicklung der jüngeren Forschung.** Heraldische Forschung fand in Deutschland – von wenigen Ausnahmen abgesehen – in den letzten Jahrzehnten praktisch nicht statt. Die Historikerzunft überließ das Feld weitgehend den Laien. Die Ursachen dafür sind vor allem in der Vernachlässigung dieser Hilfswissenschaft in der universitären Lehre zu suchen. Neue heraldische Forschungsansätze kamen zuletzt vor allem aus Frankreich, so die Einbeziehung der Wappenkunde in eine allgemeine soziale Zeichenkunde, etwa in die Fragestellung nach der Rolle der Farben im Mittelalter, oder die statistische Auswertung großer Wappenmengen, um die räumliche und zeitliche Verteilung von Wappentinkturen oder einzelner heraldischer Figuren zu ermitteln [PASTOUREAU 2003]. Einzig nennenswerter innovativer Beitrag der deutschen Heraldik war in jüngerer Zeit, dass das Phänomen des Wappengebrauchs auf Reisen näher in den Blick genommen wurde: Reisende hinterließen auf den Stationen ihres Wegs Wappen in unterschiedlichster Form zur Dokumentation ihres Aufenthalts, sei es als einfache Wappenkritzeleien [KRAACK], sei es in Form professionell ausgeführter Wappenmalereien, wie etwa die im 14. Jahrhundert entstandenen heraldischen Wandmalereien der Preußenfahrer im Dom zu Königsberg [PARAVICINI 1990, Denkmäler].

Wichtiger als die Suche nach neuen Forschungsansätzen muss freilich die Besinnung auf die vordringlichste Aufgabe der Heraldik als Hilfswissenschaft sein: die möglichst vollständige Erfassung und Edition der mittelalterlichen Wappenvorkommen und somit ihre Bereitstellung und Erschließung für weitere Forschungen. Wappenbücher und Wappenrollen sind zuverlässig zu edieren [MERZ/HEGI; HUPP; PARAVICINI 1990a; LOUTSCH/MÖTSCH; PASTOUREAU/POPOFF; SAINT-LOUP], Wappensiegelbestände zu erschließen, monumentale Wappenvorkommen einzelner Städte oder Regionen, vor allem an Gebäuden und Grabmälern, durch Inventare vollständig zu dokumentieren [WOLFERT 1983; DRÖS 1991]. Auch auf dem Gebiet der Detailuntersuchungen zur Wappenentwicklung einzelner Geschlechter, Länder oder Institutionen auf möglichst umfassender Quellengrundlage bleibt noch fast alles zu tun [HENNING; HYE; DRÖS 2000].

▷ S. 339
Sphragistik

Wappen wurden erfunden und angefertigt, um gesehen zu werden, und im Mittelalter wurden sie auch gesehen (und verstanden). Ziel der heraldischen Forschung muss es sein, den Blick wieder vermehrt auf die Wappen zu lenken und sie verstehen und deuten zu lernen, doch dazu muss erst die Geschichtsforschung den Hilfswissenschaften wieder die ihnen gebührende Aufmerksamkeit schenken und sie im nötigen Umfang – auch im universitären Bereich – pflegen.

Harald Drös

**Literatur**

J. ARNDT/W. SEEGER (Bearb.), Wappenbilderordnung, Bd. 1, 2. Aufl. Neustadt/Aisch 1996; Bd. 2 ebd. 1990.

H. DRÖS, Heidelberger Wappenbuch. Wappen an Gebäuden und Grabmälern auf dem Heidelberger Schloß, in der Altstadt und in Handschuhsheim, Heidelberg 1991.

DERS., Löwe, Rauten, roter Schild. Zur Heraldik der pfälzischen Wittelsbacher im späten Mittelalter, in: V. RÖDEL (Hrsg.), Der Griff nach der Krone. Die Pfalzgrafschaft bei Rhein im Mittelalter, Regensburg 2000, 100–116.

L. FENSKE, Adel und Rittertum im Spiegel früher heraldischer Formen und deren Entwicklung, in: J. FLECKENSTEIN (Hrsg.), Das ritterliche Turnier im Mittelalter, Göttingen 1985, 75–169.

D. L. GALBREATH/L. JÉQUIER, Manuel du blason, Lausanne 1977.
O. GRUBER, [Rheinische] Wappengruppen. Ein Beitrag zu ihrer Entstehungsgeschichte und ihrer Systematisierung, in: Herold NF 8, 1975–1977, 225–236.
E. HENNING, Die Veränderungen des Siegel- und Wappenbildes der Grafen von Henneberg vom XII. bis XVI. Jahrhundert, in: Jb. Adler 3/7, 1967–1970, 45–65.
O. HUPP (Hrsg.), Die Wappenbücher vom Arlberg. Die drei Original-Handschriften von St. Christoph auf dem Arlberg aus den Jahren 1394 bis rund 1430, Berlin 1937–1939.
F.-H. VON HYE, Das Tiroler Landeswappen. Entwicklungsgeschichte eines Hoheitszeichens, 2. Aufl. Bozen 1985.
D. KRAACK, Monumentale Zeugnisse der spätmittelalterlichen Adelsreise. Inschriften und Graffiti des 14.–16. Jahrhunderts, Göttingen 1997.
J.-C. LOUTSCH/J. MÖTSCH (Hrsg.), Die Wappen der trierischen Burgmannen um 1340, in: JbWLG 18, 1992, 1–179.
W. MERZ/F. HEGI (Hrsg.), Die Wappenrolle von Zürich. Ein heraldisches Denkmal aus dem 14. Jahrhundert, Zürich 1930.
W. NEUBECKER, Wappen – ihr Ursprung, Sinn und Wert, Frankfurt/M. 1977.
W. PARAVICINI, Verlorene Denkmäler europäischer Ritterschaft. Die heraldischen Malereien des 14. Jahrhunderts im Dom zu Königsberg, in: E. BÖCKLER (Hrsg.), Geschichte und Kunst im Ostseeraum, Kiel 1990, 67–167.
DERS. (Hrsg.), Das Uffenbachsche Wappenbuch. Hamburg, Staats- und Universitätsbibliothek, Cod. 90b in scrinio, Farbmikrofiche-Edition, München 1990(a).
DERS., Gruppe und Person. Repräsentation durch Wappen im späteren Mittelalter, in: O. G. OEXLE/A. VON HÜLSEN-ESCH (Hrsg.), Die Repräsentation der Gruppen. Texte – Bilder – Objekte, Göttingen 1998, 327–389.
M. PASTOUREAU, Traité d'héraldique, 4. Aufl. Paris 2003.
DERS./M. POPOFF (Hrsg.), Grand Armorial Équestre de la Toison d'Or, 2 Bde., Paris 2001.
I. RAUCH, Memoria und Macht. Die mittelalterlichen Glasmalerein der Oppenheimer Katharinenkirche und ihre Stifter, Mainz 1997.
R. DE SAINT-LOUP (Hrsg.), Armorial de Flandre, Artois, Picardie, Champagne et pays circumvoisins, CD-ROM, Versailles 2003.
A. F. WOLFERT, Wappengruppen des Adels im Odenwald-Spessart-Raum, in: Beitr. zur Erforschung d. Odenwaldes u. seiner Randlandschaften 2, 1977, 325–406.
DERS., Aschaffenburger Wappenbuch, Aschaffenburg 1983.

# Sphragistik

**Begriff und Arbeitsfelder.** Die Sphragistik (von griech. *sphragis*, das Siegel; lat. *sigillum*) beschäftigt sich mit den bereits seit altorientalischer Zeit in verschiedensten Formen zum Verschluss und zur Beglaubigung verwendeten Siegeln. In der Überlieferung des europäischen Mittelalters begegnen Siegel vor allem im Urkundenwesen. Der mit Hilfe eines Stempels (Typar, Petschaft) aus Stein oder Metall hergestellte Abdruck in Wachs, Gold oder Blei, der in bildlicher oder symbolischer Darstellung und mit zugehöriger Umschrift den Inhaber des Siegels repräsentierte, verlieh der Urkunde Rechtskraft. Darüber hinaus fanden Siegel auch zum Verschließen von Briefen, zur Autorisierung von Boten, zur Beglaubigung von gerichtlichen Vorladungen, als Echtheitsausweis von Reliquien sowie als Herkunfts- oder Zollzeichen auf Handelswaren Verwendung.

▷ S. 312 f. Diplomatik

In ihrer Verbindung von Bild und Schrift sind Siegel komplexe Quellen von hohem Aussagewert. Die Sphragistik sucht die in großer Zahl überlieferten Siegel verschiedenster Herrschafts- und Amtsträger, Einzelpersonen und Gemeinschaften zu erfassen und zu beschreiben. Sie fragt nach Entwicklung und Funktion der Siegel und versteht sie für nahezu alle historischen Arbeitsfelder fruchtbar zu machen.

**Die historische Entwicklung.** Am Beginn der Geschichte des mittelalterlichen Siegels steht die besiegelte Königsurkunde der Merowinger. Die fränkischen Könige schlossen sich damit der antiken Tradition kaiserlicher Siegelführung an. Auch die byzantinischen Kaiser und die Päpste folgten dem spätantiken Siegelgebrauch. Päpstliche Siegel sind seit dem 7. Jahrhundert überliefert. Im fränkischen Reich und seinen Nachfolgereichen knüpften Karolinger und Ottonen an die merowingische Tradition an. Dem Siegel kam nun sogar die zentrale Bedeutung für die rechtskräftige Beglaubigung der Urkunde zu: nicht mehr die eigenhändige Unterschrift des Königs, wie bei den Merowingern üblich, sondern das in der Urkunde angekündigte Siegel des Herrschers verbürgte Authentizität und Rechtskraft des Schriftstücks.

▷ S. 25 f. Von einer spätantiken Randkultur in Zentrum Europas: Das Frankenreich

▷ S. 312 Diplomatik

Nach dem Vorbild der königlichen Kanzlei begannen im ausgehenden 9. Jahrhundert die Bischöfe und seit dem 11. Jahrhundert auch weltliche Fürsten Urkunden mit eigenen Siegeln zu beglaubigen. Im 12. Jahrhundert setzt die breite Überlieferung adliger und kirchlicher Siegel ein. Die ältesten Stadtsiegel schließlich sind aus der ersten Hälfte des 12. Jahrhunderts bezeugt.

Das Spätmittelalter zeigt im Zuge der zunehmenden Verschriftlichung des Rechtslebens und einer wachsenden Urkundenproduktion auch eine Ausweitung des Kreises der siegelführenden Personen und Gruppen. Neben den Vorstehern der Bettelorden und der geistlichen Ritterorden sowie städtischen Kollegien und Amtsträgern, siegelten nun auch einzelne Bürger und Bürgerinnen, freie Bauern und Korporationen.

▷ S. 297 Spektrum mittelalterlicher Schriftlichkeit

**Repräsentation und Kommunikation.** Die von der Königskanzlei ausgehende Verbreitung der Siegelurkunde seit dem 9. Jahrhundert bezeugt die hohe Bedeutung, die dem Siegel im Rechtsleben und im Schriftverkehr beigemessen wurde. Die Besiegelung wurde Teil jener rechtssymbolischen Handlungen, welche die Ausstellung und Verleihung eines Privilegs begleiteten. Als Bildmedium stellte das Siegel das wichtigste Erkennungszeichen für die Authentizität und

Autorität einer Urkunde in einer weitgehend illiteraten Gesellschaft dar. Im Siegelbild zeigten sich Herrschafts- und Amtsträger den Empfängern ihrer Privilegien und deren Gefolge. Das Siegel gewann damit den Charakter eines Repräsentations- und Kommunikationsmediums.

Eindrucksvolles Beispiel für die politisch bewusste Gestaltung des Siegelbildes ist die Entwicklung des ottonischen Königs- und Kaisersiegels im 10. Jahrhundert. Zeigten die Siegelbilder der Karolinger das Haupt des Herrschers im Profil, so begann man mit dem Kaisersiegel Ottos I. (936–973) den Kaiser im frontalen Brustbild mit Krone, Szepter und Reichsapfel darzustellen, um ihn schließlich seit Otto III. (983–1002) in herrschaftlicher Majestät mit den königlichen Insignien auf einem Thron sitzend zu präsentieren. Die Ottonen prägten damit die politische Ikonographie des Königtums: das Thronsiegel wurde zum klassischen Siegelbild der europäischen Könige des Mittelalters. Es spiegelt die Steigerung herrschaftlicher Autorität und die Sakralität des Königtums wider und deutet an, wie der König in der Kommunikation mit den Empfängern seiner Privilegien gesehen werden wollte [KELLER].

▷ S. 50ff. Vom Reich der Franken zum Reich der Deutschen

Das Vorbild des Königtums wirkte auch auf Kirche und Adel. Geistliche und adlige Siegler zeigten sich auf den Siegelbildern mit den Insignien ihres Standes bzw. Amtes. So erscheinen Bischöfe mit Stab und Evangelienbuch in Pontifikalgewändern, während weltliche Fürsten meist als Reiter in voller Rüstung mit Fahnenlanze begegnen. In der von Rangdenken und rituell-zeremonieller Kommunikation geprägten mittelalterlichen Gesellschaft dienten Siegel damit offenkundig einer standesgemäßen Repräsentation.

Die hoch- und spätmittelalterliche Siegelpraxis ist auch ein Zeugnis für die zunehmende rechtliche und soziale Ausdifferenzierung der Gesellschaft. Sozialer Aufstieg und Partizipation an Rechtsleben und Schriftkultur ist etwa an den Siegeln von Personen und Gruppen ministerialischer und nichtadliger Herkunft seit dem 13. bzw. 14. Jahrhundert ablesbar. Das Aufkommen getrennter Siegel von Propst und Kapitel in Dom- und Stiftskapiteln sowie von Abt und Konvent in Benediktinerabteien seit dem 12. Jahrhundert ist Ausdruck der institutionellen und vermögensrechtlichen Differenzierung innerhalb dieser Gemeinschaften. Zugleich spiegelt sich darin aber auch ein wachsendes Selbstbewusstsein und Repräsentationsbedürfnis der siegelführenden Personen und Gruppen. Ähnliches gilt für Kommunen, Kollegien und Korporationen. Deren Siegel sind stets auch Indiz für den rechtlichen, sozialen und politischen Entwicklungsstand sowie die Ausbildung korporativer Identität.

▷ S. 282 Thema: He ning Stroba

**Siegelrecht.** Ein umfassendes kodifiziertes Siegelrecht kannte das Mittelalter nicht. Im Hoch- und Spätmittelalter scheint jede freie und rechtsfähige Person oder Personengruppe ein Siegel geführt haben zu können. Allerdings hob sich aus dem rasch wachsenden Kreis von Siegelführern eine Gruppe von hochrangigen Personen heraus, deren Siegel allgemeine Anerkennung genossen. Sie konnten nicht nur zur Beglaubigung von Urkunden in eigener Sache dienen, sondern waren auch von Dritten gefragt, die mangels eigener Siegel oder aber zur besseren Absicherung die Besiegelung ihrer Urkunden durch Inhaber eines allgemein anerkannten „mächtigen" Siegels erbaten. An der Spitze dieser *sigilla authentica* nannten die kirchenrechtlichen Bestimmungen des 13. Jahrhunderts die Siegel

Drittes **Kaisersiegel Ottos I.** (936–973), um 965.
Durchgedrücktes dunkelbraunes Wachs, Durchmesser 6,5 cm. Umschrift: + OTTO IMP(erator) AUG(ustus).

Bild: Landeshauptarchiv Sachsen-Anhalt, Magdeburg, Rep. U I, Tit. I, Nr. 23: 966 August 24.

der Päpste, Kardinäle und Legaten, der Bischöfe und ihrer Offiziale, der Domkapitel, Äbte und geistlichen Konvente sowie der Kaiser, Könige und weltlichen Fürsten. Die Bestimmungen des kanonischen wie des weltlichen Rechts waren indes nicht einheitlich. Die Praxis billigte etwa auch städtischen und Gerichtssiegeln allgemeine Rechtskraft zu.

In dem Maße, in dem das Siegel als Mittel zur Beglaubigung von Urkunden an Bedeutung gewann, entwickelte sich das Führen eines Siegels zu einem zentralen Element der Herrschaftsausübung. In der Konsequenz dieser Entwicklung lag es, wenn der Siegelstempel zu einer Herrschafts- bzw. Amtsinsignie schlechthin wurde. Typare, die für einen Herrschaftsträger oder Amtsinhaber persönlich angefertigt worden waren, wurden nach seinem Tod zerbrochen oder in das Grab mitgegeben. Siegel konnten jedoch auch als unpersönliche Amtssiegel geführt werden. Dies gilt beispielsweise für Zisterzienseräbte sowie die geistlichen Vorsteher in den Bettelorden und die Amtsträger im Deutschen Orden. Hier konnte das Typar bei Rücktritt oder Tod des Amtsinhabers an den jeweiligen Nachfolger übergeben werden.

Missbrauch und Fälschung von Siegeln bzw. Siegelstempeln suchte man – häufig ohne Erfolg – durch Aufbewahrung der Typare an sicherer Stelle sowie durch Androhung schwerer Strafen zu verhindern. Die sorgfältige Untersuchung des Siegels und seiner Befestigung empfiehlt sich, wenn Echtheit, Fälschung oder Verunechtung einer Urkunde zu überprüfen sind. ▷ S. 309 Diplomatik

**Siegeltechnik, Siegelarten, Siegeltypen.** Mittelalterliche Siegelstempel, meist aus Messing oder Bronze, haben sich nur in geringer Zahl erhalten. Die mit ihnen herge-

**Königssiegel Friedrichs I. Barbarossa** (1152–1190) von 1152.
Durchgedrücktes dunkelbraunes Wachs, Durchmesser 8,3 cm. Umschrift: + FREDERICUS DEI GR(ati)A ROMANOR(um) REX.

Bild: Marburg, Hessisches Staatsarchiv, Kl. Ahnaberg 1154, Mai 3.

Zweites **Siegel Erzbischof Friedrichs I.** von Köln (1100–1131), um 1105/06.
Durchgedrücktes dunkelbraunes Wachs, Durchmesser 8,6 cm. Umschrift: + FRITHERICUS D(e)I GR(ati)A COLONIENSIS ARCHIEP(is)C(opus).

Bild: Düsseldorf, Nordrhein-Westfälisches Hauptstaatsarchiv: Bonn – Cassiusstift Urk. 2: 1112.

**Reitersiegelbild Landgraf Konrads von Thüringen** (1231–1234), um 1232/33. Rückseite des beidseitig geprägten Münzsiegels aus hellbraunem Wachs an blauer, grüner und weißer Hanfschnur, Durchmesser 8,5 cm. Umschrift: + SIGILL(um) CUNRADI TURINGIE LANTGRAVII (et) SAXONIE COMITIS PALATINI.

Bild: Wolfenbüttel, Niedersächsisches Staatsarchiv, 25 Urk. 111: 1234, Rückseite. Foto: Chr. Treptow-Göse.

Vorderseite einer **Bleibulle Papst Innozenz' III.** (1198–1216); an naturfarbenen Seidenfäden anhängend, Durchmesser 3,5 cm. Die päpstlichen Bleibullen zeigen seit Paschalis II. (1099–1118) auf der hier abgebildeten Seite die Häupter der Apostelfürsten Petrus und Paulus mit der Legende S.PA.S.PE (Sanctus Paulus, Sanctus Petrus) und auf der anderen Seite (hier nicht im Bild) den Namen des regierenden Papstes.

Bild: Sächsisches Hauptstaatsarchiv Dresden, O. U. 140 (1205 Mai 7).

**Siegel der Gräfin Jutta von Sayn** (†1314), seit 1260. Angehängtes Wachssiegel, Durchmesser 4,5 cm. Umschrift: + S(igillum) IUTTE COMITISSE SEYNEN(sis). Die Sieglerin in langem Gewand mit Mantel und Kappe hält den Löwenschild der Grafen von Sayn und einen Helm mit Helmzier.

Bild: Düsseldorf, Nordrhein-Westfälisches Hauptstaatsarchiv, Kaiserswerth Urk. 31 (1260).

stellten Siegelabdrücke sind aus Wachs, Blei oder Gold. Bleibullen, wie sie insbesondere die Päpste verwandten, waren massiv und beidseitig geprägt. Goldbullen, die von Kaisern und Königen neben den Wachssiegeln geführt wurden, bestanden aus zwei miteinander verlöteten Goldplättchen. Nach ihrem Vorbild konnten auch Wachssiegel beidseitig geprägt werden.

Die Technik der Befestigung an der Urkunde wandelte sich und hing vom Siegelmaterial, aber auch von den jeweiligen Kanzleigewohnheiten ab. Wachssiegel wurden auf das Urkundenpergament auf- und durchgedrückt oder mit Pergamentstreifen, Schnüren aus Wolle, Hanf oder Seide an der Urkunde befestigt; mit Hanf- oder Seidenschnüren wurden auch Blei- und Goldbullen angehängt.

Nach Verwendung und äußerer Gestaltung der Siegel unterscheidet man einige Siegelarten und zahlreiche, nicht immer klar voneinander abzugrenzende Siegeltypen.

*Siegelarten.* Hochrangige Herrschaftsträger führten im Hoch- und Spätmittelalter neben einem großen Hauptsiegel auch kleinere, die etwa für die Beglaubigung von laufenden Geschäftsurkunden, von Briefen oder zur Verschließung und Siegelung persönlicher Korrespondenz (Sekretsiegel) verwendet wurden. Zur Absicherung prägte man darüber hinaus auf der Rückseite des Hauptsiegels bisweilen ein kleineres Rücksiegel ein.

*Siegeltypen.* Für die Gestaltung von Siegelbild und Umschrift gaben das kanonische Recht und manche Ordensstatuten einige Vorgaben, darüber hinaus scheinen Tradition und ungeschriebene Regeln die äußere Form des Siegels beeinflusst zu haben. Dabei ergaben sich große Spielräume für die individuelle Gestaltung [Diederich 1993]. Hauptgruppen sind die den Siegelherrn darstellenden Bildnissiegel, sodann Bildsiegel, die durch Wappen, Helmzier oder andere Erkennungszeichen auf den Siegelinhaber verweisen.

▷ S. 329 Heraldik

Darüber hinaus gibt es eine Gruppe von Siegeltypen, deren Bilder nur indirekt auf den Siegelherrn schließen lassen. So wurden geistliche Amtssiegel oft mit Heiligen oder biblischen und hagiographischen Szenen versehen. Stadtsiegel zeigen häufig Stadtarchitekturen, Stadtheilige, eine charakteristische Personengruppe oder Handlung. Antike Gemmen schließlich, die als Siegelring oder Typar gefasst und zum Siegeln in Wachs verwendet wurden, enthielten meist keinen direkten Hinweis auf den Siegelherrn, erfreuten sich aber seit dem 12./13. Jahrhundert großer Beliebtheit.

Unabhängig vom Siegeltyp können Wachssiegel rund, oval, spitzoval – so bei geistlichen Würdenträgern – oder schildförmig – wie bei adligen Wappensiegeln – sein, während Blei- und Goldbullen stets rund sind. Ihr Durchmesser liegt bei 3–5 cm, während die Größe der Wachssiegel seit dem Frühmittelalter zunimmt und im 14./15. Jahrhundert mehr als 10 cm betragen kann.

Siegel und Bullen nennen in ihrer Umschrift stets den Siegelinhaber. Die Umschrift oder eine im Bild gezeigte Legende können ferner einen Segenswunsch, eine Devise, ein Bibelzitat oder einen Gebetsruf enthalten. Bei der Deutung von Siegelbild und Umschrift ergeben sich vielfältige Berührungspunkte zwischen Siegel, Wappen, Münze und Inschrift.

Stefan Tebruck

**Literatur**

B. Bedos-Rezak, Form and Order in Medieval France. Studies in Social and Quantitative Sigillographie, Aldershot 1993.

A. von Brandt, Werkzeug des Historikers. Eine Einführung in die Historischen Hilfswissenschaften, 15. Aufl. Stuttgart/Berlin/Köln 1998, 132–148.

H. Bresslau, Handbuch der Urkundenlehre für Deutschland und Italien, 4. Aufl. Berlin/New York 1968/69, Bd. 1, 635–738; Bd. 2, 548–624.

Corpus des sceaux français du moyen âge, Bd. 1: Les sceaux des villes, bearb. v. B. Bedos, Paris 1980; Bd. 2: Les sceaux des rois et de régence, bearb. v. M. Dalas, Paris 1991.

T. Diederich, Rheinische Städtesiegel, Neuss 1984.

Ders., Réflexions sur la typologie des sceaux, in: Janus 1993/1, 48–68.

Ders., Siegel und andere Beglaubigungsmittel, in: F. Beck/E. Henning (Hrsg.), Die archivalischen Quellen. Mit einer Einführung in die Historischen Hilfswissenschaften, 4. Aufl. Köln/Weimar/Wien 2004, 291–305.

W. Ewald, Siegelkunde, München/Berlin 1914; ND Darmstadt 1969.

Ders., Rheinische Siegel, 6 Bde., Bonn 1906–1942; Bd. 4, bearb. von E. Meyer-Wurmbach, Bonn 1972-1975.

W. de Gray Birch, Catalogue of Seals in the Department of Manuscripts in the British Museum, 6 Bde., London 1887–1900.

E. Henning/G. Jochums (Bearb.), Bibliographie zur Sphragistik. Schrifttum Deutschlands, Österreichs und der Schweiz bis 1990, Köln/Weimar/Wien 1995.

R. Kahsnitz, Siegel und Goldbullen, in: Die Zeit der Staufer. Geschichte – Kunst – Kultur. Katalog der Ausstellung Stuttgart 1977, Bd. 1, 17–107, Bd. 2, Abb. 11–92, Bd. 3, Tafeln 1–30, 57–74, Stuttgart 1977.

Ders., Imagines et signa. Romanische Siegel

aus Köln, in: A. LEGNER (Hrsg.), Ornamenta ecclesiae – Kunst und Künstler der Romanik, Bd. 2, Köln 1985, 21–60.
DERS., Siegel als Zeugnisse der Frömmigkeitsgeschichte, in: G. BOTT/U. ARNOLD (Hrsg.), 800 Jahre Deutscher Orden. Ausstellung des Germanischen Nationalmuseums Nürnberg, Gütersloh u.a. 1990, 368–405.
H. KELLER, Zu den Siegeln der Karolinger und der Ottonen. Urkunden als „Hoheitszeichen" in der Kommunikation des Königs mit seinen Getreuen, in: FMSt 32, 1998, 400–441.
E. KITTEL, Siegel, Braunschweig 1970.
K. KRIMM/H. JOHN (Hrsg.), Bild und Geschichte. Studien zur politischen Ikonographie, Sigmaringen 1997.
M. PASTOUREAU, Les sceaux, Turnhout 1981.
O. POSSE, Die Siegel der deutschen Kaiser und Könige von 751–1806, 5 Bde., Dresden 1909-1913; ND Leipzig 1983.
P. E. SCHRAMM, Die deutschen Kaiser und Könige in Bildern ihrer Zeit 751–1190, hrsg. von F. MÜTHERICH, München 1983.
V. STECK, Das Siegelwesen der südwestdeutschen Reichsstädte im Mittelalter, Esslingen 1994.
R. STEINER, Die Entwicklung der bayerischen Bischofssiegel von der Frühzeit bis zum Einsetzen des spitzovalen Throntyps, 2 Bde., München 1998.
A. STIELDORF, Rheinische Frauensiegel. Zur rechtlichen und sozialen Stellung weltlicher Frauen im 13. und 14. Jahrhundert, Köln/Weimar/Wien 1999.
DIES., Siegelkunde. Basiswissen, Hannover 2004.
W. VAHL, Fränkische Rittersiegel. Eine sphragistisch-prosopographische Studie über den fränkischen Niederadel zwischen Regnitz, Pegnitz und Obermain im 13. und 14. Jahrhundert, 2 Bde., Neustadt/Aisch 1997.

**Der Gegenstand der Numismatik.** Die Numismatik (griech. *nomisma*, lat. *nummus* = Münze) ist die Wissenschaft, die sich im engeren Sinn mit Münzen in all ihren Erscheinungsformen und historischen, wirtschaftlichen, politischen, rechtlichen, kulturellen und technischen Beziehungen befasst, im weiteren Sinn aber die Geldgeschichte beschreibt und dabei alle Formen und Vorformen des Geldes berücksichtigt. Auch beschäftigt sie sich mit Medaillen, deren Entstehung zum Teil auf so genannte Schaumünzen zurückgeht.

Das Wesen des Geldes leitet sich aus seinen Funktionen ab. Es ist Zahlungsmittel, Wert-, Mess- und Vergleichsgröße, Recheneinheit sowie Tausch- und Übertragungsmittel. Geld ist zwar unabhängig von einem bestimmten Stoff, doch besitzt es signifikante Eigenschaften. Ihm sollte ein allgemein anerkannter Wert, eine durch Aufbewahren nicht geminderte Beständigkeit, die Möglichkeit bequemer Aufbewahrung und eine sinnvolle Teilbarkeit zu eigen sein. Entsprechend seines Stoffwertes wird vollwertiges (Stoffwert = Nennwert), unterwertiges und stoffwertloses Geld unterschieden. Die Münze ist Geld in der Form eines handlichen Stücks Metall, für dessen Gewicht und Feingehalt der Staat bzw. ein Münzberechtigter mit einem durch Gießen oder Prägen hergestellten Zeichen bürgt und damit dessen Wert erkennbar macht, dessen Gebrauch er aber auch dann vorschreibt, wenn er den inneren Wert nicht aufrechterhalten kann (Kreditgeld) [Kroha; Luschin von Ebengreuth; Göbl]. Bis zum Beginn des 20. Jahrhunderts war Münzgeld eine Form der Ware Edelmetall. Unter diesem Aspekt sollten numismatische Forschungen zum Mittelalter betrachtet werden.

**Methoden der mittelalterlichen Numismatik.** Die Numismatik muss sich wie jede historische Disziplin auf jene Quellen stützen, die aus den einzelnen Epochen überliefert sind. Zu diesen gehören die Münzen und andere als Geld anzusehende Zahlungsmittel, ferner Münzfunde, schriftliche Überlieferungen wie Urkunden, Amtsbücher und Akten [Klüssendorf] sowie Überreste aus der Sachkultur wie technische Denkmale, Münzstempel und Gebäude. Standorte der Quellen und Forschungen mittelalterlicher Numismatik sind öffentliche und private Münzsammlungen, spezielle Forschungsstellen an Hochschulen, archäologische Landesämter, Archive, Bibliotheken und Museen sowie der Fundkatalog der Numismatischen Kommission der Länder in der Bundesrepublik Deutschland.

Aufgrund der schwierigen und oft mangelhaften Quellenlage zur mittelalterlichen Münzgeschichte Deutschlands – immerhin handelt es sich bis ins Spätmittelalter in der Regel um undatierte und oftmals schriftlose oder schriftarme Gepräge – haben sich besondere Forschungsmethoden entwickelt. Zu diesen gehören (1) das vergleichende Analysieren von Münzfunden (Einzelfunde und Schatzfunde), um Gepräge einem Territorium zuzuweisen sowie Währungszusammensetzungen und Umlaufgebiete festzustellen, (2) die auf Münzfunden und schriftlichen Überlieferungen basierende Währungskartographie, die das Einzugs- und Umlaufgebiet von Münzsorten darstellt, (3) metallurgische Untersuchungen, um Fälschungen und Feingehalte zu bestimmen und bergbauliche Aktivitäten und deren Einfluss auf die Versorgung des Geldmarktes nachzuweisen, (4) stempelvergleichende Untersuchungen [Kluge 1989], um die Abfolge und Verwendung von Stempeln nachzuvollziehen, Datierungen festzulegen und eventuelle Prägemengen abzuschätzen, (5) Überprüfungen von Veränderungen im Fein- und Rauhgewicht, um die chronologische Abfolge von Prägungen zu bestimmen, metrologische Zusammenhänge herzustellen sowie die permanente Münzverschlechterung und deren negativen Einfluss auf die Wirtschaft zu belegen, (6) Vergleiche des Stils und der „Fabrik" einzelner Sorten, um die Herkunft schwer zuweisbarer Gepräge zu lokalisieren und das Wirken von Stempelschneidern zu belegen, (7) Interpretation der Ikonographie, um auf gesellschaftliche Sachverhalte hinzuweisen, Inschriften zu deuten und Datierungen einzugrenzen und (8) das Auswerten von Rechnungsbelegen und Kaufmannsbüchern, um Informationen über Preise und Löhne, verwendete Münzsorten und Berechnungsgrundlagen zu erhalten. Des weiteren lassen sich mit Hilfe der Diplomatik und der Rechtsgeschichte Entwicklungen in der Verleihung, aber auch Usurpation von Münzrechten nachvollziehen [VOLZ; KLUGE 1991].

Hierbei muss auf die Diskrepanz zwischen Aussagen der schriftlichen Überlieferung und dem numismatischen Befund hingewiesen werden. Nicht für jedes kaiserliche oder königliche Münzdiplom gibt es eindeutig zuweisbare Münzen und Münzstätten eines Privilegierten. Ebenso sind Münzen überliefert, die sich eindeutig einem Landesherrn zuordnen lassen, ohne dass dieser über ein schriftlich verbrieftes Münzrecht verfügte. Allein zu dieser Problematik fehlt es der mittelalterlichen Numismatik bislang an ausführlichen Forschungen. Eine noch entwicklungsbedürftige, ab dem Spätmittelalter an Relevanz gewinnende Methode stellt die Auswertung von münzpolizeilichen Verfügungen und Valvationen (Münzbewertungen) in den Territorien dar, die Münzfunde und schriftliche Quellen miteinander vergleicht. Hierbei lassen sich Aussagen über die Wirksamkeit von Verboten oder Wertreduktionen innerhalb und außerhalb eines Staatsgebietes ebenso darlegen wie die Wanderung verbotener oder unterwertig eingestufter Münzsorten von Land zu Land. Als spezielles Gebiet gilt die Erforschung falscher und unechter, d.h. in Bild, Rauh- und Feingewicht nachgeprägter, Münzen [LUSCHIN VON EBENGREUTH].

**Aussagewert numismatischer Forschungen.** Mit den hier nur skizzierten Methoden der mittelalterlichen Numismatik lassen sich zu zahlreichen Themen Aussagen treffen – nur einige seien genannt: etwa Münzproduktion und Gewinn, die Wirksamkeit von geldregulierenden Gesetzen, die Münztechnik, die Zusammensetzung der in den einzelnen Territorien vorherrschenden Währung bzw. geltenden Münzen, die Wanderung von Münzsorten und deren namentliche Erwähnung in der Rechnungsführung, die Metrologie (Maß- und Gewichtskunde), die Ausübung und Verbreitung des Münzrechts, die Wirtschafts- und Finanzgeschichte, über die Verhältnisse von Preisen und Löhnen, Herrschaftsfolgen und -symbolen, politisches Anspruchsdenken und Propaganda, den Stellenwert der Geldwirtschaft im Rahmen der Gesamtwirtschaft. Dabei bedient sich die Geldgeschichte selbst anderer historischer Hilfswissenschaften wie Diplomatik, Genealogie, Heraldik, Metrologie, Paläographie und Sphragistik. Neben der Archäologie, der Kunstgeschichte, der Wirtschafts- und Sozialgeschichte, der Rechts-, Verfassungs-, Verwaltungs- und Landesgeschichte profitiert auch die klassische Geschichtsforschung der Antike und des Mittelalters von ihren Erkenntnissen. Oft sind Münzen Ersatz für fehlende Schriftquellen.

**Eckpunkte der deutschen Münzgeschichte.** Da eine europäische Geldgeschichte des Mittelalters den Rahmen des vorliegenden Lehrbuches sprengen würde, muss hier der Blick auf Deutschland genügen, um die Entwicklung und Bedeutung des Münzgeldes zu verdeutlichen.

**Einflüsse Griechenlands und Roms.** Von den antiken Griechen aus breitete sich das Münzgeld als allgemeines Zahlungsmittel in den angrenzenden Kulturbereichen aus. Keltische und keltogermanische Stämme ahmten im 3. und 2. Jahrhundert v. Chr. griechische Gepräge in Gewicht und Bild nach oder schlugen Münzen mit eigenen Motiven. Nach der Eroberung der keltischen Gebiete durch die Römer kopierten die benachbarten Germanen vorrangig Münzsorten des Römischen Reiches. Mit dem Zusammenbruch Westroms begann sich das Münzwesen der germanischen Stämme von seinen bisherigen Vorbildern zu lösen. Ursächlich dafür war der mit der Völkerwanderung und der Entstehung germanischer Königreiche einhergehende wirtschaftliche Wandel. Die städtische Wirtschaft und der Handel bildeten sich zurück. Die von den Römern einst geschaffene Münzgeldwirtschaft trat in den Hintergrund, während die Naturalgeldwirtschaft wieder Bedeutung erlangte.

▷ S. 39 ff. ihe Königreiche bei Germanen nd Slawen

**Die Zeit nach der Völkerwanderung.** Vom 5. Jahrhundert bis zur zweiten Hälfte des 7. Jahrhunderts waren in den germanischen Königreichen West- und Südeuropas vor allem die nach spätrömischem Vorbild geprägten eigenen und byzantinischen Goldmünzen (Solidi und Trienten) im Umlauf. Diese waren für den Kleinhandel zwar untauglich, wurden aber für größere Zahlungen wie Bußgelder und Tribute oder im Handel hochwertiger Waren verwendet. Silber- und Kupfermünzen ließen die germanischen Könige kaum prägen. In ihren Herrschaftsbereichen bediente sich die Bevölkerung der alten römischen oder jüngeren oströmischen Sorten.

**Münzen im Frankenreich.** Besonders wichtig für die Geldgeschichte des kontinentalen Westeuropa ist das Reich der Franken. Dessen Könige aus dem Geschlecht der Merowinger schufen zu Beginn des 6. Jahrhunderts ein mächtiges Staatsgebilde, doch als deren Macht seit der zweiten Hälfte des 6. Jahrhunderts immer weiter abnahm, dezentralisierte sich die bislang königlich beaufsichtigte Münzprägung. Münzmeister leiteten nunmehr die Herstellung von Goldmünzen, bürgten für deren Güte und ließen auf diesen meist ihren eigenen Namen und den des jeweiligen Prägeortes anbringen (so genannte Monetarmünzen). Nur selten wurde der Name des Königs erwähnt. An über 800 Prägeorten sollen merowingische Monetare gewirkt haben.

▷ S. 25 ff. Von einer spätantiken Randkultur zum Zentrum Europas: Das Frankenreich

Ende des 7. Jahrhunderts vollzog sich im Frankenreich mit der Prägung silberner Denarsorten der Übergang von der Gold- zur Silberwährung. Ursächlich für diese Entwicklung ist das Nachlassen des Goldimports, das Entdecken reicher Silbervorkommen bei Poitou und die Verlagerung des Handels von Byzanz nach Britannien und Friesland [Sprenger].

Die grundlegenden Münzreformen unter den karolingischen Königen Pippin (reg. 751–768) und dessen Sohn Karl dem Großen (reg.

Die Abbildung zeigt einen silbernen **Pfennig** (Brakteat) Markgraf Ottos I. von Brandenburg (1170–1184). Er hat einen Durchmesser von ca. 28 mm und entstand zwischen 1170 und 1184. Zu sehen ist ein auf einer Mauer zwischen zwei Kuppeltürmen sitzender gepanzerter und behelmter Markgraf im Mantel mit Schwert und Fahne. Die Figur trennt die Namensinschrift OT-TO, die Umschrift lautet BRANDEBVRGENSIS.

Solche einseitig geschlagene Münzen aus dünnem Silberblech gehören zu den markanten Prägungen aus der Frühzeit des regionalen Pfennigs. Ihre Blütezeit lag zwischen 1170 und 1230 und sie gehören zu den schönsten Kleinkunstwerken der romanischen Epoche. Im Hochmittelalter wurden diese ebenso wie die zweiseitig geprägten Münzen entweder lateinisch *denarii* bzw. *nummi* oder zu deutsch Pfennig genannt. Seit dem 17. Jahrhundert verwendeten Historiker jedoch zur Abgrenzung zu den zweiseitig geprägten Münzen den Begriff „Brakteat" (von lat. *bractea* = dünnes Blech). Auch waren seitdem die deutschen Bezeichnungen „Blechmünze" oder „Hohlpfennig" üblich.

Brakteaten entwickelten sich aus den breiten Dünnpfennigen, die am Ende der Karolingerzeit in Oberitalien aufkamen.

Zwischen 1140 und 1150 kam schließlich die Prägung von einseitigen Pfennigen in verschiedenen deutschen Territorien auf. Zentren ihrer Fabrikation waren der niedersächsische Raum, das Harzgebiet, die Mark Brandenburg, Thüringen, Hessen, Schwaben und das Bodenseegebiet. Als Ursache für die Prägung von Brakteaten kann deren technisch erleichterte und kostengünstige Herstellung gelten. Obwohl das Schneiden eines aufwändigen, künstlerisch anspruchsvollen Oberstempels durchaus mehr Arbeit und damit Kosten verursachte, war die Prägung von Hohlpfennigen aufgrund des Verzichtes auf einen Unterseitenstempel günstig. Ein weiterer finanzieller Nutzen aus der Brakteatenprägung wurde durch deren häufige Verrufung und Umtausch gegen neuere, meist leichtere oder im Feingehalt geringhaltigere Pfennige erzielt.

In ihrer Blütezeit bildeten Brakteaten geistliche und weltliche Landesherren mit ihren Herrschaftssymbolen ab. Auch wurden auf ihnen oft der Name, der Amts- und Würdentitel sowie das Herrschaftsgebiet des jeweiligen Potentaten genannt.

Bild: Westfälisches Landesmuseum Münster, Münzkabinett, Inventarnr. 15195 Mz, Fotonr. 6723/14.

 Literatur: F. Frhr. v. Schrötter, Wörterbuch der Münzkunde, 2. Aufl. Berlin 1970, 83 u. 269-273.

768–814) beseitigten das Prägerecht der vielen merowingischen Monetare und zentralisierten das Münzrecht wieder. Nur wenigen geistlichen und weltlichen Herren gestatteten die Karolinger, Münzen zu prägen. Hauptmünzen sowohl im West- als auch im späteren Ostfrankenreich wurden der silberne Pfennig (Denar) und der Halbpfennig (Obol), während Goldmünzen wie der Solidus oder Schilling nur noch eine untergeordnete Rolle spielten und als reine Rechnungsmünze geführt wurden. Die Beschränkung auf zwei Pfennignominale war Ausdruck einer unterentwickelten Münzgeldwirtschaft und des geringen Münzbedarfs. Das Münzgeld spielte hauptsächlich in den wenigen Städten des Frankenreiches und im Außenhandel eine Rolle.

▷ S. 50 ff. Vom Reich der Franken zum Reich der Deutschen

**Das Münzwesen im Deutschen Reich.** Mit Entstehung des Deutschen Reiches zu Beginn des 10. Jahrhunderts forcierten sowohl die sächsischen als auch die ihnen folgenden salischen Könige und Kaiser die Verleihung von Münzrechten vor allem an zahlreiche geistliche Fürsten. Das dem König zustehende Münzregal als Herrschaftsrecht wurde wieder aufgeweicht und münzhoheitliche Aufgaben und Prägegewinn der Geistlichkeit übertragen. Da es im Deutschen Reich aber nur wenige Städte mit entwickelter Münzgeldwirtschaft gab und in den meisten Regionen aufgrund der Selbstversorgung der ländlichen Villikationen das Münzgeld nebensächlich war, floss ein beachtlicher Teil der deutschen Pfennige aus dem Reichsgebiet ab. Vom intensiven Handel und Import von Waren zeugen viele deutsche Pfennigsorten in Münzfunden aus Skandinavien, Polen, Russland und dem Ostseeraum. Das 10. und 11. Jahrhundert gilt daher als die Zeit des so genannten Fernhandelsdenars bzw. überregionalen Pfennigs [Sprenger].

▷ S. 224 f. Landgemeinden

Die Schwächung des deutschen Königtums infolge des Investiturstreits und des staufisch-welfischen Thronstreits stärkte die Herrschaftsgewalt der Landesfürsten und führte im 12. und 13. Jahrhundert zur Regionalisierung des Münz- und Gewichtswesens. Fast alle weltlichen und geistlichen Fürsten sowie privilegierte Städte prägten souverän, zum Teil ohne im Besitz eines königlichen Privilegs zu sein, eigene Münzsorten, um ihre Märkte zu stärken und durch Manipulierung des Feingehalts und Verrufungspraktiken – d.h. Verbot der landeseigenen Münzen nach Ablauf einer Frist und deren Umtausch gegen neue, meist schlechte Gepräge – Gewinn aus der Münzprägung zu ziehen. Die Stärkung der landesherrlichen Gewalt begünstigte auch die Entstehung von Städten, in denen sich die handwerkliche Produktion konzentrierte und in deren Warenaustausch vorrangig Münzgeld benötigt wurde. In der Städtegründungsperiode erreichte die Geldwirtschaft eine neue Dimension, indem an zahlreichen Orten unterschiedlichste Sorten geprägt wurden. Es entstanden leichte und schwere Pfennigwährungen, die Ansätze für mehrstufige Währungssysteme schufen. Mit seinen Privilegien von 1220 und 1231 erkannte Kaiser Friedrich II. (reg. 1220–1250) die Herrschaftsrechte der geistlichen und weltlichen Landesfürsten an und leistete Verzicht auf die Errichtung königlicher Münzstätten in deren Territorien. Damit besaßen die Fürsten endgültig die Währungshoheit in ihren Herrschaftsbereichen, und sie übernahmen im Geldwesen die zuvor dem König obliegenden Aufgaben [Sprenger]. Die Folge war eine einzigartige Zersplitterung des Münzwesens, die erst in den Jahren ab 1871 überwunden wurde.

▷ S. 229 f. Stadtkommunen

Das Aufblühen der städtischen Wirtschaft im späten Mittelalter belebte das Geldwesen in den Territorien. Die Zunahme sowohl des lokalen als auch überregionalen Handels steigerte das Bedürfnis nach hochwertigen und dem Vielfachen des Pfennigs entsprechenden Münzsorten. Neue, meist zuerst im Ausland wie Italien, Frankreich und England eingeführte Gold- und Silbersorten wie z. B. Gulden, Dukaten, Groschen und Witten (niederrheinisch Albus) wurden zu den vorherrschenden Zahlungsmitteln. An die Stelle der Silberwährung des Pfennigzeitalters trat im Spätmittelalter eine Parallelwährung, bei der Gold- und Silbermünzen mit wechselnden Kursverhältnissen nebenher umliefen. Zum Schutz des Handels und Verkehrs schlossen Landesfürsten und Städte Münzverträge oder verbanden sich zu Münzvereinen. Aus Italien kommend breitete sich außerdem der bargeldlose Verkehr mit Wechseln und Zahlungsanweisungen aus. Kurz vor 1500 kam der silberne Guldengroschen als Gegenstück zum Goldgulden auf. Dieser Guldengroschen wurde später als Taler zur beherrschenden Münze der neuzeitlichen Geldgeschichte [SPRENGER].

Jens Heckl

**Literatur**

H. GEBHART, Numismatik und Geldgeschichte, Heidelberg 1949.

R. GÖBL, Numismatik. Grundriß und wissenschaftliches System, München 1987.

B. KLUGE, Stempelvergleichende Untersuchungen deutscher Münzserien des 10. und 11. Jahrhunderts. Fragen, Ergebnisse und Perspektiven einer Methode, in: FMSt 23, 1989, 344–361.

DERS., Die Salier. Deutsche Münzgeschichte von der späten Karolingerzeit bis zum Ende der Salier (ca. 900 bis 1125), Sigmaringen 1991.

N. KLÜSSENDORF, Münzakten. Zur Quellenkunde der Numismatik und Geldgeschichte der Neuzeit, in: Hamburger Beiträge zur Numismatik 33/35, 1979/1981 (1988), 153–167.

T. KROHA, Großes Lexikon der Numismatik, Gütersloh 1997.

A. LUSCHIN VON EBENGREUTH, Allgemeine Münzkunde und Geldgeschichte des Mittelalters und der neueren Zeit, München/Berlin 1904.

F. FRH. VON SCHRÖTTER, Wörterbuch der Münzkunde, 2. Aufl. Berlin 1970.

B. SPRENGER, Das Geld der Deutschen. Geldgeschichte Deutschlands von den Anfängen bis zur Gegenwart, 2. Aufl. Paderborn u.a. 1995.

W. TRAPP, Kleines Handbuch der Münzkunde und des Geldwesens in Deutschland, Stuttgart 1999.

P. VOLZ, Königliche Münzhoheit und Münzprivilegien im karolingischen Reich und die Entwicklung in der sächsischen und fränkischen Zeit, Heidelberg 1967.

**Was meint Sachkulturforschung?** Die mediävistische Sachkulturforschung, die manche auch Realienkunde oder Erforschung materieller Kultur nennen, ist eine relativ junge historische Disziplin, deren Profil und Methodik daher noch unscharf sind. Das Aufblühen und das Fortschreiten dieser Forschungsrichtung waren im deutschsprachigen Raum mit einer Hinwendung zum Alltag vergangener Zeiten verbunden, die seit den 1980er Jahren unternommen wurde. Wer „Alltagsgeschichte" schrieb, grenzte sich damals scharf gegen die Hochkultur der Eliten und von einer rein politischen Geschichtsschreibung ab. Typische Fragestellungen waren dabei: Wie lebte man im Mittelalter? Wie wurde gearbeitet, gewohnt, gegessen, gefeiert und gereist? Wie liebte, stritt und unterhielt man sich [Goetz; Jaritz; Kühnel]?

So verstanden, ist Sachkulturforschung durch ihre Inhalte und ihre spezifische Fragstellung bestimmt. Doch darf man das Interesse für ein neues, zuvor kaum behandeltes Thema nicht mit einer neuen Methode verwechseln. Die Einordnung der Sachkulturforschung unter die historischen Hilfswissenschaften wird nicht durch ihre Inhalte plausibel, sondern nur durch die besondere Quellenerschließung und Quellenauswertung gerechtfertig, für die, wie im Falle von hochmittelalterlichen Urkunden oder Siegeln, spezielle Fertigkeiten notwendig sind [Busset]. Eine so bestimmte Sachkulturforschung oder Realienkunde ist daher von ihren Quellen her zu denken: Ihr Gegenstand ist die Gesamtheit aller Sachgüter des Mittelalters, die sich real oder als Spur in Bild- oder Schriftquellen erhalten haben. Doch diese Definition bedarf noch einer wichtigen Erweiterung. Denn eine Bedeutung für eine Geschichte, die sich als Wissenschaft vom Menschen versteht, gewinnen diese Objekte erst dadurch, dass sie von mittelalterlichen Frauen und Männern hergestellt, gekauft, benutzt, verbraucht, verehrt oder entsorgt wurden [Brunner; Hundsbichler].

Dieser Zusammenhang ist oft vernachlässigt worden. So präsentierte eine ältere Kulturgeschichtsschreibung seit dem 19. Jahrhundert etwa mittelalterliche Kleidung, Waffen oder Möbel wie in einem Bilderlexikon für Kinder nach so genannten Lebenskreisen geordnet, ohne auf ihre Verwendung und soziale Funktion einzugehen. Auch die Archäologie hat oftmals die Betrachtung des Zusammenhangs zwischen den ergrabenen Sachgütern und ihren einstigen Besitzern auf später verschoben. Doch Fundkataloge von Keramik sind noch keine Geschichtsschreibung.

Gegenstand der mittelalterlichen Realienkunde sind daher Menschen und Objekte bzw. Objekte und Menschen in ihren Wechselwirkungen [Braudel, 15]. Sekundär ist bei einer solchen Anlage des Faches hingegen, ob es sich um Dinge des alltäglichen Bedarfs handelte oder nicht. Sogar eine Königskrone ist dann als mittelalterliche Sachkultur zu verstehen.

**Quellen der Sachkulturforschung.** Die Quellen der Sachkulturforschung sind im günstigsten Fall die Originale, also die Gegenstände selbst, die aus der Zeit ihrer Herstellung und Verwendung überliefert sind. Hierfür ein unter Mittelalterforschern berühmtes Beispiel: Im Herbst 1953 ließ die Äbtissin des niedersächsischen Stifts Wienhausen den mittelalterlichen Fußboden im Nonnenchor abtragen. Er bestand aus dicken Eichenbohlen, zwischen denen sich breite Spalten gebildet hatten. In diesen Spalten hatte sich nicht nur der Schmutz der Jahrhunderte gesammelt,

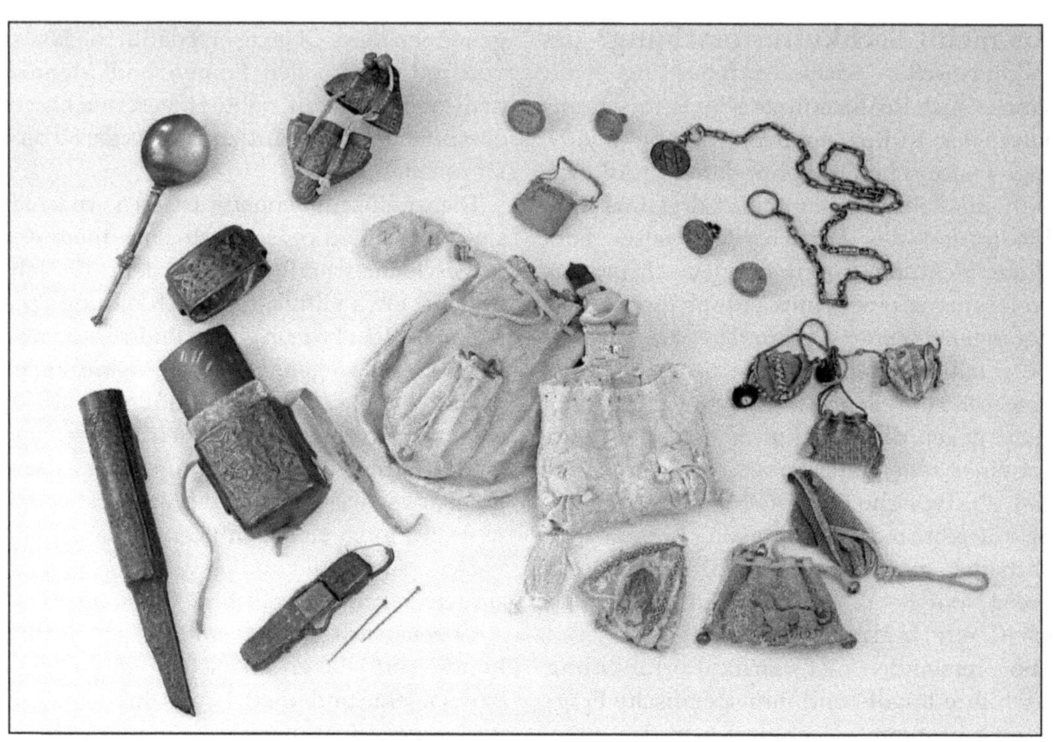

Das Arbeitsmaterial eines modernen Geschäftsmanns (Handy, Notebook, Visitenkarten und Füllfederhalter) wird künftigen Generationen genauso museal erscheinen, wie es für uns die Utensilien aus dem Besitz des Kölners Hermann von Goch († 1398) sind. Zwar ist bezweifelt worden, ob wirklich alle Stücke, die das Foto zeigt, diesem Kölner Hansekaufmann zuzuweisen sind. Doch gilt die Zuweisung an ihn zweifellos für die zwei persönlichen Siegel und mit hoher Wahrscheinlichkeit auch für den Goldprobierstein mit Etui, die Messerscheide, das Futteral, den Klapplöffel, die Nadelbüchse mit den zwei Stecknadeln, die Reliquienkapsel sowie den Gürtel und die Beutelgarnitur, mit denen Goch diese Objekte sowie verschiedene Münzsorten bei sich getragen hat.

Ein solches in seinem Gebrauchszusammenhang überliefertes **Ensemble von mittelalterlicher Sachkultur** ist ganz ungewöhnlich. In diesem Fall ist unser Überlieferungsglück allerdings an das schwere Schicksal des ehemaligen Besitzers gekoppelt. Nach einem politischen Umsturz in Köln wurde Hermann von Goch unter dem Verdacht, eine „Konterrevolution" geplant zu haben, verhaftet. Man nahm ihm seine am Leib getragenen Besitztümer genauso ab, wie man zur Vorbereitung eines politischen Prozesses ein Konvolut von schriftlichen Unterlagen beschlagnahmte, die er in seinem Haus aufbewahrt hatte. Am 7. Mai 1398 wurde Goch hingerichtet. Die ihm abgenommenen Objekte wurden im städtischen Archiv von Köln über Jahrhunderte verwahrt, bis man die gezeigte Sachkultur 1888 aussonderte und dem städtischen Museum übergab.

Bild: Sachgüter aus dem Besitz des Hermann von Goch. Kölnisches Stadtmuseum, Inv. Nr. KSM 1888/1–17. Foto: Rheinisches Bildarchiv Köln.



Literatur: F. Irsigler, Hermann von Goch, in: Rheinische Lebensbilder, Bd. 8, Köln 1980, 61–80.

sondern zur allgemeinen Überraschung fand man dort eine beträchtliche Anzahl von Gegenständen, die die Nonnen in die Kirche mitgenommen und dort verloren (oder vielleicht auch absichtlich verborgen) hatten. Darunter waren Messer, Lederscheiden, Spindeln, eine Schere, eine Eisennadel, mit Wachs überzogene Notizbüchlein und Notiztäfelchen, dazu Schreibgriffel aus Elfenbein und Holz, Brillen und sogar Rückenkratzer, weiterhin Rosenkränze, Geißeln, Andachtsbildchen, Pilgerzeichen, Gebetbücher, Gebetszettel, Profeßzettel, Bruchstücke liturgischer Handschriften, Texte von Osterspielen, Briefe und Rezepte [Appuhn].

Dieser Fund war auch deshalb so spektakulär, weil er ganz andere mittelalterliche Objekte enthielt, als man sie ansonsten in musealen Sammlungen verwahrt findet. Anders als ein Ethnologe, dem auf seinen Reisen zum Zwecke der Feldforschung das gesamte Sachkulturspektrum einer Zivilisation begegnen wird, ist aus dem Mittelalter nur ein Bruchteil der einstmals im Umlauf befindlichen Gegenstände auf uns gekommen. Nun wäre mit diesem Sachverhalt recht leicht umzugehen, wenn eine repräsentative Auswahl mittelalterlicher Gegenstände aus allen Lebensbereichen überliefert worden wäre. Doch dass dem gerade nicht so ist, macht jeder Besuch in einem Heimatmuseum oder einem kleineren städtischen Museum schnell deutlich. Die meisten dieser Museen besitzen überhaupt nur wenige mittelalterliche Objekte. Unternimmt man einen Rundgang, so sind die Vitrinen zum Mittelalter einerseits umstellt von Sammlungsbeständen aus dem 19. und 20. Jahrhundert. Doch außer den hier präsentierten Spazierstöcken, Schreibmaschinen und Schnupftabakdosen der neueren Zeit besitzen die meisten Museen auch aus vormittelalterlichen Zeiten zahlreiche Ausstellungsstücke, z. B. Steinbeile, Bronzeschwerter oder Urnen. Diese Beobachtung verweist auf die unterschiedlich gestuften Überlieferungschancen von Sachkultur. Während die neueren Objekte zumeist schon mit Blick auf die Nachwelt als überlieferungswürdig erachtet, daher gesammelt und später einem Museum übergeben wurden, sind die Objekte der Ur- und Frühgeschichte deshalb so zahlreich in die Bestände gelangt, weil sie als Grabbeigaben niedergelegt und seit dem 19. Jahrhundert in großer Zahl ausgegraben worden sind.

▷ S. 431 f. Museen

**Positiv- und Negativüberlieferung.** Sachüberlieferungen vergangener Epochen sind also stark gefiltert worden. Dabei gilt für das Mittelalter, dass überirdisch fast nur solche Stücke in die Museen gelangt sind, die aufgrund ihres materiellen oder ideellen Wertes durch Generationen hindurch vor allem in kirchlichen Zusammenhängen weitergegeben worden sind. So ist etwa hochmittelalterliches Tafelgeschirr fürstlicher Höfe fast ausschließlich nur dann im Original erhalten, wenn man es als Reliquienbehältnis kirchlichen Institutionen übergeben hatte, während die übrigen Gold- und Silbergefäße in Notzeiten eingeschmolzen wurden. Stücke aus solchen Materialien finden sich deshalb auch in städtischen Abfallgruben nicht, aus denen die Vielzahl der städtischen Funde der Mittelalterarchäologie stammt, denn zerbrochene Metallgegenstände hat man im Mittelalter stets recycelt. Aus der Erde zu bergen sind wertvolle Gegenstände des Mittelalters nur dann, wenn sie verloren oder als Schatzdepot vergraben worden sind. Als Grabbeigaben gelangten sie im Mittelalter hingegen nicht mehr in die Erde [Felgenhauer-Schmiedt]. Man kann diese Beobachtung verallgemeinern und sagen: Während überirdisch überlieferte Objekte eine Positivauswahl darstellen, ist der Inhalt einer Abfallgrube eine ausgesprochene Negativauswahl aus dem einstigen Sachgutbestand des Mittelalters. Doch auch dieser Abfall ist nicht vollständig auf uns gekommen, weil die Erhaltungsbedingungen im Boden für unterschiedliche Materialien höchst verschieden sind.

**Quellenkritik in der Sachkulturforschung.** Somit wird klar, dass jeder Fund von originaler Sachkultur einer eingehenden Quellenkritik unterzogen werden muss. Dies geschieht einerseits durch naturwissenschaftliche Verfahren [Fehring]. Doch ist andererseits stets die Frage zu bedenken, welche Eigenschaften einen Gegenstand positiv oder negativ überlieferungswürdig gemacht haben und welche Rolle er in der Gesamtkultur des Mittelalters gespielt hat. Um den gestuften Auswahlcharakter zu erkennen, ist dabei das Hinzuziehen von bildlichen und schriftlichen Quellen unbedingt erforderlich. So finden sich etwa in der Tafel-, Buch- und Glasmalerei, in Kupferstichen oder Holzschnitten ebenso Aussagen zur Sachkultur wie in Testamenten, Inventaren, Rechnungsbüchern oder Reiseberichten. Dabei sollten sich die Bemühungen nicht darin erschöpfen, die Objekte nur nach Zeit, Ort und Lebensform zu sortieren, also Waffen zu Waffen, Möbel zu Möbel und Tischgeschirr zu Tischgeschirr zu ordnen. So hat das 19. Jahrhundert gearbeitet, um etwa für Historienmaler und Opernausstatter „originale" Vorbilder zu liefern. Heute wird dergleichen weder in der zeitgenössischen Malerei noch im modernen Musiktheater benötigt, sondern höchstens noch von Mittelalterenthusiasten für die Ausstattung von Festen nachgefragt.



Aber eine moderne Sachkulturforschung als Wissenschaft will nicht diesen Markt bedienen, sondern achtet auf andere Kriterien. Dazu gehört, dass alle Objekte zunächst Ausdruck der technischen Fähigkeiten wie auch der Deutungen und Mentalitäten der Epoche ihrer Herstellung und Verwendung sind. Dies bedeutet, dass Objekte trotz eines geringen Materialwerts bedeutsam gewesen sein können, weil man sie etwa mit politischer oder religiöser Bedeutung versah: Reliquien – körperliche Reste von Heiligen und Märtyrern und die von ihnen verwandten Gegenstände – sind dafür ein sprechendes Beispiel.

Ein weiteres wichtiges Kriterium für die Interpretation ist außerdem die soziale Zuordnung der Objekte. Nicht nur reich und arm, sondern auch jung und alt sowie männlich und weiblich sind dafür wichtige Kategorien.

**Veränderungen in der Sachkultur.** Zu bedenken sind auch die Wandlungen in der Zeit. Die eine „Sachkultur des Mittelalters" hat es nicht gegeben. Innerhalb der tausend Jahre zwischen 500 und 1500 gab es vielmehr fundamentale Veränderungen [z.B. Hasse]. Viele uns bis heute lebensnotwendige Gegenstände, wie etwa die Brille oder die Taschenuhr, aber auch andere, wie z.B. der Steigbügel, stammen nicht aus der Antike, sondern sind in Europa mittelalterliche Neuerungen. Phasen der Innovation und der Stagnation lassen sich erkennen, die zumeist parallel mit wirtschaftlichen Wachstums- und Schrumpfungsperioden verliefen. Wirtschaftliche Wachstumsphasen waren im Mittelalter in aller Regel wichtige Neuerungsphasen in der Sachkultur. So waren gerade die Jahrzehnte nach 1470 in Deutschland eine Sattelzeit der beschleunigten Veränderung, aus der dann auch die meisten Museumsstücke stammen [Wie-

GELMANN]. Neben solchen Wellen des langfristigen Wandels war das Mittelalter auch in kürzeren Zeiträumen nicht so starr und unbeweglich, wie oft zu lesen ist. Kurzfristige Moden in Kleidung, Schmuck, Nahrungsmitteln und Hausausstattung sind durchaus zu verzeichnen [z. B. WIEGELMANN/MOHRMANN]. Gerade sie bieten sich an, um Veränderungen nicht nur in der Zeit, sondern auch im Raum und gekoppelt an soziale Gruppen zu analysieren. In einer europäischen Perspektive ist dabei mit einem tendenziellen Gefälle von West nach Ost sowie von Süd nach Nord zu rechnen. Gerade für die ritterlich-höfische Kultur ist bekannt, dass ihre Innovationszentren zumeist im Westen und im Süden lagen. Von hier aus breiteten sich Neuerungen, wie etwa das Wappen- oder das Turnierwesen, in Europa aus und wurden an der Peripherie des Kontinents erst mit einer Zeitverzögerung von einigen Jahrzehnten übernommen.

**Institutionen und Quellensammlungen.** Aus dem bisher Beschriebenen sollte deutlich geworden sein, dass Sachkulturforschung zwischen den traditionellen Disziplinen der Archäologie, Museumskunde, Kunstgeschichte, Wirtschaftsgeschichte und der allgemeinen Geschichte angesiedelt ist. Sachkulturforschung in diesem Sinne kann und sollte daher nicht nur ein Spezialist, sondern jeder Mediävist immer dann betreiben, wenn es für sein Thema sinnvoll ist. Denn die klassischen Definitionen der historischen Quelle, etwa bei Johann Gustav Droysen, Ernst Bernheim oder Ahasver von Brandt, gehen ganz selbstverständlich davon aus, dass nicht nur schriftliche Überlieferungen, sondern jedes Zeugnis, das über geschichtliche Abläufe, Zustände, Denk- und Verhaltensweisen informiert, dem Historiker zur Quelle werden kann.

▷ S. 291 f. Einleitung

Doch um mittelalterliche Geschichte nicht nur aus Urkunden und Chroniken zu schreiben, fehlt es oft sowohl an Mut als auch an praktischen Voraussetzungen. Denn jede Interdisziplinarität besitzt Reiz und Schwierigkeit zugleich. Nicht nur sind für die Interpretation unterschiedliche Kenntnisse auf verschiedenen Gebieten notwendig, sondern zum Problem wird zudem, dass unterschiedliche Institutionen für die verschiedenen Quellen zuständig sind. Ein mittelalterlicher Helm wird in einem historischen oder kulturgeschichtlichen Museum verwahrt, wenn er seit dem Mittelalter oberirdisch überliefert worden ist, indes wird er in einem archäologischen Landesmuseum magaziniert sein, wenn er bei einer Ausgrabung gefunden wurde. Die Rechnungen über Helmkäufe von mittelalterlichen Adligen finden sich im Archiv und die Abbildungen im Graphikkabinett einer Bibliothek. Um hier Abhilfe zu schaffen, wäre eine umfassende Sammlung der Quellen von Vorteil. Und genau das ist schon den Initiatoren der 1819 gegründeten Monumenta Germaniae Historica um den Reichsfreiherrn Karl vom Stein bewusst gewesen. In ihrer Agenda war nicht nur die Edition von Schriftquellen, sondern auch die Sammlung von „Altertümern", wie man damals in Geschichte, Germanistik und Rechtsgeschichte sagte, angestrebt gewesen. Doch dazu ist es nicht gekommen. Und auch die Ansätze zu einer Schrift-, Bild- und Sachquellen verbindenden Museumssammlung, die der Gründer Hans von und zu Aufseß im 1852 etablierten Germanischen Nationalmuseum in Nürnberg begonnen hatte, konnten nur rudimentär weiterentwickelt werden.

▷ S. 385 f. Geschichte der Mittelalterforschung

Ein Institut für Realienforschung existiert indes seit 1968/69 in Österreich, wo in Krems an der Donau unter der Ägide von Harry Kühnel und Gerhard Jaritz eine vorbildliche Institution geschaffen werden konnte. Die Publikationen aus diesem Haus sind daher im deutschsprachigen Raum auch die grundsätzlichen Arbeiten zur Sachkulturforschung des Mittelalters [APPELT u.a.].

Eine imaginäre Sammlung wichtiger Objekte und Objektgruppen mittelalterlicher Sachkultur ist zudem unter der Hand durch die seit etwa 1977 boomenden Mittelalterausstellungen entstanden. Die aus Anlass dieser Ausstellungen publizierten Kataloge legen in aller Regel viel Wert auf die Beschreibung und Interpretation mittelalterlicher Objekte [z.B. OEXLE; WITTSTOCK].

▷ S. 363 Ausstellungen

Zugleich hat sich in den letzten sechzig Jahren das Fundmaterial in den Depots der archäologischen Landesämter fast stündlich vergrößert. Grabungen in den Innenstädten, die nach 1945 vor allem in den zerbombten Zentren Westdeutschland einsetzten und seit 1990 verstärkt auf den begehrten Innenstadtflächen der ostdeutschen Städte fortgeführt wurden, haben der mittelalterlichen Geschichtsforschung unverhofft neue Quellen zugeführt [FEHRING; FELGENHAUER-SCHMIEDT].

Stephan Selzer

**Literatur**

H. APPELT u. a. (Hrsg.), Veröffentlichungen des Instituts für Realienkunde des Mittelalters und der Frühen Neuzeit, Bd. 1–18, Wien u.a. 1976–2003.

H. APPUHN, Kloster Wienhausen, Wienhausen 1986.

F. BRAUDEL, Sozialgeschichte des 15.–18. Jahrhunderts, Bd. 1: Der Alltag, München 1985.

K. BRUNNER, Realienkunde als Mentalitätsgeschichte, in: HA 6, 1998, 160–165.

T. BUSSET (Hrsg.), La culture materielle. Sources et problèmes = Die Sachkultur. Quellen und Probleme, Zürich 2002.

G. P. FEHRING, Einführung in die Archäologie des Mittelalters, Darmstadt 1987.

S. FELGENHAUER-SCHMIEDT, Die Sachkultur des Mittelalters im Lichte der archäologischen Funde, Frankfurt/M. 1993.

H.-W. GOETZ, Leben im Mittelalter vom 7. bis zum 13. Jahrhundert, München 1986.

M. HASSE, Neues Hausgerät, neue Häuser, neue Kleider, in: ZAM 7, 1979, 7–83.

H. HUNDSBICHLER, Geschichte, Realien, Alltag. Der Mensch im Zentrum der Sachkulturforschung, in: U. DIRLMEIER/G. FOUQUET (Hrsg.), Menschen, Dinge und Umwelt in der Geschichte, St. Katharinen 1989, 128–145.

G. JARITZ, Zwischen Augenblick und Ewigkeit. Einführung in die Alltagsgeschichte des Mittelalters, Wien/Köln 1989.

H. KÜHNEL (Hrsg.), Alltag im Spätmittelalter, Graz u.a. 1984.

J. OEXLE u.a. (Hrsg.), Stadtluft, Hirsebrei und Bettelmönch. Die Stadt um 1300. Katalog der Ausstellung, Stuttgart 1992.

G. WIEGELMANN, Die Sachkultur Mitteleuropas, in: DERS., Volkskunde. Eine Einführung, Berlin 1977, 97–131.

DERS./R.-E. MOHRMANN (Hrsg.), Kulturelle Prägung im Hanseraum. Nahrung und Tischkultur im Spätmittelalter und in der frühen Neuzeit, Münster 1996.

J. WITTSTOCK (Hrsg.), Aus dem Alltag der mittelalterlichen Stadt. Katalog der Ausstellung, Bremen 1982.

**Der wissenschaftliche Austausch.** Wie jede andere auch muss die Geschichtswissenschaft ihre Fragen, Methoden und Ergebnisse permanent zur Diskussion stellen. Dies geschieht durch Vorträge und Ausstellungen, vor allem aber durch Publikationen. Jeder Forscher ist in eine wissenschaftliche Szene eingebunden, in der er in ununterbrochenem Gedankenaustausch mit Kollegen steht. Durch die anhaltende Diskussion verringert sich für den Einzelnen das Risiko, mit Überlegungen völlig in die Irre zu laufen. Bisweilen aber gerät dieses Forum zu einem Schlachtfeld, auf dem Forschungsthemen und -richtungen der nächsten Jahrzehnte bestimmt werden. Das geschichtswissenschaftliche Publikationswesen gliedert sich in verschiedene Bereiche, die hier knapp vorgestellt werden sollen.

▷ S. 359 Ausstellungen

**Editionen.** Schriftliche Quellen lagern meist in Archiven und Bibliotheken, wo sie gesichert, verzeichnet und für die Forschung aufbereitet werden. Um für einen breiten Forscherkreis zugänglich zu sein, ohne dabei von jedem Einzelnen in die Hand genommen werden zu müssen, werden Quellen nach wissenschaftlichen Standards abgeschrieben, gedruckt und kommentiert. Eine solche „kritische Edition", die auch verschiedene überlieferte Versionen und Lesarten einer Quelle berücksichtigen muss, besteht aus einem verbindlichen Text, der mit einem wissenschaftlichen Apparat versehen ist: Anmerkungen, mit deren Hilfe nachvollziehbar wird, wie der Herausgeber zu einem Ergebnis gekommen ist. Zugleich werden hier Hilfestellungen für das Verständnis gegeben.

**Quellensammlungen.** Die maßgebliche Sammlung edierter mittelalterlicher Quellen zur deutschen Geschichte sind die „Monumenta Germaniae Historica" (kurz MGH).

▷ S. 385 f. Geschichte der Mittelalterforschung

Ursprünglich als privates Editionsunternehmen gegründet, wurden die MGH 1875 in eine Körperschaft öffentlichen Rechts umgewandelt und erhielten als Leitungsgremium eine „Zentraldirektion", die ihren Standort zunächst in Berlin hatte und nach vorübergehender Umwandlung in ein „Reichsinstitut für ältere deutsche Geschichtskunde" 1937-45 seit dem Ende des Zweiten Weltkriegs in München sitzt. Als regelmäßiges Publikationsorgan geben die Monumenta zweimal jährlich das „Deutsche Archiv für Erforschung des Mittelalters" heraus. Vorgänger waren das „Archiv der Gesellschaft für ältere deutsche Geschichtskunde" (1820-74) und das „Neue Archiv der Gesellschaft für ältere deutsche Geschichtskunde" (1876-1935).

▷ S. 415 Außeruniversitäre Forschungseinrichtungen

Mit derzeit etwa 40 Projekten stellen die MGH das größte und bedeutendste, aber nicht das einzige deutsche Editionsunternehmen dar. So werden von der Historischen Kommission bei der Bayerischen Akademie der Wissenschaften seit 1862 die „Chroniken der deutschen Städte" (vom 14. bis 16. Jahrhundert) und seit 1867 die „Deutschen Reichstagsakten" (ab 1376) ediert. Daneben gibt es zahlreiche Unternehmen, die thematisch, zeitlich oder geographisch enger gefasst sind. Für viele Territorien, Städte, Dynastien, geistliche oder weltliche Gemeinschaften liegen solche Werke vor. Einige dieser Projekte sind epochen- und raumübergreifend konzipiert, so z. B. das Hansische Urkundenbuch.

Als Hilfsmittel eignen sich Übersetzungen mittelalterlicher Quellen. Am bekanntesten sind hier zwei Reihen, zum einen die „Geschichtsschreiber der deutschen Vorzeit" (1847-1962), zum anderen die „Ausgewählten Quellen zur deutschen Geschichte des

**Reichsfreiherr**
**Heinrich Friedrich Karl vom und zum Stein**
wurde am 26.10.1757 in Nassau geboren. Nach einem Studium der Rechte, Geschichte und Kameralwissenschaften in Göttingen trat er 1780 in den preußischen Staatsdienst. Durch eine Reihe erfolgreich erledigter Aufgaben empfahl er sich 1804 für das Amt des königlichen Finanz- und Wirtschaftsministers im Berliner Generaldirektorium.

Ungeachtet der Niederlage bei Jena und Auerstedt 1806 trat vom Stein für eine Fortsetzung des Krieges ein. Zugleich mahnte er grundlegende Staatsreformen an. Seine Forderungen brachten ihn zunächst in Misskredit, so dass er den Dienst quittieren musste. Auf Drängen Napoleons wurde er aber schon 1807 erneut berufen, alsbald sogar als leitender Minister. In dieser Zeit initiierte er wichtige Reformen des preußischen Staatswesens: Die Freiheit der Person und des Grundeigentums wurden eingeführt, die Erbuntertänigkeit der Bauern aufgehoben, den Städten die Selbstverwaltung ermöglicht und der Regierungsapparat umgebaut. Später folgten Gewerbe-, Steuer- und Bildungsreformen. Allerdings musste vom Stein die Vollendung des Reformwerks Karl August von Hardenberg (1750-1822) und Wilhelm von Humboldt (1767-1835) überlassen. Er selbst wurde aufgrund einer gegen Frankreich gerichteten Politik 1808 von Napoleon geächtet und floh ins Exil. Zunächst hielt er sich in Böhmen und Mähren auf, trat dann 1812 aber in russische Dienste.

Noch während des Wiener Kongresses zog er sich auf sein westfälisches Gut Cappendorf zurück. Ein letztes Mal übernahm er mit dem Landmarschallamt eine öffentliche Funktion. Am 29.6.1831 starb er auf Schloss Cappenberg. Die letzte Ruhestätte fand er in Frücht bei Bad Ems.

Hagen Peuschel

Bild: Reichsfreiherr Heinrich Friedrich Karl vom und zum Stein, Bleistiftzeichnung von Friedrich von Olivier, 1821, Städelsches Kunstinstitut, Frankfurt. Foto: AKG Images.

Literatur: ADB, Bd. 35, Leipzig 1893, 614-641; Biographisches Wörterbuch zur deutschen Geschichte, 2. Aufl. München 1975, 2754-2760; H. Duchhardt/K. Teppe (Hrsg.), Karl vom und zum Stein: der Akteur, der Autor, seine Wirkungs- und Rezeptionsgeschichte, Mainz 2003.

Mittelalters (Freiherr-vom-Stein-Gedächtnisausgabe)".

**Regestenwerke.** Ein Leitgedanke kritischer Editionen liegt darin, dem Benutzer einen kommentierten Volltext anzubieten. Schon früh erkannte man jedoch, dass eine umfassende Aufbereitung mittelalterlicher Quellen Deutschlands viele Jahrzehnte in Anspruch nehmen und trotzdem unvollständig bleiben würde. So begann Johann Friedrich Böhmer (1795–1863) schon in den 1820er Jahren, kurze Auszüge aus Quellen anzufertigen, die den Inhalt in komprimierter Form zusammenfassten.

Diese Form der Veröffentlichung, die man als Regesten bezeichnet, war als Hilfsmittel für die Herausgabe anstehender Urkundenbände der MGH konzipiert worden; da der Vorteil einer wesentlich höheren Arbeitsgeschwindigkeit auf der Hand lag, entstand daraus ein eigenes Publikationsunternehmen, das nicht allein urkundliches, sondern auch historiographisches und briefliches Material auswertet, sofern dieses für die Erforschung der römisch-deutschen Könige und Kaiser des Mittelalters von Bedeutung ist. Wegen des Reichsbezuges erhielt es den Namen Regesta Imperii (RI). Nach dem Tode Böhmers durch eine Stiftung von Julius Ficker (1826-1902) fortgeführt, wurden die RI 1906 an die Österreichische Akademie der Wissenschaften in Wien verlegt, kehrten jedoch 1967 nach Deutschland zurück, wo sie heute in der Form eines eingetragenen Vereins der Mainzer Akademie der Wissenschaften angegliedert sind.

**Quellenkunden und -repertorien.** So schmal der Bestand bisher herausgegebener mittelalterlicher Quellen aus der Sicht der großen Editionsunternehmen auch erscheint, so umfangreich und unübersichtlich präsentiert er sich zunächst dem Forscher. Um edierte Texte aufzuspüren und historisch richtig einzuordnen, stehen ihm jedoch Hilfsmittel zur Verfügung.

Quellenkunden sind Handbücher, die über die typologische Einteilung meist schriftlicher Quellen informieren. Das Material wird historisch eingeordnet, wobei auf Ort und Zeit der Entstehung, Gegenstand und Zeitumstände des Textes sowie Person und Intention des Verfassers eingegangen wird. Dafür werden Vorlagen und Abhängigkeiten thematisiert, die den Quellenwert beeinflussen können. Eine Quellenkunde für erzählende Texte hat Wilhelm Wattenbach zusammen mit anderen Forschern in der Reihe „Deutschlands Geschichtsquellen im Mittelalter" erarbeitet. Eine „typologische, historische und bibliographische Einführung" in die Arbeit mit Quellentexten liegt von R. C. von Caenegem und F. L. Ganshof vor. Während hier nur Schriftquellen behandelt werden, widmet sich die Reihe der „Typologie des Sources du Moyen Âge Occidental", die an der Universität Löwen herausgegeben wird, auch gegenständlichen und abstrakten Quellen.

▷ S. 292 ff. Einleitung

Für die unmittelbare Quellensuche konkreter sind Quellenrepertorien, die auch als Findbücher bezeichnet werden. Sie enthalten Informationen zur Quellenüberlieferung, aber auch zu Editionen und vereinzelt zu Übersetzungen [Bak].

**Monographien und Reihen.** Die Ergebnisse der historischen Forschungstätigkeit können von der wissenschaftlichen Öffentlichkeit erst wahrgenommen und diskutiert werden, wenn sie in publizierter Form vorliegen. Dies geschieht bei umfangreicheren Ar-

## Detailskizze

Bereits unter dem ersten Leiter des Editionsprojekts, Georg Heinrich Pertz (1795-1876), wurde die bis heute gültige **Gliederung der MGH** in fünf Abteilungen entwickelt, die sich wiederum in Unterreihen auffächern. Die Abteilungen und ihre Hauptgegenstände sind:

1. Scriptores: zeitgenössische Geschichtsschreibung (Chroniken, Annalen, Viten etc.)
2. Leges: weltliche und geistliche Rechtsquellen
3. Diplomata: Urkunden der fränkischen und deutschen Könige und Kaiser
4. Epistolae: Briefe und Briefsammlungen
5. Antiquitates: wörtl. „Altertümer", womit eine Gruppe verschiedener Quellengattungen zusammengefasst wird, so Gedichte, Gedenk- und Totenbücher etc.

Diesen fünf Hauptabteilungen wurden im Laufe der Zeit einige ergänzende Reihen mit Quellen und Handreichungen für die Quellenarbeit an die Seite gestellt:

1. Quellen zur Geistesgeschichte des Mittelalters
2. Deutsches Mittelalter. Kritische Studientexte
3. Hebräische Texte aus dem mittelalterlichen Deutschland
4. Indices
5. Hilfsmittel

Für Forschungen, Diskussionsbeiträge und Rezensionen unterhält die MGH mit den „Schriften der Monumenta Germaniae Historica" und den „Studien und Texten" zudem zwei wichtige Reihen und mit dem „Deutschen Archiv für Erforschung des Mittelalters" eine eigene Zeitschrift.

beiten in Form einer Monographie; insbesondere Dissertationen und Habilitationen werden in der Regel als Buch herausgebracht.

Die meisten wissenschaftlichen Bücher erscheinen heute in einer Reihe. Diese werden von einem oder mehreren Herausgebern betreut, die damit auch für die Qualität der publizierten Bücher einstehen.

Geld verdienen können die Autoren mit solchen Arbeiten meist nicht, im Gegenteil: für gewöhnlich haben Herausgeber oder Autoren erhebliche Beiträge zu den Druckkosten zu leisten, die sie entweder privat aufbringen oder von Stiftungen und anderen gemeinnützigen Organisationen einwerben müssen.

**Aufsätze, Zeitschriften und Sammelbände.** Ein Großteil der öffentlichen Auseinandersetzung findet jedoch nicht über Monographien statt, sondern in der kleineren Form des Aufsatzes. Solche Textbeiträge erfüllen ebenfalls alle Anforderungen wissenschaftlicher Nachprüfbarkeit: Quellen und Literatur müssen vollständig angegeben und Belegstellen seitengenau nachgewiesen werden. Aufsätze werden in Sammelwerken oder regelmäßig erscheinenden Periodika veröffentlicht. Wissenschaftliche Zeitschriften bieten durch ihr regelmäßiges und relativ häufiges Erscheinen ein Forum für den kollegialen Austausch. Neben einer Reihe von Aufsätzen enthalten viele Periodika auch so genannte Miszellen: kleinere Beiträge von manchmal nur wenigen Zeilen Umfang, in denen auf Quellenfunde, Editions- und Forschungsprojekte aufmerksam gemacht wird.

Ein wesentlicher Wert vieler Zeitschriften liegt in ihrem Rezensionsteil: hier werden einschlägige Editionen, Monographien und auch Aufsätze von Kollegen besprochen, also bekannt gemacht und zugleich kritisch bewertet. Mitunter sucht man in Zeitschriften nach Beiträgen zu einem bestimmten Thema oder aus der Feder eines bestimmten Verfassers. Um nicht alle Jahrgänge durchblättern zu müssen, sind daher etliche Periodika durch Registerbände erschlossen.

Neben den Zeitschriften sind es vor allem Sammelbände, in denen Aufsätze veröffentlicht werden. Sie entstehen etwa anlässlich von Tagungen, deren mündliche Beiträge publiziert werden, zu Jubiläen und Ausstellungen sowie als Festschriften zu Ehren verdienter Forscherpersönlichkeiten. Sammelbände, die wie Monographien auch in einer Reihe erscheinen können, werden von einem oder mehreren Herausgebern betreut, die in der Regel auch den jeweiligen Anlass – Tagung, Jubiläum, Ausstellung, Festakt – organisiert haben.

▷ S. 365 Neue Medi

**Texte im Internet.** Seit einigen Jahren ist zu beobachten, dass zunehmend Aufsätze „ins Netz gestellt" werden. Für eine Veröffentlichung im Internet spricht vor allem die Geschwindigkeit, mit der die Forschungsdiskussion auf diese Weise betrieben werden kann. Reaktionen auf Publikationen können künftig innerhalb weniger Stunden oder Tage erscheinen, statt wie bisher Monate oder Jahre zu benötigen. Allerdings besteht die Gefahr, dass durch die hohe Publikationsgeschwindigkeit die Sorgfalt in Gedankenführung und sprachlicher Ausfertigung leidet. Jedenfalls ist die Tendenz zur Publikation im Netz nicht aufzuhalten, und sie wird vermutlich die wissenschaftliche Publizistik in den nächsten Jahren vollständig verändern.

**Handbücher und Lexika.** Wissenschaftlich zu publizieren bedeutet stets auch die Auseinandersetzung mit Forscherkollegen, die anderer Meinung sind. Sobald sich jedoch eine vorherrschende Auffassung durchgesetzt hat, beginnt sie sich als Allgemeingut in Handbüchern und Lexika niederzuschlagen, wo meist keine wissenschaftliche Diskussion mehr stattfindet. Hier schaut man nach, um sich schnell Grundlagenwissen anzueignen.

Während Handbücher in aller Regel als Monographien oder Sammelbände angelegt sind, sind Lexika bekanntlich alphabetisch geordnet. Im Unterschied zu herkömmlichen Lexika zeichnen sich wissenschaftliche aber dadurch aus, dass die einzelnen Artikel namentlich gekennzeichnet sind und damit von einem bestimmten Autoren verantwortet werden. Darüber hinaus sind sie mit Hinweisen auf weiterführende Literatur versehen.

Angesichts der Fülle der für die einzelnen Schwerpunkte der mediävistischen Forschung einschlägigen Nachschlagewerke ist es unmöglich, auch nur die wichtigsten zu nennen. Dennoch sei eine kleine Auswahl aufgeführt: Das meist nur als „Verfasserlexikon" bezeichnete Werk „Die deutsche Literatur des Mittelalters" informiert über erzählende und literarische Quellen sowie ihre Autoren; den für das Mittelalter so entscheidenden Bezug zur Kirchengeschichte stellen das „Lexikon für Theologie und Kirche" (3. Aufl. seit 1993), die „Theologische Realenzyklopädie (seit 1976) und das „Reallexikon für Antike und Christentum" (seit 1950) her, über mittelalterliche und frühneuzeitliche Rechtsgeschichte informiert das „Handwörterbuch zur deutschen Rechtsgeschichte" (Neuauflage seit 2004). Einschlägig für den Mediävisten ist vor allem das „Lexikon des Mittelalters", das zwischen 1978 und 1999 in zehn Bänden erschienen ist.

**Hilfsmittel.** Von den Nachschlagewerken abgesehen, gibt es eine ganze Reihe Hilfsmittel für Historiker. Über historische Personen in alphabetischer Reihenfolge informieren zwei biographische Sammelwerke: zunächst die „Allgemeine Deutsche Biographie" (ADB), erschienen in 56 Bänden zwischen 1875 und 1912; aktueller, aber noch lange nicht vollständig ist die „Neue Deutsche Biographie" (NDB), die in ihrer über fünfzigjährigen Entstehungszeit immerhin bis zum Buchstaben R vorgedrungen ist. Wesentlich besser ist die Datenlage zu mittelalterlichen Bischöfen, wo neben dem Klassiker von Konrad Eubel [Eubel] seit kurzem ein biographisches Lexikon [Gatz/Brodkorb] vorliegt, das von 1198 bis 1648 reicht. Über mittelalterliche Autoren informiert das bereits genannte „Verfasserlexikon".

Wer sich über die Geschichte einzelner Städte und Ortschaften informieren möchte, findet in der Reihe „Handbuch der historischen Stätten Deutschlands" ein Nachschlagewerk. Die Verbindung vom (lateinischen) geographischen Namen in den Quellen zum heutigen Ortsnamen stellt der „Orbis latinus" her [Graess/Benedikt/Plechl].

**Bibliographien.** Wer Literatur sucht, schaut in eine Bibliographie, ein thematisch geordnetes Nachschlagewerk publizierter Literatur. Dieser Grundsatz gerät angesichts des Internets und der Online-Kataloge wissenschaftlicher Bibliotheken immer mehr ins Wanken. Verlockend ist die schnelle Suche per Mausklick. Allerdings verführt sie oft zur unkritischen Rezeption zweifelhafter Literatur. Für die Recherche sollten stets Literaturberichte und Rezensionen in den Periodika herangezogen werden. Einschlägig sind auch laufend aktualisierte Spezialbiblio-

▷ S. 365 Neue Medien

graphien [BAUMGART; FELDMANN/SCHULTZE; HEIT/VOLTMER; SCHULER].

Klaus Krüger

**Literatur**

J. M. BAK, Mittelalterliche Geschichtsquellen in chronologischer Übersicht nebst einer Auswahl von Briefsammlungen, Stuttgart 1987.

W. BAUMGART, Bücherverzeichnis zur deutschen Geschichte. Hilfsmittel – Handbücher – Quellen, 14. Aufl. München 1999.

R. C. VON CAENEGEM/F. L. GANSHOF, Kurze Quellenkunde des westeuropäischen Mittelalters. Eine typologische, historische und bibliographische Einführung, Göttingen 1964.

W. DOTZAUER (Hrsg.), Quellenkunde zur deutschen Geschichte im Spätmittelalter (1350–1500), Darmstadt 1996.

H. DUCHHARDT/K. TEPPE (Hrsg.), Karl vom und zum Stein: der Akteur, der Autor, seine Wirkungs- und Rezeptionsgeschichte, Mainz 2003.

K. D. ERDMANN, Die Ökumene der Historiker. Geschichte der Internationalen Historikerkongresse und des Comité International des Sciences Historiques, Göttingen 1987.

E. K. EUBEL, Hierarchia catholica medii aevi sive summorum pontificum, s.r.e. cardinalium, ecclesiarum antistitum series ab anno 1198 usque ad annum 1431 perducta, Bd. 1, 2. Aufl. Münster 1913; ND Passau 1960.

R. FELDMANN/K. SCHULTZE, Wie finde ich Literatur zur Geschichte, 3. Aufl. Berlin 1995.

H. FUHRMANN, „Sind eben alles Menschen gewesen". Gelehrtenleben im 19. und 20. Jahrhundert. Über die Monumenta Germaniae Historica und ihre Mitarbeiter, München 1996.

E. GATZ (Hrsg.), Die Bischöfe des Heiligen Römischen Reiches. Ein biographisches Lexikon, 1. Teil (1198 bis 1448), Berlin 2001, 2. Teil (1448 bis 1648), Berlin 1996.



J. T. GRAESS/F. BENEDIKT/H. PLECHL (Hrsg.), Orbis Latinus. Lexikon lateinischer geographischer Namen des Mittelalters und der Neuzeit, 3 Bde., Braunschweig 1972.

A. HEIT/E. VOLTMER, Bibliographie zur Geschichte des Mittelalters, München 1997.

M. MAURER (Hrsg.), Aufriß der historischen Wissenschaften, Bd. 6: Institutionen, Bd. 7: Neue Themen und Methoden der Geschichtswissenschaft, Stuttgart 2002–2003.

Mittelalterliche Textüberlieferungen und ihre kritische Aufarbeitung. Beiträge der Monumenta Germaniae Historica zum 31. Deutschen Historikertag Mannheim 1976, München 1976.

Monumenta Germaniae Historica – Regesta Imperii, hrsg. von der Berlin-Brandenburgischen Akademie der Wissenschaften, Berlin 2003.

P.-J. SCHULER, Grundbibliographie Mittelalterliche Geschichte, Stuttgart 1990.

W. WATTENBACH, Deutschlands Geschichtsquellen im Mittelalter, Deutsche Kaiserzeit, hrsg. von R. HOLTZMANN, 2. Aufl. Tübingen 1948.

DERS./W. LEVISON/H. LÖWE, Deutschlands Geschichtsquellen im Mittelalter. Vorzeit und Karolinger, 6 Hefte, Weimar 1952–1990.

W. WATTENBACH/R. HOLTZMANN, Deutschlands Geschichtsquellen im Mittelalter. Die Zeit der Sachsen und Salier, Neuausgabe, besorgt von F.-J. SCHMALE, 3 Teile, Darmstadt 1967–1971.

W. WATTENBACH/F.-J. SCHMALE, Deutschlands Geschichtsquellen im Mittelalter. Vom Tode Heinrichs V. bis zum Ende des Interregnum, Darmstadt 1976.

H. ZIMMERMANN (Hrsg.), Die Regesta Imperii im Fortschreiten und Fortschritt, Köln/Weimar/Wien 2000.

**Forschung und Ausstellungen.** Für die Mittelalterforschung sind Museums- und Sonderausstellungen neben der Publikation die Plattform, um einer breiten Öffentlichkeit neue wissenschaftliche Erkenntnisse interessant, verständlich, aber zugleich problemorientiert und vielschichtig zu präsentieren.

Museale Ausstellungen sind langfristig angelegt. Sie basieren auf gesicherten wissenschaftlichen Erkenntnissen und stützen sich auf Bestände der jeweiligen Einrichtung. Vorteil dieser Ausstellungen ist die Kontinuität in Hinblick auf Ort und Themenstellung. Nachteile liegen in der Beschränkung auf die museale Sammlung und daraus resultierend auf bestimmte Themenbereiche wie z. B. das Alltagsleben, die Stadtgeschichte oder die Entwicklung einer Region. Aktualisierungen sind aufgrund neuer Forschungsergebnisse und Bestandserweiterungen notwendig und gewünscht.

Sonderausstellungen hingegen können historische Themenkreise durch Überwindung der klassischen Abgrenzung von Kunst, Archäologie, Kunstgeschichte sowie Technik- und Naturwissenschaften komplexer und umfassender darstellen. Dabei kann auf Sammlungen und Forschungsergebnisse verschiedenster Einrichtungen und Regionen zurückgegriffen werden. Im Gegensatz zur musealen Ausstellung sind Sonderausstellungen jedoch zeitlich und räumlich begrenzt. Anlass und Thema solcher Sonderausstellungen müssen nicht identisch sein. So war 1977 das 25-jährige Bestehen des Landes Baden-Württemberg, dessen Gebiet im Mittelalter weitestgehend im schwäbisch-alemannischen Stammesherzogtum, dem späteren Herzogtum der Staufer zusammengefasst war, impulsgebend für die richtungweisende Ausstellung „Die Zeit der Staufer. Geschichte – Kunst – Kultur". Thematisiert wurden das 12. und 13. Jahrhundert in ihren politischen, sozialen, künstlerischen und religiösen Erscheinungen und Zusammenhängen. Der Besucher sollte die historisch gewachsenen Strukturen als Basis der Gegenwart erkennen und gleichzeitig einen Einblick in das Leben derjenigen erhalten, die diese Basis legten. Damit wird der Charakter solcher Sonderausstellungen deutlich: Sie präsentieren aktuelle wissenschaftliche Erkenntnisse, schreiben diese fest und liefern damit neue Forschungsansätze. Der Besucher wird durch die Vielfalt an Exponaten, Themen und Präsentationsformen gebildet, unterhalten, zum Nachdenken angeregt.

Damit zeigt sich: Ausstellungen werden nicht nur der Wissenschaft wegen konzipiert. Sie sollen rezipiert und konsumiert werden, also Erfolg haben. Daher ist bei der Planung, der Themenfindung, der Exponatauswahl und der Gestaltung der Faktor Besucher nicht unerheblich. Alter, Bildungsniveau, Herkunft sowie Interessen und Motivationen spielen eine große Rolle. Eine Ausstellung, die nur über einen kurzen Zeitraum gezeigt wird, muss den Interessen und Bedürfnissen eines breiten Publikums Rechnung tragen. Die Gratwanderung zwischen Wissenschaft und Wirtschaftlichkeit, zwischen Bildung und Erlebnis wird spürbar.

**Themenfindung und Konzeption.** Die Wahl der Ausstellungsthemen kann verschiedensten Intentionen folgen: die Präsentation bahnbrechender neuer Erkenntnisse oder bestimmter Exponate, aktuelle Ereignisse, zeitgeschichtliche Aspekte oder politische Überlegungen, ja sogar die Etablierung eines neuen Standortes können eine Rolle spielen. Anlässe bieten Jubiläen, Todes- und Geburtstage sowie Jahrestage.

Zuweilen entwickeln sich historische Ausstellungen zu wahren Publikumsmagneten, so beispielsweise die **sächsische Landesausstellung „Zeit und Ewigkeit"** in Panschwitz-Kuckau (Oberlausitz), die trotz eines wenig bekannten, entlegenen und mit öffentlichen Verkehrsmitteln nur schwer erreichbaren Ausstellungsortes in nur 128 Tagen 365.108 zahlende Besucher anlockte. Wichtige Faktoren des Erfolges waren nicht nur die Qualität der Exponate und des Ausstellungskonzeptes, sondern gewiss auch ein geschicktes Marketing und der besondere Reiz des Ausstellungsortes: Es handelte sich hier um das seit 1238 bestehende, nach wie vor von einem Konvent der Zisterzienserinnen bewohnte Kloster St. Marienstern. Matthias Meinhardt

Bild: Warteschlangen vor der Ausstellung „Zeit und Ewigkeit" im Kloster St. Marienstern, 1998. Foto: Landesamt für Archäologie Sachsen mit Landesmuseum für Vorgeschichte. Bild: Wohmann.

Literatur: Zeit und Ewigkeit. 128 Tage in St. Marienstern. Eine Bilanz, hrsg. von der Pressestelle des Staatsministeriums für Wissenschaft und Kunst des Freistaates Sachsen, Dresden 1999; J. Oexle/M. Bauer/M. Winzeler (Hrsg.), Zeit und Ewigkeit – 128 Tage in St. Marienstern. Katalog zur Ersten Sächsischen Landesausstellung, Halle/S. 1998.

Stehen Themen und Inhalte fest, können diese im Längsschnitt, also chronologisch, oder im Querschnitt vertiefend betrachtet werden. Eine Verbindung beider Betrachtungsweisen innerhalb einer Ausstellung ist möglich. Das internationale Ausstellungsprojekt „Europas Mitte um 1000" (20. 8. 2000 – 29. 9. 2002) ermöglichte z. B. als Kooperation von Vertretern aus Deutschland, Polen, der Slowakei, Tschechien und Ungarn einen kulturgeschichtlichen Einblick in die gemeinsame Vergangenheit früher Nationen des östlichen Mitteleuropas im Querschnitt. Die thematische Basis bildete der Eintritt der Ungarn und Westslawen in das christlich-lateinische Abendland um das Jahr 1000. Anlass für die „Erste Sächsische Landesausstellung – Zeit und Ewigkeit – 128 Tage in St. Marienstern" (13. 6. – 18. 10. 1998) war das 750-jährige Jubiläum der Gründung des Klosters St. Marienstern in der Oberlausitz. Die Geschichte des Klosters und der Region sollten im Kontext sächsischer Landesgeschichte vom Mittelalter bis in die Neuzeit dargestellt werden. In vier Ausstellungskomplexen wurde Landes-, Kirchen-, Kloster-, Wirtschafts- und Kunstgeschichte teils im Längs-, teils im Querschnitt anhand von Exponaten aus ganz Sachsen thematisiert. Die Ausstellung „Otto der Große, Magdeburg und Europa" (27.8. – 2.12.2001) widmete sich der Herrscherpersönlichkeit Ottos I. Vor einer Kulisse einmaliger Exponate von 176 Leihgebern aus 100 Ländern wurde im Querschnitt ein Bild des frühmittelalterlichen Europas gezeichnet.

**Vom Objekt zum Exponat.** Eine Ausstellung lebt von den wissenschaftlichen Inhalten, der Gestaltung und natürlich von den Exponaten. Gerade bei historischen Ausstellungen weist die Auswahl der Ausstellungsstücke Besonderheiten auf. Aus den zur Verfügung stehenden gegenständlichen, abbildenden und schriftlichen Quellen müssen die Objekte ausgewählt werden, die als Ausstellungsexponate möglichst authentisch, attraktiv und ausdrucksstark sind. Weitere Auswahlprinzipien für Exponate sind das Exemplarische für die Darstellung von Gesetzmäßigkeiten und Zusammenhängen, das Genetische, um Entwicklungen aufzuzeigen, das Typische, das Repräsentative, um historische Hintergründe und den geschichtlichen Charakter bestimmter Erscheinungen verständlich werden zu lassen, sowie das Fundamentale, um allgemeine Erkenntnisse und Zusammenhänge zu verdeutlichen [Kösel]. In hohem Maß spielen hierbei aber auch Gesichtspunkte eine Rolle, die sich im Spannungsfeld zwischen Fachwissenschaft, Hilfswissenschaften, Gestaltung und Museumspädagogik bewegen. Je weiter sich die Ausstellungsthemen von der Gegenwart entfernen, desto fragmentarischer ist jedoch der Überlieferungs- und Quellenbestand. Die auszuwählenden Objekte stammen oft aus ganz unterschiedlichen Museen, Archiven, Bibliotheken, Einrichtungen der Denkmalpflege oder Privatsammlungen, was versicherungstechnische und konservatorische Überlegungen aufzwingt. Auch bei noch so hoher Authentizität und Expressivität können die für eine Ausstellung zur Verfügung stehenden Exponate nicht die historische Realität in ihrer ganzen Vielfalt abbilden. Dieser fragmentarische Charakter führt zur Fiktion, Neugier, Imagination, zu historischer Kombination und Interpretation, so dass ein Spannungsbogen zwischen Gegenwart und Vergangenheit entsteht. Durch die Verbindung von Sachkultur und historischer Interpretation schaffen historische Ausstellungen inszenierte Merkwelten, Orte des Erinnerns [Korff/Roth].

**Ausstellungen – Musentempel, Lernort oder Schaubühne?** In der Ausstellung tritt der Wissenschaftler als Ausstellungsmacher in Kommunikation mit dem Besucher. Ausstellungsthemen und -inhalte werden mit Hilfe der Exponate interpretierend präsentiert. Dies kann rein formalistisch durch die einfache Vermittlung konkreter, objektbezogener Tatsachen geschehen, indem beispielsweise mittelalterliche Keramik mit dem Fundort und der Datierung vorgestellt wird; oder analytisch, indem mittelalterliche Keramikfunde einer Burg mit deren erster schriftlicher Erwähnung in den gesamthistorischen Kontext gestellt werden.

Für die Gestaltung entscheidend ist dabei der Besucher. Er ist nicht als Objekt der Statistik, sondern als Adressat und Konsument zu betrachten. Verschiedene Erhebungen zeigen zwar, dass es „den Ausstellungsbesucher" nicht gibt. Gleichwohl lassen sich einige grundsätzliche Merkmale herausstellen. Die meisten Ausstellungsbesucher suchen hauptsächlich kulturell anspruchsvolle Zerstreuung und Unterhaltung. Die Verweildauer vor einzelnen Exponaten ist kurz und variiert eher nach der kulturellen Einstellung und Gesamthaltung als nach Bildungsinteressen [Herles]. Vorrangiges Ziel von Ausstellungen kann es nicht sein, dass die Besucher Kenntnisse und Fertigkeiten erwerben, sondern vielmehr Inhalte verinnerlichen, diesen eine persönliche Bedeutung zuweisen und historisches Geschehen nachvollziehen.

Die Präsentation als Kommunikation und Vermittlungsform rückt damit in den Mittelpunkt der Ausstellungsplanung. Fachwissenschaftliche, ästhetische und konservatorische Aspekte sollten hierbei in Wechselbeziehung mit den Problemen der Publikumsorientierung stehen. Die Auffassungen über Präsentationsformen in Ausstellungen sind verschieden und viel diskutiert. So können Aussagen durch Inszenierungen von Exponaten vor Kulissen oder Figurinen verstärkt werden. Exponate können als Ensemble zu einem bestimmten Themenkreis zusammengefasst oder als Arrangement gleichartiger, aufeinander bezogener Exponate gefasst werden.

Inszenierungen dienen der Anschaulichkeit, können problemorientierend, animierend und fantasiefördernd sein. Sie bergen allerdings auch die Gefahr, allzu deutlich zu interpretieren und übermäßig zu popularisieren. Dem Besucher wird eine historische Authentizität vorgegaukelt, die in Wirklichkeit nie erreicht werden kann. Ausstellungsexponate rücken dann deutlich in den Hintergrund. Die Rezeption wird stark vereinfacht, die Möglichkeit der kritischen Auseinandersetzung hingegen erschwert. Eine Ausstellung gerät zur populären Schau.

Ähnliche Probleme implizieren Rekonstruktionen als Versuch, dem historischen Vorbild so nah wie möglich zu kommen. Der Versuch, mittelalterliche Lebensbilder mit Originalen und Nachbildungen in Stimmungsräumen oder Dioramen authentisch zu rekonstruieren, ist für viele Besucher interessant, scheitert aber am fragmentarischen Charakter der Überlieferung. Hier sind allerdings die Möglichkeiten der neuen Medien zu beachten. So können beispielsweise Computeranimationen vor allem bei dreidimensionalen Darstellungen von Gebäuden wie Burgen, Klöstern oder Kirchen sehr hilfreich und anschaulich sein. Ähnlich verhält es sich mit interaktiven Ausstellungsobjekten. Die Notwendigkeit weiterer Information durch Füh-

EUROPAS MITTE
UM 1000
BEITRÄGE ZUR GESCHICHTE, KUNST UND ARCHÄOLOGIE
BAND 1
EUROPE'S
CENTRE
AROUND
AD 1000
EURÓPA
KÖZEPE
1000 KÖRÜL
EUROPA
ŚRODKOWA
OKOŁO
ROKU 1000
STŘED
EVROPY
OKOLO
1000
THEISS


**Begleitpublikationen** zu Ausstellungen erfüllen gleich mehrere wichtige Funktionen: Sie bündeln Informationen zur Ausstellung, erlauben punktuelle Vertiefungen und geben weiterführende Hinweise. Kataloge und Aufsatz- oder Essaybände vermitteln auch Ferngebliebenen einen Eindruck. Nach Sonderausstellungen sind entsprechende Veröffentlichungen oft eines der wenigen bleibenden Elemente solcher Projekte.

Für die Forschung können Ausstellungspublikationen zugleich Impulsgeber, Ort der Ergebnissicherung und Möglichkeit, Erkenntnisse an ein breiteres Publikum weiterzureichen, sein.

Die Abbildung zeigt das Titelblatt der Begleitpublikationen der Sonderausstellung „Europas Mitte um 1000", die in den Jahren 2000-2002 an den Ausstellungsorten Budapest, Krakau, Berlin, Mannheim, Prag und Bratislava stattfand. Insgesamt besteht dieses Werk aus zwei großformatigen und reich bebilderten Aufsatzbänden sowie einem Katalog der Exponate. Matthias Meinhardt

Literatur: A. Wieczorek/H.-M. Hinz (Hrsg.), Europas Mitte um 1000, 3 Bde., hier Bd. 1, Theiss Verlag: Stuttgart 2000.

rung oder schriftliches Material bleibt jedoch bestehen.

**Die Besucherbetreuung.** Bei zeitlich befristeten Sonderausstellungen kommt der Besucherbetreuung und der Öffentlichkeitsarbeit größte Bedeutung zu. Werbe- und Informationsmaterial muss zielgerichtet und besucherorientierend erstellt, Hotlines für Anmeldungen und Informationen sowie eine entsprechende Homepage müssen geschaltet werden. Ausstellungstitel, Logo sowie Plakatmotive sollten frühzeitig feststehen.

Aufgabe der Museums- oder Ausstellungspädagogik ist es, umfassende Begleitprogramme zu entwickeln. Die Palette reicht hier von Vortragsreihen, Audioguides und Führungsangeboten für verschiedene Altersstufen und Interessengruppen über Familientage, Aktionsangebote, Seniorenprogramme sowie Lehrerfortbildungen bis zum Kindergeburtstag. Dies setzt jedoch eine enge Zusammenarbeit mit dem Kuratorium sowie die Möglichkeit der Einflussnahme auf Inhalt und Gestaltung der Ausstellung voraus. Ausstellungs- und Museumspädagogen sind nicht die Erklärer und Deuter der Ausstellung, sondern Vermittler und Moderatoren; sie arbeiten nicht nur in, sondern mit der Ausstellung.

Von Bedeutung sind die Publikationen zur Ausstellung: Ausstellungsführer, -kataloge und Begleithefte für Kinder und Jugendliche. Sie umfassen Bildbände mit Darstellungen und ausführlichen Beschreibungen der Exponate sowie Textbände, die über den zeitlichen Rahmen der Sonderausstellung hinaus in Form von Aufsatzsammlungen den neuesten Stand der Forschung zur Thematik aufzeigen und festschreiben.

▷ S. 356 Publikationen

Nicht unwichtig ist die Nachbereitung von Ausstellungen. Neben Presseberichten sind Auswertungen von Besucherbüchern, Besucherbefragungen und Evaluationen von hohem Wert. Sie geben Aufschluss über Verhalten und Zufriedenheit der Besucher und liefern damit Erkenntnisse, die bei der Vorbereitung weiterer Ausstellungen hilfreich sind. Die Ergebnisse können wiederum der Museologie für weitere Forschungen dienen. Gelingt dieser Brückenschlag, präsentiert eine Ausstellung Wissenschaft und wird zugleich zu ihrem Objekt.

Peter Degenkolb

**Literatur**

D. Herles, Das Museum und die Dinge. Wissenschaft, Präsentation, Pädagogik, Frankfurt/M. u.a. 1990.

G. Korff/M. Roth (Hrsg.), Das historische Museum, Frankfurt/M./New York 1990.

E. Kösel, Didaktische und psychologische Grundprobleme einer Museologie, in: Deutsche UNESCO-Kommission 1973, 102–108.

J. Oexle/M. Bauer/M. Winzeler (Hrsg.), Zeit und Ewigkeit – 128 Tage in St. Marienstern. Katalog zur Ersten Sächsischen Landesausstellung, Halle/S. 1998.

M. Puhle (Hrsg.), Otto der Große, Magdeburg und Europa, 2 Bde., Mainz 2001.

H. Treinen, Museumsbesuch und Museumsbesucher als Forschungsgegenstand: Ergebnisse und Konsequenzen für die Besucherorientierung, in: Das besucherorientierte Museum, Köln 1997, 44–53.

H. Vieregg u.a. (Hrsg.), Museumspädagogik in neuer Sicht – Erwachsenenbildung im Museum, 2 Bde., Baltmannsweiler 1994.

F. Waidacher, Handbuch der Allgemeinen Museologie, 3. Aufl. Wien/Köln/Weimar 1999.

A. Wieczorek/H.-M. Hinz (Hrsg.), Europas Mitte um 1000, 3 Bde., Stuttgart 2000.

## Suche und Beschaffung von Informationen.

*Bibliographieren.* Wer Geschichte darstellen will, muss sich als erstes einen Überblick über Stand, Entwicklungsgang und Grundlagen der historischen Erkenntnisbildung verschaffen. Da sich der maßgebliche Forschungsstand als Startpunkt der meisten Recherchen noch auf absehbare Zeit vor allem in gedruckten Publikationen findet, sind diese zunächst möglichst vollständig zu erfassen. Die großen bibliographischen Unternehmen sind auf CD oder im Netz verfügbar („Medioevo Latino", „International Medieval Bibliography", „Jahresberichte zur deutschen Geschichte"). Erste systematische bibliographische Hinweise können auf thematischen Fachportalen (z.B. „computatio – mittelalterliche Rechnungen"), institutionellen und individuellen Internetseiten, manchmal aber auch an ganz entlegener Stelle gefunden werden. Hier empfiehlt sich neben der Konsultation der wichtigsten Fachportale (deutsch: „Virtual Library (VL) Mittelalterliche Geschichte", „mediaevum"; international: „netserf", „orb", „labyrinth") auch die Benutzung allgemeiner Suchmaschinen und übergreifender Suchportale wie „vascoda", „chronicon" oder der historischen Virtuellen Fachbibliotheken (ViFas).

▷ S. 357 likationen

Eine Fundstelle verweist oft auf weitere. Diesen Verknüpfungen – im Netz den Links, in der gedruckten Literatur den Fußnoten – ist nachzugehen, um über das so entstehende „Schneeballsystem" weitere Informationen zu erfassen. Der Nachweis gängiger monographischer Werke ist durch den „Karlsruher Virtuellen Katalog" (KVK) wesentlich vereinfacht worden. Hier ist ggfs. auch die Schlagwortsuche zu benutzen, die im Verbund der Bibliotheken gegenüber den Einzelbibliotheken die individuellen Unterschiede der Klassifikation ein wenig auszugleichen vermag.

*Aufsätze.* Einzelbeiträge in Sammelbänden oder Zeitschriften und die so genannte „graue" Literatur waren bislang oft schwer aufzufinden, doch neuerdings erleichtern Spezialbibliographien wie das Erlanger „Zeitschriftenfreihandmagazin" (ZFHM) die Suche. Darüber hinaus sind oft mit großem Gewinn die OPACs spezialisierter Institutionen, für das Mittelalter z.B. die Literaturdatenbank der „Regesta Imperii" (RI-OPAC) und die Online-Angebote der „Monumenta Germaniae Historica" (MGH-OPAC), zu berücksichtigen. Für die laufenden Zeitschriften ist der „History Journals Guide" (HJG) zu konsultieren.

Die Beschaffung der Literatur selbst wird dort, wo die heimische Bibliothek kein Exemplar besitzt, über Fernleih- und Dokumentenliefersysteme (z.B. JASON oder SUBITO) unterstützt. Von einer befriedigenden Verfügbarkeit der Texte in digitalisierter Form ist man jedoch noch weit entfernt, man kontrolliere für Zeitschriftenliteratur aber immer wenigstens die Bestände der „Elektronischen Zeitschriftenbibliothek" (EZB). Die in anderen Fächern oder Fachbereichen etablierten E-Journals sind in der mittelalterlichen Geschichte noch kaum angekommen. Den gedruckten und allzu selten (retro-)digitalisierten Werken (dazu www.zvdd.de) treten jedoch auch hier vermehrt digitale Angebote zur Seite, die ebenfalls über die genannten Fachportale und die allgemeinen Suchmaschinen leicht gefunden werden können. Neben den traditionellen historiographischen Texten sind hier z.B. Materialsammlungen, spezialisierte Datenbanken und verschiedene „Kleinformen" zu nennen.

*Rezensionen.* Bei den Kleinformen sind – neben den vom Fach noch kaum verwendeten

**Informationsbeschaffung unter den Bedingungen der Neuen Medien**

← Primärquellen ... … Sekundärtexte →

| | | | | | | |
|---|---|---|---|---|---|---|
| Informationsart | Archivalien | Handschriften | Alte Drucke: Inkunabeln / 16. Jh. / 17. Jh. | „Literatur“: monographisch / unselbstständig | Nebenformen Kleinformen: gr. Literatur / Rezensionen; Datenbanken / WWW-Publ. | Bibliographien | Diskussionslisten |
| Zugang | Archivportale | Manuscripta mediaevalia, VL HW Kod. | ISTC vdIb / VD 16 / VD 17; chronicon.de | KVK / ZFHM, RI-OPAC, MGH-OPAC; chronicon.de | Fachportale (VL, ViFas) Suchmaschinen | mediaevistik MEDTEXTL |
| Informationstiefe | Archive Findmittel (dig. Archivalien) | Bibliotheken Kataloge (dig. Hss.) | Titelnachweis Standortnachweis (dig. Drucke) | Titelnachweis Standortnachweis (dig. Volltexte) | Adressnachweis Elektronische Ressource | aktuelle und archivierte E-Mails |

Die verschiedenen Arten von Primär- und Sekundärquellen als grundlegende Ressourcen für die historische Forschung werden über mehr oder weniger spezialisierte Portale, Suchmaschinen und Datenbanken zugänglich gemacht. Sie eröffnen einen Zugang zu diesen Quellen, der mittelbar (z.B. über Bestandsnachweise) zu ihren physischen oder unmittelbar (über Verlinkung) zu ihren digitalen Formen führen kann.

„Blogs" (Weblogs) und „Wikis" – vor allem die (traditionellen) Rezensionen zu beachten. Buchbesprechungen zur mittelalterlichen Geschichte bieten so unterschiedliche Portale wie die allgemeine historische Mailing-Liste „H-Soz-Kult", das Online-Rezensionsjournal „Sehepunkte", die Bibliothek der MGH oder die Online-Ausgabe des „Internationalen Archivs für Sozialgeschichte der deutschen Literatur" (IASL). Mit der verbesserten Verfügbarkeit der Buchbesprechungen wird auch der Überblick über den aktuellen Stand der Forschung erleichtert. Hinzu kommt, dass etwa Informationen über Fachtagungen und die dort gehaltenen Vorträge, teilweise die Vorträge selbst als Text, Präsentation oder Videomitschnitt mit ungleich geringerem Aufwand zu beschaffen sind.

Eine zusätzliche Form des wissenschaftlichen Informationserwerbs und -austauschs bieten schließlich noch thematische Mailing-Listen. In der für die Mittelalterforschung leider noch wenig differenzierten Situation ist vor allem auf die Listen „mediaevistik" (deutschsprachig) und „MEDTEXTL" (englisch) zu verweisen, die allerdings beide einen philologisch-literaturwissenschaftlichen Schwerpunkt haben. Gleichwohl sind sie offen für andere Fragestellungen, so dass man hier bei speziellen Problemen oft auf sachkundigen Rat hoffen kann.

*Nachschlagewerke und Hilfsmittel.* Wenn auch die elektronische Verfügbarkeit von Texten der traditionellen Forschungsliteratur bislang noch zu wünschen übrig lässt, so gilt dies nicht in gleichem Maße für Standardwerke. Das „Lexikon des Mittelalters" liegt bereits auf CD-ROM vor; und auch andere Nachschlagewerke stehen mittlerweile für die Nutzung am Computer zur Verfügung, so z.B. die „Regesta Imperii" oder einige wichtige Quelleneditionen (z.B. eMGH auf CD, dMGH im WWW); auf CD auch das „Corpus Christianorum" (CETEDOC, „Brepols"), die „Patrologia Latina" („Migne", „Chadwyck-Healey") oder die inzwischen per Nationallizenz frei verfügbaren „Acta Sanctorum". Außerdem gibt es durchaus nennenswerte Anstrengungen, die Quellen selbst als elektronische Texte verfügbar zu machen – ein Ziel, dem man allerdings nur langsam näher kommt.

*Quellen.* Das Auffinden unedierter Quellen ist durch die neuen Medien enorm erleichtert worden. Dies beginnt bereits bei der Suche nach Institutionen, die beispielsweise Archivalien, Handschriften, Inkunabeln oder frühe Drucke aufbewahren. Hier weisen insbesondere „Archivportale" und die „VL Geschichte/Hilfswissenschaften/Kodikologie/Handschriftenbibliotheken" Wege. Darüber hinaus findet man zunehmend digital verfügbare Findmittel der Archive (Beispiel: Landesarchivdirektion Baden-Württemberg, Archive in NRW), umfassende Kataloge der Handschriften (Startpunkt: „Manuscripta Mediaevalia"), Sammelkataloge der Inkunabeln (ISTC Database) und frühen Drucke (VD16, VD17). Diese bislang schwer zugänglichen Materialien erfahren die wohl größten Erschließungsanstrengungen bis hin zur derzeit noch modellhaften Digitalisierung kompletter Archive (Stadtarchiv Duderstadt), Handschriftenbibliotheken (Dombibliothek Köln – CEEC) und Gruppen von Druckwerken („verteilte digitale Inkunabelbibliothek" – vdIB).

Angesichts der Masse der zu erschließenden Materialien steht man hier naturgemäß noch ganz am Anfang. Im Regelfall wird sich eine gesuchte Quelle vielleicht elektronisch nachgewiesen, nicht aber vollständig digitalisiert finden lassen. Doch kann man es auch positiv wenden: es ist mehr digitalisiert als man glaubt und so lassen sich auch hier immer wieder neue Funde machen, die zur weiteren Forschung anregen können. Es liegen jetzt etliche Archivalien, Handschriften oder Drucke digitalisiert vor, die bisher noch fast unerschlossen und in der Forschung wenig berücksichtigt geblieben sind.

**Informationskritik.** Die neuen Medien bieten erweiterte Informationsmöglichkeiten. Sie erfordern aber auch eine veränderte Rezeptionshaltung. Die Welt der traditionellen Bibliotheken mit ihren gedruckten Büchern und Fachzeitschriften bildete eine geordnete, kontrollierte und vorselektierte Informationslandschaft. Verfügbar gemacht wurde hier im Wesentlichen nur, was die Hürde der Drucklegung genommen hatte und dem wissenschaftlichen Bereich zugeordnet wurde. Die neuen Medien beseitigen diese Hürden, verlangen damit aber auch die Ausweitung einer kritischen Rezeptionshaltung, einer Quellenkritik, die sich von den Primär- auch zu den Sekundärquellen erstreckt. Für alle Materialien ist daher immer zu fragen: Wer hat sie wann zu welchem Zweck auf welcher Grundlage mit welchen Methoden erstellt? Nur so kann entschieden werden, welche Ressourcen als relevanter Beitrag für eigene Fragestellungen heranzuziehen sind. Zu einer medienbewussten Rezeptionshaltung gehört aber auch die Frage, welchen Ausschnitt aus der potenziellen Informationsmenge man vor sich hat, wie sich die digitalen Ressourcen zum verfügbaren Wissen insgesamt verhalten und wie zuverlässig die Kataloge oder Suchmaschinen digital vorliegende Informationen erfassen. Hier ist zu bedenken, dass die oft überraschend umfassenden Informationen in Datenbanken nur auf Anfrage dynamisch ausgegeben werden und deshalb nicht immer „ergoogelt" werden können!

Die Breite der Informationen wächst nicht nur mit der besseren Zugänglichkeit und Verfügbarkeit von immer mehr „Textsorten". Hinzu kommt die Internationalisierung der historischen Forschung, die durch den einfacheren digitalen Zugang als immer selbstverständlichere Perspektive ihren Raum in der Informationsbeschaffung beansprucht. War früher oft der Zugang zu Wissen das Problem, ist es heute eher die Filterung einer scheinbar unüberschaubaren Informationsmenge. In Zeiten der Informationsüberflutung geht es darum, schwimmen zu lernen!

**Verarbeitung und Darstellung von Informationen.** Produkt der Geschichtsforschung sind Geschichten, Erzählungen, Darstellungen. Traditionell wird eine Skala unterschiedlicher narrativer und analytischer Haltungen und Verfahrensweisen abgesteckt, an deren Endpunkten Geschichtsschreibung als literarische Kunstform oder aber als Ergebnis eines objektivierbaren analytischen Prozesses bestimmt werden kann. Auf der einen Seite werden mit den traditionellen Verfahren der Hermeneutik Quellentexte und Sekundärliteratur „verstanden", um zu historischer Erkenntnis zu gelangen. Auf der anderen Seite können formalisierte – den empirischen Wissenschaften entlehnte – Verfahren eingesetzt werden, um z.B. quantifizierende Forschungen zu betreiben. Der Computer als mechanisches Rechenwerkzeug ist offensichtlich eher geeignet, diesen letzteren Ansatz zu unterstützen. Er kann aber ebenso für nicht-quantifizierende Ansätze benutzt werden, wenn z.B. Software für die formalen Verfahren der Inhaltsanalyse oder der „qualitativen Forschung" benutzt wird. Dar-

▷ S. 321 Quantitati[ve] Methoden Mediävisti[k]

über hinaus dient er heute selbstverständlich der Informationsverwaltung, z.B. durch Literaturdatenbanken, und dank moderner Textverarbeitungsprogramme der Ergebnisformulierung [HORSTKEMPER].

Mit den neuen Medien kommt es nun zu einer weiteren Differenzierung nicht nur der methodischen Ansätze, sondern auch der narrativen Haltungen und Ausdrucksformen. Auch wenn die neuen Medien noch nicht zu einer stabilisierten Ausdrucksform gefunden haben, sondern sich immer noch in einem Inkunabelstatus befinden, in dem ihr Inhalt vor allem die Simulation alter Medien ist, sind hier dennoch schon heute einige Grundtendenzen in Umrissen abzusehen:

1. Datenorientierung. Der Einsatz des Computers und der neuen Medien legt die Verarbeitung strukturierter alphanumerischer „Daten" nahe und ergänzt so die bisher fast exklusive Beschäftigung mit nicht weiter strukturierten laufenden „Texten".

2. Delinearisierung. Verschiedene Präsentationsformen der neuen Medien verwirklichen Ansätze des Hypertextkonzeptes. Nicht zuletzt das Internet ist ein (vereinfachtes) Hypertextsystem. Werden solche technischen Plattformen als Zielmedien bereits bei der Informationsverarbeitung mitgedacht, dann ist das Ergebnis oft kein einzelner abgeschlossener linearer Text mehr, sondern ein Netz aus unterschiedlichen kleineren Informationsblöcken („chunks").

3. Multimedialisierung. In den neuen Medien wird das linguistische Textmodell des Buchdrucks, in dem der Text als Kette von Wörtern erscheint, zugunsten der verstärkten und unmittelbaren Einbindung von Ton- und Bildquellen aufgebrochen.

4. Inklusion/Kontextualisierung. Der Wegfall von Mengenbeschränkungen, die erleichterte Multimedialität und der referentielle Charakter der neuen Medien führen dazu, dass Quellen, Sekundärtexte und illustrierendes und kontextualisierendes Material nicht mehr nur erwähnt werden oder man sich mit kurzen Verweisen begnügt; vielmehr werden diese zusätzlichen Informationen nun in die Publikation unmittelbar eingebaut.

5. Offenheit. Die einfachere Produktion und Veränderung von Publikationen in den neuen Medien führen dazu, dass diese grundsätzlich als Teil eines sich stets Stück für Stück weiterentwickelnden Prozesses gedacht werden können. Im Gegensatz zum gedruckten Buch sind sie damit tendenziell immer unabgeschlossen und offen für Erweiterungen und Veränderungen.

6. Kollaboration. Diese Bedingungen führen in Kombination mit dem Wegfall der Umfangsbeschränkungen der Buchkultur dazu, dass die Sammlung und Darstellung historischer Informationen verstärkt als weiter ausgreifende kollaborative Unternehmungen gedacht werden können.

Ob man in diesen Veränderungen eine Entwicklung sieht, durch die neben die rein narrative Geschichtsschreibung mittelfristig eine „nicht-narrative" tritt, hängt davon ab, wie eng oder wie weit man den Begriff der Narration/Erzählung fassen will. Es scheint aber offensichtlich, dass die zunehmend leichtere Einbindung von Forschungsliteratur und Quellen das „Reden" als primäre historische Kommunikationshaltung durch Formen des „Zeigens" ergänzt [ERNST] bzw. dass vernetzte Metatexte das Erbe der traditionellen Geschichtstexte antreten. Auch Datenbanken, deren einzige Präsentationsweise dynamisch generierte temporäre Informationseinheiten als Antwort auf spezifische Benutzeranfragen sein können, sind ein legitimes Produkt historischer Forschung. In einer radikalen Haltung kann zwar selbst hier noch die Festsetzung einer Datenstruktur und der Prozess der Datensammlung und -aufbereitung als „Erzählung" aufgefasst werden, der Unterschied zum linearen Text als literarischer Kunstform ist hinsichtlich der jeweiligen narrativen Form aber offenkundig.

**Rückwirkungen der neuen Medien.** Die neuen Medien beeinflussen als Zieltechnologie der Publikation einerseits die Struktur ihrer Inhalte und die kommunikative Haltung der Autoren. Andererseits kann der Medienwandel aber auch als „Transmedialisierung" und damit als indifferent gegenüber den Formen des Erzählens aufgefasst werden: Computer verarbeiten unstrukturierte Texte, lesen statische CD-ROMs, stellen Hypertexte bereit und kommunizieren über das Internet als dynamische Datenbanksysteme mit ihren Benutzern. Die gleichen prämedialen „Daten", die gleichen „Erzählungen" können mit algorithmischen Ausgabeprozessen zugleich über einen Drucker in eine endgültige Buchform gebracht und „lesbar", im Internet als Hypertext „navigierbar" oder als dynamische Datenbank „abfragbar" gemacht werden. Die neuen Medien führen dann nicht einfach zu neuen, technisch motivierten narrativen Strukturen, sondern überwinden technische und konzeptionelle Restriktionen, etwa jene der Buchkultur. Sie eröffnen so Möglichkeiten relativ medienneutraler Ausdruckskonzepte, die vielleicht den Gegenständen besser gerecht werden. Die Devise lautet dann nicht „Denke elektronisch", sondern: „Denke konzeptionell, denke prämedial".

Patrick Sahle

**Literatur**


W. BERGMANN, Multimediale Gesellschaft – Geschichtsstudium multimedial und computergestützt I, in: W. SCHMALE (Hrsg.), Studienreform Geschichte – kreativ, Bochum 1997, 217–240.

B. BISTE/R. HOHLS (Hrsg.), Fachinformation und EDV – Arbeitstechniken für Historiker. Einführung und Arbeitsbuch, Köln 2000.

W. ERNST, White Mythologies? Informatik statt Geschichte(n) – die Grenzen der *Metahistory*, in: Storia della Storiografia 25, 1994, 23–49.

G. GERSMANN, Neue Medien und Geschichtswissenschaft. Ein Zwischenbericht, in: GWU 50, 1999, 239–249.

G. HORSTKEMPER, Instrumente: Historische Arbeit im Zeitalter des Computers, in: A. VÖLKER-RASOR (Hrsg.), Oldenbourg Geschichte Lehrbuch: Frühe Neuzeit, München 2000, 363–380.

P. HORVATH, Geschichte Online. Neue Möglichkeiten für die historische Fachinformation, Köln 1997.

S. JENKS, Das Netz und die Geschichtsforschung, in: Hansische Geschichtsblätter 116, 1998, 163–184.

DERS., Mittelalter, in: DERS./S. MARRA (Hrsg.), Internet-Handbuch Geschichte, Köln u.a. 2001, 55–71.

J. O'DONNELL, Avatars of the Word. From Papyrus to Cyberspace, 4. Aufl. Cambridge (MA) 2000.

T. STÖBER, Das Internet als Medium geistes- und kulturwissenschaftlicher Publikationen. Pragmatische und epistemologische Fragestellungen, in: Philologie im Netz, Beiheft 2, 2004, 282–296.

R. WEICHSELBAUMER, Mittelalter virtuell – Mediävistik im Internet, Stuttgart 2005.

# Technik: Mittelalter auf Schritt und Tritt: Ein Stadtrundgang in Halle

**Ankünfte im Mittelalter.** Wenn man als historisch interessierter Besucher in einer beliebigen Stadt ankommt, dann drängt sich einem angesichts des Eindrucks, den das Stadtbild auf einen macht, zumeist die Frage auf, wieviel und was von der Vergangenheit der einzelnen Epochen erhalten geblieben ist. Wer das Mittelalter sucht und unbedarft ist, wird sich von den städtischen Tourismus- und Marketingabteilungen dorthin locken lassen, wo „unverfälschtes" Mittelalter zu bewundern ist, und nach Rothenburg ob der Tauber, Quedlinburg oder Lüneburg reisen. Stadtmauer, Türme, enge Gassen und Kirchen – wenn man sie als die notwendigen Chiffren versteht, um im populären Gemütshaushalt ein Mittelalterbild entstehen zu lassen, dann kommt der Besucher hier tatsächlich auf seine Kosten, obwohl er in einem quellenkritischen Sinne nicht einem unverfälschten Mittelalter begegnet. Denn der so original anmutende Wehrgang rund um den Stadtkern von Rothenburg ist nach schweren Zerstörungen des Zweiten Weltkriegs seit 1945 teilweise neu aufgebaut worden.

Um dies zu erkennen und zu vermitteln, bedarf es der Technik der allgemeinen Quellenkritik. Doch nicht darum soll es im Folgenden gehen, sondern um den Versuch, unter dicken Schichten moderner Zeitphasen den Abdruck der mittelalterliche Epoche in einer Stadt zu entdecken. Am besten lässt sich diese Technik, die gleichsam wie ein Restaurator an einem Fresko unter den sichtbaren die älteren Malschichten aufzudecken sucht, an einem konkreten Beispiel erklären. Dafür kämen fast alle deutschen Städte in Betracht, denn nur wenige von ihnen sind wie Mannheim, Freudenstadt, Glückstadt oder Eisenhüttenstadt nachmittelalterliche Gründungen. Weshalb hier Halle gewählt wird, hat einerseits mit dem Arbeitsort der Herausgeber dieses Bandes zu tun, rechtfertigt sich aber vor allem damit, dass man, wenn man denn überhaupt etwas mit der sachsen-anhaltischen Stadt von 250.000 Einwohnern verbindet, nicht Mittelalter, sondern Pietismus oder Chemieindustrie zu assoziieren pflegt. Das mittelalterliche Halle nicht in Schriftquellen aufzusuchen, sondern durch Anschauung auf einem Stadtrundgang entdecken zu wollen, ist also diffiziler, als ähnliches in Nördlingen oder in Lübeck zu unternehmen, und damit wohl auch besser zu übertragen auf andere Reiseziele mit eher modernem Charakter wie Berlin, Frankfurt oder Stuttgart.

▷ S. 296 Einleitung

**Die Gesamtanlage als Quelle.** Sich nach der Ankunft in einer unbekannten Stadt mit einem Stadtplan zu versorgen, empfiehlt sich allein schon aus praktischen Gründen. Doch kann noch das simpelste, von der Tourismusauskunft ausgegebene Kartenmaterial eine Quelle für den Historiker sein, wenn er die hierauf dokumentierte Stadtanlage zu lesen versteht. Spontan wird man die ausdrücklich ausgewiesenen und als Inseln in der modernen Großstadt konservierten mittelalterlichen Bauwerke aufsuchen wollen. Doch trägt der Blick auf das Gesamtensemble, auf die Stadtanlage, zunächst weitaus mehr zum Verständnis der mittelalterlichen Geschichte der besuchten Stadt bei. Denn in aller Regel hat nicht nur das bewahrte einen positiven und offensichtlichen, sondern auch das nicht mehr vorhandene Mittelalter einen negativen Abdruck auf dem Stadtplan hinterlassen.

Sofort wird man dabei an die Straßennamen denken. Ist es nicht so, dass selbst dort, wo nur moderne Geschäftshäuser stehen, der Name Bäckergasse beispielsweise davon zeugt, dass hier im Mittelalter das betreffende

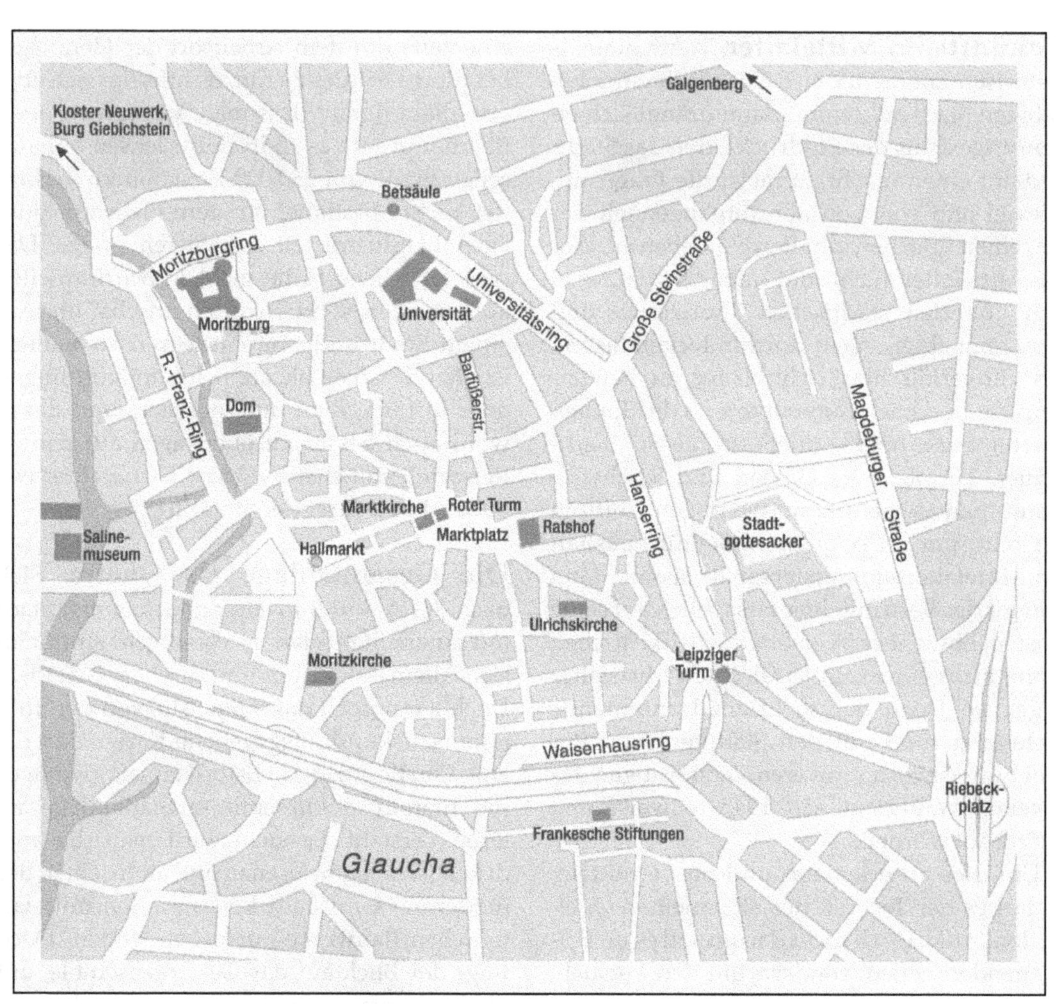


**Stadtplan der Innenstadt von Halle 2006**

Gewerbe angesiedelt war? Doch hier ist doppelte Vorsicht geboten. Denn genausowenig, wie im Mittelalter normalerweise alle Lebensmittelbetriebe in ein und derselben Straße angesiedelt waren, müssen solche Straßennamen schon im Mittelalter gebildet worden sein.

In Halle trifft dieser Sachverhalt gerade für den „Hansering" zu, dessen Namen man leicht für mittelalterlich halten kann, wenn man sich an die mächtige Wirtschaftsgemeinschaft der Hanse erinnert und zudem liest, dass Halle bis 1479 diesem Bund angehörte. Doch heißt die Straße, die man auf dem Stadtplan sofort entdeckt, erst seit 1945 so, als man den Namen Adolf-Hitler-Ring tilgte, den die Straße seit 1933 geführt hatte. Zuvor schon war sie, die zwischen 1873 und 1878 Poststraße hieß (ein neutraler Name, der nur beschrieb, dass die betreffende Institution hier angesiedelt war), in einer ersten politischen Demonstration im Jahre 1927 zum Preußenring umbenannt worden. Freilich hätte man schon ahnen können, dass der Hansering und die mit ihm verbundenen breiten, einen halbkreisförmigen Ring bildenden Straßen keine mittelalterlichen sein können. In ihnen ist aber, wie meistens, wenn Ringstraßen eine Innenstadt umgeben, eine wichtige mittelalterliche Einrichtung in ihrem Verlauf konserviert. Denn beschrieben ist durch sie die Topographie der mittelalterlichen und neuzeitlichen Stadtbefestigung. Nicht nur in Halle war es so, dass erst in dem Moment, als im 19. Jahrhundert die Städte nicht mehr Festung sein mussten und die Torsperre aufgehoben wurde, auf den planierten Befestigungsanlagen breite Alleen oder ein Grüngürtel angelegt wurden.

**Sakraltopographie.** Zur Infrastruktur einer jeden mittelalterlichen Stadt gehörten kirchliche Einrichtungen zwingend dazu. Städte ohne Kirchen zu errichten, entsprang erst einer sozialistischen Utopie. Die mittelalterliche Kommune war immer auch Sakralgemeinde, die himmlischen Segensschutz auf sich zu lenken bemüht war und um geistliche und karitative Versorgung eines jeden in ihren Mauern bedacht sein musste. Man kann sich hilfsweise eine Grundausstattung merken, die man in größeren spätmittelalterlichen Städten üblicherweise antreffen konnte. Die Faustregel lautet, dass in aller Regel mit einer oder mehreren Pfarrkirchen, einem oder auch zwei Bettelordenklöstern, einem Hospital und zahlreichen Kapellen zu rechnen ist. Deren Reste kann man bei einem Besuch in einer fremden Stadt zu ermitteln suchen. Nicht zwingend, aber durchaus möglich ist, dass sich darüber hinaus Klöster älterer Orden, etwa der Benediktiner, und Stiftskirchen bis heute erhalten haben. So kann Halle in dieser Sonderkategorie mit zwei Augustinerchorherrenstiften, von denen Neuwerk vor und St. Moritz innerhalb der Stadt lagen, einem nördlich der Alpen recht seltenen Servitenkloster (heutige Ulrichskirche) und einem Zisterzienserinnenkloster in Glaucha (heute innerstädtisch) aufwarten.

Was den Grundbestand angeht, so sind in unserer Beispielstadt die mittelalterlichen Verhältnisse freilich verunklart, weil im ersten Drittel des 16. Jahrhunderts die Sakraltopographie unter Kardinal Albrecht von Brandenburg durch eine Art Ringtausch unter den Institutionen stark verändert worden ist – ein deutliches Zeichen für den Verlust der bürgerlichen Entscheidungsmacht gegenüber derjenigen des Stadtherrn, der Halle zu einer modernen Residenzstadt nach seinen Wünschen umzugestalten suchte. Das größte und wichtigste der Hospitäler, das Cyriakus-Hospital, wurde unter seiner Ägide verlegt. Die heutige Marktkirche ersetzte damals zwei mittelalterliche Pfarrkirchen. Die dritte Pfarrkirche des Mittelalters war die Moritzkirche, die man bis heute besuchen kann. Von der vierten Pfarrkirche sind ohne fachkundige Hilfe keine Spuren mehr zu finden.

Letzteres kann man als Fremder nicht wissen. Doch lässt sich dann, wenn man die genannte Grundausstattung überprüft, durchaus bemerken, dass zwar das Dominikanerkloster erhalten ist (der heutige „Dom"), aber von dem zweiten, franziskanischen Bettelordenskloster jede steinerne Spur fehlt. Wer allerdings auf dem Weg durch die Barfüßerstraße zum innerstädtischen Campus der Martin-Luther-Universität für einen Moment stutzt, ist auf der richtigen Fährte. Denn tatsächlich ist die hallische Universität auf dem Gelände eingewurzelt, auf dem im Mittelalter ein bedeutendes Franziskanerkloster stand. In der Reformation aufgehoben, wurde es zum lutherischen Ratsgymnasium, was für viele Städte nicht untypisch ist, in denen das klösterliche Leben im 16. Jahrhundert endete. Diese Ratsschule wiederum wurde 1828 für den Neubau der 1694 eröffneten Universität abgerissen.

**Kommunale Bauten.** Nicht alle mittelalterlichen Städte steckten dauerhaft und strukturell in Finanznöten. Doch gerieten sie stets dann in finanzielle Schwierigkeiten, wenn bauliche Großprojekte anstanden. Das teuerste Vorhaben war dabei der Neu- oder Umbau der Befestigungsanlagen. Doch diese Kosten waren gesuchte Lasten, weil die Befestigungshoheit eines der wichtigsten Rechte war, das sich die Stadtkommune auf ihrem Weg zur Autonomie von ihrem Stadtherrn übertragen ließ. So ist es auch in Halle gewesen, wo allerdings geeignete Rechnungsmaterialien fehlen, an denen das Bauen für die Stadt eingehender studiert werden könnte. Auch die erhaltenen Reste kommunaler Bauten sind nicht so eindrucksvoll wie andernorts. Ein mittelalterliches Rathaus sucht man heute vergeblich. Nur eine moderne Stele auf dem Marktplatz erinnert an den einstigen Standort. Von den Befestigungsanlagen, die von der Stadt errichtet wurden, ist neben einigen Stadtmauerresten eigentlich nur der so genannte Leipziger Turm übrig geblieben. Stadttore, die etwa in Lübeck oder Weißenburg die Touristen wie Magnete anziehen, sind in Halle vollständig demoliert worden. Weil der Leipziger Turm, der um 1450 als Beobachtungspunkt für das Vorfeld des Galgtors erbaut wurde, allerdings heute in der Fußgängerzone steht, wirkt er kaum abwehrbereit, sondern eher pittoresk. Vielleicht mag das die Verantwortlichen dazu veranlasst haben, ihn mit einer Reihe von runden Metallplatten zu umgeben, die ins Trottoir eingelassen sind und nach mittelalterlichen Siegeln gestaltet wurden. Das städtische Siegel ist darunter, was gerade noch einleuchten mag, weil das Stadtwappen als Zeichen des kommunalen Besitzes auch andernorts auf Bussen, Kanaldeckeln und Lichtmasten zu sehen ist; mit dem hallischen Stadtwappen gekennzeichnet war etwa schon 1457 das Moritztor. Eher einer Ästhetik moderner Stadtgestaltung und dem Wunsch nach Variation geschuldet ist indes die Wahl von Siegeln hallischer Innungen. Der aufmerksame Leser wird bemerken, wie weit entfernt eine solche ornamentale Verwendung von der mittelalterlichen Rechtsfunktion solcher Siegel ist.

▷ S. 233, 23
Stadtkomm

▷ S. 335 f.
Sphragistik

Der Blick über den hallischen **Marktplatz** lässt eine Bebauung erkennen, die gerade nicht rein mittelalterlich ist, sondern Gebäude aller Epochen umfasst. Im Hintergrund erkennt man die Marktkirche Unser Lieben Frauen, die 1554 vollendet wurde. Die in den Neubau integrierten unterschiedlichen Turmpaare lassen bis heute erkennen, dass dieser Neubau zwei ältere Pfarrkirchen miteinander verbunden hat. Der frei stehende „Rote Turm" ist älter. Er diente als Glockenturm für die angrenzende Pfarrkirche. 1506 war er endlich fertiggestellt, nachdem fast ein Jahrhundert an ihm gebaut worden war. Bauherr des Roten Turmes war zunächst die Pfarrgemeinde von Sankt Marien, der das Gebäude als Glockenturm dienen sollte. Der Rat beteiligte sich erst in der letzten Bauphase, um die städtische Sturmglocke und eine Turmuhr unterbringen zu können. Seitdem war der Turm ein kommunales Gebäude. Das war auch andernorts oft so, denn die Städte suchten die vielfältigen Funktionen solcher Turmbauten zu kontrollieren, die das Archiv bergen konnten, mit Uhren versehen und mit Wächtern besetzt waren und deren Glocken nicht nur zum Gebet riefen, sondern auch bei Feuer oder Gefahr warnten und überhaupt mit ihren Signalen das städtische Leben rhythmisierten. Vielleicht wird den Kenner die Größe des Areals des Marktplatzes verwundern, der eher an Aufmarschplätze von Planstädten als an mittelalterliche Verhältnisse erinnert. Tatsächlich war es bis 1946 nicht möglich, aus dem Bürofenster der Oberbürgermeisterin, aus dem das Foto aufgenommen worden ist, den Platz so zu überschauen. Denn der heutige Sitz des Stadtoberhaupts, der Ratshof, war nur ein Hinterhofgebäude für das Alte Rathaus. Dieses und weitere Gebäude wie die städtische Ratswaage standen als ein Riegel quer über dem heutigen Platz und verkleinerten sein heutiges Ausmaß um rund ein Drittel. Mit dem verschwundenen Rathaus, das nach Bombentreffern abgerissen wurde, ist indes nicht die mittelalterliche Nutzung des Platzes getilgt. Der hier täglich abgehaltene Lebensmittelmarkt entspricht nämlich der Funktion haargenau, die der Platz im Mittelalter besaß. Überlegungen, die durchaus Krach und Dreck produzierenden Marktstände aus der „guten Stube" der Stadt zu verdrängen, beruhen also auf einem jüngeren, gewiss nicht mittelalterlichen Verständnis von der Funktion solcher innerstädtischen Plätze.



Foto: Andreas Ranft.

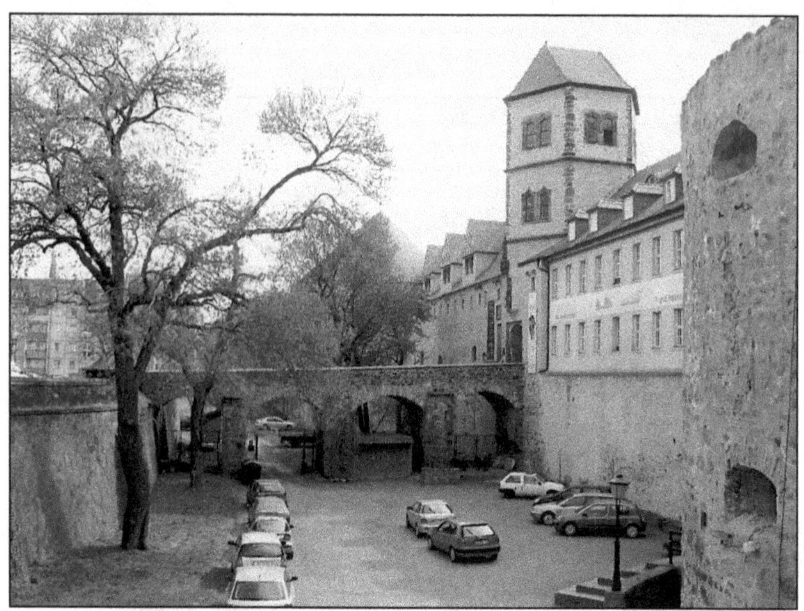

In Halle waren es innerstädtische Auseinandersetzungen, die dazu führten, dass den Truppen des Erzbischofs von Magdeburg im Jahre 1478 die Stadttore geöffnet wurden. Als Zeichen des erzbischöflichen Sieges ist die **Moritzburg** bis heute in den Stadtraum eingeschrieben. Symbolkräftig trägt sie den Namen des Bistumsheiligen und zeigt so, dass derjenige, der das Gebäude angreift, sich auch gegen den Heiligen Mauritius (= Moritz) vergeht. Wie der Erzbischof Ernst von Sachsen (reg. 1476-1513) der zurückgewonnenen Stadt seinen Stempel aufdrückte, berichtet die Magdeburger Schöppenchronik. Der Erzbischof habe zunächst alle Privilegien aufgehoben und die sie belegenden Urkunden kassiert. Danach „lies er aus dem einen thor ein gewaltig slos, S. Moritzburg genant, erbawen... Hierher haben alle stedte billich ein aufsehen und bedencken, wohin sie uneinikeit brengen kan."

Während die Burg heute von der Stadt aus betreten wird, lag einst der Haupteingang im Norden. Die Burg konnte also von erzbischöflichen Truppen, ohne dass sie ein Stadttor passieren mussten, betreten und versorgt werden. Dass man die Zugangssituation schon unter Erzbischof Albrecht von Brandenburg (reg. 1513-1545) ändern konnte, ist ein Indikator dafür, dass sich die Verhältnisse in der Zwischenzeit grundlegend verändert hatten. Tatsächlich war die Stellung des Stadtherrn inzwischen so gefestigt, dass er ohne Angst die Burg, die einst die Stadt beherrschen sollte, zur Stadt hin öffnen konnte. Nach 1520 begann er sogar, den Stadtraum urbanistisch auf die Burg, die zum Kern einer Residenz werden sollte, zu orientieren. Davon zeugen weitere Bauten. Hätte der Erzbischof 1541 die Stadt nicht im Zuge der reformatorischen Bewegung verlassen, dann wäre Halle vielleicht eine barocke Residenz und die Moritzburg ein Schloss geworden.

Nach einem Brand im Dreißigjährigen Krieg hat man lange eine angemessene Funktion für die Moritzburg gesucht. Karl Friedrich Schinkel lieferte einen leider nicht ausgeführten Entwurf für einen Universitätsbau. Im 19. und 20. Jahrhundert hat man die erhaltenen Gebäude mehrfach umgebaut und Platz für eine Museumsnutzung geschaffen. Ein neuer ambitionierter Plan sieht den weiteren Umbau für das Landesmuseum vor.

Bilder: Ansicht des Burgeingangs mit Geschützbastion von 1517 in der Nordostecke der Burg (im Grundriss unten rechts). Foto: Andreas Ranft. Grundriss der Moritzburg, aus: H. Wäscher, Die Feudalburgen in den Bezirken Halle und Magdeburg, Berlin 1962, Henschel Verlag Berlin.

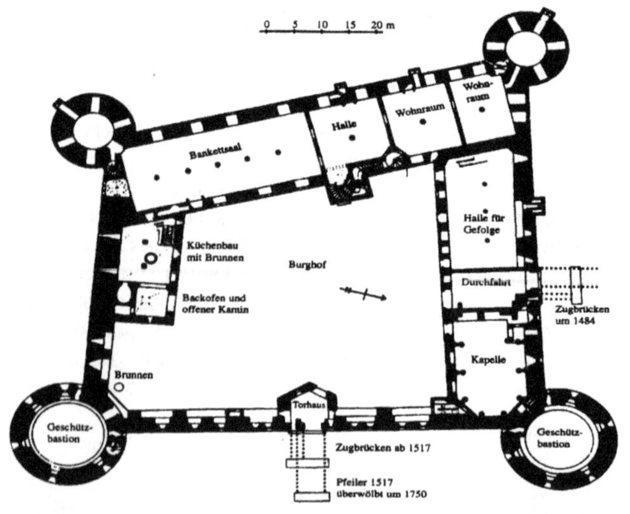

Technik:
Mittelalter auf
Schritt und Tritt:
Ein Stadtrundgang
in Halle

**Stadt, Burg, Residenz.** In einem populären Verständnis stehen Stadt und Burg zumeist für zwei getrennte gesellschaftliche Bereiche des Mittelalters. Doch waren in der Geschichte der mittelalterlichen Städte beide Phänomene eng miteinander verzahnt. Manche Städte sind eigentlich einst Großburgen gewesen, und viele andere entstanden am Fuße von Burgen, wofür Nürnberg sicherlich das eindrücklichste Beispiel ist. Der Stadtherr war dann selbst oder durch einen Vertreter auf der Burg in seiner Stadt präsent, und dies blieb so, bis sich militärische und repräsentative Funktionen der Burg voneinander trennten. Manche Städte wurden dann zu Festungen, andere zu Residenzen, in denen offene Schlossanlagen entstanden und das Stadtbild wie etwa in Dresden auf sich ausrichteten und die Straßenführung auf sich bezogen.

In Halle besaß der Stadtherr, der Erzbischof von Magdeburg, eine Burg auf dem Giebichenstein – ein Fels im Saaletal, der sich zwar heute, aber noch nicht im Mittelalter im Stadtgebiet befindet. Diese abseitige Lage, von der aus auf die Stadt kein Einfluss zu nehmen war, macht deutlich, dass in Halle der Stadtherr gegenüber der um ihre Freiheit bemühten Stadtgemeinde ins Hintertreffen geraten war. Nicht wenigen bischöflichen Stadtherren war es mit ihren Städten ganz ähnlich ergangen, sodass etwa der Erzbischof von Köln in Bonn oder der Bischof von Augsburg in Dillingen residieren musste. Wonach auch diese beiden geistlichen Fürsten strebten, aber im Mittelalter nicht erreichten, gelang 1478 dem Magdeburger Erzbischof: Er konnte die in sich zerstrittene Stadtgemeinde unter seine Gewalt bringen. Die von ihm erzwungenen Verfassungsänderungen zu seinen Gunsten lassen sich heute nur noch nachlesen. Die militärische Sicherung seiner Stellung ist hingegen bis zum heutigen Tag ins Stadtbild eingeprägt. Denn die mächtige Moritzburg in der Nordwestecke der Stadt, eine kastellartige Vierflügelanlage mit Eckbastionen, sollte nicht die Stadtmauer verstärken und äußere Feinde abwehren, sondern diente der Sicherung der stadtherrlichen Präsenz in Halle und der Niederhaltung möglicher Aufstände der Stadtgemeinde. Solche Zwingburgen wurden im 15. Jahrhundert auch anderswo errichtet, als sich das Kräfteverhältnis zwischen Fürsten und Stadtgemeinden grundsätzlich zugunsten ersterer zu verschieben begann.

**Vorstädtische Siedlungen.** Näherte sich ein spätmittelalterlicher Besucher einer Mittel- oder Großstadt, zu denen man im Mittelalter, lässt man die Kategorie ab 5.000 Einwohnern beginnen, auch Halle rechnen darf, dann begegnete er schon weit vor der Stadtmauer einem nicht mehr von ländlicher, sondern von städtischer Lebensweise geprägten Raum. Zuweilen schon weit vor dem Stadttor passierte man die zumeist aus Erdwällen, Gräben und Palisaden bestehende Landwehr. Zwischen ihr und der eigentlichen Stadtmauer lagen Gärten und Felder, auf denen die Stadtbewohner für ihre eigene Versorgung anbauten. Auch Wirtschaftsbetriebe wie Mühlen und Ziegeleien fanden sich in diesem Areal. Zumeist lag ein für die Versorgung von Aussätzigen gestiftetes Spital vor der Stadt. Und auch die städtische Gerichtsstätte war hier zu finden. Im Mittelalter noch unüblich war es hingegen, dass die Friedhöfe außerhalb der Stadtmauern lagen. Man bestattete die Verstorbenen in aller Regel noch direkt auf den Kirchhöfen bei den Pfarrkirchen – ein Umstand, der sich in Halle früher als anderorts schon 1529 änderte und 1557 zur Errichtung des Stadtgottesackers führte.

Die Inschriften der Stadt Halle sind bisher noch nicht gesammelt. Zu den interessantesten Beispielen gehört die Beschriftung der so genannten **Betsäule** am Universitätsring. Die steinerne Säule zeigt ein Relief, das auf den zwei Seiten den kreuztragenden Jesus und die Kreuzigung zeigt. Die Inschrift unterhalb der Szene der Kreuztragung ist gekürzt, lässt sich aber mit Kenntnissen in Epigraphik und Paläographie auflösen als: „A(nno) d(omini) MCCCLV [1455] ad honorem ih(es)u xpi [christi] sculpt(us)". Die Säule ist also im Jahre 1455 zu Ehren Jesu Christi gefertigt worden. Über den Anlass wird nichts gesagt, so dass man nicht mit Sicherheit wissen kann, ob es sich um ein Monument handelt, das aufgrund eines Gelübdes, einer Sühneabmachung, als Pest- oder als Betsäule gestiftet worden ist. Vielleicht hätte man mehr darüber ermitteln können, wenn das Stück nicht mehrfach innerhalb des Stadtgebiets verschoben worden wäre, weil man nur auf den ästhetischen und nicht auf den historischen Wert zu schauen gewohnt war. Sollte die Säule tatsächlich vor dem Galgtor (am heutigen Riebeckplatz) gestanden haben, so könnte eine allerdings nicht zeitgenössische Funktionsbeschreibung zutreffen. Nach ihr sollen an der Säule die zum Tode Verurteilten ein letztes Gebet gesprochen haben.

Foto: Gerrit Deutschländer.

All das erkennt man idealtypisch auf spätmittelalterlichen Gemälden weitaus besser als im heutigen Stadtraum. Denn dort, wo die Industrialisierung des 19. Jahrhunderts wie in Halle den alten Stadtmauerring aufsprengte und sich neue Ausbauviertel ringförmig um die Innenstadt legten, sind die Zeugnisse der mittelalterlichen Vorstädte zumeist überbaut worden. In Halle zeugt immerhin der Flurname Galgenberg noch von der Lage einer Hinrichtungsstätte. Hier war indes der Galgen des Amtes Giebichenstein lokalisiert. Eine Betsäule, die auf ihrem letzten Gang von armen Sündern passiert wurde, ist ebenfalls erhalten, doch von ihrem historischen Standort entfernt worden. Zumindest eine Ahnung von der Nutzung des Stadtmauervorfelds für karitative Einrichtungen gibt die Lage der berühmten Franckeschen Stiftungen, die allerdings erst 1698 vom Pietisten August Hermann Francke (1663-1727) als Waisenhaus im damals noch nicht zur Stadt gehörenden Ort Glaucha gegründet wurden.

Nicht ungeschützt vor der Stadt lag die Saline, der im Mittelalter weitaus wichtigste Wirtschaftsbetrieb von Halle. Die Bedeutung der Salzproduktion war so groß, dass das Gebiet des heutigen Hallmarkts, den man sich als mittelalterliches Industrieareal vorstellen darf, schon von der Stadtmauer des 12. Jahrhunderts geschützt wurde. Es ist ein Zeichen für die anders gearteten frühneuzeitlichen Staatsverhältnisse, dass die Königlich Preußische Saline, die 1721 am Standort des heutigen Hallorenmuseums etabliert wurde, außerhalb der Stadt erbaut wurde.

Andreas Ranft & Stephan Selzer

**Literatur**

Geschichte der Stadt Halle, hrsg. von W. Freitag/K. Minner/A. Ranft, 2 Bde., Halle 2006.

# Einrichtungen der Forschung

...NDIS FONTIBVS RERVM GERMANICARVM MEDII AEVI.

SANCTVS
AMOR PATRIAE
DAT
ANIMVM.

FRANCOFVRTI A. M.

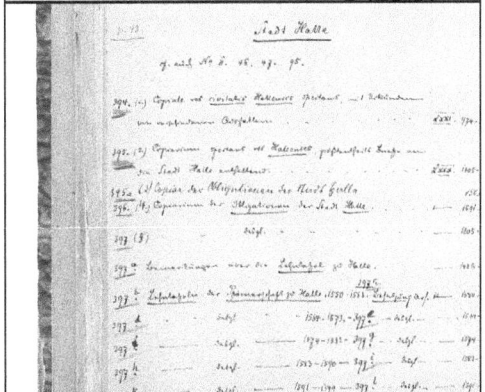

GeschichtsBilder

46. Deutscher Historikertag

**Einführung.** Der vierte Teil eines OGLs beschäftigt sich stets mit den Einrichtungen der Forschung. Man denkt unwillkürlich an Universitäten, außeruniversitäre Forschungsinstitute, Archive, Museen und Geschichtsvereine, die tatsächlich alle im folgenden Abschnitt vorgestellt werden. Doch sind die wichtigsten Einrichtungen mediävistischer Geschichtsforschung zweifellos die Köpfe der Historikerinnen und Historiker, die sich mit dem Mittelalter beschäftigen. Anders als in den Naturwissenschaften, die oftmals stark arbeitsteilig organisiert sind und für aufwändige Messungen in aller Regel auf teure Großgeräte zugreifen müssen, können in den Geisteswissenschaften in glücklichen Fällen besonders kluge Köpfe ganze Sonderforschungsbereiche oder interdisziplinäre Forschungsinstitute sein.

Bei ihnen handelt es sich allerdings um Menschen in ihrer Gegenwart. Daher ergibt sich trotz aller ausgefeilten Quellenkritik, auf die zu Recht in der Mediävistik traditionell und bis heute größter Wert gelegt wird, ein für Anfänger oft überraschendes Problem. Denn letztlich sind alle Hypothesen, die Historikerinnen und Historiker auf Basis der Quellen über die Vergangenheit entwerfen, niemals frei von Einflüssen ihrer eigenen Lebenswelt. Schreibtisch und Computer, an denen geforscht wird, sind eben nicht hermetisch gegen die umgebende Lebenswelt abgeschirmt. Genauso wie auf der Festplatte oder sich im Papierstapel auf dem Schreibtisch das historische Datenmaterial mit Angelegenheiten des Tages vermischt, sind auch die Fragen und Interpretationen der Forscherinnen und Forscher nicht unbeeinflusst von Problemen der Gegenwart.

▷ S. 296 Einführung

Eine ältere Historikergeneration hatte noch gehofft, sich aus diesem Dilemma dadurch befreien zu können, dass sie sich in der berühmten Formulierung von Leopold von Ranke als forschendes Subjekt „gleichsam auszulöschen" versuchte. Doch im fundamentalen Umbruch der Geisteswissenschaften um 1900, der sich in Deutschland mit Forschern wie Ernst Troeltsch und Max Weber verbindet, ist diese Hoffnung und mit ihr eine objektivistische Geschichtsauffassung zerbrochen. Seitdem wird moderne Mediävistik getragen von der Einsicht, dass die Historikerinnen und Historiker bewusst oder unbewusst unter dem Einfluss von Fragestellungen der Gegenwart ihre Forschungsgegenstände auswählen und ihre Ergebnisse gestalten. Diese Erkenntnis mag manchen schockieren, weil so die beruhigende und durchaus auch bequeme Gewissheit gesicherter Wahrheiten nicht nur historischer Ergebnisse unterminiert wird. Doch enthält diese Erkenntnis auch die ermutigende Perspektive, dass jede neue Generation von ihrem spezifischen Standort aus ihre eigenen Fragen an die Geschichte richten muss. In dieser Sicht der Dinge zielt historische Forschung ins Unendliche und kann niemals abgeschlossen sein, was die praktische Chance enthält, dass den Historikerinnen und Historikern die Arbeit niemals ausgehen kann, weil etwa alles bereits erforscht wäre.

Die Zeitgebundenheit von Formulierungen, Ansätzen und Ergebnissen wird auch Anfängerinnen und Anfängern beim Lesen von mediävistischen Forschungen des 19. Jahrhunderts relativ schnell auffallen. Doch sollte uns das Wissen um die eigene Standortgebundenheit vor einer nörgelnden Besserwisserei der Nachgeborenen schützen. Es ist nämlich sicher, dass spätere Generationen auch manche unserer Forschungsansätze in ihrer Standortgebundenheit wahrnehmen werden. Denn zweifellos war das Aufkommen einer Umweltgeschichte des Mittelalters eine Reaktion auf das sich ausprägende ökologische Bewusstsein seit den 1970er Jahren. Und ganz sicher ist die Verwendung ganz unterschiedlicher Europabegriffe in der mittelalterlichen Forschung der 1950er und 1990er Jahre nur unter dem Einfluss des jeweiligen politischen Zustands der europäischen Integration zu verstehen.

Um ein Sensorium für diese Problematik zu entwickeln, ist es besonders wichtig, auch am Beginn eines Studiums vor solchen scheinbar komplizierten erkenntnistheoretischen Sachverhalten nicht zurückzuschrecken. Allerdings fehlt es im Gegensatz zu den bewährten Handbüchern, die in die Arbeit mit den Quellen einführen, hier an auch für Anfängerinnen und Anfänger brauchbaren Einführungswerken.

Der folgende Abschnitt möchte diese Grundorientierung in Ansätzen leisten. Er beginnt mit einer ausführlichen Geschichte der deutschsprachigen Mittelalterforschung, die aus den skizzierten Gründen eben nicht nur für das Wissen um das 19. und 20. Jahrhundert, sondern für jeden Mittelalterforscher lehrreich sein wird. Schwieriger, als die Zeitgebundenheit von Themenstellungen zu bemerken, ist es noch, diejenige von Begriffsprägungen zu erkennen. Was mittelalterliche Quellen oder ältere Forschungsarbeiten mit einem noch heute gebräuchlichen Begriff bezeichnen, kann etwas ganz anderes sein, als was wir darunter verstehen. Um für diese Problematik zu sensibilisieren, werden mit „Feudalismus", „Ostsiedlung" und „Bürgertum" drei Schlüsselbegriffe mediävistischer Forschung in ihrer sich stark wandelnden Bedeutung und den damit bezeichneten unterschiedlichen Konzepten thematisiert.

Die Herausgeber

**Literatur**

M. BLOCH, Apologie der Geschichte oder: Der Beruf des Historikers, (dt.) München 1974 (seitdem zahlreiche weitere Auflagen).

A. ESCH, Zeitalter und Menschenalter. Die Historiker und die Erfahrung vergangener Gegenwart, München 1994.

H.-W. GOETZ, Moderne Mediävistik. Stand und Perspektiven der Mittelalterforschung, Darmstadt 1999.

M. HOWELL/W. PREVENIER, Werkstatt des Historikers. Eine Einführung in die historischen Methoden, Köln 2004.

R. KOSELLECK, Zeitschichten. Studien zur Historik, Frankfurt/M. 2000.

O. G. OEXLE, Geschichtswissenschaft im Zeichen des Historismus. Studien zu Problemgeschichten der Moderne, Göttingen 1996.

DERS. (Hrsg.), Das Problem der Problemgeschichte 1880–1932, Göttingen 2001.

# Geschichte der Mittelalterforschung

**Echtheitskampf und Sammelwut.** Wie jede Epoche ist auch die Zeit des Mittelalters nichts objektiv Vorhandenes, sondern wird von den Historikern ständig neu modelliert. Deshalb entstehen immer wieder neue, zeitgebundene Entwürfe vom „Mittelalter". So wie sich die Mittelalterbilder wandeln, so ist auch die Geschichte der Mittelalterforschung zwangsläufig eine Konstruktion der Erinnerungen an jene Erinnerer einer Zeitspanne, die dieselbe erst zu „dem Mittelalter" machten und sie dem Geist der Zeiten unterwarfen. Werfen wir einige Blicke auf eine Disziplin, die als „Tatsachenwissenschaft" begann, zur historischen Leitwissenschaft aufstieg und deren Forschungsgemeinschaft als selbstreferentielles System lange um sich kreiste, dabei sowohl Beharrungen als auch Wandlungen zeigte, um dann heute als eine historische Kulturwissenschaft neben anderen Auskunft über unser jeweiliges Verhältnis zur Vergangenheit zu geben.

▷ S. 159 Technik: pochen als Lesart der Geschichte

**Beginn einer kritischen Mittelalterforschung.** Am Anfang stand eigentlich ein Krieg. Nur waren die Geschosse, die man in diesem Kampf des 17. Jahrhunderts gegeneinander abfeuerte, nicht aus Blei oder Stein, sondern der Schlagabtausch erfolgte mit scharfsinnig entwickelten Argumenten. Es ging um staatsrechtliche Streitigkeiten und Herrschaftsrechte, zu deren Nachweis Juristen jahrhundertealte Urkunden heranzogen. Nur, waren diese überhaupt echt?

Die spektakulärste Unterstellung in diesen *bella diplomatica*, wie man sie seit Beginn des 18. Jahrhunderts rückblickend nannte, brachte der Jesuit Daniel Papebroch (1628–1714) vor. Er glaubte, die Echtheit frühmittelalterlicher Urkunden prinzipiell in Frage stellen zu können. So ganz falsch lag er da nicht, denn in der Tat gelten heute ungefähr zwei Drittel aller Urkunden der Merowingerkönige als gefälscht oder zumindest zweifelhaft. Von 43 Urkunden, die der Frankenkönig Dagobert I. (623–639) ausgestellt haben soll, sind sogar 39 gefälscht. Von Karl dem Großen (768–814) gelten immerhin „nur" 40% der Urkunden als Falsifikate. Die ohnehin nur noch äußerst fragmentarische Überlieferung jener Zeit sowie die spätere Gepflogenheit, ehemals nur symbolisch übertragene Rechte in schriftnotwendiger Zeit in schriftlicher Form „nachzuholen", nehmen diesem auf den ersten Blick erstaunlichen Ausmaß der Fälschungen aber seinen Schrecken.

▷ S. 309 Diplomatik

Der Fälschungsvorwurf Papebrochs traf besonders die Benediktinerklöster, deren Besitzungen als unrechtmäßig erschlichen erscheinen mussten. Aus den Reihen der Benediktiner nahm Jean Mabillon (1632–1707) den Fehdehandschuh auf und suchte mit wissenschaftlichen Methoden die Zweifel an der Echtheit der Urkunden und damit an der Rechtmäßigkeit des Besitzes zurückzuweisen. Seine Arbeiten zählen zu den Vorläufern einer modernen Quellenkritik.

**Erfindung des „Mittelalters" und traditionelle Geschichtsschreibung.** Allerdings hatten schon vor diesen „Echtheitskriegen" Humanisten in der Frühen Neuzeit mittelalterliche Themen aufgegriffen, jedoch ohne diese als Bereiche des „Mittelalters" begrifflich abgrenzen zu können. Der Begriff „Mittelalter" kam zwar im 15. Jahrhundert in Mode, als man die griechisch-römische Antike wiederentdeckte und mit der eigenen Phantasie belebte. Bis der Begriff aber in ein historiographisches Gliederungsschema einbezogen wurde, vergingen weitere Jahrhunderte. Der Hallenser Gymnasialrektor Christoph Cellarius, oder eigentlich Keller (1638–1707), übernahm 1685 in seinem überarbeiteten Geschichtskompendium die Periodeneinteilung „Antike“, „Mittelalter“ und „Neuzeit“ von den Humanisten. Während diese die Bezeichnungen rein bildungsgeschichtlich verstanden hatten, benutzte Cellarius sie erstmals als allgemein historische Epochen, nach denen Universal- und Staatengeschichte gegliedert werden konnten.

▷ S. 161 f. Technik: Epochen als Lesart der Geschichte

Das war durchaus ein Fortschritt. Denn im 16. und 17. Jahrhundert waren die Historiographen noch ganz im Dienste ihrer jeweiligen Landesherren damit beschäftigt, deren echte oder empfundene Legitimationsdefizite durch mitunter abenteuerliche Herkunftskonstruktionen zu stützen. Dabei ging es zuallererst darum, das Selbstverständnis einer Dynastie zum Ausdruck zu bringen oder auch das der Stände eines Territoriums. Ein weiterer und schon viel längerer Antrieb, sich mit dem Vergangenen zu befassen, war, den heilsgeschichtlichen Plan Gottes mit den Überlieferungen und den eigenen Erfahrungen zu konfrontieren, um für die eigene Zeit universalhistorische Positionen zu gewinnen. Trotz der Motivationsschübe für die Heilsgeschichte, die besonders im Gefolge der Religionskriege wirkten, haben sich im Zeitalter der Aufklärung dennoch rationalere und vor allem säkularisierte Denkweisen den bis dahin gedachten und beschriebenen Heilsgeschichten entgegengestellt.

Das Bewusstsein für eine Zäsur zwischen der Antike und einer „Zwischenzeit“, die bis an die Renaissance heranreichen sollte, wurde durch ein anderes epochales Werk weiter gestärkt: Der englische Historiker Edward Gibbon (1737–1794) gab durch sein Werk „Decline and Fall of the Roman Empire“ (1776–1788)

Eine der wichtigsten Personen der Geschichtsschreibung des 19. Jahrhunderts in Deutschland war **Leopold (von) Ranke** (1795–1886), der 1865 für seine Verdienste sogar geadelt wurde. Seit 1825 als außerordentlicher Professor für Geschichte an der Berliner Universität tätig, wurde er 1832 zum Mitglied der Preußischen Akademie der Wissenschaften berufen. Der preußische König Friedrich Wilhelm IV. ernannte ihn 1841 zum preußischen Staatshistoriographen. Ranke übte deshalb einen so beträchtlichen Einfluss auf die deutsche Geschichtswissenschaft aus, weil seine Geschichtsauffassung davon ausging, dass alle Epochen und Generationen gleichberechtigt vor Gott stünden. So erschien es nur konsequent, jede Höherentwicklung und allen Fortschritt im historischen Prozess auszuschließen. Ranke suchte in seinen Werken die höchstmögliche Objektivität zu erreichen. Weil das erkennende Subjekt aber ganz zurückzutreten habe, hielt er seine Darstellungen für frei von Wertungen oder Ideologien. Er habe eben nur zeigen wollen, „wie es eigentlich gewesen“. Durch die Annahme einer durch Religion begründeten Ideen-Erkenntnis war für Ranke historisches Wissen zugleich ein Teil des göttlichen Wissens. Daher könnte man Rankes Auffassung von der Historie auch als „Geschichtsreligion“ [Hardtwig] bezeichnen.

Das bekannte geflügelte Wort von Leopold von Ranke stammt aus dem Vorwort seiner Schrift „Geschichte der romanischen und germanischen Völker von 1494 bis 1535“, die in erster Auflage 1824 erschien.

Bild: Kolorierter Stich nach einem verschollenen Ölgemälde Julius Schraders von 1868, SV Bilderdienst.

Literatur: W. Hardtwig, Geschichtsreligion, Wissenschaft als Arbeit, Objektivität. Der Historismus in neuer Sicht, in: HZ 252, 1991, 1-32.

mit den darin enthaltenen Endzeitbeschwörungen gleichzeitig das Startsignal für eine „Mittelalter"-Forschung. Offenbar verlocken Untergangsszenarien sehr dazu, neue Epoche zu „sehen", die aus dem Schutt der alten heraufsteigen.

**„Tatsachenwissenschaft" und nationale Legitimation.** Die Epoche „Mittelalter" gewann also aus der Suche der Renaissance und des Barock nach einer Übergangszeit zwischen der Antike und der eigenen Epoche seine Idee und Legitimität. Die Erforschung des Mittelalters begann sich als eine „Tatsachenwissenschaft" zu entwickeln, um sowohl Rechtsansprüche durch Urkunden als auch dynastische Herkunft durch Chronistik herzuleiten. Im 19. Jahrhundert trat zu diesen Funktionen eine weitere hinzu. Nun hatte die Mittelalterforschung zunehmend den entstehenden Nationalstaaten bei der historischen Fundamentierung zu dienen.

**Entwicklung zur Leitwissenschaft.** In der Zeit der Romantik und der Hinwendung zu einem nationalen Mittelalter im 19. Jahrhundert prägte die Mediävistik, die Wissenschaft vom Mittelalter, ihren Charakter als historische Leitwissenschaft aus. Mit der Wandlung der Geschichte zu einer höchst angesehenen Wissenschaft zog, wie zuvor schon die Altertumswissenschaften, auch die Mittelalterforschung in die Belle Etage gesellschaftlicher Anerkennung ein. Doch mit der Projektion des zeitgenössischen Lebens in die Vergangenheit während der Romantik und dann im weiteren 19. Jahrhundert schufen Historiker erst jenen Mittelalterzauber, dessen „Weihekräfte" – wie es im Ton der Zeit heißen würde – dann bis weit in das 20. Jahrhundert reichten.

Die Mittelalterforschung entwickelte sich im 19. Jahrhundert in Deutschland auch deshalb so stark, weil sie aus dem Bedürfnis des „verspäteten" Nationalstaats den eigenen Ansprüchen historische Tiefe verschaffen sollte. Eine derartige Rückbesinnung und Suche nach nationalen Wurzeln und historischen Vorbildern gab es in allen Nationalstaaten Europas. Die Mediävistik gab die jeweilige nationale Legitimität und empfing selbst aus den intendierten politischen Ambitionen existenzielle Impulse.

Einen der bedeutendsten Anstöße für die Ausformung einer eigenen Mittelalterforschung in Deutschland gab die Gründung der Monumenta Germaniae Historica, die sich bis heute zu einem der weltweit wichtigsten Forschungsinstitute entwickelt haben. Die Gelehrtenversammlung, die sich 1819 auf Anregung des Freiherrn Karl vom und zum Stein (1757–1831) zusammenfand, hob eines der vielen Kinder jener Zeit aus der Taufe, die ihre Existenz den anwachsenden nationalen Bestrebungen und Sehnsüchten zur Überwindung der staatlichen Zerrissenheit Deutschlands verdankten. Im Gefolge der Befreiungskriege von 1813/15 und der Romantik versuchte man, das Sehnen nach einem gemeinsamen Vaterland durch die Belebung eines allgemeinen Interesses an der mittelalterlichen Geschichte, dieser glorreichen Vergangenheit der Deutschen, zu stärken. Dafür brauchte man aber die schriftlichen Quellen dieser Zeit, die bis dahin weder in ihrer Mehrheit komplett erfasst noch in befriedigender Weise ediert worden waren. Methodisch konnte man sich dafür einerseits an das ausgefeilte Instrumentarium der germanistischen wie der klassischen Philologien anschließen. Andererseits wurde die Quellenforschung durch das Geschichtsverständnis

▷ S. 415
Außeruniversitäre Forschungseinrichtungen

Das **Emblem der Monumenta Germaniae Historica**, wie es die „Gesellschaft für ältere deutsche Geschichtskunde" bis heute führt, ist zugleich Markenzeichen wie Dokument für die Haltungen ihrer Gründer im 19. Jahrhundert. Der Mediävist Horst Fuhrmann (geb. 1926), viele Jahre selbst Präsident der Monumenta, erläuterte die Elemente auf folgende Weise: „Das Emblem ... zeigt in zwei zu einem Kranz zusammengebundenen Eichenzweigen inwendig umlaufend den lateinischen Namen der Gesellschaft („Societas aperiendis fontibus rerum Germanicarum medii aevi": Gesellschaft zur Erschließung der Quellen der deutschen Geschichte des Mittelalters), der die Ziele der Gesellschaft treffender umschreibt als der deutsche, den Wahlspruch der Gesellschaft „Sanctus amor patriae dat animum" sowie den Gründungsort Frankfurt am Main und das Gründungsdatum, den 20. Januar 1819. Der Wahlspruch geht auf den badischen Legationsrat Lambert Büchler (1785-1858) zurück...".

Bild: Emblem der MGH, mit freundlicher Genehmigung.

Literatur: H. FUHRMANN, „Sind eben alles Menschen gewesen". Gelehrtenleben im 19. und 20. Jahrhundert dargestellt am Beispiel der Monumenta Germaniae Historica und ihrer Mitarbeiter, München 1996, 12.

des Positivismus und des Historismus geformt.

Neben Georg Heinrich Pertz (1795–1876) war der Frankfurter Archivar und Bibliothekar Johann Friedrich Böhmer (1795–1863) ein führender wissenschaftlicher Kopf des Editionsunternehmens der Monumenta Gemaniae Historica. Böhmer konzentrierte sich in seiner Arbeit auf das Sammeln von Urkunden für die Diplomata-Reihe. Sein erklärtes Ziel war es, das nach seiner Meinung einst vorhanden gewesene „Registrum Imperii" zu rekonstruieren – ein Reichsregister aller Herrscherurkunden in der Zeitfolge ihrer Ausfertigung. Ein großer Plan. Doch Böhmers Registrum war ein Produkt seines Geistes, denn es hatte nie existiert. Wir haben heute lediglich Fragmente von Ausgangsregistern der Herrscher Friedrich II., Ludwig IV. und Karl IV., in denen zudem längst nicht alle ausgegebenen Urkunden enthalten sind. So mühte sich Böhmer um die Erforschung eines historischen Phänomens, das er selbst erst erdacht hatte.

**Kaisergeschichte und Reichsidee.** Mit dem wachsenden Interesse am Nationalstaat und den verschiedenen Vorstellungen vom neu zu gründenden Reich entstanden nun die großen mehrbändigen Kaisergeschichten Friedrich von Raumers (1781–1873) und Wilhelm von Giesebrechts (1814–1889), die in ihren Werken eine edle imperiale Größe der Vorzeit imaginierten. Seit der Romantik war das Geschichtsbild zunehmend beherrscht von einer Mittelaltervorstellung, die viel von einem verklärten Wunschtraum hatte, in dem etwa Friedrich I. Barbarossa (1152–1190) als märchenhafte Erlöserfigur dargestellt wurde. Die hauptsächlich an die Staufer geknüpften Hoffnungen waren am deutlichsten in der

Die Zusammenschau von Kaiser Friedrich Barbarossa und Kaiser Wilhelm I. manifestiert sich nirgendwo in so monumentaler Form wie im 1896 eingeweihten Denkmal der deutschen Kriegervereine auf dem **Kyffhäuser**. Am vormaligen Standort einer Reichsburg, die auf dem Höhenzug die Goldene Aue überschaute, schuf mit Bruno Schmitz (1858–1916) ein Experte für Nationaldenkmale eine Anlage, die uns heute befremdlich vorkommen mag, aber die Stimmung der Zeit vor 1900 exakt traf und den Zeitgeschmack vortrefflich einfängt.

Letztlich ist das seit 1891 errichtete ca. 75 Meter hohe Turmdenkmal aus Rotsandstein durch ein Gedicht fundamentiert worden, mit dem Friedrich Rückert (1788–1866) im Jahre 1817 die halb vergessene Legende vom schlafenden Kaiser im Kyffhäuser auf einen Schlag im deutschen Bildungsbürgertum popularisierte. Es beginnt mit folgenden Versen: „Der alte Barbarossa, / Der Kaiser Friederich, / im unterirdischen Schlosse / Hält er verzaubert sich. / … Er hat hinabgenommen / Des Reiches Herrlichkeit, / Und wird einst wiederkommen, / Mit ihr zu seiner Zeit."

Der erwachende Kaiser Barbarossa, kenntlich unter anderem an Reichskrone, Gewändern und seinem roten Bart (barba = Bart, rossa = rot), ruht im höhlenartigen Teil des Denkmals zwischen erster und zweiter Terrasse. Über ihm sieht man den Begründer eines ganz anderen Kaiserreiches, Kaiser Wilhelm I., als 9 Meter hohen Reiter und (seltsamerweise) mit preußischem Helm dargestellt. Die Assoziation, die hier erweckt werden soll, ist sofort einleuchtend, wenn man zudem weiß, dass zur selben Zeit zwischen altem und neuem Kaiser durch die Bezeichnung des letzteren als Barbablanca (Weißbart) eine typologische Verbindung hergestellt wurde. Gegenwart und Mittelalter treten in dieser steinernen Deutung in einen Zusammenhang, der zu suggerieren suchte, dass mit der Gründung des Deutschen Reiches von 1871 die Legende vom nur schlafenden und in aller Herrlichkeit wiederkehrenden Kaiser wahr geworden sei.

Stephan Selzer

Bild: Kyffhäuser-Denkmal. Foto: Stephan Selzer.



Literatur: L. Kerssen, Das Interesse am Mittelalter im deutschen Nationaldenkmal, Berlin 1975; H. Boockmann, Wege ins Mittelalter. Historische Aufsätze, München 2000.

Kyffhäusersage zu Wort und Stein erstarrt. Barbarossa („Rotbart") hatte, so die Vorstellungen, das große Reichsgebäude zu errichten begonnen, Barbablanca („Weißbart"), wie man für Kaiser Wilhelm I. (1871–1888) vergeblich zu etablieren versuchte, den Bau vollendet. Der einflussreiche Germanenforscher Felix Dahn (1834–1912) feierte im Februar 1871 daher den neuen Kaiser: „Heil Dir, greiser Imperator, Barbablanca, Triumphator ..." [Seeber, 211].

Die eindrucksvollsten Ergebnisse einer positivistisch ausgerichteten Mittelalterforschung bieten die Darstellungen einer Reihe von Historikern, die von Leopold von Ranke (1795–1886) geprägt worden waren: Die so genannten „Jahrbücher des Deutschen Reiches". Diese insgesamt 39 Bände, die hauptsächlich zwischen 1862 und der Jahrhundertwende erschienen und chronologisch mit einigen Lücken von den Anfängen des karolingischen Hauses bis zum Tode Albrechts I. 1308 reichen, ordneten das seinerzeit erreichbare Quellenmaterial in eine geradezu tagtägliche Abfolge der Ereignisse. Diese Quellennähe bezogen viele Verfasser aus ihren Erfahrungen, die sie im Rahmen der Monumenta-Editionen gesammelt hatten. Georg Waitz (1813–1886), ebenfalls Schüler Rankes, mag exemplarisch für die Bündelung der mediävistischen Kompetenz stehen. Er edierte zahlreiche Quellen, schrieb selbst an den Jahrbüchern mit, entwarf eine „Deutsche Verfassungsgeschichte" anhand der Gesamtüberlieferung und nicht nur der Rechtstexte und stand dann von 1875–1886 selbst den MGH als Zentraldirektor vor.

Wie bedeutsam die hochmittelalterlichen Herrscher als Projektionsflächen der Tagespolitik werden konnten, zeigt das Beispiel des so genannten „Sybel-Fickerschen Kaiserstreits", der in den Jahren 1859 bis 1862 über die Bewertung der kaiserlichen Italienpolitik des Mittelalters geführt wurde. Zwei prominente Historiker der Zeit, Heinrich von Sybel (1817–1895) und Julius von Ficker (1826–1902), vertraten darin völlig konträre Positionen: Ficker verteidigte vom katholischen Standpunkt aus die universalistische Kaiserpolitik des Mittelalters, während der Protestant Sybel diese ablehnte. Was auf den ersten Blick wie ein Gelehrten-, vielleicht auch noch wie ein Konfessionsstreit aussieht, ist vor dem Hintergrund der Auseinandersetzungen zwischen Preußen und Österreich um die politische Vorherrschaft in den 1850er und 1860er Jahren als Diskussion um eine groß- oder kleindeutsche Lösung zu verstehen. Im aktuellen politischen Streit um die Einbeziehung oder den Ausschluss Österreichs aus einem deutschen Nationalstaat wurde das Mittelalter zu einem starken historisch-politischen Argument – ja, die mittelalterlichen Kaiser handelten sich von beiden Seiten regelrecht Zensuren für ihre Politik ein, je nachdem, ob sie die über ein halbes Jahrtausend später einsetzende Nationalstaatsbildung mehr befördert oder mehr behindert hätten.

**Institutionalisierung und Popularisierung.** Seit der Mitte des 19. Jahrhunderts entstanden an den Universitäten spezielle Lehrstühle für mittelalterliche Geschichte, so in Göttingen 1848, Heidelberg 1861, Berlin 1872. Dazu kamen weitere Einrichtungen der Forschung. Neben den Monumenta erfüllte seit dem Ende des 19. Jahrhunderts das Deutsche Historische Institut in Rom eine tragende Funktion. Starke, auf die Länder bezogene Forschungsimpulse gingen auch von den Historischen Kommissionen aus. So kam es im Jahr 1858 auf Anregung Leopold von Rankes zur Gründung ei-

▷ S. 412 Universität

▷ S. 415, 41 Außer-universitär Forschungs einrichtung

ner Bayerischen Historischen Kommission, 1876 zur Einrichtung einer Historischen Kommission für die preußische Provinz Sachsen-Anhalt, und 1896 konnte auf Initiative Karl Lamprechts (1856–1915) die Königlich Sächsische Kommission für Geschichte ihre Arbeit aufnehmen.

Aber das Mittelalter wurde auch in anderen Bereichen immer populärer: Eine Reihe von Historienmalereien, wie etwa die des Malers Alfred Rethel (1816–1859), und auch die Gedichte Friedrich Rückerts (1788–1866) oder Emanuel Geibels (1815–1884), eine regelrechte Welle an Dramen über die Staufer, wie die von Dietrich Grabbe (1801–1836) oder Karl Immermann (1796–1840), sowie 128 Opern mit mittelalterlichen Stoffen, die zwischen 1860 und 1900 entstanden, bildeten mit der immer weiter anwachsenden wissenschaftlichen Literatur ein Wissensamalgam, das zwischen dräuenden Recken, gewaltigen Schwertern und Heldentum einerseits und Verrat, Niedergang und politischer Machtlosigkeit andererseits changierte.

**Chance und Zumutung: Der Historismus.** Das Anwachsen historischen Wissens führte im 19. Jahrhundert zu einer fundamentalen Erkenntnis, dass nämlich alles, was existiert, historisch geworden und vor allem historisch vermittelt ist. Auf der einen Seite wirkt diese Folgerung beängstigend, denn auf Werte, Religion oder wissenschaftliche Erkenntnisse angewandt, schien sie deren Verbindlichkeit zu zersetzen. Auf der anderen Seite stellt diese Überlegung bis heute eine erkenntnistheoretische Chance dar. Aus „der grundsätzlichen Historisierung unseres Wissens und Denkens", einer „Grundfrage unseres heutigen geistigen Lebens", wie es der Religionswissenschaftler und Philosoph Ernst Troeltsch (1865–1923) formulierte, erwuchs jedenfalls eine spezifische Art der Reflexionen über Vergangenheit und Gegenwart [TROELTSCH, 9; OEXLE 2003, 11f.].

Der Historismus ist insofern ein Ergebnis der Aufklärung, als die Wissenschaft immer mehr auch als ein Werkzeug der Kritik angesehen wurde, einer Kritik, die seit Immanuel Kant (1724–1804) Epochenmerkmal sein sollte und zumindest zur Emanzipation von jahrhundertealten Denkvorstellungen geführt hatte. Kant meinte, dass die Erkenntnis der Dinge vom Erkenntnisvermögen des Menschen selbst abhinge. Die gewaltige Ansammlung historischen Wissens führte auf der einen Seite zur Vermehrung historischer Wahrnehmungsmöglichkeiten, beförderte auf der anderen Seite aber die Einsicht, dass die bisherigen systematischen Wissenschaften ebenfalls zu historisieren seien. Die damit einhergehende Relativierung von Erkenntnis und Wahrnehmung gehört zu den unbequemen Zumutungen einer historisierten Weltsicht.

So verwundert es nicht, dass der Historismus im letzten Drittel des 19. Jahrhunderts in eine Krise geriet. Die Anhäufung gewaltigen Spezialistenwissens führte zu einer kritischen Reaktion gegen die „Geschichtsreligion". Sie ging vor allem von Friedrich Nietzsche (1844–1900) aus, der in der zweiten seiner „Unzeitgemäßen Betrachtungen" nach dem „Nutzen und Nachtheil der Historie für das Leben" fragte. In dieser Schrift formulierte er Funktionen der Geschichte für die Kultivierung des Menschen, kritisierte aber die immer weitere Vermehrung historischen Wissens als eine „historische Krankheit", denn das „Übermaß an Historie" habe „die plastische Kraft des Lebens angegriffen" und dadurch die Zerstörung der Lebenskräfte selbst zur Folge [NIETZSCHE, 329].

Die Wünsche des 19. Jahrhunderts an das Hochmittelalter fanden ihren Ausdruck nicht nur in Texten, sondern gerade auch im Medium der Malerei. Die politischen Streitfragen der Gegenwart, die Entscheidung für Stärkung oder Schwächung der Zentralmacht sowie für groß- oder kleindeutsche Nationalstaatlichkeit, schienen im Streit des 12. Jahrhunderts zwischen Kaiser Friedrich Barbarossa und Herzog Heinrich dem Löwen vorweggenommen und in beiden Kontrahenten gleichsam verkörpert zu sein. Wie unter einem Brennglas schien sich ihr Konflikt in den Geschehnissen des Jahres 1176 in Chiavenna zu bündeln, als der Welfe das Ersuchen des Kaisers um militärische Hilfe in Italien mit unerfüllbaren Forderungen beantwortet haben soll. Dies galt zumal für die bilddramaturgische Aufbereitung. Deshalb gehört der **„Kniefall" von Chiavenna** in der Historienmalerei des 19. Jahrhunderts zu den beliebtesten und am häufigsten dargestellten Szenen. Bei aller Dramatik der Situation darf man freilich nicht übersehen, dass dieses Ereignis denkbar schlecht und gerade nicht zeitnah dokumentiert ist. Der Historiker Johannes Fried hat zuletzt nicht nur Details, sondern das gesamte Geschehnis als eine nachträgliche Implantation in das kollektive Gedächtnis interpretiert, die schon im weiteren Verlauf des Mittelalters dazu gedient habe, den tiefen Fall des Herzogs zu erklären.

Wilhelm Trautschold (1815–1877), der an den Akademien von Berlin und Düsseldorf ausgebildet wurde, hat als Illustration zum Buch von Johann Sporschil, Geschichte der Hohenstaufen, 2. Auflage Braunschweig 1848, die Szene des Kniefalls im Freien dargestellt. Kaiser Friedrich, kenntlich nicht zuletzt am langen Bart, kniet bereits vor Heinrich dem Löwen, dessen Ablehnung der kaiserlichen Bitte an seiner Körperhaltung mehr als deutlich wird. Eine dramatische Wirkung ist erreicht, wenn auch zahlreiche Details höchst anachronistisch sind. Die Beinschienen an der Rüstung des Herzogs stammen nicht aus dem 12., sondern eher aus dem 15. Jahrhundert. Und auch der Federbusch des Reiters im Hintergrund erinnert eher an Szenen des 30-jährigen Krieges. Solche groben Anachronismen hätten sich spätere Historienmaler nicht mehr erlaubt.

Stephan Selzer

Bild: Buchillustration aus: J. Sporschil, Geschichte der Hohenstaufen, 2. Aufl. Braunschweig 1848.

Literatur: J. Luckhardt/F. Niehoff (Hrsg.), Heinrich der Löwe und seine Zeit. Herrschaft und Repräsentation der Welfen, Bd. 3: Abteilung Nachleben, München 1995, 159–162; J. Fried, Der Schleier der Erinnerung. Grundzüge einer historischen Memorik, München 2004.

**Umorientierung nach dem Ersten Weltkrieg.** Waren die Jahrzehnte vor dem Ersten Weltkrieg von Professionalisierungsschüben sowohl in der Geschichtsforschung als auch in der Geschichtsschreibung geprägt, so führten die gesellschaftlichen Umbrüche im Gefolge des Krieges zu Wandlungen in der Geschichtswissenschaft. Aus den Gegenwartsdiagnosen erwuchsen neue Blicke auf die Vergangenheit, neue politische Gegebenheiten provozierten neue Fragen. Die mentalen Verunsicherungen der Nachkriegszeit und der unabweisbaren Moderne brachten ein ausgeprägtes Bedürfnis nach Vergewisserung und förderten damit ein gesteigertes Interesse an „Wirklichkeit". Es erschienen Bücher, die in den politisch-sozialen Auseinandersetzungen der Weimarer Republik mit imaginierten Mittelalterkonzepten argumentierten und so als scharfe Waffen gegen die Moderne mit ihren Verwerfungen antraten.

Beispielhaft für diese Verbindung von Gegenwartserfahrung und Geschichtsschreibung war die Kontroverse, die sich um Ernst Kantorowicz (1895–1963), einen zum Dichterkreis um Stefan George gehörenden Gelehrten, entzündete, der 1927 eine Biographie über „Kaiser Friedrich den Zweiten" publizierte. Sein Werk könnte man heute im Sinne eines wissenschaftlichen Referenzwerkes zwar als überholt bezeichnen, doch löste es seinerzeit aus anderen Gründen heftige Debatten aus. Als 1929 der Mediävist und Generaldirektor der preußischen Staatsarchive, Albert Brackmann (1871–1952), eine Polemik gegen die fußnotenlose Biographie begann, ging es vor allem um die Frage nach der angemessenen Darstellungsform von Geschichte. Brackmann formulierte, dass das Werk von Kantorowicz „statt auf Arbeitshypothesen auf Dogmen" gegründet sei und somit als „große Gefahr für die Erkenntnis der Wahrheit" empfunden werden müsse. Die Positionen des mythenschauenden Georgianers Kantorowicz und des Sachwalters historischer Überlieferung Brackmann verweisen auf den Gegensatz zwischen historischer Belletristik, Historiographie und Geschichtsforschung. Paul Fridolin Kehr (1860–1944), Präsident der MGH 1919–1935, sprach am verächtlichsten von geschichtlichen Darstellungen. Als „Reelle Historie" galt für ihn nur die reine „quellenkritische Forschung". Kantorowicz hingegen vertrat in einem später publizierten Ergänzungsband der Friedrich-Biographie, in dem er die Quellenbelege gewissermaßen nachreichte, seine Ansicht dazu – durch noch so ausgedehnte Quellenbezüge lasse sich niemals das Wesentliche beweisen: „die Grundauffassung ... und als deren Ergebnis: das historische Bild". Geschichtsschreibung, wie Kantorowicz sie verstand, war eben auch Kunst, und gerade im „künstlerischen Erfassen" des Gegenstandes sah Brackmann den aus seiner Sicht unberechtigten Erfolg des Buches begründet [Kantorowicz, 5; Brackmann, 534 und 548].

**Die Mediävistik im „Dritten Reich".** Nur wenige Historiker, die in der Kaiserzeit sozialisiert worden waren, fühlten sich so wie Friedrich Meinecke (1862–1954) nach dem Sturz der Monarchie als „Vernunftrepublikaner". Die meisten seiner konservativen Fachkollegen waren eigentlich „Herzensmonarchisten", lehnten daher die liberale Weimarer Demokratie ab und begrüßten den – wie sie es sahen – nationalen Auf- oder Umbruch von 1933. Während einige wenige Forscher aus dem politischen Wechsel persönliche Konsequenzen zogen – Ernst Kantorowicz etwa emigrierte 1938 in die USA –, arrangierten sich die meisten deutschen Mediävisten in unterschiedlicher Weise mit dem NS-Regime oder unterstützten es sogar. So kam es zum Beispiel bereits 1934 zur Bildung eines interdisziplinär angelegten Großforschungsverbundes im Rahmen einer „Nord- und Ostdeutschen Forschungsgemeinschaft", zu deren Leiter Albert Brackmann aufstieg. Forschungsgegenstand war die Germanisierung des „Ostraumes". Begriffe wie „Umvolkung" wurden geprägt. Wie schon in der Weimarer Republik, war Ostforschung auch „Anspruchsforschung" und sollte ein historisches deutsches Recht am Osten Europas belegen.

Die staatskonforme Mediävistik war an Helden interessiert, die die deutschen Kräfte nicht in Romphantasien verpulvert, sondern sich der Kolonisation besonders im Osten gewidmet hatten. König Heinrich I. (919–936) und der Sachsen- und Bayernherzog Heinrich der Löwe (1129/31–1195) erfuhren deshalb nicht nur publizistische Ehrungen. Ihre Begräbnisorte wurden vielmehr zu nationalen Weihestätten, derer sich der Reichsführer der SS, Heinrich Himmler (1900–1945), und der Ideologe Alfred Rosenberg (1893–1946) besonders annahmen. Nach Ausbruch des Zweiten Weltkrieges und der Ausformung von Abendland-Abwehrkampf-Ideen kam es gerade in der Bewertung der mittelalterlichen Kaiserpolitik zu bemerkenswerten Umorientierungen.

Es ging aber, zumindest in der Anfangszeit des „Dritten Reiches", auch anders. Als etwa im Jahr 1935 ein Buch mit dem Titel „Karl der Große oder Charlemagne? Acht Antworten deutscher Geschichtsforscher" erschien, waren namhafte Mediävisten wie Karl Hampe (1869–1936) und Martin Lintzel (1901–1955) unter den Autoren. Diese Schrift antwortete zwar vordergründig auf eine französische

Zur nationalsozialistischen Propaganda gehörte es, sich auf Figuren der deutschen Geschichte zu berufen, um sich als Fortsetzer oder Vollstrecker ihres Willens und ihrer Vorhaben zu stilisieren. Das bekannteste Beispiel dafür ist sicherlich die Benennung des Überfalls auf die Sowjetunion im Jahre 1941 als „Unternehmen Barbarossa", die wohl auf den persönlichen Wunsch Hitlers zurückging. Diese Namengebung war allerdings insofern inkonsequent, da seit der Sybel-Ficker-Kontroverse gerade nicht Kaiser Friedrich Barbarossa, sondern sein vermeintlicher Gegenspieler Herzog Heinrich der Löwe als „Ostpolitiker" verstanden worden ist. Aber nicht nur in diesem Fall kam es den Nationalsozialisten gar nicht auf eine stimmige Rezeption der Fachwissenschaft, sondern auf die Indienstnahme von mittelalterlicher Geschichte für die eigene Ideologie an, die freilich so einheitlich nicht war. So galt etwa Karl der Große in der Sprachregelung Alfred Rosenbergs als „undeutsch" und als „Sachsenschlächter". Doch **Karl der Große** ließ sich durchaus auch anders verformen und für die brutalen Zwecke des Regimes nutzen. Davon zeugt der abgebildete Porzellanteller aus einer Serie, die

Adolf Hitler im Jahre 1943 in der Porzellanmanufaktur von Sèvres hat fertigen lassen, um sie an Mitglieder der aus französischen Freiwilligen rekrutierten SS-Division „Charlemagne" zu verteilen, die vor allem im Kampf gegen die Sowjetunion eingesetzt wurden. Der Teller zeigt auf der Vorderseite eine Darstellung der berühmten Metzer Reiterskulptur, die man als ein Abbild Karl des Großen gedeutet hat, und verbindet mittels einer Inschrift auf der Rückseite Kaiser Karl mit Adolf Hitler und die Reichsteilung von Verdun 843 mit den Ereignissen des Jahres 1943. Der lateinische Text läst sich so übersetzen: „Das Reich Karls des Großen / geteilt von den Enkeln / im Jahre 843 / verteidigte Adolf Hitler / zusammen mit allen Völkern Europas / im Jahre 1943".

Stephan Selzer

Foto: Porzellanteller aus dem Musée de l'Armée, Paris, D 25.

Literatur: K. F. Werner, Charlemagne – Karl der Große. Eine französisch-deutsche Tradition, in: M. Kamp (Hrsg.), Krönungen. Könige in Aachen – Geschichte und Mythos, Mainz 2000, Bd. 1, 25–33. Vgl. auch ebd., Bd. 2, 877f.

Vereinnahmung des Karolingers, eigentlich war sie aber als Verteidigung von Reich, Nation und deutscher Geschichte gegenüber einer völkischen Geschichtsvorstellung gedacht, die in Karl dem Großen den Vernichter germanisch-sächsischer Freiheit, den Sachsenschlächter schlechthin, sah.

Im Nationalsozialismus zeigte die Disziplin insgesamt ein doppeltes Gesicht: Eines blickte auf die völkischen und antisemitischen Inhalte, das andere zeigte methodisch höchst wichtige Innovationen. So förderten diese Forschungen letztendlich mittels moderner, rationaler Methoden auch eine antizivilisatorische Gegenmoderne. Im Übrigen schlossen sich das Einlassen auf die nationalsozialistische Ideologie und Spitzenforschung nicht aus, wie man gut am Beispiel Otto Brunners (1898–1982) sehen kann, der seine Quellenbefunde sozialgeschichtlich auswertete.

Die Ideen und Methoden der Mediävistik während des „Dritten Reiches" verschwanden mit Kriegsende nicht. An dem Ostforschungsprojekt Brackmanns etwa waren auch weitere, später sehr namhafte Historiker beteiligt gewesen, darunter Werner Conze (1910–1986) und Theodor Schieder (1909–1984). Ihre Ansätze gaben in den sechziger Jahren aus unerwarteter Richtung Impulse für die Etablierung einer Sozial- und Strukturgeschichte. Beide waren geprägt von der um Hans Rothfels (1891–1976) volksgeschichtlich ausgerichteten Ostforschung, deren Denkstil und Habitus damit zumindest untergründig in der frühen Sozialgeschichte der bundesrepublikanischen Nachkriegszeit weiterwirkten.

**Die Mittelalterforschung in der Bundesrepublik.** Unmittelbar nach dem Krieg, in dessen Feuerstürmen auch eine pervertierte Reichsidee verging, die sich auf das

Mittelalter berufen hatte, nahmen zunächst in beiden Teilen Deutschlands traditionelle Vertreter des Faches den Lehrbetrieb wieder auf. In nur ganz wenigen Fällen, wie etwa bei Theodor Mayer (1883–1972), dem Chef des 1935 aus den MGH hervorgegangenen „Reichsinstituts für ältere deutsche Geschichtskunde", wurde die Rückkehr verhindert. Pikanterweise gründete gerade Mayer das über Jahrzehnte fruchtbarste Diskussionsforum der deutschen Mediävistik, den berühmten „Konstanzer Arbeitskreis für mittelalterliche Geschichte".

▷ S. 435 Historische Vereine

Diese personelle Kontinuität wirkte sich auch auf die Fortsetzung von bestimmten Fragestellungen aus. So führte man zum Beispiel bestimmte verfassungsgeschichtliche Ansätze fort, die schon im 19. Jahrhundert entstanden waren und beharrlich auch im 20. Jahrhundert weiter verfolgt wurden. Die „Verfassungsgeschichte", wohl eines der Lieblingskinder deutscher Mediävisten, besaß eine besonders rückwärtsgewandte Komponente. Während Verfassungen Ordnung für eine unsichere Zukunft schaffen, ordnet die „Verfassungsgeschichte" eine sichere Vergangenheit. Eine gemeinsam geglaubte Verfassungsgeschichte hat im 19. Jahrhundert so etwas wie die deutsche Kulturnation bis in die germanischen Urzeiten zurückverlängern sollen. Die Kaiserherrschaft war damit kein Ergebnis von Gewalt, sondern basierte auf freiwilliger Akzeptanz der Ordnung und irgendwie auch auf einer „Kraft zur Ordnung", die gerade den Deutschen eigen gewesen sei. Die „deutschen Stämme" konnten so als Lebensgemeinschaft von langer Dauer besser die Trauer über die ausbleibende Staatsnation kompensieren. Und nach der Katastrophe des „Dritten Reiches" diente die „Verfassungsgeschichte" einer Suche nach „Wahrheit", nach „sicherer" Geschichte. Der Weg von der deutschen Verfassungsgeschichte zur Geschichte politischer Ordnungen und Identitäten im europäischen Mittelalter belegt auch, dass die Kneifzange der Ideologiekritik erst später in die Werkzeugkiste des Historikers kam, als Hammer und Meißel der Quellenforschung schon lange ihren Dienst taten.

Weitreichende Impulse für die Ausformung der deutschen Nachkriegsmediävistik gaben die neu konstituierten MGH, die als eigenes Institut ihren Sitz nun in München nahmen. Auch die Gründung des Max-Planck-Instituts für Geschichte 1955/57 in Göttingen sowie die des Deutschen Historischen Instituts in Paris 1958, das wie schon zuvor das Römische Institut ein Zentrum der Mittelalterforschung wurde, wirkten sich forschungsbelebend und -prägend aus.

▷ S. 417 Außeruniversitäre Forschungseinrichtungen

Die Aufmerksamkeit der deutschen Mediävisten richtete sich bis in die 1960er Jahre weiter auf die politische Geschichte. Von da ab, und verstärkt dann in den 1970er Jahren, gab es aber auch Versuche, die Strukturen hinter den Ereignissen und die kollektiven Vorstellungen hinter den individuellen Ideen zu erfassen. Der Versuch, den Menschen als zugleich individuelles und kollektives Wesen zu beschreiben, machte die Erweiterung zu anderen Wissenschaftszweigen nötig. Hier kamen mit zeitlicher Verzögerung die Erfahrungen zum Tragen, die französische Historiker wie Marc Bloch (1886–1944) und Lucien Febvre (1878–1956) schon vor dem Zweiten Weltkrieg mit sozialgeschichtlichen Fragestellungen gesammelt hatten. Bloch und Febvre hatten mit der 1929 gegründeten Zeitschrift „Annales" eine breite Mentalitäts- und Sozialgeschichtsforschung angestoßen, in der es auch um das Aufspüren von Phänomenen einer langen Dauer – *longue du-*

▷ S. 400 Feudalismus

*rée*, wie sie Fernand Braudel (1902–1985) erstmals 1949 genannt hat – ging.

Zu den Mediävisten in Deutschland, die ihre Forschungsansätze weit über die traditionellen Bereiche ausdehnten, gehörten zum Beispiel Herbert Grundmann (1902–1970) mit seinen Untersuchungen zu religiösen Bewegungen oder Percy Ernst Schramm (1894–1970), der besonders seinen an dem Kunsthistoriker Aby Warburg (1866–1929) geschulten Blick auf die Zeichenprozesse der Vormoderne richtete und dazu bahnbrechende Untersuchungen über Herrschaftszeichen vorlegte. Sowohl zu sozialen, religiösen oder geistigen Lebensformen im Mittelalter als auch zur kulturellen Konstruktion der Zeitrechnungssysteme hat Arno Borst (geb. 1925) grundlegende Untersuchungen und Editionen publiziert.

**Mediävistik in der DDR.** In der DDR beeinflusste die staatliche Durchdringung aller Lebensbereiche auch die Entwicklung der Mittelalterforschung. Ideologische und politische Einflüsse sind nicht zu übersehen. Einige Forscher wichen diesen durch Abwanderung aus, andere sahen sich zunehmend isoliert oder in ihren Arbeitsmöglichkeiten eingeengt. Vor allem Beschränkungen der für einen freien Forschungs- und Lehrbetrieb notwendigen Reisemöglichkeiten sowie der ungehinderte Zugang zu Publikationsorganen sind hier anzuführen.

Doch trotz solcher Erschwernisse hat eine Wissenschaftlergeneration mit marxistischen Ansätzen die Forschung um eine besondere Sensibilität für sozialökonomische Spannungen und Entwicklungszusammenhänge bereichert. Auch haben Epochen- und Periodisierungsüberlegungen, wie sie etwa in den Feudalismusdebatten zum Tragen kamen, eine wichtige Rolle gespielt. Und Mediävisten wie Ernst Werner (1920–1993) mit Beiträgen zur Häresieforschung, Eckhardt Müller-Mertens (geb. 1923) mit Itinerarstudien oder Bernhard Töpfer (geb. 1926) mit Untersuchungen zur mittelalterlichen Geistesgeschichte konnten international beachtete Impulse in die Forschung einbringen.

**Die alten und die neuen Turns.** In den letzten Jahrzehnten verstärkte sich eine in der Sprachwissenschaft und Philosophie schon länger diskutierte, grundlegende Skepsis, ob Sprache überhaupt ein transparentes Medium zur Erfassung und Kommunikation von Wirklichkeit sei. Ausgelöst durch eine neue Auffassung von Sprache als unhintergehbarer Bedingung des Denkens entstand die Vorstellung, dass alle menschliche Erkenntnis durch Sprache strukturiert und eine Wirklichkeit jenseits von Sprache unerreichbar sei. Dieser erkenntnistheoretische Wandel, den Richard Rorty (geb. 1931) 1967 *linguistic turn* nannte, hatte auch Konsequenzen für die Mediävistik als einer ebenfalls auf Texte, also Sprache angewiesenen Wissenschaft. Andere Paradigmenwechsel, wie der *iconic* bzw. *pictorial turn*, der die Flut der Bilder und Zeichen und deren Beziehungen zu kulturellen Wandlungen aufgreift, haben der Mittelalterforschung ebenfalls neue Betrachtungsmöglichkeiten ermöglicht. Diesen Sichtweisen liegt ein erweiterter Kulturbegriff zugrunde, der aus Neu- sowie in geringem Maße auch Wiederaneignungen der Arbeiten Max Webers (1864–1920) und Ernst Cassirers (1874–1945) erwuchs.

Die in den beiden letzten Jahrzehnten spürbar werdende Horizonterweiterung unter Hinzuziehung anderer Wissenschaftszweige führte in der Mediävistik zu Entdeckungen, die mit älteren Methoden so nicht erreichbar

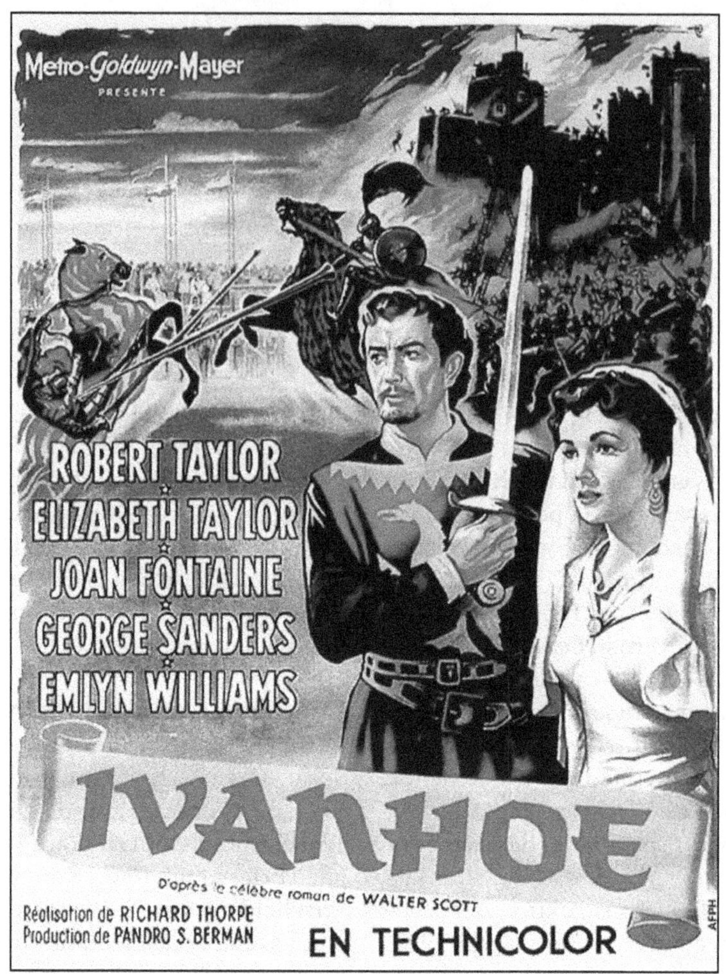


In die populären Vorstellungen vom Mittelalter hatte sich vor Erfindung des Fernsehens die Lektüre historischer Romane oftmals tief eingeprägt. Das gedachte Mittelalter früherer Generationen war beeinflusst von Büchern wie „Ein Kampf um Rom" von Felix Dahn (vier Bände von 1876 bis 1878) oder **„Ivanhoe"** von Walter Scott von 1819. Für die heute lebenden Generationen dürfte das weniger gelten. Unsere Mittelalterbilder sind zwar auch noch durch Gelesenes, aber im stärkeren Maße durch Geschautes geprägt. Über dieses Mittelalter in den Köpfen, das sich aus Kino- und Fernsehfilmen oder auch aus den Sequenzen von Computerspielen speist, ist bisher wenig nachgedacht worden. Wissenschaftler selbst sprechen eher selten von solchen Blickpunkten auf das Mittelalter, die nicht von exakter Methodik ausgehen, aber für das Interesse am Mittelalter und bei der Rekonstruktion von mittelalterlicher Geschichte tiefgründig wirksam sind. Eine bemerkenswerte Ausnahme ist der berühmte französische Mediävist Jacques Le Goff (geb. 1924). Seine doppelte Prägung durch das Lesen wie das Schauen der Geschichte von Ivanhoe, deren Verfilmung von 1952 durch das abgebildete Filmplakat beworben wurde, hat er selbst folgendermaßen beschrieben: „Die Lektüre von Walter Scott beseitigte jeden Zweifel: Die Geschichte hatte mich fortan fest im Griff. Sie nahm die Gestalt des Mittelalters an. Ein Mittelalter, das sich in einer verführerischen materiellen Kulisse präsentierte: der Wald natürlich, dann das Schloss Torquilstone, dessen Belagerung und Erstürmung einen Großteil der Erzählung einnehmen; und mehr noch vielleicht das Turnier von Ashby mit seinen Buden und Zelten, seinem Getümmel, seinen Farben, seinen Tribünen, auf denen ein buntes Treiben herrscht: gemeines Volk neben Kaufleuten und adeligen Damen, Ritter neben Mönchen und Priestern... Die Ivanhoe-Lektüre hatte sofort eine unerwartete Konsequenz für mich. Die Behandlung, die die Juden im Roman durch die Normannen erfahren, und zumal das Schicksal, das die hübsche Rebecca zu erleiden hat – Bois-Guilbert, ein wirklich abscheulicher Geselle, beschuldigt sie der Hexerei –, all das wühlte mich derart auf, dass ich mich umgehend an den Aktionen gegen Antisemitismus und Rassismus beteiligen wollte... Rebecca, natürlich hinreißend schön, war übrigens eine der ersten großen Rollen von Elizabeth Taylor in der grandiosen Ivanhoe-Verfilmung von Richard Thorpe (1952)."



Stephan Selzer

Bild: Französisches Filmplakat des Ivanhoe-Films unter der Regie von Richard Thorpe von 1952.

Literatur: J. Le Goff, Auf der Suche nach dem Mittelalter. Ein Gespräch, dt. München 2004, 11–13.

gewesen wären. Die Enthüllung von totalen sozialen Phänomenen, wie beispielsweise der „Memoria", die sich mit den Namen von Karl Schmid (1923–1993), Joachim Wollasch (geb. 1931) und Otto Gerhard Oexle (geb. 1939) verbindet, stellt ein herausragendes Ergebnis der Sicht- und Methodenerweiterung dar. Andererseits führten diese Weitungen des Blicks aber auch zum Hang, sich eher dem Kleinteiligen, Überschaubaren, ja vielleicht „Menschlichen" wieder zuzuwenden. So haben alltagsgeschichtliche Forschungen gleichsam zur Vermenschlichung der Prozess- und Strukturforschungen geführt.

▷ S. 173
Einführung

Eine weitere Hinwendung zu anthropologischen und kulturwissenschaftlichen Perspektiven kann man beispielsweise an den Ritualforschungen erkennen. Weil Rituale gesellschaftliche Verhältnisse nicht nur abbilden, sondern sie mitunter erst herstellen, haben Mediävisten wie Gerd Althoff (geb. 1943) ihnen zunehmend große Aufmerksamkeit geschenkt. Auch für das Mittelalter sind „Spielregeln" in der Politik signifikant, und eine Art Vorstaatlichkeit konstituierte sich sichtbar durch symbolische Handlungen. Dass Forschungen zu Adel und Höfen – Werner Paravicini (geb. 1942), Karl-Heinz Spieß (geb. 1948), Andreas Ranft (geb. 1951) –, zur Typik oraler Gesellschaften – Hanna Vollrath (geb. 1939) –, zu Erinnerungstechniken und deren ausführendem Organ, dem Hirn – Johannes Fried (geb. 1942) – das Mittelalterbild und zugleich auch die historische Quellenkritik beeinflussen werden, liegt auf der Hand.

**Ausblick: Legitimation Europa.** Wie die Nationalstaaten des 19. Jahrhunderts sich Legitimation durch mediävistische Forschungen zu verschaffen hofften, so schielen heute Europapolitiker auf historisch zurückverlängerte Proto-EU-Phänomene, die ihnen die Mediävisten besorgen sollen. So hat zum Beispiel Karl der Große als *pater Europae* gute Chancen im „Mythenakkumulationsprozess" des neuen großen Gemeinwesens Europa. Ob man, wie der französische Mediävist Jacques Le Goff (geb. 1924), die Geburt Europas im Mittelalter verortet, ob der Kontinent, wie der Engländer Robert Bartlett meint, im Geist der Gewalt zusammenwuchs, oder, wie einst Marc Bloch (1886–1944) schrieb: „Europa taucht auf, als das Römische Reich zusammenbrach" [zitiert nach LE GOFF 2004, 14] – die neuen politischen Gegebenheiten werden auch an die Mediävistik neue Herausforderungen herantragen. Da aber der Wandel der Vergangenheiten mit den zeitgebundenen Fragerichtungen ihrer Erforscher zusammenhängt, wird, wie Bernd Schneidmüller (geb. 1954) formulierte, auch „die Modernität der heutigen Mediävistik schnell ihrer hämischen Historisierung weichen". Und unser liebgewonnenes Bild vom Mittelalter wird dann wieder ein anderes sein.

Olaf B. Rader

**Literatur**

A. BRACKMANN, Kaiser Friedrich II. in ‚mythischer Schau', in: HZ 140, 1929, 534–549.

H.-W. GOETZ, Moderne Mediävistik. Stand und Perspektiven der Mittelalterforschung, Darmstadt 1999.

DERS. (Hrsg.), Mediävistik als Kulturwissenschaft = Das Mittelalter 5.1, 2000.

DERS., Unsichere Geschichte. Zur Theorie historischer Referentialität, Stuttgart 2001.

R. HANSEN/W. RIBBE, Geschichtswissenschaft in Berlin im 19. und 20. Jahrhundert. Persönlichkeiten und Institutionen, Berlin/New York 1992.

E. KANTOROWICZ, Kaiser Friedrich der Zweite, Berlin 1927; Ergänzungsband, Berlin 1931.

J. LAUDAGE (Hrsg.), Von Fakten und Fiktionen. Mittelalterliche Geschichtsdarstellungen und ihre kritische Aufarbeitung, Köln/Weimar/Wien 2003.

J. LE GOFF, Die Geburt Europas im Mittelalter, dt. München 2004.

P. MORAW/R. SCHIEFFER (Hrsg.), Die deutschsprachige Mediävistik im 20. Jahrhundert, Ostfildern 2005.

F. NIETZSCHE, Vom Nutzen und Nachtheil der Historie für das Leben, erstmals erschienen 1879, in: DERS., Sämtliche Werke. Kritische Studienausgabe in 15 Einzelbänden, hrsg. von G. COLLI/M. MONTINARI, Bd. 1, 2. Aufl. München 1988, 241–334.

O. G. OEXLE, Von Fakten und Fiktionen. Zu einigen Grundsatzfragen der historischen Erkenntnis, in: LAUDAGE (Hrsg.), Fakten und Fiktionen, 1–42.

DERS., Geschichtswissenschaft im Zeichen des Historismus, Göttingen 1996.

DERS. (Hrsg.), Stand und Perspektiven der Mittelalterforschung am Ende des 20. Jahrhunderts, Göttingen 1996.

L. RAPHAEL, Geschichtswissenschaft im Zeitalter der Extreme. Theorien, Methoden, Tendenzen von 1900 bis zur Gegenwart, München 2003.

G. SEEBER, Von Barbarossa zu Barbablanca. Zu Wandlungen des Bildes von der mittelalterlichen Kaiserpolitik im Deutschen Reich, in: E. ENGEL/B. TÖPFER (Hrsg.), Kaiser Friedrich Barbarossa. Landesausbau, Aspekte seiner Politik, Wirkung, Weimar 1994, 205–220.

E. TROELTSCH, Der Historismus und seine Probleme. Erstes Buch: Das logische Problem der Geschichtsphilosophie, Tübingen 1922.

**Feudalismus als Problemgeschichte.** Die Geschichte des Begriffs „Feudalismus", dessen Verwendungsspektrum von einem Synonym für „Lehnswesen" bis zur Bezeichnung und damit Charakterisierung einer ganzen Epoche reicht, zeigt besonders eindringlich die Gegenwartsgebundenheit historischer Forschung. Insbesondere seit der Französischen Revolution, die sehr rasch zur Aufhebung des „Régime féodal" führte, wurde das Thema intensiv reflektiert, von Historikern ebenso wie von Juristen, Philosophen und Soziologen, darunter Georg Wilhelm Friedrich Hegel, Karl Marx, Otto von Gierke und Max Weber [Brunner 1958; Kuchenbuch/Michael]. Im Folgenden werden aus der wesentlich umfassenderen Problemgeschichte des Feudalismus einige wichtige Konzepte und Debatten der Historiker in ihrem Gegenwartsbezug skizziert.

▷ S. 209 Vasallität
▷ S. 159 f. Technik: Epochen als Lesart der Geschichte

**Der Feudal-Staat: Georg von Below, Otto Hintze, Heinrich Mitteis.** In Deutschland prägte vor und nach 1871 die Frage nach dem Verhältnis von Staat und Gesellschaft zahlreiche geschichts- und kulturwissenschaftliche Forschungsdebatten. Staat als Selbstorganisation der Gesellschaft oder als bürokratischer Anstaltsstaat, so lautete die eminent politische Frage. Der liberale Rechtshistoriker Otto von Gierke (1841– 1921) hatte die deutsche Geschichte als dialektische Abfolge der Prinzipien „Herrschaft" und „Genossenschaft" konzipiert. Dabei sah er die Moderne von der „freien Assoziation" geprägt, also der freiwilligen Gemeinschaftsbildung von Gleichen zu bestimmten Zwecken, während für ihn das Früh- und Hochmittelalter vom Prinzip der Herrschaft dominiert war. „Feudalismus" als „Verschmelzung" von Herrschaft und Dinglichkeit habe zusammen mit Elementen der Assoziation die Entwicklung von Staatlichkeit in Mittelalter und Frühneuzeit geprägt [Gierke; Oexle, 224–229].

Einen entschiedenen Kritiker fand dieser Ansatz in dem konservativen Mediävisten Georg von Below (1858–1929), der in der Reichsgründung von 1871 den Nationalstaat endlich erreicht und die deutsche Geschichte gleichsam vollendet sah. Auf die Frage nach Staat und Gesellschaft im Mittelalter hatte er eine staatsorientierte Antwort parat: Bereits in fränkischer Zeit habe es einen „Staat" gegeben, verstanden als einen homogenen, anstaltlichen Untertanenverband, der in der Folgezeit jedoch immer mehr „öffentliche Rechte" abgeben musste. „Feudalismus" waren demnach also alle negativ zu beurteilenden Phänomene, die dem Staat Hoheitsrechte entzogen: Lehnswesen, Gerichtsimmunitäten und – dezidiert gegen Gierke – Einungen. Diese lokalen Gewalten durchbrachen für Below den „Reichsuntertanenverband", ohne den „Feudalstaat" jedoch zerstören zu können [Below; Oexle].

Keinen derartigen „culte de l'État" (Staatskult – ein Vorwurf Marc Blochs an Below) betrieb Otto Hintze (1861–1940). Er wollte das Auftreten des Feudalismus in weltgeschichtlich vergleichender Perspektive untersuchen und konstruierte dazu einen Idealtypus des Feudalismus, der aus drei Elementen bestand: Ausbildung eines privilegierten Kriegerstandes, Entwicklung einer grundherrschaftlichen Wirtschaftsform und selbstherrliche Absonderung der Krieger in einer lokalen Herrschaftsstellung. Hintze verknüpfte also militärische, ökonomisch-soziale und politische Aspekte und gelangte zu der These, dass ein voll entwickelter Feudalismus nur dort aufgetreten sei, wo Stämme auf ein untergehendes Weltreich trafen und zu einer verfrühten Großstaatsbildung veranlasst worden seien. Dies nämlich habe eine feudale Dezentralisierung erzwungen und dadurch die quasi naturgemäße Entwicklung vom Stamm zum Staat verhindert [HINTZE]. Mit dieser Interpretation reflektierte Hintze nicht zuletzt zeitgenössische Erfahrungen des Imperialismus und seiner Auswirkungen auf die Staatenwelt der Jahrhundertwende [BORGOLTE 2002].

Gegenüber dem mehrdimensionalen Feudalismus-Begriff Hintzes kehrte Heinrich Mitteis (1889–1952) wieder zu einer rechts- und verfassungsgeschichtlichen Betrachtung zurück. Die Frage nach deutscher Staatlichkeit im Mittelalter suchte er durch einen Vergleich zuerst mit Frankreich [MITTEIS 1933], dann des Abendlands insgesamt zu beantworten. Dabei kam er zu einer diametral entgegengesetzten Interpretation von Lehnswesen und Lehnsrecht, die er nicht als zentrifugale, sondern staatsintegrative Elemente deutete. „Das Lehnswesen ist positiv gewendeter Feudalismus" [MITTEIS 1940, 19] und damit eine entscheidende Stufe in der Entwicklung vom „Feudalismus" (bzw. der „Adelsherrschaft") zum neuzeitlichen Verwaltungsstaat.

**Die Feudal-Gesellschaft: Marc Bloch, Otto Brunner.** Erst mit den Forschungen von Bloch und Brunner wurde die Ablösung der staatsorientierten Feudalismusdefinitionen durch sozialgeschichtlich integrative Konzepte vollzogen. In Frankreich lag dies schon deshalb nahe, weil die Frage nach mittelalterlicher Staatlichkeit hier kaum eine Rolle spielte und mit der Revolution von 1789 der Begriff „féodal" gesamtgesellschaftliche bzw. epochale Bedeutungsinhalte gewonnen hatte. Marc Bloch entwickelte ein innovatives, bis heute weiterwirkendes Konzept, indem er

**Marc Bloch**

1886: Geb. am 6. Juli in Lyon.

1904–1908: Vom Wehrdienst unterbrochenes Studium der Geschichte und Geographie an der École Normale Supérieure.

1908–1909: Studium in Berlin und Leipzig.

1909–1912: Stipendium der Fondation Thiers und Arbeit an der Habilitation (*thèse*).

1912–1914: Lehrer in Montpellier und Amiens.

1914–1918: Teilnahme am Ersten Weltkrieg.

1919: Lehrauftrag für mittelalterliche Geschichte an der Universität Straßburg.

1920: Veröffentlichung der (kriegsbedingt verkürzten) *thèse: Rois et serfs* (Könige und Leibeigene).

1924: Veröffentlichung der bahnbrechenden Studie *Les rois thaumaturges* (Die wundertätigen Könige).

1927: Berufung auf den Lehrstuhl für mittelalterliche Geschichte an der Universität Straßburg.

1929: Gründung der Zeitschrift *Annales d'histoire économique et sociale* (mit Lucien Febvre).

1931: Veröffentlichung des zweiten Hauptwerks *Les caractères originaux de l'histoire rurale française* (Die besonderen Merkmale der französischen Agrargeschichte).

1936: Dozent (maître de conférence) für Wirtschaftsgeschichte an der Sorbonne.

1938: Berufung auf den Lehrstuhl für Wirtschaftsgeschichte.

1939–1940: Publikation des dritten Hauptwerks *La société féodale* (Die Feudalgesellschaft); freiwillige Einberufung und Teilnahme an den Kämpfen in Nordfrankreich; Niederschrift von *L'étrange défaite* (Die seltsame Niederlage, publ. 1946).

1940–1942: Lehrtätigkeit an den Universitäten in Clermont-Ferrand und Montpellier. Mitwirkung an der Gründung der Widerstandsbewegung „Combat".

1941–1943: Arbeit am Manuskript *Apologie pour l'histoire ou métier d'historien* (Apologie der Geschichte oder der Beruf des Historikers; publ. 1949).

1943–1944: Anschluss an die aktive Résistance; 1944 Gefangennahme, Folterung und Ermordung durch die Gestapo.

Literatur: P. SCHÖTTLER (Hrsg.), Marc Bloch. Historiker und Widerstandskämpfer, Frankfurt/M./New York 1999; U. RAULFF, Ein Historiker im 20. Jahrhundert: Marc Bloch, Frankfurt/M. 1995.

als Spezifikum der „Société féodale" die „Bande der Abhängigkeit von Mensch zu Mensch" beschrieb und als deren kennzeichnenden Typus die Vasallität herausstellte, also ein Kontraktverhältnis zwischen Herrn und Mann auf der Grundlage ungleicher Pflichten. Im Übrigen sah er Staat und Gesellschaft nicht in einem polaren Spannungsverhältnis zueinander, sondern verstand „Gesellschaft" als das umfassende „soziale Ganze" und Staat und Politik als unwesentliche Elemente der gesellschaftlichen Ordnung [Bloch; Oexle, 214-219].

▷ S. 209 Vasallität

Otto Brunner (1898-1982) lehnte die analytische Trennung zwischen „Staat" und „Gesellschaft" als Denkform der Moderne für das Mittelalter ganz grundsätzlich ab. Anders als Bloch beschrieb er in „Land und Herrschaft" [Brunner 1939] die mittelalterliche Gesellschaft jedoch nicht von der Vergesellschaftung der Individuen, sondern von „konkreten Ordnungen" her. Mit dieser Adaption eines Begriffs des Staatsrechtlers Carl Schmitt war die Postulierung von „organischen" Gemeinschaften und Wertvorstellungen verbunden, die den Individuen vorgegeben seien. Eine zentrale Rolle spielte bei Brunner die Denkfigur des „Ganzen Hauses", das mit seinem Schutz- und Treueverhältnis zwischen Hausherrn und Bewohnern als Kern aller, also auch der lehnsherrlichen Herrschaft aufgefasst wurde. Letztlich war Brunners harmonisierender Entwurf einer „geordneten" feudalen Gesellschaft getragen von einer gegen die Moderne gerichteten Denktradition, die im Nationalsozialismus eine spezifische, völkische Ausprägung fand [Algazi; Oexle, 215–218].

**Die Feudal-Wirtschaft: Die marxistische Feudalismus-Debatte.** Einer ebenfalls gesamtgesellschaftlichen, jedoch ökonomisch fundierten Interpretation des Feudalismus hatten bereits Karl Marx und Friedrich Engels den Weg gebahnt. Ihre Lehre von den historischen Entwicklungsstufen „Sklavenwirtschaft", „Feudalismus" und „Kapitalismus" sah in der Dialektik von Produktivkräften und Produktionsverhältnissen das „geschichtliche Grundgesetz". Den Feudalismus betrachteten sie als eine Epoche, in der die ungleiche Verteilung von Grund und Boden einen fundamentalen Klassengegensatz zwischen privilegierten Großgrundbesitzern und abgabenpflichtigen Bauern nach sich zog. Die Marxsche Theoriebildung führte innerhalb der DDR-Mediävistik zu einer intensiven Debatte. Diskutiert wurden hier Fragen der Entstehung des Feudalismus im fränkischen und deutschen Reich, der Stellung des Stadtbürgertums in der Feudalgesellschaft und der Periodisierung der feudalistischen Epoche [Töpfer; Borgolte 1996, 93-103].

Im Westen wurde die marxistische Lehre vom Feudalismus nur von einigen wenigen Historikern diskutiert; dies geschah teils in kritischer Ablehnung (Bosl, Blickle), teils im nüchtern-konstruktiven Dialog (Wunder, Kuchenbuch), teils – vor allem in Frankreich – mit sichtlicher Aufgeschlossenheit (Duby, Bois) [Borgolte 1998, 252–259].

**Die Gegenwart des Feudalismus: Das Ende des „Feudalismus"?** Nach dem Zusammenbruch des Kommunismus in Osteuropa haben auch die marxistische Feudalismus-Lehre an Einfluss und die internationale Diskussion an Kohärenz und Kontur verloren. Damit treten zum einen die unterschiedlichen Traditionen der nationalen Wissenschaftskulturen stärker hervor, so etwa das Interesse an theoriegeleiteten, integrativen Feudalismus-Konzepten in Frankreich (Guerreau, Toubert, Bonnassie) und die angloamerikanische Skepsis gegenüber solchen Ansätzen (Reynolds, Brown), während in Deutschland nach der Aufarbeitung der marxistischen Feudalismus-Forschungen das mediävistische Interesse am „Feudalismus" offenbar insgesamt nachgelassen hat [KUCHENBUCH]. Zum anderen werden „feudale" Phänomene in Europa nun räumlich und zeitlich differenzierter untersucht und damit ein Appell Marc Blochs von 1928 erhört. Die Aussichten für den Feudalismus-Begriff, sich als Schlüsselbegriff der deutschen und der internationalen Mediävistik zu etablieren, dürften gleichwohl gesunken sein [BORGOLTE 1998].

Ralf Lusiardi

**Literatur**


G. ALGAZI, Otto Brunner – „Konkrete Ordnung" und Sprache der Zeit, in: P. SCHÖTTLER (Hrsg.), Geschichtsschreibung als Legitimationswissenschaft 1918–1945, Frankfurt/M. 1997, 166–203.

G. v. BELOW, Der deutsche Staat des Mittelalters, Bd. 1: Die allgemeinen Fragen, Leipzig 1914; 2. Aufl. 1925.

M. BLOCH, La société féodale. Paris 1939/40; dt.: Die Feudalgesellschaft, Berlin/Frankfurt/M. 1982.

M. BORGOLTE, Otto Hintzes Lehre vom Feudalismus in kritischen Perspektiven des 20. Jahrhunderts, in: FRYDE/MONNET/OEXLE (Hrsg.), Feudalismus, 247–269.

DERS., Feudalismus. Die marxistische Lehre vom Mittelalter und die westliche Geschichtswissenschaft, in: ZHF 25, 1998, 245–260.

DERS., Sozialgeschichte des Mittelalters. Eine Forschungsbilanz nach der deutschen Einheit, München 1996.

O. BRUNNER, „Feudalismus". Ein Beitrag zur Begriffsgeschichte, Mainz/Wiesbaden 1958.

DERS., Land und Herrschaft. Grundfragen der territorialen Verfassungsgeschichte Österreichs im Mittelalter, 5. Aufl. Wien 1965 [zuerst 1939].

N. FRYDE/P. MONNET/O. G. OEXLE (Hrsg.), Die Gegenwart des Feudalismus/Présence du féodalisme et présent de la féodalité/The presence of feudalism, Göttingen 2002.

O. GIERKE, Das deutsche Genossenschaftsrecht, Bd. 1: Rechtsgeschichte der deutschen Genossenschaft, Berlin 1868.

O. HINTZE, Wesen und Verbreitung des Feudalismus [1929], in: DERS., Staat und Verfassung. Gesammelte Abhandlungen zur allgemeinen Verfassungsgeschichte, hrsg. v. G. OESTREICH, 2. Aufl. Göttingen 1962, 84–119.

L. KUCHENBUCH, ‚Feudalismus'. Versuch über die Gebrauchsstrategien eines wissenschaftspolitischen Reizwortes, in: FRYDE/MONNET/OEXLE (Hrsg.), Feudalismus, 293–323.

DERS./B. MICHAEL (Hrsg.), Feudalismus. Materialien zur Theorie und Geschichte, Frankfurt/M./Berlin 1977.

H. MITTEIS, Lehnrecht und Staatsgewalt. Untersuchungen zur mittelalterlichen Verfassungsgeschichte, Weimar 1933.

DERS., Der Staat des hohen Mittelalters. Grundlinien einer vergleichenden Verfassungsgeschichte des Lehnzeitalters, Weimar 1940.

O. G. OEXLE, Feudalismus, Verfassung und Politik im deutschen Kaiserreich, 1868–1920, in: FRYDE/MONNET/OEXLE (Hrsg.), Feudalismus, 211–246.

B. TÖPFER, Die Herausbildung und die Entwicklungsdynamik der Feudalgesellschaft im Meinungsstreit von Historikern der DDR, in: FRYDE/MONNET/OEXLE (Hrsg.), Feudalismus, 271–291.

# Ostsiedlung

**Der Vorgang der „Ostsiedlung".** Der historiographische Begriff „deutsche Ostsiedlung" beschreibt Vorgänge des ausgehenden 11. Jahrhunderts, die zu einer Siedlung und Akkulturation in den Gebieten östlich der Reichsgrenze vom finnischen Meerbusen bis zum Schwarzen Meer und zur Save führten und die vorwiegend durch deutsche Bauern, Handwerker und Kaufleute getragen wurden. Mitunter wird auch noch die Landnahme des Deutschen Ordens in Ostpreußen und im Baltikum als Bestandteil der Ostsiedlung betrachtet.

▷ S. 90 [Mittel]- und osteuropäische [M]onarchien

In der Hauptphase vom 12. bis zum 14. Jahrhundert wurde der deutsche Siedlungs- und Sprachraum um mehr als ein Drittel erweitert, danach ging die Siedlungstätigkeit wieder zurück. Bevölkerungswachstum im Reich und hochmittelalterlicher Landesausbau durch ostmitteleuropäische Fürsten bildeten ebenso wichtige Impulse wie die Mission, die freilich nach der teils überaus gewaltsamen „Bekehrung" heidnischer Ethnien zunehmend an Bedeutung verlor. Von Landes- und Grundherren jeweils ins Land gerufen, trugen die Siedler zur Modernisierung von Agrar- und Stadtstrukturen bei. Nicht nur Deutsche, sondern auch Dänen, Flamen, Niederländer, vor allem aber die Bevölkerung Ostmitteleuropas, also Balten, Polen, Tschechen und andere, ließen diese Vorgänge Teil eines europäischen Prozesses werden, der das Hochmittelalter generell kennzeichnet und der u. a. mit den Termini „Ostsiedlung", „Ostbewegung" oder „Ostkolonisation" belegt worden ist [Higounet, 18 und 352].

**„Aufladung" der Begriffe im 19. Jahrhundert.** Den zeitgenössischen Chronisten war bei der Beschreibung von Einzelereignissen nicht bewusst, dass sie von Mosaiksteinchen eines umfassenden Prozesses berichteten, der sich erst in der Rückschau durch historische Untersuchungen unterschiedlichster methodischer Zugriffe und unter Auswertung von Quellen verschiedenster Provenienz in seinen Konturen erkennen ließ. Eine kontroverse Beurteilung der Ostsiedlung in Details wie im Ganzen begann erst mit dem 19., dem „nationalen" Jahrhundert, an dessen Beginn Ernst Moritz Arndt (1769–1860) bereits von einer germanischen Mission im Osten sprach. Den mittelalterlichen *nationes* waren die rassisch-ideologisch fundierten Abgrenzungsprozesse, die sich im 19. Jahrhundert Bahn brachen und die auch die Geschichtswissenschaft mit dem nahenden Jahrhundertende zunehmend dominierten, weitgehend fremd. Für die moderne Nation und ihre tatsächlichen oder imaginierten historischen Bezugspunkte war der eigene Siedlungs- und Kulturraum von nicht zu unterschätzender Bedeutung im tages- und wissenschaftspolitischen Diskurs. Wenn also um die Mitte des 19. Jahrhunderts mit Blick auf den Prozess der Ostsiedlung von der vorwärts drängenden, „höher" stehenden deutschen Kultur gesprochen oder von einem „Drang nach Osten" ausgegangen wurde, dann ging die nationale Publizistik hier einerseits der deutschen Geschichtswissenschaft voran, löste aber andererseits heftige Gegenreaktionen bei Polen und Tschechen aus, etwa bei František Palacký, der von den Deutschen als einem „Raubvolk" sprach [Wippermann, 47–59].

▷ S. 386, 388 Geschichte der Mittelalterforschung

Vor dem Ersten Weltkrieg, in jener auch die Geschichtswissenschaft erfassenden Zeit von Panslawismus und Pangermanismus, wurde die nüchterne Analyse der zu erforschenden Vorgänge zunehmend schwierig. Wenn aber Karl Lamprecht (1856–1915) von der deut-

### Forschungsstimme

**Rudolf Kötzschke** (1867–1949) war von 1906 bis 1935 Professor am Seminar für Landesgeschichte und Siedlungskunde der Universität Leipzig. Die Grundzüge seines Forschungsprogrammes umschrieb er, ganz seiner Zeit verhaftet, folgendermaßen:

„Die ostdeutsche Kolonisation ist nicht nur als ein bedeutsamer Vorgang der Ausbreitung deutschen Volkstums im Mittelalter zu würdigen; sie setzte sich durch, indem sie ein großes bleibendes Kulturwerk der wirtschaftlichen Hebung des Ostens schuf, und muss als solches gewertet werden. Eine wohlausgebildete Siedlungstechnik, gutes persönliches Besitzrecht bäuerlicher Kolonisten, eine freiheitliche Dorfgemeindeverfassung, ganz planmäßige Bodenwirtschaft und Flurgliederung, eine leistungsfähige, auf der Höhe der Waffenkunst stehende Ritterschaft, die, kampfgeübt und schlagfertig, zugleich von höfischer Bildung erfüllt war, ein in Handel und Gewerbe erfahrenes, durch freies Recht und zweckvoll ausgestaltete Stadtverfassung begünstigtes Bürgertum, dazu ein in technischer und rechtlicher Hinsicht voll entwickelter Bergbau, all dies waren schätzbare Errungenschaften, die weithin den ostelbischen Ländern durch die einwandernden deutschen Siedler zugeführt wurden und dort folgerichtig zur vervollkommneter Durchbildung gediehen. Nicht herangeholte Fremdlinge waren die Deutschen, vielmehr, gerufen oder nicht, Bringer eines neuen, freiheitlicheren, menschlicheren Rechts, einer höheren menschlichen Gesittung. Daraus erklären sich die erstaunlichen, alle Hemmungen überwindenden Erfolge ostdeutscher Kolonisation in den weitesten Landstrichen Ostmitteleuropas. Eine hervorragende Leistung ward insbesondere vollbracht, indem die Deutschen in harter und mühevoller Rodetätigkeit Wald und Sumpfland zu menschennährendem Boden umschufen. Es ist erstaunlich, wie engräumig meist die altbesiedelten Landstrecken waren neben dem damals für die Kultur erschlossenen Neuland; auf diesem aber hatten weit und breit Deutsche als die ersten Siedler auf jungfräulichem Boden ein geschichtlich tief begründetes und unverlierbares Heimatrecht."

Literatur: R. Kötzschke, Über den Ursprung und die geschichtliche Bedeutung der ostdeutschen Siedlung, in: W. Volz (Hrsg.), Der ostdeutsche Volksboden. Aufsätze zu den Fragen des Ostens, Breslau 1926, 7–26, hier 25f.

schen Ostsiedlung zu Recht als einer „Grundtatsache unserer Geschichte" sprach, bot die Geschichtswissenschaft im Zuge ostexpansionistischer Pläne im Ersten Weltkrieg die Möglichkeit, als „Legitimationswissenschaft" genutzt zu werden.

**Weimarer Republik und „Drittes Reich".** Dies galt umso mehr, als sich nach 1918 mit den Pariser Vorortverträgen und den Gebietsverlusten Deutschlands im Osten wesentliche Schauplätze der mittelalterlichen deutschen Ostsiedlung nun auf dem Gebiet des wiedererstandenen polnischen Staates befanden. Aus der wissenschaftlichen Beschäftigung mit der Ostsiedlung wie bei Karl Hampe (1869–1936), der 1921 den „Zug nach Osten" als eine „Großtat des deutschen Volkes" hervorhob [Hampe], sprach der Eindruck der Niederlage und des Gebietsverlustes im Krieg. Weitergehend wurde aber auch die historische Legitimität von Revisionsforderungen im Osten begründet.

Einflussreiche Forscher fanden in den zwanziger Jahren des vorigen Jahrhunderts im interdisziplinären Forschungsverbund der Ostforschung zusammen. In ihm wurde als Grundkonsens angenommen, dass einem Volk ein Volks- und Kulturboden zukäme, über dessen Behauptung und Ausdehnung die völkische Qualität einer Nation bestimmt werden könne. Mit unterschiedlichen, methodisch innovativen Formen der Siedlungs-, Sprachinsel- und Verfassungsgeschichte, die dem Endzweck einer die Überlegenheit des Germanentums nachweisenden Volksgeschichte zu dienen hatten, wurde nicht nur der Revision der Grenzen von Versailles, sondern auch einem Kultur- als Lebensraum das Wort geredet.

Damit erwies sich in diesem von völkischen Ideen beeinflussten Netzwerk auch der Übergang zu nationalsozialistischem Gedankengut als zunehmend fließend. Aus der Erforschung der Ostsiedlung zum Nachweis deutscher Ansprüche konnte nach 1933 schnell eine Zuarbeit für das „Dritte Reich" werden [Brackmann]. Die Ostsiedlung erwies sich als das Feld, das sich für methodische Innovation, eine Inanspruchnahme durch die Nationalsozialisten wie für die Sicherung von Karriereoptionen von Historikern, gerade nach dem deutschen Überfall auf Polen im September 1939, gleichermaßen eignete. Jüngere Forschungen haben gezeigt, dass sich der Anspruch der Historiker, mit ihren Untersuchungen zur Ostsiedlung nur unpolitische Wissenschaft betrieben zu haben, nicht mehr aufrecht erhalten werden kann [Burleigh; Piskorski/Hackmann/Jaworski]

**Neue Wege nach 1945.** An der Wende vom 20. zum 21. Jahrhundert sind die Kontroversen um die Ostsiedlung abgeflaut. Die Historiker haben über die Vorgänge zu einer gemeinsamen Sprache, wenn auch noch nicht immer zu einer gemeinsamen Arbeit gefunden. Ausgehend von dem schwierigen deutsch-polnischen Verhältnis nach dem Zweiten Weltkrieg, das von den Gräueln der Deutschen Besatzungsherrschaft, der Zuarbeit einer Kulturraumforschung im Dienste des Dritten Reiches, der Vertreibung, der Gebietsverluste und der polnischen Westverschiebung geprägt war, blieb der Dialog zunächst schwierig.

Als Hermann Aubin (1885–1969) 1952 von einem neuen Anfang der Ostforschung sprach und dabei ein Programm entwickelte, bei dem eher die Wiederaufnahme alter historiographischer Traditionen als ein gemeinsamer Neuanfang zu erkennen war, griff dies die polnische und tschechische Geschichtswissenschaft unmittelbar auf und an. Gerade die Diskussion um Charakter und Konsequenz der deutschen Ostsiedlung taugte jedoch nicht als Mittel der nun so wichtigen Auseinandersetzung im Zeichen des Systemkonflikts, so dass auch in der deutschen Mediävistik zunehmend der Rückzug der Ostsiedlungsforschung unter das Dach einer sich entideologisierenden Landesgeschichte erfolgte [Mühle].

Über die Systemgrenzen hinweg trugen die deutsch-polnischen Schulbuchkonferenzen der siebziger Jahre des vorigen Jahrhunderts wesentlich zur Entspannung zwischen den Historikern bei. Auch in Bezug auf die Ostsiedlung kam es zu dem Bemühen um eine gemeinsame Arbeitsbasis, die – entgegen aller nachhaltig wirkenden Stereotype – in der Fachwissenschaft als unstrittig gilt, seit etwa zeitgleich auf der Reichenau Historiker der beteiligten Länder ihre wissenschaftlichen Ansätze miteinander abglichen [Schlesinger]. Der europäische Kontext, in den neuere Forschungen verstärkt nach dem Zusammenbruch des kommunistischen Blocks gestellt werden, erlauben es endgültig, Prozesse des Landesausbaus, der Siedlung und Stadtentwicklung als wechselseitig unter Beteiligung verschiedenster Akteure aufzufassen und in dieser Situation zu einem neuen Bild gemeineuropäischer Prozesse im Mittelalter zu gelangen [Lübke; Zernack].

Jan Kusber

**Literatur**

H. AUBIN/O. BRUNNER/W. KOTHE/J. PAPRITZ (Hrsg.), Deutsche Ostforschung. Ergebnisse und Aufgaben seit dem ersten Weltkrieg, 2 Bde., Leipzig 1942/3.

A. BRACKMANN (Hrsg.), Deutschland und Polen. Beiträge zu ihren geschichtlichen Beziehungen, München 1933.

M. BURLEIGH, Germany turns Eastward. A Study of Ostforschung in the Third Reich, Cambridge 1988.

W. CONZE, Ostmitteleuropa, München 1992.

Deutsche Geschichte im Osten Europas, 11 Bände, Berlin 1990–1998.

L. DRALLE, Die Deutschen in Ostmittel- und Osteuropa, Darmstadt 1991.

P. ERLEN, Europäischer Landesausbau und mittelalterliche deutsche Ostsiedlung. Ein struktureller Vergleich zwischen Südwestfrankreich, den Niederlanden und dem Ordensland Preußen, Marburg 1992.

K. HAMPE, Der Zug nach Osten. Die kolonisatorische Großtat des deutschen Volkes im Mittelalter, Leipzig 1921.

H. HELBIG/L. WEINREICH (Hrsg.), Urkunden und erzählende Quellen zur deutschen Ostsiedlung im Mittelalter, Darmstadt 1970.

C. HIGOUNET, Die deutsche Ostsiedlung im Mittelalter, 2. Aufl. München 1990.

R. KÖTZSCHKE/W. EBERT, Geschichte der ostdeutschen Kolonisation, Leipzig 1937.

W. KUHN, Vergleichende Untersuchungen zur mittelalterlichen Ostsiedlung, Köln u.a. 1973.

C. LÜBKE, Das östliche Europa, München 2004.

E. MÜHLE, „Ostforschung". Beobachtungen zu Aufstieg und Fall eines wissenschaftlichen Paradigmas, in: Zeitschrift für Ostmitteleuropaforschungen 46, 1997, 317–350.

Z. H. NOWAK (Hrsg.), Die Rolle der Ritterorden in der Christianisierung und Kolonisierung des Ostseegebietes, Toruń 1983.

J. M. PISKORSKI, Die deutsche Ostsiedlung des Mittelalters in der Entwicklung des östlichen Mitteleuropa. Zum Stand der Forschung aus polnischer Sicht, in: Jahrbuch für die Geschichte Mittel- und Ostdeutschlands 40, 1991, 27–84.

DERS./J. HACKMANN/R. JAWORSKI (Hrsg.), Deutsche Ostforschung und polnische Westforschung im Spannungsfeld von Wissenschaft und Politik. Disziplinen im Vergleich, Osnabrück/Poznań 2002.

W. SCHLESINGER (Hrsg.), Die deutsche Ostsiedlung des Mittelalters als Problem der europäischen Geschichte. Reichenau-Vorträge 1970–1972, Sigmaringen 1975.

W. WIPPERMANN, Der „deutsche Drang nach Osten". Ideologie und Wirklichkeit eines politischen Schlagwortes, Darmstadt 1981.

K. ZERNACK, Preußen – Deutschland – Polen. Aufsätze zur Geschichte der deutsch-polnischen Beziehungen, 2. Aufl. Berlin 2001.

**Bürgertum als geschichtlicher Begriff.** „Bürgertum" ist während der Neuzeit zu einem wissenschaftlichen Begriff geformt worden, in dem sich unterschiedliche Hoffnungen der jeweiligen Epoche in Bildern vom Mittelalter spiegelten und verdichteten. So sah schon Johann Gottfried Herder (1744–1803) in den Städten des Mittelalters „gleichsam Heerlager der Cultur". Die Kämpfer für eine liberale Verfassung stärkten im 19. Jahrhundert ihre Position mit dem Blick auf die „freien Gemeinden in den Städten" (Karl Friedrich Eichhorn). Der süddeutsche Liberale Karl Theodor Welcker (1790–1869) sah im Vormärz in den Städten „den Grundgedanken der Repräsentativverfassung" verwirklicht. Auch für Karl Marx (1818–1883) waren die Städte ein „Glanzpunkt des Mittelalters", weil sie den „Ablösungsprozess von der Erde" beschleunigten und Grundlagen für die Herausbildung der modernen Bourgeoisie und des Proletariats schufen. Die wissenschaftliche Auseinandersetzung über die sachgerechte Darstellung städtischer Geschichte bewegt sich seit dem ausgehenden 19. Jahrhundert um die Pole „Herrschaft" und „Genossenschaft", die unterschiedlich betont wurden und werden. Gegenüber diesem so umkämpften Begriff ist im Blick auf mittelalterliche Terminologie wohl eher von „Bürgerschaft(en)" zu sprechen, was auch im Blick auf Augustin (*civitas Dei*) den transzendentalen Aspekt nicht unterschlägt.

**Mittelalterliches Selbstverständnis.** Bereits Bilder wie das aus der frühneuzeitlichen Lüneburger Ratsstube machen deutlich, dass die alteuropäische Bürgerschaft einer Stadt in sich differenziert war, also nicht dem neuzeitlichen Bild des „Bürgertums" entspricht. Die Teilhabe an der politischen Macht war häufig nur einigen Gruppen möglich. Allerdings war die Ausbildung der städtischen Freiheiten in der Entstehungsphase im 12. Jahrhundert revolutionär. Bürger wählten seither selbst die Leitung ihrer Gemeinden, die Ratsherren (*consules*). Und weiterhin wurde die Amtszeit des Rates auf eine bestimmte Zeit, zumeist ein Jahr, begrenzt, während sonst die Mächtigen und Herrschenden im Mittelalter wie Papst und Bischöfe, Kaiser, Könige und Fürsten ihr Amt auf Lebenszeit erhielten: ein deutlicher Hinweis auf eine neue Bedeutung der Zeit im bürgerlichen Denken [Le Goff].

**Bürgerliche Rechte.** Italienische Städte erlangten die kaiserliche Anerkennung ihrer autonomen, kommunal verfassten Bürgerschaft mit der Lombardischen Liga schon im Frieden von Konstanz (1183), und auch viele französische Städte konnten in den englisch-französischen Auseinandersetzungen des ausgehenden 12. Jahrhunderts Freiheiten erringen. Im Reich folgte man dieser Entwicklung im 13. Jahrhundert, wobei die Städte im Rheingebiet und in Flandern mit ihren alten Verbindungen nach Italien und Frankreich vorangingen. Im Rahmen der Ostkolonisation konnten viele neue Städte sich ebenso umfassende Freiheiten bestätigen lassen.

Welche Rechte hatte die Bürgerschaft für ihre Stadt gewonnen? An erster Stelle ist hier das Recht der freien Wahl der städtischen Führung, des Rates, zu nennen. Man nennt dies „Autokephalie", was nach Max Weber das Kennzeichen der okzidentalen Stadt war. Wahlrecht und Selbstbestimmung hatten gegen starken Widerstand der Stadtherren die Bürger errungen, also zumeist männliche Personen, die über einen längeren Zeitraum in einer Stadt lebten und dort Grundbesitz hatten.

## Forschungsstimme

Zur ersten Orientierung über ein unbekanntes Thema bietet sich der Griff zu einem Nachschlagewerk an. Das wichtigste Hilfsmittel für den Bereich der mittelalterlichen Geschichte ist das „Lexikon des Mittelalters", dessen Artikel neben Sachinformationen auch Literaturhinweise enthalten.

Der erste Teil des Artikels über „Bürger, Bürgertum" stammt von **Alfred Haverkamp**. Hierin heißt es:

„Die Forschungsbegriffe Bürger und Bürgertum sind so stark von Bedeutungsgehalten der Neuzeit – bes. des 18. und 19. Jh. – bestimmt, daß ihre unreflektierte Anwendung auf das MA ebenso die Gefahr des Anachronismus in sich birgt, wie dies bei dem vergleichbar wichtigen Zentralbegriff ‚Staat' der Fall ist. Bürgertum ist anscheinend ohnehin erst seit dem 16. Jh. in den Quellen bezeugt, und zwar zunächst als Synonym für → Bürgerrecht oder noch allgemeiner für Stadt. Mit der Reduzierung oder sogar Aufhebung der städt. Autonomie und der damit verknüpften Einebnung des Bürgerrechts durch den absolutist. Staat wie auch unter dem Einfluß der Rezeption des röm. Rechts und der Souveränitätslehre wird der zuvor ebenfalls an das Bürgerrecht gebundene Begriff ‚Bürgerstand' zunehmend im Sinne einer sozialen Schicht von Staatsuntertanen verstanden, die weder dem Adel noch dem Bauernstande angehören [...] Die angedeuteten polit., wirtschaftl. und ideolog. Vorgänge haben sich in mehr oder weniger differenzierter Form auf die Erforschung des ma. Stadtbürgertums seit dem 19. Jh. ausgewirkt und sind auch heute noch spürbar. Hervorgehoben sei die Neigung der liberalen Geschichtsschreibung des 19. Jh., das moderne Staatsbürgertum in das ma. Stadtbürgertum zurückzuprojizieren. Die damit verbundene ‚antifeudale' Festlegung dieser keineswegs einheitl. Formation findet sich ebenfalls in der marxist.-leninist. Historiographie [...]".

Literatur: Lexikon des Mittelalters, hrsg. von N. Angermann u.a., 9 Bde. u. Registerband, München/Zürich 1978–1999, hier: Bd. 2, 1983, Sp. 1006.



Sie schlossen sich in Schwureinungen (*coniurationes*) zusammen und konnten aufgrund ihrer Wirtschaftskraft wichtige Rechte erlangen, besonders bedeutsam etwa die Befreiung von auswärtigen Gerichten, vom Beweismittel des Zweikampfs, das Recht zur Rechtssetzung (*ius statuendi*/gewillkürtes Recht) und schließlich die Wahl der eigenen Führung (Rat). Durch diese Freiheitsrechte wurden die Bürger (*urbani/burgenses*) als Gruppe abgegrenzt.

Als wesentliches Kriterium galt im Reich, aber nicht in England, die Stadtmauer. Wer innerhalb der Mauer lebte, hatte Teil an den Rechten (*habitare infra ambitum muri*). Personen, die vom Land in die Stadt einwanderten, konnten nach einiger Zeit nicht mehr von ihren Herren zurückgefordert werden. Im Rückblick fasste man die unterschiedlichen Entwicklungen in dem Satz zusammen: „Stadtluft macht frei". Im Gegensatz zu diesen Vorstellungen des 19. Jahrhunderts ist allerdings festzuhalten, dass innerhalb der Stadt nicht nur persönlich freie Bürger lebten. Dort fand sich neben den Einwohnern, die zumeist von dem Recht der Wahl ausgeschlossen waren, noch eine weitere wichtige Gruppe, die persönlich nicht frei war, sondern vom Stadtherrn abhängig blieb: die Ministerialen. Diese spielten bei der Erkämpfung der städtischen Freiheiten besonders in den Bischofsstädten der Rheinregion eine wichtige Rolle. Ministeriale bildeten hier mit den wirtschaftlich aufsteigenden Kaufleutefamilien ein so genanntes Patriziat, das bis zu den „Zunftkämpfen" des Spätmittelalters als allein ratsfähig den Stadtrat in weiten Teilen des Reiches dominierte. Erst in den spätmittelalterlichen Auseinandersetzungen konnten die Vertreter der Zünfte in vielen Städten Zugang zum Rat erlangen.

Daniel Frese hat zwischen 1573 und 1578 mehrere allegorische Gemälde für das Lüneburger Rathaus geschaffen. Auf einem Wandgemälde in der großen Ratsstube wird die **Res Publica** vor einer Stadtsicht Lüneburgs den Ratsherren vor Augen gestellt. Links steht Justitia mit Waage und Schwert. Hinter ihr sitzen in einer offenen Arkade Ratsherren unter einer Darstellung des Jüngsten Gerichts, dem Lüneburger Stadtwappen und einer „Luna" im Gericht. Hinter der Allegorie der Concordia zeigen sich auf der rechten Seite oben rechts im Erker eines Hauses vier Personen, zu denen dunkel gekleidete Bürger, die keine Kopfbedeckung tragen, aufschauen. Es handelt sich um die Bürger der Stadt, die barhäuptig nach oben zum Bürgermeister und den Ratsherren in der Laube blicken. Sie scheinen unmittelbar vor dem Ablegen eines Eides zu stehen. Etwas links oberhalb des Erkers bläst eine Putte auf einer Posaune, die auf einer Fahne das Stadtwappen Lüneburgs trägt. Der Heilige Geist, der unterhalb von Gott Vater in der Gestalt einer Taube über der Res Publica seine Flügel spreizt, segnet Ratsherrn und Bürger, die in Concordia verbunden sind. Mit Gottes Segen tragen Rat und stimmfähige Bürger gemeinsam die Verantwortung für das Gemeinwohl ihrer Stadt. Allerdings zeigen sich deutliche Unterschiede: Die herrschenden Herren des Rates stehen im Erker über den Bürgern, zu denen diese aufschauen müssen, oder sie sitzen auf der Bank und sprechen Recht. Wo man sitzt und wer überhaupt sitzen darf, waren dabei Gegebenheiten, die im mittelalterlichen Verständnis einen hohen Symbolwert besaßen.

Bild: Daniel Frese, Res Publica, 1578, Fresko, Rathaus Lüneburg; Foto: Bayerische Staatsbibliothek, München.

Literatur: M. G. HAUPT, Die Große Ratsstube im Lüneburger Rathaus (1564–1584). Selbstdarstellung einer protestantischen Obrigkeit, Marburg 2000, 132–186; D. W. POECK, Rituale der Ratswahl, Köln 2004.

**Bürgerliche Pflichten.** Den Rechten der Bürger standen Pflichten gegenüber, wie Wehr- und Wachtdienste und das Mittragen der städtischen Lasten, also die Zahlung von Steuern (*Ungeld, Schoß*). Auch in der Festlegung der Steuern zeigt sich das gemeinschaftliche Element. Diese wurden von den Bürgern auf Grund der Selbsteinschätzung ihres Vermögens erhoben, die sie durch einen Steuereid bekräftigen mussten.

Im Idealbild zeigt sich die Bürgergemeinde als geschworene Gemeinschaft, die selbst ihre Verfassung gestaltet. Die neue Legitimation von Herrschaft in der kommunalen Eidgenossenschaft legte die Grundlage für die Entstehung eines neuen Standes, der nicht Adel und nicht Bauer ist – eben des Bürgerstandes.

Dietrich W. Poeck

**Literatur**

O. Brunner/W. Conze/R. Koselleck (Hrsg.), Geschichtliche Grundbegriffe. Historisches Lexikon zur politisch-soziologischen Sprache in Deutschland, Stuttgart 1972–1997.

G. Dilcher, Die Rechtsgeschichte der Stadt, in: Ders./K. S. Bader, Deutsche Rechtsgeschichte. Land und Stadt, Bürger und Bauer im Alten Europa, Berlin 1999, 251–682.

J. Le Goff, Temps de l'église, temps du marchand, in: Annales 15.3, 1960, 417–433.

K. Schreiner/U. Meier, Stadtregiment und Bürgerfreiheit. Handlungsspielräume in deutschen und italienischen Städten des Späten Mittelalters und der Frühen Neuzeit, Göttingen 1994.

K. Schreiner, Die Stadt des Mittelalters als Faktor bürgerlicher Identitätsbildung. Zur Gegenwärtigkeit des mittelalterlichen Stadtbürgertums im historisch-politischen Bewußtsein des 18., 19. und 20. Jahrhunderts, in: C. Meckseper (Hrsg.), Stadt im Wandel, Bd. 4, Stuttgart 1985, 517–541.

Ders., Iura et libertates. Wahrnehmungsformen und Ausprägungen „bürgerlicher Freyheiten" in Städten des hohen und späten Mittelalters, in: H.-J. Puhle (Hrsg.), Bürger in der Gesellschaft der Neuzeit, Göttingen 1991, 59–106.

**Zur Geschichte universitärer Mediävistik.** Die Universitäten bilden in Deutschland unbestritten das Zentrum der heutigen Mittelalterforschung. Schaut man sich beispielsweise die Herkunft von neu erscheinenden Monographien zur mittelalterlichen Geschichte auf dem wissenschaftlichen Buchmarkt an, so ist die Dominanz von universitären Qualifizierungsarbeiten (Dissertationen, Habilitationsschriften) nicht zu übersehen. Aber auch Überblicksdarstellungen und Handbücher, verfasst oder herausgegeben von renommierten Professorinnen und Professoren, haben derzeit Konjunktur. Dieses heute selbstverständlich scheinende Übergewicht der Universitäten unter den Einrichtungen der Forschung stellt sich als das Ergebnis eines längeren Prozesses dar, der die Frage nach der Organisation und Institutionalisierung der Wissenschaft aufwirft.

Von einer universitären Mittelalterforschung kann eigentlich erst seit dem 19. Jahrhundert gesprochen werden. Zwar gab es seit dem Zeitalter des Humanismus *professores historiarum* an deutschen Universitäten, doch unterschieden sich Grundsätze und Zielsetzungen der Geschichtsschreibung und -vermittlung von den Maßstäben späterer Zeiten. Die Geschichte diente – gemäß dem bekannten Cicero-Zitat von der *historia magistra vitae* – als Beispielsammlung für richtiges bzw. falsches Handeln in der Gegenwart sowie in ihrer Überlieferung als Muster schönen sprachlichen Stils; entsprechend war sie mit anderen Fächern wie Theologie, Ethik, Politik, Staatsrecht und Poesie eng verbunden [MUHLACK]. Ein spezifisches Interesse für das Mittelalter gab es dabei nicht; Geschichte wurde in der Regel als „Universalgeschichte" betrieben.

Entscheidender noch ist, dass sich die Vorstellung vom Mittelalter als einer zwischen Antike und Neuzeit anzusiedelnden eigenständigen Epoche erst im 17. Jahrhundert ausformte. Die vom hallischen Professor Christoph Cellarius 1685 propagierte Einteilung der Universalgeschichte in *historia antiqua, medii aevi ac nova* setzte sich im 18. Jahrhundert zunächst an den protestantischen Universitäten rasch durch und bildete damit, verstärkt durch eine zeitgleiche methodische Neuorientierung der Geschichtswissenschaft in Bezug auf Heuristik und Quellenkritik, die Voraussetzung für die Entstehung der Mediävistik als eigenständiger Disziplin [NEDDERMEYER].

▷ S. 164 Technik: Epochen als Lesart der Geschichte

Im 19. Jahrhundert vollzog sich ein Prozess der Ausdifferenzierung und Institutionalisierung der Geschichtswissenschaft, der in die Gründung von „Historischen Seminaren" an den deutschen Universitäten mündete. Die vor allem von Preußen ausgehende Universitätsreform hat entscheidend dazu beigetragen, das Fach Geschichte seiner vorwiegend propädeutischen bzw. hilfswissenschaftlichen Funktion zu entkleiden und als selbstständige wissenschaftliche Disziplin zu etablieren. Eine Wurzel der Historischen Seminare lässt sich bereits in den 1738 (Göttingen) bzw. zwischen 1777 und 1812 u.a. in Erlangen, Helmstedt, Kiel, Leipzig, Halle, Heidelberg und Berlin gegründeten philologischen Seminaren entdecken. Deren Entstehung fiel in die Phase des Wandels der Philosophischen Fakultäten von Orten der Vorbereitung des Studiums an den höheren Fakultäten zu Stätten der berufspraktischen Ausbildung, vor allem für das Lehramt. Neue Formen der Zusammenarbeit zwischen Lehrenden und Studierenden sollten letzteren in diesen Seminaren Gelegenheit geben, den Umgang mit den alten Sprachen und die Methoden der Interpretation klassischer Texte einzuüben [Pandel]. Mit der wachsenden Bedeutung des Faches Geschichte und einer damit korrespondierenden Zunahme historischer Lehrstühle sowie einer Spezialisierung in der Beschäftigung mit der Vergangenheit erfolgte die Übernahme der neuen, auf Verwissenschaftlichung ausgerichteten Lehrform durch die Historiker. Diese zunächst meist privat ausgerichteten „Historischen Gesellschaften" oder „Historischen Übungen" trafen sich in der Privatwohnung des Professors, wo sich der sehr kleine Kreis von Studierenden in Quellenkritik und im mündlichen Vortrag übte. In der zweiten Jahrhunderthälfte, verstärkt in den Jahren um 1870, kam es vielerorts zu einer Institutionalisierung der Seminare, indem diese nun als offizielle Universitätseinrichtungen anerkannt und in die Vorlesungsverzeichnisse aufgenommen wurden sowie von den staatlichen Behörden Statuten und einen festen Etat erhielten. Entsprechende Gründungen fanden etwa in München und Würzburg 1857, in Bonn 1861, in Greifswald 1863, in Marburg 1865, in Freiburg 1870, in Erlangen 1872, in Halle und Tübingen 1875, in Göttingen 1877 sowie in Berlin 1883 statt. Mit der Institutionalisierung der Historischen Seminare trat die Bezeichnung des Lehrveranstaltungstyps neben die der Organisationsform, die noch heute in dieser Benennung an vielen Universitäten präsent ist, auch wenn sich mit dem Übergang zum 20. Jahrhundert der Begriff „Institut" stärker durchsetzte.

Die Neuorganisation des Universitätswesens im Kaiserreich, die im Übrigen in erheblichem Maße von den Ministerien angestoßen, kontrolliert und in den Personalentscheidungen mitbestimmt wurde, führte zu einer stärkeren Verankerung der Mediävistik an den Hochschulen. Die Universitätslaufbahn wurde neben Lehramt und Tätigkeit im Archiv zunehmend zu einer Option für junge promovierte Historiker. In Bezug auf die staatliche Einflussnahme auf diese Entwicklung ist nicht zu übersehen, dass gerade die Mittelalterforschung wichtige Identifikationsangebote für den Nationalstaat und seine ideologische Begründung bereitstellte [Deisenroth, 202 ff.; Simon, 57 ff.]. In den folgenden Jahrzehnten kam es einerseits zu einer weiteren Spezialisierung und damit auch Intensivierung der Mediävistik an den Universitäten, andererseits stärkte die Auffächerung der historischen Disziplinen in größerem Maße die neuere Geschichte, wodurch die am Ende des 19. Jahrhunderts den Mediävisten unzweifelhaft zukommende Rolle als „Gralshüter der Zunfttugend" und „ungeweihte Päpste der historischen Wissenschaft" [Engel, 344] allmählich zu schwinden begann.

Die politischen Einschnitte des 20. Jahrhunderts wirkten auch auf die universitäre Mittelalterforschung ein: Die Machtübernahme durch die Nationalsozialisten 1933 hatte neben institutionellen Umstrukturierungen und dem Erlass neuer Studienordnungen an den Hochschulen zur Folge, dass mehrere jüdische und systemkritische Mediävisten von ihren Lehrstühlen verdrängt wurden (u.a. Siegmund Hellmann in Leipzig, Wilhelm Levison in Bonn, Ernst Perels in Berlin, Bernhard Schmeidler in Erlangen) oder aus politischen Gründen selbst aus dem Universitätsbetrieb ausschieden (so Karl Hampe in Heidelberg und Karl Heldmann in Halle) [Schönwälder, 66 ff.]. Bemerkenswert ist hingegen nach der Zäsur von 1945 die große personelle Kontinuität an den bundesdeutschen Hochschulen, die sich auch in einer traditionellen Ausrichtung der mediävistischen Forschung in den Nachkriegsjahren widerspiegelt [Schrei-

NER, 89 ff.]. An den Universitäten der DDR wurde in den 1950er Jahren die zunächst noch von den älteren Professoren vertretene „bürgerliche" Mediävistik durch marxistisch-leninistische Anschauungen verdrängt, wobei insgesamt die Mittelalterforschung in der Geschichtswissenschaft und in der universitären Lehre im zweiten deutschen Staat merklich gegenüber anderen Arbeitsfeldern (Revolutionsforschung, Geschichte der Arbeiterbewegung usw.) zurücktrat [SEGL].

**Mediävistik an den Universitäten heute.** Die historischen Seminare und Institute der deutschen Hochschulen besitzen heute je nach Größe ein bis drei Lehrstühle bzw. Professuren für mittelalterliche Geschichte. Auch wenn die Mediävistik damit gegenüber der neueren und neuesten Geschichte quantitativ deutlich zurücksteht, gehören zum Curriculum des Geschichtsstudiums nach wie vor Vorlesungen und Seminare in mittelalterlicher Geschichte. Die häufig beklagte und als reformbedürftig angesehene Situation an vielen Universitäten auch im Bereich der Geschichtswissenschaften – gekennzeichnet durch übervolle Lehrveranstaltungen, hohe Studienabbrecherquoten und mangelhafte Qualifikation der Studierenden – geht zurück auf die Bildungs- und Hochschulentwicklungen in den späten 1960er und frühen 1970er Jahren [GOETZ, 142 f.]. Die drastische Vermehrung der Studentenzahlen und die damit eingeleitete Entstehung der „Massenuniversität" führte einerseits zu einer Vermehrung der Professuren und Assistentenstellen und, hierdurch gefördert, zu einer weiteren Differenzierung der Forschung, andererseits zu einer Umstrukturierung des Lehrbetriebs und einer allgemein größeren Lehrbelastung der Stelleninhaber.

Die höheren Studierendenzahlen zogen neue und intensivierte Formen der wissenschaftlichen Nachwuchsförderung nach sich. Neben der Arbeit der hauptamtlichen Universitätsangestellten ist heute ein wichtiger Teil der Forschung verbunden mit den Projekten jüngerer Historiker, die durch drittmittelfinanzierte Stellen, Landesgraduiertenförderung, Stipendien von Stiftungen oder andere Förderprogramme ermöglicht werden. Besonders zu nennen sind die Graduiertenkollegs (GK) und Sonderforschungsbereiche (SFB) der Deutschen Forschungsgemeinschaft (DFG), der zentralen deutschen Selbstverwaltungsorganisation zur Förderung der wissenschaftlichen Forschung an den Hochschulen. Die SFB sind dabei die zeitlich längsten und thematisch aufwändigsten Unternehmungen. Sie sind fächerübergreifend ausgerichtet, in der Regel auf 10–12 Jahre angelegt und werden von ein bis zwei Dutzend Professoren sowie deren wissenschaftlichen Mitarbeitern getragen. Die seit den 1980er Jahren thematisch angelegten Graduiertenkollegs verstehen sich als Alternativen zur traditionellen Einzelbetreuung von Promotionsstudentinnen und -studenten durch eine einzelne Person, indem sie durchschnittlich 10–12 Stipendiaten (evtl. zuzüglich Gästen und Postdoktoranden) die Möglichkeit zur Abfassung einer Dissertation bieten.

Die enge Verknüpfung dieser institutionellen Wissenschaftsförderung mit der Ausformung von Forschungsschwerpunkten lässt sich anhand der SFB veranschaulichen, die wichtige Teilprojekte zur mittelalterlichen Geschichte beinhalten. Beispielhaft seien „Institutionalität und Geschichtlichkeit" in Dresden (seit 1997), „Erinnerungskulturen" in Gießen (seit 1997), „Symbolische Kommunikation und gesellschaftliche Wertesysteme" in

Münster (seit 2000), „Norm und Symbol" in Konstanz (seit 2000) und „Ritualdynamik" in Heidelberg (seit 2002) genannt. Die hier in großer Breite betriebenen Forschungen zu den Bereichen Kommunikation, Symbolik und Ritualen im Mittelalter konstituieren im Verbund mit ähnlichen Projekten einen zentralen und innovativen Gegenstand aktueller Mittelalterforschung.

Solche nach wie vor essenziellen Formen projektbezogener Nachwuchsförderung können nicht darüber hinwegtäuschen, dass sich die deutschen Universitäten derzeit in einer starken Reformierungs- und Umstrukturierungsphase befinden, welche auch und gerade im Bereich der Mediävistik spürbare Verunsicherungen und Abwehrhaltungen auslösen [GOETZ, 148 f.]. Inwiefern die derzeit diskutierten oder bereits angeschobenen, langfristig angelegten Strukturwandlungen im allgemeinen Hochschulbetrieb auf die Ausbildung und die Möglichkeiten zur Forschung in der mittelalterlichen Geschichte zurückwirken, ist im Detail noch nicht abzusehen.

Michael Hecht

**Literatur**

M. BAUMGARTEN, Professoren und Universitäten im 19. Jahrhundert. Zur Sozialgeschichte deutscher Geistes- und Naturwissenschaftler, Göttingen 1997.

B. VOM BROCKE, Hochschul- und Wissenschaftspolitik in Preußen und im Deutschen Kaiserreich 1887–1907. Das „System Althoff", in: P. BAUMGART (Hrsg.), Bildungspolitik in Preußen zur Zeit des Kaiserreichs, Stuttgart 1980, 9–118.

A. DEISENROTH, Deutsches Mittelalter und deutsche Geschichtswissenschaft im 19. Jahrhundert, Rheinfelden 1983.

J. ENGEL, Die deutschen Universitäten und die Geschichtswissenschaft, in: HZ 189, 1959, 223–378.

H.-W. GOETZ, Moderne Mediävistik. Stand und Perspektiven der Mittelalterforschung, Darmstadt 1999.

U. MUHLACK, Geschichtswissenschaft im Humanismus und in der Aufklärung. Die Vorgeschichte des Historismus, München 1991.

U. NEDDERMEYER, Das Mittelalter in der deutschen Historiographie vom 15. bis zum 18. Jahrhundert, Köln u.a. 1988.

H.-J. PANDEL, Von der Teegesellschaft zum Forschungsinstitut. Die historischen Seminare vom Beginn des 19. Jahrhunderts bis zum Ende des Kaiserreichs, in: H. W. BLANKE (Hrsg.), Transformation des Historismus. Wissenschaftsorganisation und Bildungspolitik vor dem Ersten Weltkrieg, Waltrop 1994, 1–31.

K. SCHÖNWÄLDER, Historiker und Politik. Geschichtswissenschaft im Nationalsozialismus, Frankfurt/M. u. a. 1992.

K. SCHREINER, Wissenschaft von der Geschichte des Mittelalters nach 1945. Kontinuitäten und Diskontinuitäten der Mittelalterforschung im geteilten Deutschland, in: E. SCHULIN (Hrsg.), Die Geschichtswissenschaft nach dem Zweiten Weltkrieg (1945–1965), München 1989, 87–146.

P. SEGL, Mittelalterforschung in der Geschichtswissenschaft in der DDR, in: A. FISCHER/G. HEYEMANN (Hrsg.), Geschichtswissenschaft in der DDR, Bd. 2, Berlin 1990, 99–148.

C. SIMON, Staat und Geschichtswissenschaft in Deutschland und Frankreich 1871–1917. Situation und Werk von Geschichtsprofessoren an den Universitäten Berlin, München, Paris, Bern u. a. 1988.

# Außeruniversitäre Forschungseinrichtungen

**Einrichtungen in Deutschland und Österreich.** Wie für andere Wissenschaften hierzulande liegen auch in der Geschichtsforschung die Ursprünge der außeruniversitären Forschung in der Epoche der deutschen Territorialstaaten. Akademien der Wissenschaften – gelehrte Gesellschaften, an denen man später „Historische Kommissionen" einrichtete – wurden nach französischem und englischem Vorbild 1700 in Berlin, 1751 in Göttingen und 1759 in München ins Leben gerufen [VIERHAUS]. Seitdem sind Gründungen bzw. Neugründungen in Leipzig (1846), Wien (1847), Heidelberg (1909), Mainz (1949), Düsseldorf (1970) und Berlin (1987, 1992) erfolgt [GOETZ, 127 f.]. Seit 1893 koordinieren die deutschen Akademien ihre Arbeiten in einem Verband, dessen jüngste Organisationsform die Union der deutschen Akademien der Wissenschaften (1998) ist.

Die außeruniversitäre Geschichtsforschung hatte somit schon ihre eigene Tradition, als sich im Deutschland des frühen 19. Jahrhunderts die Professionalisierung und Institutionalisierung der Disziplin durchzusetzen begann [HARDTWIG, 13–91]. Die nationalstaatliche Bewegung jener Zeit suchte ihren wesentlichen historischen Bezugspunkt in einem vermeintlich von Kaiserherrlichkeit und Reichseinigkeit gekennzeichneten ‚Hohen' Mittelalter; die neue Wissenschaft von der Geschichte, nach eigener Überzeugung von einer transparenten Methodik geleitet, verfolgte stets auch eine dezidiert politische Agenda.

In dieser Hinsicht Produkt ihrer Epoche, doch noch heute eine der angesehensten außeruniversitären Forschungseinrichtungen überhaupt, sind die „Monumenta Germaniae Historica" (MGH). Im Jahre 1819 durch den Reichsfreiherrn Karl vom Stein (1757–1831) als „Gesellschaft für ältere deutsche Geschichtskunde" gegründet und seit 1949 in München ansässig, widmen sie sich nach wie vor der kritischen Edition der Quellen des europäischen Mittelalters sowie deren Erschließung durch Untersuchungen und Darstellungen [FUHRMANN]. Einzelne Arbeitsvorhaben werden in enger Zusammenarbeit mit Akademien (z. B. Berlin, Wien, Mainz) durchgeführt.

▷ S. 385 f. [Ges]chichte der Mittelalterforschung

Zehn Jahre nach vom Steins Gründung begann Johann Friedrich Böhmer (1795–1863) mit dem Sammeln und Publizieren deutscher Königs- und Kaiserurkunden. Die „Regesta Imperii", ursprünglich als Vorarbeit zu den MGH gedacht, entfalteten dank ihres erweiterten Regestenkonzepts ein „Eigenleben" als selbstständiges Grundlagenwerk: Sie bieten ein Inventar aller urkundlichen und historiografischen Quellen des römisch-deutschen Königtums von der Karolingerzeit bis zum Beginn des 16. Jahrhunderts sowie des Papsttums des Früh- und Hochmittelalters. Seit 1967 sind die Regesta ein deutsch-österreichisches Gemeinschaftsprojekt, bearbeitet zum einen von einer in Mainz ansässigen „Deutschen Kommission" (1980), zum anderen von einer „Arbeitsgruppe" (1998), angesiedelt beim neuen Institut für Mittelalterforschung der Österreichischen Akademie der Wissenschaft (2004).

Deutlicher auf sozial- und kulturwissenschaftliche Fragestellungen orientiert sind die Forschungen, die seit 1955 am Max-Planck-Institut für Geschichte in Göttingen (MPIG), dem Nachfolger des 1917 in Berlin eingerichteten Kaiser-Wilhelm-Instituts für Deutsche Geschichte, durchgeführt werden; in ihnen spiegelt sich die allmähliche Abkehr von der Hegemonie der politischen Geschichte wider, wie sie in Deutschland in den sechziger Jahren einsetzte.

**Außeruniversitäre Forschungseinrichtungen** (Auswahl)

AG historischer Forschungseinrichtungen in der Bundesrepublik Deutschland e.V.: *www.ahf-muenchen.de*

Institut für Österreichische Geschichtsforschung: *www.univie.ac.at/Geschichtsforschung/welcome.htm*

Regesta Imperii: *www.regesta-imperii.de*

Max-Planck-Institut für Geschichte: *www.geschichte.mpg.de*

Monumenta Germaniae Historica: *www.mgh.de*

Stiftung ‚Deutsche Geisteswissenschaftliche Institute im Ausland': *www.stiftung-dgia.de*

Union der deutschen Akademien der Wissenschaften: *www.akademienunion.de*

Residenzenkommission der Göttinger Akademie der Wissenschaften: *www.resikom.adw-goettingen.gwdg.de*

Institut für vergleichende Städtegeschichte (Münster): *www.uni-muenster.de/staedtegeschichte*

Institut für Realienkunde des Mittelalters und der frühen Neuzeit (Krems): *www.imareal.oeaw.at*

Germanisches Nationalmuseum (Nürnberg): *www.gnm.de*

Konstanzer Arbeitskreis für mittelalterliche Geschichte: *www.konstanzer-arbeitskreis.de*

Einer regionalen Schwerpunktsetzung unterliegen die Arbeiten des Marburger Herder-Instituts (1950 gegründet, seit 1994 selbstständig) ebenso wie jene des Leipziger Geisteswissenschaftlichen Zentrums für Geschichte und Kultur Ostmitteleuropas (1995): Sie gelten den kulturellen, ethnischen und politischen Prozessen, die seit dem Frühmittelalter die Geschichte des mittleren Osteuropas prägen.

Sind die oben genannten Einrichtungen personell eng mit den Universitäten verzahnt, so sind andere diesen organisatorisch angeschlossen. Jüngste Ergänzung einer Reihe von spezialisierten Forschungszentren ist das Institut für vergleichende Geschichte Europas im Mittelalter an der Humboldt-Universität Berlin (1998).

Schließlich bestehen seit Beginn des vorigen Jahrhunderts fast überall auf Länderebene Institute für Historische Landesforschung bzw. für Geschichtliche Landeskunde, die ausnahmslos den Universitäten angegliedert sind [Goetz, 132 f.]. Unter dem Dach einer Arbeitsgemeinschaft mit Sitz in Marburg sind derzeit 56 solcher Institute zusammengeschlossen.

Jenseits der Bundesgrenzen trägt das Institut für Österreichische Geschichtsforschung (1854) seit jeher vor allem mit seinen hilfswissenschaftlichen Arbeiten erheblich zum Fortgang der Forschung bei. Dem Institut für Realienkunde des Mittelalters und der frühen Neuzeit (Krems), einer Abteilung der Österreichischen Akademie, ist seit 1969 die systematische Erfassung des Alltagslebens und der materiellen Kultur des Mittelalters und der frühen Neuzeit zur Aufgabe gestellt.

Zur Gründung eines zentralen „nationalen" Zentrums der mediävistischen Forschung ist es in Deutschland nie gekommen.

Nach wie vor wird ein großer Teil der Quellenerschließung in den Archiven geleistet und der überwiegende Teil der weiterführenden Forschung an den Universitäten erbracht. Die außeruniversitären Institutionen leisten jedoch der Fachwelt unentbehrliche Dienste, indem sie – was nur in langfristigen Projekten möglich ist – grundlegende Quelleneditionen, Regestenwerke und Hilfsmittel herausgeben [GOETZ, 126].

Stellvertretend für die große Vielzahl der Vorhaben seien hier neben den „Regesta Imperii" die Edition der „Deutschen Reichstagsakten" vom Spätmittelalter bis 1663 (Bayerische Akademie der Wissenschaften) sowie die „Germania Sacra", eine systematische Beschreibung der Kirche des Alten Reiches in ihren Institutionen (MPIG), genannt.

**Die deutschen Auslandsinstitute.** Die Öffnung des Vatikanischen Archivs durch Papst Leo XIII. 1880/81 veranlasste eine Reihe von europäischen Staaten dazu, vor Ort Einrichtungen zu eröffnen, die ihren Gelehrten die Arbeit erleichtern sollten. Die deutsche Forschung ist auf diese Weise seit 1888 in Rom vertreten. In seiner wechselvollen Geschichte hat das Institut mehrere „Verkörperungen" erlebt, doch überdauerte es beide Weltkriege und die nachfolgenden Zeiten ungünstigster wirtschaftlicher Verhältnisse und wurde 1953 als „Deutsches Historisches Institut in Rom" wiederbegründet [ELZE/ESCH]. Das Deutsche Historische Institut Paris (DHIP) ging 1964 aus dem sechs Jahre zuvor eingerichteten „Centre Allemand des Recherches Historiques" hervor [PARAVICINI, 71ff.]. Ein Londoner Institut (DHIL) kam 1975 hinzu, ein Warschauer (DHIW) 1993. Für Mediävisten weniger bedeutend sind die Institute in Washington und Moskau.

Bei allen Unterschieden besteht der gemeinsame Nenner in der wissenschaftlichen Vermittlungsfunktion: in unabhängiger Arbeit fördern die Auslandsinstitute den Austausch zwischen Deutschland und dem jeweiligen Gastland, indem sie dort einerseits die deutsche Geschichte und Geschichtswissenschaft repräsentieren, andererseits Forschungen zur deutschen Geschichte unterstützen. Thematische Schwerpunkte sind demzufolge die Geschichte Deutschlands und des Gastlandes unter besonderer Berücksichtigung der bilateralen Beziehungen. Jedes Institut veranstaltet Konferenzen, Vortragsveranstaltungen, Kolloquien und Workshops, publiziert Schriftenreihen und Zeitschriften, vergibt Stipendien und betreibt eine Präsenzbibliothek. Seit 2002 werden sie von der Stiftung „Deutsche Geisteswissenschaftliche Institute im Ausland" unterhalten, die ihrerseits Zuwendungsempfängerin des Bundesministeriums für Bildung und Forschung ist.

Das gemeinsame historische Erbe, hier der frühmittelalterlichen karolingischen, dort der hoch- und spätmittelalterlichen Reichsgeschichte, rechtfertigte in Paris und Rom von Beginn an eine besondere Schwerpunktsetzung im Bereich der Mediävistik sowie – hierin besteht die wesentliche Parallele zur Arbeit der Inlandsinstitute – die Aufnahme entsprechender Langzeitprojekte. In Rom wird beispielsweise das „Repertorium Germanicum", ein Verzeichnis der in den vatikanischen Registerserien erwähnten Personen und Orte des deutschen Reiches vom Großen Schisma bis zur Reformation, bearbeitet, während man sich in Paris etwa unter dem Projekttitel „Gallia Pontificia" die Erfassung und Publikation der Papsturkunden in Frankreich aus der Zeit vor 1198 zum Ziel gesetzt hat.

Karsten Plöger

**Literatur**

M. Borgolte (Hrsg.), Mittelalterforschung nach der Wende 1989, München 1995.

R. Elze / A. Esch (Hrsg.), Das Deutsche Historische Institut in Rom 1888–1988, Tübingen 1990.

H. Fuhrmann, „Sind eben alles Menschen gewesen". Gelehrtenleben im 19. und 20. Jahrhundert. Dargestellt am Beispiel der Monumenta Germaniae Historica und ihrer Mitarbeiter, München 1996.

H.-W. Goetz, Moderne Mediävistik. Stand und Perspektiven der Mittelalterforschung, Darmstadt 1999.

W. Hardtwig, Geschichtskultur und Wissenschaft, München 1990.

H. Heimpel, Über Organisationsformen historischer Forschung in Deutschland, in: HZ 189, 1959, 139–222.

E. Hennig / M. Kazemi, 50 Jahre Max-Planck-Gesellschaft zur Förderung der Wissenschaften, Teil 1: Chronik der Max-Planck-Gesellschaft zur Förderung der Wissenschaften 1948–1998, Berlin 1998.

A. Lhotsky, Geschichte des Instituts für Österreichische Geschichtsforschung 1854–1954, Wien 1954.

W. Paravicini (Hrsg.), Das Deutsche Historische Institut Paris. Festgabe aus Anlaß der Eröffnung seines neuen Gebäudes, des Hôtel Duret de Chevry, Sigmaringen 1994.

K. Schreiner, Wissenschaft von der Geschichte des Mittelalters nach 1945, in: E. Schulin (Hrsg.), Deutsche Geschichtswissenschaft nach dem Zweiten Weltkrieg (1945–1965), München 1989, 87–146.

W. Schulze, Deutsche Geschichtswissenschaft nach 1945, München 1989.

Vademekum der Geschichtswissenschaften. Verbände, Organisationen, Gesellschaften, Vereine, Institute, Seminare, Lehrstühle, Bibliotheken, Archive, Museen, Dienststellen, Ämter, Verlage und Zeitschriften sowie Historiker in Deutschland, Österreich und der Schweiz, 6. Ausgabe, Stuttgart 2004.

R. Vierhaus, Die Organisation wissenschaftlicher Arbeit. Gelehrte Sozietäten und Akademien im 18. Jahrhundert, in: J. Kocka / R. Hohlfeld / P. T. Walther (Hrsg.), Die Königlich Preußische Akademie der Wissenschaften zu Berlin im Kaiserreich, Berlin 1999, 3–21.

Ders. (Hrsg.), Geschichtswissenschaft in der Bundesrepublik Deutschland. Institutionen der Forschung und Lehre, Göttingen 1985.

## Detailskizze

Die **deutsche Archivlandschaft** gliedert sich in das Bundesarchiv, die staatlichen Archive der Länder, die kommunalen Archive der Städte und Landkreise sowie die Archive anderer Träger wie z. B. der Kirchen, des Adels, der Parteien oder der Wirtschaft. Dabei verwahrt das Bundesarchiv anders als die Nationalarchive in London oder Paris keine mittelalterlichen Bestände. Die Reichsüberlieferung ist über zahlreiche Archive in Deutschland, Österreich und Italien verstreut. Die umfangreichsten Bestände befinden sich in den Archiven der Länder. Jedes Bundesland hat ein oder mehrere Staats- bzw. Landesarchive, deren Zuständigkeit zumeist regional geprägt ist und eng mit der jeweiligen Landesgeschichte zusammenhängt. Während in einigen Ländern, wie z.B. in Thüringen oder Mecklenburg, die Staatsarchive aus den zentralen Archiven der früheren Herzog- oder Fürstentümer hervorgegangen sind, gehen andere, z.B. das Staatsarchiv Münster, auf preußische Provinzialarchive zurück. In mehreren Ländern werden zur Zeit die Staatsarchive zu einer Gesamtbehörde zusammengefasst. Eine Besonderheit bildet das Geheime Staatsarchiv Preußischer Kulturbesitz, das die zentrale Überlieferung des 1945 aufgelösten Landes Preußen verwahrt.

Bedeutende mittelalterliche Bestände finden sich ferner in Kommunalarchiven, z.B. in den Stadtarchiven von Köln, Braunschweig oder Lübeck. Die katholischen Bistümer und evangelischen Landeskirchen verfügen ebenfalls über eigene Archive mit oft weit zurückreichender Überlieferung. Besonders greifbar sind die Traditionen in den noch bestehenden Domstifts-, Stifts- oder Klosterarchiven wie dem über 1000 Jahre bestehenden Archiv des Merseburger Domstifts. Die Herrschafts- und Familienarchive des Adels verwahren infolge der Rolle des Adels auf der untersten Verwaltungsebene neben Familienpapieren und Wirtschaftsunterlagen oft auch halbstaatliche, teilweise sogar kirchliche Überlieferung. In den alten Bundesländern sind diese Archive vielfach noch in Privathand, werden aber häufig von staatlicher Seite, z. B. durch eine Archivberatungsstelle betreut und teilweise erschlossen. In den neuen Ländern dagegen gelangten sie infolge der Enteignung des Adels in der Bodenreform 1945/46 fast vollständig in staatliche Archive.

Literatur: Archive in der Bundesrepublik Deutschland, Österreich und der Schweiz, 18. Ausg. Münster 2005.

**Was ist ein Archiv?** Archive sind für alle, die sich mit Geschichte beschäftigen, von großer Bedeutung, da sie den größten Teil der schriftlichen Quellen verwahren, die Auskunft über die Vergangenheit geben. Das gilt auch für das Mittelalter. Denn die gedruckten Quellen, die man in Bibliotheken findet, geben nur einen kleinen Teil der schriftlichen Überlieferung wieder. Das gilt bereits für das hohe und späte Mittelalter; je näher man dann der Neuzeit kommt, desto kleiner wird der Anteil dessen, was gedruckt vorliegt.

▷ S. 353 Publikationen

Was ist aber nun ein Archiv? Mit dem Wort „Archiv" verbindet sich für viele eine verschwommene Vorstellung von Regalen voller verstaubter Bücher und Akten, betreut von skurrilen Gestalten. Der an den Computer gewöhnte Student dagegen denkt bei dem Wort „Archiv" oder „Archivierung" an die Speicherung von Daten. Tatsächlich sind die meisten Archive heute moderne Dienstleistungsbehörden, die sich in einem Spannungsfeld bewegen zwischen historischer Einrichtung und moderner Verwaltungsbehörde, zwischen altem Pergament und Computernetzwerken, zwischen der Verantwortung für die überlieferten Bestände und dem Dienstleistungsgedanken, zwischen Forschungsfreiheit und Datenschutz.

Die meisten Archive sind Behörden mit einem öffentlichen Träger, arbeiten nicht kommerziell und sind für jeden, der ein berechtigtes Interesse an der Einsicht in die dort verwahrten Unterlagen hat, frei zugänglich. Daneben gibt es jedoch private Archive, z. B. Adelsarchive, deren Zugänglichkeit von der Entscheidung des Eigentümers abhängt.

▷ S. 437 Technik: Orte der Quellenarbeit

**Aufgabe der Archive.** Die zentrale Aufgabe der Archive ist das planmäßige Ermitteln, Bewerten, Übernehmen, dauerhafte Verwahren, Erhalten, Erschließen, Nutzbarmachen und Auswerten des Archivguts. In erster Linie handelt es sich dabei um Schriftgut – von Pergamenturkunden über Amtsbücher bis zu Akten. Hinzu kommen Karten, Bilder, Film- und Tondokumente und elektronische Datenträger. Diese Unterlagen erwachsen zunächst unabhängig vom Archiv aus der Tätigkeit eines so genannten „Registraturbildners". Das kann eine Landesbehörde oder ein städtisches Amt, aber auch eine physische oder juristische Person, z.B. ein Politiker, eine Stiftung, ein Wirtschaftsunternehmen, eine Kirchengemeinde, ja sogar eine Fernsehanstalt sein.

▷ S. 291 f. Einführung

Archive sammeln also anders als Museen oder Bibliotheken nicht, und sie erwerben ihre Bestände auch nicht käuflich, sondern sie übernehmen sie. Im behördlichen Bereich erfolgt diese Übernahme dann, wenn die Unterlagen für den laufenden Geschäftsverkehr nicht mehr gebraucht werden. Das Archiv entscheidet, welche Unterlagen „archivwürdig" sind, und übernimmt diese Auswahl. Diese so genannte Bewertung ist eine der wichtigsten und schwierigsten Aufgaben der Archivare und Archivarinnen, die so wesentlich bestimmen, was spätere Historiker von unserer Zeit wissen werden.

▷ S. 425 Bibliotheken

▷ S. 429 Museen

Das gilt jedoch nur für die Entstehung der modernen Überlieferung. Das, was aus dem Mittelalter bis heute überdauert hat, ist zumeist aufgrund anderer Kriterien aufbewahrt worden. Archive im heutigen Sinne mit überwiegend historischem Charakter gibt es nämlich erst seit dem Wiener Kongress von 1815. Zuvor verwahrten die Staaten, Territorien, Herrschaften, Kirchen und Städte ältere Unter-



## Detailskizze

Die **Geschichte des Archivwesens** steht in engem Zusammenhang mit der Entwicklung der Schriftlichkeit. So überdauerte das antike Archivwesen den Untergang des Römischen Reiches nur zum kleinen Teil, u. a. an der päpstlichen Kurie. Nördlich der Alpen gingen diese Traditionen weitgehend verloren. Infolge des Fehlens einer festen Residenz der Könige und Kaiser kam es im Reich anders als in England und Frankreich nicht zur Entstehung eines zentralen Archivs. Andere Herrschaftsträger, vor allem Kirchen und Städte sowie zeitversetzt auch weltliche Fürsten und Herren, verwahrten dagegen früh wichtige Schriftstücke, insbesondere Besitznachweise und andere Privilegien, an sicheren Orten, z. B. in einer Kirche oder im Burgfried. Neben diesen älteren Schatz- oder Auslesearchiven entstanden mit dem Anstieg der Schriftlichkeit seit dem späten Mittelalter Verwaltungsarchive (Kanzleiarchive) für das laufende Schriftgut, die in der Nähe der Kanzlei als zentraler Stelle der Verwaltung angesiedelt waren. Hier rückte die eigene Ausstellerüberlieferung in den Mittelpunkt, die jedoch ebenso wie die Urkundenüberlieferung primär aus rechtlichen und verwaltungspraktischen, nicht aus historischen Gründen aufbewahrt wurde.

Dies änderte sich durch den Umsturz nahezu aller Rechts- und Verwaltungsstrukturen infolge der Französischen Revolution, der napoleonischen Kriege und des Wiener Kongresses, durch den in vielen Ländern Europas das gesamte Archiv- und Registraturgut seinen administrativ-rechtlichen Wert verlor. In Paris entstand bereits vor 1800 mit dem Nationalarchiv und den regionalen Departementalarchiven eine für viele Länder Europas vorbildhafte Archivorganisation. Auch in den verschiedenen Ländern des deutschen Reiches differenzierte sich die Archivlandschaft weiter aus. Die Archivalien der 1815 an Preußen gefallenen Territorien, säkularisierten Klöster und mediatisierten Herrschaften wurden in Provinzialarchiven zusammengeführt. Daneben gab es in Berlin ein zentrales Staatsarchiv. Aus diesen Archiven sowie den Haus-, Landes- und Staatsarchiven der anderen deutschen Staaten wurden nach 1945 im Westen die Staats- und Landesarchive der Bundesländer, in der SBZ/DDR die für die einzelnen DDR-Bezirke zuständigen Staatsarchive. Nach 1990 wurden diese zu Landes- bzw. Staatsarchiven der neuen Bundesländer.

Literatur: E. G. FRANZ, Einführung in die Archivkunde, 5. Aufl. Darmstadt 1999 (2004 als 6. Aufl. nachgedr.).

lagen vorrangig aus Gründen der Rechtssicherung oder aus praktischen Gründen.

## Mittelalterliche Quellen im Archiv.

Archive verwahren die Zeugnisse des Rechts- und Verwaltungshandelns von Menschen und Institutionen. Daher sind die dort überlieferten Quellen abhängig von der Art und Weise, wie zu einer bestimmten Zeit Recht und Verwaltung funktionierten. Aus dem frühen und hohen Mittelalter als einer weitgehend unschriftlichen Zeit, in der nur sehr wichtige Rechtsgeschäfte einen schriftlichen Niederschlag fanden, sind vor allem Urkunden und Besitzaufzeichnungen überliefert.

▷ S. 309 Diplomatik

Da Urkunden in der Regel vom Aussteller an den Empfänger übergeben wurden, finden sie sich in Ausfertigung meistens im Archiv (-Bestand) des jeweiligen Empfängers, z.B. eines Klosters oder einer Stadt. Die Anzahl der überlieferten Urkunden steigt parallel zur Ausweitung der Schriftlichkeit und Ausdifferenzierung des Urkundenwesens im Verlauf des Mittelalters erheblich an; im Spätmittelalter schließlich wird die Menge schon fast unübersehbar [Beck/Henning, 11 ff.]. Die meisten Urkunden aus der Zeit vor 1200 sind heute ediert; danach nimmt ihre Zahl so stark zu, dass nur noch ein Teil ganz oder in Kurzform gedruckt vorliegt und der Forscher das verwahrende Archiv aufsuchen muss.

Bei der Quellensammlung muss man beachten, dass zahlreiche Urkunden nicht in Ausfertigung, sondern nur als zeitgenössische oder spätere Abschriften überliefert sind. Solche Abschriften finden sich z. B. in Kopiaren und Registern (Sammlungen von Eintragungen oder Abschriften ausgestellter oder empfangener Urkunden), die zu den Amtsbüchern, der zweiten wichtigen mittelalterlichen Quellengruppe in den Archiven, gezählt werden. Weitere Amtsbuchformen sind z. B. Urbare und Lagerbücher, Rechnungsbücher, Lehnbücher, Zinsregister, Steuerbücher, Stadtbücher, Gerichtsbücher, Journale und Memorialbücher [Beck/Henning, 40 ff., 64 f.]. Allen gemeinsam sind die Buchform und die Tatsache, dass sie aus vielen Einzeleintragungen bestehen. Amtsbücher machen in den Archiven im Vergleich zu den Urkunden einen weit kleineren Teil aus, enthalten aber eine Fülle von einzelnen Daten und Informationen, von denen bis heute nur ein sehr kleiner Teil gedruckt oder erschlossen ist.

In manchen Archiven werden die Amtsbücher aufgrund ihrer äußeren Buchform unter der Bezeichnung „Handschriften" [z. B. Oediger, Bd. 5, 175 ff.] geführt. Der Übergang ist teilweise fließend. Der größere Teil der Handschriften im engeren Sinn, z. B. solche mit annalistischen oder chronikalischen Aufzeichnungen, Heiligenviten, Rechts- oder liturgische Handschriften, wird dagegen nicht in Archiven, sondern in Bibliotheken verwahrt. Das hängt damit zusammen, dass Anfang des 19. Jahrhunderts bei der Aufteilung der Überlieferung aus den säkularisierten Klöstern und Stiften vielfach die Handschriften in die Bibliotheken, das „Verwaltungsschriftgut" in die Archive gelangte. Akten, die die Hauptmasse der archivischen Überlieferung der Neuzeit ausmachen, spielen für das Mittelalter eine untergeordnete Rolle, da sie sich erst im Laufe des Spätmittelalters entwickelten.

▷ S. 425, 427 Bibliotheken

## Welche Quellen findet man wo?

Anders als Bücher in Bibliotheken, die als Druckwerke ihrer Natur nach immer mehrfach vorhanden sind, sind Archivalien immer Unikate. Dies führt dazu, dass es in der Regel jeweils nur ein Archiv gibt, in dem eine bestimmte Urkunde, ein Amtsbuch, eine Akte oder ein Bestand verwahrt werden kann. So befinden sich z. B. die Überlieferung des Bundesinnenministeriums mit Sicherheit im Bundesarchiv und die Überlieferung des hessischen Innenministeriums im Hauptstaatsarchiv Wiesbaden. Für die Protokolle des Rates des Stadt Ulm dagegen ist das Stadtarchiv Ulm zuständig. Das gilt grundsätzlich nicht nur für moderne Verwaltungsbestände, sondern auch für ältere Archivalien, ist bei diesen aber schwieriger nachzuvollziehen und auch von historischen Zufällen und der jeweiligen Überlieferungsgeschichte abhängig.

Um eine bestimmte mittelalterliche Überlieferung zu finden, muss man wissen, welches Archiv in der Nachfolge des früheren Staates, Territoriums, Erzstifts, Klosters oder Ortes für diese Unterlagen zuständig ist. Dazu bedarf es einiger Kenntnisse der Territorialgeschichte. So findet man z. B. die Überlieferung des alten Erzstifts Köln im Hauptstaatsarchiv Düsseldorf [Oediger, Bd. 2, 16 ff.], da Kurköln 1815 in der preußischen Rheinprovinz aufging, die wiederum nach 1945 Teil des Bundeslandes Nordrhein-Westfalen wurde. Die Überlieferung der Grafen von Schwarzburg dagegen verwahrt das Thüringische Staatsarchiv Rudolstadt, da die Grafschaft zu den thüringischen Einzelstaaten gehörte, die 1920 im Thüringischen Gesamtstaat aufgingen, auf dessen Grundlage das heutige Land Thüringen gebildet wurde [Eberhardt]. Die Überlieferung des Klosters Drübeck dagegen ist Teil des sog. Guts- oder besser Herrschaftsarchivs der Fürsten von Stolberg-Wernigerode, das im Landeshauptarchiv Sachsen-Anhalt verwahrt wird, da das Kloster nach der Reformation als Damenstift den Fürsten unterstellt war. Über diese oft schwierig zu durchschauenden Zusammenhänge der historischen Überlieferung geben außer der einschlägigen territorialgeschichtlichen Literatur die Faltblätter, Kurzübersichten, Bestandsübersichten oder Websites der Archive Auskunft. Sie vermitteln dem Benutzer auch einen ersten Einblick in den oft recht komplexen inneren Aufbau des Archivs, die sog. Tektonik. Die ersten Hinweise und Links findet man am schnellsten über die Website der Archivschule Marburg (www.archivschule.de); ein Archivportal für Deutschland ist geplant. Gute Einführungen in das Wesen und die Benutzung von Archiven bieten das Schweizer Internetangebot „Ad Fontes" (www.adfontes.unizh.ch/1000.php) und die „Gebrauchsanleitung für Archive" von historicum.net (www.historicum.net/lehren-lernen/archiveinfuehrung/einleitung).

**Wie findet man eine bestimmte Quelle?** Innerhalb der Archive werden die Archivalien in „Beständen" verwahrt. Grundlage der Bestandsbildung und -abgrenzung ist heute das Provenienzprinzip (Herkunftsprinzip) [Bannasch]. Es bedeutet, dass alle Archivalien einer Entstehungsstelle, z. B. einer Behörde, in einem Bestand zusammengefasst werden. Dieses Prinzip hat sich jedoch erst im frühen 20. Jahrhundert durchgesetzt. Vorher wurden Bestände vielfach nach dem Pertinenzprinzip (Betreffprinzip) gebildet, d.h. alle Archivalien wurden unabhängig von ihrer Herkunft in ein Sachschema eingeordnet. Dieses System, das ursprünglich aus dem Bibliotheksbereich kommt, stößt in Archiven schnell an seine Grenzen. Dennoch gibt es bis heute viele solcher Pertinenzbestände. Für manche Benutzer, z. B. Ortsforscher, die alle Archivalien eines Zeitabschnitts zu einem Ort in einer Sachgruppe zusammenfinden, ist das durchaus nützlich. Für andere Fragestellungen sind diese Bestände dagegen infolge der Zerstörung der Entstehungszusammenhänge sehr problematisch. Daneben hat man im 19. Jahrhundert häufig die Urkunden, aber auch Amtsbücher, Handschriften und Karten aus der Überlieferung gelöst und so genannte Selekte, Sammlungen gleichartigen Archivguts, gebildet.

Die Archivalien eines Bestandes werden in einem Findbuch zusammen verzeichnet. Der ältere Begriff „Repertorium" diente unter Hinzusetzung von Buchstaben und Nummern oft auch zur Bezeichnung des Bestandes. Heute gehen viele Archive dazu über, ihre Bestände in Datenbanken elektronisch zu erfassen, in denen man auch beständeübergreifend recherchieren kann. Man muss sich aber immer darüber im Klaren sein, dass man in einer Datenbank – wie in jeder anderen Verzeichnung – nur das findet, was bei der Erschließung erfasst wurde, nicht aber alles, was in einer Quelle steht.

Art und Tiefe der archivischen Verzeichnung hängen von der Art des Archivguts ab. Urkunden werden in der Regel durch Regesten erschlossen, kurze Zusammenfassungen ihres Inhalts unter Nennung der Beteiligten und sonstiger wichtiger Einzelheiten. Heute bemüht man sich, alle relevanten Angaben zu erfassen; ältere Verzeichnungen beschränken sich oft auf knappe Angaben zu Aussteller, Empfänger und Rechtsgegenstand. Zeugen oder sonstige Beteiligte, aber auch Orte werden dabei oft nicht vollständig erfasst. Für den Forscher ist wichtig, die Tiefe der Erschließung zu kennen, um zu entscheiden, ob er für die Bearbeitung seines Themas die einzelne Urkunde selbst ansehen muss oder ob die Verzeichnungsangabe oder der Druck genügen. Daher empfiehlt es sich, die Einleitung des Findbuchs zu lesen oder den betreuenden Archivar zu fragen. Problematischer ist die Verzeichnung der Amtsbücher. Sie sind mit wenigen Ausnahmen nur summarisch mit dem Titel und der Laufzeit des Buches, ggf. mit einigen Hinweisen auf den Charakter der Eintragungen, erschlossen. Nur für einige liegen Register oder Indices vor. Der eigentliche Inhalt eines solchen Amtsbuches mit seiner Fülle von Einzelinformationen ist über die normale archivische Erschließung nicht fassbar, sondern kann nur bei einer Durchsicht des jeweiligen Buches selbst ermittelt werden. Es gibt jedoch inzwischen zahlreiche Ansätze, den Inhalt von Amtsbüchern mit Hilfe der Digitalisierung besser zu erschließen [Ebeling/Thaller]. Auch bei den Akten geht die Erschließung nicht bis auf die Ebene des einzelnen Vorgangs. Akten werden in der Regel über den Aktentitel erschlossen, der Auskunft über den Gegenstand der Akte gibt, und je nach Art der Akte und Bedeutung durch mehr oder weniger detaillierte „Enthält-Vermerke" näher aufgeschlüsselt.

Wenn man also z. B. einen Beamten der Hofverwaltung eines Herzogs sucht, so kann es sein, dass es eine eigene Personalakte gibt, die man mit Hilfe des Personenregisters des Findbuches oder durch Volltextsuche im IT-System ermitteln kann. Wahrscheinlicher ist aber, dass es keine Einzelakte gibt, sondern der Hofbeamte nur in einer Akte mit dem Titel „Hofbeamte A-K" oder sogar nur mit seinem Gehalt als Notiz in einem Rechnungsbuch dokumentiert ist. In diesem Fall hilft nur eine systematische Suche anhand der Findhilfsmittel und in den Archivalien selbst.

**Die Rolle der Archive für die Mediävistik.** Über ihre Aufgabe des Verwahrens und Erschließens der archivalischen Quellen hinaus wirken Archive und Archivare auch in anderer Weise an der Erforschung des Mittelalters mit. Hier sind vor allem die Quellenpublikationen hervorzuheben. Der größte Teil der regionalen Urkundenbücher, Regestenwerke und anderer Editionen landesgeschichtlicher Quellen wurde seit der zweiten Hälfte des 19. Jahrhunderts von Archivaren der verwahrenden Archive herausgegeben, häufig in Zusammenarbeit mit Historischen Kommissionen und Gesellschaften oder regionalen Geschichtsvereinen. Daneben haben viele Archive eigene Publikationsreihen, in denen vor allem Bestandsübersichten, Inventare und Findhilfsmittel, aber auch Untersuchungen oder Lehrmaterialien publiziert werden.

Früher erarbeiteten die Archivare die Editionen und Regestenwerke vielfach selbst, häufig als Nebenprodukte von Erschließungsarbeiten. Das ist heute angesichts der erheblich gestiegenen Anforderungen an die Archive nur noch in Ausnahmefällen möglich. Neu entstehende Werke werden daher fast immer von Projektkräften bearbeitet. Daneben nutzen die Archive und die sie umgebenden wissenschaftlichen Institutionen zunehmend das Internet zur Präsentation ihrer Quellen, teilweise bis hin zu einer Digitalisierung ganzer Bestände. Aber auch hier gilt, dass derartige Präsentationen, seien es Druckwerke, CD-Roms oder Internet-Publikationen, immer nur einen Bruchteil dessen veröffentlichen, was in den Archiven liegt und noch der Auswertung harrt.

Ulrike Höroldt

**Literatur**

Der Archivar. Mitteilungsblatt für das deutsche Archivwesen, hrsg. vom Landesarchiv Nordrhein-Westfalen, Siegburg 1947/48 ff.

H. Bannasch (Hrsg.), Beständebildung, Beständeabgrenzung, Beständebereinigung, Stuttgart 1993.

F. Beck/E. Henning (Hrsg.), Die archivalischen Quellen. Mit einer Einführung in die Historischen Hilfswissenschaften, 4. Aufl. Köln/Weimar/Wien 2004.

A. Brennecke/W. Leesch, Archivkunde. Ein Beitrag zur Theorie und Geschichte des europäischen Archivwesens, Leipzig 1953, ND München 1988.

D. Degreif (Hrsg.), Vom Findbuch zum Internet. Erschließung von Archivgut vor neuen Herausforderungen. Referate des 68. Deutschen Archivtags 1997 in Ulm, Siegburg 1998.

H.-H. Ebeling/M. Thaller (Hrsg.), Digitale Archive. Die Erschließung und Digitalisierung des Stadtarchivs Duderstadt, Göttingen 1999.

H. Eberhardt, Übersicht über die Bestände des Landesarchivs Rudolstadt, Weimar 1964.

R. Kretzschmar (Hrsg.), Archive und Forschung. Referate des 73. Deutschen Archivtags 2002 in Trier, Siegburg 2003.

A. Menne-Haritz (Hrsg.), Archivarische Erschließung. Methodische Aspekte einer Fachkompetenz. Beitr. des 3. Archivwissenschaftlichen Kolloquiums der Archivschule Marburg, Marburg 1999.

F. W. Oediger u.a. (Bearb.), Das Hauptstaatsarchiv Düsseldorf und seine Bestände, 5 Bde., Siegburg 1957–1988.

N. Reimann/B. Nimz/W. Bockhorst (Hrsg.), Praktische Archivkunde. Ein Leitfaden für Fachangestellte für Medien- und Informationsdienste Fachrichtung Archiv, Münster 2004.

**Buch und Bibliothek in der historischen Forschung.** Historische Forschung ist auf Bibliotheken angewiesen. Bibliotheken vermitteln zum einen den Fundus der Gesamtheit der Forschung des eigenen Faches wie der angrenzenden Disziplinen, sie hüten zum anderen neben den Archiven die schriftliche Überlieferung früherer Epochen; schließlich können einzelne Stücke eines Bibliotheksbestandes – insbesondere mittelalterliche Handschriften – wie auch eine Bibliothek selbst Gegenstand historischer Forschung sein. Die hohe Bedeutung der Bibliotheken ergibt sich aus drei Gründen.

Erstens steigt die Zahl fachwissenschaftlicher Neupublikationen sowohl in Form von Monographien als auch in unselbstständig erscheinenden Beiträgen in wissenschaftlichen Zeitschriften oder Sammelbänden stetig an; es sind derzeit weltweit jährlich etwa 2300 mediävistische Monographien zur europäischen Geschichte. Die Gesamtzahl der unselbstständigen Schriften ist nicht abzuschätzen. Für das Jahr 1999 weist die keineswegs vollständige CD-Rom der „International medieval bibliography" (Turnhout 2003) 8710 Aufsätze aus.

Zweitens hält die Aktualität historischer Fachpublikationen anders als in den angewandten Wissenschaften wie Medizin oder Informatik sehr viel länger an. Viele historische Themen sind nur in älteren Forschungen behandelt worden, und selbst Publikationen, die als Ganzes als veraltet einzustufen sind, enthalten oft wertvolle Detailinformationen. Gerade neue Forschungsansätze verlangen Rückgriffe auf die ältere Forschung, um die Genese und Tradierung einer Theorie zu überprüfen oder um später nicht mehr verfolgte oder überprüfte Details neu aufzugreifen und in neue Konzepte einzubinden.

Schließlich und drittens sind etliche zentrale Schriftquellen zur mittelalterlichen Geschichte auch heute noch nur in älteren Druckwerken oder mittelalterlichen Handschriften zugänglich. Dies gilt insbesondere für das Spätmittelalter. Aber auch in wichtigen Bereichen des Früh- und Hochmittelalters sind bedeutende Quellen nicht in modernen Editionen verfügbar. Solche auf absehbare Zeit nicht zu schließenden Lücken sowie die kritische Hinterfragung bestehender Editionen machen den Rückgriff auf historische Überlieferungsträger unumgänglich. Diese sind aber ohne Betrachtung ihres historischen Umfeldes oft nicht zu verstehen oder zu würdigen. Darum werden Handschriften auch als primäre Sachüberlieferung untersucht; die Erforschung ihrer Entstehungs- wie Besitzgeschichte, der so genannten Provenienz, führt zur Betrachtung der Geschichte einzelner Buchsammlungen und Bibliotheken. Diese können als Zeugnisse der Kultur- und Bildungsgeschichte erforscht werden.

**Literaturversorgung in Deutschland.** Die lokale Bibliothekssituation kann sich im Detail erheblich von der hier gebotenen Skizze unterscheiden. Viele deutsche Bibliotheken haben sich über Jahrhunderte in enger Wechselwirkung mit der deutschen Territorialgeschichte entwickelt. Nach 1945 wurden große Anstrengungen zur Vereinheitlichung der Bibliothekslandschaft unternommen. Die Benutzung wissenschaftlicher Bibliotheken ist, von Fernleih- oder Säumnisgebühren abgesehen, grundsätzlich kostenfrei.

Der unmittelbare lokale Bedarf, etwa für Lehrveranstaltungen und Seminararbeiten, soll durch Instituts- oder Seminarbibliotheken abgedeckt werden. Hier gibt es keine Heimausleihe, sondern einen Präsenzbestand.

Häufig sind die Bibliotheken mehrerer Institute zu Fachbereichsbibliotheken zusammengefasst. Die Stellung der Instituts- oder Fachbereichsbibliotheken und ihres Personals ist abhängig von den lokalen Gegebenheiten, oft sind sie reine Teilbibliotheken der zentralen Universitätsbibliothek.

Wer nicht an einer Institutsbibliothek fündig wird oder die Bücher mit nach Hause nehmen möchte, wendet sich an eine wissenschaftliche Allgemeinbibliothek. Dazu zählen die Universitätsbibliotheken, die wissenschaftlichen Stadtbibliotheken, die in manchen Orten mit der kommunalen Stadtbücherei zusammengeschlossen, oft aber auch selbstständig sind, sowie die Staats- oder Landesbibliotheken. Diese Bibliotheken verleihen ihre Bücher. Die Leihfrist beträgt meist vier Wochen für Monographien bzw. zwei Wochen für Zeitschriftenbände. Eine Verlängerung ist möglich, wenn sich kein anderer Benutzer hat vormerken lassen. Recherche und Buchbestellung werden über ein lokales Bibliothekssystem abgewickelt. Die Kataloge der wissenschaftlichen Bibliotheken sind zusätzlich zu regionalen Verbundsystemen zusammengeschlossen, über die nicht nur eine gemeinsame Recherche, sondern z. B. auch Fernleihdienste abgewickelt werden. Oft ist die Universitätsbibliothek zusätzlich mit der Funktion einer Staats- bzw. Landesbibliothek betraut (z. B. Landes- und Universitätsbibliothek Düsseldorf oder Niedersächsische Staatsbibliothek Göttingen), es gibt jedoch auch häufig Staats- oder Landesbibliotheken neben einer Universitätsbibliothek (z. B. Berlin, München, Stuttgart). Wissenschaftliche Stadtbibliotheken sind aus historischen Ratsbibliotheken hervorgegangen und darum vor allem wegen ihres Altbestandes für die geisteswissenschaftliche Forschung von Bedeutung.

Bücher oder Zeitschriften, die lokal nicht vorhanden sind, können über die Fernleihstelle einer wissenschaftlichen Bibliothek bestellt werden. Dieser Vorgang kann heute online ausgeführt werden. Es wird über die lokale Bibliothek eine Bestellung bei einer anderen wissenschaftlichen Bibliothek ausgelöst. Die Leihfristen bei solchen Bestellungen sind meist kürzer als bei der lokalen Ausleihe; Zeitschriftenaufsätze werden in Form von Kopien bereitgestellt. Eine Sonderform stellt das „Subito"-Projekt dar. Hier haben sich die im Leihverkehr führenden Bibliotheken zu einem gemeinsamen Lieferdienst zusammengeschlossen. Die Bestellung erfolgt zentral über eine Datendank (www.subito-doc.de). Organisatorisch unabhängig, im Preismodell aber gleich, ist der auf mediävistische Bedürfnisse ausgelegte Dokumentlieferdienst der Bibliothek der Monumenta Germaniae Historica (www.mgh-bibliothek.de / bibliothek / infos / dokumentlieferdienst. htm).

Eine andere Art der Benutzung wird im Konzept einer „Forschungsbibliothek" anvisiert. Hier steht die Präsenzbenutzung wieder stärker im Vordergrund. Meist im Zusammenhang mit einem großen historischen Altbestand oder anderen Quellensammlungen soll der postgraduierte Benutzer einen möglichst umfassenden Zugriff auf die Forschungsliteratur haben und im günstigsten Fall auch Gelegenheit zum Austausch mit Fachkollegen finden. Für den Bereich der mittelalterlichen Geschichte ist diese Situation am ehesten an der Bayerischen Staatsbibliothek in München gegeben, gefolgt von der Berliner Staatsbibliothek und der Herzog-August-Bibliothek in Wolfenbüttel oder der Stiftsbibliothek St. Gallen. Die Bayerische Staatsbibliothek wird seit Mitte des vorigen Jahrhunderts von der Deutschen Forschungsgemeinschaft (DFG) mit erheblichen Mitteln darin unterstützt, auch hochgradig spezialisierte historische Fachliteratur insbesondere zur deutschen, österreichischen und italienischen, französischen und byzantinischen Geschichte zu erwerben. Sie verfügt außerdem über den größten Handschriften- und Inkunabelbestand in Deutschland. Neben diesen Universalbibliotheken bestehen zahlreiche Spezialbibliotheken mit Sammelschwerpunkten aus dem Bereich der deutschen Geschichte, der Kirchen- oder Rechtsgeschichte. Die Benutzungsmöglichkeiten sind abhängig von der Ausstattung des Trägers. Die weltweit größte Spezialbibliothek zur mittelalterlichen Geschichte wird von den Monumenta Germaniae Historica (MGH) in München unterhalten (ca. 130 000 Bände). Hier ist eine Benutzung nur für Postgraduierte möglich.

**Altbestand und vor 1900 erschienene Drucke.** Handschriften unterliegen in den meisten Bibliotheken erheblichen Einschränkungen in der Benutzung, so können sie nur im Lesesaal benutzt und dürfen nicht fotokopiert werden. Aus diesen als „Rara“ bezeichneten Beständen können jedoch Reproduktionen bestellt werden. Dabei handelt es sich um Fotografien oder Scans, die als Mikrofilm/ Mikrofiche bzw. in jüngerer Zeit verstärkt auf CD-Rom ausgegeben werden. Sie müssen bei der jeweiligen Bibliothek bestellt werden. Die dabei anfallenden Gebühren sind von Bibliothek zu Bibliothek unterschiedlich. Der Besteller muss sich gegenüber der Bibliothek verpflichten, dass er die Reproduktionen nur zum eigenen Gebrauch verwendet, nicht weitergibt und der Bibliothek von jeder darauf basierenden Veröffentlichung ein kostenloses Exemplar überlässt.

**Digitale Bibliotheken.** Die wissenschaftlichen Bibliotheken verstehen sich zunehmend als Instanzen der Informationsvermittlung. So werden elektronische Ressourcen im Hochschulnetz oder sogar über das Internet angeboten und umfangreiche Linksammlungen für die einzelnen Fachbereiche gepflegt. Solche Angebote können zu einer „digitalen Bibliothek” zusammenwachsen, wenn sie durch ein gemeinsames Navigationssystem erschlossen und zugänglich gemacht werden. Es kann sich gleichermaßen um einen lokales System wie ein in überregionaler Kooperation betreutes verteiltes System handeln. Eine feste Gestalt der digitalen Bibliothek hat sich jedoch noch nicht herausgebildet. Als Material können Datenbanken auf CD-Rom oder als cgi-Anwendungen im Internet, elektronische Zeitschriften sowie als Volltexte oder in Image-Form digitalisierte Monographien oder Einzelbeiträge präsentiert werden; vermehrt erscheinen auch Hochschulschriften in digitaler Form. Das deutsche wie das internationale Urheberrecht schränken jedoch die Entwicklungsmöglichkeiten erheblich ein. Dies führt im mediävistischen Bereich dazu, dass primär Handschriften oder Druckwerke vor 1920 digitalisiert werden.

Arno Mentzel-Reuters

**Literatur**

R. Hacker, Bibliothekarisches Grundwissen, 7. Aufl. München 2000.

E. Plassmann/J. Seefeldt, Das Bibliothekswesen der Bundesrepublik Deutschland. Ein Handbuch, Wiesbaden 1999.

U. Rautenberg (Hrsg.), Reclams Sachlexikon des Buches, 2. Aufl. Stuttgart 2003.

Die berühmteste Bibliothek des Mittelalters existiert nur in den Köpfen von Lesern und Kinobesuchern. Sie ist das eigentliche Zentrum des Romans „Der Name der Rose" von Umberto Eco (*1932). Jedem Leser werden die Szenen unvergesslich sein, in denen Bruder William von Baskerville und sein Gehilfe Adson durch die Bibliothek der Benediktinerabtei irren. „Während ich die Lampe hoch vor uns hertrug, dachte ich an die Worte des greisen Alinardus über das Labyrinth und machte mich auf Entsetzliches gefaßt... Der Raum hatte, wie gesagt, sieben Wände, aber nur vier davon enthielten Öffnungen, breite Durchgänge zwischen schlanken, halb in die Mauer eingelassenen Säulen, überwölbt von Rundbögen. Vor den Wänden erhoben sich mächtige Bücherschränke voller säuberlich aufgereihter Bände. Jeder Schrank trug ein Schild mit einer Zahl, desgleichen jedes einzelne Bord – offensichtlich die gleichen Zahlen, die ich im Katalog hinter den Buchtiteln gesehen hatte."

Das Bild der labyrinthischen Bibliothek und die Figur des Jorge von Burgos sind von Umberto Eco als Hommage an den großen argentinischen Schriftsteller Jorge Luis Borges (1899–1986) und seine Erzählung „Die Bibliothek von Babel" gemeint. Mittelalterliche Bibliotheken waren natürlich anders organisiert. Doch tatsächlich war ihre nachantike Existenz zunächst an religiöse Bedürfnisse gebunden. Die Benediktsregel legte fest, dass täglich eine geistliche Lesung stattfinden sollte. Schon im Frühmittelalter war daher eine Bibliothek fester Bestandteil eines jeden größeren Klosters. Zur Sicherung der kostbaren Buchbestände errichtete man feste Gebäude und wies einem Mitglied des Konvents die Aufsicht zu. Viele mittelalterliche Bücherschätze wurden in der großen Welle der Klosteraufhebung zu Beginn des 19. Jahrhunderts abtransportiert und entweder vernichtet oder wie etwa auch in München zu Glanzstücken staatlicher Bibliotheken. Dort, wo mittelalterliche Buchbestände am historischen Ort erhalten blieben, erlebt der Besucher sie zumeist in einem nachmittelalterlichen Gehäuse. So ist es auch in **St. Gallen**, dessen von 1758–1768 neu erbaute und ausgestattete Bibliothek das Foto zeigt.

St. Gallen ließ Eco auch Adson erwähnen, als dieser bis ins Skriptorium der geheimnisvollen Abtei vorzudringen vermochte: „Ja, damals, in jener Stunde beginnender Dämmerung, erschien mir das Skriptorium wie eine fried- und freudvolle Werkstatt der Weisheit. In Sankt Gallen sah ich später ein ähnlich wohlproportioniertes Skriptorium [...]" Auch diesen Abschnitt hat Eco natürlich nicht den wirklichen Verhältnissen in der mittelalterlichen Bibliothek von St. Gallen nachgebildet. Aber in gewisser Weise ist die Gemeinschaft von Handschriften und Forschern in großzügiger Umgebung, von der Adson träumte, heute in der Forschungsbibliothek von St. Gallen wahr geworden.

Stephan Selzer

Foto: Stiftsbibliothek St. Gallen.

Literatur: J. Duft, Die Abtei St. Gallen. Ausgewählte Aufsätze in überarbeiteter Fassung, 3 Bde., Sigmaringen 1990–1994, hier Bd. 3, S. 275f., Abb. 9; U. Eco, Der Name der Rose, dt. München/Wien 1982 u.ö.

**Die Geschichte des Historischen Museums.** Sammeln, Bewahren, Forschen und Ausstellen sind die klassischen Aufgaben des Museums. Der Charakter der Sammlungen wird durch die Bestimmung, mit der ein Museum gegründet wird, im Wesentlichen festgelegt [Boockmann 1987 u. 2000; Puhle]. Allerdings ändern Museen im Laufe ihrer langen Existenz nicht selten ihre inhaltliche Bestimmung. Zudem verhilft der Sammlungszufall ebenfalls nicht selten einem Museum zu Objekten, die mit seiner ursprünglichen Sinngebung nicht mehr viel zu tun haben.

Die Ursprünge der Museen von heute sind in den fürstlichen Wunderkammern zu sehen, die aus wissenschaftlicher Neugier, dem Bedürfnis nach Repräsentation und Sammlungseifer seit der Renaissance angelegt wurden und zur Ausstattung eines Schlosses ganz einfach dazugehörten. Diese Wunder- und Naturalienkammern blieben über Jahrhunderte den Blicken der Öffentlichkeit entzogen und dienten ausschließlich dem Fürsten und seinen Gästen zur Erbauung. Mitte des 18. Jahrhunderts begannen sich diese Sammlungen der interessierten Öffentlichkeit gegenüber zu öffnen. Dies geschah zwar zunächst noch sehr zaghaft, doch wurde eine Entwicklung eingeleitet, die im Laufe der zweiten Hälfte des 18. und in der ersten Hälfte des 19. Jahrhunderts aus Sammlungen öffentliche Museen machte. Zudem setzte ein innerer Differenzierungsprozess ein, an dessen Ende die Entstehung der drei wichtigsten Typen der deutschen und auch europäischen Museumslandschaft stand: das Kunstmuseum, das historische Museum und das Naturkundemuseum. Kunstmuseum und Naturkundemuseum bildeten das Resultat der Trennung der Wunder- von der Naturalienkammer, die verstärkt ab der Mitte des 19. Jahrhunderts einsetzte. Das Geschichtsmuseum entstand weniger aus den fürstlichen Wunderkammern heraus als vielmehr aus den Sammlungen, die aus bürgerlicher Initiative seit dem Erwachen eines starken nationalen Bewusstseins im Rahmen der Befreiungskriege gegen das napoleonische Frankreich erwuchsen. Insbesondere die Gründung des Germanischen Nationalmuseums Nürnberg 1852 gab entscheidende Impulse zur Entstehung weiterer kulturgeschichtlicher Museen, die nicht die Ausstellung von Kunstwerken in den Mittelpunkt ihrer Tätigkeit stellten, sondern die historische Entwicklung einer Stadt, einer Region oder wie im Falle des Germanischen Nationalmuseums der deutschen Nation, die zum Zeitpunkt der Gründung des Nürnberger Museums nicht bzw. allenfalls als Idee existierte.

Eine ganze Reihe von kulturgeschichtlichen Museen wurde im weiteren Verlauf des 19. Jahrhunderts gegründet. Erst der Ausbruch des Ersten Weltkriegs 1914 stoppte vorerst diese Gründungswelle.

Die Entwicklung der historischen Museen in Deutschland im 20. Jahrhundert wird entscheidend durch die Brechungen deutscher und europäischer Geschichte beeinflusst, verursacht durch die beiden Weltkriege sowie die Herrschaft des Nationalsozialismus. Nach dem Zweiten Weltkrieg gingen die beiden deutschen Staaten gerade auch in der Frage der historischen Museen getrennte Wege. In der Bundesrepublik entzogen sich auch die stadt- und regionalgeschichtlichen Museen vielfach der Darstellung von Geschichte und mutierten mehr oder weniger zu verkappten Kunstgewerbemuseen, um so vermeintlich ideologiefrei zu wirken und jede Geschichtstümelei zu vermeiden. Dagegen entwickelten sich die meisten regionalen Museen der DDR zu Ausstellungshäusern, in denen man nachvollziehen konnte, dass der real existierende Sozialismus schon in der Urgesellschaft angelegt war und sich in der Gesetzmäßigkeit des Historischen Materialismus den Weg bis zur Gründung der DDR in einer gewissen Zwangsläufigkeit bahnte. Auch die Historienmalerei, die in der Bundesrepublik jahrzehntelang nach dem Zweiten Weltkrieg verpönt war, wurde zur Darstellung von Geschichte in der DDR herangezogen, wenn sie im Geiste des Sozialismus neu erschaffen worden war. Das berühmteste Beispiel stellt das erst kurz vor dem Zusammenbruch der DDR fertig gestellte Bauernkriegspanorama von Werner Tübke in Bad Frankenhausen dar, das die Spannung zwischen einem Auftragswerk und einem sich frei entwickelnden, nahezu autonomen Kunstwerk geradezu exemplarisch zum Ausdruck bringt.

Nach der Vereinigung Deutschlands 1990 suchen die kulturgeschichtlichen Museen nach neuen Ansätzen. Vor allem das Haus der Geschichte in Bonn hat mit seiner 1994 eröffneten Dauerausstellung zur deutschen Geschichte nach 1945 den Trend gesetzt, mit einer emotionalisierenden, multimedialen Inszenierung von Geschichte breite Bevölkerungsgruppen anzusprechen, und damit große Akzeptanz in der Gesellschaft erreicht. Möglicherweise weist diese Ausstellungsmethodik den Weg, das historische Museum im 21. Jahrhundert als einen Ort der Auseinandersetzung mit Geschichte in einer Gesellschaft zu etablieren, die sich schnell langweilt und gern der spektakulären Eventkultur zuwendet.

**Die deutsche Museumslandschaft.** Je nach Definition schwankt die Zahl der Museen in Deutschland. Die Zahl von 6000 Einrichtungen kann daher nur ein Richtwert sein. Die weitaus meisten Museen sind in kommunaler Trägerschaft, also Stadt- bzw. Kreismuseen. Im Zuge der Verknappung öffentlicher Mittel sind die durch eine Stiftung oder einen Verein privat getragenen Museen auf dem Vormarsch. Darüber hinaus gibt es einige Dutzend Landesmuseen und einige wenige Bundesmuseen, die in aller Regel als Stiftungen organisiert sind. Neben dem Deutschen Historischen Museum Berlin und dem Haus der Geschichte Bonn/Leipzig ist hier noch die Bundeskunsthalle Bonn zu nennen. Eine Anzahl herausragender Museen erhält neben der Finanzierung durch den Träger eine so genannte „Leuchtturmförderung" durch den Bund. Diese Einrichtungen zeichnen sich meist nicht nur durch ihre herausragenden Sammlungen und Ausstellungen, sondern auch durch eine intensive wissenschaftliche Forschung aus.

Eine zunehmende Bedeutung erhalten die Gedenkstätten und Dokumentationszentren, die durch vorhandene Sammlungen und Ausstellungstätigkeit häufig einen stark musealen Charakter annehmen. Diese Einrichtungen wurden meist am Ort des dargestellten Geschehens errichtet und erreichen dadurch einen hohen Grad an historischer Authentizität. Die Mehrzahl der Gedenkstätten in Deutschland befindet sich in kommunaler oder staatlicher Trägerschaft oder erhält öffentliche Zuschüsse.

Eine strikte Aufgabenteilung zwischen den deutschen Museen gibt es nur in seltenen Fällen, da die meisten Museen ihren Charakter durch alte, häufig „urwüchsige" Sammlungen erhalten und es kaum zu „Flurbereinigungen" zwischen Museen kommt. Generell gilt, dass historische Museen in kommunaler Trägerschaft fast zwangsläufig die Darstellung der lokalen Geschichte zum Inhalt haben. Es kommt aber durchaus vor, dass sogar große, bedeutende Städte mit einer reichen Museumslandschaft nicht über ein Stadtmuseum verfügen, das die Geschichte der Stadt zum Inhalt hat. Genauso wenig kann man an die Landesmuseen mit der Erwartung herantreten, dass dort die Landesgeschichte des betreffenden Bundeslandes dargestellt wird. Dieser Fall ist sogar ausgesprochen selten, da die meisten Landesmuseen sich als Kunst- bzw. Kunstgewerbemuseen verstehen. In einigen Bundesländern wie Bayern, Baden-Württemberg oder Brandenburg versucht man, diesem Dilemma mit „Häusern der Geschichte" abzuhelfen.

Die fehlende Systematik in der Museumslandschaft ist auch der föderalen Struktur der Bundesrepublik geschuldet. Denn die Länder verfügen über eine verfassungsmäßig abgesicherte Kulturhoheit, die in hohem Maße selbstständige Entwicklungen ermöglicht und über Ländergrenzen hinausgehendes koordiniertes Vorgehen erschwert. Eine der zentralen Fragen der Entwicklung der deutschen Museumslandschaft im 21. Jahrhundert wird sein, ob sich im zusammenwachsenden Europa und in der sich globalisierenden Welt eine Zentralisierung und Koordinierung der Museumspolitik als notwendig erweist, um international konkurrenzfähig zu bleiben, oder ob die Stärke der Museumslandschaft in Deutschland gerade aus ihrer Vielfalt und Unabgestimmtheit erwächst.

**Mittelalterliche Quellen im Museum.** In Deutschland gibt es nur wenige Kulturräume, die nicht über eine mittelalterliche Geschichte verfügen, so dass in der ganz überwiegenden Mehrzahl von Heimat-, Stadt- und Regionalmuseen auch mittelalterliche Objekte anzutreffen sind. Das gilt auch und besonders für Landesmuseen.

Die meisten Landesmuseen wie auch das Germanische Nationalmuseum Nürnberg als bedeutendstes kulturgeschichtliches Museum in Deutschland sind allerdings kunst- oder kunstgewerblich strukturiert. So treten die für Historiker wichtigen Funktionszusammenhänge und historischen Zuordnungen gegenüber den gattungsspezifischen Ordnungsprinzipien stark zurück. Das schränkt die Benutzbarkeit für historisch orientierte und interessierte Besucher erheblich ein. Hierin ist eine wesentliche Ursache dafür zu erkennen, dass Historiker die überlieferten mittelalterlichen Realien weit weniger häufig für ihre Arbeiten heranziehen als die in Archiven lagernden Akten und Urkunden. Allerdings werden Historiker in ihrer Ausbildung in aller Regel auch nur in geringem Maße an das Instrumentarium herangeführt, mit dem dreidimensionale Objekte gedeutet und für die historische Forschung nutzbar gemacht werden können. Es kommt hinzu, dass die in Museen vorhandenen Fragmente mittelalterlicher Geschichte sich eher selten ganz konkreten historischen Ereignissen zuordnen lassen, als vielmehr Themen wie z.B. Alltagsleben oder Frömmigkeit beleuchten.

Seit einigen Jahrzehnten ist vor allem in Deutschland die Tendenz zu beobachten, die in den großen kulturgeschichtlichen Museen fehlende historische Aussagekraft durch themenbezogene Großausstellungen zu kompensieren und der Bevölkerung Möglichkeiten der Identitätsbildung zu geben. Den Durchbruch schaffte die Staufer-Ausstellung von 1977 in Stuttgart, die erstmals ein Massenpublikum für ein Mittelalter-Thema mobilisieren konnte und damit den Beweis lieferte, dass das Mittelalter als Epoche für die Menschen von heute eine besondere Faszination besitzt. Eine Vielzahl von Mittelalter-Ausstellungen, die jeweils von mehreren hunderttausend Menschen besucht wurden, folgte. Der Boom ist bisher ungebrochen. Die meisten Mittelalterausstellungen wurden um die großen Herrscherdynastien, die Karolinger, Ottonen, Salier, Staufer, Welfen, Luxemburger, Wittelsbacher und Habsburger, herum konzipiert. Darüber hinaus fanden bedeutende Ausstellungen zur Epoche der Romanik und des späten Mittelalters, zu wichtigen Bischöfen, zu herausragenden Kunstwerken, zur Geschichte der Städte und des Bürgertums und zur Hanse statt.

Die wichtigste Leistung dieser bemerkenswerten Ausstellungskultur besteht im Zusammentragen der materiellen Hinterlassenschaften zu Themen, die bis dahin meist nur von ihrer urkundlichen Basis her historisch zu fassen waren. Im interdisziplinären Miteinander von Archäologie, Geschichte, Kunstgeschichte und Bauforschung entsteht durch die Komposition von schriftlicher und dinglicher Überlieferung ein wesentlich umfassenderes Bild vom Mittelalter, als es die Geschichtswissenschaft mit ihren Schriftquellen allein herstellen kann. Allerdings kann auch das so dargestellte Mittelalterbild seinen Charakter als fragmentarische Konstruktion von Geschichte nicht verleugnen. Als dauerhafte Resultate der Wiedergewinnung bis dahin verloren gegangener kulturgeschichtlicher Zusammenhänge liegen in aller Regel umfassende Kataloge dieser Ausstellungen vor, in denen die thematisch zusammengeführten Objekte meist ausführlich beschrieben und wissenschaftlich eingeordnet werden.

Mit den häufig reich ausgestatteten Katalogen existiert inzwischen eine ausgezeichnete Übersicht von Realien zur Geschichte des Mittelalters. Es ist zu wünschen, dass die historische Forschung in Zukunft diese Quellensammlungen zur mittelalterlichen Geschichte in weit höherem Maße als bisher geschehen zur Kenntnis nimmt und die wissenschaftlichen Möglichkeiten nutzt, die in der Verbindung von schriftlicher und realienkundlicher Überlieferung liegen.

Matthias Puhle

**Literatur**

H. Boockmann, Geschichte im Museum? Zu den Problemen und Aufgaben eines Deutschen Historischen Museums, München 1987.
Ders., Wie präsentiert man Geschichte im Museum? Beobachtungen eines Museomanen, in: U. Meiners/M. Puhle/V. Rodekamp (Hrsg.), Wege ins Museum. Zwischen Anspruch und Vermittlung. Berichte zu einer Tagung im Kulturhistorischen Museum Magdeburg, Magdeburg 2000, 23–36.
M. Puhle, Die Vermittlung von Mittelalterbildern und -kenntnissen in historischen Ausstellungen (Rückblick und Ausblick), in: R. Ballof (Hrsg.) Geschichte des Mittelalters für unsere Zeit, Stuttgart 2003, 300–307.

# Historische Vereine, Verbände, Arbeitskreise und Geschichtswerkstätten

**Organisationsformen und -spektrum.** Die Faszination an der Geschichte hat sich nie allein auf die Berufshistoriker beschränkt. Es haben sich auch stets zahlreiche Laien des Reizes historischer Themen nicht entziehen können. Und so verwundert es nicht, dass sich die historische Forschung nicht nur an den Universitäten und in eng an die Hochschulen gebundenen außeruniversitären Forschungseinrichtungen etablieren konnte. Gerade in Deutschland haben sich an der Geschichte interessierte Menschen auch in anderen Organisationsformen zusammengefunden. Hiervon hat die Mittelalterforschung stark profitiert. Vor allem historische Vereine und Verbände, später auch Arbeitskreise und Geschichtswerkstätten sind hier anzuführen. Die meisten dieser Institutionen – gleich ob sie den Begriff des Vereins im Namen führen oder nicht – sind nach dem Vereinsrecht organisiert, andere haben weniger verbindliche Formen des Zusammenschlusses gewählt und sind als Arbeitsgemeinschaft oder informelle Gruppe konstituiert.

Das inhaltliche Spektrum ist sehr breit. Ganz unterschiedliche Prinzipien lassen sich erkennen [Bertrang; Treml]. Viele Vereine widmen sich einem bestimmten geographischen Raum, also beispielsweise einer Stadt, einer Region, einem Land. Andere wiederum haben sich einem konkreten historischen Sachgebiet verschrieben, wie der Kirchen-, Rechts-, Sozial-, Wirtschafts- oder Kulturgeschichte. Manche stellen auch eine bestimmte Epoche in den Mittelpunkt ihrer Arbeit. Selbst einzelne historische Phänomene können Gegenstand historischer Vereinsarbeit sein, wie der 1870 gegründete „Hansische Geschichtsverein" zeigt [Brandt].

Freilich sind auch Kombinationen verschiedener Organisationsprinzipien anzutreffen. So verband man beispielsweise 1880 bei der Gründung der heute nicht mehr existierenden „Gesellschaft für sächsische Kirchengeschichte" das Interesse an einem bestimmten Sachgebiet mit jenem an einem konkreten Raum [Blanckmeister]. Gleiches gilt auch für die noch existierende „Gesellschaft für westfälische Wirtschaftsgeschichte e.V."

Auch nach dem Grad der Professionalität bestehen große Unterschiede. In vielen Vereinen engagieren sich professionelle Historiker gemeinsam mit interessierten Laien; nicht selten spielen Historiker, die nicht an Hochschulen, sondern in Archiven und Bibliotheken beschäftigt sind, eine führende Rolle in der Vereinsarbeit. Die meisten Geschichtsvereine kennzeichnet eine nicht zu übersehende bildungsbürgerliche Prägung; noch immer stellen Lehrer, Pastoren, Juristen sowie Angestellte und Beamte des Verwaltungssektors einen erheblichen Teil der oft älteren und männlichen Mitglieder. Die Verwurzelung der historischen Vereine in der bürgerlichen Bildungs- und Vereinskultur des 19. und frühen 20. Jahrhunderts wirkt hier immer noch nach.

▷ S. 388 f. Geschichte der Mittelalterforschung

Nur einem kleineren Teil der Institutionen gehören hingegen ausschließlich Berufshistoriker an. Dies gilt beispielsweise für einige der besonders wichtigen Arbeitskreise, zudem natürlich für Berufsverbände. Hier sind die Verflechtungen mit der universitären Forschung in der Regel besonders eng. Einige Zusammenschlüsse verstehen sich aber auch geradezu als Gegengewicht zur professionellen akademischen Forschung. Oft beschäftigen sich gerade diese Gruppen mit Themen und methodischen Zugriffen, die man durch die professionelle Forschung nicht hinreichend gewürdigt sieht.

**Aufgaben und Bedeutung.** Die Förderung von Forschungen sowie die Verbreitung und Diskussion von Forschungsresultaten sind die wichtigsten Aufgaben und Ziele historischer Vereine, Arbeitskreise und Werkstätten. Verbände bemühen sich darüber hinaus noch um die Bündelung und Koordination verwandter Unternehmungen und versuchen, als Interessenvertretung zu agieren. Nicht selten wirken die Institutionen darüber hinaus als Bindeglied zwischen der akademischen Forschung und einem breiteren Publikum. Sie besitzen also eine wichtige Funktion als Mediatoren und Multiplikatoren historisch-kultureller Bildung.

Aber auch als Impulsgeber kommt ihnen eine bemerkenswerte Rolle zu. So waren es nicht selten historische Vereine und Geschichtswerkstätten, die das seit den 1960er Jahren spürbar gestiegene Interesse an einigen Themen aufgriffen, bevor die akademische Forschung sich diesen verstärkt zuwandte. Die Historie unterprivilegierter Gruppen oder die Frauen-, Umwelt- und Alltagsgeschichte können hierzu gerechnet werden.

▷ S. 394 ff. Geschichte der Mittelalterforschung

Überdies wird ein beachtlicher Teil der wissenschaftlichen Kommunikationsforen von historischen Vereinen, Verbänden, Arbeitskreisen und Werkstätten bereitgestellt. So organisieren sie Vortragsreihen, Arbeitsgespräche und Tagungen. Auch ihr Anteil an der wissenschaftlichen Publikationstätigkeit ist hoch zu veranschlagen. Sie unterhalten vielfach Zeitschriften und Jahrbücher, aber auch Veröffentlichungsreihen für Quellen, Monographien und Sammelbände. Der organisatorische Aufwand und die finanziellen Mittel, die hierfür durch Mitgliederbeiträge, Spenden und Zuschüsse akquiriert werden, sind erheblich.

**Schneisen für Mediävisten.** Ausschließlich dem Mittelalter widmet sich nur ein kleiner Teil der historischen Vereine, Verbände, Arbeitskreise und Geschichtswerkstätten. Gleichwohl bildet die Gesamtheit jener Institutionen, die sich mit Facetten dieser Epoche befassen, durch ihre Vielfalt ein schier undurchdringliches Dickicht, so dass hier nur versucht werden kann, einige Schneisen zu schlagen.

Ein großer Teil der Orts-, Regional- und Landesgeschichtsvereine ist seit 1852 im „Gesamtverein deutscher Geschichts- und Altertumsvereine" zusammengeschlossen, der in seinen „Blättern für deutsche Landesgeschichte" regelmäßig Bericht erstattet. Auf regionaler Ebene gibt es ähnliche Kooperationen, so beispielsweise den „Verband bayerischer Geschichtsvereine". Der „Hansische Geschichtsverein" gehört zu den vergleichsweise wenigen Vereinen, die sich schon durch die Wahl ihres Gegenstandes in erster Linie mit Themen der mittelalterlichen Geschichte befassen.

Unter den Berufs- und Interessensverbänden ist hier zunächst der „Verband der Historiker und Historikerinnen Deutschlands" hervorzuheben, der auf eine Gründung des Jahres 1893 zurückgeht und 1948 neu formiert wurde. Er richtet im Abstand von zwei Jahren den „Deutschen Historikertag" aus, auf dem neben Fachvertretern anderer Richtungen auch regelmäßig Mediävisten beteiligt sind. Auf internationaler Ebene veranstaltet das „Comité International des Sciences Historiques" als Dachverband der nationalen Historikerverbände vergleichbare Kongresse, die alle fünf Jahre stattfinden [ERDMANN]. Einen interdisziplinären Zusammenschluss von Wissenschaftlern des deutschsprachigen Raumes, die sich mit den verschiedenen Aspekten des Mittelalters beschäftigen (Geschichte, Sprachen, Kunst etc.), bildet der 1983 gegründete „Mediävistenverband“. In der Zeitschrift „Das Mittelalter“ berichtet der Verband über seine Arbeit, präsentiert aber auch Forschungsergebnisse und Diskussionsbeiträge. Ähnliche Verbände arbeiten auch in anderen Sprachräumen, so in Frankreich die „Société des Historiens Médievistes de l'Enseignement Supérieur Public“ oder in den Niederlanden die „Onderzoekschool Mediëvistik“.

Unter den historischen Arbeitskreisen ist für die Mittelalterforschung von besonderer Bedeutung der 1951 von Theodor Mayer ins Leben gerufene „Konstanzer Arbeitskreis für mittelalterliche Geschichte“. Regelmäßig veranstaltet er auf der Bodenseeinsel Reichenau hochrangig besetzte Tagungen, deren Erträge in der Reihe „Vorträge und Forschungen“ publiziert werden. Die Arbeit des Arbeitskreises kennzeichnet ein beträchtliches Renommee, zugleich aber auch ein hohes Maß an Exklusivität, da eine Teilnahme an den Veranstaltungen dieser Institution ausschließlich auf persönliche Einladung erfolgt und Mitglieder allein durch Kooptation rekrutiert werden [ENDEMANN; FRIED; PETERSOHN]. Für die Stadtgeschichte von herausragender Bedeutung ist der etwas offenere „Südwestdeutsche Arbeitskreis für Stadtgeschichte“, der ebenfalls regelmäßig tagt und die Reihe „Stadt in der Geschichte“ herausgibt. Allerdings ist seine Arbeit nicht auf das Mittelalter beschränkt, vor allem neuzeitliche Themen besitzen ein großes Gewicht.

Weitere für Mediävisten relevante Arbeitskreise bestanden und bestehen beispielsweise mit dem Berliner „Arbeitskreis für vergleichende Ordensforschung“, dem internationalen „Arbeitskreis Konziliengeschichte“ und dem von Gießen aus koordinierten „Arbeitskreis für Agrargeschichte“. Schließlich sei auch auf den „Brackweder Arbeitskreis für Mittelalterforschung“ hingewiesen, der sich 1994 in Bielefeld zusammenfand. Er versammelte zunächst überwiegend jüngere Mediävisten und ist bis heute durch eine besondere thematische, personelle und organisatorische Offenheit charakterisiert.

Die meist im Umfeld neuer sozialer Bewegungen der 1970er und 1980er entstandenen Geschichtswerkstätten gründeten 1983 in Göttingen einen bundesweiten Zusammenschluss. Die Realisierung alternativer Arbeitsformen und methodischer Zugänge sowie die Beschäftigung mit vernachlässigten Themen standen im Mittelpunkt der historischen Werkstattarbeit [PAUL/SCHOSSIG]. Schon der Begriff der Werkstatt stand für eine betonte Offenheit und sollte das Selbstverständnis als Alternative zur akademischen Forschung und den traditionellen Vereinen zum Ausdruck bringen. Die Geschichtswerkstätten konzentrieren sich auf Themen der neuzeitlichen Geschichte mit deutlicher Begrenzung auf lokale oder regionale Zusammenhänge, so dass sie für die Mediävistik eine weniger große Rolle spielen. Allerdings wird man die Popularisierung von Themen wie Frauen-, Alltags- oder Umweltgeschichte innerhalb der Mittelalterforschung auch den Aktivitäten der Werkstätten anrechnen dürfen. Seit den 1990er Jahren ist das Interesse an der historischen Werkstattarbeit jedoch wieder merklich abgeklungen.

Matthias Meinhardt

**Literatur**

U. BERTRANG, Gibt es eine Typologie der Geschichtsvereine und der historisch arbeitenden Heimatforscher?, in: Geschichtsvereine, 41–52.

P. Adamski, Geschichtsvereine und Geschichtswerkstätten – vom Nebeneinander zur Zusammenarbeit?, in: Mitteilungen des Oberhessischen Geschichtsvereins Gießen, Neue Folge 88, 2003, 237–249.

F. Blanckmeister, Fünfzig Jahre „Gesellschaft für sächsische Kirchengeschichte", in: Beiträge zur sächsischen Kirchengeschichte 40, 1931, 3–4.

H. Boockmann u.a., Geschichtswissenschaft und Vereinswesen im 19. Jahrhundert. Beiträge zur Geschichte historischer Forschung in Deutschland, Göttingen 1972.

A. von Brandt, Hundert Jahre Hansischer Geschichtsverein. Ein Stück Sozial- und Wissenschaftsgeschichte, in: Hansische Geschichtsblätter 88, 1970, 3–67.

T. Endemann, Geschichte des Konstanzer Arbeitskreises. Entwicklung und Strukturen 1951–2001, Stuttgart 2001.

K.-D. Erdmann, Die Ökumene der Historiker. Geschichte der Internationalen Historikerkongresse und des Comité des Sciences Historiques, Göttingen 1987.

Geschichtsvereine. Entwicklungslinien und Perspektiven lokaler und regionaler Geschichtsarbeit. Dokumentation einer Studienkonferenz in Zusammenarbeit mit dem Landschaftsverband Rheinland/Referat Heimatpflege, Bergisch Gladbach 1990.

J. Fried (Hrsg.), Vierzig Jahre Konstanzer Arbeitskreis für mittelalterliche Geschichte, Sigmaringen 1991.

H.-W. Goetz, Moderne Mediävistik. Stand und Perspektiven der Mittelalterforschung, Darmstadt 1999, 135–142.

C. Haase, Brauchen wir noch Geschichtsvereine?, in: Göttinger Jahrbuch 1968, 231–243.

Handbuch der bayerischen Geschichtsvereine, hrsg. vom Verband bayerischer Geschichtsvereine e.V., Bamberg 1993.

H. Heimpel, Geschichtsvereine einst und jetzt, in: Boockmann u. a., 45–73.

G. G. Iggers, Geschichtswissenschaft im 20. Jahrhundert, Göttingen 1993.

T. Nipperdey, Verein als soziale Struktur im späten 18. und frühen 19. Jahrhundert, in: Boockmann u.a., 1–44.

G. Paul/B. Schossig (Hrsg.), Die andere Geschichte. Geschichte von unten – Spurensicherung – Ökologische Geschichte – Geschichtswerkstätten, Köln 1986.

J. Petersohn (Hrsg.), Der Konstanzer Arbeitskreis für mittelalterliche Geschichte 1951–2001. Die Mitglieder und ihr Werk. Eine bio-bibliographische Dokumentation, Stuttgart 2001.

J. Reulecke, Perspektiven künftiger Arbeit von Geschichtsvereinen, in: Mitteilungen des Oberhessischen Geschichtsvereins Gießen, Neue Folgen 88, 2003, 223–235.

S. Schreuer, Kommunalarchive und Geschichtsvereine. Vortrag auf der 23. Arbeitstagung der Niedersächsischen Kommunalarchive vom 1. bis 3. April 1985 in Stade, o. Ort u. Jahr.

W. Speitkamp, Geschichtsvereine – Landesgeschichte – Erinnerungskultur, in: Mitteilungen des Oberhessischen Geschichtsvereins Gießen, Neue Folge 88, 2003, 181–204.

M. Spindler, Zur Lage der Geschichtsvereine, in: Zeitschrift für bayerische Landesgeschichte 15, 1949, 262–268.

M. Treml, Was sind und wozu braucht man Geschichtsvereine?, in: Mitteilungen des Verbandes bayerischer Geschichtsvereine 15, 1991, 5–10.

# Technik: Orte der Quellenarbeit: Ein Gang ins Landeshauptarchiv Magdeburg

**Ein Archiv, vier Orte.** Obwohl viele Archive in den letzten Jahren versucht haben, ihrem staubigen Ruf entgegenzuwirken, und benutzerfreundlicher geworden sind, gibt es sicher noch immer eine gewisse Scheu vor dem ersten Archivbesuch. Da mittelalterliche Quellen inzwischen zu einem guten Teil gedruckt vorliegen, könnte man leicht auf den Gedanken kommen, die Arbeit in einem Archiv sei für die Mittelalterforschung ohnehin nicht mehr so wichtig. Das trifft allerdings nicht zu, denn es gibt noch genügend Quellenmaterial, vor allem zu regional- und kulturgeschichtlichen Fragen, das bislang überhaupt nicht oder nur unzureichend ausgeschöpft worden ist. ▷ S. 419 Archive Die Schilderung eines Besuchs im Landeshauptarchiv Magdeburg mag helfen, die Unsicherheit vor der Quellenarbeit im Archiv zu nehmen und eine allgemeine Orientierung zu geben, selbst wenn natürlich jedes Archiv seine Eigenheiten hat, nicht nur was die Bestände, sondern auch was die Arbeitsbedingungen angeht.

Grundsätzlich gilt, dass ein jeder Archivaufenthalt gut vorbereitet sein will, denn die Zeit, die man vor Ort zur Verfügung hat, ist letzten Endes immer knapp und der Umgang mit Findbüchern und Dokumenten birgt genügend Unwägbarkeiten. Rechtzeitig sollte man sich die Fähigkeit aneignen, alte Schriften zu lesen, ▷ S. 306 aläographie da diese auch nötig ist, um Findhilfsmittel des 19. Jahrhunderts benutzen zu können, die vielerorts noch immer in Gebrauch sind. Vor dem ersten Gang ins Archiv sollte man sich außer über Anfahrtswege und Öffnungszeiten vor allem über die Geschichte der jeweiligen Einrichtung, ihre Bestände und deren Gliederung informieren. Dies kann mit Hilfe von Archivhandbüchern [MEISNER; Minerva-Handbuch] oder gedruckten Bestandsübersichten geschehen, die es für Magdeburg seit 1954 gibt [SCHWINEKÖPER], oder neuerdings über den Internetauftritt des Archivs, der im Magdeburger Fall noch im Aufbau ist.

Benutzer des Landeshauptarchivs Sachsen-Anhalt sollten vor allem wissen, dass dieses seinen Hauptsitz in Magdeburg hat, seit 2002 aber in drei Abteilungen gegliedert ist, die sich in Merseburg, Dessau (vorher in Oranienbaum) und Magdeburg befinden und für verschiedene historische Herrschafts- und Verwaltungsgebiete zuständig sind. Hinzu kommt eine Magdeburger Außenstelle in Wernigerode.

Der Abteilung Dessau ist die Zentrale Restaurierungs- und Konservierungswerkstatt des Landes Sachsen-Anhalt zugeordnet, in der Schäden an Pergament oder Papier ausgebessert und vorbeugende Maßnahmen zur Bestandserhaltung getroffen werden. Dazu gehört in erster Linie die sichere Verpackung und Lagerung des Archivguts. Durch Umbau und Modernisierung sind für die Dessauer Bestände bereits optimale Lagerungsbedingungen geschaffen worden, obwohl diese – auf den ersten Blick höchst ungewöhnlich – in einem ehemaligen Wasserturm untergebracht sind.

Wie Umfang und Erhaltungszustand der Altbestände spiegelt auch deren Verteilung und Ordnung die wechselvolle Geschichte der im Land Sachsen-Anhalt aufgegangenen historischen Territorien wider. ▷ S. 419 Archive In Magdeburg lagert unter anderem die Überlieferung des gleichnamigen Erzbistums, der Bistümer Halberstadt, Merseburg und Naumburg, des Reichsstifts Quedlinburg, der Altmark und verschiedener weltlicher Herrschaftsgebiete. In Dessau wird die Überlieferung der Fürsten von Anhalt aufbewahrt.

Technik:
Orte der Quellenarbeit:
Ein Gang ins
Landeshauptarchiv
Magdeburg

**Schätze von Magdeburg.** An beiden Standorten gibt es einen beachtlichen Schatz an mittelalterlichen Schriftzeugen: Urkunden, Amts- und Kopialbücher, Zinsverzeichnisse und Rechnungen, Briefe und andere Handschriften. Allein die Magdeburger Urkundensammlung umfasst etwa 45 000 Stück, darunter über 120 ottonische Königsurkunden. Hinzu kommen mittelalterliche Urkundenabschriften sowie Abschriften von wichtigen urkundlichen Quellen aus anderen Archiven, die vornehmlich im 19. Jahrhundert angefertigt wurden [Zöllner, 34]. Als Benutzer wird man freilich nur in besonderen Fällen in die Verlegenheit kommen, eine ottonische Urkunde im Original zu bearbeiten, da diese fast sämtlich gedruckt sind, in den entsprechenden Bänden der Monumenta Germaniae Historica.

▷ S. 385 f. Geschichte der Mittelalterforschung

Wegen des Reichtums an mittelalterlichen Dokumenten war in Magdeburg bereits 1876 eine Historische Kommission gebildet worden, welche die Edition wichtiger Quellen vorantreiben sollte. Diese Quellenausgaben erschienen meist in den Reihen der „Geschichtsquellen der Provinz Sachsen" (bereits ab 1870) und der „Quellen zur Geschichte Sachsen-Anhalts" (ab 1954) [Hartmann; Hirsch]. Ungedruckt geblieben sind bis heute vor allem Urkunden, Briefe und Verwaltungsschriftgut des späteren Mittelalters, die innerhalb der Mittelalterforschung nunmehr zu einem Hauptgebiet der Quellenerschließung geworden sind.

**Annäherungen an die Archivarbeit.** Mit diesem Grundwissen ausgestattet, können auch Studierende das Magdeburger Landesarchiv erst einmal getrost betreten, um sich gezielt auf die Suche nach Quellen zu machen, die Auskunft zu Fragen der mittelalterlichen Geschichte geben können. Das Archivgebäude befindet sich in der Hegelstraße, einer breiten Prachtstraße, an deren Nordende der eindrucksvolle Magdeburger Dom zu sehen ist. Er verweist auf die Ursprünge des heutigen Archivs, denn im Dombereich war im Mittelalter das erzbischöfliche Archiv untergebracht, wie auch das 1823 gegründete Königliche Provinzialarchiv der preußischen Provinz Sachsen, das erst 1908 in das noch heute genutzte Archivgebäude umzog [Wentz].

Nach außen hin wirkt dieser historistische Zweckbau wenig einladend, fast wehrhaft. Der Magazinflügel ragt sechs Stockwerke in die Höhe; der Verwaltungsteil ist etwas niedriger. Auf dem umzäunten Gelände deuten mehrere Behelfsbauten auf den schon seit den 1930er Jahren erneut bestehenden und bis heute andauernden Platzmangel hin. Da auch das Platzangebot im Benutzerraum sehr beschränkt ist, ist eine telefonische oder schriftliche Anmeldung zur Archivbenutzung ratsam. Vor dem ersten Besuch empfiehlt es sich, das eigene Forschungsvorhaben in einem Schreiben darzulegen, da einem die Archivmitarbeiter bei der Materialsuche dann besser behilflich sein können.

Die schwere Sicherheitstür am Haupteingang öffnet sich nur nach Anmeldung über die Wechselsprechanlage. Ist man durch sie hindurchgetreten, findet man sich in einem kleinen Vorraum mit einigen Schließfächern, in die Taschen und persönliche Gegenstände eingeschlossen werden sollen. Dann geht es eine schmale Treppe hinauf, und durch eine schmiedeeiserne Tür gelangt man auf einen Gang, an dessen Ende eine elektronisch gesicherte Tür den Zugang in den Magazinbereich versperrt. Der für uns zugängliche Benutzerraum liegt eine Treppe höher, gleich auf

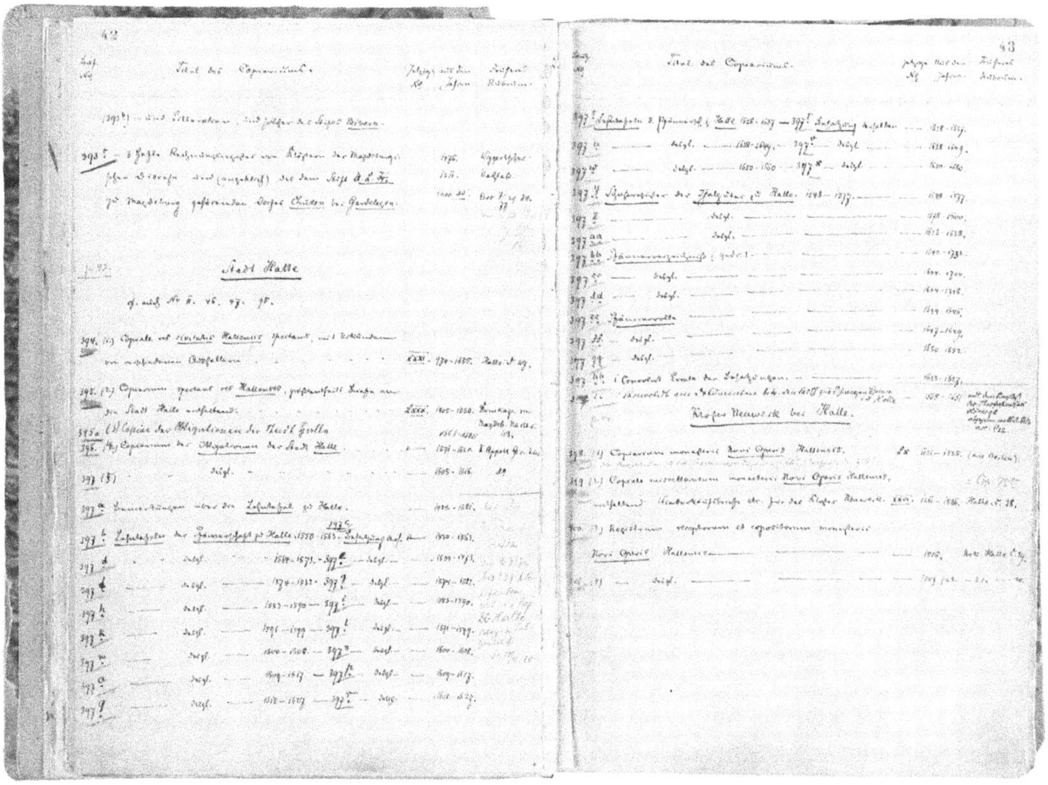

Die Abbildung zeigt eine Doppelseite (42/43) aus dem „Verzeichnis der in K[öniglichem] Provinzial-Archiv zu Magdeburg befindlichen Copiaria, Copialbücher, Urkunden- und Briefcopiaria, Zins- und Rechnungsregister, Protokollbücher, Lehnbücher, Lehn-Registraturbücher, Consens-, Confirmations-, Abschieds- und Rezessbücher, Litterarien, Parth- und Handelsbücher, Necrologien etc."

Das Verzeichnis erfasst alles ältere Archivgut, das in Buchform überliefert ist, und weist so starke Gebrauchsspuren auf, dass dem Archivbenutzer längst eine Abschrift als **Findmittel** vorgelegt wird. Begonnen wurde es 1863 von dem damaligen Archivdirektor George Adalbert von Mülverstedt (1825–1914), der auch die Abteilung Kopiare gebildet hatte. Von ihm und seinen Mitarbeitern wurden zusätzlich zu diesem Verzeichnis ein vierbändiges chronologisches Repertorium der in den Kopiaren enthaltenen Urkunden bis zum Jahre 1600 und verschiedene Orts-, Personen- und Sachregister angelegt.

Bevor Mülverstedt 1857 nach Magdeburg versetzt wurde, war er mit der Neuordnung von Archivgut in Königsberg und Berlin beschäftigt gewesen. Seine große Sorge galt der Rettung gefährdeter Dokumente. Von Magdeburg aus bemühte er sich deshalb auch darum, dass die Archive der ehemaligen Reichsstädte Nordhausen und Mühlhausen neu geordnet und sicher verwahrt wurden. Mit seiner Arbeit als Archivar trug er dazu bei, die Bedingungen für die Geschichtsforschung wesentlich zu verbessern. Sein eigenes Forschungsinteresse richtete sich vor allem auf die Familiengeschichte adliger Geschlechter, die Heraldik und die Numismatik. Der im Landeshauptarchiv Sachsen-Anhalt lagernde Nachlass von Mülverstedts umfasst etwa 15 laufende Meter und ist bislang noch nicht erschlossen.

Bild: Doppelseite (42/43) aus einem Findmittel des Landeshauptarchivs Magdeburg. Foto: Landeshauptarchiv Magdeburg.

Literatur: W. Friedensburg/H. Kretzschmar, Geschichte des Staatsarchivs Magdeburg, Ms. [1922]; W. Friedensburg, George Adalbert von Mülverstedt, in: Mitteldeutsche Lebensbilder, Bd. 2, Magdeburg 1927, 336–352; B. Schwineköper (Bearb.), Gesamtübersicht über die Bestände des Landeshauptarchivs Magdeburg, Bd. 1, Halle 1954, 57–61.

der rechten Seite. Man betritt ihn, wie könnte es anders sein, durch eine schwere Tür und steht in einem hohen Raum mit Holzvertäfelungen, der von sechs großflächigen Tischen bestimmt wird – den Arbeitsplätzen der Archivbenutzer. Beim Eintreten wird der Blick allerdings sofort auf einen erhöhten Tisch auf der linken Seite gelenkt, an dem eine Aufsichtsperson sitzt, die dem Ankommenden einen Platz zuweist. Der Eindruck, dass die Zeit hier irgendwie stehengeblieben sein muss, wird glücklicherweise zerstreut, sobald man den Computer und die Überwachungskamera wahrgenommen hat. Der moderne Archivbenutzer will nun sicherlich wissen, wo er selbst seinen tragbaren Computer anschließen kann, der zu einem nahezu unverzichtbaren Ausrüstungsgegenstand für Archivaufenthalte geworden ist. Wie in den meisten historischen Lese- und Benutzersälen sind auch in Magdeburg die Steckdosen versteckt angebracht, nämlich an der Rückseite der Tische bzw. auf dem Fußboden.

Die Aufsichtsperson ist nun die wichtigste Ansprechpartnerin des Archivbenutzers. Sie händigt ihm bei seinem ersten Besuch im Jahr einen Benutzungsantrag aus, welcher sorgfältig auszufüllen ist. Sie gebietet über alle Findbücher und Findkarteien, die einen näher an die gesuchten Quellen führen, aber nicht frei zugänglich sind, sondern in einem benachbarten Raum aufbewahrt und dem Benutzer auf Verlangen vorgelegt werden. Welche Verzeichnisse es gibt, ist der gedruckten Bestandsübersicht zu entnehmen oder zu erfragen. Von der Aufsichtsperson erhält der Benutzer schließlich allerlei wichtige Hinweise oder wird bei speziellen Fragen an sachkundige Archivmitarbeiter verwiesen.

In nicht allzu ferner Zukunft sollen die Archivbenutzer die Möglichkeit erhalten, in einer elektronischen Datenbank vor Ort nach Archivmaterial und den zugehörigen Signaturen zu suchen. Die traditionellen Findhilfsmittel bleiben aber auch dann weiterhin nützlich, weil sie oft Gebrauchsspuren und Vermerke enthalten, die auf die Geschichte des Bestands hindeuten, also auf ältere Abgänge und Zugänge von Archivgut. Ebenso können die Bücher aus der Dienstbibliothek von besonderem Wert sein, wenn es in ihnen Randbemerkungen, Berichtigungen oder Ergänzungen aus der Feder beflissener Archivare gibt, die einem manchen Irrweg ersparen. Die recht umfangreiche Dienstbibliothek enthält wichtige Standardwerke und Quellenpublikationen und wird vor allem durch Bücher erweitert, die unter Benutzung der Archivbestände entstanden sind und als Pflichtexemplare abgegeben werden müssen. Um die Bibliotheksbestände nutzen zu können, muss man sich allerdings wiederum an die Aufsicht wenden. Für die gewöhnliche Quellenarbeit steht im Benutzerraum aber eine stattliche Handbibliothek mit den gängigsten Nachschlagewerken und Handbüchern sowie ausgewählten regionalgeschichtlichen Veröffentlichungen zur Verfügung.

**Ein Arbeitsvorhaben.** Die eigentliche Quellenarbeit im Landeshauptarchiv Magdeburg lässt sich am besten anhand eines Beispiels veranschaulichen, das thematisch nicht zu eng gefasst ist. So möchte ich etwa herausfinden, welche ungedruckten Urkunden zur Geschichte der Stadt Halle an der Saale hier überliefert sind, denn ich weiß, dass Halle zum Erzstift Magdeburg gehörte und im Spätmittelalter sogar bevorzugte Residenz der Magdeburger Erzbischöfe war, deren Kanzlei und Archiv seit 1503 in der hallischen Moritz-

Technik:
Orte der Quellenarbeit:
Ein Gang ins
Landeshauptarchiv
Magdeburg

burg untergebracht wurden. Im Landesarchiv Magdeburg muss es also mittelalterliche Urkunden mit Bezug zu Halle geben. Ich weiß auch, dass es ein mehrbändiges Urkundenbuch der Stadt Halle gibt, welches aber nur bis zum Jahre 1403 reicht [BIERBACH]. So kann ich die Quellensuche von vornherein auf Urkunden des 15. und frühen 16. Jahrhunderts beschränken. Die in Magdeburg verwahrten Originalurkunden lassen sich recht schnell über die entsprechenden Findbücher ermitteln (Findbuch Rep. U4 a und Rep. U4 b), die bereits knappe Angaben zum Inhalt einzelner Urkunden enthalten. Schwieriger ist die Suche nach Urkunden, die nur abschriftlich überliefert sind. Hierzu lasse ich mir das Findbuch für die Abteilung Kopiare geben, die erst im 19. Jahrhundert gebildet worden ist [ZÖLLNER, 34]. Bei der Durchsicht dieses Verzeichnisses stoße ich bald auf die Kopialbücher einzelner geistlicher Institutionen in Halle und zwei mittelalterliche Kopialbücher, die ausschließlich hallische Belange betreffen (Rep. Cop. Nr. 394 und 395). Um mir diese beiden Handschriften genauer anzusehen, fülle ich zwei Bestellscheine aus, und da Archivalien in Magdeburg am Vormittag fast stündlich aus dem Magazin gehoben werden, hoffe ich, die Kopialbücher recht bald in den Händen zu halten.

Doch leider bekomme ich nur einen Dokumentenfilm vorgelegt, denn bereits in den 1960er Jahren ist mit der Sicherheitsverfilmung von Archivgut begonnen worden.

Die Benutzung solcher Filme schont zwar die Originale, bringt einen jedoch um das Erlebnis, die alten Seiten berühren und umblättern zu können, ein Erlebnis, das für Manche einen besonderen, einen sinnlich erfahrbaren Zugang zur Vergangenheit bedeutet. Bereits verfilmte Originale werden aber nur noch in Ausnahmefällen, etwa zur Überprüfung äußerer Quellenmerkmale, vorgelegt.

Obwohl sie recht ermüdend ist, hat die Arbeit am Filmlesegerät den Vorteil, dass alte Handschriften mitunter besser zu lesen sind, weil sie kontrastreicher erscheinen und wenn nötig vergrößert werden können.

Nachdem ich die Filmrolle mit etwas Mühe eingelegt und bis zu der Stelle vorgespult habe, an der mein erstes Kopialbuch beginnt, lasse ich die Seiten langsamer vorbeiziehen, um mir zunächst einen Überblick zu verschaffen. Die Seiten, so stelle ich fest, enthalten vornehmlich Urkundenabschriften aus dem 15. und 16. Jahrhundert, die nach keinem durchgängigen System zusammengestellt wurden. Um bisher nicht beachtete Urkundentexte des Spätmittelalters aufzuspüren, muss ich wohl dieses und danach auch das zweite Kopialbuch durchsehen, mich in den jeweiligen Text hineinfinden und mit Hilfe des „Taschenbuchs der Zeitrechnung" [GROTEFEND] vor allem die alten Datierungen auflösen. Da ich nur Urkunden mit Bezug zu Halle sichten will, bietet das vierbändige „Repertorium Chronologicum der Copiare", ein im 19. Jahrhundert angelegtes Findmittel, in dem die Urkunden aus insgesamt 140 Kopiaren des Archivs chronologisch verzeichnet sind, keine wesentliche Erleichterung der Suche.

Fürs Erste bin ich ziemlich erschöpft und genehmige mir eine kleine Pause. Im Gegensatz zu vielen anderen Archiven und Bibliotheken gibt es in Magdeburg bedauerlicherweise keinen Kaffeeautomaten – wohl getreu dem Motto, dass die Arbeit selbst das höchste Vergnügen ist: „Labor ipse summa voluptas" steht nämlich im Benutzerraum über der Tür geschrieben. Wer sich zwischendurch dennoch stärken möchte, der muss das Haus verlassen oder seine Verpflegung selbst mitbringen. Immerhin gibt es Örtchen für die Verrichtung der Notdurft, was ich freilich nur erwähne, weil dasjenige im ersten Stock ganz nach mit-telalterlicher Manier als „Heimlichkeit" bezeichnet ist.

Die Sichtung von Quellen zur Geschichte der Stadt Halle im Spätmittelalter wird einige Zeit in Anspruch nehmen und mich noch mehrmals nach Magdeburg ins Archiv führen, doch sie wird entlohnt mit Einblicken in viele Bereiche des städtischen Alltags, der sich weniger in den Privilegien als in den unzähligen Verträgen, Stiftungsurkunden, Kaufbriefen, Schuldverschreibungen oder Urfehdebriefen einzelner Bürger niedergeschlagen hat.

Gerrit Deutschländer

**Literatur**

A. Bierbach (Bearb.), Urkundenbuch der Stadt Halle, ihrer Stifter und Klöster, 3 Teile, Magdeburg/Halle 1930–1957.

H. Grotefend, Taschenbuch der Zeitrechnung, 13. Aufl. Hannover 1991.

J. Hartmann, Die Publikationen der Historischen Kommission für die Provinz Sachsen und für Anhalt, in: Sachsen und Anhalt 18, 1994, 83–125.

E. Hirsch, Die Publikationen der Historischen Kommission für Sachsen-Anhalt 1994–2000, in: Sachsen und Anhalt 23, 2001, 65–81.

H. O. Meisner, Aktenkunde. Ein Handbuch für Archivbenutzer mit bes. Berücksichtigung Brandenburg-Preußens, Berlin 1935.

Minerva-Handbuch. Archive im deutschsprachigen Raum, 2 Bde., 2. Aufl. Berlin 1974.

B. Schwineköper, Gesamtübersicht über die Bestände des Landeshauptarchivs Magdeburg, 2 Bde., Halle 1954/5 [Übersicht über die Urkundenbestände, die Kopiare und die Aktenüberlieferung der historischen Territorien bis 1807/1815].

G. Wentz, Bischofs- und Domkapitelsarchiv im Erzstift Magdeburg, in: Magdeburgische Geschichtsblätter 74/75, 1939–1941, 3–24.

W. Zöllner, Mittelalterforschung im Landesarchiv Magdeburg, in: Landesarchiv Magdeburg – Landeshauptarchiv. 175 Jahre im Dienste von Wissenschaft und Verwaltung, Magdeburg 1999, 34–43.

# Anhang

# Abkürzungsverzeichnis

| | |
|---|---|
| ADB | Allgemeine Deutsche Biographie |
| AKG | Archiv für Kulturgeschichte |
| BlldtLG | Blätter für deutsche Landesgeschichte |
| FMSt | Frühmittelalterliche Studien |
| GG | Geschichte und Gesellschaft |
| GWU | Geschichte in Wissenschaft und Unterricht |
| HA | Historische Anthropologie |
| HZ | Historische Zeitschrift |
| Jb | Jahrbuch |
| JbWLG | Jahrbuch für Westdeutsche Landesgeschichte |
| MA | Le Moyen Âge |
| MIÖG | Mitteilungen des Instituts für österreichische Geschichtsforschung |
| ND | Nachdruck |
| P & P | Past and Present |
| RBS | Regula Benedicti Studia. Annuarium Internationale |
| RH | Revue Historique |
| RhVjbll | Rheinische Vierteljahrsblätter |
| SZG | Schweizerische Zeitschrift für Geschichte |
| TRG | Tijdschrift voor Rechtsgeschiedenis |
| VSWG | Vierteljahrschrift für Sozial- und Wirtschaftsgeschichte |
| ZAM | Zeitschrift für die Archäologie des Mittelalters |
| ZfG | Zeitschrift für Geschichtswissenschaft |
| ZGO | Zeitschrift für Geschichte des Oberrheins |
| ZHF | Zeitschrift für historische Forschung |
| ZKG | Zeitschrift für Kirchengeschichte |
| ZRG GA | Zeitschrift der Savigny-Stiftung für Rechtsgeschichte, Germanistische Abteilung |



# Die Autorinnen und Autoren

Prof. Dr. Gerd Althoff
Jahrgang 1943
Professor für Mittelalterliche Geschichte an der Universität Münster
Thema: Herrschen ohne Staat: Ressourcen und Rituale

Dr. Oliver Auge
Jahrgang 1971
Wissenschaftlicher Assistent am Lehrstuhl für Allgemeine Geschichte des Mittelalters und Historische Hilfswissenschaften der Universität Greifswald
Hochmittelalter: Vasallität

Prof. Dr. Matthias Becher
Jahrgang 1959
Professor für Mittelalterliche Geschichte an der Universität Bonn
Frühmittelalter: Von einer Randkultur zum Zentrum Europas: Das Frankenreich
Thema: Ethnogenese, Sippe, Stamm, Volk

Dr. Letha Böhringer
Jahrgang 1958
Archivarin am Historischen Archiv der Stadt Köln
Lebensbilder aus dem Spätmittelalter: Kunigunde von der Neuen Tür

Jens Brauer
Jahrgang 1968
Historiker
Lebensbilder aus dem Frühmittelalter: Das Grab einer adeligen Frau; Dhuoda

Prof. Dr. Enno Bünz
Jahrgang 1961
Professor für Sächsische Landesgeschichte an der Universität Leipzig und Direktor des Instituts für Sächsische Geschichte und Volkskunde e.V. in Dresden

Frühmittelalter: Grundherrschaft

Prof. Dr. Jochen Burgtorf
Jahrgang 1967
Professor für Mittelalterliche Weltgeschichte an der California State University in Fullerton/USA
Hochmittelalter: Kreuzfahrerherrschaften am Mittelmeer

Peter Degenkolb
Jahrgang 1965
Museumspädagoge im Landesamt für Archäologie mit Landesmuseum für Vorgeschichte Dresden
Recherchieren und Präsentieren: Ausstellungen

Gerrit Deutschländer
Jahrgang 1975
Wissenschaftlicher Mitarbeiter am Institut für Geschichte der Universität Halle-Wittenberg
Detailskizze: Der demographische Aufbruch Europas
Detailskizze: Die Pestwellen seit 1348
Technik: Orte der Quellenarbeit: Ein Gang ins Landeshauptarchiv Magdeburg

Dr. Harald Drös
Jahrgang 1962
Leiter der Forschungsstelle Deutsche Inschriften der Heidelberger Akademie der Wissenschaften
Geschautes Mittelalter: Heraldik

Dr. Sonja Dünnebeil
Jahrgang 1964
Wissenschaftliche Mitarbeiterin am Institut für Mittelalterforschung der Österreichischen Akademie der Wissenschaften – Arbeitsgruppe Regesta Imperii
Frühmittelalter: Kaufmannsgilden

Dr. Petra Ehm-Schnocks
Wissenschaftliche Assistentin am Historischen Seminar der Universität Münster
Hochmittelalter und Spätmittelalter: Westeuropäische Monarchien: Frankreich

Dr. Matthias Hardt
Jahrgang 1960
Fachkoordinator für mittelalterliche Geschichte und Archäologie am Geisteswissenschaftlichen Zentrum Geschichte und Kultur Ostmitteleuropas an der Universität Leipzig
Frühmittelalter: Frühe Königreiche bei Germanen und Slawen

Michael Hecht
Jahrgang 1977
Wissenschaftlicher Mitarbeiter am Historischen Seminar der Universität Münster
Strukturen der Mittelalterforschung: Universitäten

Dr. Jens Heckl
Jahrgang 1967
Archivar und Dezernent im Landesarchiv Nordrhein-Westfalen, Staatsarchiv Münster
Geschautes Mittelalter: Numismatik

Prof. Dr. Ernst-Dieter Hehl
Jahrgang 1944
Wissenschaftlicher Mitarbeiter der Akademie der Wissenschaften und der Literatur, Mainz
Hochmittelalter: Die Römische Kirche
Detailskizze Kreuzzüge

Dr. habil. Thomas Hill
Jahrgang 1959
Lehrer im schleswig-holsteinischen Schuldienst
Hochmittelalter und Spätmittelalter: Nord- und Osteuropäische Monarchien: Nordeuropa

Dr. Marc von der Höh
Jahrgang 1970
Wissenschaftlicher Mitarbeiter an der Fakultät für Geschichtswissenschaften der Universität Bochum
Gelesenes Mittelalter: Epigraphik

Dr. Ulrike Höroldt
Jahrgang 1961
Leiterin des Landeshauptarchivs Sachsen-Anhalt, Magdeburg; Vorsitzende der Historischen Kommission für Sachsen-Anhalt
Strukturen der Mittelalterforschung: Archive

Prof. Dr. Wolfgang Huschner
Jahrgang 1954
Professor für Mittelalterliche Geschichte an der Universität Leipzig
Hochmittelalter: Italien
Gelesenes Mittelalter: Paläographie
Gelesenes Mittelalter: Diplomatik

Dr. habil. Uwe Israel
Jahrgang 1963
Direktor des Deutschen Studienzentrums in Venedig
Spätmittelalter: Italien

Prof. Dr. Nikolas Jaspert
Professor für Geschichte des Späteren Mittelalters an der Universität Bochum
Hochmittelalter und Spätmittelalter: Westeuropäische Monarchien: Spanien

Prof. Dr. Georg Jenal
Jahrgang 1942
Professor für Mittelalterliche Geschichte an der Universität zu Köln
Frühmittelalter: Mönchtum

Prof. Dr. Ludger Körntgen
Jahrgang 1960
Professor für Geschichte mit dem Schwerpunkt Mittelalterliche Geschichte an der Universität Bayreuth
Hochmittelalter: Vom Reich der Franken zum Reich der Deutschen

Dr. Klaus Krüger
Jahrgang 1960
Wissenschaftlicher Angestellter und Privatdozent am Historischen Seminar der Universität Halle-Wittenberg
Einführung: Die Quellen und ihre Erschließung
Gelesenes Mittelalter: Das Spektrum mittelalterlicher Schriftlichkeit
Recherchieren und Präsentieren: Publikationen

Prof. Dr. Jan Kusber
Jahrgang 1966
Professor für Osteuropäische Geschichte an der Universität Mainz
Vorstellungen vom Mittelalter: Ostsiedlung

Prof. Dr. Ralph-Johannes Lilie
Jahrgang 1947
Arbeitsstellenleiter des Vorhabens „Prosopographie der mittelbyzantinischen Zeit" an der Berlin-Brandenburgischen Akademie der Wissenschaften
Frühmittelalter: Byzanz als Erbe des Römischen Imperiums
Hochmittelalter und Spätmittelalter: Byzanz und Südosteuropa

Dr. Ralf Lusiardi
Jahrgang 1964
Archivar am Landeshauptarchiv Sachsen-Anhalt, Magdeburg
Vorstellungen vom Mittelalter: Feudalismus

Dr. Matthias Meinhardt
Jahrgang 1969
Wissenschaftlicher Mitarbeiter am Institut für Geschichte der Universität Halle-Wittenberg
Gezähltes Mittelalter: Quantitative Methoden in der Mediävistik
Strukturen der Mittelalterforschung: Historische Vereine, Verbände, Arbeitskreise und Geschichtswerkstätten

Dr. Arno Mentzel-Reuters
Jahrgang 1959
Leiter des Archivs und der Bibliothek der Monumenta Germaniae Historica; Privatdozent an der Universität Augsburg
Strukturen der Mittelalterforschung: Bibliotheken

Prof. Dr. Otto Gerhard Oexle
Jahrgang 1939
1987–2004 Direktor des Max-Planck-Instituts für Geschichte in Göttingen; em. Professor für Mittlere und Neuere Geschichte an der Universität Göttingen
Einführung: Die Gruppenkultur Europas

Hagen Peuschel
Jahrgang 1975
Kurzbiografie: Heinrich Friedrich Karl vom und zum Stein

Dr. Karsten Plöger
Jahrgang 1969
Wissenschaftlicher Mitarbeiter am Deutschen Historischen Institut London
Strukturen der Mittelalterforschung: Außeruniversitäre Forschungseinrichtungen

Prof. Dr. Dietrich W. Poeck
Jahrgang 1946
Apl. Professor an der Universität Münster
Vorstellungen vom Mittelalter: Bürgertum

Prof. Dr. Malte Prietzel
Jahrgang 1964
Apl. Professor an der Humboldt-Universität zu Berlin
Spätmittelalter: Pfarreien und Bruderschaften

Prof. Dr. Matthias Puhle
Jahrgang 1955
Leitender Direktor der Magdeburger Museen
Strukturen der Mittelalterforschung: Museen

Dr. Olaf B. Rader
Jahrgang 1961
Wissenschaftlicher Mitarbeiter bei den Monumenta Germaniae Historica an der Berlin-Brandenburgischen Akademie der Wissenschaften und Privatdozent an der Humboldt-Universität zu Berlin
Geschichte der Mittelalterforschung
Thema: Tod im Mittelalter

Prof. Dr. Andreas Ranft
Jahrgang 1951
Professor für die Geschichte des Mittelalters an der Universität Halle-Wittenberg
Spätmittelalter: Hoforden und Adelsgesellschaften
Technik: Mittelalter auf Schritt und Tritt: Ein Stadtrundgang in Halle

Prof. Dr. Wilfried Reininghaus
Jahrgang 1950
Präsident des Landesarchivs Nordrhein-Westfalen
Spätmittelalter: Zünfte

Prof. Dr. Christine Reinle
Jahrgang 1962
Professorin für Geschichte des Spätmittelalters und Deutsche Landesgeschichte an der Universität Gießen
Spätmittelalter: Bäuerliche Schwurgemeinschaften

Dr. Arnd Reitemeier
Jahrgang 1967
Privatdozent und Oberassistent am Historischen Seminar der Universität zu Kiel
Hochmittelalter und Spätmittelalter: Westeuropäische Monarchien: England

Prof. Dr. Hedwig Röckelein
Jahrgang 1956
Professorin für Geschichte des frühen und hohen Mittelalters an der Universität Göttingen
Frühmittelalter: Familie, Haus, Geschlecht

Dr. Jörg Rogge
Jahrgang 1962
Privatdozent und Akademischer Rat an der Universität Mainz
Spätmittelalter: Das Reich der Deutschen

Dr. Michael Rothmann
Jahrgang 1960
Hochschulassistent am Historischen Seminar der Universität zu Köln
Hochmittelalter: Stadtkommunen

Patrick Sahle
Jahrgang 1968
Wissenschaftlicher Mitarbeiter an der Niedersächsischen Staats- und Universitätsbibliothek in Göttingen und Doktorand am Lehrstuhl für historisch-kulturwissenschaftliche Informationsverarbeitung an der Universität zu Köln
Dokumentieren und Präsentieren: Neue Medien

Prof. Dr. Sigrid Schmitt
Jahrgang 1960
Professorin für Mittelalterliche Geschichte an der Universität Trier
Hochmittelalter: Landgemeinden

Dr. Christiane Schuchard
Jahrgang 1955
Archivarin
Spätmittelalter: Die Römische Kirche

Dr. Harm von Seggern
Jahrgang 1964
Privatdozent und Akademischer Rat a.Z. am Historischen Seminar der Universität zu Kiel
Thema: Die Entstehung des modernen Staates

Dr. Stephan Selzer
Jahrgang 1968
Privatdozent am Institut für Geschichte der Universität Halle-Wittenberg
Lebensbilder aus dem Hochmittelalter: Guillaume le Maréchal
Geschautes Mittelalter: Sachkulturforschung
Technik: Mittelalter auf Schritt und Tritt: Ein Stadtrundgang in Halle

Dr. Claudius Sieber-Lehmann
Jahrgang 1956
Privatdozent am Historischen Seminar der Universität Basel
Spätmittelalter: Nationen

Prof. Dr. Martial Staub
Jahrgang 1964
Professor für Mittelalterliche Geschichte an der University of Sheffield
Technik: Soziale Deutungsmuster als Lesart der Geschichte

Prof. Dr. Ludwig Steindorff
Jahrgang 1952
Professor für Geschichte Ost- und Südosteuropas an der Universität zu Kiel
Hochmittelalter und Spätmittelalter: Nord- und Osteuropäische Monarchien: Osteuropa

Dr. Stefan Tebruck
Jahrgang 1964
Wissenschaftlicher Assistent am Historischen Institut der Universität Jena
Geschautes Mittelalter: Sphragistik

Michael Vollmuth-Lindenthal
Jahrgang 1968
Studienrat am Gymnasium
Lebensbilder aus dem Spätmittelalter: Henning Strobart

Prof. Dr. Wolfgang Eric Wagner
Jahrgang 1966
Juniorprofessor für Mittelalterliche Geschichte – Historische Hilfswissenschaften an der Universität Rostock
Hochmittelalter: Universitäten

Prof. Dr. Gerrit Walther
Jahrgang 1959
Professor für Geschichte der Frühen Neuzeit an der Universität Wuppertal
Technik: Epochen als Lesart der Geschichte

Dr. Petra Weigel
Jahrgang 1963
Wissenschaftliche Mitarbeiterin am Historischen Institut der Universität Jena
Hochmittelalter: Neue religiöse Gemeinschaften: Zisterzienser und Bettelorden
Lebensbilder aus dem Hochmittelalter: Elisabeth von Thüringen

# Personenregister

# Geografisches Register

# Sachregister

www.ingramcontent.com/pod-product-compliance
Lightning Source LLC
Chambersburg PA
CBHW080921100426
42812CB00007B/2342
* 9 7 8 3 4 8 6 5 8 8 2 9 3 *